新点招标采购电子交易平台

推动招标采购革新

“新点招标采购电子交易平台”是按照《电子招标投标办法》《国有企业采购操作规范》《非招标方式采购代理服务规范》等现行法律、规范打造，引入云计算、区块链、BIM、AI智能评标、大数据、微服务、容器化管理、电商平台等先进理念和创新技术，面向政企用户的“互联网+”招标采购管理平台，为客户提供全业务、全方式的电子化交易服务。

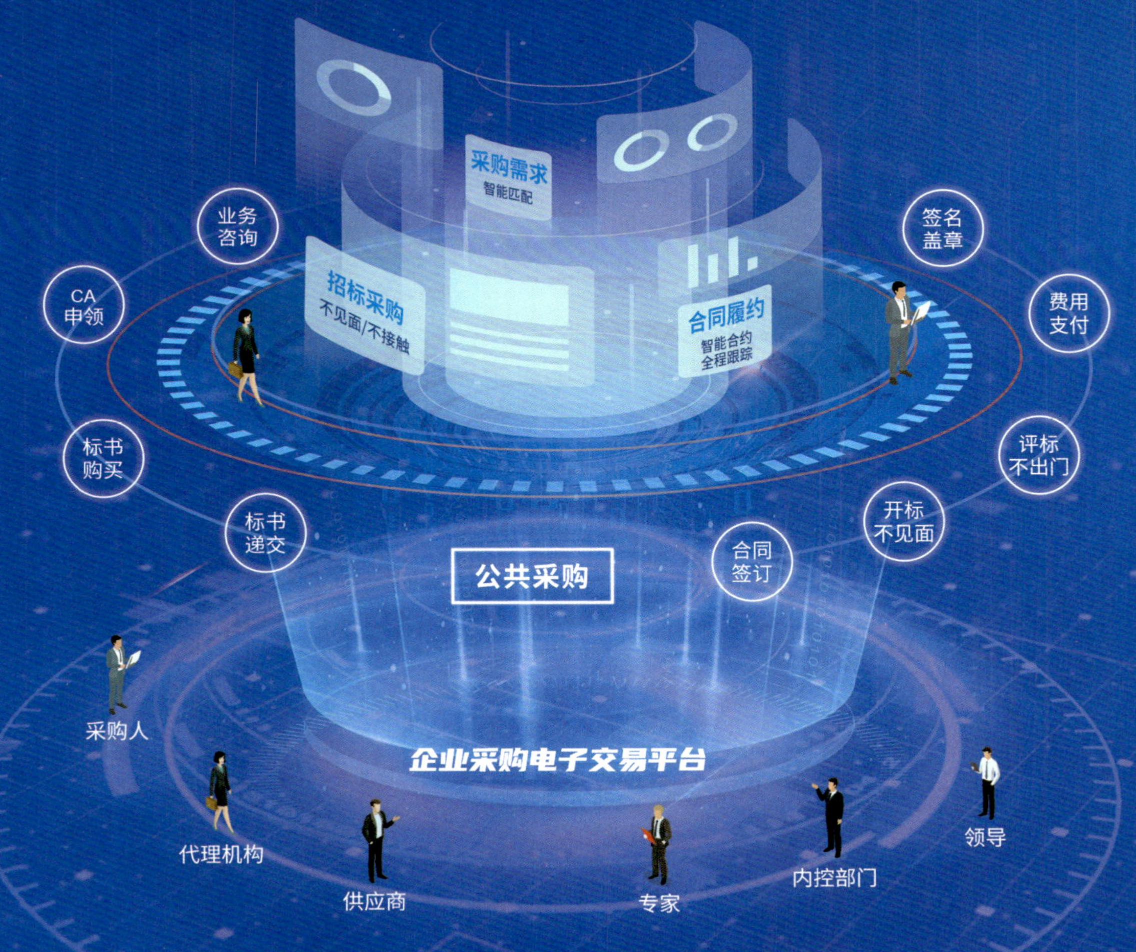

全环节交易不见面 | **全过程**可溯可查 | **全方位**服务提升

Epoint 新点

业务范围

面向政府、企业，支持国际招标和国内招标的设备类、物资类、工程类、服务类等多种招标采购业务。

采购方式

公开招标、邀请招标、谈判采购、直接采购、询比采购、框架协议、商城采购、竞价采购、物资拍卖等多种采购方式。

项目创新

全面支撑合规与认证、电商级的用户体验、优质高效的整合寻源、灵活配置的采购流程、端到端的大数据监管。

规范采购流程 加强制度管理	扩大采购渠道 体现充分竞争	降低采购成本 提高采购效率	加强过程监控 降低采购风险	提升采购效能 增强采购管理

案例

- 中国石油化工集团公司工程建设招投标交易平台
- 中国海洋石油集团有限公司采办业务管理与交易系统
- 中国国际航空公司采购管理平台
- 华润集团守正电子招标平台
- 国家能源招标网
- 中国节能环保集团有限公司电子采购平台
- 中国航空油料集团采购管理信息系统
- 中国宝武钢铁集团宝华国际招标智慧招标共享平台
- 中钢招标电子招标服务平台
- 山东省省管国企阳光采购服务平台
- 比德电子采购平台
- 云南招标股份有限公司电子招标投标交易平台
- ……

石油化工行业	能源、通信行业	航空航天行业
电子招投标行业	政府采购行业	招标代理行业
国资委	交易所	综合投资集团

国泰新点软件股份有限公司
GUOTAI EPOINT SOFTWARE CO., LTD.

地址：江苏省张家港市江帆路 8 号（新点软件东区）
电话：0512-5818 8000　传真：0512-5813 2373
网址：www.epoint.com.cn

供应商深度协同

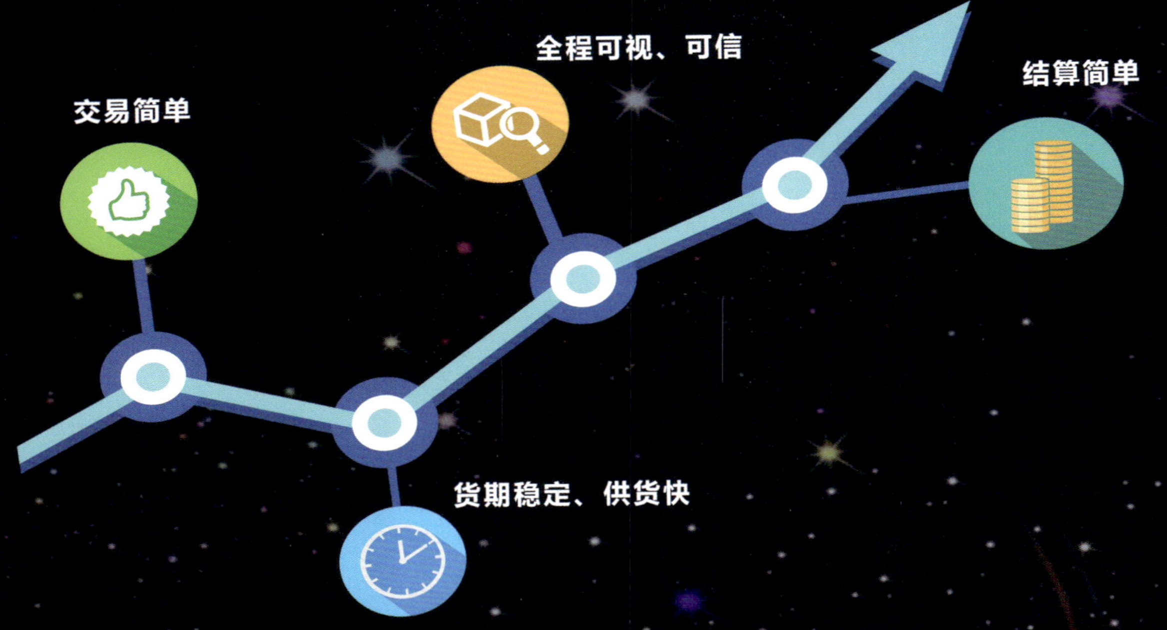

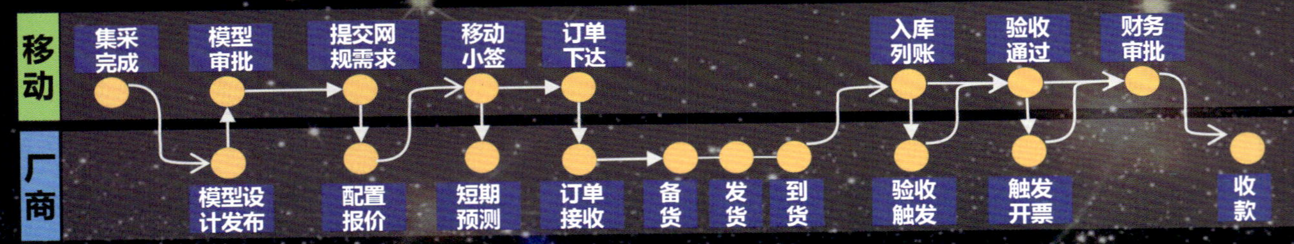

配置协同

- 典型配置收敛
- 标准模型打包
- 标准模型上架
- 线上小签

计划协同

- 计划线上沟通机制
- 单一来源请购单对接
- 要货计划电子对接
- 物资超市

合同及订单电子化

- 订单电子对接
- 订单电子对接+印章/水印
- 订单/ERP订单同步

订单履行可视

- PO/PO行/批次履行可视
- 客户化报表定制

包装协同

- 模块化包装
- 扫码出入库
- 预入库通知单

报账协同

- 供应链系统和ERP入库同步
- 电子到货证明
- 报账自助发起和进度可视

2B业务2C体验

构筑差异化的竞争优势

苏宁大客户
双线赋能 智慧采购

快速零成本搭建

快速搭建线上采购平台，零开发成本实现“不见面、无接触”采购服务。

专属1V1服务

企业当地服务团队，专属客户经理提供1对1解决方案及售前售后服务。

全场景采购

涵盖防疫物资、员工福利、行政办公、营销礼品、定制商品、MRO工业品等。

数据可视化

高效透明，全流程线上操作，推送采购简报，提供数据支持。

极速专属物流

百城可享半日达，专人专车，送货到桌，送装一体，订单信息保密安全。

苏宁全产业资源支持

苏宁物流、苏宁金融、苏宁置业等提供全产业资源支持。

- 目前，苏宁大客户已为政府、金融、能源、地产、酒店、轨道交通、制造、运营商、互联网等行业提供全场景电商化采购解决方案。

SUNING 苏宁

苏宁创立于1990年，在中国和日本拥有两家上市公司，28万名员工，服务全球6亿用户，位居中国民营企业500强第三位。

秉承“引领产业生态、共创品质生活”的企业使命，苏宁形成以零售为核心，置业、金融协同发展的格局。

苏宁自创立之初已累计为超过300万家政府、企事业单位提供双线采购解决方案，依托线上苏宁易购、线下苏宁门店为采购单位提供自主选品、下单、申请售后的一体化服务。

苏宁大客户专属服务热线：4008-515-516

关注苏宁大客户了解更多

中国公共采购发展报告
（2020）

中国物流与采购联合会公共采购分会　编

中国财富出版社

图书在版编目（CIP）数据

中国公共采购发展报告. 2020 / 中国物流与采购联合会公共采购分会编. —北京：中国财富出版社，2020. 4

ISBN 978－7－5047－7143－8

Ⅰ. ①中…　Ⅱ. ①中…　Ⅲ. ①政府采购制度—研究报告—中国—2020　Ⅳ. ①F812. 2

中国版本图书馆 CIP 数据核字（2020）第 063077 号

策划编辑　王　靖　　**责任编辑**　邢有涛　晏　青

责任印制　梁　凡　　**责任校对**　杨小静　　**责任发行**　敬　东

出版发行　中国财富出版社

社　　址　北京市丰台区南四环西路 188 号 5 区 20 楼　　**邮政编码**　100070

电　　话　010－52227588 转 2098（发行部）　010－52227588 转 321（总编室）

010－52227588 转 100（读者服务部）　010－52227588 转 305（质检部）

网　　址　http：//www. cfpress. com. cn

经　　销　新华书店

印　　刷　北京京都六环印刷厂

书　　号　ISBN 978－7－5047－7143－8/F・3149

开　　本　787mm×1092mm　1/16　　**版　　次**　2020 年 5 月第 1 版

印　　张　31. 75　　**彩　　插**　1　　**印　　次**　2020 年 5 月第 1 次印刷

字　　数　717 千字　　**定　　价**　198. 00 元

《中国公共采购发展报告（2020）》

编 委 会

李国祥　中国盐业集团有限公司购销统筹部部长
何玉龙　招商局集团招投标中心总经理
宋春正　北京京东世纪贸易有限公司副总裁
张　炜　中国物流与采购联合会物流与供应链金融分会秘书长
张天弓　辽宁省政府采购协会会长
陆　建　国泰新点软件股份有限公司解决方案总监
陈　平　广东省公共资源交易联合会会长
陈灵欣　国家电网有限公司物资部副主任
郑新刚　博思数采科技发展有限公司执行总裁
胡旭健　苏宁云商集团股份有限公司 B2B 公司总裁
祝满昌　中国电信集团有限公司采购事业部副总经理
柴亚光　中国人民解放军陆军勤务学院军需采购系副主任
倪东生　北京物资学院管理学教授、公共资源交易研究中心主任
徐秀裕　海南省公共资源交易服务中心主任
凌大荣　中国人民解放军陆军勤务学院副院长、教授
梁戈敏　中国物流与采购联合会公共采购分会专家委员会副主任
彭国亮　武汉大学采购与招投标管理中心原主任
彭新良　中国物流与采购联合会公共采购分会秘书长
韩东亚　中国物流学会副会长、安徽公共资源交易集团总经理
廖　政　北京拓普丰联信息工程有限公司董事长
谭　沐　中国中车股份有限公司运营管理部部长
潘海洪　中国物流与采购联合会区块链应用分会副秘书长
魏友军　中国物流与采购联合会公共采购分会副秘书长

《中国公共采购发展报告（2020）》

编写组名单

主　　编　黄冬如

副 主 编　韩东亚　彭新良

编写组成员　柴亚光　倪东生　孟　晔　林　玲　饶青山　王应雄
陆　建　何永龙　田小亮　潘海洪　张　飞　熊乐琴
张乐乐　丁　琳

序 言

公共采购是指公共机构为实现公共利益，使用公共资金通过一定方式和程序采购工程、货物和服务的行为。联合国贸易法委员会《公共采购示范法》认为，公共采购应当是一个从预算、计划到绩效评估的闭环系统，是一个绿色的、可持续的发展过程。

在我国，一般认为公共采购包括政府采购、军事采购、国有企业采购和教育、卫生等公共事业部门采购。公共采购的总量大、范围广、涉及面宽，影响深远。目前，我国公共采购事业发展迅猛。随着市场经济的深入发展和政府职能的进一步转变，我国公共采购事业的发展呈现几大特点：

一是公共采购范围和规模不断扩大，市场化程度不断提升。政府采购范围和规模不断扩大，社会效益和规模效益更加凸显；政府采购规模由2002年的1009.6亿元迅猛增长到2018年的35861.4亿元，年均增长率远远超过GDP增长率。招标投标领域不断拓展，从单纯的工程建设，逐步拓展到工程、货物和服务的各个领域。据不完全统计，2019年我国公共资源交易量突破117万宗，交易规模超过20万亿元；其中工程建设项目交易量约为31.2万宗，占比约27%；政府采购交易量约为49.9万宗，占比约42%。

二是公共采购法律政策制度体系初步形成，规范化水平逐步提升。公共采购涉及政府和市场两种制度安排，它既是我国社会主义市场经济的重要组成部分，又是国家宏观调控的重要手段，是政府和公共部门履行公共职能、提供公共服务的重要途径。经过30年来的探索和积淀，以《招标投标法》《政府采购法》及其实施条例为核心，50多个部门规章、政策文件、制度办法为配套的公共采购法律法规政策制度体系基本形成；政府采购、国企采购、工程招标、军事物资采购等专业领域的实施细则、国家标准和行业标准也逐步发布实施，为公共采购事业的健康发展提供了制度保障和业务规范。

三是公共采购迈入智能化采购新阶段，电子化水平快速提升。电子化采购是公共采购发展的必然趋势，是提高公共采购效率和透明度的必然要求。我国高度重视公共采购电子化工作，中国物流与采购联合会自2009年就开始参与中财办“进一步完善我国政府采购制度”课题研究和实证应用，推动政府采购电子化平台建设试点工作。当前，公共采购电子化系统发展正进入一个新阶段。在数字化时代，大数据、云计算、人工智能、智能控制和区块链等新技术大量应用于公共采购，电子化采购的高效便捷、节约成本、全程留痕等优势得到充分体现，公共采购透明、竞争、信用、效益的原则进一步彰显，公共采购迈入了智慧采购、智慧供应链的新时代。

四是公共采购的改革开放步伐加快，国际化程度进一步提高。2018 年 11 月，习近平总书记主持召开中央全面深化改革委员会第五次会议，审议通过《深化政府采购制度改革方案》。2019 年，财政部、各省市相继出台了具体改革实施方案，强化采购人主体责任，构建绩效型政府采购机制，推进政府采购市场营商环境建设，建立完善的现代政府采购制度，实现政府采购治理体系和治理能力现代化。在中国加入《政府采购协定》（GPA）谈判方面，2018 年 4 月习近平总书记在“博鳌亚洲论坛”提出中国将加快加入 GPA 进程；2019 年 10 月我国向 WTO 提交了中国加入《政府采购协定》第 7 份出价，出价范围有较大扩展，充分展现了我国公共采购领域扩大开放的形象，表明了我国加入 GPA 的诚意和维护多边贸易体制的决心。

伴随着公共采购事业的快速发展，中国物流与采购联合会于 2014 年成立了公共采购分会。公共采购分会成立五年多来，深入贯彻服务宗旨，不断加强自身建设，着力引领行业发展，对内增强行业凝聚力和协会服务力，对外提升行业影响力和协会公信力，为推动我国公共采购的专业化、市场化、国际化、职业化、阳光化发展，做了大量卓有成效的工作。公共采购分会从 2019 年开始组织编写《中国公共采购发展报告》，就是其发挥行业组织职能、服务行业发展的一项重要工作。

摆在面前的这部《中国公共采购发展报告（2020）》，是全国政府采购、军事采购、国企采购、工程招标等领域近 40 位专家学者智慧的结晶，既有全行业的全景扫描与总结回顾，也有细分领域的专业分析，还有多角度的专题报告和案例分析，它将为读者深入了解公共采购行业的发展提供全面、新鲜、权威的第一手资料。作为国内第一部公共采购领域的年度性行业蓝皮书，它的编写是一项具有开创性意义的工作，相信它将进一步推动我国公共采购事业的规范化、市场化、专业化和国际化发展。

希望各位读者和业内专家对该报告多提宝贵意见，不吝赐教，以便编委会在此后的年度发展报告中不断提升、进步；也希望广大读者和业内人士继续关注和支持中国物流与采购联合会的工作，共同促进我国物流与采购事业的高质量发展。

何黎明

国际采购与供应管理联盟主席、中国物流与采购联合会会长

目　录

第一篇　公共采购综合报告

第二篇　2019 年度公共采购行业发展报告

第三篇　公共采购专题报告

第四篇　2019 年度公共采购优秀案例

第一篇　公共采购综合报告

第一章　公共采购综述

第一节　公共采购基本状况

中国物流与采购联合会副会长、公共采购分会会长蔡进在第十届全球采购（武汉）论坛暨采购博览会（公共采购2019年会）开幕致辞时说：“公共采购直接关系到党和政府的形象与公信力，社会关注度极高。”这就决定了公共采购必须讲究“规范”“合规”，必须追求阳光透明、公平公开。公共采购涉及政府和市场两种制度安排，对于公共采购来说，规范是根，创新是魂，发展是本。当前，公共采购领域也面临着制度完善、体制创新的问题，尤其是在经济全球化、中美贸易战背景下，要摆脱传统的狭隘采购思维，要守正创新，实现从“小采购”到“大采购”的跃升，树立供应链创新、供应链协同的理念。面对当前复杂多变的国际政治经济形势，如何全面、客观、真实地了解公共采购就显得十分重要。本综述从基本状况、主要成就、发展趋势几个方面试分析之。

一、公共采购基本定义

（一）公共采购的概念

公共采购，英文 public procurement，简称 P. P 或者 PP。公共采购的实质是采购，同时体现采购的公共性。“公共”一词最早出现在《史记·张释之冯唐列传》，“释之曰：‘法者天子所与天下公共也’”。这里的“公共”是指属于社会的，代表公有、公用的意思。采购中“采”是会意字，原指用手摘果子，延伸义为收集，引申为市场调查，寻找供应源。“购”意为用金钱交换。具体来讲，公共采购，是指公共主体为实现公共利益使用公共资金通过一定方式和程序获得工程、货物和服务的行为。联合国《公共采购示范法》认为：公共采购应当是一个从预算计划到绩效评估的闭环系统，是绿色的、可持续的发展过程。

从公共采购的定义中可以看出，公共采购由三大要素构成：一是公共采购主体。公共采购主体是指公共采购活动的实施者，在公共采购中享有权利或承担义务的当事人。它可以是政府、军事、事业、社会团体等公共机构，也可以是国有企业、基层自律组织、社会组织、国际组织等法人或非法人组织。二是公共采购客体。公共采购客体是指公共采购活动的对象，包括供应商及标的物。供应商是采购的公共产品和服务的提供者。公共采购标的物也是公共采购活动的对象。具体包括货物、工程和服务等。三是公共采购主客体的行为联系，如采购方式、采购方法和采购程序等。比如采购包括购买、租赁、委托或者雇佣等形式。

（二）公共采购与政府采购

公共采购与政府采购之间既有联系又有区别，两者起源密切相关，本质都是采购，内容有交融和渗透，但又有着明显的不同，两者的区别主要表现在以下四个方面。

一是定义不同。政府采购的重点是政府部门通过法定程序购买的过程；公共采购的重点是公共主体为实现公共利益使用公共资金提供公共服务的过程，更体现采购的主体、资金、目标、对象等内容。

二是范围和规模不同。一般意义上的政府采购不包括国有企业采购内容，国防军事采购也作例外处理。而公共采购既包括建设工程、货物、物料及日用品、服务甚至智力成果采购，也统筹军事、政府、立法、司法、社团及事业部门、国有企业、村居委员会、各类公共基金如慈善基金甚至非政府组织等公共组织采购。一般政府采购总量占 GDP 的 10% ~15%，但公共采购的规模和范围更大更广，公共采购总量一般占 GDP 的 20% ~30%。

三是性质意义不同。政府采购是政府主导型的采购，政府性占主要地位。公共采购是公共服务型的采购，公共性是其主要性质。“公共采购”概念在时代的先进性、理念的新颖性、外延的适用性和效果的广泛性等方面比“政府采购”概念更广。公共采购具有市场化、现代化、信息化和国际化的主要特征。公共采购总量庞大，概念规范，稳定有序，理念前瞻性和先进性强，作为一种直接手段和载体，对于研究中国经济、社会、文化和政治的意义重大。

四是能力不同。政府采购与公共采购具有不同的能力特征。比如，理论上政府采购可以包括招投标行为，但实践中工程一般由招投标制度统筹，两者存在交叉和现实冲突，需要理顺，政府采购与招标投标的互动与融合催生新理念，公共采购新模式迎合这样的理论与实践需要。再比如，在所有关于政府采购研究的论题中，政府采购法律关系性质是一个争论最多的问题。政府采购行为具有行政行为和民事行为的双重性质，其合同属性也一直纷争不清。而公共采购的实质是公共行为，其合同属性具有公共性，属于公共合同，应纳入公共法范畴，这不单是民事性或行政性的问题，在理论上可以归类解决许多学术争论。

二、公共采购的产生和发展

（一）我国公共采购的产生与发展

公共采购萌芽阶段。公共采购是随着商品交换活动的产生而产生的。公共采购萌芽阶段主要是在自然经济占统治地位的阶段，包括奴隶社会、封建社会和资本主义萌芽阶段。这个阶段的公共采购必然带着鲜明的时代特征：以银圆、铜钱向交子、纸钞转变；采购的内容主要是皇家及朝廷官府开支，盐、粮等日用品支出，水利、治灾、屯田等百姓公共福利开支以及粮草、武器等战争军饷开支；采购目的是满足统治职能需要，自身需求第一，公共需求第二，经济性支出较少。

公共采购初期阶段。公共采购初期阶段从新中国成立延续至今，经历了控购、招投标、政府采购和现代政府采购等过程。新中国计划经济时期，国家通过直接的行政手段控制集团购买力实现社会商品的需求平衡，这就是控购时期。改革开放以来，中国从西方引入招标投标制度，重大工程和进口设备都必须进行招标投标。20 世纪 90 年代中后期中国开始政府采购制度的探索，大量借鉴西方现代政府采购的理论与实践，结合中国实际，建立招标投标和政府采购法律制度。随着领域内制度、管理、政策等不断发展，有些交叉问题，或者新的趋势开始显现，招标投标与政府采购的互动与融合将形成一种新模式。国际金融危机为公共采购理念的出现带来契机。招投标与政府采购为公共采购的发展奠定了雄厚的基础。公共采购理论体系开始建立，实践逐步深入，但仍旧处于发展的初期阶段。

公共采购初期阶段的主要特征：一是以招标投标和政府采购制度为主要表现形式。二是采购规模发展速度快，总量大。三是法律体系建立，制度逐步完善。四是政府采购功能作用明显，政策功能也开始发挥作用。五是统一的公共采购体系如体制、制度和机制等开始酝酿建立。

公共采购发展阶段。尽管初级阶段已出现公共采购行为，但由于缺乏理论上的研究，对其的认识有限，实践中公共采购体系框架如体制、制度和机制还不健全，公共采购作用有限。况且理论的形成需要长期的酝酿、研究、争论、论证和统一的过程。因此，公共采购的发展应有一段相当长的过程，其主要包括以公共采购法为核心的统一法律体系建立健全、公共采购管理体制健全、公共采购电子化体系完善、公共采购职业化队伍健全的过程，公共采购理论达到新的高度，公共采购廉洁水平、法律意识、专业化水平大大提高。

（二）西方公共采购的起源与演进

综合分析，西方公共采购的起源与演进可以分为政府采购雏形阶段、政府采购发展阶段、政府采购与公共采购并进阶段。

一是政府采购雏形阶段。这是从 18 世纪末 19 世纪初到 1929—1933 年资本主义世界的经济大萧条前的一段时期。产业革命使财政收入大幅增加，财政支出即政府采购需要控制和规范。英国政府在 1782 年设立专门机构（文具供应局）管理投资建设项目和公共用品采购，并提出公开招标的要求。美国联邦政府自美国建国后就开始了对滥用财政资金的关注。1792 年起通过政府采购立法、公开招标和合同授予的程序规范、国防采购立法等法律制度规范政府采购行为。政府采购法律法规和管理制度开始建立。西方国家政府采购制度起源于自由市场经济时期。市场经济国家信奉“看不见的手”原理，市场是配置资源的绝对支配力量和方式。政府基本上不参与、不干预国民经济活动。政府直接承担的公共工程和物资采购十分有限。政府采购市场并不发达和完善。

二是政府采购发展阶段。从经济危机后、第二次世界大战至20世纪70年代中后期，经济危机给政府采购制度的发展与成熟带来特定的历史契机。特别是“二战”后，西方各国放弃自由经济，纷纷采取国家政府直接干预经济的措施，财政政策作为主要的政策手段，通过兴办公用事业大范围发展政府采购。政府采购从优化支出管理功能上升为国家调控经济的手段。政府采购主体也逐步由中央政府、地方政府向其他公共采购服务组织扩展。美国成为世界上政府采购法律体系和管理制度较完善的国家之一。美国政府采购法律制度遵循了竞争、透明和廉洁的思想原则。美国设立专门的联邦采购政策办公室和联邦采购管理委员会负责政府采购立法、制定采购政策和协调立法机构、采购委员会、产业界与法院部门之间的关系。欧盟的《货物采购指令》《公共工程采购指令》《公用事业采购指令》《公共服务采购指令》等法律体系的规范和开放性为欧盟各国经济一体化和政治一体化起到了促进作用，其日趋成熟和完善的政府采购制度为政府采购国际惯例的形成奠定了重要基础。

三是政府采购与公共采购并进阶段。从20世纪70年代中后期开始至今，主要特点是政府采购的国际化。政府采购国际化是伴随着国际贸易一体化和区域经济一体化而形成的。世界贸易组织《政府采购协定》、联合国贸易法委员会《货物、工程和服务采购示范法》和世界银行的《采购指南》这三部国际组织的采购规则共同构成了政府采购的主要国际规范，有效促进了政府采购市场的开放，也推动了国际贸易的开展。1996年1月1日生效的《政府采购协定》（GPA）是世界上第一个规定了政府采购方面各缔约国权利和义务的国际法律框架，设立了统一的国际标准，标志着政府采购国际化步伐的加快。由于政府采购本身的国家政策性和政府采购国际化的商事性原则相冲突，使协议签订后政府采购国际化、市场化和全球化的融合度明显不够。一些发达国家占据协议主导权，利用协议维护本国或小集团国家利益和排斥其他国家利益使GPA的发展成为一个新问题。1993年联合国贸易法委员会通过的《货物、工程和服务采购示范法》及其《立法指南》成为评价和借鉴各国政府采购的范本。联合国《公共采购示范法》代表了公共采购现代化的全球化特征。世界银行的《采购指南》是对国际复兴开发银行、国际开发协会和国际金融公司等向发展中国家提供贷款进行有效管理和监督而实施的采购规范指南。欧盟的《政府采购公共指令》、亚太经合组织的《政府采购非约束性原则》和北美自由贸易区关于政府采购的规定是最具代表性的区域性政府采购制度，共同促进区域内政府采购市场开放和制度发展。如亚太经合组织的《政府采购非约束性原则》要求各APEC成员最迟于2020年相互开放政府采购市场。

三、公共采购的基本特征、功能及作用

（一）公共采购的基本特征

一是客观性。公共采购是一种客观存在，普遍存在于公共组织环境中。只要公共组织存在和开展公共活动，该组织就处在一定的公共采购状态中，或者是采购前的准备状态如预算、计划、立项等，或者是采购中的执行状态如招标、谈判、询价等，或者是采购后的实施状态如合同订立、履约、验收、支付、绩效等。

二是公共性。公共采购具有公共性特征，主要体现在：必须遵循以公平为主兼顾效率的原则；公共采购使用的是公共资源，严格的自我监督和约束机制十分重要；公共采购受舆论、民众及国家权力等公共监督体系的高度监督；受政治权威、政治因素以及利益群体的影响较大；公共采购决策过程必须是民主、公平的公共选择过程；公共采购过程管理侧重规则、制度和程序等。公共采购的公共性包括公共采购主体的公共性、资金的公共性和采购行为目的的公共性。公共采购主体是公共组织，它代表着社会公众的共同利益，不以营利为目的。它通过法定的或被授予的公共权力，以管理社会公共事务、提供公共产品和公共服务、维护和实现公共利益为基本职责。公共组织采购时使用的是公共性资金，预算内、预算外、自筹资金甚至贷款、国外援助和捐赠等都属于这一范围。公共采购工程、货物和服务的目的，即取得采购标的物的所有权或使用权，都是为了服务公共利益。

三是廉洁性。廉洁性应当成为公共采购的本质特征之一。因为公共采购是为了实现国家和社会公共利益，具有公共性。其主体是为人民服务的，必须具有基本的道德和纪律要求。这也是当今时代发展现状的要求。

四是规范性。公共采购具有规范性特征，包括行为规范、法律规范、原则规范和政策规范。公共采购行为必须遵循一套完整的采购程序来完成；必须通过法律、法规、规章和制度对公共采购进行规范；公共采购实施过程中必须遵循廉洁、公开透明、公平竞争、公正信用等原则；公共采购必须体现国家政治经济、社会政策和公共市场的规范要求，特别是国家通过公共采购体现的宏观经济政策和市场调控手段的规范要求。

五是效益性。公共采购的目的是通过采购为公共组织所使用或向社会提供公共产品和服务。其提供的具体产品和服务必须体现价格合理、质量良好、服务优良和物有所值等效益要求。换句话说，就是通过对公共资金的节约和合理有效采购，使之为使用者或社会提供优质的公共产品和服务，实现公共利益目标。

六是广泛性，包括公共采购主体的广泛性和公共采购客体的广泛性。公共采购主体范围广泛，包括立法、司法、行政等国家机关及其实体、公有企事业、社会团体、国防军事、非营利性机构等公共组织。按照公共职能的不同也可以将公共采购主体区分为政治、经济、军事、文化和社会组织。公共采购的客体供应商及其标的物非常广

泛，凡是为公共组织本身和社会公共事务所提供的一切产品和服务及其供应商都应包括在内。供应商行业广泛，涉及个人及法人，涉及工程、货物及服务行业，涉及日用品、耗材和原料等行业。公共采购标的物无所不包，可以是有形的，也可以是无形的；可以是高价值的，也可以是低价值的；可以是民用的，也可以是军用的；可以是标准化的，也可以是非标准化的；可以是成品，也可以是原材料或半成品；可以是国产的，也可以是进口的。

（二）公共采购的功能

从政治、经济、社会角度，或者从个体、集体和总体角度，或者从行业、产业角度，或者从区域、国家、国际角度，不同维度来分析公共采购的功能，结果是不一样的。从政治上看，它具有保障国家和社会公共安全、治理公共腐败和合理配置公共资源及权益等功能；从经济上看，它具有促进经济增长、调节经济结构和区域均衡等功能；从社会上看，它具有提供社会民生公共产品和服务等功能；在国际化方面，它也有开拓国际市场和保护国内市场的功能作用。公共采购的功能不是单一的，而是具有多维性，它在不同层面甚至同一层面的不同部位表现出不一样的功能特征。综合来看，可以划分为以下三个层次。

（1）基础功能。这是公共采购所应具备的最基本的功能，即通过透明竞争信用原则采购到“价格合理、质量优良、服务良好”的工程、产品和服务。或者说物有所值（value for money），用通俗的话来说就是“价廉物美”。

（2）制度功能。公共采购制度是为规范政府采购行为而制定的法律制度和规则，公共采购制度化之后所形成的功能，称为制度功能，包括规范公共采购行为、增强公共采购透明度、提高公共资金使用效益、维护公共利益、保护公共采购当事人合法权益、促进廉政建设等。

（3）政策功能。指利用公共采购在市场中的规模效应，通过政策措施调节社会总需求，贯彻社会经济政策总目标。贾康认为，“实行政府统一采购，可以贯彻政府在总量调控和结构调节方面的意图，可以发挥稳定物价的调控作用，可以体现政府的某些特定政策”。公共采购的政策功能具体包括调节经济结构和调整产业结构、调节物价抑制通货膨胀、支持国货为主、促进自主创新、扶持中小企业、保护环境、反腐倡廉等。

（三）公共采购的作用

（1）公共采购制度是实现政府转型和廉洁政府的重要载体，是建立公共服务型社会的需要。公共采购制度创新是促进政府发展理念的转变以及政府转型的实际进程。公共采购制度的设计会对国家公共管理体制创新产生重要的影响，因为公共采购制度的建立是涉及深化行政管理体制改革、健全完善社会主义公共市场经济制度和实现社会民生政策目标的综合性改革。一般认为，“政务管理、经济调节与市场监管、社会管理与公共服务、生态环境保护”是政府的基本职能，而政府实现自身政务管理职能和为社会提供产品和服务主要通过公共采购制度，也就是说，由所有公共采购主体部门来承担这些重要职责。

（2）公共采购市场是健全和完善社会主义公共市场经济的重要力量。首先，公共采购市场是社会主义市场经济的重要组成部分，在公共市场中具有主体地位。公共采购总量大、范围广、涉及面宽，影响深远。若以中国 2019 年国内生产总值接近 100 万亿元，公共采购市场占 GDP 的 20% 以上的惯例计算，公共采购规模可达 20 万亿元以上。其次，采购主体范围广泛。它涉及所有政府、国有、公益等公共主体。再次，采购对象和类别丰富而广泛，几乎涉及所有市场交易标的，如工程、货物和服务等。最后，公共采购程序全面而复杂，从采购计划的制订、采购实施到合同的履行和支付评价等都囊括在内。公共采购作为政府与市场的紧密结合体，在清晰界定政府与市场的职能、灵活调控市场职能和建立规范诚信和稳定的市场体系方面起到重要作用，深刻影响社会主义公共市场经济。

（3）公共采购国际化对中国经济一体化和全球化发挥重大作用。中国加入 GPA 将推进中国公共采购制度国际化进程，也推动中国经济国际化进程，更是中国公共采购占据国际领先地位的重要过程。中国公共采购进一步走向国际化，要全面总结前期经验，对未来发展提供建议。中国的现代公共采购制度是从西方国家引进的，国际组织和主要国家的经验对中国政府采购和招标投标制度的建立和发展起到重要的借鉴作用。中国很可能在未来一段时间内加入 GPA，我国公共采购目前在价值取向、适用范围、采购方式、质疑程序等方面均与 WTO《政府采购协定》存在不一致。应适当采取扩展公共采购主体范围、完善供应商资格审查和供应行为制度、检讨现行的质疑投诉救济机制、调整法律法规规则等措施来适应中国加入 GPA 的需要。

第二节　公共采购主要成就

改革开放以来，中国公共采购前期发展成效显著。从招标投标制度来看，它在提高经济效益、培育市场体系、保证项目质量等方面起到积极的作用，从政府采购制度来看，它在规范政府采购行为、完善市场体系、提高资金使用效益、促进廉政建设和发挥政策功能方面也起到重要作用。具体体现如下。

一、公共采购法规政策制度体系基本形成

建立以《中华人民共和国招标投标法》（以下简称《招标投标法》）《中华人民共和国招标投标法实施条例》（以下简称《招标投标法实施条例》）法律法规为核心，部门规章、政策文件、制度办法为配套的法律法规政策制度体系。全社会依法招标投标

意识显著增强，招标投标活动纳入法制化轨道。建立以《中华人民共和国政府采购法》（以下简称《政府采购法》）《中华人民共和国政府采购法实施条例》（以下简称《政府采购法实施条例》）为统领，30 多个规章和规范性制度为配套的政府采购法律法规制度体系，为政府采购工作提供了制度保障。

2018 年以来，《招标投标法》修法取消了招标代理机构资格认定及相关规定，进一步激发市场活力和社会创造力；制定招标公告和公示信息发布管理办法，规范招标公告和公示信息发布活动，进一步增强招标投标透明度，保障公平竞争的市场秩序；发布必须招标的工程项目规定，施工单项合同估算价要在 400 万元人民币以上，提高招标规模和限额；编制并发布用于设备采购招标的《中华人民共和国标准设备采购招标文件》，进一步规范招标行为。取消工程建设项目招标代理机构资格认定，加强事中事后监管，各级住房城乡建设部门不再受理招标代理机构资格认定申请，停止招标代理机构资格审批。2019 年年底，制定进一步加强房屋建筑和市政基础设施工程招标投标监管的指导意见，包括夯实招标人权责、优化评标方法、加强招投标监管等 5 个方面的 17 项措施。国家发展改革委正式发布《中华人民共和国招标投标法（修订草案公开征求意见稿）》，重点针对排斥限制潜在投标人、围标串标、低质低价中标、评标质量不高、随意废标等问题，旨在切实转变政府职能，减少对市场主体，特别是民营企业，招投标活动的干预。

2018 年以来，制定了政府采购领域的质疑和投诉办法，进一步完善了供应商的救济制度；制定政府采购代理机构管理暂行办法，要求代理机构拥有不少于 5 名熟悉政府采购法律法规、具有编制采购文件和组织采购活动等相应能力的专业人员；中共中央、国务院推进全面实施预算绩效管理的意见，明确提出了要积极推进政府采购绩效管理。财政部等部委发布调整优化节能产品、环境标志产品政府采购执行机制，规定对于节能产品和环境标志产品，将依据品目清单和认证证书实施政府优先采购和强制采购；制定并运用政府采购政策支持脱贫攻坚的机制措施，规定农副产品及物业服务方面的采购应优先考虑贫困地区；修改《政府采购法》已成各方共识，政府采购法（修订）立法研究启动，发布政府采购信息发布管理办法，聚焦信息发布管理。

优化营商环境在公共采购领域取得突破进展。在工程项目招投标领域，国家发展改革委、住建部等八部门联合，决定在全国开展工程项目招投标领域营商环境专项整治。重点清理、排查违法设置的限制、排斥不同所有制企业参与招投标的规定；违法限定潜在投标人或者投标人的所有制形式或者组织形式，对不同所有制投标人采取不同的资格审查标准；设定企业股东背景、年平均承接项目数量或者金额、从业人员、纳税额、营业场所面积等规模条件等内容。

为构建统一开放、竞争有序的政府采购市场体系，财政部发布了《关于促进政府采购公平竞争优化营商环境的通知》（财库〔2019〕38 号），明确了促进政府采购领域公平竞争、优化营商环境六大相关事项，严格落实《中华人民共和国政府采购法》等相关法律法规的要求，依法保障各类市场主体平等参与政府采购活动的权利。要全面清理政府采购领域妨碍公平竞争的规定和做法；严格执行公平竞争审查制度；加强政府采购执行管理；加快推进电子化政府采购；进一步提升政府采购透明度；完善政府采购质疑投诉和行政裁决机制等。

二、公共采购范围和规模不断扩大

招标投标领域不断拓展，从20世纪80年代对部分建设项目试行，到目前在投资建设领域广泛应用；从单纯的工程建设，逐步拓展到工程、货物和服务的各个领域。住建部发布了《2018年工程招标代理机构统计公报》，数据显示，2018年工程招标代理机构的营业收入总额为4520.38亿元，比2017年增长98.52%，其中，工程招标代理收入950.35亿元；工程监理收入495.43亿元，工程造价咨询收入591.78亿元，工程项目管理与咨询服务收入791.95亿元，其他收入1690.86亿元。

政府采购范围和规模不断扩大，经济效益和社会效益大幅提高。政府采购范围呈现类别多元化、资金来源多元化特点。合同能源、云计算服务、科技创新、公益性强、关系民生的采购项目不断纳入政府采购。政府采购规模增长迅猛，由2002年的1009.6亿元到2018年的35861.4亿元，年均增长率远远超过经济增长水平，政府采购资金年节约率在10%以上。2018年全国政府采购规模较上年增长11.7%，占全国财政支出和GDP的比重分别为10.5%和4%，其中货物、工程类采购规模增长平稳，服务类采购规模增长迅速；集中采购占比继续下降，分散采购占比持续上升；公开招标采购仍占主导地位，单一来源采购占比有所下降。政府采购的政策功能进一步显现。

2019年，据公共资源交易报告显示，我国公共采购交易总量超过75万宗，总体规模达35万亿元。

三、公共采购电子化进入新的发展阶段

电子采购是公共采购发展的必然趋势，是提高公共采购效率和透明度的必然要求。我国高度重视公共采购电子化工作。

2015年3月实施的《政府采购法实施条例》第十条规定：国家实行统一的政府采购电子交易平台建设标准，推动利用信息网络进行电子化政府采购活动。在财政部2015年的政府采购工作要点中，也明确要求“大力发展电子交易，推进中央政府采购电子卖场建设”。

2016年7月，财政部批复同意《浙江省政府采购电子卖场试点工作方案》，要求建立零星采购便捷高效的采购和供给渠道，探索政府采购反向竞价模式，研究建立电子卖场与社会电商的价格联动机制，实现政府采购质量、价格、效率的统一。

2017年全国政府采购工作会议，财政部副部长刘伟提出，要加快实施“互联网+政府采购”行动，大力发展电子化采购，充分应用云计算、大数据等新技术、新业态，

建设“全国一张网”的政府采购电子卖场，推进政府采购管理交易系统与第三方交易平台互联互通、信息共享，解决目前“信息孤岛”“协同不足”的问题。

2018 年 11 月，习近平总书记主持召开中央全面深化改革委员会第五次会议，会议通过了《深化政府采购制度改革方案》。会议指出要加快形成“技术支撑先进的现代政府采购制度”。政府采购与互联网深度融合进一步推进，区块链、云计算、大数据、物联网等新技术、新业态、新模式在政府采购领域的应用开始出现。

2015 年以来，政府采购电子化在“互联网 +”的政策推进下，全国各地的电子化工作取得较大进展，北京、上海、浙江、广东、福建等地走在了全国的前列。许多地区建立了电子商城或者电子卖场；有的地区建立了多层次、多方式和多内容的电子采购系统，实现了政府采购管理与执行的电子化，系统功能日趋完善。有的地区电子化系统覆盖采购全流程，从预算、审批、采购、支付、信息发布到供应商和商品库管理、专家管理，再到电子招投标、电子评标等。

2012 年 2 月 1 日起施行的《招标投标法实施条例》中明确规定“国家鼓励利用信息网络进行电子招标投标”。2013 年 2 月 4 日，国家八部门联合发布《电子招标投标办法》。《电子招标投标办法》规范了电子招标投标系统的架构、功能、信息共享、交易安全及监督管理、技术保障等要求，为电子招投标活动的开展提供了制度保障。

2015 年 7 月，国务院发布《关于积极推进“互联网 +”行动的指导意见》（国发〔2015〕40 号）。2017 年 2 月，国家发展改革委等六部门联合发布了《“互联网 +”招标采购行动方案（2017—2019 年）》（以下简称《方案》）。《方案》提出各类信息平台要互通互联、共享资源，为招投标行业向全流程信息化、智能化转型指明了路径和方向。

2015 年 7 月，国家发展改革委启动实施了电子招标采购创新试点方案，部署了 9 个城市的政府综合监管服务部门，中国招标投标协会选择了 43 个企业电子交易平台进行试点。国家建立招标投标公共服务平台，一期项目合计 12 类 40 个公共服务平台于 2016 年 6 月建成并相继投入市场运行。截至 2018 年年底，全国电子招标投标系统各类平台大约有 2000 多个，覆盖了 31 个省市区和 24 个行业。

电子化政府采购的发展充分利用和发挥了电子化的效率、便捷、成本、留痕之优势；体现了政府采购透明、竞争、信用、效益的原则；也进一步实现了政府采购满足价格和质量要求和物有所值的价值目标。当前，政府采购电子化系统发展正进入一个新阶段，新阶段的实践中存在着两种不同的系统。一种是全流程电子化系统，它是以品目或项目形式涵盖招标、谈判、磋商和询价等所有采购方式的电子化系统，公开招标和采购限额以上为其主要特征，主要实现招标、投标、评标的全流程电子化。另一种是目录以内，限额以下的政府采购电子化系统，有的叫电子商城、电子集市、网上商场，有的叫电子卖场、网上中介超市等。比如中央国家机关网上商城，安徽的“徽采”商城，浙江称之为“政采云”，即政府采购云计算平台。除了这两类系统之外，市场上还存在着各种适应采购人需要的系统，比如专注于工程项目的电子招标投标系统；专注于政府购买服务和服务类采购的市场化电子系统；专注于科学仪器设备的高校科研采购系统；专注于医药设备及药品采购的电子系统等。不过相对于企业采购电子化、智能化实践，政府或公共市场采购还处在采购合规性阶段，处在甲方乙方阶段，它们是相互独立的主体，而不是协同关系。随着采购主体责任的落实，采购内部控制制度的健全，采购绩效评价能力的提升以及采购信用体系的建立，采购人对采购的专业性、服务性要求进一步提升，特别需要品目齐全、方式多样、能满足采购人需求的全生态、全生命周期的电子化采购系统。

四、公共采购的改革开放和国际化进程不断加快

2018 年 11 月，习近平主席主持召开中央全面深化改革委员会第五次会议，审议通过了《深化政府采购制度改革方案》。会议指出，深化政府采购制度改革要坚持问题导向，强化采购人主体责任，建立集中采购机构竞争机制，改进政府采购代理和评审机制，健全科学高效的采购交易机制，强化政府采购政策功能措施，健全政府采购监督管理机制，加快形成采购主体职责清晰、交易规则科学高效、监管机制健全、政策功能完备、法律制度完善、技术支撑先进的现代政府采购制度。随后，财政部、各省市相继出台了具体改革实施方案，包括：夯实采购人主体责任；构建绩效型政府采购机制；加强政府采购信息技术建设；推进政府采购市场营商环境建设；建立完善的现代政府采购制度，实现政府采购治理体系和治理能力。

2007 年年底中国启动了加入 GPA 谈判，参加了 APEC 政府采购专家组、联合国贸易法委员会政府采购工作组会议，并以观察员身份参加 WTO 政府采购委员会活动。中国先后与欧盟、美国、澳大利亚、新西兰和韩国等国家和地区开展政府采购对话、磋商或谈判。2018 年 4 月，习近平总书记在“博鳌亚洲论坛”上明确表示中国将加快加入《政府采购协定》（GPA）进程，向国际社会表明了我国加入 GPA 的政治意愿，体现了我国加入 GPA 的决心和扩大开放的诚意。2018 年 7 月 7 日，第七次中国—中东欧国家领导人会晤在保加利亚索非亚举行，李克强总理出席会议，与会各方共同发表成果文件《中国—中东欧国家合作索非亚纲要》，其中提道：“各方认识到政府采购程序开放、透明、非歧视的重要作用。各方支持中国加入世界贸易组织《政府采购协定》。”2018 年 11 月，中欧政府采购对话在北京举行，就中国加入 GPA 路线图开展了磋商，并达成了初步共识。2019 年 10 月 20 日，经国务院批准，财政部经由我国常驻世界贸易组织（WTO）代表团，向 WTO 提交了中国加入《政府采购协定》（GPA）第 7 份出价。本次出价首次列出军事部门，增加了 7 个省，出价范围涵盖了除自治区外的 26 个省和直辖市，新增了 16 家国有企业和 36 所地方高校，同时增列了服务项目，调整了例外情形。这份出价是我国加快加入 GPA 谈判进程的重大举措，充分展现了我国扩大开放的形象，表明了我国加入 GPA 的诚意和维护多边贸易体制的决心。

第三节　公共采购发展方向

广大公共采购行业工作者都十分关心，公共采购能否形成相对成熟的制度体系。对于公共采购的发展和前景，我们要以客观科学的角度来看待。一项制度要成熟推广，得考虑以下三个条件。一是理论上成熟。制度本身能形成基础理论、管理理论和发展理论，理论体系相对健全完善。二是实践上行得通，且形成共识。实践上有一套行之有效的管理监督、执行运行体系，制度在实践中要达成各方共识，同时适合国家政策和时代发展的趋势。三是在国际上有影响，且形成国际惯例。或者这项制度是国际所普遍实施的，在顺应中国实际情况的同时，通过实践总结和理论提升形成国际惯例。或者以中国特色实践为基础，结合国际领域内的实践，形成具有一定独特性的制度，并能逐步影响世界制度的发展，引领国际舞台。

可以说，如同建立现代政府采购制度、公共资源交易制度一样，公共采购制度体系的建立和完善需要相当长时期，需要广大公共采购工作者的不断努力；需要我们对公共采购、政府采购、招标投标、公共资源交易等的理论、实践内容有充分的认识和精准的把握；需要我们正视推进公共采购制度发展中存在的困难和问题。当前，各界对公共采购的认识有待提高，法律、标准、监督等基本制度有待完善，专业化能力有待提升，国际交流与发展能力亟须加强，信息技术利用程度不高等方面制约着公共采购的发展与创新。

我们欣喜地看到，目前世界银行“营商环境报告”小组正在研究制定更加完善的公共采购指标。该指标旨在评估全球多国多地区公共采购的效率、质量、透明度、完整性以及问责机制。在国际上，公共采购已经成为国际话题，形成相对普遍的共识。在国家法律和政策层面，政府、市场、社会等不同领域内的公共采购政策协同不断推进，公共采购功能不断发挥作用。在国内制度改革层面，从 2015 年以来的公共资源交易平台整合，到 2019 年的深化公共资源交易平台整合共享，政府采购与招标投标在制度建设、监管方式、运行机制等方面逐步互动与融合，引发业界对公共采购新模式的思考。在社会行业层面，各界特别是国有企业，对公共采购的认同感越来越高。在中国加入 GPA 的最新谈判进程中，第 7 次出价清单涵盖 16 家国有企业。中国物流与采购联合会公共采购分会制定国有企业采购操作规范和管理规范团体标准，影响力大，认同度高。公共采购正以积极、健康、昂扬的姿态迈向新的阶段。

2019 年可以称为“公共采购元年”，国际、国内、市场与社会对公共采购的认识更加深刻，业务推进获得感强。公共采购制度是中国特色社会主义经济制度的主要内容之一，是国家治理体系和治理能力的重要内容，它体现公共理念、探求公共价值、履行公共责任、强化公共需求，需要大家集中智慧，共同推进公共采购制度创新。推进公共采购制度创新要把握以下几个方面。

一、充分利用中国加入 GPA 的机遇和优势

中国正进入 GPA 谈判的关键阶段。专家学者就中国加入 GPA 早有深刻的论述和认识。刘慧教授认为“加入 GPA 是我国政府对国际社会的郑重承诺”“真正做好前期研究和准备工作，可以化不利为有利”。陈凤英研究员认为“中国加入 GPA，或者说中国政府采购的国际化，这一过程事实上对中国政府的变革、转型和廉政都提出更高要求。无论对中国自身或是世界而言，都是市场商机，是一次发展与进步。这次变革的核心首先是理念的变革：政府采购必须市场化，最后必须走向国际市场，即国际化。所以这是一次深刻的变革”。从历史经验来看，中国加入 WTO 推动了中国行政审批制度的改革，同样，中国加入 GPA 必将推动本国政府采购制度的创新与转型。所以这并不意味着我们完全调整好制度并适应了政府采购国际化的需要，而是对 GPA 充分了解，明晰利弊之后作了一定的加入准备。这些准备至少应包括：一是对中国政府采购与招投标制度运行情况有了一定的总结，并且对改革方向及路径清晰把握，如法律调整、体制创新、机制完善等。二是充分认识到 GPA 注重商事性而非政策性功能，即 GPA 重在保证供应商的竞争公平性，反而要削弱国家政策对政府采购的保护。这就需要我们深刻认识到即使加入 GPA 也能充分利用政府采购政策性功能为本国经济社会发展和利益服务。三是加入 GPA 后对一些可能出现的问题有预测及应对机制，如建立由于利益、政策及语言文化差别使外国公司进入中国政府采购市场后出现较多的政府采购纷争的处理机制。这就要求中国政府部门加入 GPA 前积极应对及完善市场环境。四是通过对加入 GPA 谈判不断改进方法及总结经验，化被动为主动，适时派人员加入世界贸易组织政府采购委员会，为加入 GPA 后取得国际话语权做准备。

二、树立正确的公共采购发展观

对公共采购的认识决定它的行为方式，也有助于这项事业的发展。公共采购的公共性是它的本质特征，它是主体的公共性、空间的公共性、资金的公共性、服务的公共性、利益的公共性、责任的公共性的综合表现。这一本质特征能伴随公共采购不断成长并成为它生命力的象征，博大且深远。公共采购的现代化、信息化和国际化同样是它的主要特征，特征丰富的内延和外展将有利于公共采购的发展创新；公共采购所具有的公平、正义、信用、透明、规范和廉洁等优良品质，将成为社会主义公共市场经济的重要载体，焕发光芒。

公共采购与政府采购、招标投标、公共资源交易并不相互排斥，而是协同合作、共存共享的关系，它们都是新发展理念下经济高质量发展的助推器。经济高质量发展离不开公共采购的创新驱动，可以建立起以公共采购新技术、新产品、新服务等为核心内容的公共采购新优势，重视要素禀赋和资源优化配置，将公共采购创新转化为经

济与社会发展的内生动力。公共采购协调发展是经济高质量发展的重要特征，将公共采购规模总量扩张向内生结构优化转变，立足公共采购整体质量提升，融合化解政府采购与招标投标的历史性、长期性和复杂性问题，实现公共经济发展结构不断优化、效益不断提高、抗风险能力和可持续性不断增强。公共采购绿色发展是经济高质量发展的基本要求，在公共采购的方式和机制上注重绿色环保，在采购与供应模式上注重生态环保、绿色健康，在要素驱动和资源利用上实现高生态，实现公共采购资源、环境、生态与经济社会之间的相互吸纳依存、共生共荣。通过推进公共采购制度改革创新，助推经济高质量发展，最终实现公共采购共享发展，这也是经济高质量发展的根本目的。

三、创建良好的公共采购制度环境

公共采购的发展需要良好的法律制度环境和健全的公共采购法律制度体系。当前，公共采购领域法规政策制度体系基本形成，但也存在法律规定重叠交叉、法律主体责任不清晰、监督惩处责任机制不健全等问题。公共采购法律制度体系建设需要整体推动和规划，初期可以根据深化放管服、营商环境和“互联网＋”等改革创新实际要求，抓紧修改《招标投标法》和《政府采购法》，建立管理机制、运行机制、监督机制、救济机制相统一的法律制度体系，法律目标和执行路径趋同；中期可以结合政府与市场的关系、采购与招标的本质及发展趋势、国际与国内实践和认同等形势，建立现代政府采购法律制度框架，市场化招标投标由市场竞争机制自发实现，政府性资金支出类招标投标逐步进入现代政府采购制度内容，形成国际上认同、理论上成熟、实践中运行科学的制度体系。在现代政府采购法律制度运行成熟时期，开始建立公共采购法律制度体系。创新制定《公共采购法》，体现公共采购的基本原则、精神和核心、政策功能，确立公共采购的体制、制度和机制以及罚则等，形成符合形势、规范科学、统一有序的公共采购法律制度体系。

公共采购发展需要良好的管理和业务制度环境。公共采购是政府与市场的有机结合，需要有效界定政府与市场的关系，明确公共采购的监督管理职能。党的十九届四中全会报告提出，要“优化政府职责体系，推进机构、职能、权限、程序、责任法定化，使政府机构设置更加科学、职能更加优化、权责更加协同”。实现公共采购监督管理职能是政府职权法定、优化职责体系的必然要求。最重要的是如何统一协调、理顺和规范好政府采购与招投标管理监督职能。在深化改革和行业发展趋势影响下，结合国际惯例和现实需求，将政府采购管理职能与工程建设项目招投标管理职能逐渐融合是可行的，关键是要提升思想认识，树立现代监管职能理念，主动分清两者的管理范围，解决部门间职责交叉的问题。可以将工程建设项目的招投标管理职能集中，由一个独立的部门行使管理权。有条件的地区可以利用深化公共资源交易平台整合和综合监督体制制度改革优势，设立独立管理部门行使工程货物和服务管理职能，管理职能的重点是政策法规制定、管理采购人（业主或招标人）、管理公共资源交易中心/集中采购机构、管理社会代理机构、规范供应商和评审专家的主体行为、规范工程货物服务的采购需求和程序、培训、救济和监督等工作。

在公共采购执行层面，可以建立以集中采购机构为主、社会采购代理机构为辅的公共采购执行体系。建立完善公共采购运行机制，有四大重点。一是一个公共采购项目要全过程的执行和控制，要以项目管理和项目采购管理的理念来开展具体采购工作。需要对一个公共采购项目从采购预算到采购履约再到支付的整体行为进行规范，必须由一个专职机构履行职权，独立实施，承担责任，特别是关键环节如招投标或评审环节不能被剥离出去。二是明确采购权，体现采购权利、义务、责任相对等。可适当修改完善评审机制，减少专家自由裁量权。专家评审决策作用转为专家技术咨询和建议作用。在前期方案制订、采购文件制作、采购评审、履约验收等阶段都可以聘请专家介入。三是采购内部程序规范、透明，所有采购业务流程必须有标准化、规范化的范本。一个专业采购机构，其市场调查、供应商管理、采购文件制作、采购评审决策、合同管理、履约验收、支付及资产管理等必须适当分离，相互制约。必须根据项目性质制定相应的需求书规范、采购文件规范、投标文件规范、评审规范、合同规范、履约验收规范等。采购需求不应由供应商制订方案，而是需要行业协会、专家、专业代理机构、咨询公司等专业力量介入，保证公平、具体和完善。四是有些采购类别如自主创新产品采购、小额通用设备采购、物料仓储采购等可以采用创新采购方式，以公开、竞争优先、提高效率、优化流程、注重实效为要求和原则。

公共采购发展需要良好的政策制度环境。在公共采购体制健全、制度完善和运行机制协调通畅下，公共采购的政策功能将发挥重大作用。具体来讲，就是通过政府采购规模和政策引导及制定规则，实现调节经济总量、调整经济结构；通过绿色采购实施环境保护、节能减排政策，建设环境友好型社会；通过给予适当优惠和优先，对新农村、经济欠发达地区和少数民族地区等实施政策倾斜，促进社会和谐；通过规定中小企业在政府采购中的市场份额和优惠政策，增加就业，扶持中小企业发展；通过采购国货保护本国企业；通过优先采购企业自主创新产品和节能环保产品，提升企业核心竞争力，促进产业结构和产品结构调整；通过利用先进信息技术开展公共采购，实现公开透明、公平竞争、诚实信用，能从源头上防止腐败，保护干部，为建立廉洁政府和公平正义社会发挥导向作用，为“十四五”规划提出的政府转型、经济转型和社会转型积极发挥作用。

四、不断推进公共采购发展与创新

公共采购事业需要各方主体的共同努力，不断推进公共采购发展与创新，加强公共采购领域示范引领。中国公共采购发展报告应该在理论指引、实践创新、行业总结和趋势发展方面发挥作用；在深化政府采购制度改革、两法修改、营商环境、新技术应用等方面提出独立创新观点；在制定国有企业采购操作与管理、公共部门服务项目采购、国有企业电商化采购等标准规范基础上，制定公共采购程序、公共采购管理、公共采购电子化、公共采购数据等标准规范，大力发挥行业团体标准规范作用。可以加强公共采购数据的统计、分析和应用，建立相关理论与实践模型，发布行业公共采购指数，引领公共采购趋势发展，为国家、行业、产业和政府、市场、社会主体提供参考借鉴。可以在典型案例总结和年度先进示范的基础上，挖掘行业潜力、趋势和热点、重点、难点，不断推进行业发展与创新水平。可以提高会议论坛和课题研究专业水平，进一步提升公共采购影响力。可以通过各种形式，建立公共采购教育培训知识体系，加强公共采购专业能力建设，提升行业整体水平。可以推进行业协会与公共采购国际组织、区域组织、各国采购行业的合作与交流，进一步加强公共采购行业国际化。

（作者：黄冬如，中国物流与采购联合会公共采购分会专家委员会副主任、广东财经大学公共采购研究中心主任）

第二章　公共采购政策环境

2019年，为了紧密结合国家改革，实现宏观经济结构调整和脱贫攻坚的目标，国务院组织财政部、国家发展改革委等各个所属部门出台了多项公共采购新政策，不断优化完善行业政策环境。

第一节　政府采购

一、加强政府采购管理的政策

2019年1月7日，财政部发布《关于中央预算单位政府集中采购目录及标准有关问题的通知》，中央预算单位2019年政府集中采购目录、分散采购限额标准及公开招标数额标准，暂仍按《国务院办公厅关于印发中央预算单位2017—2018年政府集中采购目录及标准的通知》（国办发〔2016〕96号）执行，待《深化政府采购制度改革方案》印发后再行调整。2019年1月8日财政部发布关于《政府采购公告和公示信息发布管理办法（征求意见稿）》向社会公开征求意见的通知。2019年1月10日财政部出台《中央行政事业单位国有资产配置管理办法》。目的主要是落实预算法和深化财税体制改革的要求，促进党政机关厉行节约，进一步规范和加强中央行政事业单位国有资产配置管理，推进资产管理与预算管理相结合。

2009年4月13日，国务院办公厅印发《国务院办公厅关于进一步加强政府采购管理工作的意见》。该意见指出，近年来，各地区、部门认真贯彻落实《中华人民共和国政府采购法》，不断加强制度建设、规范采购行为，政府采购在提高资金使用效益、维护国家和社会公益以及防范腐败、支持节能环保等方面取得了显著成效。但是，个别单位规避政府采购、操作执行环节不规范、运行机制不完善、监督处罚不到位等问题仍然比较突出，违反法纪、贪污腐败的现象时有发生，造成财政资金的损失和浪费。为切实解决这些问题，经国务院同意，国务院办公厅提出以下意见：①坚持应采尽采，进一步强化和实现依法采购。②坚持管采分离，进一步完善监管和运行机制。③坚持预算约束，进一步提高政府采购效率和质量。④坚持政策功能，进一步服务好经济和社会发展大局。⑤坚持依法处罚，进一步严肃法律制度约束。⑥坚持体系建设，进一步推进电子化政府采购。⑦坚持考核培训，进一步加强政府采购队伍建设。

2019 年 8 月 30 日，财政部发布《关于 2019 年开展全国政府采购代理机构监督检查工作的通知》。为深入落实《深化政府采购制度改革方案》要求，依法加强和完善政府采购监督管理工作，规范政府采购代理机构执业行为，进一步优化政府采购营商环境，财政部决定从 2019 年 10 月起组织开展全国政府采购代理机构监督检查工作。

2019 年 12 月 11 日，中华人民共和国财政部令第 101 号《政府采购信息发布管理办法》颁布，自 2020 年 3 月 1 日起施行。财政部 2004 年 9 月 11 日颁布实施的《政府采购信息公告管理办法》（财政部令第 19 号）同时废止。

二、促进节能环保的政策

2019 年 2 月 1 日，财政部、发展改革委、生态环境部和市场监管总局联合发布《关于调整优化节能产品、环境标志产品政府采购执行机制的通知》。为落实“放管服”改革要求，完善政府绿色采购政策，简化节能（节水）产品、环境标志产品政府采购执行机制，优化供应商参与政府采购活动的市场环境，就节能产品、环境标志产品政府采购有关事项发布通知。内容主要包括：①对政府采购节能产品、环境标志产品实施品目清单管理。②依据品目清单和认证证书实施政府优先采购和强制采购。③逐步扩大节能产品、环境标志产品认证机构范围。④发布认证机构和获证产品信息。⑤加大政府绿色采购力度。

2019 年 3 月 15 日，市场监管总局办公厅发布《关于扩大参与实施政府采购节能产品、环境标志产品认证机构范围的通知》。目的主要是深入落实“放管服”改革要求，确保节能产品、环境标志产品政府采购执行机制平稳过渡和有效运行。2019 年 3 月 29 日财政部和生态环境部联合发布《关于印发环境标志产品政府采购品目清单的通知》。

2019 年 4 月 2 日，财政部和发展改革委联合发布《关于印发节能产品政府采购品目清单的通知》。2019 年 4 月 3 日市场监管总局发布《关于发布参与实施政府采购节能产品、环境标志产品认证机构名录的公告》，自公告发布后，新增认证机构需要尽快完成政府采购认证信息系统对接，对接完成后方可开展相关认证工作。

三、配合支持国家脱贫攻坚的政策

2019 年 4 月 15 日，财政部和税务总局发布《关于公共租赁住房税收优惠政策的公告》。

2019 年 5 月 27 日，财政部和国务院扶贫办发布《关于运用政府采购政策支持脱贫攻坚的通知》。内容主要包括：①充分认识运用好政府采购政策对打赢脱贫攻坚战的重要性。②鼓励采用优先采购、预留采购份额的方式采购贫困地区农副产品。③鼓励优先采购聘用建档立卡贫困人员物业公司提供的物业服务。④建立健全保障措施。

2019 年 8 月 5 日，财政部、国务院扶贫办、供销合作总社联合出台《政府采购贫困地区农副产品实施方案》。

四、优化营商环境的政策

2019 年 3 月 7 日，财政部出台《关于推进政府和社会资本合作规范发展的实施意见》。在公共服务领域推广运用政府和社会资本合作（PPP）模式，引入社会力量参与公共服务供给，提升供给质量和效率，是党中央、国务院作出的一项重大决策部署。为贯彻落实中央经济工作会议和全国财政工作会议精神，有效防控地方政府隐性债务风险，充分发挥 PPP 模式积极作用，落实好“六稳”工作要求，补齐基础设施短板，推动经济高质量发展，出台此意见。内容主要包括：①牢牢把握推动 PPP 规范发展的总体要求。②规范推进 PPP 项目实施。③加强项目规范管理。④营造规范发展的良好环境。⑤协同配合抓好落实。

2019 年 7 月 26 日，财政部发布《关于促进政府采购公平竞争优化营商环境的通知》。为贯彻落实中央全面深化改革委员会审议通过的《深化政府采购制度改革方案》和《国务院办公厅关于聚焦企业关切进一步推动优化营商环境政策落实的通知》（国办发〔2018〕104 号）有关要求，构建统一开放、竞争有序的政府采购市场体系，就促进政府采购领域公平竞争、优化营商环境相关事项发布此通知。主要内容包括：①全面清理政府采购领域妨碍公平竞争的规定和做法。②严格执行公平竞争审查制度。③加强政府采购执行管理。④加快推进电子化政府采购。⑤进一步提升政府采购透明度。⑥完善政府采购质疑投诉和行政裁决机制。

五、促进科研创新的政策

2019 年 1 月 8 日，财政部、科技部联合出台《中央级新购大型科研仪器设备查重评议管理办法》。目的主要是规范中央级新购大型科研仪器设备查重评议工作，减少重复浪费，促进资源共享，提高财政资金的使用效益。2019 年 1 月 22 日科技部和财政部发布《关于进一步优化国家重点研发计划项目和资金管理的通知》。为充分激发科研人员创新活力、切实减轻科研人员负担，就国家重点研发计划组织实施有关问题补充此通知。

第二节　工程招标投标

一、《必须招标的工程项目规定》

2018 年 3 月 27 日，国家发展和改革委员会发布《必须招标的工程项目规定》（国家发展和改革委员会令第 16 号）（以下简称《16 号令》）。《16 号令》明确了必须招标的工程项目的具体范围和规模标准，规范招标投标活动，提高工作效率、降低企业成本、预防腐败。以问题为导向，从解决问题的角度，《16 号令》对以下几个关键问题进行了修订和完善。

（一）民间资本投资项目是否需要招标的问题

仅从资金来源的角度去考察和把握民间资本投资项目是否需要招标，是失之偏颇的。民间资本投资项目是否需要招标的问题，需要从项目性质、资金来源两个角度进行考量：首先，应考察项目的性质。若该项目属于《招标投标法》第三条规定的“关系社会公共利益、公众安全的项目”，不论该项目资金来源于何处（即使是全部来源于民间资本），该项目应当招标。其次，若该项目不属于“关系社会公共利益、公众安全的项目”，则需要进一步考察其资金来源，如果全部来源于民间资本的，则该项目无须招标；如果部分来源于民间资本、部分使用《16 号令》第二、第三条所规定资金的，则该项目仍然需要招标。

（二）理解和把握“该资金占控股或者主导地位”的问题

《16 号令》第二条第（二）项规定，全部或者部分使用国有资金投资或者国家融资的项目包括“使用国有企业事业单位资金，并且该资金占控股或者主导地位的项目”。如何理解和把握“该资金占控股或者主导地位”的问题。根据《中华人民共和国公司法》第二百一十六条规定，“该资金占控股或者主导地位”是指国有资金占有限责任公司资本总额 50% 以上或者国有股份占股份有限公司股本总额 50% 以上；另外，虽然国有资金或者国有股份的比例不足 50%，但依出资额或者所持股份所享有的表决权可以对股东会、股东大会的决议产生重大影响的，或者国有企事业单位通过投资关系、协议或者其他安排，能够实际支配公司行为的，也属于国有资金占控股或者主导地位。

理解和把握“该资金占控股或者主导地位”，还需要注意以下两方面：一是国有资金的比例应当是项目资金来源中所有国有资金之和；二是国有企事业单位的自有和自筹资金均属于国有资金。

（三）理解和把握“确有必要、严格限定”的问题

由于定性“关系社会公共利益、公众安全”从立法理论到行政管理实践的复杂性，《16 号令》没有对“关系社会公共利益、公众安全的项目”的具体范围作出规定，只是在第四条中提出：“……关系社会公共利益、公众安全的项目，必须招标的具体范围由国务院发展改革部门会同国务院有关部门按照确有必要、严格限定的原则制订，报国务院批准。”

但可以预料，即便是属于“关系社会公共利益、公众安全的项目”，必须进行招标项目的范围也将会根据“确有必要、严格限定”的原则大幅度缩减，以回应社会各界的期待。

理解和把握“确有必要、严格限定”的问题，至少需要从以下几点考虑。

（1）“关系社会公共利益、公众安全”的程度，需要考虑是直接关系还是间接关系。如果只是间接关系社会公共利益、公众安全，那么范围过于宽泛，不应招标。

（2）项目建设规模等具体情况。如果项目直接关系社会公共利益、公众安全，但项目建设规模不大，那么招标的必要性不足。

（3）项目建设是否具有特殊性。以下项目则不宜招标：虽然直接关系社会公共利益或公众安全，但施工时间紧迫，客观上不允许按部就班地进行招标（如抢险工程）的项目；涉及国家秘密和国家安全的项目；必须使用特定专利、专有技术，潜在投标人数量不足的项目。

（四）对招标的具体范围和规模标准作出更为严格规定的问题

原国家发展计划委员会发布的《工程建设项目招标范围和规模标准规定》（第3号令）（以下简称旧《规定》）第十条提出“省、自治区、直辖市人民政府根据实际情况，可以规定本地区必须进行招标的具体范围和规模标准，但不得缩小本规定确定的必须进行招标的范围”的规定，在《16号令》中并未出现。那么，如何看待对招标的具体范围和规模标准作出更为严格规定的问题？

第一，各省、自治区、直辖市立法机关、政府机关不得对招标的具体范围和规模标准另行制定地方性法规、政府规章或规范性文件。根据《中华人民共和国立法法》，地方性法规、政府规章或规范性文件均不得违反法律和行政法规（上位法）的相关规定。《16号令》虽然是以国家发展改革委令的名义发布，但系依照《招标投标法》第三条授权制定且经国务院批准的，其法律地位等同于国务院行政法规。如果各省、自治区、直辖市对招标的具体范围和规模标准另行制定地方性法规、政府规章或规范性文件，就会出现扩大、缩小招标范围或提高、降低规模标准的情况，均有悖于上位法。

第二，国有企业等民事主体在进行工程项目招标时，可根据其内部规章制度自主降低招标的起点金额。比如，某企业可以将单项合同估算价在100万元人民币以上的施工工程或单项合同估算价在30万元人民币以上的重要设备、材料等货物的采购，通过招标的方式进行交易。从法律性质的角度，工程招投标是一项民事活动，判断民事主体进行相关活动的法律效力，应以“法无明文禁止即可为”为基本准则，所以，国有企业等民事主体在进行工程项目招标时，按照其内部规章制度降低招标项目起点金额，属于自主扩大招标范围的性质，并不违反相关法律和行政法规的规定。

（五）项目招标应当采取什么招标方式的问题

旧《规定》第九条第（一）项提出“依法必须进行招标的项目，全部使用国有资金投资或者国有资金投资占控股或者主导地位的，应当公开招标”的规定，在《16号令》中并未出现。那么，如何看待项目需要招标，应当采取什么招标方式？

根据相关法律和行政法规的规定：

第一，使用预算资金 200 万元人民币以上并且该资金占投资额 10% 以上的项目，及国有资金占控股或者主导地位的依法必须进行招标的项目，应当公开招标。如果该项目技术复杂、有特殊要求或者受自然环境限制，只有少量潜在投标人可供选择的，或者采用公开招标方式的费用占项目合同金额的比例过大的，可以采用邀请招标。

第二，按照国家有关规定需要履行项目审批、核准手续的依法必须进行招标的项目，其招标方式由项目审批、核准部门审批、核准。

第三，国务院发展计划部门确定的国家重点项目和省、自治区、直辖市人民政府确定的地方重点项目不适宜采用公开招标的，经国务院发展计划部门或者省、自治区、直辖市人民政府批准，可以进行邀请招标。

第四，其他依法必须进行招标的项目，可以公开招标，也可以邀请招标。

二、《工程项目招投标领域营商环境专项整治工作方案》

为了认真贯彻落实《国务院办公厅关于聚焦企业关切进一步推动优化营商环境政策落实的通知》（国办发〔2018〕104 号）要求和全国深化“放管服”改革优化营商环境电视电话会议精神，消除招投标过程中对不同所有制企业设置的各类不合理限制和壁垒，维护公平竞争的市场秩序，决定在全国开展工程项目招投标领域营商环境专项整治工作。2019 年 8 月 20 日，国家发展改革委办公厅、工业和信息化部办公厅、住房城乡建设部办公厅、交通运输部办公厅、水利部办公厅、商务部办公厅、铁路局综合司、民航局综合司联合发布《关于印发〈工程项目招投标领域营商环境专项整治工作方案〉的通知》（发改办法规〔2019〕862 号），要求扎实开展各项专项整治工作。

在工程项目招投标领域落实营商环境专项整治的目标是：消除招投标过程中对不同所有制企业特别是民营企业、外资企业设置的各类不合理限制和壁垒，促进招标人依法履行招标采购主体责任，依法规范招标代理机构和评标专家行为，督促各级招投标行政监督部门依法履行监管职责，切实有效解决招投标活动中市场主体反映强烈的突出问题，保障不同所有制企业公平参与市场竞争。

专项整治的范围包括：各地区、各部门现行涉及工程项目招投标的部门规章、地方性法规、地方政府规章、规范性文件及其他政策文件以及其他没有体现在制度文件中的实践做法；2018 年 6 月 1 日至 2019 年 11 月 20 日根据《必须招标的工程项目规定》（国家发展改革委令第 16 号）和《必须招标的基础设施和公用事业项目范围规定》（发改法规规〔2018〕843 号）依法必须进行招标的项目。

该文件共指出了 18 条整治内容，同时提出了法规文件清理、随机抽查、重点核查这三种整治方式。

三、《关于进一步加强房屋建筑和市政基础设施工程招标投标监管的指导意见》

为了进一步推进房屋建筑和市政基础设施工程招标投标制度改革，加强相关工程招标投标活动监管，严厉打击招标投标环节违法违规问题，维护建筑市场秩序，2019年，住房和城乡建设部印发《关于进一步加强房屋建筑和市政基础设施工程招标投标监管的指导意见》（建市规〔2019〕11号，以下简称《意见》）。

《意见》指出，工程招标投标制度在维护国家利益和社会公共利益、规范建筑市场行为、提高投资效益、促进廉政建设等方面发挥了重要作用。但是，当前工程招标投标活动中招标人的主体责任缺失，串通投标、弄虚作假违法违规问题依然突出。

《意见》从5个方面对加强房屋建筑和市政基础设施工程招标投标监管提出了具体措施。

一是夯实招标投标活动中招标人的主体责任，明确工程招标投标活动依法应由招标人负责，党员干部严禁利用职权或者职务上的影响和干预招标投标活动；政府投资工程鼓励采用集中建设管理方式，采用组建集中建设机构或竞争选择企业实行代建的模式，实现相对专业化的管理。

二是优化招标投标方法，缩小招标范围，政府投资工程鼓励采用全过程工程咨询、工程总承包方式，减少招标投标层级；探索推进评定分离方法，招标人应科学、合理地制定评标定标方法，组建评标委员会，评标委员会按照评标方法向招标人推荐合格的中标候选人，最终由招标人择优确定中标人；全面推行招标投标交易全过程电子化和异地远程评标，实现招标投标活动信息公开；推动市场形成价格机制，实施工程造价供给侧结构性改革，招标人不得将未完成审计作为延期工程结算、拖欠工程款的理由。

三是加强招标投标过程监管，加大招标投标事中事后的查处力度，严厉打击串通投标、弄虚作假等违法违规行为，对围标串标等情节严重的，应纳入失信联合惩戒范围，直至清出市场；加强评标专家监管，建立评标专家考核和退出机制；强化招标代理机构市场行为监管，实行招标代理机构年度信息自愿报送、年度业绩公示制度以及“黑名单”制度，构建守信激励、失信惩戒机制；强化合同履约监管，加强建筑市场和施工现场“两场”联动，将履约行为纳入信用评价。

四是优化招标投标市场环境，加快推行工程担保制度，推行银行保函制度；加大信息公开力度，公开招标的项目信息，接受社会公众的监督；完善建筑市场信用评价机制，推动建筑市场信用评价结果在招标投标活动中的规范应用；畅通投诉渠道，规范投诉行为，建立健全公平、高效的投诉处理机制。

五是强化保障措施，要求各地住房和城乡建设主管部门要创新工程招标投标监管机制，完善相关配套政策，加强对建筑市场交易活动的引导和支持，切实解决招标投标活动中的实际问题。同时，推动示范引领，选择部分地区开展试点，及时总结试点做法，形成可复制、可推广的经验，并做好宣传引导工作，为顺利推进招标投标改革工作营造良好的舆论环境。

四、《中华人民共和国招标投标法（修订草案公开征求意见稿）》

2019年12月3日，国家发展改革委完整发布了“关于《中华人民共和国招标投标法（修订草案公开征求意见稿）》公开征求意见的公告”（以下简称《征求意见稿》）。这次修订可谓“千呼万唤始出来”，一改第一次“犹抱琵琶半遮面”的小幅度修改方式，由点及面、整体修订，对现行《招标投标法》整体进行了大幅度的调整。《征求意见稿》共8章，94条，对现行《招标投标法》修改58条，增加28条，删除2条，仅8条维持不变。修订内容涉及8个方面：一是推进招标投标领域简政放权；二是提高招标投标公开透明度和规范化水平；三是落实招标人自主权；四是提高招标投标效率；五是解决低质低价中标问题；六是充分发挥招标投标促进经济高质量发展的政策功能；七是为招标投标实践发展提供法治保障；八是加强和创新招标投标监管。

我国从2000年开始实施的《中华人民共和国招标投标法》（以下简称现行《招标投标法》），在构建招标投标体系、规范招标投标行为、维护招标投标市场秩序等方面都发挥了重要的作用。随着我国建设事业现代化的全面加速、新时代经济发展的变革，因现行《招标投标法》颁布的时间较早、时代环境出现差异等诸多局限，招投标实践活动中面临的诸多新情况、新问题也逐步暴露出来。

事实上，关于对现行《招标投标法》进行修订的呼声由来已久，近年来也进行了两次的修订。第一次是2017年年底，第十二届全国人大常委会第三十一次会议通过了现行《招标投标法》修订案，对部分内容进行了修改、调整了相关事项，比如取消了招标代理机构资格等。这次修改只是调整了部分内容，没有解决上述招标投标活动实践中的突出问题。第二次修订即是本次。

中央全面深化改革委员会第五次会议指出，深化政府采购制度改革要坚持问题导向，强化采购人主体责任，建立集中采购机构竞争机制，改进政府采购代理和评审机制，健全科学高效的采购交易机制，强化政府采购政策功能措施，健全政府采购监督管理机制，加快形成采购主体职责清晰、交易规则科学高效、监管机制健全、政策功能完备、法律制度完善、技术支撑先进的现代政府采购制度。招标投标作为一种采购方式，其制度的优化、完善，应当也要遵循政府采购制度改革的要求，以问题为导向，解决当前招标投标领域面临的最突出、最迫切的问题。

以问题为导向，从解决问题的角度，且看针对招标投标活动中的几个重点问题，《征求意见稿》是如何对现行《招标投标法》修订和完善的。

（一）招标投标活动重形式、轻结果问题

现行《招标投标法》实施近20年，已经形成了一套大家所共知的流程，即招、

投、开、评、定。在很多项目的实践过程中，认为只要程序合法、流程合规即可，往往会轻视招标投标活动的结果如何。这种看似公正的流程体系，实则与提高经济效益、保证项目质量等基本要求大相径庭。

《征求意见稿》第六十一条，“招标人认为评标过程、评标报告违反法律、行政法规规定，不符合招标文件确定的评标标准和方法，或者评分存在错误的，有权在评标过程中或者自收到评标报告之日起三个工作日内向评标委员会提出异议”。

对评标过程中收到的异议，评标委员会应当在评标结束前作出答复；对评标结束后收到的异议，评标委员会应当自收到异议之日起三个工作日作出答复。评标过程、评标报告存在问题的，应当及时予以更正，并在评标报告中记载。

新增的这个第六十一条，规定了招标人对评标过程、评标报告的异议处理，让评标专家头上始终“悬着一把剑”，有利于约束评标行为，有利于解决评标走形式、走过场问题，还权于招标人。

（二）主体责任不明确问题

在招投标活动中，经常会听到“标是招标代理机构招的”“项目是评标专家评的”“结果是评标专家定的”等话语，招标投标制度一度成为招标投标活动参与主体与招标主体、监督主体推卸责任的托词。依法落实招标人、投标人、代理机构、评标专家以及行政监督部门等各方主体责任，是深度落实现代招标投标制度的核心。

《征求意见稿》中针对这个问题的修订有很多。比如，第十条中“招标人是依照本法规定提出招标项目、进行招标的法人或者非法人组织”“招标人对招标过程和招标结果承担主体责任”。

本条是针对现行《招标投标法》第八条的修改。明确招标人对招标过程和招标结果承担主体责任。这也与《深化政府采购制度改革方案》中要强化采购人主体责任的要求保持了一致。

（三）评标机制与专家管理问题

在招标投标活动中建立评标机制，是希望通过聘请专业的人员，按照招标人的实际需求，通过招标文件规定的需求和评标标准对投标文件进行评审和比较，从招标投标项目要求上对投标人进行择优。但在评标机制的实践中，评标走形式走过场、专家不专、评标专业户、专家经纪人、专家信息泄密等恶劣情况屡见不鲜、广受诟病。社会各界也在呼吁对招标投标活动的评标机制和专家管理进行深入研究。

《征求意见稿》第四十三条“评标由招标人依法组建的评标委员会负责”。

依法必须进行招标的项目，其评标委员会由招标人的代表和有关技术、经济或者法律等方面的专家共同组成，成员人数为五人以上单数，并应当满足专业分工需求，其中技术、经济或者法律等方面的专家不得少于成员总数的2/3。招标人委托的代表可以是本单位熟悉招标项目需求的专业人员，也可以是外部专家。任何单位和个人不得禁止或限制招标人的代表进入评标委员会。

前款所提专家应当从事相关领域工作满五年并具有高级职称或者具有同等专业水平，作为招标人代表的外部专家，由招标人直接确定；技术、经济或者法律等方面的专家由招标人从国务院有关部门或者省、自治区、直辖市人民政府有关部门选定或者从确定的综合评标专家库或者行业评标专家库内的相关专业的专家名单中确定；一般招标项目可以采取随机抽取专家的方式，特殊招标项目可以由招标人直接确定。国务院发展改革部门会同有关行政监督部门建立健全评标专家库专家征集、培训、考核和清退机制，实现专家资源全国互联共享。

与投标人有利害关系的人不得进入相关项目的评标委员会；已经进入的应当更换。

评标委员会成员的名单在中标结果确定前应当保密。

招标人根据需要可以组成工作组或者利用电子信息系统辅助评标委员会工作。辅助评标工作应当客观、准确，不得对投标文件作出任何更改或评价。

本条是针对现行《招标投标法》第三十七条的修改。对于专家的组成，招标人委托的专家、评标专家库以及对专家的征集、培训、考核、清退等全周期管理进行了明确。是深度落实评标机制、解决专家管理问题的重要体现。

（四）行政监督与招标投标管理问题

如何约束行政监督部门，使其做到“法有授权必须为、法无授权不可为”，是构建职责清晰、规范有序的招标投标市场的一个关键问题。在招标投标活动实践中，地方行政监督部门非法干预、插手招标投标活动、影响招标投标结果、不作为等情形还较为普遍。这实际上是政府与市场的关系问题，是深化经济体制改革的一个突出问题，需要结合政府经济职能和招标投标体制机制进行深入研究。

此外，还有一些随着时代的发展，衍生的招标投标活动中的情形，也通过这次的修订来明确落实。比如电子招标投标问题，《招标投标法实施条例》中明确国家鼓励利用信息网络进行电子招标，2013 年颁布了《电子招标投标办法》明确电子化招标投标与传统招标投标具有同等的法律效力。

《征求意见稿》第七条，国家推广以数据电文形式开展电子招标投标活动，推进交易流程、公共服务、行政监督电子化和规范化以及招标投标信息资源全国互联共享。

除特殊情形外，依法必须进行招标的项目应当采用电子招标投标方式。

电子招标投标交易平台建设和运营机构应当确保平台具备安全性、保密性和可靠性，符合国家规定的技术规范和监督管理要求。

《招标投标法》是招标投标领域的基础性法律，此次修订重点着眼于招标投标基本制度的修改和完善，不拘泥于一些可以在执行过程中细化或解释的问题。先不论存在的小瑕疵，我们确实看到这次《征求意见稿》在解决招标投标活动面临的问题、深化招标投标领域“放管服”改革、优化营商环境等方面有重大的突破，能够进一步完善招标投标制度，从而促进经济高质量发展。

第三节 国有企业采购

一、《国有企业采购操作规范》

2019 年 4 月，中国物流与采购联合会在北京发布《国有企业采购操作规范》，弥补了国企采购规范的空白，该标准规定了国有企业的采购流程和通用要求，是采购执行部门的作业标准。提出了 4 大类共 9 种采购方式的标准流程，分别为公开招标、邀请招标、竞价采购、询比采购、合作谈判、竞争谈判、竞争磋商、单源直接采购、多源直接采购。该标准将弥补当前国有企业采购法规缺失的问题，解决当前国有企业采购人员在采购执行过程中面临的困惑，既有利于推进国有企业采购的国际化、专业化和规范化，促进采购过程依法合规、阳光透明、高效运行，也可为下一步有关部门制定国有企业的采购管理法规奠定基础。

《国有企业采购操作规范》是对国有企业采购有关法律法规的补充和完善，规定了国有企业采购的办法、组织及程序等内容，适用于国有企业的全部采购行为，是对现行法律法规的补充和完善。该标准是对部门行政规章的细化和落实。此外，在不违背法律规定的前提下，该标准对法条进行了拓展性的解释。

该标准具有适用性、可操作性和前瞻性。前瞻性主要体现在四个方面。

第一，落实国家扩大对外开放的战略部署，与国际惯例接轨。按照习近平总书记在 2018 年博鳌亚洲论坛上关于“加快加入 GPA 步伐”的讲话精神，本标准在采购方式的设计等方面，借鉴和兼顾了联合国贸易法委员会《公共采购示范法》的内容，提前对接国际规则。

第二，按照党中央、国务院关于加快建设社会信用体系的总体要求，引入供应商征信机制。对供应商的信用评价中，推荐采购人根据社会综合信用体系、企业内部信用管理体系的基本要求和公司业务的需求，可以引入第三方进行征信和评价，以账期设定和资金占有率为风险控制目标，建立对供应商的征信和评价机制。

第三，顺应技术进步和电子化采购的时代潮流，增加电子化采购的内容。将供应资源库、专家库和电子采购平台（俗称“两库一平台”）建设列为企业采购的重要基础工程，为电子化采购明确了规范。

第四，深化“放管服”改革，落实国有企业作为采购人的主体责任。扩大采购人自主权，强调通过公开对企业采购当事人进行监督；将负责时间区间界定为“从接到需求到合同签订为止”，明确了采购人的主体责任，有利于提升采购部门活力，增加采购的灵活性，提高采购效率。

二、《“互联网 +”招标采购行动方案（2017—2019 年）》

2017 年，《“互联网 +”招标采购行动方案（2017—2019 年）》（以下简称《行动方案》）发布，明确“培育‘互联网 +’招标采购内生动力，推动招标采购从线下交易到线上交易的转变，实现招标投标行业与互联网的深度融合”“推动市场大数据充分聚合、深入挖掘和广泛运用”“依托电子招标投标系统，充分发挥‘互联网 +’监管优势，实现平台技术创新与监管体制机制创新同步推进，推动动态监督和大数据监管，强化事中事后监管和信用管理”“鼓励中央企业和省属国有企业的交易平台，按照规定与国家或省级公共服务平台以及相应的行政监督平台连接并交互招标信息”等行动方案。

基于国家公共资源交易平台已经建成及上线，全国省（区、市）和地市各级公共资源交易平台陆续完成整合，及中国招标投标公共服务平台面向各类平台和市场主体开发的公共服务陆续上线运行的现状和环境，对《行动方案》的出台及其中的重点内容描述如下。

（一）电子化招标采购体系建设三年目标

2017 年：完成电子招标投标相关制度和技术标准的建立；各央企、交易中心平台要求进场交易的依法必须招标项目，其招标采购活动基本实现全流程电子化；全国各省（区、市）和地市的电子招标投标系统三大平台（交易平台、公共服务平台、行政监督平台）体系的架构基本建立；第三方交易平台能够平等地被纳入电子招标投标系统之中，为电子招标投标项目提供交易服务。

2018 年：电子招标投标系统三大平台的体系架构完全建成并平稳运行；以全国各级电子招标投标公共服务平台为中心的电子招标投标系统完全建立并实现互联互通、资源共享和协同运行；电子招标投标交易平台的建设专业化；电子招标投标交易服务的选择和使用市场化；电子招标投标交易平台的发展集约化。

2019 年：电子招标投标系统最终实现覆盖全国、分类清晰、透明规范、互联互通；招投标行业通过电子化彻底完成向信息化、智能化的转型；通过电子招标投标公共服务平台体系和综合监督体系真正实现协同共享、动态监督和大数据监管。

（二）强调了公共服务平台的引领性

电子招标投标公共服务平台应被看作是各类交易平台、公共服务平台和行政监督平台协同运行、互联互通、信息共享的重要载体和实现基础。全国各省（区、市）和地市应在政府主导、共建共享、公益服务的原则指导下，以政府投资或者 PPP 模式建设本地区统一的电子招标投标公共服务平台。到 2017 年年底，所有省（区、市）和地市实现本行政区域内电子招标采购活动有一个可供使用的公共服务平台。国家公共服务平台应当为地方公共服务平台建设提供技术和信息资源支持。电子招标投标公共服务平台不得具有交易功能。各级政府主管部门应研究建立公共服务平台持续运营保障机制，比如，政府投资建设的，政府应持续提供公共服务平台运营所需经费；以 PPP 模式建设的，除依法必须提供的公共服务外，可以通过个性化增值服务收费的方式来持续运营。鼓励中央企业和省属国有企业交易平台直接与国家公共服务平台对接，省里已建设公共服务平台的，也可以和省里的公共服务平台对接。下级公共服务平台应与上级公共服务平台对接，交互信息。鼓励同级公共服务平台之间互联对接，最终形成全国范围内纵横联通的公共服务平台网络体系。

（三）推进交易平台的专业化和集约化

通过招标投标行政监督部门和公共资源交易监管机构的切实行动，打破市场壁垒，为交易平台实现跨地区、跨行业公平竞争营造良好发展环境。鼓励社会资本建设电子招标投标交易平台，鼓励交易平台向专业化方向发展，提供特色服务，促进交易平台的整合，拓宽交易平台服务的范围（包括非依法必须招标项目）。

（四）推进和规范各级行政监督平台建设

通过《行动方案》的进一步实施，推动动态监督和强化事中事后监管，完善综合监管体系，进一步提升监管效能。行政监督平台应具备对招标采购全过程进行实时在线监管的功能，但不得具备交易功能。监督平台与交易平台未分开建设的，需要在 2017 年年底前实现交易和监督职能的分离，并各自保持独立。通过电子招标投标全流程信息的动态记录、留痕追溯、透明公开，推动行政监督从事前审批监督向事中事后、动态协同监督的方式转变。鼓励各类电子招标投标平台建立招标投标信用数据库，利用数据资源动态生成招标人、投标人、招标代理机构等市场主体信用基本信息，为失信惩戒、守信激励提供支撑，引导诚信体系建设。

（五）推进电子招标投标系统检测认证工作

完善电子招标投标系统检测认证制度和技术标准，鼓励和引导交易平台通过检测认证，加强对检测认证机构的管理。

（六）加强电子招标投标的制度、安全及技术规范建设

推动对于招标投标相关法律法规中不适应电子招标投标活动的相关条款的修订，明确电子招标投标数据电文的法律效力，合理简化和缩短对于电子招标投标活动的相关程序和时限要求。研究和制定公共服务平台管理办法、行政监督平台管理办法和电子招标采购档案管理规范。各省（区、市）和地市应主动清理不适应《行动方案》的规章制度和政策文件。系统开发机构应重点围绕安全传输、防篡改、安全存储、开标保障提供产

品及服务。平台运营机构要承担数据安全和系统安全主体责任，确保平台运营安全和数据安全。研发推广统一、规范、标准化的数据接口以及用于分析处理、存储发布、安全控制的应用软件和工具软件。消除技术壁垒、鼓励公平竞争、促进技术创新。

（七）强化招标投标协会、国有企业和代理机构的作用和责任

招投标行业组织应发挥行业服务、智力支持和桥梁纽带作用，做好政策宣传、业务培训、行业自律、合作交流、经验推广和意见收集反馈工作，央企、国企则应起到示范带头作用。招标代理机构应积极适应并依托第三方交易平台，不断提升招标代理服务的质量和水平。

（八）明确电子招标投标系统建设的领导责任和落实机制

由国家发展改革委牵头，联合工信部、住建部、运输部、水利部和商务部，共同指导协调行动方案的推进，依托招标投标部际联席会议制度，建立完善的工作推进机制。在 2017 年 4 月前，各省（区、市）牵头部门将工作方案、责任部门、联系人上报国家发展改革委法规司；之后的方案实施期限内，每年 12 月底之前，各省（区、市）牵头部门上报阶段性工作总结和下一年度的重点工作计划。国家发展改革委将对各地方案实施情况进行检查和第三方评估，对推进不力的地方和单位予以通报。

三、《国有企业采购管理规范（征求意见稿）》

2019 年 12 月，中国物流与采购联合会发布了《国有企业采购管理规范（征求意见稿）》。该标准规定了国有企业采购管理的一般规则和要求，主要内容包括采购组织管理、采购制度管理、采购信息化管理、采购战略管理、采购执行管理、采购组织形式和采购方式管理、供应商管理、采购绩效评价管理、采购活动的监督管理。

该标准将于 2020 年上半年发布并开始实施，它将有利于保障各种采购方式的安全运行，保护当事人合法权益，解决国企采购的公共性、公正性问题，降低廉政风险、防止腐败和权力寻租。

第四节　公共资源交易

一、《公共资源交易平台服务标准（试行）》

2019 年 4 月，为贯彻落实《国务院办公厅关于印发整合建立统一的公共资源交易平台工作方案的通知》（国办发〔2015〕63 号），加快推进公共资源交易平台服务标准化，根据《公共资源交易平台管理暂行办法》（国家发展改革委等 14 部委第 39 号令），国家发展改革委会商有关部门制定了《公共资源交易平台服务标准（试行）》（发改办

法规〔2019〕509 号）（以下简称《标准》）。《标准》的内容主要包括：规定了公共资源交易平台服务的术语和定义，明确了基本原则与要求、服务内容、服务流程要求、场所与设施要求、信息化建设要求、安全要求、服务质量与监督评价等内容；适用于公共资源交易平台运行服务机构，主要是各级公共资源交易中心所提供的服务，同时社会资本建设运行的有关公共资源电子交易系统可参照执行。

《标准》首先对公共资源交易领域的一些专有名词进行了定义。

公共资源交易是指涉及公共利益、公众安全的具有公有性、公益性的资源交易活动。

公共资源交易平台（以下简称“平台”）是指实施统一的制度和标准、具备开放共享的公共资源交易电子服务系统和规范透明的运行机制，为市场主体、社会公众、行政监督管理部门等提供公共资源交易综合服务的体系。

公共资源交易平台运行服务机构是指由政府推动设立或政府通过购买服务等方式确定的，通过资源整合共享方式，为公共资源交易相关市场主体、社会公众、行政监督管理部门等提供公共服务的单位。公共资源交易中心是公共资源交易平台的主要运行服务机构。

公共资源交易电子服务系统（以下简称“电子服务系统”）是指联通公共资源电子交易系统、监管系统和其他电子系统，实现公共资源交易和信息数据交换共享，并提供公共服务的枢纽。

公共资源电子交易系统（以下简称“电子交易系统”）是根据工程建设项目招标投标、土地使用权和矿业权出让、国有产权交易、政府采购等各类交易特点，按照有关规定建设、对接和运行，以数据电文形式完成公共资源交易活动的信息系统。

公共资源交易电子监管系统（以下简称“电子监管系统”）是指政府有关部门在线监督公共资源交易活动的信息系统。

《标准》所称竞得人包括中标人、成交供应商、受让人等。

同时，明确平台运行服务机构应立足公共服务职能定位，建立健全电子交易系统，不断优化见证、场所、信息、档案、专家抽取和交易流程等服务，积极开展交易大数据分析，为宏观经济决策、优化营商环境、规范交易市场提供支撑。其建设和运行应当遵循依法依规，科学规划；便民高效，规范运行；公开透明，强化监督的原则。

具体服务内容包括但不限于以下几方面，即业务咨询、项目登记、场地安排、公告和公示信息公开、交易过程保障、资料归档、数据统计、档案查询。

同时，也针对公共服务区域、交易实施区域、评标评审区域等区域的场所设置，提出了明确的要求及标准，并要求有相应标识标志、监控系统等。另外，还对于公共资源交易平台信息化建设、安全要求、服务质量与监督评价等方面提出了要求。

二、《关于深化公共资源交易平台整合共享的指导意见》

2019 年 5 月 19 日，按照中央全面深化改革委员会第七次会议关于深化公共资源交易平台整合共享的具体要求，国务院办公厅转发了《关于深化公共资源交易平台整合共享指导意见的通知》（国办函〔2019〕41号）（以下简称《41号文》）。

《41号文》指出，近年来，各地区、各部门认真贯彻落实党中央、国务院决策部署，按照《国务院办公厅关于印发整合建立统一的公共资源交易平台工作方案的通知》（国办发〔2015〕63号）要求，积极推动整合分散设立的工程建设项目招标投标、土地使用权和矿业权出让、国有产权交易、政府采购等交易平台，全国范围内规则统一、公开透明、服务高效、监督规范的平台体系初步构建，公共资源交易市场迅速发展，公共资源配置的效率和效益明显提高，促进了经济社会持续健康发展。另外，公共资源交易领域仍存在要素市场化配置程度不够高、公共服务供给不充分、多头监管与监管缺失并存等突出问题，亟待进一步深化改革、创新机制、优化服务、强化监管。文件旨在深化公共资源交易平台整合共享，促进公共资源交易市场健康有序发展。

总的来说，《41号文》有以下十点突破。

（1）提高政治站位。以国办函高规格发布，引领未来几年公共资源交易改革的方向。

（2）突破传统“4+X”的模式，即将发布目录指引。《41号文》指出：将公共资源交易平台覆盖范围由工程建设项目招标投标、土地使用权和矿业权出让、国有产权交易、政府采购等，逐步扩大到适合以市场化方式配置的自然资源、资产股权、环境权等各类公共资源，制定和发布全国统一的公共资源交易目录指引。各地区根据全国目录指引，结合本地区实际情况，系统梳理公共资源类别和范围，制定和发布本地区公共资源交易目录。

（3）解决三大重点问题：市场化配置问题、服务优化问题、监管创新问题。

（4）解决资源互通共享问题，鼓励远程异地评标。《41号文》指出：促进资源跨区域交易。严格执行公平竞争审查制度，防止通过设置注册登记、设立分支机构（办事处）、资质验证、投标（竞买）许可、强制担保、强制要求在当地投资、人员业绩考核等没有法律法规依据的限制性条件实行地方保护或行业垄断。鼓励同一省域内市场主体跨地市自主选择平台进行公共资源交易，积极稳妥推进公共资源交易平台跨省域合作等，抓紧解决公共资源交易平台电子档案、技术规范、信息安全等问题，统筹公共资源交易评标、评审专家资源，通过远程异地评标、评审等方式加快推动优质专家资源跨地区、跨行业共享。

（5）进一步发挥全国公共资源交易平台作用。《41号文》指出：进一步发挥全国公共资源交易平台作用，为各级各类公共资源电子化交易提供公共入口、公共通道和综合技术支撑。全国公共资源交易数据应当由全国公共资源交易平台按照有关规定统一发布。

（6）强化公共资源交易中心、公共资源交易平台的公共服务职能定位。《41号文》指出：强化公共服务定位。公共资源交易中心作为公共资源交易平台主要运行服务机构，应不断优化见证、场所、信息、档案、专家抽取等服务。

（7）央企采购不再是盲区，有效界定各方平台关系。《41号文》指出：中央管理企业电子招标采购交易系统应当通过国家电子招标投标公共服务系统有序纳入公共资源交易平台，依法接受监督管理。

（8）精简交易流程，取消没有依据的环节、操作。《41号文》指出：精简管理事项和环节。系统梳理公共资源交易流程，取消没有法律法规依据的投标报名、招标文件审查、原件核对等事项以及能够采用告知承诺制和事中事后监管解决的前置审批或审核环节。推广多业务合并申请，通过“一表申请”将市场主体基本信息材料一次收集，后续重复使用并及时更新。推行交易服务“一网通办”，不断提高公共资源交易服务事项网上办理比例。

（9）创新突破：CA互认、电子营业执照、电子保函。《41号文》指出：促进数字证书（CA）跨平台、跨部门、跨区域互认，逐步实现全国互认，推动电子营业执照、电子担保保函在公共资源交易领域的应用，降低企业交易成本，提高交易效率。

（10）狠抓督促落实。地方各级人民政府要将深化公共资源交易平台整合共享工作纳入政府目标考核管理，各部门要加强指导督促，总结推广典型经验和创新做法，要对推进工作不力、整合不到位的进行通报，确保各项任务措施落实到位。

（根据韩东亚、陆建、倪东生提供报告整理）

第二篇　2019 年度公共采购行业发展报告

第一章　政府采购

一、政府采购情况综述

（一）政府采购总体趋势

1. 政府采购项目①数量及规模年度趋势

随着我国政府采购改革的不断深入，政府采购领域呈现出蓬勃发展的态势。近五年，我国政府采购项目数量及采购规模整体呈上升趋势。剑鱼标讯平台监测数据显示：2019 年全国政府采购项目 81.04 万个，政府采购规模达到 38411.86 亿元（见图 2－1－1），平均每个项目的采购规模为 474.01 万元，与上年相比项目平均金额增加了 31.79 万元。

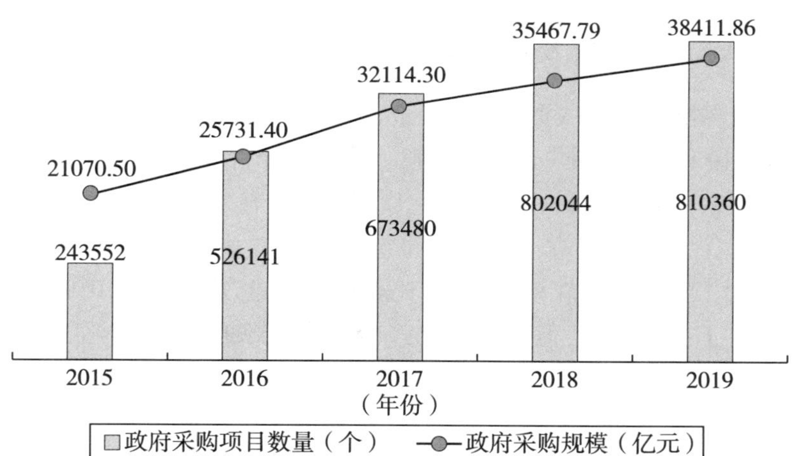

图 2－1－1　政府采购项目数量与规模趋势

2. 政府采购规模预测

我国各级财政部门深入推进政府采购“放管服”改革，加大监管力度，严格执行

① 本文政府采购项目信息由剑鱼标讯提供，剑鱼标讯数据来源于全国各省市政府采购中心、公共资源交易中心等网站（说明：本报告不含港澳台数据，新疆生产建设兵团项目计算在新疆维吾尔自治区）。由于少部分网站信息未被有效采集和处理，可能导致统计数据出现一定误差。

政府采购政策，持续优化采购预算执行，确保采购单位“应采尽采”，政府采购规模持续增长，带动了经济效益增长。运用时间序列预测分析法①得出，到2020年，政府采购规模预计达到4.28万亿元，到2025年，政府采购规模有望突破6万亿元，如图2－1－2所示。

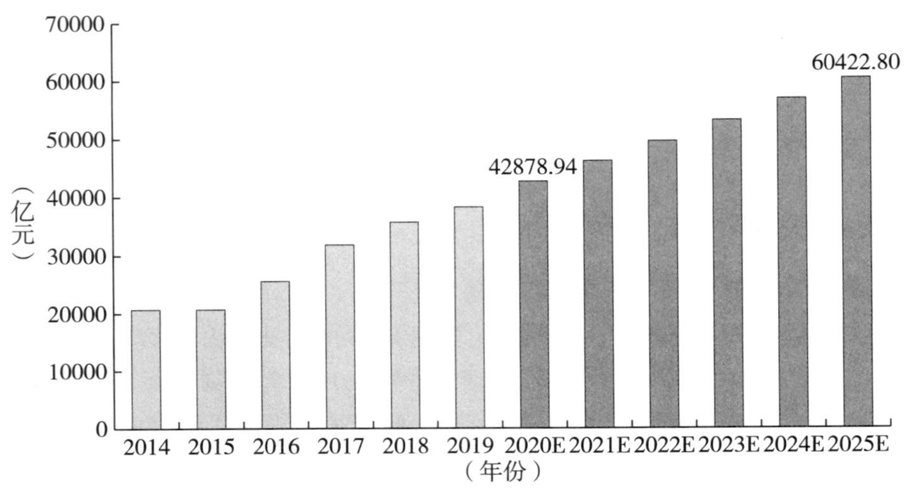

图2－1－2　政府采购规模及预测

（二）政府采购与宏观经济相关性分析

1. 政府采购规模与GDP关联分析

政府采购规模和GDP呈同步增长趋势，进一步分析发现，两者有较强的正相关关系，其相关系数②为0.9906（见图2－1－3），政府采购是国民经济的重要组成部分。

近几年，我国政府采购规模占GDP比例整体呈上升趋势，2019年，占比达到4.02%，如图2－1－4所示。但根据国际经验，一般政府采购规模占GDP的比例为10%左右，我国比例仍然较小，建议加强政府采购预算管理，扩大政府采购规模。

---

① 时间序列预测分析法其实是一种回归预测方法，属于定量预测，其基本原理是：一方面承认事物发展的延续性，运用过去时间序列的数据进行统计分析，推测出事物的发展趋势；另一方面充分考虑到由于偶然因素影响而产生的随机性，为了消除随机波动产生的影响，利用历史数据进行统计分析，并对数据进行适当处理，进行趋势预测。

② 相关系数是测定变量之间关系密切程度的量。通常以 r 表示相关系数。相关系数计算公式：$r=\frac{\sum_{i=1}^{n}(X_i-\bar{X})(Y_i-\bar{Y})}{\sqrt{\sum_{i=1}^{n}(X_i-\bar{X})^2}\sqrt{\sum_{i=1}^{n}(Y_i-\bar{Y})^2}}$，值介于－1与＋1之间。当 $|r|\geqslant 0.8$ 时，可视为高度相关；当 $0.5\leqslant|r|<0.8$ 时，可视为中度相关；当 $0.3\leqslant|r|<0.5$ 时，可视为低度相关；当 $|r|<0.3$ 时，说明两个变量之间的相关程度极弱。

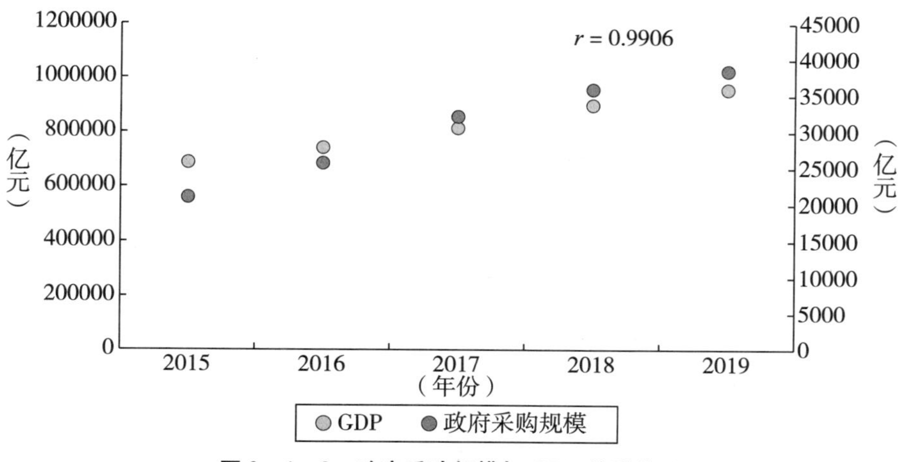

图 2－1－3　政府采购规模与 GDP 关联关系

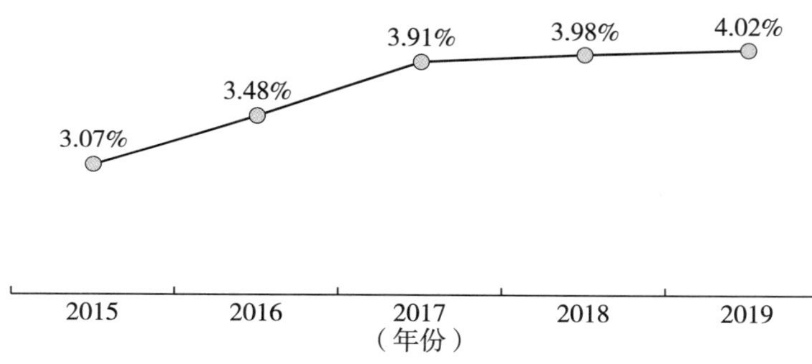

图 2－1－4　政府采购规模占 GDP 的比例

2. 政府采购规模与财政支出关联分析

政府采购属于财政支出的重要组成部分，财政支出是反映政府经济活动的重要指标，数据表明政府采购规模和财政支出存在较强的相关性，相关系数为 0.9739，如图 2－1－5 所示。

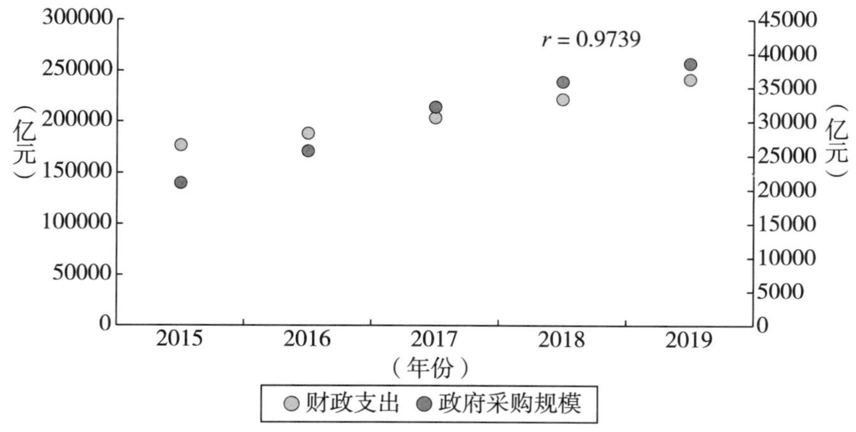

图 2－1－5　政府采购规模与财政支出关联关系

（三）政府采购方式的变化

由于公开招标方式能使采购单位在最大范围内选择投标商，竞争性更强，择优率更高，使得各采购单位认同、重视、依赖这种招标方式。2019 年，公开招标采购方式仍占主导地位，项目数量占比达政府采购项目数的 61.30%；单一来源采购占比整体呈下降趋势，2019 年降至 1.60%，如表 2－1－1 所示。

表 2－1－1　不同采购方式的政府采购占比变化趋势（按照项目数量占比） 单位：%

年份 采购方式	2015	2016	2017	2018	2019	变化趋势
公开招标	62.87	64.70	64.73	61.00	61.30	
邀请招标	0.18	0.33	0.21	0.31	0.34	
竞争性谈判	23.12	23.07	22.75	28.55	29.36	
单一来源采购	2.34	2.63	2.57	1.78	1.60	
询价	9.88	7.93	7.37	6.80	6.10	
其他	1.62	1.34	2.38	1.56	1.30	

（四）政府采购结构的变化

从采购结构看，服务类采购规模占比明显上升，主要原因为政府购买服务改革深入推进，促进服务类采购需求增加，使服务类采购规模大幅增长。工程类采购规模占比相对较为稳定，而货物类采购规模占比则有所回落，如图 2－1－6 所示。

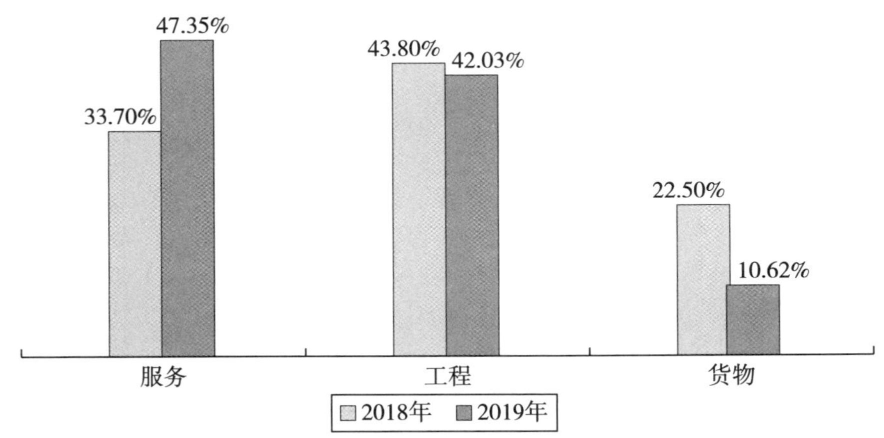

图 2－1－6　政府采购结构变化（按照采购规模占比）

二、政府采购现状分析

（一）政府采购项目数量及规模月度趋势

2019 年，从政府采购数量上看，全国政府采购项目总量为 81.04 万个，较上年同期增长 1.04%；从政府采购规模上看，全国政府采购规模已经达到 38411.86 亿元，较上年同期增长 8.30%；项目主要集中在第四季度，采购规模为 12995.34 亿元，占政府采购规模的 33.83%，其中，12 月政府采购规模 6240.23 亿元，占政府采购规模的 16.25%，如图 2－1－7 所示。

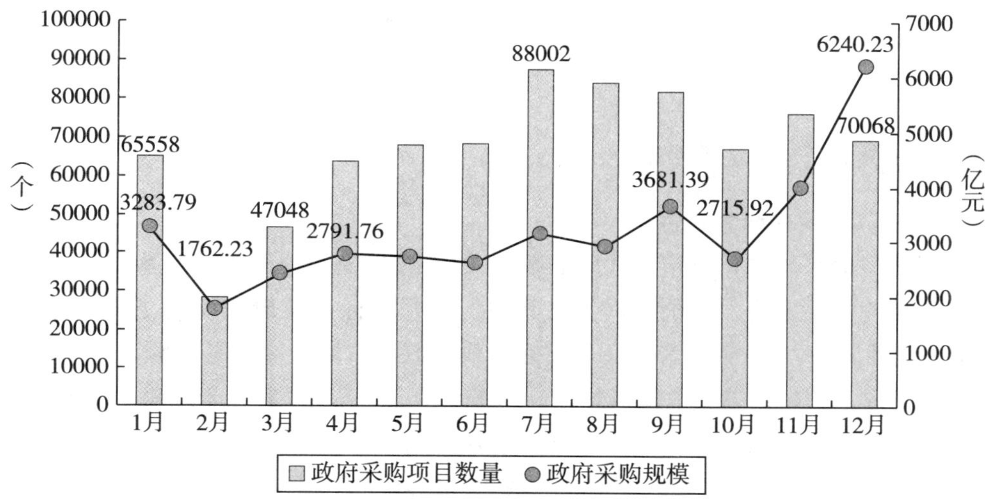

图 2－1－7　2019 年政府采购项目数量及规模月度趋势

（二）政府采购项目[①]规模分析

2019 年政府采购项目中，200 万元以上规模的项目数量占比 19.48%，而采购项目规模占政府采购的 85.20%，基本符合“二八法则[②]”；其中，1 亿元以上规模的项目 1554 个，在政府采购项目数量中的占比为 0.22%；5000 万～1 亿元规模的项目 1802 个，在政府采购项目数量中的占比为 0.26%，如图 2－1－8 所示。

① 由于部分网站政府采购数据项目规模未公开或为空，为保证数据准确性，通过对有中标金额的项目（691030 个）进行计算，对整体项目规模占比情况进行分析，可能与实际项目规模占比略有差距。

② 二八法则是 20 世纪初意大利统计学家、经济学家维尔弗雷多·帕累托提出的，他指出：在任何特定群体中，重要的因子通常只占少数，而不重要的因子则占多数，因此只要能控制具有重要性的少数因子即能控制全局。这个原理经过多年的演化，已变成当今管理学界所熟知的二八法则——80% 的公司利润来自 20% 的重要客户，其余 20% 的利润则来自 80% 的普通客户。

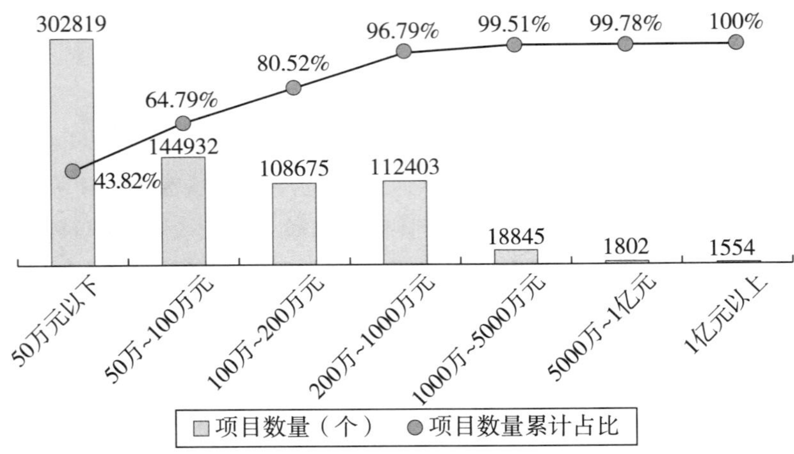

图2－1－8　2019年政府采购不同规模项目的数量分布及累计占比

（三）政府采购方式分析

1. 各地区不同采购方式占比

根据《政府采购法》规定，我国的政府采购方式①有：公开招标、邀请招标、竞争性谈判、单一来源采购、询价、其他，其中，公开招标是政府采购的主要采购方式。从项目数量上看，2019年，采用公开招标的项目数量占比最高的是西藏，为83.29%；采用竞争性谈判招标的项目数量占比最高的是广西，为72.45%；采用单一来源采购的项目数量占比最高的是贵州，为5.71%；采用其他采购方式的项目数量占比最高的是重庆，达到18.73%，主要原因是重庆从网上大量竞价采购计算机、打印机、办公设备等价值较低的货物，数量较大，但金额占比仅0.70%。2019年各地区政府采购方式分布情况如表2－1－2所示。

表2－1－2　2019年各地区政府采购方式分布情况（项目数量占比）　单位:%

地区	公开招标	邀请招标	竞争性谈判	单一来源采购	询价	其他
西藏	83.29	0.83	8.52	1.12	6.20	0.04
安徽	78.28	0.75	12.51	1.10	5.26	2.10
贵州	77.19	0.66	13.63	5.71	2.73	0.08
福建	75.91	1.47	15.03	0.82	5.43	1.34
北京	75.26	0.16	21.46	0.93	2.18	0.02
江苏	75.23	0.08	18.25	1.53	4.77	0.14
甘肃	74.20	0.22	16.39	3.61	5.52	0.07

① 采购方式来源于《政府采购法》第二十六条，其中，“其他”是指国务院政府采购监督管理部门认定的其他采购方式。

续　表

地区	公开招标	邀请招标	竞争性谈判	单一来源采购	询价	其他
吉林	73.71	0.31	18.35	1.17	6.45	0.01
浙江	73.57	0.25	14.48	3.44	6.70	1.56
广东	72.88	0.43	14.78	2.05	5.61	4.24
宁夏	72.73	0.46	23.57	1.31	1.90	0.03
青海	70.96	0.13	25.40	0.82	2.70	0.00
河北	67.36	0.09	28.20	2.21	2.13	0.01
内蒙古	66.77	0.07	17.81	3.94	11.38	0.02
辽宁	66.04	0.21	26.63	0.78	5.85	0.48
上海	64.94	0.01	32.02	1.08	1.79	0.16
湖南	64.94	0.38	22.32	3.02	3.04	6.30
重庆	64.92	0.21	1.43	0.59	14.12	18.73
河南	60.71	0.42	34.45	0.98	3.40	0.03
云南	60.70	1.05	26.91	0.90	9.68	0.75
天津	53.07	0.01	43.39	1.04	1.03	1.46
黑龙江	51.38	0.32	31.19	2.24	14.31	0.57
海南	50.59	0.61	41.51	2.23	5.06	0.00
湖北	50.31	0.37	42.67	0.35	6.16	0.14
山西	49.46	0.06	45.43	1.29	3.74	0.01
新疆	49.11	0.12	27.67	1.15	21.67	0.28
四川	47.01	0.27	39.30	2.97	9.57	0.87
山东	46.92	0.13	46.27	1.61	4.25	0.82
江西	44.09	0.06	41.58	0.66	13.32	0.29
陕西	39.49	0.43	53.18	0.20	6.70	0.00
广西	22.50	0.44	72.45	0.52	3.98	0.12

从项目规模上看，2019 年，采用公开招标的项目规模占比最高的是安徽，为 97.85%；采用竞争性谈判招标的项目规模占比最高的是广西，为 24.00%；采用单一来源采购的项目规模占比最高的是贵州，为 10.32%，如表 2－1－3 所示。

表 2－1－3　　2019 年各地区政府采购方式分布情况（项目规模占比）　　单位:%

地区	公开招标	邀请招标	竞争性谈判	单一来源采购	询价	其他
安徽	97.85	0.08	1.31	0.44	0.30	0.02

续 表

地区	公开招标	邀请招标	竞争性谈判	单一来源采购	询价	其他
江苏	97. 35	0. 01	2. 12	0. 27	0. 23	0. 01
重庆	97. 07	0. 41	0. 38	0. 31	1. 14	0. 70
福建	96. 79	0. 21	1. 88	0. 41	0. 58	0. 11
辽宁	94. 95	0. 05	4. 28	0. 29	0. 43	0. 01
西藏	94. 44	0. 77	2. 00	0. 73	2. 04	0. 03
云南	94. 18	0. 67	4. 07	0. 32	0. 73	0. 03
广东	93. 97	0. 08	3. 40	1. 90	0. 58	0. 07
内蒙古	93. 42	0. 07	3. 54	2. 25	0. 70	0. 00
江西	93. 07	0. 04	5. 90	0. 14	0. 84	0. 01
山西	92. 96	0. 05	6. 36	0. 37	0. 26	0. 00
黑龙江	92. 95	0. 41	5. 27	0. 76	0. 41	0. 19
吉林	92. 85	0. 64	5. 15	0. 57	0. 80	0. 00
海南	92. 64	0. 93	5. 08	1. 04	0. 30	0. 00
宁夏	92. 08	0. 10	7. 34	0. 36	0. 11	0. 00
河南	91. 87	0. 28	6. 60	0. 60	0. 65	0. 00
湖南	91. 66	0. 11	5. 95	1. 66	0. 53	0. 10
北京	91. 48	0. 08	7. 18	0. 81	0. 45	0. 00
浙江	91. 33	0. 08	4. 12	4. 19	0. 25	0. 04
山东	90. 86	0. 11	7. 31	0. 58	1. 14	0. 01
河北	90. 52	0. 11	7. 60	1. 42	0. 35	0. 00
青海	89. 88	0. 09	8. 23	0. 56	1. 25	0. 00
四川	86. 72	0. 36	8. 76	0. 92	3. 23	0. 01
天津	86. 41	0. 00	12. 74	0. 43	0. 34	0. 07
贵州	86. 40	0. 26	2. 39	10. 32	0. 63	0. 00
上海	84. 36	0. 00	12. 97	2. 50	0. 12	0. 05
新疆	84. 32	0. 02	8. 33	1. 41	5. 89	0. 03
甘肃	84. 15	0. 06	11. 88	3. 45	0. 46	0. 00
湖北	83. 46	0. 17	15. 30	0. 33	0. 64	0. 10
陕西	82. 89	0. 10	15. 88	0. 16	0. 97	0. 00
广西	74. 71	0. 24	24. 00	0. 15	0. 84	0. 06

2. 各部门不同采购方式占比

2019 年，政府采购项目数量 TOP10 部门中，采用公开招标的项目数量占比最高的是交通部门，为 71.02%，这与交通类项目规模较大以及安全在交通类项目中的重要性相关；采用竞争性谈判招标的项目数量占比最高的是环保部门，为 31.77%；采用单一来源采购的项目数量占比最高的是卫生部门，为 2.56%，如表 2－1－4 所示。

表 2－1－4　　2019 年政府采购项目数量 TOP10 部门①的采购方式分布　　单位:%

部门	公开招标	邀请招标	竞争性谈判	单一来源采购	询价	其他
交通	71.02	0.23	22.88	0.71	4.36	0.80
住建	70.76	0.28	24.77	1.13	2.50	0.56
水利	69.14	0.34	26.20	0.66	3.27	0.40
市政	67.94	0.24	19.77	0.72	11.01	0.32
医疗	67.59	0.21	21.85	2.11	7.01	1.23
城管	67.53	0.46	26.78	0.83	3.79	0.61
教育	67.24	0.26	24.36	0.98	5.59	1.58
环保	61.74	0.31	31.77	1.76	3.62	0.79
卫生	59.50	0.25	26.94	2.56	9.01	1.74
公安	57.87	0.28	29.80	1.79	8.50	1.75

2019 年，政府采购项目规模 TOP10 部门中，采用公开招标的项目规模占比最高的是交通部门，为 97.35%；采用竞争性谈判招标的项目规模占比最高的是公安部门，为 11.88%；采用单一来源采购的项目规模占比最高的是环保部门，为 3.71%，如表 2－1－5 所示。

表 2－1－5　　2019 年政府采购项目规模 TOP10 部门②的采购方式分布　　单位:%

部门	公开招标	邀请招标	竞争性谈判	单一来源采购	询价	其他
交通	97.35	0.02	1.70	0.16	0.77	0.01
水利	97.08	0.15	2.49	0.12	0.14	0.03
市政	95.83	0.04	3.59	0.28	0.24	0.01
医疗	94.01	0.10	4.48	0.73	0.65	0.04
住建	92.72	0.03	3.79	3.17	0.27	0.01
城管	91.89	0.21	6.07	1.51	0.29	0.04
教育	91.06	0.10	5.48	2.64	0.65	0.07

① 按照政府各部门采购数量排名，取前十名的部门，分析其不同采购方式的占比。

② 同上。

续　表

部门	公开招标	邀请招标	竞争性谈判	单一来源采购	询价	其他
林业	88.97	0.78	8.24	0.32	1.66	0.03
环保	86.46	0.42	8.77	3.71	0.63	0.01
公安	82.96	0.10	11.88	2.04	2.94	0.09

3. 各行业不同采购方式占比

2019 年，在政府采购各行业项目中，采用公开招标的项目数量占比最高的是医疗卫生行业，为 71.08%；采用竞争性谈判招标的项目数量占比最高的是服务采购行业，为 33.92%；采用单一来源采购的项目数量占比最高的是信息技术行业，为 4.09%，如表 2－1－6 所示。

表 2－1－6　2019 年政府采购各行业项目采购方式分布情况（项目数量占比）　单位:%

部门	公开招标	邀请招标	竞争性谈判	单一来源采购	询价	其他
医疗卫生	71.08	0.23	19.07	1.74	7.64	0.25
交通工程	70.61	0.22	23.83	1.16	3.68	0.49
建筑工程	64.63	0.38	31.87	0.61	2.35	0.16
能源化工	64.03	0.22	24.26	2.35	8.81	0.34
市政设施	62.78	0.27	31.21	0.33	5.25	0.15
机械设备	60.98	0.26	19.66	2.14	16.01	0.95
农林牧渔	60.87	0.49	26.39	2.60	9.57	0.08
服务采购	59.56	0.40	33.92	2.42	3.50	0.20
信息技术	58.97	0.40	27.66	4.09	6.87	2.01
水利水电	58.07	0.45	33.48	1.17	6.71	0.13
行政办公	54.26	0.27	27.13	0.94	14.50	2.90
弱电安防	51.86	0.37	33.41	1.04	12.72	0.60

从项目规模上看，2019 年，采用公开招标的项目规模占比最高的是医疗卫生行业，为 94.71%；采用竞争性谈判招标的项目规模占比最高的是农林牧渔行业，为 18.68%；采用单一来源采购的项目规模占比最高的是信息技术行业，为 3.82%，如表 2－1－7 所示。

表 2－1－7　2019 年政府采购各行业项目采购方式分布情况（项目规模占比）　单位:%

部门	公开招标	邀请招标	竞争性谈判	单一来源采购	询价	其他
医疗卫生	94.71	0.11	3.89	0.62	0.66	0.00
交通工程	94.46	0.02	3.93	1.12	0.46	0.01

续　表

部门	公开招标	邀请招标	竞争性谈判	单一来源采购	询价	其他
建筑工程	93.54	0.13	5.05	0.87	0.39	0.02
机械设备	92.30	0.07	4.74	0.90	1.58	0.40
服务采购	91.24	0.11	6.51	1.54	0.57	0.03
水利水电	91.12	0.21	7.70	0.53	0.44	0.00
市政设施	88.95	0.06	10.19	0.24	0.55	0.00
信息技术	85.56	0.74	8.78	3.82	0.98	0.12
能源化工	85.09	0.17	10.27	1.21	2.75	0.50
弱电安防	80.72	0.10	15.96	1.03	2.06	0.13
行政办公	79.79	0.15	12.95	3.70	3.26	0.15
农林牧渔	77.54	0.13	18.68	2.19	1.45	0.01

（四）政府采购部门分布

近年来，各部门进一步强化依法采购意识，以“简政放权、放管结合、优化服务”为主线，认真执行《政府采购法》及其实施条例，积极推进政府采购“放管服”改革，促进各部门政府采购工作。2019 年，交通部门的采购规模在整个政府采购规模中占 16.26%，这与我国大力推进交通强国战略有关，如表 2－1－8 所示。

表 2－1－8　　2019 年政府采购项目部门分布（项目规模 TOP10）

部门	项目数量（个）	项目数量占比（%）	项目规模（亿元）	项目规模占比（%）
交通	36269	4.48	6245.30	16.26
住建	37189	4.59	4805.59	12.51
水利	30303	3.74	2957.40	7.70
医疗	72802	8.98	2479.75	6.46
公安	51328	6.33	1419.89	3.70
城管	15353	1.89	1158.92	3.02
市政	15884	1.96	1151.28	3.00
教育	27213	3.36	1144.76	2.98
环保	20149	2.49	646.57	1.68
林业	13270	1.64	577.43	1.50

（五）政府采购区域分布①

从政府采购规模看，采购规模在 2000 亿元以上的地区有 6 个，分别为广东、江苏、

① 由于少量政府采购项目采购单位或代理机构名称不规范，导致无法准确识别项目地区，故各地区项目数据之和与全国政府采购项目数据存在少量偏差。

四川、河南、山东、安徽，合计采购规模为15266.56亿元，占全国政府采购规模的39.76%；采购规模在1000亿～2000亿元的有河北、山西、浙江、贵州等10个地区，如表2－1－9所示。

表2－1－9　　2019年各地区政府采购项目数量及规模分布情况

地区	政府采购项目数量（个）	政府采购规模（亿元）
广东	47753	3025.63
江苏	46327	2919.70
四川	46398	2622.35
河南	52306	2343.53
山东	34980	2250.61
安徽	42676	2104.74
河北	46028	1841.56
山西	26902	1737.29
浙江	44306	1657.04
贵州	15314	1416.40
湖北	43354	1396.57
上海	25084	1198.97
重庆	19399	1127.86
北京	28497	1107.62
福建	31314	1059.32
广西	33233	1022.14
天津	11009	988.58
江西	22511	979.64
云南	19949	974.16
辽宁	24210	917.93
湖南	20375	905.06
内蒙古	16865	871.36
甘肃	18578	639.80
黑龙江	15388	622.23
海南	6406	528.87
吉林	14099	466.03
陕西	18685	454.57

续　表

地区	政府采购项目数量（个）	政府采购规模（亿元）
新疆	18845	438.84
青海	9682	295.79
宁夏	6047	259.10
西藏	2759	227.05

三、政府采购供应商分析①

（一）供应商注册资本规模分析

党中央、国务院高度重视中小企业发展，在财税金融、营商环境、公共服务等方面出台一系列支持中小企业发展的政策措施，取得积极成效。2019 年，全国政府采购授予注册资本 5000 万元以下企业的合同项目为 53.02 万个，占全国政府采购数量的 77.25%，授予注册资本 500 万元以下企业的合同项目为 19.92 万个，占全国政府采购数量的 29.03%，如图 2－1－9 所示。

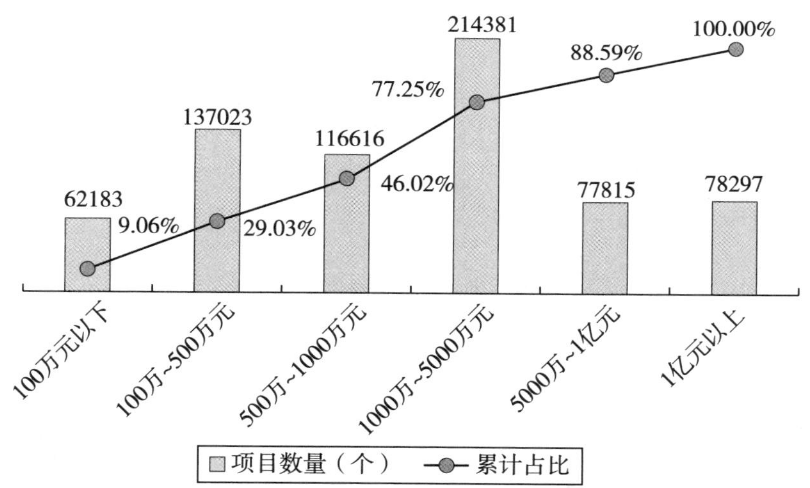

图 2－1－9　不同注册资本供应商中标项目数量及累计占比

从中标金额分析，2019 年，全国政府采购授予注册资本 5000 万元以下企业的合同规模为 9920.34 亿元，占全国政府采购规模的 51.34%，授予注册资本 500 万元以下企业的合同规模为 2333.63 亿元，项目金额偏小，仅占全国政府采购规模的 12.08%，如

① 一方面由于部分网站数据中，项目中标单位名称未公开或为空，另一方面部分中标单位未在工商系统登记或没有提供注册资本数据，为保证数据准确性，通过对中标单位有注册资本信息的项目（686315 个）进行计算，对整体项目供应商注册资本规模进行估计分析，可能与实际数据略有出入。

图2－1－10所示。中小型企业在政府采购方面依然处于劣势，建议充分利用政府采购的政策功能，促进符合国家经济和社会发展政策目标，产品、服务、信誉较好的中小企业发展，采购单位可以在满足机构自身运转和提供公共服务基本需求的前提下，预留本部门年度政府采购项目预算总额固定比例，专门面向中小企业采购。

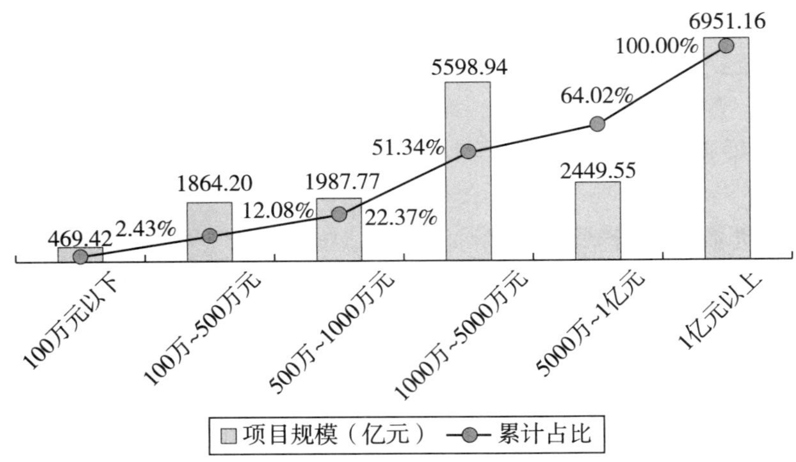

图2－1－10　不同注册资本供应商中标项目规模及累计占比

（二）供应商来源地分布

从政府采购供应商来源分析，2019年中标供应商主要来自江苏、广东、四川、山东、北京、河南、浙江等地区，其中，来自江苏、广东的政府采购供应商数量最多，合计占比13.11%，如表2－1－10所示。

表2－1－10　　政府采购供应商数量全国分布情况

省份	供应商数量	省份	供应商数量
江苏	15132	福建	8713
广东	15014	上海	8324
四川	13353	广西	8133
北京	13276	江西	7391
山东	13011	陕西	6751
湖北	12874	辽宁	6514
河南	12871	山西	6260
浙江	12509	湖南	6061
河北	11573	甘肃	5696
安徽	10127	云南	5145

续　表

省份	供应商数量	省份	供应商数量
重庆	4431	贵州	2462
新疆	4413	青海	1805
内蒙古	4080	宁夏	1521
黑龙江	3987	海南	1460
吉林	3885	西藏	555
天津	2696	—	—

四、政府采购效率分析

（一）政府采购节支率①分析

政府采购体制机制不断完善，政府采购精细化管理水平不断提升，对规范政府采购行为和提升财政资金使用效益起到了积极的作用，2019 年，政府采购累计节支 5227.85 亿元，节支率为 13.61%，如图 2－1－11 所示。

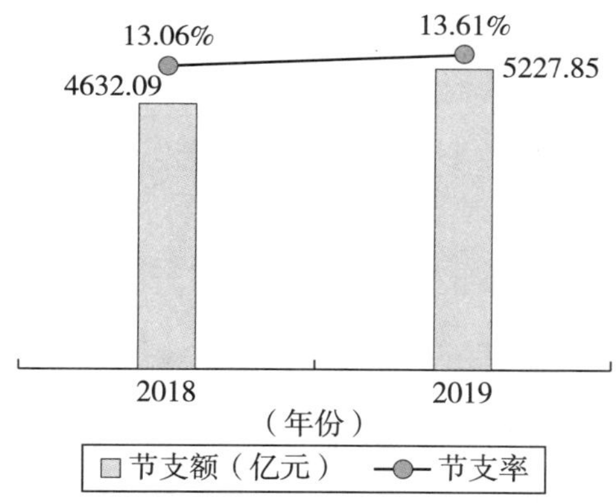

图 2－1－11　政府采购节支率趋势

（二）政府采购流标率②分析

从项目流标情况看，2019 年有 9.29 万个政府采购项目出现流标，流标率为

① 节支率是指采购的资金节约额（采购预算金额与实际采购金额之差）与采购预算金额的比率，它是评价采购效率的最基本的指标。其公式可表示为：采购节支率＝（采购预算金额－实际采购金额）÷采购预算金额×100%。

② 流标率＝流标项目数量/投标项目数量×100%，在政府采购活动中，流标的现象时有发生。这种现象一旦发生，就会增加采购成本，延长采购周期，进而导致采购效率的下降。

7.97%，项目流标率呈下降趋势，较2018年下降1.65百分点，从侧面反映了政府采购环境的优化，如图2－1－12所示。

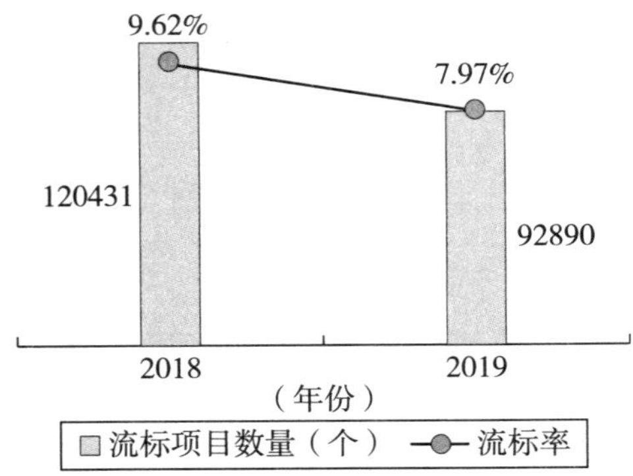

图2－1－12　政府采购流标率趋势

从采购区域分析，流标项目主要集中在四川、河南等地区，其中，四川政府采购流标项目数量远高于其他地区，为9430个，如图2－1－13所示。

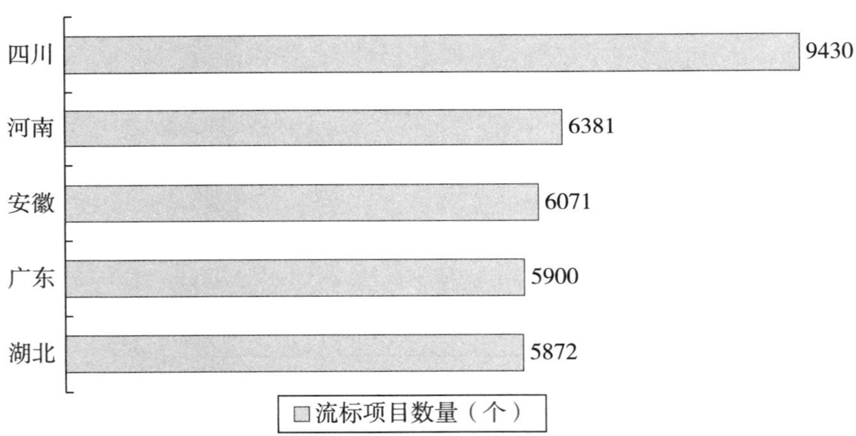

图2－1－13　2019年政府采购流标项目数量TOP5地区

（作者：剑鱼标讯）

第二章　工程招标投标

一、宏观经济相关情况

招标投标活动与国家层面的宏观环境、固定资产投资规模、国家经济的发展速度和前景以及国内的整体营商环境关系密切。可以从国家宏观经济发展的整体走势以及经济结构、财政收支、固定资产投资等相关方面，更好地认识和理解招标投标行业发展特征和趋势。

初步核算，2019 年国内生产总值（GDP）预计约 99.0865 万亿元，比上年增长 6.1%。按年平均汇率折算，人均 GDP 突破 1 万美元大关，达到 10276 美元。经济结构调整优化，消费基础性作用进一步增强，产业结构持续升级；全年全国固定资产投资（不含农户）551478 亿元，比上年增长 5.4%；全年货物进出口总额 315446 亿元，比上年增长 3.4%。其中，出口 172298 亿元，增长 5.0%；进口 143148 亿元，增长 1.6%。进出口相抵，顺差为 29150 亿元。总的来看，2019 年国民经济继续保持了总体平稳、稳中有进发展态势。（数据来源，国家统计局网站）

未来几年我国发展仍处于重要战略机遇期，经济发展韧性好、潜力足、空间大的特征不会改变，长期向好的基本面不会改变。宏观经济在以下几方面可能呈现的变化趋势，将对招标投标行业的发展带来新的机会和挑战。

1. 国家将加大基础设施领域补短板力度

近年来，宏观经济需求结构中，要求把补短板作为供给侧结构性改革的一项重要任务，而基础设施仍然是我国需要补短板的重要领域。随着《国务院办公厅关于保持基础设施领域补短板力度的指导意见》（国办发〔2018〕101 号）等政策措施的贯彻落实，对基础设施领域的投资力度势必加大，相应地也会创造一定的招标投标市场空间和业务机会。

2. 制造业进入攻坚阶段，投资将持续稳步增长

2019 年以来国家出台多项减税降费措施，降低企业负担，带动了制造业投资规模的稳步增长，其中相当一部分新建和技改项目仍需要大量采用招标方式实施交易。

3. 民间投资继续保持较快增长，成为固定资产投资主力军

随着中央鼓励、支持和引导非公有制经济发展，支持民营企业相关政策的出台，招标投标活动逐步规范和普及，势必在一定程度上增加民间投资领域的招标投标市场规模，同时也需要配套的招标运作方式和专业机构服务能力作为支撑。

二、招标投标交易范围与规模

随着法律制度完善、各方主体认识加深、各类实践应用普及，招标投标在中国特色社会主义市场经济体系中已成为主要的资源配置方式之一，在工程建设等领域得到充分、广泛的运用，采用招标投标方式达成的交易金额总量巨大，并呈现连年攀升的总体势头。

《招标投标法》重点对涉及公共利益且达到一定交易金额规模的工程建设项目作出了强制采用招标方式进行交易的明确规定，这直接使得招标方式在我国工程建设领域得到最为广泛、深入的应用，工程建设招标投标交易规模也在所有招标适用领域中占据绝对领先地位。

截至 2019 年 10 月底，全国工程建设招标投标交易金额约为 6. 66 万亿元，交易量约 23. 29 万笔，如图 2 –2 –1 所示。

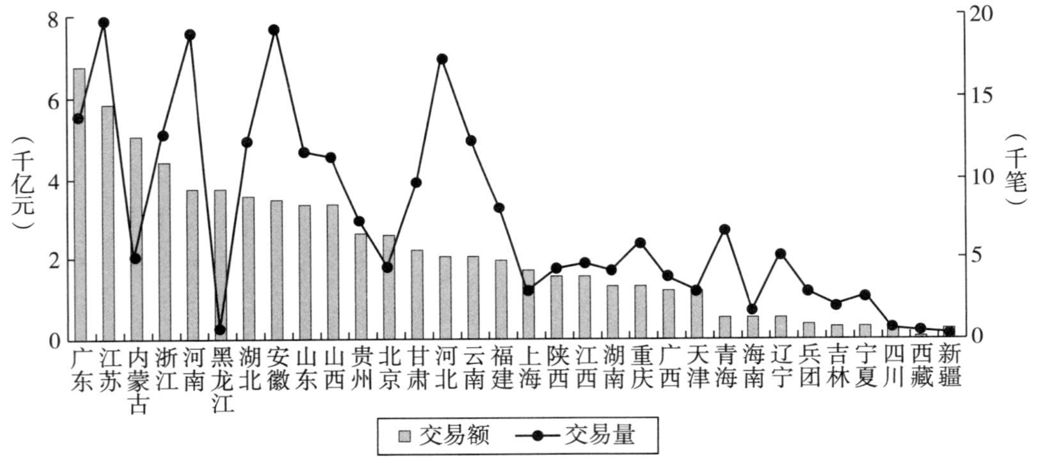

图 2 –2 –1　全国工程建设招标投标交易量及金额情况

资料来源：2019 年 11 月，全国公共资源交易会议、国家信息中心统计数据。

（一）招标范围和标准

2018 年，经过多年酝酿，《必须招标的工程项目规定》（国家发展改革委第 16 号令）和《必须招标的基础设施和公用事业项目范围规定》（发改法规规〔2018〕843 号）先后正式颁布执行，对已经实行了 18 年的《工程建设项目招标范围和规模标准规定》（原国家发展计划委员会第 3 号令）作了大幅调整。

新规定仍沿用了原国家发展计划委员会第 3 号令对依法必须招标工程项目的“范围 + 规模”双因素界定模式，但通过细化区分政府/国有资金使用情况、大幅压缩基础设施和公用事业项目范围、翻倍提升必须招标的项目合同估算金额标准、不再允许地方政府扩大必须招标项目范围和标准等具体规定，提高了强制招标的标准，并将在一定程度上缩减招标方式在未来工程建设项目领域的应用范围，有利于深化落实“放管服”、减轻企业负担、提高交易效率。

（二）招标交易规模

近年来，在我国城镇化和现代化大潮中对各类基础设施需求总体旺盛、公有制在国民经济中仍长期占据主体地位、投资拉动仍作为宏观调控重要手段之一、国家对依法治国和党风廉政建设重视程度提升等特定形势和环境下，采用招标方式实现的工程建设交易规模总体仍呈持续攀升态势。

住建部发布统计数据如下。

（1）2018 年工程监理统计：2018 年工程监理企业承揽项目合同额 5902.42 亿元，与上年相比增长 48.94%。其中工程监理合同额 1917.05 亿元，与上年相比增长 14.36%；工程勘察设计、工程招标代理、工程造价咨询、工程项目管理与咨询服务、工程施工及其他业务合同额 3985.37 亿元，与上年相比增长 74.29%。工程监理合同额占总业务额的 32.48%。

（2）2018 年工程造价咨询统计：2018 年工程造价咨询企业的营业收入为 1721.46 亿元，比上年增长 17.2%。其中，工程造价咨询业务收入 772.49 亿元，比上年增长 16.8%，占全部营业收入的 44.9%。招标代理业务收入 176.59 亿元，建设工程监理业务收入 339.05 亿元，项目管理业务收入 326.57 亿元，工程咨询业务收入 106.76 亿元，分别占全部营业收入的 10.3%、19.7%、19.0%、6.2%。

上述工程造价咨询业务收入按专业和工程建设阶段划分如下。

按所涉及专业划分，有房屋建筑工程专业收入 449.57 亿元；市政工程专业收入 128.16 亿元；公路工程专业收入 38.04 亿元；火电工程专业收入 17.03 亿元，水利工程专业收入 17.65 亿元，分别占工程造价咨询业务收入的 58.2%、16.6%、4.9%、2.2%、2.3%。其他工程造价咨询业务收入合计 122.04 亿元，占 15.8%。

按工程建设的阶段划分，有前期决策阶段咨询业务收入 69.01 亿元，实施阶段咨询业务收入 162.81 亿元，竣工结（决）算阶段咨询业务收入 309.28 亿元，全过程工程造价咨询业务收入 198.31 亿元，工程造价经济纠纷的鉴定和仲裁的咨询业务收入 15.74 亿元，分别占工程造价咨询业务收入的 8.9%、21.1%、40.0%、25.7% 和 2.0%。其他工程造价咨询业务收入合计 17.34 亿元，占 2.2%。

（3）2018 年全国工程勘察设计统计：2018 年工程勘察新签合同额合计 1290.7 亿元，与上年相比增加 12.2%。

工程设计新签合同额合计 6616.4 亿元，与上年相比增加 20%。其中，房屋建筑工程设计新签合同额 1947.6 亿元，市政工程设计新签合同额 888.1 亿元。

工程总承包新签合同额合计 41585.9 亿元，与上年相比增加 21.4%。其中，房屋建筑工程总承包新签合同额 15530.9 亿元，市政工程总承包新签合同额 5442.6 亿元。

其他工程咨询业务新签合同额合计 859.7 亿元，与上年相比增加 23%。

（4）2018 年工程招标代理机构统计：2018 年工程招标代理机构工程招标代理中标金额 156335.11 亿元，比上年增长 14.02%。其中，房屋建筑和市政基础设施工程招标代理中标金额 125091.57 亿元，占工程招标代理中标金额的 80.02%；招标人为政府和国有企事业单位工程招标代理中标金额 124804.96 亿元，占工程招标代理中标金额的 79.83%。

三、招标代理机构总体情况

凭借自身固有优势和相关法律规制，在当前我国各类公共资源交易、企业采购实践乃至各类市场主体日常经营管理活动中，招标投标已成为最重要的交易缔结方式。实践中，相当一部分招标人受自行招标法定备案条件要求影响，限于自身专业力量不足，或出于提高效率、规范行为、降低风险等目的，倾向于委托代理机构协助组织实施招标采购活动，由此产生了对招标代理服务的广泛需求。

过去几十年，特别是招标投标法颁布实施后，伴随我国招标投标事业整体蓬勃发展，招标代理作为一个新兴行业也实现了快速扩张，从业机构数量、人员和业务规模总体呈现持续增加态势。但近年来，随着我国经济增长方式由依靠高投入的粗放型向依靠技术进步驱动的集约型转换，由量的扩张阶段进入质的提升阶段，宏观经济表现总体趋于平稳，招标投标事业和代理服务市场发展也进入新的发展阶段并呈现出新的发展特征。

（一）工程招标代理机构发展情况

1. 机构数量和分布情况

2018 年参加统计的全国工程招标代理机构共 7717 个，比上年增长 24.31%。按照企业登记注册类型划分，国有企业和国有独资公司共 276 个，股份有限公司和其他有限责任公司共 3757 个，私营企业 3528 个，港澳台投资企业 2 个，外商投资企业 4 个，其他企业 150 个。全国工程招标代理机构地区分布情况及拥有资质的情况如表 2－2－1 和表 2－2－2 所示。

表 2－2－1　　全国工程招标代理机构地区分布情况

地区	北京	天津	河北	山西	内蒙古	辽宁	吉林	黑龙江
企业数（个）	307	151	297	211	227	338	230	135
地区	上海	江苏	浙江	安徽	福建	江西	山东	河南
企业数（个）	150	528	362	258	252	206	673	237
地区	湖北	湖南	广东	广西	海南	重庆	四川	贵州
企业数（个）	241	314	525	210	161	88	268	127
地区	云南	西藏	陕西	甘肃	青海	宁夏	新疆	
企业数（个）	270	9	242	155	156	116	273	

表 2－2－2　　　　全国工程招标代理机构拥有资质的情况

资质	具有单一招标代理机构资格的企业	具有两个及以上资质的企业
企业数（个）	2426	5291

2. **人员情况**

2018 年年末工程招标代理机构从业人员合计 617584 人，比上年增长 2.22%。其中，正式聘用人员 563336 人，占年末从业人员总数的 91.22%；临时工作人员 54248 人，占年末从业人员总数的 8.78%。

2018 年年末工程招标代理机构正式聘用人员中专业技术人员合计 463950 人，比上年增长 1.49%。其中，高级职称人员 74212 人，中级职称 201655 人，初级职称 109240 人，其他人员 78843 人。专业技术人员占年末正式聘用人员总数的 82.36%。

2018 年年末工程招标代理机构正式聘用人员中注册执业人员合计 140223 人，比上年增长 4.41%。其中，注册造价工程师 60459 人，占总注册人数的 43.12%；注册建筑师 1092 人，占总注册人数的 0.78%；注册工程师 3403 人，占总注册人数的 2.43%；注册建造师 28540 人，占总注册人数的 20.35%；注册监理工程师 46062 人，占总注册人数的 32.85%；其他注册执业人员 667 人，占总注册人数的 0.48%。

3. **业务情况**

2018 年度工程招标代理机构工程招标代理中标金额 156335.11 亿元，比上年增长 14.02%。其中，房屋建筑和市政基础设施工程招标代理中标金额 125091.57 亿元，占工程招标代理中标金额的 80.02%；招标人为政府和国有企事业单位工程招标代理中标金额 124804.96 亿元，占工程招标代理中标金额的 79.83%。

2018 年度工程招标代理机构承揽合同约定酬金合计 2057.85 亿元，比上年增长 28.17%。其中，工程招标代理承揽合同约定酬金为 265.9 亿元，占总承揽合同约定酬金的 12.92%；工程监理承揽合同约定酬金为 592.25 亿元；工程造价咨询承揽合同约定酬金为 631.36 亿元；项目管理与咨询服务承揽合同约定酬金为 173.37 亿元；其他业务承揽合同约定酬金为 394.97 亿元。

4. **财务情况**

2018 年度工程招标代理机构的营业收入总额为 4520.37 亿元，比上年增长 98.52%。其中，工程招标代理收入 950.35 亿元，占营业收入总额的 21.02%；工程监理收入 495.43 亿元，工程造价咨询收入 591.78 亿元，工程项目管理与咨询服务收入 791.95 亿元，其他收入 1690.86 亿元。

2018 年度工程招标代理机构的营业成本合计 2866.24 亿元，营业税金及附加合计 92.92 亿元，营业利润合计 593.61 亿元，利润总额合计 478.86 亿元，所得税合计 60.61 亿元，负债合计 5911.41 亿元，所有者权益合计 2560.34 亿元。

根据以上统计数据，2018 年度工程招标代理机构的总体经营状况有较大改善，从业人员数量、中标金额、招标代理服务合同约定酬金以及营业收入等全面增长。可以看出在 2017 年 12 月 28 日住建部正式取消工程招标代理机构资格认定后，工程招标代理服务准入门槛被正式撤除，大批新的机构开始进入招标代理市场，加快了招标代理企业竞争加大、招标代理市场扩大的脚步。（以上数据来源于住建部官网）

（二）工程招标代理市场相关分析

1. 招标代理服务行业的外部环境

（1）政府治理和法律环境方面。依法必须招标项目范围缩小且限额标准提高、招标代理资格认定全面取消和代理服务收费全面放开、招标代理服务事中事后监管不断强化等一系列改革和变化，对招标代理服务能力提出更高要求，对行业发展的深远影响正在逐步显现。

（2）经济环境方面。随着 GDP 和固定资产投资增速持续放缓以及新建设模式的异军突起，促使招标代理行业服务范围和业务结构发生转变。

（3）技术环境方面。随着互联网、大数据、云计算等现代信息技术快速发展和不断普及，相关技术与招标投标深度融合，可在信息交换、科学决策、辅助监管等各方面全面提高综合效能。

（4）社会环境方面。随着招标投标相关法律的深入普及，公民法制意识和各类社会主体维权意识的不断提升，社会各界对招标投标中的围标串标、专家不公等违规行为越来越关注，招标代理服务行业需要在打造公平公正、开放透明的市场环境过程中，调整自身发展和竞争格局，提升服务能力。

2. 影响行业竞争结构的主要因素

（1）现有企业竞争加剧。传统招标代理市场企业数量众多，服务内容差异化程度较低，以降价为主要方式的市场竞争日趋激烈。

（2）新进入者持续增多。招标代理行业准入门槛降低，会引发行业新军大批涌入市场，原有企业势必面临市场份额被挤占，利润水平下降等问题。

（3）技术和服务创新引发替代性变革。随着新需求、新技术、新模式的不断涌现，可能彻底颠覆和替代传统招标代理企业的运营模式，将对现有招标代理企业造成巨大冲击。

（4）客户择优和议价能力提升。随着招标投标法日渐普及和招标投标实践经验不断积累，招标代理市场日趋透明，强化了招标代理行业竞争局面，招标人有更大的选择空间和更强的议价能力。

（作者：韩东亚、江苏国泰新点软件股份有限公司）

第三章　国有企业采购

第一节　重点行业的国有企业采购分析

按照以点带面的思路，选取国有企业中几个典型行业的采购情况展开分析。

一、钢铁行业采购发展状况分析

（一）发展环境

在世界经济稳健复苏、国内经济稳定增长的背景下，钢铁行业将继续维持平稳运行态势。同时，我国钢铁市场主要以满足国内需求为主，随着国内经济调结构、转方式，下游行业不断深化供给侧结构改革会带来钢铁市场需求的变化，以往对需求规模增长的关注将逐步转向对需求结构变化的重视，由此也将导致钢铁企业发展战略及竞争策略面临重大调整。

（二）钢铁行业电子招标投标情况

2018 年矿产冶金行业与公共服务平台对接数据的项目累计中标金额仅为 185 亿元，总数据为 7036 条。钢铁行业内招标采购活动的电子化水平呈现较大差异。中国宝武集团下属上海宝华国际招标有限公司在 2008 年建设了电子招标投标系统，是首批央企电子招标投标试点单位，2018 年全流程电子招标金额比例达到 86%；鞍钢集团下属鞍钢招标有限责任公司在 2015 年建成了全流程电子招标投标系统，并于 2017 年通过国家检测认证。此外，包钢集团、太钢集团、酒钢集团等企业先后建成了电子招标投标系统。但广大中小钢铁企业大多数仍采用传统招标方式，距离全流程电子化还有较大差距。

（三）发展趋势

未来一至两年，全国粗钢年产量将保持在 9 亿吨左右，钢材消耗量约 8 亿吨。固定资产投资将与 2018 年同期持平，保持平稳态势。

目前部分钢铁企业还在单纯强制运用招标方式，招标范围过度宽泛、招标金额过小，导致部分招标代理机构工作以流程操作为主，流于形式。各招标代理机构均认识到“流程和法规”仅是开展招标业务的基础，“技术和专业”才是创造服务价值的核心。只有坚持走专业化发展道路，创造服务价值，依托信息化沉淀业务核心内涵，才能在同质化竞争严重的招标代理市场开辟一方天地。

二、能源行业采购发展状况分析

以新组建的国家能源集团（以下简称“集团公司”）为例，为进一步加强集团公司采购与招标管理，提高采购与招标水平，确保各项工作顺利展开，国家能源集团成立了采购与招标领导小组。领导小组是集团公司采购与招标工作的领导与决策机构，统一领导和协调集团公司采购与招标工作。主要职责包括确定采购与招标工作的管理模式和管理体系，审议采购与招标工作的基本管理制度，审议采购与招标工作管理流程，审批重要的不招标事项，审批供应商短名单管理方案，审批供应商长名单管理方案，审批内部专业化单位名录，审批集团公司管理项目的采购结果，以及研究采购与招标工作中的其他重要事项。

集团公司统一建设的采购管理信息平台和电子商务平台含招标平台、非招标采购平台和电子商城。

集团公司招标项目原则上应当委托中国神华国际工程有限公司办理招标事项，如需委托其他招标代理机构，须报集团公司采购与招标领导小组会议审批批准。

集团公司近几年交易量如下。

2016 年，招标项目交易数量 1729 个，标段数量 2930 个，交易金额约 157. 22 亿元。

2017 年，招标项目交易数量 7482 个，标段数量 70276 个，交易金额约 555. 54 亿元。

2018 年，招标项目交易数量 7470 个，标段数量 73833 个，交易金额约 669. 98 亿元。

2019 年截至 10 月末，招标项目交易数量 7234 个，标段数量 58294 个，交易金额约 642. 81 亿元，平台上线入库投标人 115775 个，入库评委 20628 名。

采购内容分为物资类、工程类和服务类。物资类是指各种形态和种类的物品，包括建设、发展、生产、经营、科研所需的设备、材料、备件、办公用品、劳保用品、软件产品及授权等。工程类是指建设工程施工（含 EPC 和 PC 等），包括建筑物和构筑物的新建、改建、扩建及其相关的装修、拆除和修缮等。服务类是指工程和物资以外的其他采购对象，包括勘察、设计、监理、调试、运行维护、咨询、代理、法律服务、软件开发和实施等以及其他需要通过采购获得的服务。

采购行业覆盖煤炭、火电、新能源、水电、铁路、港口航运、化工、环保、金融、科技研发、信息化、综合办公、承揽和其他行业。

集团公司采购特色创新如下。

1. 无人值守的开标大厅

系统根据售标情况、文件递交情况、文件解密情况等多环节多情况的结果自动判断标段是否满足开标条件，不满足开标条件的标段自动开标失败，成功开标的经自动唱标后进入评标准备。开标全过程由系统自动执行、自动通知，特殊情况自动通知项目经理，同时可转人工操作。充分释放了人力，提高了效率。

2. 标的物信息检索

用户通过检索条件查询标的物相关信息，系统通过项目、标段（包）、招标人、投标人、专家五个维度对标的物信息进行展示，达到项目信息共享、快速检索的建设目标。

3. 竞价项目部分数量报价

竞价项目允许竞买人进行部分数量报价，竞价结果可能出现有多个中选人的情况。实现“一块蛋糕多人分”，有效降低采购成本。

三、石油化工行业采购发展状况分析

以中国海洋石油集团有限公司为例，采购范围覆盖中国海洋石油集团有限公司及其下属二级单位 38 家，下属三级单位 390 家以及众多四、五级单位。

采购内容分为物资类、工程类和服务类。物资类包括量筒、烧杯、试管、参数仪、灭火器、信号弹、消防栓、逃生绳、钢板、弯头、短节、三通、管箍、异径管、快速接头等；工程类包括中低压压力容器制造工作、钢结构制作、土建及设备的安装、空调改造、钻井建设等；服务类包括员工派遣、外包、采购、设计等服务。

近几年交易量如下。

2016 年，采购项目标段数量约 37000 个，采购金额约 500 亿元，入库供应商约 8000 家。

2017 年，采购项目标段数量约 42000 个，采购金额约 700 亿元，入库供应商约 9000 家。

2018 年，采购项目标段数量约 43000 个，采购金额约 1000 亿元，入库供应商约 4200 家。

2019 年截至 10 月末，采购项目标段数量约 31000 个，采购金额约 900 亿元，入库供应商约 3500 家。

其企业采购特色创新如下。

引入远程异地评标，有效减少评委评标的差旅成本。评委可分别在各地区已建成的评标室内进行评标，每位评委的评标过程及评标室内的情况会以视频的形式被记录并上传至服务器，采办人员或者招标经理可以通过采办系统实时查看并监督评委的评标过程。

四、电信行业采购发展状况分析

近年来，国家着力深化供给侧结构性改革，推动实施创新驱动发展战略。电信运营商认真贯彻落实党中央重大决策部署，积极践行网络强国战略，维护网络和信息安全，大力提升网络服务水平，为经济社会发展和人民美好生活提供更加优质高效的服务。

促改革，2019 年，电信企业加快 5G 网络建设，持续扩大网络覆盖范围，全面启动 5G 商用，云计算、大数据、物联网等新兴业务高速发展，有力支撑网络强国和数字化经济战略落地，开启新一轮产业革命；惠民生，超额完成网络提速降费年度任务，在全国实行“携号转网”服务，进一步提升人民幸福感。

电信企业通过集中采购降低成本，提高效率，为企业发展创造价值。但电信行业形势发生了前所未有的变化，5G 网络建设加快，新兴业务占比不断提高，传统采购模式难以高效支撑企业转型发展，需要在采购模式、组织架构、人才队伍等多个方面进行创新，不断满足灵活多样的电信行业采购需求。

2019 年三家电信运营商资本性支出总体保持平稳，5G 投资方面，中国移动 2019 年的 5G 投资在 240 亿元左右，中国联通和中国电信的 5G 投资分别是 80 亿元和 90 亿元。中国联通与中国电信通过建立了 5G 共建共享中心，在保证同量覆盖的前提下，大幅降低 5G 建设成本。

具体分析报告详见第三篇第三章《电信行业采购发展现状与创新实践》。

（作者：韩东亚，安徽公共资源交易集团有限公司总经理；陆建等，江苏国泰新点软件股份有限公司；林玲等，中国电信集团采购事业部）

第二节　国有金融企业集中采购

近年来，随着金融行业的飞速发展，采购工作在国有金融企业管理中的重要性日益凸显。为全面了解金融采购行业的发展情况，剖析国有金融企业集中采购工作的痛点，促进金融采购行业发展，中国银联集中采购管理办公室和中国金融集中采购网共同撰写完成了《国有金融企业集中采购发展现状及趋势》研究报告。本研究基于广泛的问卷调查和走访交流，阐述了国有金融企业集中采购的发展历程，剖析了业务特征、发展现状和存在的主要问题，展望了金融采购行业未来发展趋势，并在此基础上提出了有关发展建议。

一、研究背景和目的

为调查了解国有金融企业集中采购工作发展历程及现状，深入挖掘国有金融企业在集中采购工作中遇到的共性难题，共同探索促进金融采购业务发展的举措，并继续加强业内的合作交流。2019年 5—6 月，中国金融学会金融采购专业委员会（以下简称“金采委”）面向成员单位开展了国有金融企业集中采购工作的问卷调查，此项工作得到了各金融单位的大力支持与配合。中国银联集中采购管理办公室和中国金融集中采购网对问卷调查结果进行了统计分析，并结合近年来对多家金融机构所进行的调研走访、来访交流、日常沟通了解和相关研究分析情况，最终形成此研究报告，旨在推动国有金融企业进一步加强采购组织建设、制度建设，不断优化和完善采购流程，进而更加有效地组织采购工作，为实现采购工作的战略化、精细化、智能化发展提供参考与借鉴。

二、金融企业集中采购的发展历程

金融企业集中采购工作，大致始于 21 世纪初，以 2001 年财政部发布《关于加强国有金融企业集中采购管理的若干规定》（以下简称《规定》）为标志。随着各项金融业务竞争的逐步加剧，采购工作在金融业务中的重要性益发凸显，在采购工作的制度、流程、管理等方面都发生了显著的变化，总结起来，金融企业集中采购经历了不同的发展阶段：以合规为导向的初创阶段、以业务为导向的发展阶段、以价值为导向的转型阶段，而今逐步迈向以信息技术为支撑的数字化采购发展阶段。

（一）以合规为导向的初创阶段

在采购部门成立之前，大多数金融企业的采购工作分散在各个业务部门，因此并没有形成统一的业务流程和管理规范。《规定》发布之后，各金融企业纷纷意识到采购合规的重要性，开始创立采购部门，并定义采购工作边界、制定采购管理制度、规范采购工作。总结起来，各单位在合规层面开展了以下几方面的工作，进而推动了金融采购行业的规范和发展。

（1）建立采购管理机制。根据《规定》要求，建立了集中采购决策管理职能与操作执行职能相分离的管理体制。成立集中采购管理委员会作为决策机构，设立集中采购日常管理机构，具体实施集中采购活动、组建采购评审专家库等，并对需求部门，采购、法律、合规、审计等部门的工作职责进行了定义。

（2）制定采购管理制度。建立健全了集中采购管理制度、实施办法、操作流程以及供应商管理办法、评审专家管理办法、集中采购管理委员会运作规程，建立采购目录等，为采购实施和管理工作提供具体的制度依据。

（3）规范采购实施流程。集中采购的边界、流程、岗位和职责等逐步规范起来。集中采购项目主要流程包括受理采购需求、制订采购方案、编制采购文件、组织采购评审、签署采购合同等。各金融企业采购部门根据企业自身的机制体制和发展需要对这些流程的边界和部门职责进行了界定。

（二）以业务为导向的发展阶段

随着金融行业的蓬勃发展和市场化的不断深入，金融企业采购在基本解决了合规的诉求之后，也面临着更高的要求：为企业的业务发展提供专业高效的采购服务，发挥采购在企业发展中降本增效的重要作用。在这一阶段采购部门以服务业务为出发点开展采购工作，并进一步推动了金融采购的蓬勃发展。

（1）提升采购标准化程度。标准化工作是提高采购效率、提升服务水平的重要手段。各金融企业在采购流程、采购需求、采购文件、采购过程文件、采购合同等多方面推行标准化。一方面提高采购部门自身的效率，另一方面也为需求部门、供应商等更好地提供服务。

（2）加强采购精细化管理。各企业的采购部门结合工作实际，在诸多方面不断提高采购管理水平，取得了很多成果。例如，推行采购计划管理，有效地加强采购需求的统筹，降低需求的随意性，提高采购的集约性；实现供应商分级管理，通过建立和优化供应商评价体系，加强奖惩管理，强化供应商管理等措施来提升供应商服务质量水平，从而更好地为业务服务；加强合同及合同履约管理，通过评价履约质量、监控履约异常等手段降低履约风险，提高履约质量。

（3）建设采购信息化平台。随着信息技术的发展，一些金融企业也开始启动采购信息化平台的建设。采购业务由手工化转为电子化，实现在线提交需求、在线执行采购流程、在线审批等，大大地提高了采购工作效率。同时，采购系统可以实现信息公开、流程指引、操作留痕等，从而提升了采购的透明度。

（三）以价值为导向的转型阶段

随着采购流程和管理的不断完善，采购部门不再仅仅满足于采购合规、风险内控及服务业务，逐渐开始关注采购专业能力和价值创造能力的提升。总结来说，近几年来金融采购工作在挖掘和提升采购价值方面不断发力，尝试建立以采购部门为核心的企业级供应链管理平台。

在此阶段，采购部门的定位已不仅仅是需求和市场的撮合方，而是占据更多主动性，逐渐成为企业供应链管理的平台方。采购部门通过为平台各利益相关方提供服务，促进各方共赢从而实现采购价值的跨越式提升。需求部门方面，提供多种采购模式（常规采购、集采商城、电商商城、团购等）供其选择，提供需求编制咨询、市场咨询、供应商咨询、合同履约查询、价格等信息查询等服务，帮助需求部门了解市场动态、获取决策信息，从而对公司业务起到反哺作用。供应商方面，提供采购需求推介、采购公告公示、在线报名及投标、投标流程培训、合同在线付款等服务，帮助供应商加深对企业需求的把握，建立长期友好关系。评审专家方面，提供专家评审培训、市场调研信息和历史价格信息等服务，在提升专家能力的同时，为企业创造更多价值。

在采购部门为平台各方提供服务的同时，也促进了各方资源互补、通力协作，从而为企业创造更多的价值。例如，供应商可以为采购部门和需求部门带来市场最新动态和专业化培训；金融企业也开始寻求与供应商可以开展单个合同以外的业务合作，如信贷业务、融资业务、市场拓展等。

（四）以信息技术为支撑的数字化采购发展阶段

信息技术飞速发展，云计算、大数据、机器学习、人工智能等先进技术的应用，为金融企业采购的数字化提供了可能，智慧采购必将成为采购未来发展的新目标。越来越多的金融企业采购部门开始重视采购信息化建设，推动实现采购全流程电子化，为业务提供辅助，创建阳光透明的采购文化，提高采购效率，为采购工作的后续发展奠定基础。一些发展较快的金融企业采购部门逐步地优化采购工具，推动采购管理能力发展。例如，与内外部系统对接、电子招投标、在线会议、移动办公、数据分析等诸多工具的应用，更好地为全流程中的各参与方提供服务，提升采购工作的标准化、精细化和专业化程度。可以预见的是，在信息技术的浪潮下，数字化采购将进入飞速发展的阶段，金融采购行业也将实现大的飞跃。

三、金融企业集中采购的特征、现状及问题分析

本次调研共回收 70 份有效问卷，来自 62 家国有金融企业。从机构类型来看，将国有金融企业分为 9 大类，分别为政策性银行、大型商业银行、股份制商业银行、城市商业银行、农村商业银行、农信社、证券公司、保险公司以及其他金融机构。各类国有金融企业调研数量如图 2－3－1 所示。

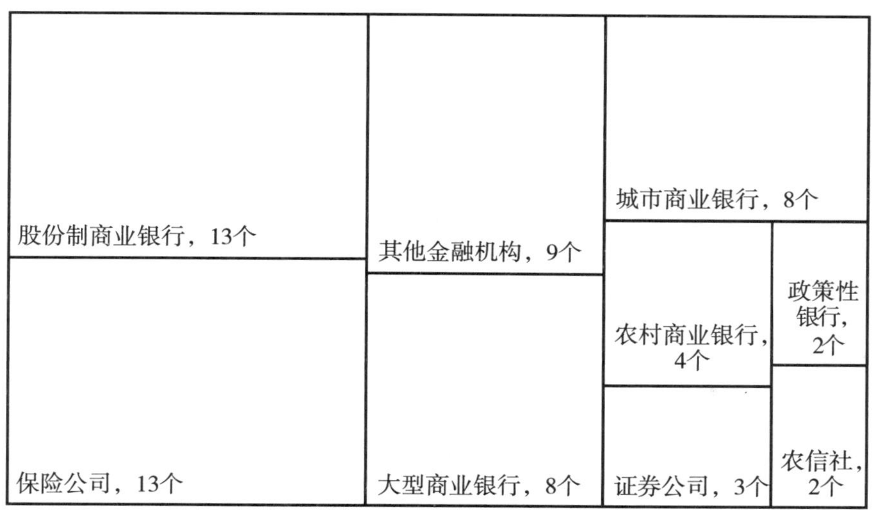

图 2－3－1　各类国有金融企业调研数量

在调研的各类型国有金融企业中，股份制商业银行和保险公司的数量最多，均有 13 个；政策性银行和农信社的数量最少，均为 2 个。其中，按照所属类型划分各国有金融企业，可分为商业银行、保险公司、证券公司和其他四类标准，所调研的各国有金融企业所属类型分布如图 2－3－2 所示。

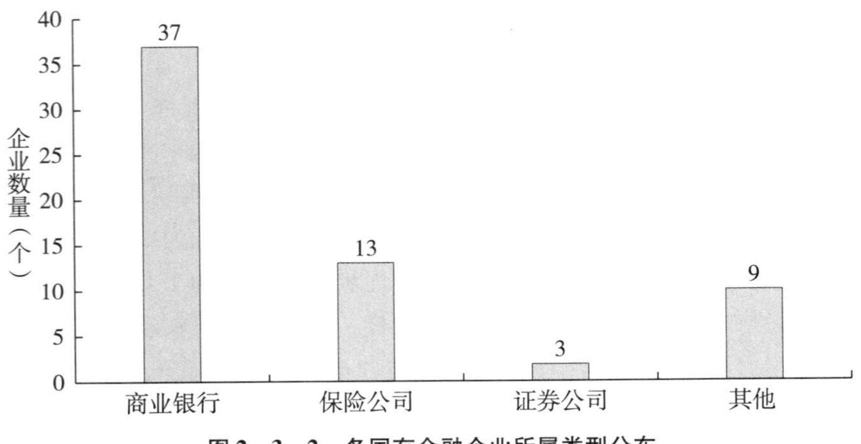

图 2－3－2　各国有金融企业所属类型分布

（一）国有金融企业集中采购的特征

1. 依法、合规是首要基础

纵观金融采购行业的发展历程，国有金融企业采购的产生和发展是以依法合规为导向的。从调研数据也可以看出，各国有金融企业于《规定》颁布后，纷纷成立采购机构或集采团队，且有超过 60% 的被调研国有金融企业成立了独立的集中采购部门或采购团队，预计未来将有越来越多的国有金融企业成立集中采购部门。被调研的国有金融企业集采机构/集采团队成立时间如图 2－3－3 所示。

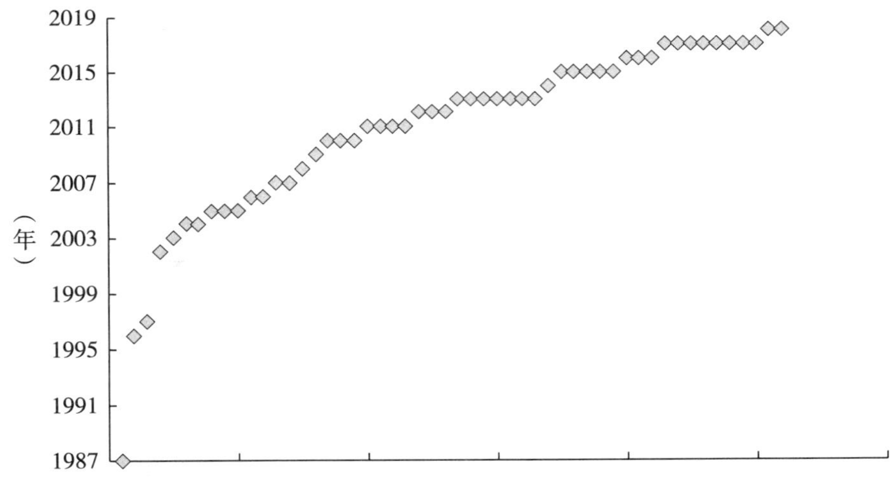

图 2－3－3　被调研的国有金融企业集采机构/集采团队成立时间

所有参与调研的国有金融企业普遍已建立起一套较为完善的集中采购制度和办法，包括采购管理办法、采购细则、操作规程、采购流程、供应商管理办法、专家管理办法、档案管理办法。部分国有金融企业还建立了集采目录和限额标准、委员会工作规则等各类办法和规范。

2. 强调公开透明，注重风险管理

金融行业是一个以信用和安全为基本支撑的行业，一旦发生风险问题，就会对企业的信誉和发展产生严重的影响。金融企业的集中采购是防范风险的关键一环，而采购本身又存在着各种各样的风险：需求风险、质量风险、成本风险、供应商风险、评审专家风险、合规风险等。因此，金融企业采购的一个特征是强调公开透明，注重风险管理。

从调研数据上也可以看出，当前金融企业已经在风险管理方面做了很多工作。

一是采购流程方面，被调研的金融企业普遍较为注重集采流程的构建，已经建立了适用于本单位的集采流程，以保证采购有章可循。主要环节包括：采购立项、采购预审、发送采购文件（公开项目包括发布公告）、采购评审、采购谈判、尽职调查、采购审批、合同签署、合同执行、采购效果后评估等。此外，调研中还发现，已有 64% 的被调研国有金融企业已经在采购流程规范化的基础上，开发了采购系统，实现采购业务流程的电子化，从而提高了采购的公开度和透明度。19% 的被调研金融企业已将采购系统建设纳入建设计划。

二是采购管理方面，被调研的国有金融企业在供应商管理、专家管理、招标代理机构管理、合同及履约管理等多个方面不断加强风险防范。从调研数据来看如下。

（1）建立起供应商准入、分级管理、风险管理体系。受调研的金融企业中，80% 的金融企业已建立供应商库，规模平均达到 3148 家，其中活跃供应商平均达到 1058 家，83% 的金融企业已对供应商履约情况进行跟踪或后评价，81% 的金融企业有供应商黑名单管理机制。

（2）建立起评审专家准入、抽取、分级管理体系。金融企业的评审专家普遍由内部专家和外部专家组成，55% 的金融企业对于评审专家采用随机抽取的方式，约 57% 国有金融企业总公司集采项目的采购结果由采购评审专家小组决定，体现了评审的独立性。

（3）建立招标代理机构的使用和管理规范。89% 的金融企业会聘请专业的招标代理机构，95.7% 的金融企业将招标类项目交由招标代理机构实施，提升了采购的专业性。

（4）建立起合同及履约管理机制。包含了履约计划管理、合同验收与付款管理、履约评价管理、履约异常管理、合同变更管理等方面。并且有一部分金融企业通过采购系统建设，将合同履约流程电子化，并与财务系统实现对接，既防范了风险，又提升了管理水平。

3. 具有明显的金融行业特征

与其他行业相比，金融行业的一个突出特点就是 IT 应用十分复杂，应用种类多，金融行业在 IT 上的采购量一直是巨大的。另外，随着我国金融市场的不断开放，市场竞争越发激烈，金融企业的各类营销服务逐渐成为重要的采购标的。从调研数据上也可以看出，采购标的上，IT 硬件类采购的平均占比达到 33%，系统开发类采购的平均占比达到 26%，服务类采购的平均占比达到 17%。

由此可见，金融行业的集中采购部门虽然常被定位为中后台部门，但其具有明显的外部性特征。一方面，采购部门需要跟外部的供应商、招标代理机构、专家等合作，在一定的采购规程下工作，这就要求集采部门要立章建制，采购人员要遵守流程、严谨规范；另一方面，采购部门面对的是来自市场的采购需求，对采购效率的要求也比较高。这就要求集采部门要加强采购统筹，转变采购理念，创新采购模式，提高采购效率，采购人员要充分发挥主观能动性。

（二）金融企业集中采购的现状

金融业是经济发展的催化剂，而金融业的降本增效对于降低全社会融资成本、提升经济活力等方面有着非常重要的价值。国家相关部门对加强国有金融企业集中采购管理方面高度重视，多次修订招投标、政府采购等相关的法律法规，对保障国有金融企业依法合规实施集中采购工作具有十分重要的指导意义。另外，金采委作为国内唯一的金融采购行业组织，以推动金融采购发展为己任，在推动金融采购制度改革、加强机构间学术交流研讨、促进行业贡献创新等诸多方面做了重要工作。十多年来金融企业集中采购工作的发展，也充分证明了金融行业集中采购工作对于金融业的发展，乃至经济社会发展的正面效应。主要体现在以下几个方面。

1. 行业法律法规不断完善，企业采购行为日益规范

随着我国经济社会的发展和金融改革的不断深化，金融企业采购工作面临的现实情况在不断地发展变化，国有金融企业的集中采购工作也形成了规范有效的管理机制。一是管理架构方面，67% 的金融企业均设置了相对独立的采购职能部门，其中集采部门是公司独立的一级部的有 22 家，说明采购部门的重要性和地位已经得到了认可。近 77% 的金融企业采购部门根据职能或业务分设了科室，说明已经形成规范的组织管理形式。经过调研还发现，金融企业已经普遍建立起较为全面的采购制度管理体系，这也为集中采购工作的规范管理提供了基础。二是采购业务管理方面，大多数金融企业都建立起集中采购目录限额管理，大型机构还建立了分级管理机制，严控风险；参照政府采购，并结合企业采购特点，形成了集中采购业务组织流程，注重采购实施合规；在采购计划管理、供应商管理、招标代理机构管理、评审专家管理等方面也建立了有效的管理机制。

总的来说，企业采购行为的规范，对企业自身的合规、内控等方面起到至关重要的作用，同时也给金融行业乃至整个经济社会带来了积极、正面的影响。集中采购贯彻公平、公开、公正的原则，一方面在一定程度上防止了社会腐败行为的发生，另一方面也为社会营造了公平竞争的环境。

2. 集中采购的规模和复杂度不断攀升，采购规模优势凸显

在金融行业中，集中采购也为企业起到节约成本的作用。各金融企业都尽可能地发挥集中采购的规模优势，为企业节约资金，这在国有金融企业中显得尤为重要。近年来，随着监管和审计要求的逐年提高，采购部门管理水平和地位的不断提升，金融行业的集中采购规模和复杂度也是不断攀升，集中采购的作用越发明显。从调研数据也可以看出，近三年来，各单位实施的集中采购项目数量和金额逐年提高，预计2019年金融行业的平均集中采购项目金额将突破1800亿元。并且在集中采购业务的节资率方面，行业平均达到了16%，有70%的国有金融企业总公司集采项目的总体预算节资率都在10%～20%，为企业和国家实现了较大的成本节约，如图2－3－4所示。

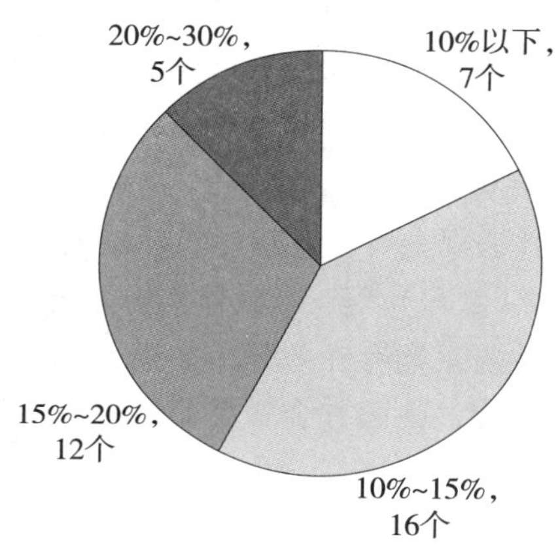

图2－3－4　国有金融企业总公司集采项目总体预算节资率分布

3. **采购专业性日益加强，采购价值不断提升**

金融行业采购工作不断向采购的精细化管理和价值创造方面发展，在诸多方面取得了实质性成果：一是采购人才的培养和金融采购队伍的建设。在金采委的组织和推动下，金融企业普遍注重法律法规、采购实务、项目管理等多方面的培训和交流，加强了采购的专业性。各机构也积极参与采购竞赛、文章撰写等，注重采购知识的转化与传播。二是采购业务的研究与创新。近年来，各金融企业对于采购基础理论、行业研究、采购制度建设、采购标准化等方面作出了很多努力，不断优化流程、管理绩效、提升采购服务水平。三是采购创造价值。各金融企业在这方面也有很多探索。例如，向采购的前端和后端延伸，前端与立项、预算深度融合，后端与履约、付款衔接，实现全流程闭环管理；加强对供应商、专家、招标代理机构等的精细化管理，通过分级管理不断丰富管理维度；探索采购业务信息化和无纸化，扩大采购透明度，提高采购工作效率，提供决策依据，促进业务发展；实施绿色采购，提高采购资源利用率等。

（三）当前存在的主要问题

当然，通过本次调研，我们也发现了当前金融企业集中采购存在的一些不足，主要体现在以下几个方面。

1. **各企业集采发展水平参差不齐**

虽然金融行业采购工作整体发展水平较高，但由于各企业的体制、文化、规模等方面的差异，其采购工作发展水平是参差不齐的。

从发展阶段上来看，一些金融企业已经率先步入了数字化发展阶段，实现了采购业务流、管理流、信息流、资金流的四流合一，在实现采购全流程电子化的基础上，不断提升采购管理水平，挖掘采购价值，并且开始探索采购创新，推动行业融合和发展。而一些机构仍处于以合规高效为主要导向的发展阶段。从采购部门的地位上来看，一些金融企业的采购部门已经是一级部门，较大的机构还实现了分级管理，管理和指导全公司的采购业务，而仍有9%的被调研机构并无独立的采购部门或采购组织，也有一些机构的采购方案、采购合同等由需求部门制定，采购部门处于十分弱势的地位。

2. **法律制度有待进一步完善**

目前金融行业的采购法律法规主要有《招标投标法》和《国有金融企业集中采购管理暂行规定》（财金〔2018〕9号）等。在具体实施方面，非招标采购主要参照了政府采购，但由于企业采购与政府采购存在差异，如果完全参照政府采购，则可能缺失了企业自主决策的灵活性。因此，在国有金融企业集中采购的相关法律法规方面，还有待进一步完善。

3. **存在管采不分的现象**

管采分离机制在源头防腐、规范采购行为方面发挥了重要作用。管采分离要求，财权与事权分离，管理与操作职能分离。在调研中发现，绝大部分金融企业建立了集中采购管理委员会、集中采购管理部门、需求部门、监督部门的采购组织体系。但在权责界定方面还存在着不清晰的现象，容易导致集中采购腐败的隐患。也有一些机构的分支机构，并未设置专职的采购部门或采购组织，也无专职的采购人员，存在分支机构管采不分的现象。

4. **集采部门的地位仍有待提高**

采购不是金融企业的核心业务，因此采购部门在成立之初多处于弱势地位。经过十多年的努力，一些金融企业的采购部门地位已经得到了极大的提升，但仍然有较大一部分的企业，采购部门的工作相对被动。一是采购节奏完全被需求部门牵制，紧急需求多，采购沦为走流程的工具。二是需求部门存在指定产品或指定供应商的情况，导致采购竞争性不强。三是采购部门主要承担采购实施工作，并无采购管理能力，采购价值难以体现。

5. **普遍存在采购资源匮乏的现象**

金融企业集中采购中存在一个共性的现象，就是缺少足够的采购资源。一是供应商资源匮乏。这主要体现在：供应商库多是自成一套，甚至在有些机构的总分机构间也未实现供应商资源的共享；供应商的风险防控缺乏信息来源；供应商信息披露机制不完善，可能导致采购工作的竞争性不充分，甚至带来合规风险和道德风险。二是评审专家资源匮乏。金融企业常常存在抽不到评审专家、专家积极性不高等现象，尤其在金融企业的分支机构表现更为明显。

6. 单一来源采购方式偏多

调研中发现，金融企业在采购方式的选择上，单一来源采购方式平均占比达到了25%，其中有 6 家金融企业的单一来源采购占比在 50% 以上，可见采用单一来源采购方式仍占据较大比例。单一来源采购常常是审计的重点，主要是因为它是一种没有竞争的采购方式，可能会存在采购价格偏高、供应风险，甚至腐败风险。因此，要加强对单一来源采购方式的论证和监督检查。

四、金融企业集中采购的未来发展趋势

通过此次同业调研，我们也总结出了金融企业集中采购的几点未来发展趋势。

（一）采购标准化

采购标准化近年来越来越得到各金融企业的认可和重视。这主要是因为，通过采购标准的制定和实施，可以进一步提高资金效益、强化监督管理、保障公平透明。从企业自身来看，采购标准化工作主要体现在以下几个方面。一是采购程序标准化。通过明确预算、计划、执行、合同签署、履约验收等各个环节的标准流程，确保采购工作有章可循、科学严谨。二是采购要素标准化。包括采购品目、采购需求、采购文件、采购过程文件、采购合同等的标准化，简化必要的审核，提高工作效率。三是采购行为标准化。对采购组织过程中的各个主体，例如采购人、评审专家、招标代理、供应商、监督人等人员行为的标准化，以确保采购的合法合规、客观有效。从金融采购行业来看，采购标准化趋势则体现在亟待建立健全行业采购规范和技术标准，包括采购法律法规、实施准则、采购要素等多方面的标准化，这为营造行业合规环境及推进行业融合奠定了良好的基础。

（二）采购智能化

采购标准化也为采购智能化的实现提供了可能。目前一些金融企业已经搭建了采购信息系统，实现了采购业务和采购管理的电子化，迈出了采购智能化的第一步。在物联网、云计算、大数据、智慧城市等新兴技术的带领下，采购智能化是大势所趋。金融行业正在探索各种采购智能化实现方式，推动了金融采购行业的迅速发展。例如，通过采购全流程电子化、智能化、可视化减少人工操作，实现效率提升和风险防范；通过标准化信息积累和大数据分析构建采购资源池，为采购部门及业务部门提供决策依据；通过与内外部系统的对接，实现闭环管理和数据共享；通过电子商城、团购等方式整合同类采购，提升采购效率和效益等。采购智能化可以充分挖掘采购价值，提升金融采购行业的软实力。

（三）行业整合与信息共享

采购标准化和采购智能化的发展加速了行业融合，这有利于行业的健康、可持续发展，也是今后发展的重要趋势。近年来，金采委一直致力于推动金融行业的采购合作和信息共享，各金融同业共同做了很多工作：通过建设供应商信息库和行业专家库实现信息共享，可以有效降低风险和解决资源匮乏的问题；通过建立和完善信息披露机制，有效防范合规风险，共建行业良好的采购环境；对同类产品组织联合采购，提高采购效率和效益等。可以预见，未来金融行业采购融合将不断向广度和深度扩展，有可能构建起金融采购行业采购生态圈，促进行业采购资源的高效配置。

五、金融企业集中采购的发展建议

通过调研和分析，对当前国有金融企业集中采购的发展情况有了全面的了解。可以看出，集中采购是金融企业发展的重要依赖手段，并且将发挥越来越大的作用。为了更好地推动各金融企业的采购工作，实现金融行业采购的可持续、跨越式发展，现提出以下几点建议，供读者参考。

（一）转变采购管理理念，营造采购文化

金融行业采购工作发展至今，越来越多的企业意识到，采购工作在内控合规之外，对企业的成本节约、效益提升等方面也发挥着较大的作用。采购部门将采购管理理念由采购实施者向采购供应链管理者的方向转变，能够有效提升采购工作的地位和价值。主要从以下三个方面入手：一是不仅仅局限于采购实施工作，还要抓起制度建设、供应商、专家等各类管理工作，构建完善的采购管理机制，坚持合规与效率并举，不断积累和创新，提升采购专业性。二是向采购的前后端延伸，采购前移以实现采购预算、计划、需求、立项的管理，采购后移以实现合同签署、实施与履约验收、评价的管理，从而实现采购全生命周期管理。三是强调采购创造价值，通过采购的标准化和精细化管理，构建采购资源池，为采购工作提供决策，并反哺业务，实现对企业的价值创造。

同时，在金融企业乃至全行业营造良好的采购文化也是十分重要的。采购部门在企业内部承担平台方的角色，因此天然地具备营造企业采购文化的能力和责任。采购部门通过建立采购制度、制定采购管理体系，可以创造合规的采购文化；通过加强采购风险管理、推进信息化建设可以创造透明的采购文化；通过提升采购服务能力、挖掘采购价值可以创造合作的采购文化等。而金采委作为金融采购行业的“大平台”，则可以有效地联结各金融企业采购部门这些“小平台”，从而营造全行业公开透明、合作共赢的采购文化。

（二）推进行业采购规范化，搭建标准化体系

为了提升采购服务水平，当前很多金融企业的采购部门开始致力于推进采购工作

标准化，随着标准化工作的不断深入和融合，在金融行业推行采购标准化将成为一种趋势。在制度层面，应当建立健全金融采购相关法律法规和指导规范，使得各企业采购工作有章可循、有据可依，减少采购工作中的不确定性；在运作层面，应当对采购标的、技术标准、采购方式的选择、业务流程、文档模板、履约条款等诸多方面梳理出行业通用的标准化体系，使企业间的采购知识可以积累与共享，提高采购的专业价值；在信息系统层面，可以构建适用于金融企业的标准化采购信息系统，为各金融企业的采购工作提供流程指引，同时也为行业间采购信息的共享、采购能力的整合及多层面的合作创新提供了可能。

在行业采购规范化、标准化的基础上，在金采委的引领下，金融企业可以合力促进金融采购行业的价值提升。例如，开拓委托采购、联合采购等创新采购方式，以提升行业采购效率和效益；与行业共享采购资源及采购成果，如开放内部商城、共享专家库、供应商库等，以促进行业的信息交流，提升采购的专业性。

（三）发展采购智能化，创造智慧采购新生态

信息化和智能化是现代企业管理的必经之路，“采购 + 互联网”也将成为我们坚定不移要走的道路。随着各金融企业业务深入发展，业务范围逐步拓宽，管理职能不断深化，需要相应的采购信息化平台支撑，助力金融行业充分挖掘采购价值、实现采购跨越式发展。同时云计算、大数据、人工智能等新兴技术的发展，也为采购信息化水平的进一步提升提供了可能。当前，已经有一些金融企业在立足自身业务诉求的基础上，结合外部资源和先进技术，成功地搭建了适用于金融企业的采购信息系统，实现了采购全流程电子化和采购管理精细化，并且及时地将建设经验与同业分享，甚至为金融同业提供系统输出服务，这很大程度推动了金融行业采购智能化的发展。

今后，采购智能化的发展将不断深化，电商平台、智能评标、供应商风险评估、智能履约、智能价格监控、电子签章、智能客服、移动办公、采购云平台等创新功能的运用，将帮助金融企业进一步提升采购管理水平，挖掘采购价值；基于新兴技术，金融企业可以协力在行业层面构建金融采购行业公共服务平台，实现资源共享和信息互通，将助力金融行业实现智慧采购新生态。

（四）促进行业资源共享，实现共同发展

开放、交流、共享、共同进步是新时代的主题，金融采购行业也不例外，行业资源共享将是一个重要的发展趋势。一方面，各金融企业或多或少都存在这样的诉求。发展较快的金融机构，在不断深耕自身采购业务的基础上，希望可以通过与同业交流与合作，深度挖掘采购价值，继续保持行业领先，引领行业发展。发展较慢的金融机构，希望可以通过学习交流与资源共享，解决自身业务痛点，借鉴成功经验，加速发

展自身采购工作。另一方面，行业整体的进步与发展离不开开放共享。可以充分利用金采委提供的平台，通过从管理架构、业务流程、管理特色、技术手段、能力共享等诸多方面不断丰富行业资源共享的广度和深度。

（1）管理架构。在行业间加强组织架构、制度体系、管理机制等方面的交流，并结合金融行业的发展要求和监管需要，形成行业的整体标准，从而为金融机构采购工作提供基础。

（2）业务流程。当前，各金融机构的采购业务流程各不相同，大多是根据 209 号文和 9 号文，并参照政府采购或其他行业采购制度，结合自身业务制定的业务流程。由于缺乏统一的行业规范，企业往往面对各种各样的合规风险，却无据可依。通过共享业务流程，梳理建立行业统一标准，可以有效降低风险。

（3）管理特色。行业间加强对采购管理方法的交流，可以互相借鉴学习、取长补短，实现行业整体的进步。

（4）技术手段。一些企业已经充分运用各种先进的技术手段，建设采购信息系统，越来越多的企业也产生了这类诉求。行业间可以加强技术和经验共享，甚至技术输出、合作共建系统，抑或建设行业通用的采购信息系统等。可以有效地防止重复建设和资源浪费。

（5）能力共享。金融采购工作能力已经成为一项重要的资源。行业间可以通过广泛开展采购技能培训、经验共享、知识输出、人才合作等方式，构建可持续的能力共享平台，推进行业共同发展与进步。

附件：

国有金融企业集中采购工作调查问卷基础数据（基于 2019 年 5—6 月金采委调查问卷统计）

一、管理架构

（一）金融机构类型（公司性质）

已调研数据将国有金融企业分为 9 大类，分别为政策性银行、大型商业银行、股份制商业银行、城市商业银行、农村商业银行、农信社、证券公司、保险公司以及其他金融机构。在所调研的 62 家国有金融企业样本中，各类型样本的数量分布，如图 1 所示。

在调研的各类型国有金融企业中，股份制商业银行和保险公司的数量最多，均有 13 个；政策性银行和农信社的数量最少，均为 2 个。其中，按照所属类型划分各国有金融企业，可分为商业银行、保险公司、证券公司和其他等四类标准，所调研的各国有金融企业所属类型分布，如图 2 所示。

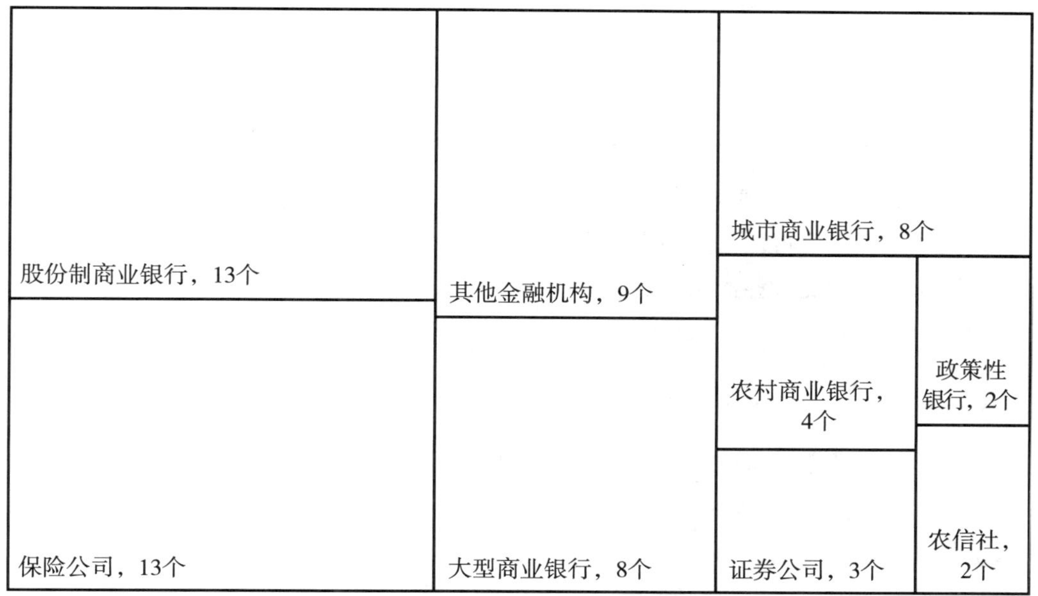

图 1　各类型国有金融企业数量分布

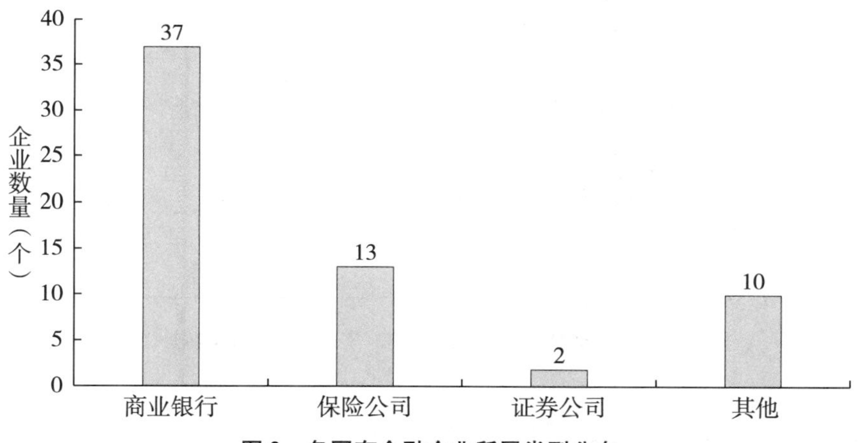

图 2　各国有金融企业所属类型分布

（二）国有金融企业总体规模

（1）公司总体人员规模（单位员工总人数大约）：平均 5100 人。

1000 人以下	1000 ~ 5100 人	5100 ~ 10000 人	10000 人以上
20%	32%	16%	32%

（2）采购部门员工规模（总公司集采机构/集采团队）：平均 11 人。

10 人以下	11 ~ 20 人	21 ~ 30 人	30 人以上
63%	27%	6%	4%

（3）采购部门员工规模/公司总体人员规模平均：5. 2 人/千人。

由此可见，金融机构一般规模较大，组织机构覆盖全国。

采购部门多为支持性部门，员工较少。

近半数金融企业的分支机构也设有专职采购部门。

（三）采购部门成立时间

国有金融企业集中采购历程，大致始于 21 世纪初，以 2001 年财政部 209 号文发布《关于加强国有金融企业集中采购管理的若干规定》为标志。基本在 2003 年之后成立集采部门，如图 3 所示。

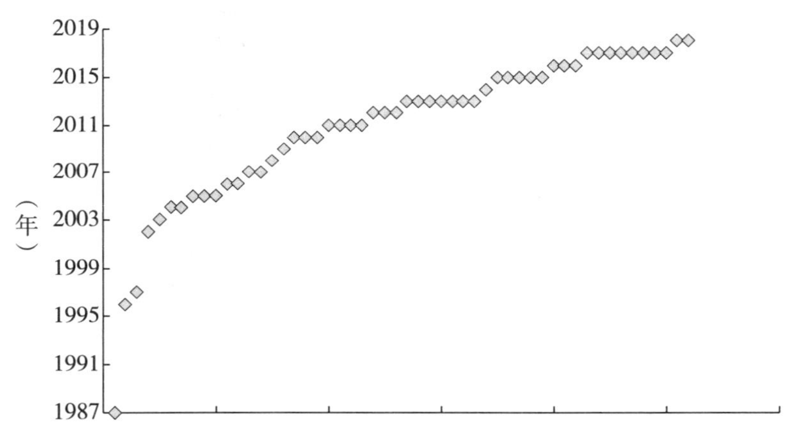

图 3　国有金融企业集采机构/集采团队成立时间

（四）总公司是否有独立的集中采购部门

在集中采购部门的设置方面，各国有金融企业总公司设有独立的集中采购部门的有 40 家，占比约为 67%。其中，集采部门是独立的一级部的机构约为 37%；集采部门是二级部的机构约为 30%。总公司无独立集中采购机构的约为 33%。

多数公司设置独立的采购部门，凸显采购的重要性。

已经形成一定的组织与管理形式。

（五）集采部门（处室，科室）的实际业务范围

主要承担的职责如下：

A. 建立健全采购管理制度；

C. 负责编制集中采购目录；

E. 负责采购工作相关的供应商管理；

D. 负责高级别集中采购项目组织；

N. 负责采购管理系统的建设、管理和维护；

F. 负责采购工作相关的专家管理；

B. 搭建采购授权管理体系；

P. 负责分公司采购的监督、检查、指导、考核、评价和奖惩；

G. 负责采购合同、采购文件等示范性文本的管理和维护；

H. 负责采购管理委员会的秘书工作。

较少承担的职责如下：

J. 负责采购后评价；

O. 负责电商平台的建设、管理和维护；

L. 负责推荐参与采购活动的供应商；

M. 派员以评委身份参与采购评审；

K. 负责采购合同的执行，包括下订单等；

I. 负责采购验收。

集采部门主要承担职责的分布情况如图4所示。

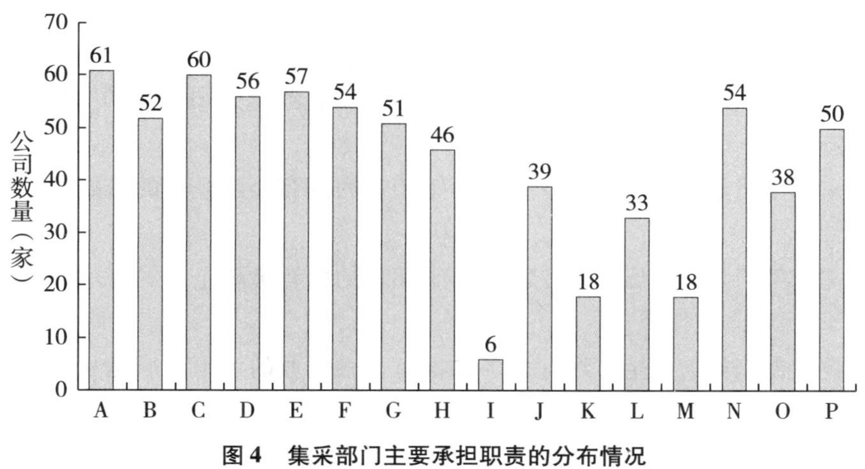

图4　集采部门主要承担职责的分布情况

二、业务管理

（一）集采流程管理

（1）总公司集采项目的采购方案实质上由谁制定，由谁审定？

近62%的国有金融企业总公司集采项目的采购方案都由集采部门制定，有20%的国有金融企业总公司集采项目的采购方案都由需求部门制定。

约50%的国有金融企业总公司的集采项目的采购方案都由集中采购管理委员会审定。

（2）总公司集采项目的采购结果实质上由谁决定？

约57%国有金融企业总公司集采项目的采购结果都由采购评审专家小组决定，近15%国有金融企业总公司集采项目的采购结果由集中采购管理委员会决定，约有8%国有金融企业总公司集采项目的采购结果由采购评审专家小组及集中采购管理委员会共同决定。

（二）供应商管理

（1）总公司是否已建立采购供应商库：80%的国有金融企业总公司建立了采购供应商库。

（2）总公司在库供应商数量：库内供应商数量平均为3148家，活跃供应商数量为1058家。

（3）总公司是否对供应商履约情况进行跟踪或后评价：约有83%的国有金融企业总公司对供应商履约情况进行跟踪或后评价。约有81%的国有金融企业总公司有供应商黑名单管理机制。

（三）专家管理

（1）除公开招标外，评审专家的组成：有34%的国有金融企业总公司的集采项目评审专家全部为公司内部专家；有66%的国有金融企业总公司的集采项目可邀请部分不属于本公司的外部专家。

（2）采购部门是否派出评审专家：约有40%的国有金融企业的采购部门会派出评审专家。

（3）需求部门是否派出评审专家：约有88%的国有金融企业的需求部门会派出评审专家。

（4）评审专家如何产生：约有58%的国有金融企业的评审专家是从评审专家库中随机抽取；约有33%的国有金融企业的评审专家是由公司相关部门委派。

（四）招标代理机构管理

（1）是否聘请了外部招标代理公司实施采购代理业务：有约89%的国有金融企业聘请了外部招标代理公司实施采购代理业务。

（2）如果总公司已聘请外部招标代理公司，将哪类集中采购项目交由外部招标代理公司实施：95.7%的机构将招标项目交由招标代理实施，41.3%的机构将竞争性磋商项目交由招标代理实施，32.6%的机构将竞争性谈判项目交由招标代理实施，

10.9% 的机构将全部项目交由招标代理实施。

（五）合同管理（集采合同由哪个部门签署）

50% 的机构的集采合同由需求部门签署，37% 的机构的集采合同由采购部门签署。

（六）目录限额管理（具体采购项目是否纳入集中采购范畴的控制标准）

89% 的机构既有目录又有“限额”标准，实行双维度控制；11% 的机构仅以“限额”为控制维度。

三、业务实践

（一）业务规模

2016—2018 年，金融行业的集采业务平均规模逐年增长

根据调研数据，金融采购行业 2016—2018 年的平均集采业务规模如图 5 所示。

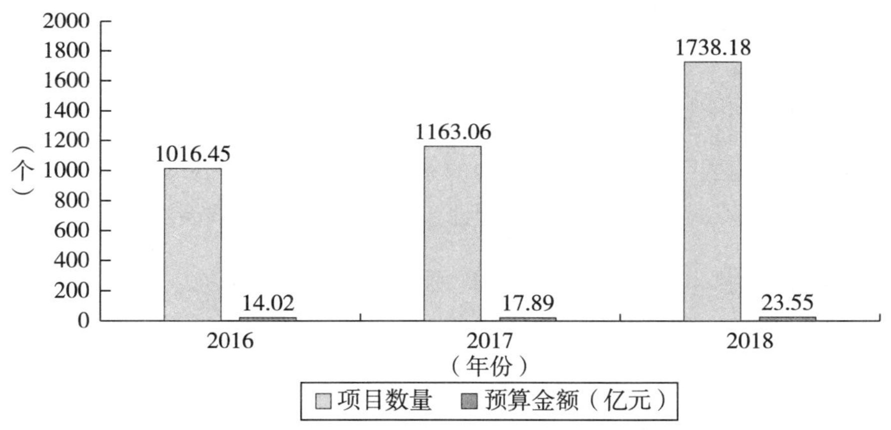

图 5　2016—2018 年金融采购行业的集采业务平均规模

（二）2018 年各金融机构总公司实施的集采项目中，各类采购方式的平均预算占比

公开招标：25%。

邀请招标：13%。

单一来源采购：25%（单一来源采购占比较高）。

其他采购方式：37%。

（三）采购标的

（1）2018 年各金融机构总公司实施的集采项目中，各类项目的平均采购预算占比

大致为：

货物类：35%；服务类：49%；工程类：16%。

（2）2018 年各金融机构总公司实施的集采项目中，平均预算占比最大的四个品目为：

IT 硬件：33%；系统开发：26%；服务：17%；人力外包：14%。

（四）2018 年各金融机构总公司实施的集采项目中，总体预算节支率平均为 16%

（五）2018 年各金融机构总公司实施每个集采项目的采购时长平均为 35.5 天

（六）2018 年各金融机构总公司实施的每个集采项目参与投标（谈判/磋商/询价）的供应商家数平均为 4.13 家

四、采购系统建设

（一）各金融机构总公司是否已建成并使用采购管理信息系统

64% 的机构已建成系统，41% 的机构的采购系统能够实现采购业务流程及审批的电子化，并具备供应商管理、评审专家管理、业务报表分析等采购管理功能。

（二）各金融机构总公司是否已建成并使用采购商城

39% 的机构已建成采购商城，24% 的机构的采购商城既有框架协议，又对接电商平台。

（本报告由中国银联采购办与中国金融集中采购网共同完成。执笔人：丁琳；报告审阅人：王文标、王应雄、王小朋；问卷调查、整理及数据统计：姜雪、吴志慧、丁琳、陈海锐）

第四章 军事采购

2019 年是军事政策制度改革和“十三五”规划落实的关键之年，军队采购改革进程明显加快，在国防和军队建设中的地位作用更加突出。

一、军队采购概述

军队采购是军队依据法定程序方法，使用军费通过签订合同从市场获取物资（不含武器装备）、工程和服务以供全军使用的活动。

（一）军队采购的公共属性和军事属性

从本质属性上看，军队采购属于公共部门从私营部门采购物资、工程和服务，要受到公共采购法的约束。“同一般公共采购一样，目的都是达到物有所值，并保证采购过程中的透明性、竞争性、非歧视性和对所有投标人的平等待遇”①。

军队采购也是具有军事属性的经济活动，是“财力”变“物力”、“民力”变“军力”、“潜力”变“实力”的直接转化器，对国防和军队建设具有举足轻重的作用。国际采购规则通常将军队采购（或国防采办）的特殊性、复杂性尤其是供货安全和信息安全考虑进去。如欧盟在《公共采购指令》基础上，专门出台《国防安全采购指令》，意图实现欧洲防务市场一体化，通过降低物资价格以让纳税人受益，提高采购过程中的竞争性和透明度。世界贸易组织《政府采购协定》列出国防例外条款，允许参加方相互之间适度开放国防采购市场。

军队采购规模巨大，对产业和就业等有显著影响。欧洲防务局 2012 年的数据显示：欧盟成员国 2012 年的国防采购额为 1940 亿欧元，而花费在武器装备、民用物资、服务与工程（包括运行与维护）上的总体采购预算约为 860 亿欧元②，欧洲国防工业的年产出为 550 亿欧元，从业人数达 40 万人。

国防领域的经济特点对于军队采购规制具有很大影响，这些特点包括：本国保护主义还是购买外国货、买主垄断、卖主垄断、重复性采购、装备的高成本、国有控制

---

① Martin Trybus. 欧洲国防安全采购——欧盟《国防安全采购指令》研究［M］. 王加为，等译 . 北京：国防工业出版社，2017.

② 以当时加入欧洲防务局的 26 个成员国的数据为依据。该数字是采购与研发的总预算，即 869 亿欧元，其中包括 90 亿欧元的研发预算，并包括占运转与维修总预算（1940 亿欧元）22% ~23% 的费用。（引文同上，第 2 页）

以及效率低下。国防采购在技术和合同上也有许多特征，包括：研发的重要性、较长的寿命周期、协作、补充贸易、较长的供应链、私营企业的不断加入和腐败。

（二）我国军队采购发展概况

党中央、中央军委一贯高度重视军队采购工作。2014 年，党的十八届三中全会将深化军队物资采购制度改革写入《中共中央关于全面深化改革若干重大问题的决定》（以下简称《决定》），上升为党和国家的意志。习近平主席多次强调，要在制度机制上变革，健全管经费、管物资、管采购、管工程等方面的制度，提高军事经济效益。2016 年 1 月，习近平主席亲自组建中央军委后勤保障部采购管理局，统管全军的物资、工程、服务采购工作，这一战略决策掀开了军队采购改革崭新篇章。

军队采购行业高举习近平新时代中国特色社会主义思想伟大旗帜，紧紧围绕党在新形势下的强军目标，适应国家深度推进市场化改革要求，适应军队编制体制和结构力量编成改革进程，坚定不移落实政治建军、改革强军、依法治军、科技兴军要求，突出改革主线，聚力体系重塑，狠抓制度创新，着力革弊鼎新，精心服务保障，采购行业展现新气象新风貌，初步构建起集中统采、分段运行，分工协作、联合监管，统一平台、区域保障的现代军队采购体系。

（三）我国的国防费支出

我国国防费按用途划分，主要由人员生活费、训练维持费和装备费构成。人员生活费用于军官、文职干部、士兵和聘用的非现役人员以及军队供养的离退休干部工资、津贴、伙食、被装、保险、福利、抚恤等。训练维持费用于部队训练、院校教育、工程设施建设维护以及其他日常消耗性支出。装备费用于武器装备的研究、试验、采购、维修、运输、储存等①。这其中，伙食、被装、保险、部队训练、院校教育、工程设施建设维护以及其他日常消耗性支出、装备采购维修等，主要是通过军队采购环节转换为物资工程服务。

2012 年以来增长的国防费主要用于提高和改善官兵生活福利待遇，持续改善基层部队工作、训练和生活保障条件；加大武器装备建设投入，稳步提高武器装备现代化水平；深化国防和军队改革；保障实战化训练，加强模拟化、网络化、对抗性训练条件建设；保障多样化军事任务，保障国际维和、护航、人道主义救援、抢险救灾等行动②。

2012 年至 2017 年，我国国防费从 6691.92 亿元人民币增加到 10432.37 亿元人民币。我国国内生产总值（GDP）按当年价格计算年平均增长 9.04%，国家财政支出年平均增长 10.43%，国防费年平均增长 9.42%，国防费占国内生产总值平均比重为

① 中华人民共和国国务院新闻办公室．新时代的中国国防［M］．北京：人民出版社，2019：38.

② 同上。

1.28%，占国家财政支出平均比重为 5.26%[①]。国防费占国内生产总值的比重稳定，与国家财政支出保持同步协调增长，如图 2－4－1 所示。

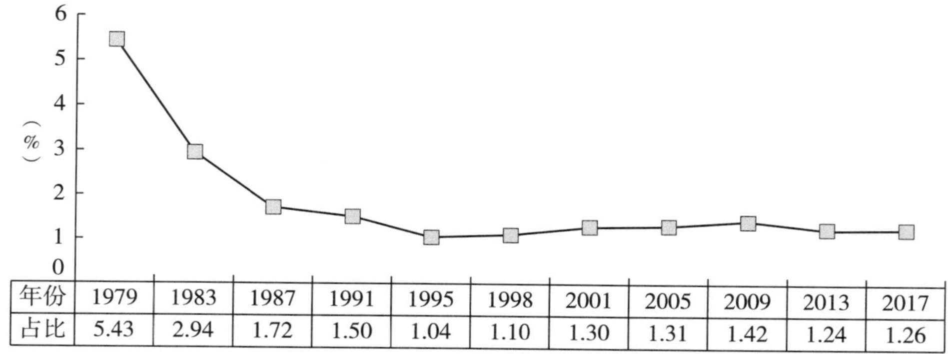

年份	1979	1983	1987	1991	1995	1998	2001	2005	2009	2013	2017
占比	5.43	2.94	1.72	1.50	1.04	1.10	1.30	1.31	1.42	1.24	1.26

图 2－4－1　1979—2017 年中国国防费占同期 GDP 的比重

在 2017 年国防费位居世界前列的国家中，我国国防费无论是占国内生产总值和国家财政支出的比重，还是国民人均和军人人均数额，都处于较低水平。从开支总量看，2017 年我国国防费不到美国的 1/4。

从国防费占国内生产总值比重看，2012 年至 2017 年，我国国防费占国内生产总值平均比重约为 1.3%，是联合国安理会常任理事国中最低的，如图 2－4－2 所示。

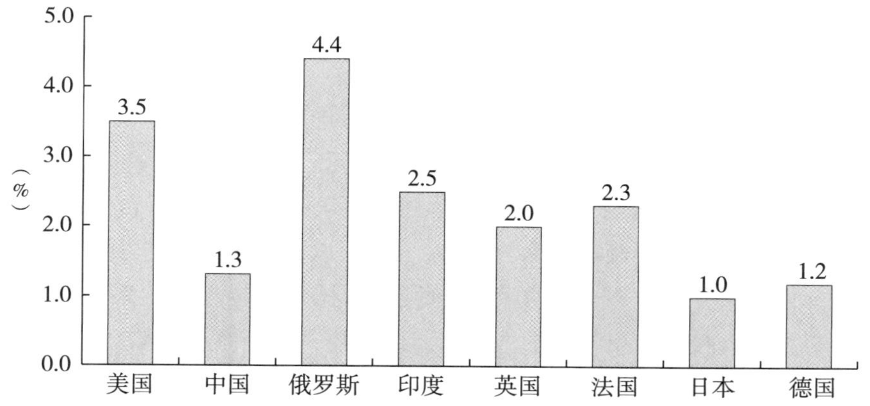

图 2－4－2　2012—2017 年国防费占同期 GDP 平均比重的比较（按国家）

从国防费占财政支出比重看，2012 年至 2017 年，我国国防费占财政支出平均比重约为 5.3%，排在第四位（见图 2－4－3）。

我国国防开支与维护国家主权、安全、发展利益的保障需求相比，与履行大国国际责任义务的保障需求相比，与自身建设发展的保障需求相比，还有较大差距。我国

① 中华人民共和国国务院新闻办公室．新时代的中国国防［M］．北京：人民出版社，2019：42．

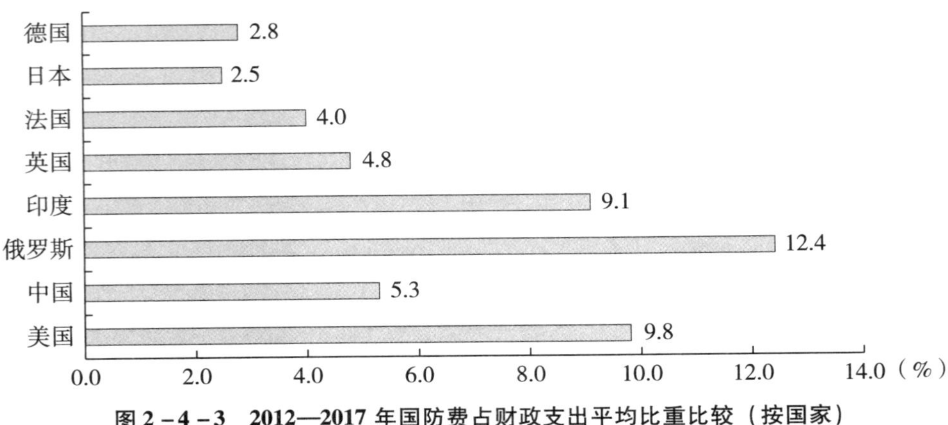

图 2－4－3　2012—2017 年国防费占财政支出平均比重比较（按国家）

国防开支将与国家经济发展水平相协调，继续保持适度稳定增长①。

二、军队采购制度机制建设

为加快推进反腐倡廉建设，改变以往需求立项、任务审核、采购评审、质检验收等由一个部门从头管到尾的做法，破解“千军万马跑市场”现象，全军推行物资工程服务采购集中统管改革②，抓住关键环节，优化工作流程，着力打造依法运行、廉洁采购行业新生态。

（一）实行集中采购与自行采购相结合

新体制下，军队物资工程服务采购项目实行限额管理。物资和服务集中采购限额标准为 100 万元，工程集中采购限额标准为 400 万元。只要达到限额标准的大宗项目，全部由军队专门设立的 15 个采购服务站，通过全军统一的规程和平台组织集中采购③。

物资和服务自行采购限额标准为 50 万元。限额以下物资、服务项目及 400 万元以下工程项目，由各单位通过军队采购网上商城、依托本单位编设的采购机构、委托地方采购代理机构、直接面向市场等形式自行组织采购，保证零星采购高效便捷。

集中采购和自行采购限额标准之差作为浮动区间，区间内物资服务项目由各单位根据自身力量、供应时限及项目实际情况，自主选择自行组织采购或交采购服务站集中采购，增强采购保障的灵活性适用性。

按照集约高效、通专结合、方便部队的原则，建立区域采购与建制采购相结合的采购保障关系。集中采购需求由军级以上单位机关采购管理部门汇总审核，按照建制

① 中华人民共和国国务院新闻办公室．新时代的中国国防［M］．北京：人民出版社，2019：42.

② 马世强，郭晨．向阳光透明转型 向保障打赢聚力 军队采购日趋规范廉洁高效［N］．解放军报，2017－8－29（1）．

③ 孙兴维，苏星．全军新体制下物资工程服务采购管理规范性制度出台［N］．解放军报，2018－12－29（1）．

或联勤保障渠道提报；集中采购任务由军委、军兵种、武警部队、联勤保障机构机关采购管理部门，按照隶属关系下达所属采购服务站实施采购。

这项举措标志着我军集中采购与自行采购相结合的采购模式基本建立，对于落实改革要求，构建形成“三采合一、通专两线、军民融合、平台共享、运行规范、便捷高效”的现代军队采购体系，为部队提供优质高效的采购服务保障具有重要意义。

（二）建立加快采购进度的工作机制

又快又好是采购的目标，“快”是要求，“好”是保证。但快和好客观上是一对矛盾，加快进度，就必然要简化流程、减少环节，就会带来竞争不充分、监督难度大的问题，存在廉政风险。为了解决好这个问题，畅通保障打赢、服务部队的绿色通道，军队出台加快推进采购工作的 9 个方面 20 条措施，在保证质量的前提下，尽最大可能压缩周期、提高效率。

“畅通应急采购快车道，实行常态和应急分开，保障作战、战备训练、非战争军事行动和规划落实的急需采购项目，以及采购周期不足 1 个月的临时紧急项目，应当按照应急采购方式组织实施”。① 应急采购项目可使用采购机构 2 年内最近一次采购结果直接签订合同，情况特别紧急的，可边组织供货边签订合同，解决应急渠道不畅的问题。

推行预先采购，在采购需求提报前，对供应需求稳定、技术标准统一、市场价格平稳的项目，可组织开展预先采购，提前确定供应商和产品价格，将采购环节前移，采购结果预置，解决被动采购、重复采购的问题。

统筹使用军地力量资源，明确军地采购力量、供应商和评审专家的使用要求，解决资源不够、力量不足的问题。拓展网上采购，扩充军网商城上架产品品种数量，提高单批订单采购额度，可依托驻地政府采购电子卖场以及信誉良好、服务优质、全国排名靠前的国内知名大型电商自营专区，解决部队自行采购渠道窄、手段落后的问题。

规范采购需求，采购单位提报采购需求时应当充分考虑市场资源、技术标准、保密要求和交付时限等因素，采购周期不足 60 天的，一般提报非招标采购方式，解决需求不规范、不准确的问题；优化采购流程，限定采购实施时限，防范流标废标，使用标准文本和评审模板编制的采购文件报采购管理部门备案，不再审批，解决环节多、周期长的问题；加快履约和审价，明确合同履约进度和单一来源采购审价的推进办法，解决合同履约慢、审价任务积压的问题。

探索项目预研机制（类似于需求预公告形式，允许在集中审核采购计划之前，将具备条件的采购项目实施环节前移，同步并行开展作业），采购机构提前展开市场调查、参数公示等招标准备工作，主动靠前协调，协助需求单位优化调整有关采购技术

---

① 孙兴维，苏星．强化管理 提高效率——全军出台加快推进采购工作 20 条措施［N］．解放军报，2019－10－16（1）．

参数，确保采购任务科学合理、公正公平，有效缩短采购周期。建立采购项目主责制，由专人负责采购项目推进实施和进度掌控，确保采购实施责任明确、运转有序、顺畅高效。

明确特殊项目采购渠道，对相关行业政策制度有特殊管理要求的项目，实施特事特办，解决部分政策边界不清、职责交叉的问题；严格监管督察，明确对违规供应商处罚的刚性要求，建立采购全过程、全领域巡查督察制度机制，解决联合监管和惩处的问题。

（三）建立更加注重质量的采管机制

“正确运用评审方法，对市场竞争充分的项目，重点考评企业技术、业绩、服务能力水平，不以价格作为企业中标的决定因素，防止恶意低价投标。”①

全军坚持严把采购质量关，采取多项措施，明确采购程序方法、评审标准、定标原则，规范企业入围、评审监督②、专家选取等内容，确保实力强、质量优的企业承担军品供应任务。

采购机构收到采购需求后，通过网上查询、专家咨询、企业调研等方式，详细了解产品技术指标、潜在供应商、市场价格等情况，确保采购需求既充分体现对产品质量性能的要求，又满足企业有效竞争的条件；参与军队定型产品、重大项目采购的企业，必须符合加入军队供应商库的基本条件。不得设置特定资质条件，排斥质量好的民营企业或军队供应商库内企业参与军队采购。

三、军队采购方式流程

军队采购的主要方式包括公开招标、邀请招标、竞争性谈判、询价和单一来源采购5种法定方式，同时允许限额以下项目各单位灵活采取网上采购、直接面向市场采购等组织形式。在项目具体组织过程中，按照“需求单位提报采购需求、采购管理部门审核采购计划、采购机构实施采购、需求单位签订合同并质检验收、财务部门集中支付资金、审计纪检部门全过程监督”工作流程，实现分权制约、分工合作。

（一）扩大竞争性采购方式的使用

最大限度降低公开招标供应商参与资格条件，增加邀请招标、竞争性谈判、询价采购供应商抽取数量，严格控制不符合条件的单一来源采购，激发市场竞争，公开招标在军队采购活动中的比例已经达到80%以上。

---

① 孙兴维，廖鸿志．全军采购管理部门出台措施提高采购质效 加强采购环节管理 增强服务保障能力［N］．解放军报，2018－12－18（1）．

② 杨君，白璞．郑州联勤保障中心某采购服务站严抓资质审验确保阳光采购 执纪监督贯穿采购招标全程［N］．解放军报，2018－7－12（1）．

邀请招标、竞争性谈判、询价采购等方式，首先应当从军队供应商库中随机抽取供应商，无法满足需要的，可以采取在省市政府采购供应商库中抽取、需求单位或科研机构实名推荐（推荐数量一般不超过参加采购活动供应商数量的1/3）等方式。竞争性谈判可以使用综合评分法进行采购评审。单一来源采购供应商必须是军队库内供应商，并且在军队采购网外网上进行采购公示。

能公开的技术参数、采购方式、评审标准、投诉处理决定等全部公开，中标结果排序当场公布并公示。按照“该公开的内容全公开，该知道的人员都知道”原则，发布军队采购政策制度，公示单一来源采购项目、供应商和评审专家入库名单、预中标（成交）结果和投诉处理决定，现场公布采购评审结果和供应商得分排序。

推行采购文件标准文本，建立评审数学模型，定期编制发布各类产品采购评审标准模板，解决评审自由裁量权过大问题，开发应用电子评审系统，全面推行量化评审，实行企业填报、专家复核、系统打分，最大限度排除关系分、人情分，全面扎严、扎密采购制度的“笼子”。截至2019年3月，全军已发布14类126项产品项目的采购评审标准模板。

（二）规范单一来源采购审价管理

单一来源采购是直接与供应商签订合同，没有经过市场竞争，这种特殊性容易造成价格不透明，存在廉政风险。如何通过严格规范的审价工作，最大限度地维护和保证军队利益？军委后勤保障部出台《军队单一来源采购审价管理办法》（以下简称《办法》）对此进行了全面规范。《办法》的出台，对于完善我军采购制度体系，规范采购行为，强化监督制约，进一步提升采购效能，促进廉政建设，推进采购任务完成，畅通服务备战打仗的快车道具有重要意义①。

《办法》共7章44条，重点明确了单一来源采购审价的方法、程序和内容，结合军队采购工作实际，从制造成本、直接材料、直接人工、制造费用、专项费用、费用分配、期间费用、管理费用、财务费用等方面对主要审核内容及方法予以规范。

坚持关口前移。变过去事后审价一道关口为事前预审、事后审价两次把关，前移审核关口，前后联动，进一步增强审价结果的准确性、合理性。同时把握区分常态和应急、收放结合，充分考虑应急应战的特殊需要，明确应急采购只核审、不预审。坚持结果共享。健全审价机制，简化审价程序，明确各单位可直接使用两年内审价结果，减少重复审价，提高采购效率。坚持借力保障。把委托审价作为审价的重要方式，引入政府和社会审价力量，建立优质社会审价中介机构名录，规范委托审价的适用范围、名录管理、选用办法，将非涉密或者经脱密处理的采购项目委托社会审价中介机构组织审价，为部队提供便捷的审价渠道，解决部队审价力量、资源不足的现实困难。坚

① 孙兴维，潘海军. 完善采购制度 规范采购行为 提高采购效益［N］. 解放军报，2019-10-18（1）.

持强化监管。建立健全审价监管机制，强化抽查复审、追责问责、违规处理，畅通官兵监督渠道，确保廉洁规范透明。

（三）规范军队单位自行采购方式程序

以往，部队限额以下自行采购缺少法规依据，主要参照集中采购规范执行；在采购实施中面临着渠道有限、程序复杂、效率不高等问题，影响部队官兵对采购的满意度和信任度。2019 年 10 月，《军队单位自行采购工作规范》印发全军部队执行，对于完善采购制度，提高采购效率，进一步规范军队单位自行采购行为，防范基层部队“微腐败”将发挥重要作用①。

根据自行采购项目金额小、频次高、数量少的特点，明确可采用网上采购、使用预先采购结果、委托地方力量、直接面向市场采购等多种形式组织，为部队提供便捷高效的采购渠道。

网上采购方面，各单位可通过军队网上商城实施采购，或依托驻地政府采购电子卖场以及信誉良好、服务优质、全国排名靠前的国内知名大型电商，网上采购其自营产品。

直接面向市场采购时，由需求部门组成 2 人（含）以上采购小组，通过网上查询、电话问询、传真函询、市场调查等方式直接比价后确定成交供应商，并以网页截图、询价单据等供应商反馈材料为依据做好比价记录；不具备比价条件或金额较小的项目，可以直接确定供应商进行采购。

在采购程序方面，明确供应商资格预审、市场调查可采用网络、电话、传真等方式组织；供应商可通过发布征集公告、市场调查、书面推荐选取；评审专家可通过科研院所、行业协会推荐或选派官兵代表参加，保证可操作性。

在结果共享方面，明确各单位可直接使用全军、军兵种预先采购结果；交付时限紧急的，可直接使用上级机关、友邻部队、驻地政府近 1 年内采购结果，减少重复采购，提高保障效率。引入地方资源。明确可引入政府和社会采购力量，使用地方政府供应商和评审专家资源，委托地方质检机构组织验收，解决部队力量、资源不足的困难。

自行采购并不等于“任性”采购。在放宽限制和提升服务的同时，还要求各单位严密组织，按照党委理财、党委管采要求，加强对自行采购工作的组织领导和集中统管；强化业务监管，健全采购监管机制，畅通官兵监督渠道；委托地方采购代理机构组织实施的，要加强对代理机构的监督管理；确保廉洁采购，规范业务操作程序，严格重点环节管控，防范出现质次价高、利益输送等违规违纪行为，确保采购活动公开透明、廉洁规范。

---

① 孙兴维，苏星．保障聚焦主业 拓宽采购渠道 高效服务部——军队单位自行采购工作规范出台［N］．解放军报，2019－10－25（1）．

四、军队采购资源建设

军队采购对象用途特殊，不少为高新技术产品，技术相对服务，更注重优质优价采购，需要有一大批专业对口的采购评审专家以及竞争力强、乐于为军队服务的企业群体。评审专家和供应商“两库”资源建设在军队采购工作中作用更加突出。

（一）建立军队供应商管理机制

改革军队供应商管理，面向社会公开征集供应商，取消原来机关各部门分别建立的供应商库，统一入库标准、降低入围门槛、简化入库程序，有机对接政府采购供应商资源，允许国内多种所有制优质企业平等地进入军队市场，建立一支“以大中型优质企业为骨干、专业特色企业为补充、平时供应战时保障相衔接”的军队供应商队伍。

对军队供应商管理信息系统进行升级改造。主要是按产品自然属性设置供应商分类，将入库程序由“审批制”改为“注册审核制”，并适当调整入库门槛。只要具有企（事）业法人资格、成立时间满 3 年、达到规定指标的优秀企业，都可以通过军队采购网（www. plap. cn）注册入库，审核通过后即可成为军队供应商。新供应商库主要具有四大亮点：从只吸收物资类企业，扩展到吸收“物资、工程、服务”各类企业；过去入库程序多，审核慢、周期长，现在只需“一步注册”即可获得入库资格；近 3 年平均净资产达规定限额的物资、工程、服务企业以及境内外中资企业都可入库，增加优选范围；企业登录军队采购网，只需点击“供应商注册”入口，即可在网上填报有关资料，无须打印纸质资料，也无须到采购机构现场送审①。

建立供应商诚信记录，军地打通采购诚信体系，建立采购“黑名单”制，将供应商产品使用、售后服务等情况纳入诚信管理②，关联后续采购，提高违约违法成本代价，营造公平环境。

组织召开军队供应商座谈会、采购政策咨询会，收集供应商意见建议，了解供应商参与采购活动遇到的矛盾困难，有针对性地修订制度规定、优化业务流程，让供应商合理诉求进入决策，增强军队采购公信力。

新机制带来新效能。供应商普遍反映，参与机会多了、竞争氛围浓了；部队反映采购透明度高了，受益深了。

（二）创新军队采购评审专家管理模式

全军试行新的《军队物资工程服务供应商管理规定》，创新采购评审专家管理模式，按照“标准统一、资源共享、随机抽取、动态监管”思路，优化产品分类目录、

---

① 赵杰，张博．我军探索物资工程服务供应商管理新模式［N］．解放军报，2017 – 5 – 25（1）．

② 孙兴维，郎占强．“十三五”期间推进军队采购军民融合深度发 展《意见》印发［N］．解放军报，2017 – 12 – 8（1）．

增加评审专家数量、规范抽取选用方式、完善专家诚信体系，打造一支以军队专家为骨干、地方专家为补充，地域分布广泛、专业分类科学的评审专家队伍，为实现“阳光采购、廉洁采购、高效采购”奠定基础①。

在评审专家的专业分类上，着眼解决抽取专家的专业与评审产品不对口的问题，统一按照产品自然属性设置专家专业分类，确保专家注册专业与所评产品类别准确对应；在专家规模上，着眼解决评审专家数量不足问题，积极拓宽专家来源渠道，除具有高级技术职称的人员外，允许具有中级技术职称或满足一定工作经历条件的人员入库；在建设效率上，着眼解决专家入库审核程序多、周期长的问题，借鉴政府采购经验做法，优化评审专家入库审核工作程序；在抽取使用上，着眼解决意向抽取等问题，明确专家抽取依次适用“系统自动抽取、系统人工抽取、地方库抽取和推荐名单随机抽取”四种方法；在诚信管理上，着眼解决个别专家评审行为随意问题，建立评审专家执业记录制度，明确奖惩措施，对接国家诚信体系，严格规范评审行为，提高评审质量。

建立新的军队采购评审专家管理系统。系统上线运行以来，已吸引数千名业内人员踊跃注册登记，通过“初审、复审、公示”等环节加入军队采购评审专家队伍。

五、军队采购信息化建设

全军不断加快军队采购信息化建设，形成“采购网站公开采购信息、采购平台保障集中采购、网上商城服务零星采购”新格局，为军队采购推开高效便捷大门，对于严格采购监管、杜绝人为干扰、提高采购效率、实现公开透明具有重大意义。

（一）上线应用军队采购平台

充分发挥信息技术“固化制度、量化标准、共享资源、全程留痕”优势，开通上线军队采购网（军队内部网和互联网物理隔离、数据同步），探索构建“互联网+”军队采购新模式，实行全军采购“一张网”，解决了针对部队集中物资采购量大、采购需求分散难题。

从2018年11月1日起，全军推行采购管理部门依托信息平台下达采购任务，采购机构依托平台开展采购业务、管理采购合同，军队采购工作进入全流程信息化管理阶段。军队采购平台系统目前已经投入应用30多个子系统，包括公告发布、任务下达、采购评审、合同签订、进口管理，供应商、评审专家入库抽取，采购机构、采购人员、产品目录管理，业务监管、数据统计，以及军队采购网和网上商城App等，可以基本完成从需求提报、计划审核、任务下达、标书编制、采购评审，到合同签订、质量反馈的全流程电子化、网络化操作，实现采购全周期、全要素的信息化管理②。

① 郭晨，姜峰．我军积极探索采购评审专家管理新模式［N］．解放军报，2017－7－13（1）．

② 孙兴维，王文争．全军采购工作进入全流程信息化管理阶段［N］．解放军报，2018－11－5（1）．

对企业而言，在军队采购网上可以查询招标公告等部队采购需求信息。“过去无奈的是，对部队采购需求信息掌握难，有一种求助无门的尴尬。如今通过网上平台，随时能了解部队采购需求!”一位与采购网建立合作伙伴关系的“民参军”企业负责人对此感慨良多。依靠这个网上平台，基层部队节省了大量人力，一旦有采购需求，不用再派人四处跑市场了，能够把更多心思花在研究主责主业上了。采购网主页十六字的平台宗旨表述言简意赅，令人深受鼓舞：公开公正、阳光透明、服务部队、保障打赢①。

企业又该怎样加入这个网络平台？只有通过申请获得军队采购机构入库认证，方可成为部队供应商。对企业来讲，不讲诚信就没有资格参与军方采购。采购网处罚公告一栏显示：先后有 9 家企业及相关人员因违规失信遭到处罚，轻则一年，重则终身禁止参与军方采购。

（二）逐步推广应用军网商城

针对部队零星采购需求，广大官兵可在军网商城进行“一站式”直接选购或者网上竞价②。2016 年 4 月，军队制定《驻京部队小额零星物资网上采购管理办法（试行）》，在驻京部队推广应用军网商城，同时建立了供货商诚信积分制度，形成了优胜劣汰的奖罚机制。除公务采购外，军队人员也可以依托网上商城采购个人所需商品③，可采用银行卡或现金方式支付货款。2017 年年底，军网商城进一步升级服务，逐步在全军推广应用。官兵不管在边防海岛，还是在雪域高原，都可以享受集中批量采购带来的价格优惠以及配送上门服务，打通保障链“最后一公里”。

军网商城还在不断丰富品种，开设军工服务专区，广泛征集遴选军队特需产品供货企业及知名电商，简化购买程序，实现军地互补，提高结算手续合法性，提高小额零星采购的便利性。过去，军队配发部队的装备，在使用过程中存在配件器材采购需求急、批量散，采购渠道窄、应急保障难等问题。同时，由于金额达不到集中采购限额，未能得到重点采购保障，制约装备性能发挥。现在，面向部队用户搭建网上采购平台，专门服务保障限额以下的日常零星采购需求，部队通过网上采购平台方便快捷地选购、获取配件器材，能够有效缓解部队小额零星配件器材采购的燃眉之急，更好地发挥军队采购在市场和战场之间的桥梁纽带作用。

六、军队采购军民融合发展

军队采购对市场依赖程度高，军民融合发展的潜力巨大。按照习近平主席“现代后勤就是军民融合的后勤”要求，军地之间围绕采购政策制度对接、应用国家节能环

① 仲崇岭．网破解“两头难”——带您登录军队采购网［N］．解放军报，2018-6-22（1）．

② 孙兴维，王文争．通用装备零配件和训练器材实现网上采购［N］．解放军报，2018-7-26（1）．

③ 王文争，赵杰．军队采购网上商城惠及官兵［N］．解放军报，2019-1-15（1）．

保产品清单、军事采购加入 GPA 等重点任务，认真筹划部署，逐项对标落实，取得初步成效。

（一）工程、服务、药品采购等领域广泛开展军地协作

工程采购方面，对接北京市住建委、工程建设交易中心，开通军队工程采购互联网专线，下发《军队北京地区工程采购试点实施方案》《军队北京地区工程采购实施细则》，以电子招标评标为主要手段，推开驻京部队工程采购试点，探索建立集中统管、区域保障、信息智能、军民融合的工程采购新机制。

服务采购方面，会同国家民航局签订公务机票集中采购合作意向书及服务协议，印发《军队公务机票集中采购试点方案》，目前已在军委后勤保障部机关和部分直属单位试行；指导部队进行物业管理、车辆维修、旅团部队服务社运营、训练机构科研项目等服务采购探索，完成的项目均进展顺利、效益明显。

药品采购方面，针对基层部队用药难问题，明确军改之前产生的集中招标结果无法执行的药材品种，经报批后可执行驻地省（自治区、直辖市）药材招标采购结果；列入国家谈判目录和定点生产的药材，执行国家谈判结果和定点生产统一价格。

副食品采购方面，绿色农产品走进军营①②，并为应对食品价格持续上涨，不少部队单位开始探索实行副食品区域集中采购模式，汇集需求、统一招标，充分发挥规模优势，平均节资率达 18.8%。

主动引入国家节能和环境标志产品清单，在采购评审标准模板中设置相应加分条款，引导部队购买国家倡导使用的节能环保产品。持续做好军队援疆被装物资采购，已经完成数亿元在当地优秀企业中竞争性采购的任务，确保国家援疆政策有效落实，直接带动 1.09 万名少数民族群众就业，并吸引上百家内地服装企业在新疆投资建厂。

军以下部队单位的部分非涉密采购项目，尝试探索委托社会招标代理机构完成。

（二）军队采购充分利用政府采购资源

国家颁布《社会信用体系建设规划纲要（2014—2020 年）》，构建政务、商务、社会诚信与司法公信四位一体大诚信格局，全面助力军民融合发展；军方发布公告严厉惩罚在军队采购中失信的个人和企业，极个别严重违规者被终身禁入“军队采购”领域，引发社会关注，对企业起到了很好的威慑作用。军地之间通过建设军地互通的诚信体系、建立“黑名单”制，将供应商产品使用、售后服务等情况纳入诚信管理，关联后续采购，提高违约违法成本，营造公平环境。

山东省军区与省财政厅政府采购监督管理处签订《山东省政府采购评审专家军民

---

① 赖瑜洪，刘胜．贵州革命老区绿色农产品进军营［J/OL］．中国军网，2018-12-27.

② 赵铮．军地携手助推黔货出山 军民协力决战脱贫攻坚——贵州绿色农产品北京采购洽谈会举行海淀区采购 250 万元农产品进军营［N］．中国国防报，2018-9-24.

融合备忘录》，提高专家抽取效率，增强评审环节的专业性，为集中采购工作带来更多便捷①。

军队某采购服务站与湖南、广东、广西、海南、云南、贵州 6 个地区政府公共资源交易服务中心达成共享供应商库、专家库和人才队伍的共识，建立资源共享和“平时常联、战时快联”采购保障机制②。采购站负责人介绍，各省级政府采购和经济动员部门采购制度机制健全，应急采购经验丰富、供应商库和评审专家库规模庞大，是军队采购机构借力发展和搞好服务的重要依托。

（三）军事部门首次进入我国加入 GPA 出价清单

2018 年，习主席在博鳌亚洲论坛开幕式上的主旨演讲上，提出“加快加入世界贸易组织《政府采购协定》（简称 GPA）进程”，军队采购是加入 GPA 谈判的重要议题。

GPA 是 WTO 的一项诸边协定，目标是促进参加方开放政府采购市场，扩大国际贸易。加入 GPA 谈判的主要内容是政府采购范围（GPA 称为出价）及国内相关法律调整。目前，GPA 主要参加方均不同程度地开放其军事采购市场，但考虑到军事采购的供应安全和信息安全，GPA 列有专门的“国防例外条款”，允许涉及国家安全和军事秘密的采购项目不对外开放。参加方主要通过正面清单方式，列举不对外开放的军事物资项目。

我国于 2007 年启动加入 GPA 谈判并提交首份出价，之后作了 5 次改进。2019 年 10 月 20 日，经国务院批准，财政部经由我国常驻世界贸易组织代表团，向 WTO 提交了我国加入《政府采购协定》第 7 份出价。本次出价首次列入军事部门，增加了 7 个省，出价范围涵盖了除自治区以外的 26 个省和直辖市，新增了 16 家国有企业和 36 所地方高校③。同时，增列了服务项目，调整了例外情形。这份出价是我国加快加入 GPA 谈判进程的重大举措，充分展现了我国扩大开放的形象，表明了我国加入 GPA 的诚意和维护多边贸易体制的决心。

七、2020 年军队采购发展展望

2020 年是决胜全面建成小康社会、实现“十三五”规划收官之年。笔者认为，军队采购将体现以下发展趋势：一是采购政策制度更加广泛。将进一步完善军队采购需求管理、合同管理、工程采购实施等各方面的法规制度，形成较为完备配套的政策制度体系，为规范采购、高效采购提供法规依据。二是网上采购保障范围更加广泛。将

---

① 林嘉．山东省军地加强物资采购领域合作 资源共享 提高部队物资采购保障能力［N］．解放军报，2019－3－12（1）．

② 刘高品，赖瑜鸿．桂林联保中心某物资采购站与 6 省（区）建立资源共享机制 南部战区部队采购保障水平全面提升［N］．中国国防报，2018－6－27．

③ 财政部．我国向世界贸易组织提交加入《政府采购协定》第 7 份出价清单［J/OL］．中国政府采购网，2019－10－22．

更多部队单位覆盖进来，进一步完善竞价采购规则，丰富上架产品，完善供应商诚信管理规则，让部队官兵足不出户就能网购所需物资。三是采购营商环境更加优质。将推进采购需求标准化，引导鼓励部队单位更多地采购社会成熟产品、货架商品和社会服务；完善军队物资工程服务供应商管理的办法，让各类企业更加公平、非歧视地进入军队采购市场，军队采购市场竞争更为充分。四是军地采购更加深度融合。将深入推进军地之间采购资源、标准、政策、平台、结果等共享共用，各军地采购诚信体系有机对接。

（作者：柴亚光，中国人民解放军陆军勤务学院军需采购系副主任；张飞，中国人民解放军陆军勤务学院军需采购系教员）

第五章　公共资源交易

一、2019 年我国公共资源交易概况

从全国公共资源交易平台公布的交易量数据统计可知，2019 年，我国公共资源交易量突破 117 万宗，交易规模约为 20.5 万亿元①，相较 2018 年来说有所下降。从项目类别来看，工程建设项目交易量约为 31.2 万宗，占比约 27%；政府采购交易量约为 49.9 万宗，占比约 42%；土地使用权和矿业权交易量约为 3.9 万宗，占比约 3%；国有产权交易量约为 4.3 万宗，占比约 4%；其他交易量约为 28.3 万宗，占比约 24%，如图 2－5－1 和图 2－5－2 所示。

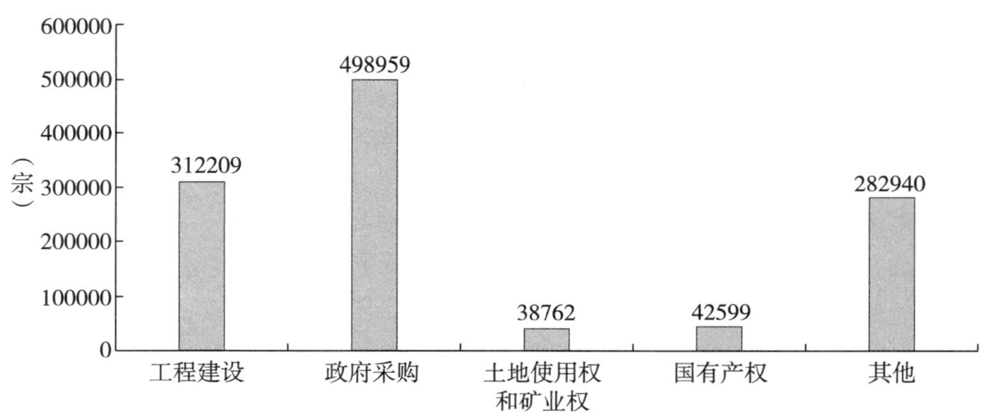

图 2－5－1　2019 年全国各类交易项目交易量

根据各省（市）公共资源交易中心公布的交易类别数据情况来看，共收集到河南、湖南、海南、贵州、内蒙古、甘肃、宁夏、云南、北京、广东 10 个省（市）的数据。根据这 10 个省（市）的公共资源交易情况来分析，可知公共资源总交易规模约为 58265.27 亿元②。从项目类别上来看，工程建设交易规模约为 33595.22 亿元，占比约为 58%；政府采购交易规模约为 7830.29 亿元，占比约为 13%；土地使用权和矿业权

① 2019 年全年公共资源交易额推算：收集到 8 个省（市）全年完整交易额，9 个省（市）根据已有月份平均值推出全年交易额，另有 15 个省（市）交易额无法得知，根据 17 个省（市）总交易额比例求出，具体请见附表 1。

② 10 个省（市）2019 年全年公共资源交易额推算：收集到 6 个省（市）全年完整交易类别交易额，4 个省（市）根据已有月份平均值推出各交易类别交易额，具体见附表 2。

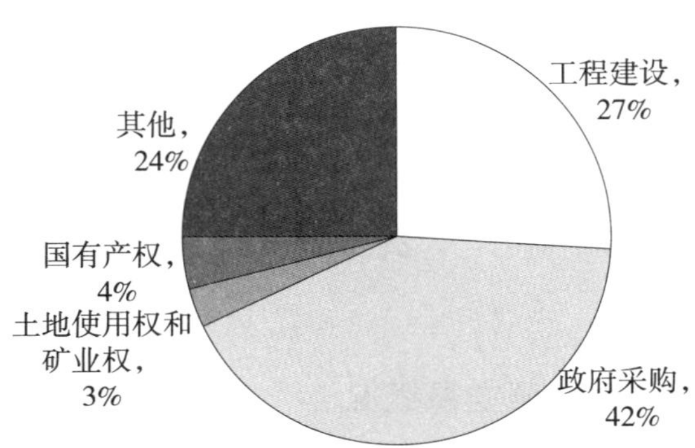

图 2－5－2　各类交易项目交易量占比

约为 11378. 4 亿元，占比约为 20%；国有产权交易规模约为 1435. 81 亿元，占比约为 2%；其他交易规模约为 4025. 5508 亿元，占比约为 7%。

二、公共资源交易建设取得的成绩

（一）机制方面

2019 年公共资源交易建设取得了较好的成绩，主要得益于建立了一套完整的管理运营机制，在正视各部门问题存在的前提下，协调各个部门更好地发挥作用。党的十九届四中全会提出，坚持和完善中国特色社会主义法治体系，提高党依法治国、依法执政的能力。社会主义市场经济本质上是法治经济。公共资源交易建设机制作为社会主义市场经济体制的重要组成部分，是提升公共资源配置质量和效率的重要手段。机制的核心问题是处理好政府和市场的关系，使市场在资源配置中起决定性作用且更好发挥政府作用。

本着提高效率、节约成本，协调各部门有序进行，公共资源交易建设的政府相关部门转变思路，协同推进，深化改革。国家发布媒介，按照《招标公告和公示信息发布管理办法》要求，为招标人或其招标代理机构提供免费的公告和公示信息发布服务。目前国家公共服务平台日均发布招标项目信息逾 6800 个，日均公示数据达 1 万条，日均访问量突破 50 万次。机制的改革仍然是 2019 年公共基础建设的基础。研究创新机制应分别从供给机制、价格机制、销售机制、利润分配机制、激励机制的基础上，满足群众期望，决策公开、执行公开、管理公开、服务公开、结果公开，强化群众对公共资源交易透明性的认可，在满足基本需求基础上调动积极性。完善制约和监督机制，明确各职能的岗位职责，协调资源与配置，提高从业人员的素质。减少随意性，让各部门在公开透明的环境有序竞争，创造良好的市场环境。

公共资源交易要符合法律法规，加强公共服务、市场监督、社会管理、环境保护。2019 年国家公共服务平台根据政府和行业公益性需求，为电子招标投标系统提供政策法规服务，同时，通过互联网广泛征集社会对《招标投标法》修订的意见，累计收到意见反馈近700条，超9万字，为相关政府部门开展修法工作提供了数据支撑。政府平台帮助各行业、各地区，快速搭建行政监督平台，推出行政监督通道和监督窗口服务，依法依规运用失信联合惩戒的手段，构建政府、行业、市场、社会多方参与的跨部门跨领域跨地区的联合惩戒机制。完善内部风险防控机制，降低廉政风险。全面梳理交易流程，精简管理事项和环节，建立项目核查制度和恶意投诉处罚制度，推进决策公开、新闻媒体，扩大公众监督，以信息公开和信用惩罚提升监管的权威和威慑力。

2019 年是互联网快速崛起的一年，公共基础建设要学会运用互联网、云计算等技术手段，建立大数据分析应用平台，实时动态监控交易过程、分析交易结果，以大数据为引领，打造智慧监管平台。在公共资源交易现场进行智能监控管理，应用评审专家行为轨迹分析、场地人脸身份识别算法系统等新技术，实现对开、评标场所不良行为监控的智能化、全覆盖，极大地提升对公共资源交易的监管效率。

（二）方法方面

经过十多年的发展和创新，目前在我国公共资源交易中使用的方法主要包括公开招标和邀请招标、竞争性谈判与磋商、拍卖和挂牌、询价以及单一来源采购等，这些方法的使用充分体现了公共资源交易中市场配置资源的特点，有利于公共资源交易过程中实现公开透明和社会公平竞争。

2019 年我国公共资源交易中心在完善交易方法以及创新方面取得了很多的成果，这些宝贵的经验和方法对促进我国公共资源交易的发展具有重要作用。

2019 年 1 月 1 日国务院办公厅印发了《国家组织药品集中采购和使用试点方案》，北上广等 11 个试点城市使用药品集中采购的方式实现药价明显降低，后来逐步扩大了试点范围，大大减轻了患者药费负担；江苏省推进公共资源交易数字证书兼容互认，解决了多数字证书、多套软件与交易系统相冲突的问题，杜绝了投标过程中数字证书混乱的现象，有效节约了企业投标成本；浙江省推进公共资源交易领域信用体系建设，推进政府投资项目招投标、政府土地招拍挂、政府采购、矿权招拍挂等信用制度应用，将信用信息作为选择交易主体的重要依据并录入电子评标系统，方便评标专家使用。深圳市积极开展技术创新，将建筑信息模型（BIM）、虚拟现实（VR）、大数据等现代信息技术引入公共资源交易领域，例如在工程建设项目招投标活动中打造基于“BIM + 大数据 + GIS”的专业招标投标模式，打通建设工程设计、施工、运维之间信息传递与共享壁垒，使建设工程项目招标评标更加高效、科学，VR 全景看地服务实现竞买人通过互联网在媒介中足不出户就能详细勘察地块区域位置、周边环境、细节场景等信息。

昆明市开展公共资源交易智慧监管形成了“4 + 1”智慧监管“技术工具箱”，其中“投标文件丰富度”智能评标分析功能以及偏差度分析功能在很大程度上有效地预防了串标行为，为公共资源进行公平交易提供了保障。

广州市公共资源交易中心近年来非常重视前沿科技的应用发展，2019 年 8 月率先与北京、珠海交易中心开展区块链应用合作，搭建了公共资源交易业内首个区块链平台，共同探索“区块链＋公共资源交易＋金融”服务模式，将区块链平台融合手机盾、电子营业执照、电子保函、大数据等创新技术，初步实现数据共享、交易存证、身份认证以及交易主体在线申请电子保函和融资贷款，有效解决公共资源交易跨区域信息不共享、交易过程存证安全隐患、CA 数字证书不兼容互认、中小企业融资难等问题；针对公共资源交易活动中的围标串标“顽症”，芜湖市公共资源交易中心经过一年多的探索初步建成围标串标预警模型，依据大数据分析快速确定目标靶群、精准瞄准靶心、高效予以打击的良好成效，有效地打击了公共资源交易中的围标串标行为。

三、2019 年我国公共资源交易工作情况

（一）公共资源交易整体情况分析

分析 2019 年度公共资源交易情况，可以看出如下特点。

1. 公共资源交易方式发生巨大变化

大数据、互联网时代的到来正在悄悄地改变公共资源交易的方式，强调跨平台、跨部门、跨区域的合作，电子化现象愈加明显，开始推动电子营业执照、电子保函等在公共资源交易领域的应用，从而降低交易成本并且提高交易效率。

2. 电子化技术的应用使得其交易更加公平

公共资源交易由于其交易的特殊性，更需要公平性，通过电子化技术的广泛应用，公共资源交易进行了深刻的变革。对交易过程中形成的资料、文档等进行全流程动态记录、留痕、电子化，并且利用数据安全技术确保数据不被篡改和遗漏，利用数据和场景等完善信用体系，公共资源交易市场环境更加健康。

3. 公共资源交易监管方式更加符合要求

在公共资源交易中，除了要预防问题的发生，还需要强有力的监管手段和监管机制。从 2019 年的公共资源交易情况来看，公共资源交易的监管融合了时代特征，将大数据、虚拟现实（VR）等先进信息技术应用在公共资源交易监管领域，而且引入了信用监管，对企业起到了强有力的约束作用。

4. 给中小企业以政策支持

2019 年经济大环境较差，中小企业生存和发展压力巨大，公共资源交易充分发挥了其政策作用，对优秀的中小企业进行扶持，以鼓励和支持其发展，公共资源交易在调控经济方面发挥了重要作用。

（二）公共资源交易研究情况分析

目前，我国对公共资源交易的研究成果不断丰富和完善，据资料显示，公共资源交易主要包括政府采购以及公共资源交易平台等方面的研究。

1. 政府采购研究情况分析

据中国知网数据显示，2019 年，政府采购相关的文献记录约有 4668 条，研究大多集中在政府购买服务、PPP 模式下的政府购买、政府采购行为演化的形成和政府采购风险方面。在政府购买服务方面，2019 年政府购买服务的相关文献约有 719 条，主要是对绩效评价体系的构建、风险性研究等方面的研究，而 2018 年政府购买服务的相关文献约有 869 条，主要研究政府购买服务的问题及建议、政府购买服务的风险性研究以及绩效管理等几个方面；在 PPP 模式下的政府购买方面，2019 年相关文献约有 2609 条，主要是对 PPP 项目中的绩效评价和影响因素以及风险性进行研究，从而保证 PPP 项目的顺利进行，而 2018 年其相关文献约有 3515 条，主要对 PPP 项目的模式和影响因素进行研究；在政府采购行为演化的形成方面，2019 年相关文献约有 44 条，主要对采购行为的管理机制等方面进行研究，2018 年政府采购行为方面的研究在中国知网上约有 31 条，主要包括法律规范、问题性等方面的研究；在政府采购风险方面的研究，2019 年相关文献约有 103 条，主要研究风险控制体系，2018 年的数据为 145 条，主要研究风险防范和风险管控等方面（见图 2－5－3）。通过数据发现，最近两年在政府采购行为的寻租问题等方面的研究相对于前几年数量有所下降。

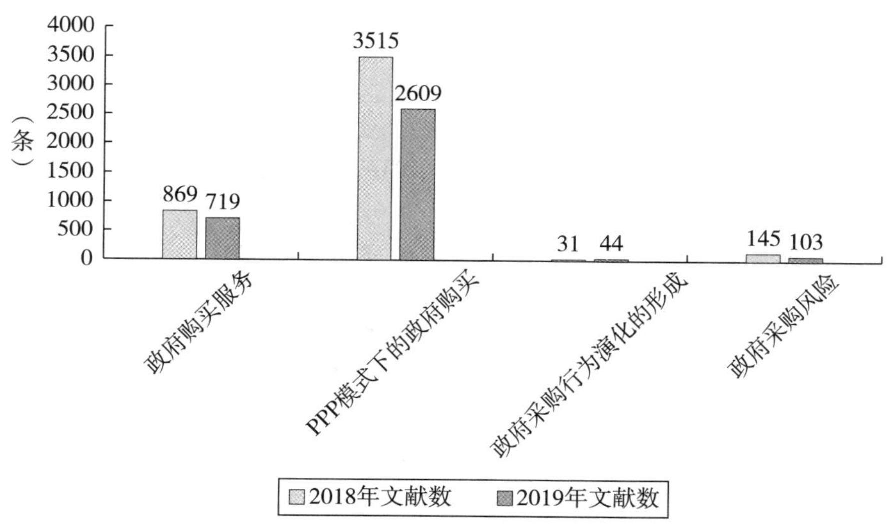

图 2－5－3　政府采购文献研究统计

通过图 2－5－3 可以发现，政府采购方面的研究主要是集中在 PPP 模式下的政府购买，可见 PPP 模式下的政府购买作为新兴模式有很大的研究价值。

2. 公共资源交易平台研究分析

自 2011 年中纪委提出建设公共资源交易平台的倡议后，公共资源交易平台开始在各地建立，特别是国务院印发了《整合建立统一的公共资源交易平台工作方案》后，全国各地公共资源交易平台建设得到了快速发展。由于顶层设计和制度安排尚待完善，各地率先开展的公共资源交易平台建设，在职能定位、体制机制、建设标准、管理要求等方面存在着较大差异，客观上形成了当前公共资源交易平台建设方面的种种乱象，影响了公共资源交易平台配置效率和公平性。

2019 年研究公共资源交易平台的相关文献有 133 条，主要是对公共资源交易中心的整合和平台建设方面的研究，2018 年对其研究的相关文献有 114 条，主要对公共资源的整合和信息化建设等方面进行研究。通过研究发现，最近两年对公共资源交易平台的研究数量不断增加，可见其研究价值。通过收集中国知网的数据可以发现，概括性地以公共资源交易为主题的文献研究，在 2019 年约有 339 条，主要是研究公共资源配置效率的提升等方面，2018 年相关文献约有 384 条，主要对公共资源交易的应用情况等方面进行研究，如图 2－5－4 所示。

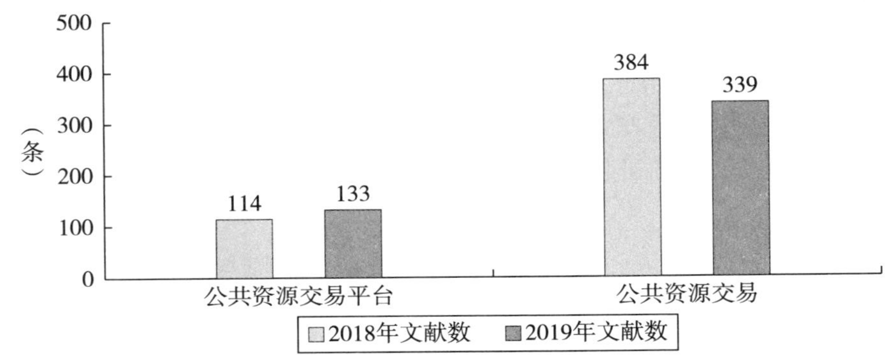

图 2－5－4　公共资源交易平台研究统计

（三）各省、自治区、直辖市公共资源交易情况分析

2019 年，地方公共资源交易取得了新的成绩，公共资源交易规模不断扩大，资金分配更为合理，且利用率不断提高，公共资源交易在促进地方经济发展中起到了重要的作用，以某些省市为例。

1. 甘肃省 2019 年公共资源交易规模为 1946.88 亿元

2019 年，甘肃省公共资源交易成交额为 1946.88 亿元，进场项目预算金额 2404.83 亿元，完成项目成交金额占比为 80.96%。全年受理进场项目总数 3720 个，完成项目总数 3091 宗，占总进场数的 83.09%。甘肃省重大项目的完成数为 179 宗，占总项目完成数的 5.79%。甘肃省 2019 年各行业公共资源交易项目情况为：建设工程成交金额 1078.88 亿元，占总交易金额的 55.42%，全年完成项目数 1025 宗；政府采购成交金额 867.51 亿元，占总交易金额的 44.56%，全年完成项目数 2037 宗。

2. 宁夏回族自治区 2019 年公共资源交易规模为 2533.60 亿元

2019 年，宁夏回族自治区公共资源交易金额为 2533.60 亿元，增收额为 9.73 亿元，同比增加 0.38%。全年的交易数 5315 宗，其中工程建设项目数占比 42%；政府采购项目数占比55%；产权交易项目数占总比2%。在办理结项的项目中，公开招标的项目数占比为 41.73%；竞争性谈判的项目数占比为 4.84%；竞争性磋商项目数占比 3.64%；单一来源采购项目数占比 5.76%。

3. 河南省 2019 年公共资源交易规模为 10477.65 亿元

2019 年，河南省公共资源交易规模为 10477.65 亿元，比上年增加了 39.5%。公共资源交易项目数为 50664 宗，比上年下降约 4.4%。其中，建设工程项目数为 17902 宗，金额为 7016.89 亿元；政府采购项目数为 31112 宗，金额为 2397.45 亿元；土地交易项目数 1350 宗，金额 927.92 亿元，产权交易项目数 296 宗，金额 135.39 亿元。

4. 湖南省 2019 年公共资源交易规模为 4062 亿元

2019 年，湖南省公共资源交易金额为 4062 亿元，比上年减少了 9%。其中，政府采购项目 2345 宗，占比 57.6%，工程建设项目 1588 宗，占比 39.01%，医药采购项目 129 宗，占比 3.17%。

5. 海南省 2019 年公共资源交易规模为 1050.97 亿元

2019 年，海南省公共资源交易成交额为 1050.97 亿元，比上年增加 19.2%，公共资源交易项目数为 8412 宗，比上年增加 4.6%。其中，政府采购交易项目数为 5742 宗，交易金额为 157.74 亿元；建设工程交易项目数 2525 宗，交易金额为 808.62 亿元；国有产权交易项目数为 109 宗，交易金额为 23.01 亿元；土地矿产交易项目数为 36 宗，交易金额为 61.60 亿元。

6. 贵州省 2019 年公共资源交易规模为 6240.9808 亿元

2019 年，贵州省公共资源交易规模为 6240.9808 亿元，公共资源交易量为 28577 宗。其中，政府采购交易量为 13143 宗，交易额为 630.2455 亿元；工程建设交易量为 9680 宗，交易额为 3471.7331 亿元；土地电子挂牌交易量为 2372 宗，交易额为 1334.2463 亿元；国有产权交易量为 471 宗，交易额为 45.9205 亿元；采矿权出让项目数为 130 宗，交易额为 5.0611 亿元；探矿权出让项目数为 15 宗，交易金额为 2.9154 亿元。此外，贵州省公共资源交易市场主体总数量为 73094 家，分布在各类交易中。其中，占比最多的是政府采购，占 52.12%；占比第二的是建设工程，占 43.2%；剩下的土矿交易占比 2.03%；产权交易占比 1.94%；药品采购占比 0.71%。

7. 内蒙古自治区 2019 年公共资源交易规模为 3493.1085 亿元

2019 年，内蒙古自治区公共资源交易规模为 3493.1085 亿元，公共资源交易数为 46382 宗。其中，工程建设交易数为 13414 宗，交易额为 2570.2789 亿元；政府采购交易数为 29128 宗，交易额为 497.9434 亿元；国有产权交易量为 2912 宗，交易量为 49.7416 亿元；土地矿权 928 宗，交易额为 375.1446 亿元。

除此之外，广东、河北、上海、北京、浙江、山东等地区在 2019 年公共资源交易中亦取得了卓越的成绩。

四、我国公共资源交易工作存在的问题

2019 年我国公共资源交易工作仍存在许多问题亟待解决，主要表现为法制建设、交易制度、行业监管、政策落实、需求确定、公共资源交易电子化建设等方面。

一是法制建设与实际需求脱节。随着公共资源交易规模的日益扩大，现存法制建设逐渐暴露出更多的问题，已无法完全满足当下的公共资源交易需求。《招投标法》和《政府采购法》依然是公共资源交易领域的主要法制基础，但由于两法之间存在交叉，缺乏一条完整的体制链进行规范，不同地区对同一部法律持有不同的见解，因而导致政出多门，无所适从。当前，越来越多的目光聚焦于技术、管理层面的创新，以期能够弥补法制的漏洞对公共资源交易带来的负面影响，但效果依旧不尽如人意。因而为了顺应实际需求，法制体系亟须改革、完善。

二是交易制度不规范、不严谨。一方面，公共资源由多个政府部门分散管理，缺乏统一的管理制度和管理部门，难以形成合力。这些公共资源在进行交易时缺乏清晰规范的操作流程，交易手续也比较复杂，大大降低了交易效率，也使公共资源的产能难以充分发挥。另一方面，各主管部门的权力过于集中，其余交易主体一味地顺从和迎合，影响了市场正常的发育，而且极易产生权力寻租和公共利益受损的问题。

三是行业监管不到位。一方面，监管权力的分散化致使监管主体缺位现象时有发生。监管部门独立自主的行事风格致使监管权力条块分割，在出现职责交叉时，往往找不到监管责任主体。另一方面，社会参与监管的力度不足。首先，作为公共资源的享有者，社会公众享有参与监管的权利，但由于公共资源交易信息的不对称性、专业性，现实中，社会公众参与监管的难度较大。其次，作为信息传播的渠道，社会媒体的监管是揭露公共资源交易中不法行为的重要手段，但受到政治和主观因素的影响，其无中生有、掩盖真相，误导了社会公众的判断力。

四是主体责任不明确。首先，交易平台的多头管理，致使各主体之间的权责划分不清晰。管理主体根据自身需要对各类公共资源交易提出不同的需求，造成管理业务分割成块，增加了管理成本和交易成本。其次，采购人的主体责任无法完全落实。采购人推卸、抵制其主体责任，一旦出现问题，采购人不愿承担责任，认为是代理机构不行、专家有问题，或者觉得是监管部门不负责，导致责任难以追究。

五是从业人员权责意识和专业能力不足。一方面，为了避免出现政治错误，逢采必招、招标走过场已成为常态，形式合规、程序合理的表象下隐藏着私心、用智、自由裁量、关系维系以及利益输出等行为，从业人员权责意识不明，提升了公共资源交易治理的难度。另一方面，公共资源交易缺乏专业性，从业人员的相关法律法规、业务知识和经验不足以完全支撑起当前的需求，亟须专业后备力量的补充。

六是政策落实不到位，影响市场发展。首先，一些地区或明或暗地仍然存在一些

地方保护，故意制定“土政策”和“潜规则”来限制外来企业进入本地的公共资源市场，要求外地企业必须在本地备案或建立分公司，要求必须具备某些资质和业绩等，这些都抑制了企业和市场的共同发展；其次，利用行政权力剥夺企业的合法权力，如不允许市场化的代理机构和咨询单位参与交易活动，没收招标人依法应享有的自主选择招标代理机构、组织勘察现场、参与评标等权利。

七是绩效评估体系建设不完备。主要体现在评估主体缺位、评估工作不受重视、评估专业性不足、评估成果借鉴应用不充分等方面。当前，政府愈加重视公共资源交易前和交易中的流程，而往往忽视绩效评估这一交易后的重要性。究其原因，我国公共资源交易发展历史较短，相关绩效评价规章制度不够完善，还未完全认识到绩效评估对提高财政资金使用效率的重要性，且专业的社会第三方评估机构市场发育不成熟，这些因素都会导致公共资源交易出现头重脚轻的状态。

八是需求确定不合理。最主要的问题是缺乏标准化的采购需求，具体反应在两个方面。一是粗放型的采购预算管理：一方面，在未进行充分的市场调研和需求论证的情况下随意编制采购预算；另一方面，虽然前期进行了采购预算的编制和审核，但忽视了后续对资金使用情况的监管和评估。二是“量身定做”采购文件的现象仍存在：一种是故意为之，采购人故意设置特定条件排除掉潜在供应商，或者故意照搬个别供应商的技术参数作为采购需求；另一种是采购人无意造成，采购人专业能力不足和知识的局限性，无法基于现实需求提出明确、合理、专业化的采购需求，因而将采购需求的编制工作委托给特定供应商来负责，而此特定供应商可能会有意识地倾向于自己的产品来设定标准，使采购需求的技术参数偏离市场一般、通用的标准。

九是公共资源交易电子化建设不完善。主要表现为两点：一是各省市自治区的公共资源交易平台由不同的软件企业或平台企业负责开发、建设和维护，系统功能、数据标准、底层架构各异，互联互通和大数据应用受到制约。二是全国范围内公共资源交易平台的普及和完善程度参差不齐，有待整体提高。除北京、上海、天津、重庆这四个直辖市外，其余省份下辖地市的公共资源交易平台数量和功能存在显著差异，且碎片化趋势严重，条块分割，阻断了不同平台之间的信息交流共享；且总体上应用较为简单，功能较为浅显，因而亟须按照国家有关规定更好地进行整合。

附表 1　　2019 年各省、自治区、直辖市公共资源交易总规模

地区	交易规模（亿元）	推算依据
河南	10477.65	网站有完整的年度交易规模
湖南	6833.35	网站有完整的年度交易规模

续 表

地区	交易规模（亿元）	推算依据
海南	1050.66	网站有完整的年度交易规模
贵州	6240.98	网站有完整的年度交易规模
内蒙古	3493.27	网站有完整的年度交易规模
甘肃	1946.88	网站有完整的年度交易规模
四川	5496.95	网站有完整的年度交易规模
山东	1022.29	网站有完整的年度交易规模
安徽	8290.60	2019 年 2—12 月总和 + （2—12 月总和）/11
宁夏	1012.45	2019 年 1—10 月总和 + [（1—10 月总和）/10] ×2
云南	4332.62	2019 年 1—10 月总和 + [（1—10 月总和）/10] ×2
北京	4015.61	2019 年 2—12 月总和 + （2—12 月总和）/11
重庆	3499.50	2019 年 1—8 月总和 + [（1—8 月总和）/8] ×4
江苏	17742.67	2019 年 1—9 月总和 + [（1—9 月总和）/9] ×3
广东	18861.81	2019 年 1—11 月总和 + （1—11 月总和）/11
广西	5850.35	2019 年 1—9 月总和 + [（1—9 月总和）/9] ×3
湖北	8964.45	2019 年上半年交易规模 ×2
浙江	数据未公布，无法推算	
河北		
天津		
江西		
陕西		
山西		
吉林		
青海		
上海		
辽宁		
福建		
黑龙江		
新疆		
西藏		

附表 2　　　　2019 年各省、自治区、直辖市各类别公共资源交易规模

<table>
<tr><th>地区</th><th>工程建设（亿元）</th><th>政府采购（亿元）</th><th>土地使用权和矿业权（亿元）</th><th>国有产权（亿元）</th><th>其他（亿元）</th><th>推算依据</th></tr>
<tr><td>河南</td><td>7016. 89</td><td>2397. 45</td><td>927. 92</td><td>135. 39</td><td>0</td><td>网站有完整的年度交易规模</td></tr>
<tr><td>湖南</td><td>2976. 50</td><td>542. 2</td><td>2345. 49</td><td>86. 88</td><td>882. 28</td><td>网站有完整的年度交易规模</td></tr>
<tr><td>海南</td><td>808. 33</td><td>157. 72</td><td>61. 6</td><td>23. 01</td><td>0</td><td>网站有完整的年度交易规模</td></tr>
<tr><td>贵州</td><td>3471. 73</td><td>630. 25</td><td>1342. 22</td><td>45. 92</td><td>750. 86</td><td>网站有完整的年度交易规模</td></tr>
<tr><td>内蒙古</td><td>2570. 44</td><td>497. 94</td><td>375. 14</td><td>49. 75</td><td>0</td><td>网站有完整的年度交易规模</td></tr>
<tr><td>甘肃</td><td>1078. 88</td><td>867. 51</td><td>0. 04</td><td>0. 45</td><td>0</td><td>网站有完整的年度交易规模</td></tr>
<tr><td>宁夏</td><td>420. 99</td><td>318. 62</td><td>222. 7</td><td>3. 36</td><td>46. 78</td><td>2019 年 1—10 月总和 + ［（1—10 月总和）/10］ ×2</td></tr>
<tr><td>云南</td><td>2382. 94</td><td>606. 57</td><td>1213. 13</td><td>129. 98</td><td>0</td><td>2019 年 1—10 月总和 + ［（1—10 月总和）/10］ ×2</td></tr>
<tr><td>北京</td><td>3138. 06</td><td>28. 29</td><td>0</td><td>844. 09</td><td>5. 16</td><td>2019 年 2—12 月总和 + （2—12 月总和）/11</td></tr>
<tr><td>广东</td><td>9730. 46</td><td>1783. 74</td><td>4890. 16</td><td>116. 98</td><td>2340. 47</td><td>2019 年 1—11 月总和 + （1—11 月总和）/11</td></tr>
<tr><td>广西</td><td colspan="6" rowspan="21">数据未公布，无法推算</td></tr>
<tr><td>湖北</td></tr>
<tr><td>四川</td></tr>
<tr><td>山东</td></tr>
<tr><td>安徽</td></tr>
<tr><td>重庆</td></tr>
<tr><td>江苏</td></tr>
<tr><td>浙江</td></tr>
<tr><td>河北</td></tr>
<tr><td>天津</td></tr>
<tr><td>江西</td></tr>
<tr><td>陕西</td></tr>
<tr><td>山西</td></tr>
<tr><td>吉林</td></tr>
<tr><td>青海</td></tr>
<tr><td>上海</td></tr>
<tr><td>辽宁</td></tr>
<tr><td>福建</td></tr>
<tr><td>黑龙江</td></tr>
<tr><td>新疆</td></tr>
<tr><td>西藏</td></tr>
</table>

广东：http：//ggzy. gd. gov. cn/gdggzy/data/pub/content/post_ 2172333. html

河北：http：//www. hebpr. gov. cn/hbjyzx

宁夏：http：//www. nxggzyjy. org/ningxiaweb/014/sjtj. html

甘肃：http：//ggzyjy. gansu. gov. cn：81/

上海：http：//222. 66. 64. 149

北京：https：//ggzyfw. beijing. gov. cn/

安徽：http：//ggzy. ah. gov. cn/login. do？ method = beginlogin

河南：http：//ggzyzxjg. hndrc. gov. cn/

湖南：http：//ggzy. hunan. gov. cn/sjzx/005001/dataCenter_ year. html

海南：http：//zw. hainan. gov. cn/ggzy/ggzy/jyzl/index. jhtml

贵州：http：//ggzy. guizhou. gov. cn

内蒙古：http：//ggzyjy. nmg. gov. cn/bigData/toTransaction

天津：http：//ggzy. xzsp. tj. gov. cn/jyxxtj. jspx

重庆：https：//www. cqggzy. com/Data_ ChongQing/pages/login/login

江苏：http：//jsggzy. jszwfw. gov. cn/

江西：http：//jxsggzy. cn

陕西：http：//www. sxggzyjy. cn

山西：http：//prec. sxzwfw. gov. cn/cmsController. do？ goPage&page = index

吉林：http：//www. jl. gov. cn/ggzy/

青海：https：//www. qhdzzbfw. gov. cn

西藏：http：//www. ggzy. xizang. gov. cn：9090

新疆：http：//zwfw. xinjiang. gov. cn/xinjiangggzy

【本章参编人员】

倪东生：北京物资学院管理学教授、北京市国资委外部董事，全国商业科技创新人物。财政部政府和社会资本合作中心及政府采购领域专家，发改委“非招标方式采购代理服务规范”终审专家。主持国家社科基金项目“涉公服务采买过程隐性风险的识别与治理”，已完成北京市自然科学、社会科学、教育规划重点“三大基金”高级别项目。著有《政府采购的有效运作》《打造能赢的团队》《生产企业供应管理》。曾组织“国家治理涉公交易暨公共资源交易体系建设 G20 峰会”。为政府、国企、NGO 组织涉公交易制度建设、需求方案、交易运行方案、采购绩效评价和采购管理工作提供了大量的帮助指导。组建了公共资源交易研究中心，担任主任。

贾慧慧：北京物资学院研究生，执笔“我国公共资源交易工作存在的问题”和承担文章汇总及数据校对工作。

石珊：北京物资学院研究生，执笔“我国公共资源交易工作存在的问题”。

程阳平：北京物资学院研究生，执笔“公共资源交易整体情况分析”。

林宝玉：北京物资学院研究生，执笔“公共资源交易研究情况分析”。

张琰：北京物资学院研究生，执笔“公共资源交易建设取得的成绩——法制方面”。

郭保元：北京物资学院研究生，执笔“公共资源交易建设取得的成绩——政策方面”。

崔艳娇：北京物资学院研究生，执笔“2019 年我国公共资源交易概况”。

王德同：北京物资学院研究生，执笔“公共资源交易建设取得的成绩——机制方面”。

霍明林：北京物资学院研究生，执笔“公共资源交易建设取得的成绩——方法方面”。

房慧：北京物资学院研究生，执笔“各省、自治区、直辖市公共资源交易新的情况分析”。

王飞：北京物资学院研究生，执笔“各省、自治区、直辖市公共资源交易新的情况分析”。

注：该文章得到国家社科基金项目（16BGL188）“涉公服务采买过程隐性风险的识别与治理”支持。

第三篇　公共采购专题报告

第一章　公共采购制度与改革

新时代中国现代政府采购制度改革思考

党的十九届四中全会指出："当今世界正经历百年未有之大变局，我国正处于实现中华民族伟大复兴关键时期""坚持和完善中国特色社会主义制度、推进国家治理体系和治理能力现代化的总体目标是，到我们党成立一百年时，在各方面制度更加成熟更加定型上取得明显成效"。根据《中共中央关于全面深化改革若干重大问题的决定》，到2020年，我国的全面深化改革的目标是在重要领域和关键环节改革上取得决定性成果，形成系统完备、科学规范、运行有效的制度体系，使各方面制度更加成熟稳定。政府采购是现代化经济体系建设中的重要领域和关键环节，它在国家体制中起到"脉络"作用。要在新时代建立中国现代政府采购制度，实现政府采购治理体系和治理能力现代化显得非常迫切和尤其重要。建立中国现代政府采购制度既要在招标投标、政府采购、公共采购、公共资源交易等历史、现状中去探求现代政府采购的活动规律，也要从现代动态的经济改革、社会改革以及战略的、国际的视野及角度去掌握现代政府采购改革的发展趋势。

一、中国现代政府采购制度改革机遇

所谓重要改革机遇期，是当今世界发展局势、时代潮流演进特征、主体的价值追求目标和社会发展趋势等综合条件作用下的结果。应该说，现代政府采购制度改革、发展及重塑期即将来临。它是中国经济社会发展和政府采购本身发展的必然。主要理由如下。

（一）国内政治经济形势背景

从20世纪80年代改革开放开始，契合国家政治经济发展趋势，中国社会主义现代化建设的深刻变革时期，核心驱动可能出现变化。改革的目标就是通过政治、经济、文化、社会、生态、党的建设等具体改革措施最终实现社会主义治理体系和治理能力现代化建设目标。包括社会的公平正义，市场的规则透明，法治的规范完善，政府的善治廉洁，公民的平和有序。重点是通过对经济改革的牵引实现各项目标综合治理。

核心是人的全面转型，并推进组织的转型如社会组织、政府组织、公司组织等，最终达到社会、政府和文化的转型。而政府采购在转型中将起到脉络作用，因为它属于公共管理内容，需要利用行政权力来规范，按标准运行；它属于市场体系内容，需要市场主体诚信守法，竞争和创新；它属于公共服务的内容，需要最佳的工程、产品和服务；它属于政府廉洁的内容，通过透明性、规范性实现价格的合理性，最大限度排挤腐败空间。

（二）国际化背景

2014 年年底，我国向 WTO 正式提交加入《政府采购协定》（GPA）第 6 份出价清单。清单主要列明采购实体开放清单和货物、服务、工程采购项目开放清单。2019 年 10 月 20 日，中国向 WTO 提交了第 7 份出价清单。出价清单首次列入军事部门，增加了 7 个省，新增了 16 家国有企业和 36 所地方高校。同时，增列了服务项目，调整了例外情形。7 份出价清单的提交表明我们加入 GPA 谈判进入纵深阶段。也表明中国在加入后可以公平竞争参加 GPA 协议方的公共项目竞标，在一定程度上对中国政府采购制度建设和市场公平建设带来挑战和机遇。契合此背景，欧盟成员国和美国等西方国家多次给中国政府采购施加压力，以市场准入受限、贸易保护、歧视性条款等理由要求中国尽快开放政府采购国际市场。背后实则是后金融危机引发了西方国家经济增长减缓，垄断加剧，以及贸易保护主义抬头的各类因素。也有中国公共采购市场规模每年以 15% 的速度递增的巨大市场诱惑力。同时，西方国家也利用各种手段推行其观点，如欧盟建立新政策，对等限制不开放的国家；就中国市场状况发布白皮书，施加国际影响；美国也采取限制措施，规定军方不准采购外国产美国旗帜或相关产品。

越来越多的事件说明政府采购开放已到了一个新阶段，国内制度建设也迫切需要加大力度。这种紧迫性和现实性却无视 GPA 本应属于各个国家自愿选择是否加入的一种诸边谈判贸易协议范畴。全球化的建设、科学技术的使用缩短国界间的差距，创造不断要求的公平正义环境等，都对中国政府采购的变革、转型和廉洁等提出更高要求，也倒逼中国政府采购的制度理念、行为政策、方法措施的不断变化。2018 年 4 月 10 日，习近平主席在博鳌亚洲论坛 2018 年年会开幕式上的主旨演讲中提出，在扩大开放方面，中国将采取重大举措“主动扩大进口”，要“加快加入世界贸易组织《政府采购协定》进程”。这不仅会使中国扩大进口，为外国企业创造机遇，也将为中国企业开拓国外采购市场创造机遇，也表明中国加快改革开放步伐的决心。2018 年 11 月 14 日，习近平总书记主持召开中央全面深化改革委员会第五次会议，通过《深化政府采购制度改革方案》，提出要“加快形成采购主体职责清晰、交易规则科学高效、监管机制健全、政策功能完备、法律制度完善、技术支撑先进的现代政府采购制度”。加快中国现代政府采购体制制度的构建和完善已经纳入议事日程。

（三）制度本身发展背景

政府采购和工程招标投标法治建设已经开展十余年，为其进一步发展奠定了坚实的基础。规范性、程序性成为政府向市场寻求的基本原则；公开性、透明性成为采购中的基本原则；各方当事人开始善于利用法律的手段维护自身的合法权益；评审专家的集中评审使科学智力不断渗透采购发展之中。政府采购的涉猎范围超出立法者和管理者的想象，成为中国法律制度建设上的重要途径。但发展中也存在许多急需解决的问题，如由于法律和历史的原因，政府采购与工程招标投标的复杂关系难以破解；与公共资源交易平台关系难以厘清；价格高、市场竞争扭曲的现象不断出现；利益桎梏难以打破；科技手段不先进；专业化程度仍处于初级阶段等。问题和矛盾相互交织，具有复杂性、长期性、顽固性等特点。这些问题的解决需要智力、勇气和韧性。它作为国家战略转型的重要体制机制障碍，应该起到重要的载体和体制的整合器作用加以突破和改革。

二、中国现代政府采购制度改革内容

近二十年法律制度化发展为政府采购及招标投标事业取得的成效奠定了重要基础，但也出现了许多问题，有的问题严重影响党和国家、政府的形象。同时，在现实中存在政府采购、招标投标、公共采购、公共资源交易等与政府采购交叉且相融的名称和叫法，给政府采购事业的发展带来诸多不利影响。比如政府采购与公共采购，政府采购现行的法律制度、运行模式、效益效果等还未达到公共采购的公共性及服务性要求，若以公共采购取代政府采购未免有点理想化。正从另一个角度表明了从理论上研究界定公共采购、政府采购、招标投标、公共资源交易等问题十分迫切和必要。从战略上看，在深化改革的新阶段，政府采购需要重新定位。如何区分之前的政府采购发展历程，以全新的理念和思维应对新时期的政府采购工作，是我们迫切需要考虑的问题。按照党的十八届三中全会“财政是国家治理的基础”“建立现代财政制度”的精神和要求，结合实际，将此阶段定义为“现代政府采购制度”阶段是个较为合适的选项。建立现代政府采购制度意味着以“国际视野”及“国家治理”的角度即战略思维看待当前的政府采购工作。

具体来讲，中国现代政府采购制度改革的战略选择需要突破三大关口，即界定政府采购中的政府与市场的关系；推进政府采购转型与发展；破解政府采购中的公平与正义问题。

建立现代政府采购制度需要界定政府采购中的政府与市场的关系。重点是要明确政府采购是政府的事，还是市场的事。政府在采购过程中通过何种方式走向市场，以及建设怎样的“统一开放、竞争有序”的市场体系。界定政府与市场的关系可以从以下几个方面入手。

一是界定采购主体行为。目的是将政府采购（含工程）中采购主体的强势或优势行为转化为双方的平等行为。政府采购主体是政府采购法律制度及现实操作的核心问题。《政府采购法》明确提出，现在政府采购当事人是指在政府采购活动中享有权利和承担义务的各类主体，包括采购人、供应商和采购代理机构等。其中采购人包括国家机关、事业单位和团体组织。

单纯从政府采购主体即采购人来说，目前存在国有控股企业是否属于政府采购主体的问题。国有控股企业一般指具有垄断性的水、电、油等资源性国有控股企业。一种意见认为国有控股企业采购应纳入政府采购，因为国有控股企业的资金来源、组织架构、高层任命都是由政府直接或间接控制；国有控股企业采购出现大量的腐败行为需要规制；国际上公共企业都是通过政府采购予以规范。另一种意见认为国有控股企业采购不应纳入政府采购，因为法律明确规定国有控股企业采购不属于政府采购，若纳入政府采购容易被误解为由政府权力管控，出现效率低下、规程过多等问题，与政府的作用不符合。

二是界定采购模式。采购代理制是法定的，目的是选择要集中制还是分散制的采购代理形式。这既要看现状，也要看模式效果。从工程招标投标的纯市场化代理、政府采购的集中与分散相结合、公共资源交易的场所服务功能等现状及效果来看，结合国际经验，中国施行集中采购下的分散代理制是个不错的选择。

三是界定公共服务性采购。公共服务性采购被社会普遍称为政府购买服务，但两者是有区别的。公共服务性采购由于其采购主体的多样化、资金的多元化、采购对象的复合性（多为社会组织），在界定政府与市场关系时是个难点，但通过界定可以更好地推广服务性采购，激发社会活力。

四是界定政策功能。采购是政府调控市场的最好手段。政府采购总量巨大、操作直接、行业多样、分布广泛等特点使调控作用明显，可以很快实现政府所需要达到的政策目标，如资金节约、推广社会公共服务、支持环保、鼓励创新、扶持中小企业等。

建立现代政府采购制度需要推进政府采购转型与发展，其方向是需要将政府采购从预算或支出体系中独立出来形成与预算制度齐头并进的一项制度，还是在“全面绩效预算管理”里更加重视政府采购的作用和功能，而不仅仅是从属于预算管理。这需要将预算与采购并列起来，积极探索两者“虚实”关系，也需要审视一味重视预算的惯性思维。其方式是从完善政府采购制度体系的角度破解政府采购瓶颈问题和紧迫突出的问题，实现制度的同一性。

制度的同一性主要指以下三项制度的同一。

第一是法律制度的同一性。政府采购与招标投标自立法起就相互制约和冲突，急需建立以《政府采购法》为主导的，招标投标等为程序的全面且现代的法律制度框架。这就需要启动《政府采购法》和《招标投标法》的立法修改工作。2019 年年底，国家发展改革委关于《中华人民共和国招标投标法（修订草案公开征求意见稿）》正式向社会征集意见。

第二是管理制度的同一性。将现状中政府采购、招标投标等分属多部门管理及监督的乱象归一，设立较为独立的相对统一的政府采购管理部门，统一管理工程、货物和服务工作。构建主体管理行为规范、过程管理业务标准、市场管理诚信建设、监督管理检查评价等管理制度体系。目前，部分地区设立综合的公共资源交易监督管理职能；部分地区将财政所属政府采购职能协调转入数字政务服务管理部门，值得关注。

第三是基础制度的同一性。建立健全政府采购业务基础制度，实现预算、市场调研、采购方式选择、质疑投诉处理、合同签订、履约验收、支付评价甚至资产管理等闭环制度。比如，当前中央出台的公车改革、公务费接待、会议费管理办法、禁止贺卡印制等政策行为都与采购密切相关，应将这些政策规定转化为具有长期性的政府采购制度。

建立现代政府采购制度需要破解政府采购中的公平与正义问题。现在社会上对政府采购存在一些不透明、不竞争、不信用的认识，认为政府采购效率不高、采购程序走样、采购效果不佳等。既需要开展市场诚信体系建设，也需要通过对采购主体（含集中及代理）行为的规范化、专业化和业务行为的电子化、标准化等基础工作长期解决。然而这方面的全国性总体推进效果却不明显。

要破解以上三关，还必须抓住机遇，即把握两次战略机遇，对内改革，对外开放。政府采购相对于其他改革来说也许更加幸运些，它既有当前全面深化改革的重大机遇，也有加快中国加入政府采购协定谈判的重大机遇。建立现代政府采购制度必须对这两次重大机遇认真对待，妥善布局。

建立现代政府采购制度需要设立战略目标，即推进中国政府采购治理体系和治理能力的现代化。治理是涵盖管理在内的或者说以管理为主的综合治理，比如高层决策、中层管理、基层执行、专业“内脑”、行业协同、全体监督等共同协作、协调和协同。

现实中政府采购理论研究没有形成合力，理论需要升华于实践并指导实践；重大的政府采购规制还无法形成学术界的思想统一和实践上的执行统一；政府采购行业协会没有建立，无法发挥行业管理、标准发布、专业认定等作用；一些较好的政府采购实践经验没有得到提炼或推广。建立现代政府采购制度的难度大、时间紧、任务艰，必须明确转变思想，直面核心问题，利用最佳时机。

（作者：黄冬如，中国物流与采购联合会公共采购分会专家委员会副主任，广东财经大学公共采购研究中心主任）

中国军队采购发展历程与展望

军队采购是公共采购的重要形式。中国军队采购分为武器装备采购和军队物资、工程、服务采购。军队采购作为财力向物力、民力向军力、潜力向实力特别是战斗力转化生成的主要途径，是保障打仗和服务部队的供需枢纽、战场和市场的桥梁纽带、钱物转化的防腐隔离带。几十年来，中国军队采购走过了不平凡的改革历程，步入了新时代深化拓展的快速发展阶段。当前，在政府采购制度深化改革和即将加入 WTO《政府采购协定》（GPA）的大背景下，军队采购更应把握国防和军队改革全局，明确改革历史方位，着眼历史使命任务，树立现代思维理念，引领时代发展趋势，开创建设发展崭新局面。

一、中国军队采购改革基本历程

回顾历史，计划经济时代，国防和军队建设所需的各类物品，主要依靠国家实行指令性计划分配；到了有计划商品经济时期，国家实行指令性计划分配与市场供给相结合，主要采取计划分配方式给军工企业下达生产任务。中国军队真正意义上的采购工作，是从 1992 年开始的，大体上可划分为以下三个阶段。

（一）市场采购雏形期：1992—2001 年

在国家全面推动市场经济改革，建立中国特色社会主义市场经济制度体系的背景下，中国军队的供应保障工作，逐步由实物供应保障向经费供应保障、由指标分配物资向市场采购产品转变。军队采购工作在国民经济结构转型中不断探索总结，在市场经济体系建设完善中不断实践前进，为有效保障国防和军队建设发展需要，作出了重要贡献。这个时期，各单位自行采购、各自为政、独立结算，“千军万马跑市场”的景象客观存在，难以全面发挥军队采购的经济功能，影响了经费使用的集中效益和规模效益。

（二）采购改革探索期：2001—2012 年

军队后勤建设发展进入新世纪后，为进一步适应国家颁布出台的《招标投标法》《政府采购法》等法律要求，军队采购着眼于充分适应市场环境，着力于解决好“统”和“管”的问题。按照“统一管理、分工明确、有效监督、顺畅高效”的改革目标，中央军委在 2001 年 11 月印发了《关于深化军队物资、工程、服务采购改革总体方案》（军委 16 号文件），在全军部署开展了采购改革。在这一阶段，成立了专职的军队采购机构，军队采购加快由市场向战场、由分散向集中、由无序向规范转进，经过近十年的不断试点实践和细化完善，逐步建立了体系化的采购制度安排和规范要求，初步构建了军队采购基本制度体系框架，全面实现了军队物资从统筹统供模式向市场集中采购模式的转变。

（三）发展改革深化期：2013—2015 年

党的十八大以后，在全面从严治党、强力正风反腐的新形势新要求下，原中国人民解放军总后勤部打破行业、专业、部门界限，本着确保供应、预防腐败的思路，探索从源头上构建采购集中统管的体制机制，大力推行采购需求、采购计划、采购实施、“两库”管理、监督检查“五个进笼子”，确保采购工作向战斗力聚焦、向服务部队倾斜、向不规范行为“开刀”，进一步完善体制、理顺关系、强化管理，建立集中统一、分工明确、顺畅高效、有效监督的采购运行体系，这一阶段的改革有效遏制了采购领域的突出问题，推动了军队采购制度建设进一步向规范化发展，但体制性障碍、结构性矛盾、政策性问题还没有得到妥善解决。

2016 年以来，在中央军委后勤保障部采购管理局的领导下，军队物资、工程、服务采购实行“三采合一”集中统管，并在采购管理体制、力量体系、规模结构、机构设置、法规制度等方面作出了系统调整和重塑，为全面构建集中统采、分段运行，分工协作、联合监管，统一平台、区域保障的现代军队采购制度和力量体系进一步奠定了坚实基础。

二、新时代军队采购发展理念

按照把人民军队全面建成世界一流军队的总要求，聚焦改革目标，把握深化国防和军队改革全局，凝心聚力实施改革强军战略，把新时代强军事业不断向前推进，扎实推进军队采购不断创新发展，应树立现代思维理念，强化使命担当，强化系统集成，强化创新突破。

（一）系统思维理念

军队采购是一项系统工程，流程环节多、参与要素广、廉政风险高，采购工作并非仅靠采购管理部门和采购服务机构就能完成，需要各部门、各环节大力支持和积极参与，采购工作作为机关事业部门和采购部门的共同职责，也是各级党委理财的重要内容，军队单位需要全面树立系统思维理念，站在全局高度系统筹划军队采购。

（二）战略采购理念

始终贯彻现代供应链管理理念，将资源持续掌控和获取作为军队采购的核心目标，形成以战略为中心的采购发展模式，推进供应商战略合作伙伴关系建设，注重强化全寿命周期采购成本管理，在更高层次上推动采购流程优化再造，打造形成供应商、需求单位、采购管理部门、采购服务机构等共同组成的军队采购供应网络体系。

（三）服务保障理念

立足国防和军队建设发展需要，着眼基于信息系统的体系化，联合作战保障需求，坚持把提高军队采购对战斗力的贡献率作为采购改革创新和建设发展的出发点和落脚点，着眼平时服务、急时应急、战时应战，兼顾本土采购和海外保障，推进全域采购保障能力建设，不断强化军队采购服务保障职能，夯实军队采购服务保障效能。

（四）社会责任理念

作为政府采购的重要组成部分，军队采购有参与社会经济活动的优势和影响力，尤其在中国政府采购即将加入 WTO《政府采购协定》（GPA）的背景下，更应充分发挥军队采购的社会功能和政策功能，积极履行好对科技创新、绿色环保、扶持小微企业和支持国家产业政策的社会责任，努力提高自身形象，营造良好外部营商环境。

三、新时代军队采购发展趋势展望

在当前全面深化改革的总盘子中，深化国防和军队改革已经走在前列，军队采购也历经了组织架构历史性变革、力量体系革命性重塑的涅槃，为着眼军队建设和未来作战保障要求，进一步适应国际经济社会和现代信息技术快速发展的形势变化，新时代军队采购将主要表现为以下几大发展趋势。

（一）军队采购法制化

从世界各国政府采购制度的发展路径来看，改革初期的工作重点主要集中在建立健全体系配套的法规制度体系。军队采购在新的起点下，随着各项法规制度和运行机制的颁布出台和健全完善，逐渐步入快速发展阶段，重心也逐渐从采购流程规范、采购行为规范、采购过程透明、部门职能明确，转移到统筹“放”与“管”、“质”与“效”、“统”与“分”等关系的制度设计上来，并逐步构建形成多层级、多类别、多项目军队采购政策制度体系框架，不断推进军队采购法制化建设进程。

（二）军队采购标准化

随着顺畅高效、有效监督的采购运行体系建立，军队采购标准化将成为进一步提升采购效率效益的重要推手，也为军队采购数字化的同步发展夯实基础。军队采购标准化主要涵盖了四个方面内容。一是军队采购基础标准化，重点包括术语范式标准化、编目编码标准化、信息技术标准化。二是业务管理标准化，包括需求标准化、计划标准化、绩效评价标准化、监督管理标准化等。三是流程控制标准化，主要囊括业务文书标准化、采购作业标准化、采购评审标准化、质量控制标准化。四是机构建设标准化，包括硬件配置标准化、人员配备标准化、经费保障标准化。

（三）军队采购智慧化

在数字经济时代，大数据的开放、挖掘和应用已成为现实，大数据与区块链等技术的应用方式革新将引领军队采购的新发展，创新基于大数据和区块链的智能化采购技术，构建军队采购大数据平台，实现线上申请、审核、招标、投标、评审、支付、评价、服务等采购环节，确保采购过程留痕、结果可溯、价格可比、竞争充分，进一步系统整合军队采购供应链的需求、资源、服务、信息，并在采购数据统计整理、数据分析挖掘的基础上，打造具备行业数据分析报告、采购任务精细管理、采购任务动态分析、采购绩效系统评估、采购数据多点存证、业务信息实时监测、服务信息精准推送等功能的智慧化军队采购新生态。

（作者：凌大荣，中国人民解放军陆军勤务学院副院长、教授、博士生导师）

推动供应链金融创新发展，更好服务实体经济

近年来，互联网金融发展迅猛，衍生出多元化模式。过去，在金融业的高度垄断之下，小微企业等金融服务严重缺失，造成金融服务的可得性、便捷性等方面都存在问题，社会金融产品供给严重不足，因此，供应链金融应运而生。

供应链金融将资金池与产业链进行有效结合，同时从资产端和负债端共同唤醒经济体系中“沉睡的资金”，提高企业资金周转率，从而成为互联网金融中的佼佼者。搭建健康生态圈，助力供应链金融，服务实体经济尤其是中小微企业，是当前许多公共采购机构普遍关注并积极探索的领域。

推动供应链金融创新发展，有助于提升金融服务实体经济质效，更好服务于民营和小微企业。近年来，一些银行保险机构以供应链金融为抓手，在破解民营和小微企业融资难题、深入践行普惠金融方面进行了良好实践。2019 年，供应链金融的热度不减，对其的探索不断，各种创新模式涌现。但同时，一些制约供应链金融发展的问题亟须解决。

一、促进金融服务实体经济质效提升

供应链金融可以促进产业链相关企业的高效协同经营，有助于提升整个产业的综合竞争力。当前，产业经济的竞争一定程度上已转向了供应链与供应链之间的竞争。在企业从单打独斗走向协同发展的过程中，供应链金融能有效提升供应链链条的资金使用效率，降低管理成本，并能增强供应链链条上企业间的合作紧密度及交易稳定性。对合作银行而言，供应链链条的战略协同及业务黏性也明显增强。

供应链金融是服务民营和小微企业的优良载体，有助于提供可持续的金融支持。一是融资可得性提高。依托核心企业为链条企业增信，将信贷主体信用转化为交易资产信用，使上下游民营和小微企业能有效获取信贷支持。二是融资成本降低。基于真实交易背景，借力核心企业信用，能大幅降低民营和小微企业融资成本，特别是上下游部分议价能力强的供应链链条，其链条企业能获得接近甚至等同于优质大企业的利率定价水平。三是融资便捷性增强。商业银行通过核心企业对链条上下游企业开展链式营销，开展在线供应链金融业务，能够大幅节省企业的时间和人力成本。四是助力民营和小微企业可持续发展。核心企业以供应链金融助力上下游客户获取融资，商业银行将民营和小微企业纳入供应链整体金融服务方案，有助于构建银企良性互动的可持续金融生态。

供应链金融利用链条企业交易信息构建风控体系，具有较强的风险控制能力。供应链金融依托核心企业信用，共建多维度风控机制，能有效防控业务风险。一是通过

链条企业历史交易记录、第三方数据、“四流”信息等，能够真实、准确、及时地评价、监控链条企业，有效解决信息不对称问题。二是核心企业为链条企业增信，能够有效降低违约概率。在上游应收账款类融资业务中，核心企业是第一还款来源，直接付款至还款专户；在下游应付账款类融资业务中，如链条上的企业发生违约，核心企业将履行协议约定的担保、回购、调剂销售等责任，民营和小微企业偿付保障大幅增强。三是通过将区块链、物联网等新技术嵌入交易各环节，运用移动感知视频、电子围栏、卫星定位等技术，对大宗商品进行远程定位、智能库管和远程巡仓等，能够构建多层智能风控体系。

二、供应链金融业务模式有待规范

银行保险机构应坚持服务实体经济、加强风险管控等基本原则。坚持精准金融服务，以市场需求为导向，重点支持符合国家产业政策方向、主业集中于实体经济、技术先进、有市场竞争力的产业链链条企业。坚持交易背景真实，严防虚假交易、虚构融资、非法获利现象，确保直接获取第一手的原始交易信息和数据。坚持全面管控风险，既要关注核心企业的风险变化，也要监测上下游链条企业的风险。

银行保险机构应规范创新供应链金融业务模式。加强与供应链核心企业在信息共享、风险管控等领域的合作，运用区块链、人工智能等新兴科技，与核心企业等合作搭建供应链金融服务平台，创新发展在线金融产品和服务，将金融服务向上游供应前端和下游消费终端延伸，提供覆盖全产业链的金融服务。例如，为供应链上下游链条企业量身定制支付结算和现金管理服务，提升供应链支付结算效率。在民营和小微企业方面，加强对供应链上下游民营和小微企业的金融支持，提高金融服务的覆盖面、可得性和便利性，合理确定贷款期限，努力降低企业融资成本。开展农业供应链金融服务和创新，以核心企业带动农村企业和农户发展，将金融服务延伸至种植户、养殖户等终端农户，促进乡村振兴。保险机构应支持订单农户参加农业保险，在供应链融资业务中稳妥开展各类信用保证保险业务，为上下游链条企业获取融资提供增信支持。

银行保险机构应完善供应链金融业务管理体系。一方面，优化内部管理体系，健全激励纠错机制。银行保险机构应加强业务集中管理，酌情成立供应链金融业务管理部门，培育专业人才队伍。实施差别化信贷管理，制定有针对性的信贷管理办法，合理核定供应链核心企业、上下游链条企业的授信额度，满足供应链有效融资需求。健全供应链金融业务激励约束与容错纠错机制，落实好不良贷款容忍度、尽职免责等政策。另一方面，整合多维数据，加强外部合作。依托工商、税务等多维度数据，采取在线信息分析与线下抽查相结合的方式确保交易真实性。加强银行业和保险业在信息共享等多个领域的合作，协同加强全面风险管理，共同防范骗贷骗赔风险。

银行保险机构应加强供应链金融风险管控。总体来说，须加强全链条风险管控和核心企业风险管理，建立健全面向供应链金融全链条的事前、事中、事后各环节风险控制体系，确保资金流向实体经济。加强对核心企业经营状况、核心企业与上下游链条企业交易情况的监控，明确核心企业准入标准和动态名单管理机制，加强对核心企业所处行业发展前景的研判，及时开展风险预警、核查与处置。在信息科技方面，鼓励开发供应链金融专项信息科技系统，鼓励将区块链、物联网、人工智能等技术嵌入交易环节，对物流及库存商品实施远程监测，借助科技手段提升风控效率，加强交易真实性和合理性审查。在合规管理方面，须合规审慎开展业务创新，禁止借金融创新之名违法违规展业或变相开办未经许可的业务。银行业和保险业自律组织应加强行业交流，总结推广银行保险机构在供应链金融领域的良好实践和经验，及时宣传供应链金融服务民营和小微企业进展情况，促进供应链金融持续健康发展。

三、供应链金融发展中多重制约亟待突破

银行保险机构在开展供应链金融业务的实践中，面临一些制约因素，亟待推动解决。

部分银行对供应链金融业务缺乏专项激励及容错机制。当前，各商业银行对推进供应链金融的战略布局不同，重视程度也各不同。多数银行的供应链金融业务管理机构层级较低，无法运用全行资源推进业务发展；在风险管理上专业性表现不足，容错率低，缺乏明确的尽职免责条款，推进业务发展的动力不足；缺乏专项激励措施，导致业务推进乏力。

部分核心企业对供应链金融的深远意义缺乏认识。核心企业是供应链金融中最重要的参与方，同时也是供应链金融风险防控的关键因素。在供应链金融业务中，核心企业的经营发展状况决定了上下游企业的生存状况和交易质量，并为整条供应链融资提供了担保，如果核心企业信用出现问题，风险易传染扩散至链条上下游企业，并使得供应链合作伙伴之间出现整体兑付危机。当核心企业在行业中的地位发生重大不利变化时，可能会隐瞒信息，利用其强势地位，通过虚构交易要求上下游企业为其向银行骗取授信。因此，有效管控核心企业风险是做好供应链金融风险管理的关键。

目前，核心企业对供应链金融的态度存在两极分化的情况。一方面，不少核心企业缺乏供应链管理意识，偏安一隅，不关注链条企业发展，配合推动供应链金融的主观积极性不足，对金融机构的信息开放普遍持警惕和戒备心理，在关键节点承责动力不足，抑制了供应链金融的发展。另一方面，部分核心企业依仗优势市场地位，过度从供应链上下游企业攫取利益，肆意延长账期，不利于链条企业发展。

四、推动供应链金融创新发展的政策建议

为充分发挥供应链金融业务对服务实体经济、特别是支持民营和小微企业融资的积极作用，建议商业银行积极稳妥推动供应链金融业务创新发展。同时，建议有关部门推动完善有关法律法规和金融基础设施，营造良好的供应链金融发展环境。

引导商业银行对供应链金融业务实施单独的信贷及管理政策。一是对供应链融资业务实施差异化信贷管理。鼓励商业银行制定区别于传统信贷业务的供应链融资授信和贷后管理等信贷政策，在加强核心企业信贷风险管理的基础上，提高对上下游链条企业的授信审批效率。二是合理核定信贷额度。鼓励商业银行在加强授信总额管理、有效管控风险的基础上，为供应链金融核心企业核定供应链融资专项额度。

加强银政企信息共享，营造良好社会信用环境。建议相关部门进一步开放海关、水、电、煤、电信等公共单位的数据信息，加强金融机构与政府各部门之间的信息共享，为缓解银企信息不对称问题提供更多的数据支撑，引导核心企业特别是大型国有企业合理开放、共享数据。利用大数据、区块链等技术，整合各类数据信息，构建高效的信息交流平台。建立健全覆盖全社会的信用管理制度，完善对失信主体的约束和惩戒机制，提高各主体的失信成本。

促进核心企业及时支付民营和小微企业款项。建议相关部门加强统筹协调，共同推进清理拖欠民营和小微企业账款相关工作，避免通过不正当方式挤占民营和小微企业资金，让企业轻装上阵，增强企业的发展信心，帮助企业纾难解困。鼓励大型国有企业等核心企业加入应收账款融资授信体系，提升核心企业对供应链金融业务的支持力度，共同推动供应链金融发展。

（作者：林侃，中国银保监会政策研究局，原载于《中国银行业》杂志 2019 年第 11 期，本文略有增改）

加快推进突发公共卫生事件应急采购制度体系建设

2020年2月5日，习近平总书记指出，要完善疫情防控相关立法，加强配套制度建设。推进应急采购制度体系建设是应急法律制度体系建设的重要组成部分；是治理体系和治理能力现代化建设的重要环节；是规范突发公共卫生事件资金和采购行为的重要手段；是预防控制处理突发公共卫生事件的有力武器；也是疫情发展中的经验教训总结和广大人民群众的急切呼吁。迫切需要从治理体系和治理能力现代化角度出发，在发挥政府作用同时，应注重市场化机制、社会化服务和信息化手段的使用，尽快推进应急采购体系制度建设，及时控制和消除突发公共卫生事件。

在疫情防控阻击战中，在突发公共卫生事件时间紧迫、物资短缺的情境下，政府与市场的作用在一定程度上出现扭曲，物资购用、质量、价格和服务紊乱无序，出现违法违纪现象，严重影响疫情防控工作推进，人民群众反响强烈。突发公共卫生事件应急采购制度存在一些主要困难和问题。

一、应急采购无法可依

法律体系为我国应急管理工作提供根本的法律保障。但无论是《突发事件应对法》《传染病防治法》还是《突发公共卫生事件应急条例》，只是对应急物资储备保障提出要求，没有应急采购相关内容。《政府采购法》和《招标投标法》对紧急采购和抢险救灾等突发事件应急采购，都采取了非适用例外条款的方式进行了回避。应急采购制度供给空白导致无序混乱状态和物资交易风险问题频出，已成为制约及时快速控制和处理突发事件的掣肘，这也是与市场经济成熟国家的主要差距。

二、应急采购统筹协调机制缺失

由于时间紧急、物资奇缺，基本上各部门各顾各头，“病急乱投医”，整体上缺乏高效有序联动。应急管理职能机构成立不久，全面统筹安排协调能力有限；政府采购管理监督和招标投标协调机制运行多年，经验丰富，但只承担职责内采购招标事务，较少触及应急采购；工业信息职能机构结合疫情建立物资储备平台，负责制造业物资供应，但与采购、用户方的平台协调不充分，缺乏采购方面专业支持；电子招标采购等操作及交易平台分散独立，未能在紧急状态下发挥平台强有力的技术、服务和资源优势；卫生健康职能机构投入重力预防控制疫情、救治患者等核心工作，对医药医疗设备物资采购和使用比较熟悉，但作为疫情的主力部门，没有健全的机构、成熟的技术平台和足够专业的采购人员，未能发挥高效及时、联运联防的应急采购作用。由于缺乏统一管理、协调有力的应急采购管理机构，在应对重大突发事件时，不能及时有效配置分散在部门、市场和社会的救灾资源，造成资源、经费和人员的重叠、空置甚至浪费。

三、应急采购模式方式失范

应急采购是专业性强、复杂性强的工作，采购需要针对主体、数量、功能用途、品种品目等采取相应的采购模式和采购方式。从本次应对突发公共卫生事件来看，时间紧迫、物资短缺现象严重，应急采购没有具体管理执行操作规定，“眉毛胡子一把抓”，自行采购、违规寻源供应、混淆储备与采购功能甚至违反程序征用等行为时常发生，采购方式单一，采购手段简单，采购质量、价格、服务没有保障，存在一定风险隐患。

四、应急采购信息化程度利用较低

一般来说，应急物资主要是靠储备和调拨。但现行储备制度和能力无法适应日益发展的社会卫生环境变化需要，一旦储备不足，应对能力不强就容易出现纰漏。国家及时建立重点医疗物资保障调度平台，加紧重要物资供应保障和调控调度工作。但应急采购电子化平台并没有成为应急数据平台或者物资保障调度平台。政府、市场和社会中成熟的采购电子平台也是自发组织疫情防控工作，没能在疫情中发挥应急采购的关键和主导作用。疫情应急过程缺乏全面充分及时的采购信息数据，缺乏利用大数据等先进信息技术将供应与采购等具体内容公告，也没有相关信息透明度数据，群众的参与权、知情权、监督权较低。

从国家和地方来看，多年来的招标采购发展和应对突发事件的经验已形成相对比较成熟的制度体系。国际上如美国、日本等国家的《联邦采购条例》《应急救助条例》也有丰富的经验可借鉴。我国应急采购制度体系建设的基础条件相对充分，时机也很成熟。需要在以下几个方面重点推进。

一是推进突发公共事件应急采购立法。将其列入年度人大或国务院立法计划。推进突发公共事件应急采购实施办法，将自然灾害、事故灾难和社会安全等突发事件应急采购纳入。修改《突发事件应对法》和《突发公共卫生事件应急条例》，设立应急采购专门章节。修改《政府采购法》及《招标投标法》，将应急采购纳入现代政府采购制度。

二是建立以应急采购电子化平台为核心的应急采购体系。采购电子平台在中央和地方运行多年，有成熟专业的经验。针对紧急特殊情况，中央和地方可以紧急征用公共资源交易平台、招标投标平台或政府采购类电子化平台等成熟专业的相关平台，作为应急采购电子化平台。应急采购电子化平台是用户和供应商的重要对接平台，以先进信息技术为先导，将应急采购主体、需求、采购实施、合同、物流、支付、资产管理等集中在平台。建立简单便捷、快速反应、高效节约的信息化机制。应急采购电子化平台建设中，需要界定好与数字政府平台、应急管理平台、物资储备平台的关系等；界定日常平台使用与应急采购时使用的关系。

三是建立以政府为主导、部门紧密配合、市场和社会协同共治的统筹协调机制。突发公共卫生事件应急采购涉及多个管理和协调部门，单纯从某一部门角度，如卫生健康部门、应急部门、财政部门、政务服务部门为主协调其他部门，在疫情发生时难度很大，需要以政府为主，部门紧密配合，在充分发挥政府作用的同时，应注重市场化机制、社会化服务和信息化手段的使用，建立联防联控机制，发挥各方专业力量，紧密协作，推进应急采购体系制度建设。

四是以数据标准为核心强化数据分析和信息透明。建立应急采购需求数据标准模型，通过大数据、人工智能、物联网等先进信息技术提高应急采购需求数据标准建设能力，实现产品溯源、供应、采购、物流运输、验收、支付、使用、资产存储与管理等实时动态共享。建立以需求数据为基础的应急供应、应急采购、应急物流、应急使用、应急存储等信息化生态机制。将供应产业、供应商产能、供应产品及库存、种类型号、价格、采购紧缺量、需求量趋势、动态数据分析等信息及时向社会公告，接受社会监督。

（作者：黄冬如，中国物流与采购联合会公共采购专家委员会副主任、广东财经大学公共采购研究中心主任）

第二章 公共采购专业与实践

当前公共采购电子化发展趋势思考

当前，公共采购电子化系统发展正进入一个新阶段，实践中存在着两种不同的系统。

一种是全流程电子化系统，它是以品目或项目形式涵盖招标、谈判、磋商和询价等所有采购方式的电子化系统，以公开招标和采购限额以上为主要特征，主要实现电子招标、电子投标、电子评标的全流程电子化。以广东省为例，广东省的部分城市在2005 年就建立了全流程政府采购电子化系统。规模在 10 万元以上的所有项目、当事人、采购方式都可以在电子化系统中实现无纸化办公。系统用了很少的投资，只花了三个月时间完成线下到线上的转换，系统运行十余年都非常成熟稳定。电子化与标准化的结合形成公共采购电子标准体系，成为国家服务业标准化试点和地方标准制定权单位，具有很强的借鉴意义。

还有一种是目录以内、限额以下的公共采购电子化系统，有的叫电子商城、电子集市、网上商场，有的叫电子卖场、网上中介超市等。比如安徽的“徽采商城”、浙江的“政采云”，即政府采购云计算平台，是财政部的试点项目。广东省称公共采购电子化系统为政府采购电子化执行平台，这一名称相对比较科学。网络相对扁平化，不太关注系统应用和数据转换作用，电子属于立体思维，具有系统性和数据性。公共采购电子化系统的应用也是国际采购习惯，比较注重采购的实际操作。

广东省政府采购电子化执行平台从 2015 年建设至今，基本实现目录以内、限额以下的品目、项目的电子化采购，并与大部分地市联动。为顺应形势的需要，2019 年年初广东省政府采购电子化执行平台进行政策调整，实施新的“1 +4”方案（包括批量集中采购、电商直购、电子竞价、定点采购等）。

相比而言，新的政策有较大的突破创新：平台采购金额从 10 万元、50 万元、100 万元不等直接扩展到 200 万元（工程 400 万元）；吸引大量电商、竞价供应商和定点供应商便利准入，数量分别达到 98 家、2133 家和 11267 家。可选择的供应商大幅增加，不断满足各部门、各地市等不同区域、不同行业、不同品目的多样化采购需求。采购人有权灵活选择批量集中采购、电子竞价、电商直购和定点采购等电子化采购执行模式，采购方式更加灵活和便捷。新的政策在采购自主性、采购规范透明、采购效率和效益等方面取得突出效果。

电子化政府采购的发展充分利用和发挥了电子化的效率、便捷、成本、留痕之优势；体现了政府采购透明、竞争、信用、效益的原则；也进一步实现了政府采购满足价格质量服务要求和物有所值的价值目标。

实际上，对于采购人来说，采购需求是专业、复杂、多元的，既需要日常办公用品及物料、通用设备及服务，也需要建设工程及维修服务，还包括法律、评估、鉴定等甚至防洪防火、慰问鳏寡孤独、计生环卫等服务。

所以，除了以上两类系统之外，市场上还存在着各种适应采购人需要的系统。比如，专注于工程项目的电子招标投标系统；专注于政府购买服务和服务类采购的市场化电子系统；专注于科学仪器设备及服务采购的高校科研采购系统；专注于医药设备及药品采购的电子系统等。

系统现状的形成有其历史和现实因素，平台孤岛、信息孤岛等给采购主体带来诸多不便，无法满足采购人多样化需求。

随着采购主体责任的落实，采购内部控制制度的健全，采购绩效评价能力的提升以及采购信用体系的建立，采购人对采购的专业性、服务性要求进一步提升，特别需要品目齐全、方式多样、能满足采购人需求的全生态、全生命周期的电子化采购系统。

是不是有打通所有品目、覆盖所有采购方式的全生态电子化系统？目前存在该发展趋势，公共资源交易平台整合下，政府采购与工程招标投标在整合；数字政府改革的驱动下，网上中介超市与电子化执行平台在整合；政府购买服务与电商融合。

电子化采购平台作为一项系统工程，除了专业系统协同和整合发展趋势值得关注外，如何借鉴和充分利用市场性采购模式和创新思维也是非常重要的。

目前公共采购电子化系统能不断适应采购的需要，可以灵活便捷运用各种采购方式，实现采购目标和效益。但和市场电商或者企业电商相比，在采购模式和创新上还是有差距的。

企业采购系统能充分应用先进信息技术，从电子化采购阶段进入智能化采购阶段。有的智能采购系统通过利用大数据、人工智能、区块链等技术，建立了相关数据和计量模型，实现了与采购管理、采购模式、采购技术深度融合。

企业采购系统进入领域协同阶段。通过多方联动实现计划、财务、支付与质控、物流及供应链、资产、金融服务等能力资源模块与采购系统的整合和应用。实现多品目、多功能、多供应商之间采购与供应链的协同融合，实现产业链上下游数字化、平台化、生态化的无缝对接。

企业采购系统进入采购价值理念创新阶段。对于智能化采购系统，采购与供应不是买卖双方的关系，是采购协同、采购战略、智能供应链管理思维，采购渗透到对方供应成本、企业管理甚至企业价值理念中。

相对于企业采购电子化、智能化实践，政府或公共市场采购还处在采购合规性阶段，处在甲方乙方阶段，它们是相互独立的主体，而不是协同关系。研究如何以采购需求为根本出发，充分运用先进信息技术，全品目、零起点、多方式实现政府采购目标、价值和功能，是紧迫、综合和现实的难题。这是满足采购人多样化需求的需要；是新时代深化政府采购制度改革的需要；是信息化、数字化中国发展的需要；也是中国经济高质量发展的需要。

如此看来，推进一个好的公共采购电子化、智能化平台，技术不是一个很大的难题，需要考虑的是现行公共采购制度惯性，更需要考虑的是我们对公共采购核心价值理念的认识以及如何通过先进信息技术助推这一理念的深入实践。

（作者：黄冬如，中国物流与采购联合会公共采购分会专家委员会副主任，广东财经大学公共采购研究中心主任）

物流与供应链金融 2019 年回顾与 2020 年展望

一、物流与供应链金融 2019 年回顾

1. 国家地方各部门出台多项政策，支持物流与供应链金融发展

“供应链金融”一词第一次在国家政策中出现是在 2017 年国务院办公厅印发的《关于金融支持制造强国建设的指导意见》（以下简称《意见》）中。《意见》提出，鼓励金融机构依托制造业产业链核心企业，积极开展应收账款质押贷款、保理等各种形式的供应链金融业务，有效满足产业链上下游企业的融资需求。

2018 年，《关于全国供应链创新与应用试点城市和企业评审结果的公示》正式定位了供应链金融的大发展进入了实质性阶段。

从 2019 年年初开始，从中央到地方，从中国人民银行到商业银行，各地各级部门纷纷推出政策性文件助推供应链金融的发展。

2019 年 1 月 2 日，中国人民银行发布公告，自 2019 年起，将普惠金融定向降准小型和微型企业贷款考核标准由“单户授信小于 500 万元”调整为“单户授信小于 1000 万元”。这有利于扩大普惠金融定向降准优惠政策的覆盖面，引导金融机构更好地满足小微企业的贷款需求，使更多的小微企业受益。

2019 年 1 月 14 日，深圳市金融办发布了《关于促进深圳市供应链金融发展的意见》，这是国内首个地方性促进供应链金融发展的文件。文件中指出：发展供应链金融是推进供给侧结构性改革、增强金融服务实体经济效能的重要力量。文件从打造有影响力的供应链金融先行区、激发供应链金融各类主体市场活力、营造良好的供应链金融生态环境、建立供应链金融风险防控体系 4 个大方向，12 个要点对深圳市供应链金融的发展方向进行了整体规划。

2019 年 1 月 29 日，中国人民银行、银保监会、证监会、财政部、农业农村部发布《关于金融服务乡村振兴的指导意见》。文件中要求强化金融产品和服务方式创新，积极拓宽农业农村抵质押物范围，鼓励金融机构开展与农业生产经营周期相匹配的流动资金贷款和中长期贷款等业务。推动新技术在农村金融领域应用推广的同时，规范互联网金融在农村地区的发展。

2019 年 2 月 14 日，中共中央办公厅、国务院办公厅印发《关于加强金融服务民营企业的若干意见》，文件中指出应当减轻对抵押担保的过度依赖。商业银行要坚持审核第一还款来源，把主业突出、财务稳健、大股东及实际控制人信用良好作为授信主要依据，合理提高信用贷款比重。商业银行要依托产业链核心企业信用、真实交易背景和物流、信息流、资金流闭环，为上下游企业提供无须抵押担保的订单融资、应收应付账款融资。同时，应当提高贷款需求响应速度和审批时效。商业银行要积极运用金融科技

支持风险评估与信贷决策，提高授信审批效率。鼓励商业银行开展线上审批操作。

2019 年 2 月 25 日，银保监会发布《关于进一步加强金融服务民营企业有关工作的通知》，提出商业银行要根据民营企业融资需求特点，借助互联网、大数据等新技术，设计个性化产品满足企业不同需求。商业银行要坚持审核第一还款来源，减轻对抵押担保的过度依赖，合理提高信用贷款比重。要依托产业链核心企业信用、真实交易背景和物流、信息流、资金流闭环，为上下游企业提供无须抵押担保的订单融资、应收应付账款融资。商业银行要积极运用金融科技手段加强对风险评估与信贷决策的支持，提高贷款需求响应速度和授信审批效率。

2019 年 4 月 7 日，中共中央办公厅、国务院办公厅发布《关于促进中小企业健康发展的指导意见》，文件提出各地各部门应当积极拓宽融资渠道，研究促进中小企业依托应收账款、供应链金融、特许经营权等进行融资；建立分类监管考核机制；研究放宽小微企业贷款享受风险资本优惠权重的单户额度限制，进一步释放商业银行投放小微企业贷款的经济资本。修订金融企业绩效评价办法，适当放宽考核指标要求，激励金融机构加大对小微企业的信贷投入。

2019 年 4 月 28 日，《中国银保监会浙江监管局 浙江省商务厅 中国银保监会宁波监管局关于发展供应链金融支持小微企业发展的通知》发布，本文件是首个省级鼓励发展供应链金融的地方性文件，文件中提出各银行保险机构要根据自身风险控制要求，制定小微供应链金融业务核心企业准入标准，建立供应链金融业务核心台账，实施名单制管理。同时，“一企一策”的试点金融服务方案的制订更是加强了核心企业与上下游的中小微企业的沟通协商，有利于针对企业不同情况对症下药，发展不同类型的供应链金融业务。

2019 年 5 月 8 日，上海市商务委、上海市发改委等部门发布了《上海鼓励设立民企总部的若干意见》，提出上海将加大对民营企业总部的金融支持力度，积极拓宽民营企业融资渠道，在风险可控、商业可持续的前提下，综合运用信贷、债券、股权、理财、保险等渠道，提升对民营企业总部的金融综合化服务水平。支持民营企业总部开展供应链金融，对经认定的民营企业总部，可加入中征应收账款融资服务平台。

2019 年 7 月 1 日，珠海市横琴新区金融服务局发布《关于印发〈横琴新区关于促进供应链金融发展的扶持办法〉的通知》，文件中提出了扶持开展供应链金融业务的金融机构。对区内从事供应链金融服务的小额贷款公司、融资担保公司、融资租赁公司、商业保理公司按实缴资本的 1% 给予最高 1000 万元奖励。此外，横琴新区管理委员会每年安排最高 500 万元，对在推进供应链金融产品、业务模式创新和金融服务地方社会经济发展方面，有突出贡献的团队或个人予以奖励，具体的认定或评审办法由区金融服务局另行制定。

2019 年 7 月 6 日，银保监会向各大银行、保险公司下发《中国银保监会办公厅关于推动供应链金融服务实体经济的指导意见》，文件指出：提高金融机构服务实体经济能力。商业银行要依托产业链核心企业信用、真实交易背景和物流、信息流、资金流闭环，为上下游企业提供无须抵押担保的订单融资、应收应付账款融资。

2019 年 9 月 20 日，广州市印发了《广州市关于促进供应链金融发展的实施意见》，提出推进各类市场主体创新发展供应链金融；营造发展供应链金融良好市场环境；加强对供应链金融的风险防控和管理等多项意见。

2019 年 10 月 31 日，银保监会发布《关于加强商业保理企业监督管理的通知》，通知从依法合规经营、加强监督管理、稳妥推进分类处置、严把市场准入关、压实地方监管责任、优化营商环境六个方面指导各地加强商业保理企业的事中、事后监管。

2019 年 11 月 8 日，最高人民法院印发了《全国法院民商事审判工作会议纪要》，文件中对于担保纠纷案件及财产保险纠纷案件部分分别给出了明确的法律依据和规范，对于供应链金融业务中存在的各种风险和疑问提供了有力的法律支持，其重要性不言而喻。

2019 年 11 月 11 日，商务部和中国工商银行发布《关于组织供应链领域重点合作项目推荐工作的通知》，提出将围绕重点合作领域遴选出供应链领域重点合作项目，从年度目录中选择符合条件的供应链项目提供综合性金融服务。办贷过程中，中国工商银行对推荐项目提供绿色通道，优先办理，提升业务办理效率，并依照相关政策给予支持。

2019 年 12 月 13 日，成都市下发《关于精准支持现代供应链体系发展的政策措施》，提出各地方各部门应当支持供应链金融服务体系发展。设立供应链产业投资基金，重点支持“5 +5 +1”现代化开放型产业供应链链主企业、链内企业和专业化供应链壮大发展。支持供应链企业融资发展。鼓励供应链企业对接社会投融资平台和资本市场，通过规范、创新开展供应链业务，争取各类金融服务机构授信，缓解“融资难”“融资贵”问题。

2019 年 12 月 26 日，银保监会、商务部、外汇局联合下发《关于完善外贸金融服务的指导意见》，提出银行保险机构应继续做好大宗商品、机电设备、劳动密集型产品、加工贸易等传统优势领域金融服务，持续加大对服务贸易、跨境电子商务、制造业转型升级和梯度转移、国际产能和装备制造合作、国际营销和售后服务体系建设、企业产业链全球布局、外贸品牌建设、中欧班列发展和铁路运单（提单）应用、通关便利化、市场采购贸易方式、国家进口贸易促进创新示范区建设等新业态、新领域的服务力度，培育外贸竞争新优势。鼓励银行保险机构立足外贸发展趋势，以市场需求为导向，丰富产品服务类型，提升外贸金融服务质效。鼓励银行保险机构搭建并充分利用线上线下渠道深入了解小微外贸企业金融需求和生产经营信息，开发特色产品服务。

从这些政策文件的内容中可以看出，全国对于供应链金融的态度是明确的主动推进，特别是对于供应链金融的创新应用方面，基本都提出了相关的支持条款。但是在关于强化风险控制方面，基本是每个文件都要反复提及的重中之重，要求在创新的同时特别注意风险控制。

2. 物流与供应链金融产品持续创新，金融科技赋能物流与供应链金融

2019 年商业银行在供应链金融产品方面也纷纷推陈出新，众多供应链金融产品不断更新上线，并取得了优异的市场成绩。

2019 年，平安银行升级打造了“平安好链”供应链金融服务平台，服务推出仅一年，业务量就已突破 220 多亿次，为 200 余家核心企业及其上游供应商提供了服务。

民生银行在供应链金融领域的发展也可圈可点，2019 年 11 月，发布供应链金融“民生备货通”品牌。

江苏银行推出“智盛”供应链金融云平台，为企业提供一站式供应链金融线上化自助服务，为平台客户建设专属金融生态圈。继 2017 年在国内首家推出全线上物联网动产质押产品后，又创新推出了物联网金融 2.0 产品。截至 2019 年年末，该行物联网金融累计贷款金额已达 118 亿元。

前交所打造供应链资产流转平台，并推出市场首单多家原始权益人、多家核心企业、多种确权方式“N + N + N”模式供应链金融 ABS 产品，储架规模为 100 亿元。

从新产品的推出方向上来看，几乎所有的新产品都紧紧围绕线上平台，充分利用信息化工具，增加了业务便利性的同时强化了风险控制。

而前交所与多家保理公司共同合作打造的供应链资产流转平台，更是开创性地推出了“N + N + N”模式供应链金融 ABS 产品，成为行业内首家基础资产可涵盖应收账款、票据及电子债权凭证的供应链金融资产证券化项目。

3. 行业及场景范围逐步扩张，风控手段信息化

供应链金融开展服务的行业方面，2018 年主要集中在大宗与物流行业，有 30% 以上的企业都服务于这两个主要的行业，而服务于生产设备、农业、餐饮、环保等领域的供应链金融企业均不足 20%。2019 年，供应链金融所服务的行业出现了明显的分散化和扩散化趋势，快消、环保、农业、餐饮、鞋帽、建筑、工业、化工、金属、能源等大量行业都进入供应链金融的服务对象范畴内，所占比例也都平均在 7% ~8%，不再集中于几个特殊行业。

行业种类扩张与各种信息技术的高速发展并结合实业发展出更多新型风控措施是无法分开的。

2018 年采取的风控措施还基本上是比较原始的动产控制（应收、单据、在途、库存等）、第三方信用支持（担保等）、控制资金流、数据与信息、线下人员盯防等。而 2019 年，除了这些传统风控措施，有 49% 的供应链金融企业采用了信息化管理系统实时掌握相关数据，48% 的供应链金融企业利用数据进行智能分析预测风险，34% 的供应链金融企业利用物联网技术动态掌握相关数据，25% 的供应链金融企业采用了区块链对数据进行增信。

从以上数据可以看出，更多的高新信息技术正在逐步参与到供应链金融的风险控制体系中，并且占比呈现出高速增长的态势。

4. 参与主体拓展迅速，跨行业整合力量

2019 年供应链金融参与主体包括供应链管理服务公司、B2B 平台、商业银行、保理、外贸综合服务平台、制造业企业、综合类金融机构、“大数据 + AI”服务商、区块链服务商、物联网服务商、物流企业、小贷公司、信托公司、P2P 公司、担保公司、金控公司。

供应链金融的发展催生出多种不同类型的参与主体，基础主体的范围除了传统供应链金融的组成部分：资产端（核心企业及上下游）、非银金融机构（保理、租赁等）、金融科技及平台类企业、银行等之外，还有了大规模的拓展。“大数据 + AI”服务商、物联网服务商、区块链服务商、物流服务商等服务机构一跃而起，在供应链金融中占据了相当重要的位置，为供应链金融的健康快速发展提供了基础技术支持。

5. 两大项目暴雷，底层资产真实性缺乏足够保障

虽然供应链金融在 2019 年得到了飞跃性的发展，但是问题仍然存在，就 2019 年的两大暴雷项目来看，底层资产的真实性问题是供应链金融发展中最大的“拦路虎”。

2019 年 6 月 25 日，承兴国际实控人因涉嫌欺诈活动被刑拘，而诺亚财富则曾经为承兴国际提供了一笔 34 亿元的融资，融资对应的基础资产是承兴国际相关方与京东的应收账款。承兴国际暴雷后，京东矢口否认对该资产负责，并表示广东承兴控股集团有限公司（下称“承兴集团”）是京东的普通供应商，在京东有一定的业务。在京东毫不知情的情况下，承兴国际涉嫌伪造与京东等公司的合同进行诈骗。就此，京东已经向当地公安机关报案。

京东还强调，上海歌斐资产管理有限公司（诺亚财富旗下投资公司）在被诈骗的过程中自始至终没有通过任何方式和京东进行合同真实性的验证，暴露了其自身在合规和风险管控上存在重大缺陷。

2019 年 4—5 月，福建省闽兴医药有限公司（以下简称“闽兴医药”）董事长夏薛雯失联，中原证券的 2.42 亿元资管产品暴雷，而闽兴医药在登记状态的应收账款质押达到了 22 亿元以上。对此，应收账款的债务人，福建医科大学附属协和医院表示自 2016 年到 2019 年 5 月向闽兴医药采购商品总额仅 100 多万元，不存在高达上亿元的应收账款。闽兴医药存在伪造医院印章的行为，自行虚构材料和应收账款等，骗取信托公司款项，构成了合同诈骗罪。

一位曾在该项目中与闽兴医药有过“正面交锋”的信托经理对记者表示：“医药公司给医院供药，有真实的应收账款，但这部分应收账款可能存在重复融资，可能只有 10 亿元，却融资了 100 亿元，而且融资来的钱实际用途是民间借贷，而确权则和诺亚财富是一样的，登记系统不审查真实性，实际并不存在那么多应收账款，再配上萝卜章和演员，重复融资很容易。”

以上两个案件暴露出来主要的问题还是在应收账款的确权上。实际操作过程中，线下确权的操作风险非常之大，而造假成本低得吓人，只要融资方心存不轨，处心积虑地造假欺诈，资金方防范的难度会非常巨大。这也是在2019年发布的政策性文件里，反复强调风险控制的主要原因之一。不过随着供应链金融行业的发展，标准化体系的逐步建立，狂热转向理性将会是必然的结果。

二、2020年物流与供应链金融的展望

经过了3年的成长与发展，供应链金融可以说已经来到了快车道上，2020年的供应链金融，将面临更大的机遇与挑战。

1. 政策支持与监管力度同步加强

从政府政策上看，已经有地方性的“领头羊”推出了省级或者市级的供应链金融支持政策文件，预计在2020年将会有更多的地方政府退出相关政策，而支持的力度也会越来越大。

从中国人民银行到各商业银行，2019年均有支持供应链金融发展的相关政策推出，2020年在中国人民银行整体政策文件的指导下，各个商业银行结合自身情况，推出执行层面的政策也是值得期待的。同时，针对供应链金融从业机构的各种管控条例在2020年也将继续细化落实。

另外，针对物流与供应链金融从业机构的监管方面，2019年已经颁布了部分文件，随着整体金融行业规范化整合的加深，物流与供应链金融方面必然也会逐步规范，相应的监管文件在未来几年内将会陆续完备，各地方也会逐步推出符合自身实际情况的监管办法。

2. 突发性全国事件导致市场变动

2020年年初，中国遭遇了突如其来的新型冠状病毒袭击，以湖北为中心，全国范围内都暴发了较大规模疫情。疫情不仅仅对人民群众的身体健康和生命安全造成了威胁，也给全国经济带来非常沉重的压力，特别是餐饮、零售、娱乐、文旅等线下实体服务行业，几乎是遭受了灭顶之灾。

供应链金融行业在2019年已经有不少针对服务行业的新型业务模式，这次疫情将会造成大量服务行业的资金周转压力，国家政府已经出台了一系列包括金融在内的政策支持和鼓励服务行业企业渡过难关。预计在2020年，供应链金融方面也将会有指导性的文件推出，协助服务行业企业共同面对疫情的压力。

供应链金融行业的从业机构，如何面对这次突发性的市场变动，如何利用好机遇，战胜挑战，将是2020年每个供应链金融从业人面临的一大难题。

3. “一企一策”政策推出，个性化定制产品蓬勃发展

在《中国银保监会浙江监管局 浙江省商务厅 中国银保监会宁波监管局关于发展供应链金融支持小微企业发展的通知》中，首次明确提到了“一企一策”的试点金融服务方案。

这个方案对于业务场景化的深入发展建立了政策性指导，对于更切合企业实际情况地展开供应链金融业务提供了有力的理论支持。依托这个支持，2020 年的供应链金融业务将会呈现出更加贴近企业、贴近实际业务场景的发展趋势。

而基于实际业务发生的真实场景，不仅更有利于供应链金融的业务开展，也可以从根本上解决供应链金融中关于业务真实性的重要风险点，从而进一步促进供应链金融的快速发展。因此，2020 年将是个性化定制产品蓬勃发展的一年。

4. 线上信息化产品成为主流

在 2019 年的所有推出的供应链金融产品中，基本上以线上平台作为主要的业务载体，这个趋势已经在市场上体现得非常明显。

究其原因，主要是线上平台可以通过更多样化的手段解决债权确认的难题，使得以往线下业务中的操作风险大大降低。更重要的是，节约了大量沟通成本、时间成本、人力成本，使批量化完成业务流程有了技术的基础保障。同时，由于区块链技术的产生和发展，使得线上数据的防伪能力得到了加强，从而衍生出线上数据为基础的电子债权虚拟准票据的流转业务，可以让核心企业采购行为产生的债权方便地进行拆分，并应用于二次支付实现线上多级流转。

这种新型的供应链金融模式在未来会因其安全性、可靠性、便捷性替代传统线下盖章确认的传统模式。因而，在 2020 年的供应链金融新产品中，基于线上平台的业务操作模式，应该会进一步占据主流地位，传统线下模式会进一步萎缩。

5. 金融科技，谁能独占鳌头

2020 年的供应链金融系统，除了资金来源问题、资产来源问题之外，还会面临一个新的问题，就是资金与资产相连的平台，是否能够完美匹配双方的业务需求，通过平台科技，将原本复杂的操作简化成为鼠标动一动的简单工作。

可以说，谁能更好地为每一个核心资产提供方以及相应的资金方解决这个痛点，谁就占据了 2020 年供应链金融的鳌头。不过，这个痛点并不可能依靠一两个绝招就能完全解决，需要针对行业、针对企业，甚至针对某一个领域的具体业务，投入足够的人力、智力进行深入研究，摸清实际业务流的规律和风险，针对性地通过系统对每个风险点进行处理，同时还要兼顾业务流程的顺畅性，尽量不改变双方的交易习惯。只有满足了以上两个条件，才可能有最终安全稳定便捷的系统平台。

由于这个前置条件，项目的体量就会影响到项目的成功与否，单纯的复制不可能满足每个企业的业务，因为交易流程的各种特殊环境会导致风险点发生变化，或者交易习惯发生改变，最终无法形成最优系统。

因此，在 2020 年的主要业务对象中，大规模的核心企业将会成为主要的客户群体，而规模稍小一些的企业则可能无法获得更好的服务，这就促生了一些针对行业特点的第三方平台的生存空间。针对某个特定行业的第三方平台，可以尽可能在深入行业研究的基础上，整理出行业共性，为行业内的中等规模企业提供尽可能贴合实际业务的平台服务。

中等规模企业也需要在交易习惯或者风险控制方面作出一些让步，符合第三方平台的系统要求，才能够得到供应链金融的服务支持。

6. 跨行业整合，风控手段多样化保驾护航

随着线上业务操作模式的迅猛发展，必然会催生一系列基于线上系统的新的业务功能，尤其是在风险控制方面，将会由原本的线下风控体系演变为线上的信息化风控体系。

在这个过程中，必然会产生大量的外部新技术需求，比如物联网、区块链、生物识别、物流等。而这些原本可能与供应链金融并不相关或者相关度较低的行业，会因为供应链金融体系的信息化进程而加入供应链金融这个大行业中来，成为其中重要的组成部分，为供应链金融的整体风险控制体系添砖加瓦。

在2020年甚至还会因为业务进一步场景化、进一步信息化，涌现出更多的新行业加入供应链金融体系中来，共同促进供应链金融行业的发展。

三、总结

2019年已经过去，在过去的一年里，物流与供应链金融发生了前所未有的变化，行业发展日新月异，国家及行业支持政策层出不穷，新的产品、新的技术不断涌现，越来越多的企业得到了更加适合自身的供应链金融服务，围绕着核心企业的中小微企业逐步焕发新的生机。然而，2019年4—6月的两声“惊雷”，也给所有从业机构提了一个醒，风险永恒存在，随着行业高速发展，风险不仅不能忽略，反而是要更加重视，更加强化控制，才可能有持续健康的发展前景。

2020年的到来，将更广阔的市场展现在了每个从业机构面前，创新能力、个性化定制、金融科技力量、跨行业整合、线上风控体系等，每个要素都会给市场带来不一样的体验。未来的整体市场将不仅仅是考验单一的资产或资金，综合性的业务处理能力将会成为市场关注的核心。2020年，将是供应链金融行业三年沉淀之后的一次大的爆发，谁与争锋，只看今朝。

（作者：中国物流与采购联合会物流与供应链金融分会）

电子保函（单）在公共采购中的应用

电子保函（单）的应用，是替代传统保证金缴纳的一种创新模式，能够有效地帮助企业解决资金占用问题。本部分结合电子保函（单）在实际推进过程中的市场经验及现状，分析电子保函（单）在公共采购（公共资源交易）应用中应当注意的风险及问题，并提出了建议及意见。

一、电子保函（单）定义

电子保函（单）：是保证人使用CA证书对数据电文进行电子签名，通过计算机网络，向受益人开立的具有法律效力的保证担保电子信用凭证。电子保函（单）是一种电子商务或信用服务工具，相关业务必须遵守《中华人民共和国合同法》《中华人民共和国担保法》《中华人民共和国电子签名法》《中华人民共和国网络安全法》以及电子商务有关法律法规，遵循PKI（公开密钥基础架构）体系的数字签名系统和数字证书技术标准和规范。电子保函（单）与纸质保函（单）具有同等的法律效力，同时可以进行第三方电子保函（单）存证备案，具有高效、快捷、保密、全生命周期低成本、可信赖的优点。

二、电子保函（单）分类

电子保函（单）根据保证机构和公共采购（公共资源交易）应用场景的不同可分为以下几类。

1. 按照保证机构的不同，可分为银行（电子）保函、电子保证保险保单（函）和担保保函

银行（电子）保函：指应保函申请人线上申请，由银行直接向受益人线上开立的电子保函。申请人未能按双方协议约定履行其责任或义务时，开函银行依据保函约定条件向受益人履行一定金额的担保代偿责任。银行保函有直开式和分离式两种业务操作模式：直开式银行保函通常是由被保证人直接向银行提出开函申请，并由银行直接为被保证人授信并开立的银行保函；分离式银行保函（简称“分离式保函”）则是指被保证人通过专业担保公司间接向银行提出开函申请的业务操作模式。分离式银行保函模式下，银行通常会事先向已形成分离式保函业务合作关系的专业担保公司授信，而不再单独就每一个项目向被保证人授信。被保证人在使用保函时只需向专业担保公司提出开函申请，经担保公司审查合格后，再由担保公司委托银行直接为被保证人出具保函，并向银行提供反担保。开函银行对担保公司的委托申请进行审核，满足开函条件后由担保公司支付费用，扣减担保公司在银行的授信额度。被保证人则就单笔保函业务向担保公司支付担保费用并提供反担保。

电子保证保险保单（函）：是保险机构与投保人签订保证保险合同的书面证明，包括保证保险单、保证保险条款和保证保险凭证。其中保险单与保险条款由投保人（交易项目响应方）收执，保证保险凭证由被保险人收执。保证保险凭证应具有《中华人民共和国担保法》等相关法律规定的保证担保作用，明确、完整地记载保险人对被保险人应承担的全部义务及其成立条件和免责条款。投保人未能按主合同/基础合同约定履行其责任或义务时，被保险人（交易项目响应方）出具保证保险凭证向保险机构发起索赔，保险机构必须依据保证保险凭证向被保险人履行相应金额的担保代偿责任，或代为履行主合同/基础合同的责任，不得以仅单方面送达投保人的保证保险条款中的约定为由拒绝履行保证保险凭证所载明的保证责任。

担保保函：担保保函又称为公司保函。是指在保证担保业务中应保函申请人的请求，由专业保证担保公司向受益人开立的一种书面保证担保凭证。在保函申请人未能按双方协议约定履行其责任或义务时，专业担保公司依据公司保函约定条件向受益人履行一定金额的担保代偿责任，或代为履行主合同/基础合同的责任。

2. 根据公共采购（公共资源交易）应用场景不同分为电子投标保函、电子履约保函、电子农民工工资保函

电子投标保函：是指招投标活动中，为投标人按照招标文件的要求履行投标责任，要求投标人在递交投标文件时一并递交的由专业金融机构出具的电子担保凭证。投标责任主要包括：投标人在招标文件中规定的投标有效期内撤回其投标；中标人在规定期限内未能根据投标人规定签订合同或按规定接受对错误的修正和根据招标文件规定未提交履约保证金；投标人采用不正当的手段骗取中标。

电子履约保函：项目履约过程，应中标人和承包方（申请人）的请求，专业金融机构向业主方（受益人）做出的一种履约保证承诺电子担保凭证。履约保证承诺内容包括：中标人和承包方日后必须按时、按质、按量完成其所承建的项目、工程。履约保函有一定的格式限制，也有一定的条件。

电子农民工工资保函：指专业金融机构接受申请人（委托人）即施工承包商或建设单位的申请，保证其在劳务用工合同项下或根据工程所在地政府相关要求，按时、足额向参与工程建设的施工人员（农民工）支付工资的电子担保凭证，是缓解企业（申请人）财务压力，保障农民工工资如期、足额、及时发放的一种业务。

三、公共资源交易领域应用电子保函（单）的必要性

2015 年国务院常务会议上，李克强总理提出要把各项公共资源逐步纳入统一的平台上，实现“平台之外无交易”。全面推进公共资源交易全流程电子化以来，我国各级政府机关都在积极探索推进“互联网 + 公共资源”，截至 2019 年，各省公共资源交易全流程电子化率在稳步提高，部分省份或地市甚至达到 100%，取得了巨大成就。随着

“放管服”不断深化，在保障公共资源交易活动的公正、公平、公开的前提下，如何降低制度性交易成本，激发市场主体活力，优化营商环境，便成为公共资源交易过程中需要思考的新命题。

我国部分省市区曾在公共资源交易活动中探索启用传统纸质保函来代替投标保证金，经过实践以后，发现所存在的各种问题限制了纸质保函的应用推广，具体问题如下。

1. **效率低**

对于申请人（投标人）：纸质保函办理手续烦琐，需要投标人准备大量材料证明，并奔波在金融机构与中心两地，且办理周期较长，而投标过程具有时效性，因此导致了投标人工作量的增加以及客户体验较差，甚至可能出现在投标截止日期之前保函仍未开具成功的情况。

对于受益人（交易中心或招标人）：纸质保函需要交易中心安排特定的人员进行收取整理、登记、辨别保函真伪，随着中心业务量不断攀升，极大地增加工作人员的压力，风险也不可控。

2. **安全性低**

安全性方面：纸质保函真伪辨别难度大，效率低，使得整个市场受到一定程度的影响，严重影响了纸质投标保函的使用和推广。

纸质保函开具过程中，涉及环节太多，容易造成投标单位名单泄密，造成招投标中重大安全事故。

所以，利用大数据、区块链、人工智能等技术手段构建电子保函（单）体系，并促进其在公共资源交易行业深化应用显得尤为重要。

四、公共资源交易领域应用电子保函（单）的政策支撑

1. **国家部委出台的相关文件**

2016 年《国务院办公厅关于清理规范工程建设领域保证金的通知》。自 2016 年 6 月国务院办公厅印发《国务院办公厅关于清理规范工程建设领域保证金的通知》（以下简称《通知》）以来，全国便逐渐加快了保函的推行速度，以工程建设领域为中心，全方位辐射多个领域，渗透诸多行业。推行电子化保函既是政府在帮助企业减负上的更进一步举措，也是实体经济发展的必然进程。《通知》拓宽了保证金缴纳方式。

2018 年《关于加快推进实施工程担保制度的指导意见（征求意见稿）》。2018 年，住房和城乡建设部办公厅发布《关于加快推进实施工程担保制度的指导意见（征求意见稿）》，其明确了工作目标，“在依法必须招标的工程项目和民间投资的住宅工程中推行工程履约担保……到 2020 年，各类保证金的保函替代率提升 30%……银行保函、工程担保公司保函以及工程保证保险保单统称保函。”规范了保函（单）行业应用名称。“（一）大力推行投标担保……（二）着力推行履约担保……（三）加快推行工程款支付

担保……（四）强化工程质量保证担保应用……（五）全面推行农民工工资支付保函……（六）推行工程保函替代保证金……”为保函在住建行业应用指明了方向。

2019 年《关于进一步加强金融服务民营企业有关工作的通知》。2019 年 2 月发布的此文件要求“保险机构要不断提升综合服务水平，在风险可控情况下提供更灵活的民营企业贷款保证保险服务……商业银行要根据民营企业融资需求特点，借助互联网、大数据等新技术，设计个性化产品满足企业不同需求。综合考虑资金成本、运营成本、服务模式以及担保方式等因素科学定价……推广预授信、平行作业、简化年审等方式，提高信贷审批效率……”为金融机构创新提供政策支撑。

2019 年《住房和城乡建设等部门关于加快推进房屋建筑和市政基础设施工程实行工程担保制度的指导意见》（建市〔2019〕68 号)。2019 年 6 月发布的该文件明确，“（一）推行工程保函替代保证金……（二）大力推行投标担保……（三）着力推行履约担保……（四）强化工程质量保证银行保函应用……（五）推进农民工工资支付担保应用……（六）加强风险控制能力建设……”

《关于印发〈工程项目招投标领域营商环境专项整治工作方案〉的通知》（发改办法规〔2019〕862 号)。该文件明确，为消除招投标过程中对不同所有制企业设置的各类不合理限制和壁垒，维护公平竞争的市场秩序，国家发展改革委等多部委决定在全国开展工程项目招投标领域营商环境专项整治。重点针对以下问题进行整治：限定投标保证金、履约保证金只能以现金形式提交，或者不按规定或者合同约定返还保证金。

2019 年《关于深化公共资源交易平台整合共享的指导意见》。该文件要求“健全平台电子系统。加强公共资源交易平台电子系统建设，明确交易、服务、监管等各子系统的功能定位，实现互联互通和信息资源共享，并同步规划、建设、使用信息基础设施，完善相关安全技术措施，确保系统和数据安全……推动电子营业执照、电子担保保函在公共资源交易领域的应用，降低企业交易成本，提高交易效率。”文件明确鼓励公共资源交易领域引入电子担保保函（单）应用；同时也阐明电子担保保函（单）的应用是降低交易成本的方式之一。

2. 部分省市区出台的相关文件

黑龙江省《关于推行工程担保制度的通知》。文件中明确指出保函类别及相关要求：“三、积极推行工程担保制度。工程担保主要包括业主工程款支付担保、履约担保、投标担保、农民工工资支付担保、工程质量保修担保。投标保证金、履约保证金、质量保证金、农民工工资保障金应优先采用工程担保方式。保险公司出具的履约保证保险合同或保险单（以下统称“保险合同”）、银行保函和担保机构保函与现金具有同等效力，有关部门、单位和企业不得以任何方式排斥、限制或拒绝接受。”

《辽宁省政府办公厅关于促进建筑业持续健康发展的实施意见》。文件中指出“加强承包履约管理，减轻企业负担。支持参建各方以银行保函或担保公司保函的方式降低运营成本，相关单位不得拒绝企业以保函、担保方式代替各类保证金。”

《河南省工程项目招投标领域营商环境专项整治实施方案》。文件中指出："依法清理、排查和纠正招投标法规政策、招标公告、投标邀请书、资格预审公告、资格预审文件、招标文件和招投标实际操作中，针对不同所有制、内外资企业设置的不合理限制和壁垒，重点对以下问题进行整治……"其中第15条"限定投标保证金、履约保证金只能以现金形式提交，或者不按规定或者合同约定返还保证金。"

《吉林省工程建设担保实施办法》。"（六）工程建设担保包括发包人的支付担保及承包人的投标担保、履约担保和预付款担保。承包人根据相关规定应支付的工程质量保证金、农民工工资支付保证金、工程质量保修金、安全生产风险抵押金等费用，也可以采用担保的方式。工程建设担保根据保额数量分为高保额和低保额两种模式。"

内蒙古自治区《关于推行建设工程保证保险的通知（征求意见稿）》。"建设工程保证保险是在工程建设过程中由保险公司提供的一种工程风险保障机制，可以涵盖建设工程招标投标、合同履约、资金支付、质量保修等各阶段和环节。保险公司出具的保险合同或保险单作为工程建设过程中投标、履约及支付保证的形式之一，与现金保证金、银行保函具有同等效力……"

《山东省人民政府办公厅关于贯彻国办发〔2017〕19号文件促进建筑业改革发展的实施意见》（鲁政办发〔2017〕57号）。"支持参建各方以保函、保险、担保方式降低运营成本，相关单位不得拒绝企业以保函、保险、担保方式代替各类保证金。"

山东省住房和城乡建设厅、山东省发展和改革委员会、中国保险监督管理委员会山东监管局、中国保险监督管理委员会青岛监管局《关于开展房屋建筑和市政工程投标保证保险工作的意见（试行）》（鲁建建管字〔2018〕11号）。"在我省进行房屋建筑和市政工程招标投标活动时，投标人可以根据自身情况，自愿选择投标保证金、保险保函、银行保函等任一形式作为投标保证，任何单位在招标活动中不得以任何理由拒绝或限制使用……投标人可以按项目购买投标保证保险，也可以根据经营情况经与保险机构协商后按年度一次性购买。投标人支付的保险费必须由本单位基本账户支付。"

关于《广东省公共资源交易保证担保业务规范》征求意见的通知。"为了适应公共资源交易市场化改革和电子化发展的需要，进一步规范我省公共资源交易保证担保行为，并为我省公共资源交易主体、平台服务机构和主管部门提供便捷、规范、高效的公共资源交易保证担保信息服务，同时，加强我省公共资源交易保证担保业务的诚信自律和信用信息管理，我会组织编制了《广东省公共资源交易保证担保业务规范》"。规范中对保函定义、格式、业务类型、管理办法等作出解释及要求。

五、电子保函（单）在公共资源交易领域应用情况分析

近年来，全国多地区都尝试在公共资源交易领域引进电子保函（单），目前以电子保函代替投标保证金居多，已有13个省（自治区）推行上线了电子投标保函服务，其中以浙江和福建上线地市数量最多。表3－2－1为部分电子保函平台上线名单。

表 3－2－1　　部分电子保函平台上线名单

序号	交易中心	省/自治区	地市	保函类型	上线时间
1	大连市公共资源交易中心	辽宁省	大连市	银行、担保、保险	2018/7/18
2	达州市公共资源交易中心	四川省	达州市	担保、保险	2018/8/16
3	包头市公共资源交易中心	内蒙古自治区	包头市	担保	2018/9/20
4	固原市公共资源交易中心	宁夏回族自治区	固原市	担保	2018/10/23
5	池州市公共资源交易中心	安徽省	池州市	保险	2018/11/20
6	南阳市公共资源交易中心	河南省	南阳市	保险	2019/4/3
7	通辽市公共资源交易中心	内蒙古自治区	通辽市	担保、保险	2019/4/15
8	义乌市公共资源交易中心	浙江省	义乌市	担保	2019/5/22
9	温州市政务服务局	浙江省	温州市	保险	2019/6/6
10	长沙市公共资源交易中心	湖南省	长沙市	保险	2019/6/28
11	乌兰察布公共资源交易中心	内蒙古自治区	乌兰察布市	担保、保险	2019/7/22
12	连云港市公共资源交易中心	江苏省	连云港市	保险	2019/8/5
13	闽侯县公共资源交易中心	福建省	福州市	保险	2019/8/13
14	莆田市公共资源交易中心	福建省	莆田市	担保、保险	2019/8/14
15	黄山市公共资源交易中心	安徽省	黄山市	银行、担保	2019/9/6
16	温州市公共资源交易网平阳县分网	浙江省	平阳县	保险	2019/9/6
17	柳州市公共资源交易平台	广西壮族自治区	柳州市	银行、担保、保险	2019/9/27

电子投标保函服务的建设模式多种多样，主要是因对接的金融机构不同而不同，当然，对不同的建设模式的监管要求也不一样，各地对接金融机构的评估要求和对接数量也不一样。电子保函（单）对接方式如图 3－2－1 所示。

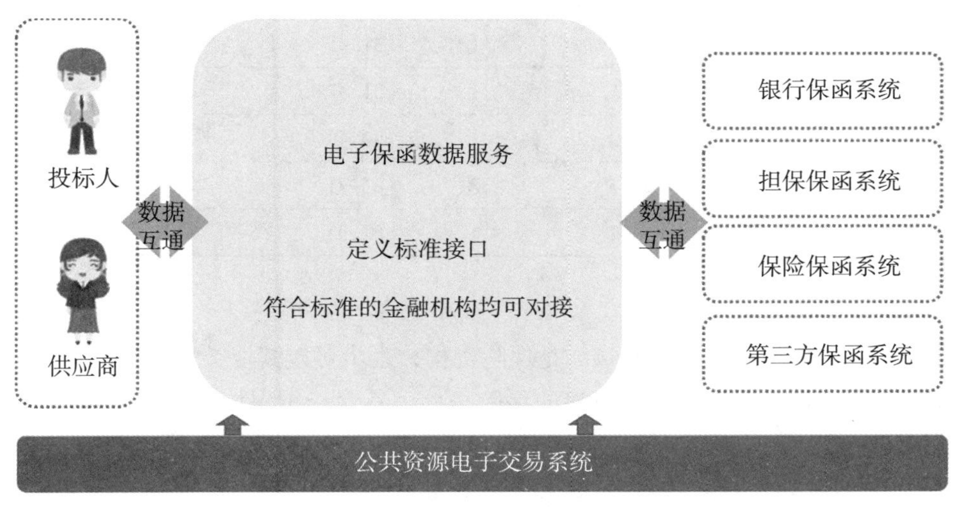

图 3－2－1　电子保函（单）对接方式

目前，电子投标保函（单）在建设过程中要考虑的因素有如下几个方面。

（1）对接的金融机构：各地在推广建设过程中，对接的金融机构不同，触发的管理形式不同（银行、保险、担保、第三方平台所遵循的监管要求是不一样的）。

（2）要求保函承保的内容：不同金融机构管理要求不同，所以保函承保内容不一致。

（3）保费缴纳要求：各地招投标法律法规和监管要求不一致，对投标人缴纳保费的要求也不一样。

（4）与交易平台数据传输要求：必须要满足公共资源交易领域以及金融行业信息安全要求。

（5）理赔要求：必须满足公共资源交易过程中的理赔要求，同时不能与金融服务行业准则有冲突。

以2019年湖州公共资源交易中心的电子投标保函应用情况为例（数据来源于湖州公共资源交易中心），如表3-2-2所示。

表3-2-2　　2019年湖州公共资源交易中心电子投标保函应用

地区	月份	金额替代率（%）	笔数替代率（%）
湖州	1	22.32	18.46
	2	19.07	12.24
	3	16.24	17.05
	4	46.73	40.16
	5	51.91	41.73
	6	58.77	46.73
	7	39.53	51.92
	8	31.95	44.77
	9	51.32	38.18
	10	76.48	60.82
	11	83.71	66.41
	12	62.95	60.85

湖州建设模式如下。

（1）对接金融机构：先期对接的是保险机构，逐步对接其他类型金融机构。

（2）保函承保的内容：基于对接的保险机构，其保函承保内容是按照保险行业要求的范本进行提供。

（3）保费缴纳：按照当地监管要求，保费的缴纳须从投标人基本户进行支付。

（4）与交易平台数据传输：按照交易平台投标前名单保密原则进行相关敏感数据

加密传输。

（5）理赔：按照交易中心见索即付的赔付要求，采用线下理赔服务流程，后期逐步对接线上理赔服务流程。

据统计，2019 年度湖州市全年给企业释放资金达 1.24 亿元，保函复合替代率达到 44%（年度联保体保证金除外），在启用电子保函以来其作用是突出的。真正降低了企业的交易成本，为企业减负作出了贡献。

其他部分地市情况如下。

（1）包头市电子保函（单）自 2018 年 9 月上线以来，共计给企业资金释放达到 1.3 亿元，保函复合替代率达到 45.9%。（数据来源于包头公共资源交易中心）

（2）义乌市电子保函（单）自 2019 年 6 月上线以来，全市给企业资金释放达到 2.94 亿元，保函复合替代率达到 22.3%。（数据来源于义乌公共资源交易中心）

六、电子投标保函（单）在公共资源交易领域的应用思考

目前，电子保函（单）在全国公共资源交易领域应用最广的是电子投标保函（单）。随着工作推进，公共资源交易领域电子投标保函（单）的应用越来越广，建设的方式也是多种多样，带来的不确定因素也很多。电子投标保函（单）作为公共资源交易和金融两个领域融合衍生的新型应用，如何进一步规范，且能适应两个领域的监管要求，又能起到其本身属性的应有作用，是一个新的课题。对于电子投标保函（单），有以下几个观点。

（一）电子投标保函（单）担保内容

根据电子投标保函（单）的定义，电子投标保函（单）主要担保的是投标人在投标过程需要履行的相关责任，一般其担保内容及免赔条款等都需要在电子保函（单）文件条款中明确，一旦投标人有违反相关担保内容的行为发生，保函的受益人将有权利按保函文件向担保方进行索赔。在推进电子保函（单）在公共资源交易领域应用的过程中，作为交易中心，一定要对电子保函（单）文本内容重点关注，规避其中的免赔风险，保障公共资源交易工作顺利进行，避免出现担保责任覆盖不全保函文件，最终让招标人的利益受到损害。

例如，2019 年 9 月 12 日，中国保险行业协会首次公开发布《建设工程施工合同投标保证保险示范条款》，示范条款主要包含：保险责任、责任免除、保险金额和免赔率（额）、保险期间、保险人义务、投保人和被保险人（受益人）义务、赔偿处理、争议处理、其他事项、释义、合同终止等内容。着重规定投保人、被保险人（受益人）的责任与义务，进而保障保险人、被保险人（受益人）双方的权利。

（二）电子投标保函（单）信息传输过程安全性

随着计算机技术的飞速发展，信息网络已经成为社会发展的重要保证，信息安全

建设已经成为信息化建设的核心任务之一，进入电子化时代的公共资源交易领域作为保障市场秩序“公开、公平、公正”的典型代表，其信息安全建设更是刻不容缓，所以在推进电子投标保函（单）在公共资源交易领域应用过程中，如何做好避免信息泄密等信息安全防控是重中之重。建议在与电子保函平台对接的风险控制设计上考虑如下几点内容。

1. **名单保密设计**

敏感数据加密。按照公共资源交易标前环节名单数据保密的要求，对电子保函平台中未开标标段的保函申请的相关信息进行加密，加密数据包括保函申请数据、保费支付数据、保函文件数据。开标后对加密数据进行解密，保证开标前保函申请数据的保密性，做到“只认企业，不识标段”。

自动审核出函。金融机构通过智能审核模式，做到系统自动审核出函，无人工参与，杜绝人工泄密渠道。

名单时间控制。投标单位申请电子保函（单）后可以在业务系统查询申请保函结果，但是只能在保函平台进行保函文件下载，到开标时间后才能在业务系统中查询保函申请的明细以及下载具体的保函文件。

2. **接口安全设计**

访问限制。对电子交易系统与电子保函平台之间的接口进行访问限制，只有电子保函平台的出口 IP 才能访问此接口，防止接口被非法调用。

数据签名加密。对电子交易系统与电子保函平台之间的接口数据进行加密传输，使用数字签名来保证数据的合法性、安全性。

（三）金融机构的风险控制

电子保函（单）突破了传统保函的审批流程和风控模型，金融机构对于投标人审批材料的获取都是通过线上对接的方式，完全基于互联网大数据风控模型进行自动审批出函，金融机构对于企业的风险识别更依赖于数据，对于数据的真实性、有效性、及时性都提出了极高的要求。所以，在推进电子保函（单）应用过程中，以企业自愿且不影响公共资源交易安全为前提，为金融机构识别企业风险提供更高质量的数据是帮助其降低风险的有效手段。

（四）缴纳保函的担保费的方式

《招标投标法》规定，招投标的监督与管理由国务院负责，国务院发文规定由国家发展改革委负责全国招投标的管理，但招投标监督实行行业监管。各行业在此问题上又进一步进行了细化，《中华人民共和国招标投标法实施条例》中明确“依法必须进行招标的项目的境内投标单位，以现金或者支票形式提交的投标保证金应当从其基本账户转出”，很多部委也都做了类似规定投标保证金必须从基本账户转出，例如交通运输部（可参见《公路工程标准施工招标文件（2009 年版）》），其目的是防止投标企业借用资质，围、串标情况的发生。如何延续传统保证金基本账户缴纳对招投标市场秩序的管控作用，也是在推进电子保函（单）过程中需要注意的问题。

为响应《中华人民共和国招标投标法实施条例》相关要求，部分区域在推进电子保函（单）应用过程中，要求投标人购买电子保函（单）服务的担保费用必须由投标人基本账户支付。一方面延续了法律法规中关于“保证金缴纳由基本账户转出”的要求，另一方面在降低制度性成本的同时增加了围标串标的难度，控制了风险。

例如，山东省住房和城乡建设厅、山东省发展和改革委员会、中国保险监督管理委员会山东监管局、中国保险监督管理委员会青岛监管局《关于开展房屋建筑和市政工程投标保证保险工作的意见（试行）》（鲁建建管字〔2018〕11 号）就做了明确的要求；浙江省部分地市也做了类似要求，效果显著。

（五）保函接收方接收电子投标保函（单）

传统纸质保函，交易中心或招标方需要指定专人来收取保函，同时对保函进行存档、退还、备案等，手续烦琐，耗时耗力，同时对保函真伪也无法进行有效辨别。

电子保函采用平台自动接收，自动核验，自动备案，通过与金融机构的系统对接，同时通过对数据电文以及电子签名等验证，既规避了假保函问题，又减轻了保函接收方的工作量。

（六）电子保函（单）的赔付问题

电子保函（单）替代保证金，不仅仅要从形式上替代保证金，实质上也应该与保证金达到同样的效力。招标投标是一项严肃的法律活动，招标人的招标是一种要约邀请行为，投标人作为受要约人，向招标人（要约人）递交投标文件之后，即意味着响应招标人发出的要约邀请，应当遵守招标文件及相关法律法规的要求、规定。所以，投标保证金能够对投标人的投标行为产生约束作用，这是投标保证金最基本的功能。由于电子保函（单）采用的是金融机构担保的方式，招标方或交易中心并未直接收取投标人的保证金，一旦发生投标人违约情况，需要金融机构对招标人进行保证金的赔付，所以金融机构的履约能力、赔付能力以及赔付流程是电子保函（单）应用推进中需要着重考虑的问题，否则出现拒赔或者赔付不及时等情况将会损害招标人、交易中心在招投标过程中的合法权益，并失去对投标人行为的约束作用。

根据各地区的市场情况，首先要制定适宜的金融机构准入标准，选择有赔付保障的金融机构，其次要将保函的赔付形成一套标准体系及流程，以此来提高理赔效率。目前已经有部分先进区域开始尝试电子保函线上赔付的方案。

金融机构赔付能力：受益于国家金融改革的开放，更多的大小型金融机构成立，但许多金融机构的信用评级非常一般，因此电子保函平台应当引入大型具有国内外高评级的金融机构，确保在触发赔付条件时金融机构有足够的赔付履约能力。

赔付效率、流程：传统的赔付较为缓慢，容易产生法律问题，有条件的可以采用“见索即付，先赔后索”方式，即金融机构先行赔付给交易中心，然后向投标单位索取赔偿，保证政府机构稳定运营。如果能够将赔付流程再进行电子化、线上化，将打通整个电子投标保函全流程电子化，为投标人、交易中心、招标人提供更优质的服务体验。

七、结语

电子保函（单）在公共采购（公共资源交易）中的应用是“互联网 + 公共资源交易 + 金融服务”的创新产物，对于公共资源交易深化改革起到了积极作用，是金融服务与公共资源交易服务的跨界融合。因此，我们在看到其给社会带来积极作用的同时也要清醒地认识到其中跨行业带来的风险及问题，如何使这项创新应用同时满足公共资源交易以及金融行业的法律体系及监管规定，使其健康发展，是我们必须要考虑的，只有这样，电子保函（单）才能在公共采购（公共资源交易）应用场景中发挥其正向价值，形成参与主体多方共赢的局面。

参考文献

《使用信息技术手段防控公共资源交易廉政风险》，龚祖波
《广东省公共资源交易保证担保业务规范》，广东省公共资源交易联合会
《中华人民共和国招标投标法》，全国人民代表大会常务委员会
《中华人民共和国招标投标法实施条例》，国务院办公厅
《互联网保险业务监管暂行办法》，中国银保监会
《中华人民共和国网络安全法》，全国人民代表大会常务委员会

（作者：何永龙，江苏国泰新点软件股份有限公司电子交易事业群总经理；尤陇，江苏国泰新点软件股份有限公司数据服务业务部经理）

区块链技术在公共资源交易招标采购中的应用

2019 年 10 月 24 日，习近平总书记在中共中央政治局第十八次集体学习会议时强调，把区块链作为核心技术自主创新重要突破口，加快推动区块链技术和产业创新发展，再一次掀起了区块链技术的热潮。本部分基于公共资源交易招投标行业的业务特点及现状，结合区块链的技优势，对公共资源交易与区块链的结合进行了初步探索，阐述区块链技术在公共资源交易领域的应用场景、面临的困难及应对措施。

一、引言

近年来，区块链被认为是互联网之后颇具颠覆性的技术之一。区块链与量子通信、人工智能等技术同列为“十三五”期间的“重大任务和重点工程”，习近平总书记在中共中央政治局第十八次集体学习会议上指出，要抓住区块链技术融合、功能拓展、产业细分的契机，发挥区块链在促进数据共享、优化业务流程、降低运营成本、提升协同效率、建设可信体系等方面的作用。要推动区块链和实体经济深度融合，解决中小企业贷款融资难、银行风控难、部门监管难等问题。区块链在电子存证、版权保护、商品溯源、金融支付领域的应用也开始崭露头角，无论是政策层面还是实践经验方面都为区块链技术在公共资源交易领域的应用提供了启发与支持。

二、区块链概述

从技术层面看区块链并不是一门全新的技术，而是分布式数据存储、点对点传输、共识机制、加密算法、智能合约等计算机技术的新型应用模式。最初区块链（Blockchain）一词来源于比特币白皮书英文原版 *Bitcoin: A Peer – to – Peer Electronic Cash System* 中的“chain of blocks”（中文译作“区块链”）。区块链作为比特币的底层技术为比特币系统构建了一个无中心化管理机构，任何人都可以随意加入，这是一个匿名且交易信息完全公开的数字货币生成、流通系统，该系统自 2009 年 1 月 3 日安全稳定地运行至今。这颠覆了我们对信息化系统的认识，带给我们很多的启发，比特币中的区块链技术是否能够应用到实际业务当中解决现存的业务问题？答案是可以的，但在实际应用中需要做些改变而非全盘照搬。

（一）匿名性

比特币的匿名性源于其非实名要求，比特币账户地址通过用户自行生成的公钥进行摘要运算得出，故即便每个用户都可以掌握所有交易记录也无法直接判断账户地址对应用户的真实身份。

但在实际业务操作中为了保障业务正常进行或是监管要求，如金融业的 KYC（know - your - customer）和 AML（anti - money laundering，反洗钱）政策，及 2019 年 1 月 10 日国家互联网信息办公室发布《区块链信息服务管理规定》中指明区块链应用的用户注册及信息审核是必要的，所以在实际业务中的区块链一般会引入 PKI（公钥基础设施）体系实现实名的数字认证。

（二）去中心化

比特币网络对所有人都开放，即只要你有一台普通电脑，安装好比特币应用程序，连上互联网即可成为比特币网络的一员参与“挖矿”（参与记账获得比特币）、进行比特币交易（接收其他账户转过来的比特币或将比特币划转给其他账户）、查看所有交易记录。零门槛的系统准入机制让参与比特币网络的节点遍布世界各地，截至 2019 年 1 月比特币全节点数已超过 1 万个，即整个比特币由超过 1 万个节点维护，实现了去中心化。

但实际业务中业务数据并不想被所有人维护、查看，而是只想让业务相关的各方参与。所以在实际应用场景中区块链需要设立准入机制，仅被许可的组织才可加入，节点数远不及比特币网络，故该模式我们称为“弱中心化”。

（三）共识机制

比特币通过 POW（Proof Of Work，工作量证明）来决定谁有记账权限，通过最长链原则来解决分叉问题。其基本步骤如下。

“矿工”（通过参与记账获取比特币奖励的节点），收集网络中待记账的交易请求并根据规则构建新“区块”（区块实际是一种特定的数据格式）。

通过不断尝试改变“区块”中的随机数参数值使得“区块”头 hash（哈希值）小于指定难度系数值以获得记账权，即使该“区块”能被其他节点认可添加到区块链中。

因网络传播需要时间，不同“矿工”同时生成的区块会并存导致区块链发生分叉。刚开始“矿工”会随机选择一个分叉进行记账，当分叉长短不一时，“矿工”会选择他看到的较长的一条分叉进行记账。

最终当一个分叉领先六个区块后，短的那条将被视为无效（六个区块并非系统规则，而是此时短的分叉超过长分叉的概率很低被视为安全）。

但因该共识机制效率低下，为了平衡效率与分叉概率，比特币平均 10 分钟生成一个“区块”，区块大小为 1MB，每笔交易需要 250B 来存储数据，计算可以知道 1MB 只能存放 4194 个交易数据，再除以时间 600 秒，也就是一秒钟最多处理 7 笔交易，显然这个速度是无法满足正常的交易需求的，且需要耗费大量算力进行 hash 计算，不具备经济性。

所以实际业务中会采用不基于工作量证明的 CFT（非拜占庭容错）或 BFT（拜占

庭容错）类共识算法，其主要区别在于 CFT 类共识算法只能容忍故障节点但效率高，BFT 则能容忍恶意节点但效率低。效率的提升是建立在一定的信任基础上的安全性和性能的互换。

三、区块链的分类及应用

因区块链在实际应用中的实现不同，根据是否设立准入机制可分为“许可链”与“非许可链”，根据参与主体的不同又可以分为“公有链”“联盟链”“私有链”。一般“非许可链”同时也是“公有链”，“许可链”又可划分为“联盟链”与“私有链”。根据是否发行链上的“通证”（Token），又可分为币区块链和无币区块链。一般来说“非许可链”都会采取发行“通证”的激励机制来保障系统的自治性，而“许可链”则可不使用“通证”而是通过组织间协作的共同目标相互信任自觉维护系统稳定运行。

（一）促进交易数据共享

当前不同交易中心数据不互通，存在不同交易中心主体信息需要重复录入、评标过程投标人提供的场外业绩验证困难、同一人员重复担任项目经理排查难、交易主体失信成本低等问题。

建立基于区块链的跨地区的主体库可以很好地缓解上述问题。基于区块链的分布式账本特性可有效保障数据的实时或准实时共享，可减少主体信息重复录入操作；利用区块链信息不可篡改可保障数据在链上流转过程的真实性，区域联盟内的投标人业绩直接取自链上数据使得假业绩无所遁形。同时通过区块链的投标行为数据共享为“失信企业联合惩戒”工作的开展提供了数据基础。

（二）基于区块链的交易见证

《关于深化公共资源交易平台整合共享的指导意见》（国办函〔2019〕41 号）文件指出需优化见证、场所、信息、档案、专家抽取等服务。但目前公共资源交易过程见证以人工现场见证为主，见证力度有限，对人力资源占用高，见证效果有限。传统的数字化见证系统因其中心化特点事后数据容易被篡改，且数据在存储、迁移过程容易损坏或丢失，从安全性可用性上都存在一定缺陷。

利用区块链分布式、难篡改、可追溯的特点对每个交易环节产生的数据进行固化存证，通过时间戳技术、摘要算法、电子签名技术准确记录数据产生的时间、内容、数据来源。根据区块链的技术特性对于简单的结构化数据可直接将数据保存在区块链上，对于非结构化的版式文件、视频、音频的等大文件通过区块链保存其摘要信息，原文件通过分布式文件存储服务进行保存。当交易存在纠纷或者问题的时候，区块链可提供一套可信的交易过程数据，厘清交易主体各方的责任。实现全环节风险防控、全过程可溯可查、全方位服务提升的目标。

（三）促进公平公正

为了防止恶意低价中标，部分地区随机抽取中标候选人的形式进行招标。如从2017年开始，四川省巴中、甘孜、南充等多地出台规定，对总投资3000万～5000万元以下的政府投资工程建设项目，通过随机评定方式确定中标候选人；《福建省政府投资小规模工程施工简易招标办法》，对直接使用政府预算管理资金投资或资本金注入方式投资，施工单项合同价未达国家规定的依法必须招标范围的工程，可以使用该“简易招标办法”。而使用这种随机评定或“简易招标办法”，也就是摇号、抽签的方式来确定谁能承接项目。同样为了防止部分投标人围标、控制中标价格，在评标办法中会附随机抽取的评标参数。

但无论是现场通过物理摇号方式还是线上通过计算机代码随机抽取都存在着随机结果被暗箱操作的可能，抽取的公平性也常常受到投标人质疑。2018年7月福建漳州发生一起摇号抽签作弊案，招标代理将内定的中标乒乓球粘在摇号箱盖下被现场投标人员当场揭穿，虽后续违法人员均被依法处置，但该事件极大损害了招投标的公平、公正性。

通过基于区块链的智能合约实现摇号抽签等随机性应用，可很大程度杜绝抽取结果的暗箱操作，提升公共资源交易的公平、公正、公开性。其抽取逻辑如下。

随机因子存在链上：每位投标人在上传投标文件的同时上传一个通过自身数字证书非对称加密的本机随机数保存在区块链上作为随机因子。

在链上执行计算过程：开标阶段进行投标文件解密的同时对随机因子进行解密，将每个投标人的随机因子根据指定规则进行排序、hash运算得出随机数种子并通过指定算法生成随机数供抽取业务使用。

计算结果保存在链上：将最终计算得出的抽取结果保存在区块链上。

虽然该随机数抽取生成规则并非一个“真随机”过程，但它基于投标单位相互竞争相互博弈的业务前提，需要提前预测、控制随机抽取结果并联合所有投标单位，或是获得所有前序随机因子，故该抽取模型是“业务安全”的，且所有随机因子存于链上、计算结果保存在链上并在智能合约中执行保障了整个抽取过程不可篡改、公平、公正、公开。

（四）促进投标企业金融服务

投标人的投标行为分散在各个交易中心，单纯地将数据汇聚至一个中心化的信息系统又存在数据被篡改风险（不可信），有价值的投标人交易行为数据无法安全可靠地汇聚、共享。通过区块链技术汇聚多个交易中心投标人，历史投标、中标、违约、违规等行为记录为金融机构对投标人的在招投标细分行业的信用评估提供数据支撑。

（五）促进电子保函费率合理化

目前电子投标保证金担保保函已在招投标领域有一定的应用，为投标企业解决了投标保证金方面的资金占用问题。但因目前各家金融机构没有可靠的投标人历史投标行为数据，无法对不同投标人的违约风险进行判别，导致对投标人收取的担保服务都采用固定费率，使少部分违约风险高的投标人担保成本被分摊到大部分违约风险低的投标人身上，在一定程度上提高了大部分投标人保函费率。目前是否使用电子保函由投标人自主选择，而费率又是投标人的主要选择依据，若通过区块链汇聚共享投标人履约记录，分析不同投标人履约风险，为不同投标人提供不同保函费率，既降低金融机构风险，又可降低大部分投标人的使用成本促进投标保函的使用，在一定程度上也可促进投标人重约定守信用，维护招投标市场秩序。

（六）解决中标企业融资问题

传统的企业贷款主要通过评估企业偿债能力：抵押物、审计过的报表、持续性盈利等有要求，但是大多数中小企业根本拿不出这些“证明”，融资难、融资贵成为招投标活动中许多中小企业面临的问题。使用过去的方法已经走不通了，要破解中小企业融资难问题，唯有依靠新技术和新工具。借助区块链不可篡改的特点，汇聚多个交易中心一手业务数据，结合大数据分析技术构建可信投标人画像。一方面提高金融机构风控水平，挖掘优质投标企业，另一方面为投标企业降低贷款门槛，优化服务体验。

借鉴供应链金融模式，招标人是政府部门、国家企事业单位具有很好信用的核心企业，中标人作为供应商获得的中标合同被金融机构认为是一种优质的资产向金融机构申请贷款。传统纸质模式下存在订单合同造假风险且流程烦琐，中心化信息系统又需要运营方有极强的权威性。区块链的分布式账本及难篡改特点将有助于上述问题的解决，将招标人与投标人的合同签署及后续金融服务环节都在区块链上实现，既解决数据可信问题又降低了整个系统对中心化权威机构的依赖。

通过进一步分析我们发现目前国内企业赊销盛行，中标人上游供应商的资金缺口大，招标人的信用只能传递到中标人（中标合同无法拆分、转让），上游供应商无法获得金融机构优质贷款。若将中标合同转换为链上“通证”，“通证”可拆分，持有“通证”的中标人可将部分或全部的凭证支付给上游供应商，实现可贴现、可融资。链上“通证”可由一级供应商拆分流转至二级（和多级）供应商，从而让核心企业信用传递至多级供应商。因赊销导致的供应商资金短缺问题得到解决，改善了营商环境；通过区块链进行价值传递，融资周期极大缩短；降低供应商贷款成本，有利于降低原材料或中间产品生产成本，并最终提高投标人的利润空间、间接地降低招标人的成本。

四、结语

区块链在公共资源交易招投标中的应用本身需要构建在完善的信息化交易系统之上，目前仍有许多地区未实现全行业的全流程电子化。在探索区块链技术应用的同时仍需加强信息化系统的完善。根据高德纳（Gartner）发布的2019年区块链技术成熟度曲线（见图 3－2－2），得知区块链的大部分技术正处于技术萌芽期或期望膨胀期。技术完全成熟并支撑场景应用，可能至少要到 2028 年才会实现。这告诫我们在大力推进区块链技术落地应用的同时需要更加认真分析区块链技术与业务需求匹配度，看清“去中心化”“不可篡改”“匿名及隐私”“智能合约”等区块链技术特性的潜在假设，区块链的前途是光明的但道路是曲折的。

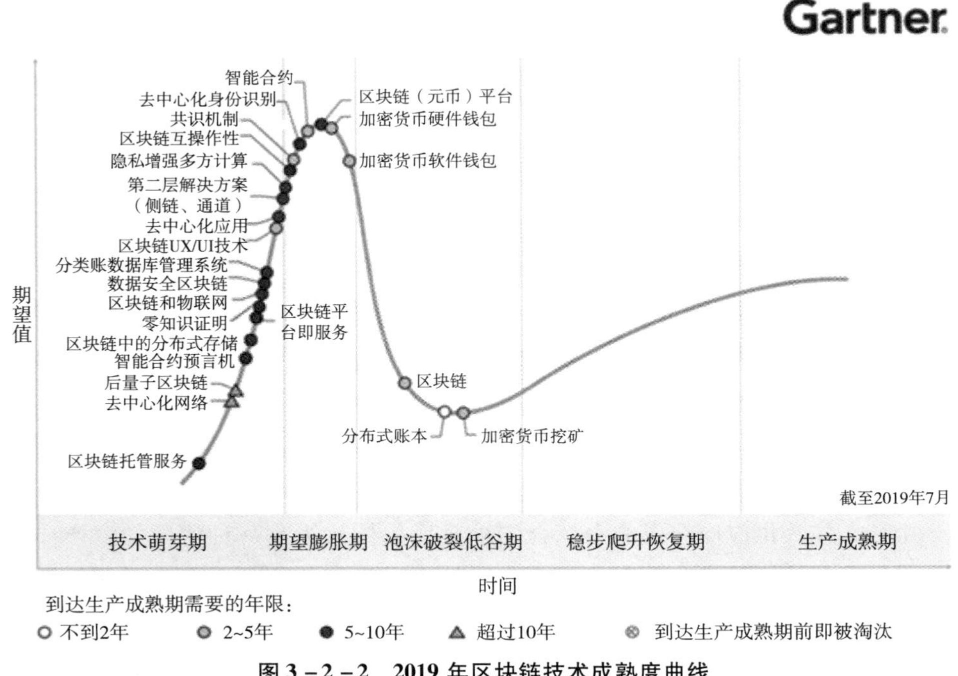

图 3－2－2　2019 年区块链技术成熟度曲线

（作者：陈洲，江苏国泰新点软件股份有限公司电子交易产品线总经理；刘宁，江苏国泰新点软件股份有限公司电子交易产品线经理）

公共资源交易“不见面开标”技术在打击围标串标方面的应用

一、引言

2015 年以来，我国拉开了公共资源交易平台整合的序幕，各地公共资源交易部门在平台建设、机构划转、体制调整方面取得了突破性的进展，公共资源交易事业进入了欣欣向荣的蓬勃发展期。为了积极响应国家“简政放权”的号召，2017 年以来，一些地区瞄准交易环节中的“堵点、痛点”问题，以信息化技术为手段，推出了不少创新举措，其中一个突出亮点就是在开标环节引入了“远程不见面”技术。这种新型的交易模式，摆脱了物理空间的束缚，将传统的需要在交易实体环境进行的开标会议搬到了网络空间，企业不用一张纸、不跑一步路，动动手指就完成了投标开标活动。由于这种交易模式的变革具有“惠企、便民、降费、提效”等诸多优势，所以一经面世，即得到了各方交易主体的热烈响应。然而方便了企业投标，却给招投标部门进行监督管理带来了难题，甚至有些人认为正是因为“不见面开标”具有“零费用、无门槛、不见面”的特点，反倒为少数不良企业围标串标提供了便利条件，导致了一些违法乱纪现象被引发。

目前，我国各地“不见面开标”工作逐渐进入加速发展的“快车道”，由于行业内尚未有统一的规范标准，加之各地电子化交易发展水平不均衡，客观地讲，如果技防手段不严谨，系统设计不周密，确实存在监督乏力甚至全面失控的风险，这个问题不解决，“不见面开标”就难以发挥其综合效益。南通作为全国最早大规模应用“不见面开标”的城市，在一年多的工作实践中，利用其独立开发的“鸿雁不见面开标”系统（以下简称“鸿雁系统”），在打击围标、串标方面取得了一些有益的经验。

二、“不见面开标”的技术应用和主要特点

南通在研发“不见面开标”系统之初，就将利用信息化手段打击围标、串标等不法行为作为重要的考量因素，必须要实现从“现场人管”到“数据监管”的转变，要兼具“智能化、精准化”的特点。经过了反复斟酌、不断试验、综合比较以后，创新运用了八项新型技术，其中四项技术已经获得国家专利。

（一）通信隔离技术

传统的场内开标（亦可称为“面对面开标”）将全体投标人召集汇聚在同一个场地内（一般为项目所在地的公共资源交易中心）组织开标会议，事实上为一些企业提供了互相交流、联络的机会，他们可以在现场互通有无，在以后的交易活动中彼此联络，招标管

理部门对于这些行为束手无策。一些别有用心的企业，不惜采用“盯梢”“蹲守”的方式，在专家进入评审场地之前，想方设法地进行“围追堵截”，干扰和破坏正常的评审秩序。

“鸿雁系统”有别于一般的“不见面开标”系统，在通信交互方面做了技术隔离，投标人之间无法进行单线联系，就算投标人试图在“群聊板”留下通信信息，管理员也能立刻进行屏蔽或者采取禁言处理，这样投标单位之间的横向联系途径被掐断了。不仅是投标人之间，投标人与招标人、投标人与评标专家之间的交互也只能通过内置的通信模块进行，他们之间也是彼此“不见面”，所有的通信都被系统记录并同步发送到监督部门的在线监管平台。可以说，通信隔离技术把“不见面”的本质内涵充分发挥，斩断了一切非正常的接触。“群聊板”界面如图 3－2－3 所示。

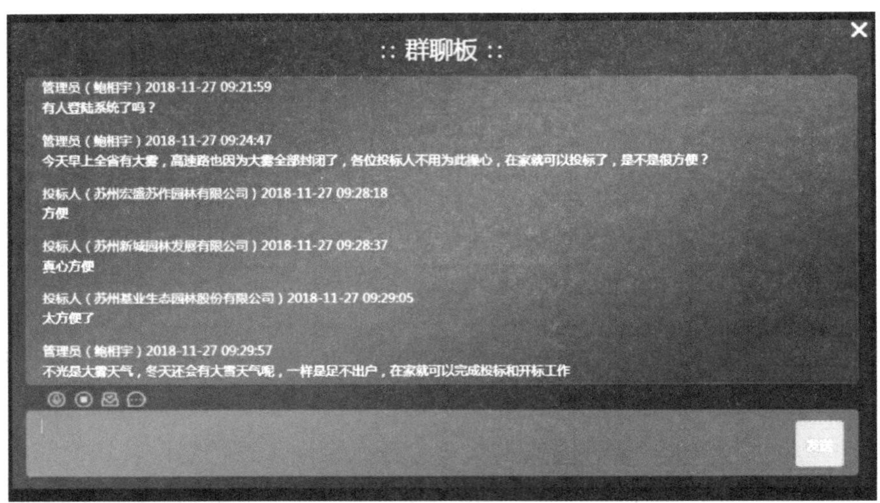

图 3－2－3　投标人可以在“群聊板”里发言但无法进行“点对点”的相互交流

（二）地理位置信息捕捉技术

“鸿雁系统”在“不见面开标”系统里首次引入了地理位置信息捕捉技术，这是专利技术之一。它的作用主要是获取投标人所在的地理位置（投标人用手机扫码登录后系统自动记录），这样就能够比较容易侦测到投标人是否在同一地点抱团投标，如果投标人之间的距离过于接近，就有串标的嫌疑，应当立即向有关监督部门报告。

2018 年 10 月 16 日，南通市的一个绿化工程项目“不见面开标”过程中，发现常州某街道同时出现 16 家投标企业集中投标的情况，经过仔细甄别，有 8 家企业处于近距离投标位置（从数字地图测距来看距离不足 80 米），可以初步判定为有串标的嫌疑，当然，最终能否作为串标处理需要监督部门调查核实后方可作出，不可妄下结论。

（三）造价软件加密锁和电脑MAC码地址查同技术

根据《江苏省房屋建筑和市政基础设施工程招标投标中串通投标和弄虚作假行为认定处理办法（试行）》（苏建规字〔2014〕2号）第六条规定：不同投标人的电子投标文件出自同一台电脑或者不同投标人的投标报价用同一个预算编制软件密码锁制作的，视为投标人相互串通投标。

据此，“鸿雁系统”专门设计了两个计算机自动判定的数据，一是造价软件加密锁号，二是电脑MAC码地址，其判定依据是，造价软件加密锁号是企业专有的数字加密证书，具有专有性和唯一性，而电脑MAC码地址是用来确认网上设备位置的地址，每个网卡都需要并会有一个唯一的MAC码地址。在评标过程中，计算机对所有投标人的加密锁和MAC地址进行自动比对，发现一致的即自动报警，工作人员直接将此作为串通投标处置（见图3－2－4、图3－2－5）。

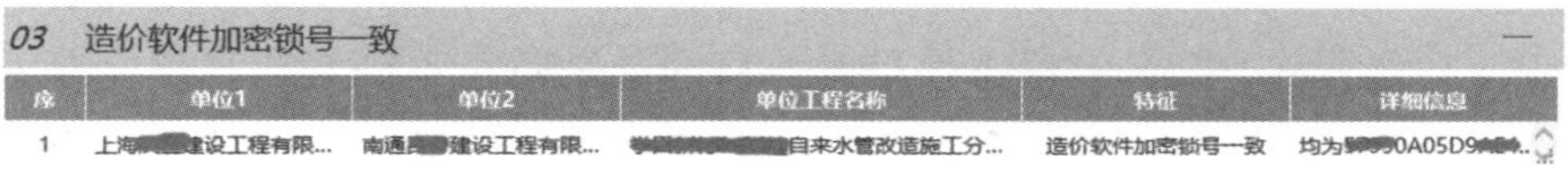

03　造价软件加密锁号一致

序	单位1	单位2	单位工程名称	特征	详细信息
1	上海[illegible]建设工程有限...	南通[illegible]建设工程有限...	[illegible]自来水管改造施工分...	造价软件加密锁号一致	均为[illegible]0A05D9[illegible]...

图3－2－4　造价软件加密锁

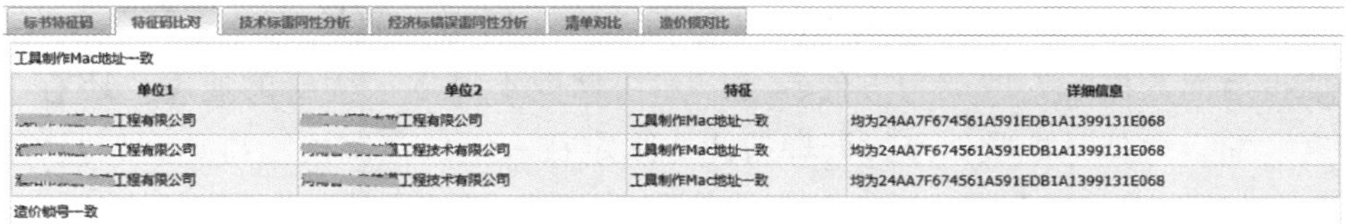

标书特征码　特征码比对　技术标雷同性分析　经济标错误雷同性分析　清单对比　造价锁对比

工具制作Mac地址一致

单位1	单位2	特征	详细信息
[illegible]工程有限公司	[illegible]工程有限公司	工具制作Mac地址一致	均为24AA7F674561A591EDB1A1399131E068
[illegible]工程有限公司	[illegible]工程技术有限公司	工具制作Mac地址一致	均为24AA7F674561A591EDB1A1399131E068
[illegible]工程有限公司	[illegible]工程技术有限公司	工具制作Mac地址一致	均为24AA7F674561A591EDB1A1399131E068

造价锁号一致

图3－2－5　MAC地址一致

（四）虚拟保证金子账号技术

围标、串标的另一个高危点是通过投标保证金递交情况来提前获知潜在的投标人。由招标人受理保证金的，要求全体投标人汇入招标人设立的指定账号，由交易服务机构集中受理保证金，委托专业的金融机构（如银行、保险公司等）统一办理收退事宜。无论哪种缴纳方式，一般都使用实体账号方式接纳投标人的保证金，但是实体账号容易被反向推测出进账单位的企业名称、金额和时间等具体细节，参与投标企业的信息将暴露无遗。

应用了虚拟保证金子账号技术以后，由投标人登录系统并获取缴纳保证金的子账号，该账号为系统随机生成，具有无规律性、唯一性，保密程度高，且每个投标人每一项目每一标段只生成唯一的账号，错1位数字就无法进行保证金绑定。投标人根本无法提前获知其他投标单位的保证金缴纳情况（见图3－2－6）。

序	到账时间	到账金额	收款（虚拟）子账号	付款人户名	付款人账号	付款人银行名称
1	2018-11-29 11:14:30	90000.00	493[illegible]702	[illegible]建设有...	39700[illegible]747	交通银行淮安分行
2	2018-11-29 10:58:19	90000.00	472[illegible]868	[illegible]绿化有...	320[illegible]888	中国建设银行股份有限公司如...
3	2018-11-29 10:21:18	90000.00	472[illegible]974	[illegible]林绿化...	320[illegible]4385	江苏如皋农村商业银行股份有...
4	2018-11-29 09:31:27	90000.00	484[illegible]009	[illegible]建设有...	500[illegible]350	江苏银行股份有限公司
5	2018-11-28 16:32:08	90000.00	470[illegible]050	[illegible]有限公司	101[illegible]716	中国农业银行股份有限公司南...
6	2018-11-28 16:18:20	90000.00	475[illegible]333	[illegible]发展有...	322[illegible]597	中国建设银行股份有限公司苏...
7	2018-11-28 16:01:01	90000.00	475[illegible]099	[illegible]建设有...	320[illegible]999	中国建设银行股份有限公司南...
8	2018-11-28 15:38:05	90000.00	47[illegible]550	[illegible]绿化工...	320[illegible]857	中国建设银行股份有限公司如...
9	2018-11-28 14:58:02	90000.00	474[illegible]560	[illegible]木园林...	884[illegible]000...	江苏江南农村商业银行股份有...
10	2018-11-28 13:46:23	90000.00	475[illegible]179	[illegible]有限责...	514[illegible]908	招商银行股份有限公司扬州分...

图 3－2－6　虚拟保证金子账号

（五）标书归一化处理技术

标书归一化处理技术主要应用在采用综合评估法的“暗标”评审项目中。“暗标”项目的招标文件，一般都规定了投标文件的字体、间距等版式要求，还规定不得有明显的标识、企业名称、人员等标志性信息，目的就是防止不良企业与评标专家之间进行事先约定，让评审过程保持公平、公正。但是即便是这样，还是难以防止标书在特定的段落使用特定的语言或者图示用以“提示”，依靠人工筛查和过滤的方法难以屏蔽这些“设计精巧”标书，只能使用“归一化方法”这个武器。

归一化的目的就是把不同来源的投标文件统一到同一数量级（一个参考坐标系）下，使得后面数据的处理更为方便，可以加快梯度下降求最优解的速度，还有可能提高精度。简言之就是把数据经过处理后使之限定在一定的范围内。特定到招投标领域，就是把投标人自行编制的投标文件经过计算机“归一化算法”处理以后，将原始文本调整为相对统一的格式，其基本特征是信息不遗漏但格式有变化。由于采用了线性归一化方法，每个投标文件生成的“归一化文本”不尽相同，评委无法获知其“原始文本”是何种面貌，因此评审就真正处于“盲评”状态之下。如图 3－2－7 所示，归一化文本处理以后，投标文件的内容在字体、间距、分段上都被计算机“随机”进行了调整，如果采用非线性归一化工具处理，则“变形”程度将更大。

三、施工方案及技术措施

我们将采取流水作业和平行推进作业相结合的施工方法，充分发挥机械化施工的优势，精心组织，保证按期完工。

施工方案：工程施工过程中我们尽量以机械作业，能够利用机械作业的绝不用人工，从而减少人工用量，加快工程进度。同时采用先进的、合理的施工方案，以提高质量、缩短工期。

根据工程实际，各工序采用平行和流水作业法相结合施工。路槽开挖采用机械作业，由上到下逐层开挖，路槽初步成型后（槽底预留 20cm 土），进行沟槽施工。沟槽开挖遵循由浅入深、回填遵循由深到浅逐层进行的原则。路槽土方工程拟进入 140 推土机 1 台、ZL50 型装载机 1 台、10T 自卸汽车 5 台，从两侧同时推进。松土可用装载机挖装，否则用推土机推松，装载机装车。外运土方的废弃地点应符合环卫部门要求或由建设单位指定。基层采用集中场拌，自卸汽车将拌和料运输到施工现场。沥青拌合料在当地沥青拌合厂集中拌制，自卸汽车运输到现场，摊铺机摊铺。

三、施工方案及技术措施

我们将采取流水作业和平行推进作业相结合的施工方法，充分发挥机械化施工的优势，精心组织，保证按期完工。

施工方案：工程施工过程中我们尽量以机械作业，能够利用机械作业的绝不用人工，从而减少人工用量，加快工程进度。同时采用先进的、合理的施工方案，以提高质量、缩短工期。

根据工程实际，各工序采用平行和流水作业法相结合施工。路槽开挖采用机械作业，由上到下逐层开挖，路槽初步成型后（槽底预留 20cm 土），进行沟槽施工。

沟槽开挖遵循由浅入深、回填遵循由深到浅逐层进行的原则。路槽土方工程拟进入 140 推土机 1 台、ZL50 型装载机 1 台、10T 自卸汽车 5 台，从两侧同时推进。

松土可用装载机挖装，否则用推土机推松，装载机装车。外运土方的废弃地点应符合环卫部门要求或由建设单位指定。基层采用集中场拌，自卸汽车将拌和料运输到施工现场。沥青拌合料在当地沥青拌合厂集中拌制，自卸汽车运输到现场，摊铺机摊铺。

图 3－2－7　归一化文本处理前后对比

（六）标书异常性雷同分析技术

《江苏省房屋建筑和市政基础设施工程施工招标评标办法》第六条规定：不同投标人的投标文件以及投标文件制作过程出现了评标委员会认为不应当雷同的情况的，属于重大偏差，视为未能对招标文件作出实质性响应，应当作为无效投标予以否决。据此，“雷同”也就具备了投标人之间相互串通投标的嫌疑特征，问题是如何准确判定雷同，“鸿雁系统”的“异常性雷同”工具从两个方面对“雷同”进行分析。

一是技术标文件。以施工项目评标为例，技术标文件评审的主要内容是“施工组织设计”。“鸿雁系统”通过两轮筛查的方式进行判定。第一次先通过“一致性雷同”方法进行机械对比，对不同的技术标文件逐段进行交叉比较，文字内容相似程度达到70%以上的，作为重点筛选对象进行二次复查，第二次复查主要采用“一致性错误”筛查方法，其核心算法是比较投标函中“同样的错误”。其逻辑依据是，技术标文件“高度相似”尚不足以证明其具有密切的相关性，但是“一致性错误”则可充分表明其具有理论上串通的可能。

例如，2018 年 3 月的一个项目，在开标评审过程中，计算机发现两家企业的技术标函在“承台基坑开挖”工序的描述中存在大段相似内容，更为离谱的是两份标书中均出现了使用失效规范的情况，《公路桥涵施工技术规范》JTJ041—2000（已修订为JTG/T F50—2011）、《公路桥涵地基与基础设计规范》JTJ024—85（已修订为JTG D63—2007）（见图 3 – 2 – 8）。

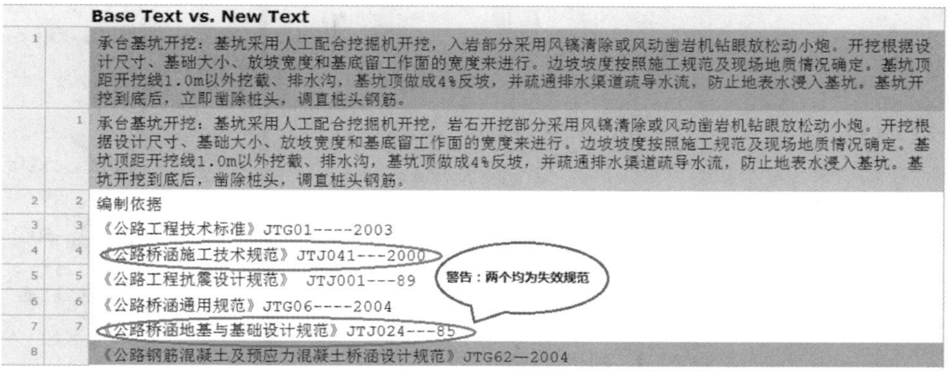

		Base Text vs. New Text
1		承台基坑开挖：基坑采用人工配合挖掘机开挖，入岩部分采用风镐清除或风动凿岩机钻眼放松动小炮。开挖根据设计尺寸、基础大小、放坡宽度和基底留工作面的宽度来进行。边坡坡度按照施工规范及现场地质情况确定。基坑顶距开挖线1.0m以外挖截、排水沟，基坑顶做成4%反坡，并疏通排水渠道疏导水流，防止地表水浸入基坑。基坑开挖到底后，立即凿除桩头，调直桩头钢筋。
	1	承台基坑开挖：基坑采用人工配合挖掘机开挖，岩石开挖部分采用风镐清除或风动凿岩机钻眼放松动小炮。开挖根据设计尺寸、基础大小、放坡宽度和基底留工作面的宽度来进行。边坡坡度按照施工规范及现场地质情况确定。基坑顶距开挖线1.0m以外挖截、排水沟，基坑顶做成4%反坡，并疏通排水渠道疏导水流，防止地表水浸入基坑。基坑开挖到底后，凿除桩头，调直桩头钢筋。
2	2	编制依据
3	3	《公路工程技术标准》JTG01----2003
4	4	《公路桥涵施工技术规范》JTJ041---2000
5	5	《公路工程抗震设计规范》 JTJ001---89
6	6	《公路桥涵通用规范》JTG06----2004
7	7	《公路桥涵地基与基础设计规范》JTJ024---85
8		《公路钢筋混凝土及预应力混凝土桥涵设计规范》JTG62—2004

警告：两个均为失效规范

图 3 – 2 – 8 两份技术标函存在规范选用错误的“异常性雷同”

二是商务标文件。商务标中的报价文件，如果其价格向同一走向靠拢且形成“抱团集中”趋势的，就应当作为疑似串标看待，当然，这一判定要慎之又慎，因为极易造成“错杀、妄杀”从而引发不必要的质疑和投诉等纠纷。

（七）监管联动技术

长期以来，公共资源交易领域打击围标、串标之所以收效不明显，一个重要原因就是监督管理难以形成快速联动机制，“鸿雁系统”采用的联动监管技术弥补了这一缺陷。具体做法是这样的，首先为不同身份和管理责权的各个公共资源交易参与主体分配不同的权限，可以登录、浏览、下载和抓取招投标交易过程中的所有疑似线索，在预先设定的46个高危引发串标、围标的风险点设置了自动报警和信息传递模块，所有的信息在公共资源交易服务机构、行业主管部门、招投标监督部门和纪检监察之间完成无缝对接，可以实现“一键联通”。

（八）大数据综合研判技术

大数据综合研判也是打击围标、串标的有力工具，但是目前大多停留在研讨阶段，实质性的成果并不多，“鸿雁系统”在这方面做了一些尝试。比如，利用数据挖掘技术，“鸿雁系统”把长期以来在同一类型的交易领域（如建筑装饰装修）同时出现在一个交易项目场次的企业标签成为“疑似抱团围标企业”，再通过报价趋势度分析（基于股票道氏理论）、相关性分析、分部分项工程量清单的离差分析等数学模型，“揪出”相对稳定抱团投标的利益集团，再辅之以外围的调查、资金往来账目的比较，综合多方因素得出比较确定的结论（见图3-2-9）。

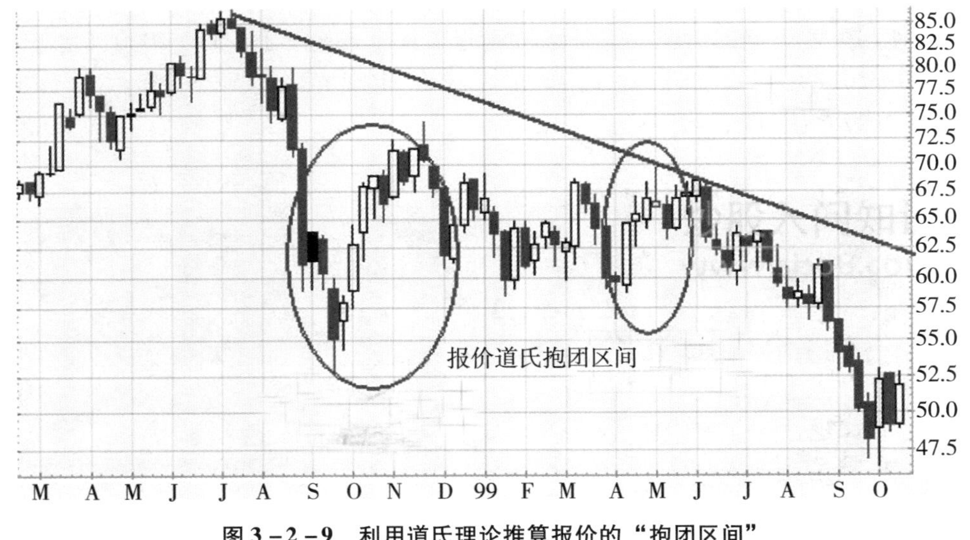

图3-2-9 利用道氏理论推算报价的“抱团区间”

三、应用成效

“鸿雁系统”运用这些技术手段以后，南通市在公共资源交易领域打击围标、串标方面取得了有效的进展。从2018年6月至今，已经有30多起围标、串标线索被计算机自动侦测到，超过了前两年查处案件的总和，经有关部门调查核实，确认其中23起违法行为基本属实，已经按照法定流程进行处置，这表明技术手段打击围标、串标违法行为的准确率接近了80%。

“技防”手段工作效率和自动化程度都比较高，而且能够有效地防范“人情处置”或者“关系处置”，既不会有“漏网之鱼”也不存在“徇私枉法”，是铁面无私的“黑包公”，但是“技防”手段还是要与“人防”手段相结合，才能真正发挥其功效。2017年8月，某管道工程项目开评标过程中，通过MAC码地址查同技术发现一起疑似串标案件线索，后经查实，其中的两家投标企业均为外地企业，投标当日因所在片区停电，于是到附近同一个网吧的公用电脑制作了投标文件并进行了投递，相关供电部门和网吧经营业主出具了有关证明文件，尽管此类偶发巧合事件依然令人生疑，但是作为“串通投标”处理尚显依据不足。

四、结语

从2019年上半年开始，我国各地在公共资源交易行业开始推广应用“不见面开标”，标志着公共资源从依托有形交易市场向电子化平台的转变。目前，江苏、浙江、湖南、内蒙古、云南、贵州等地已经将研发应用“不见面开标”作为政务服务深化“放管服”改革的重点工作来部署，可以预料，这种新型的交易模式将很快取代传统的场内交易方式。

交易费用降低充分激发了市场活力，投标企业跨区域参与竞标的积极性更高了。据南通开展“不见面开标”一年半以来的数据统计，一般的房屋建筑和市政基础设施工程项目，投标家数相较于“场内开标”平均增加17%以上，少数企业鉴于“无门槛、零费用”的便利条件，抱着“碰一碰、撞大运”的心理盲目参与投标，有些为了“相互帮衬”形成了相对固定的投标联盟，干扰正常的招投标秩序。由此看来，“不见面开标”作为新生事物，势必面临如何有效打击围标、串标等违法行为的考验。作为公共资源交易从业人员，既不能因噎废食“把孩子和洗澡水一起泼掉”，也不应该简单归咎于“发展中的问题”而听之任之，应当积极探寻运用尖端的信息技术手段，构建起科学合理的制度防范体系，把“不见面开标”这一实实在在的惠企便民改革举措引向健康发展的康庄大道。

参考文献

［1］汤骏，鲍相宇，等．公共资源“不见面”交易服务标准化建设——以南通市公共资源交易中心“不见面”交易标准化服务为例［J］．中国标准化，2018（21）：83－88.

［2］汤骏．公共资源交易“不见面开标”突发状况应急处置方法［J］．招标采购管理，2018（12）：46－48.

（作者：汤骏，南通市公共资源交易中心副主任、高级工程师）

第三章　公共采购分析与创新

2019 年度政府采购供应商专题分析

一、政府采购项目不同规模占比分析

2019 年政府采购项目中，200 万元以上的项目数量累计占比 19.48%，而采购项目规模占政府采购的 85.20%，基本符合“二八法则”，其中，1 亿元以上的项目 1554 个，在政府采购项目数量中的占比为 0.22%；5000 万～1 亿元的项目 1802 个，在政府采购项目数量中的占比为 0.26%（见本书第二篇图 2－1－8）。

为了进一步贯彻落实“放管服”改革要求，改进政府采购管理，规范采购行为，全国很多地区都通过提高采购限额和公开招标数额标准①，限额以下的项目采购单位可以依法、灵活、自主选择公开招标以外的采购方式，不断提升政府采购效率。针对公开招标项目进行分析：200 万元以下项目数量占比呈下降趋势，2019 年项目数量占比为 71.01%，较 2018 年降低 3 个百分点，200 万元以上采购项目呈现增长趋势，其中，200 万～1000 万元级别的项目数量占比较上年提升 1.96 个百分点，如图 3－3－1 所示。

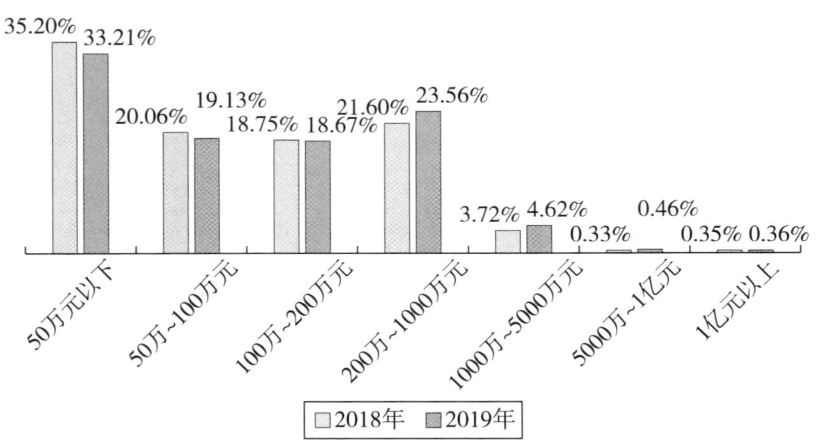

图 3－3－1　政府采购公开招标项目数量占比变化（按项目规模）

① 2018 年黑龙江、湖北、江西、青海、河南、内蒙古、西藏、四川、江苏、安徽、海南、山东、辽宁、云南、广东、河北、北京、上海、天津等地区，货物/服务类政府公开招标采购限额标准为 200 万元以上。

二、供应商类型[①]分析

国家出台《财政部关于促进政府采购公平竞争优化营商环境的通知》（财库〔2019〕38号，以下简称《通知》）等政策，进一步促进政府采购领域公平竞争、优化营商环境。从中标项目数量上看，2019 年全国政府采购项目授予民营企业项目 62.28 万个，占全国政府采购项目的 95.83%，授予国有企业项目数为 1.64 万个，占全国政府采购项目的 2.52%，授予外商投资企业项目数为 1.07 万个，占全国政府采购项目的 1.65%，如图 3－3－2 所示。

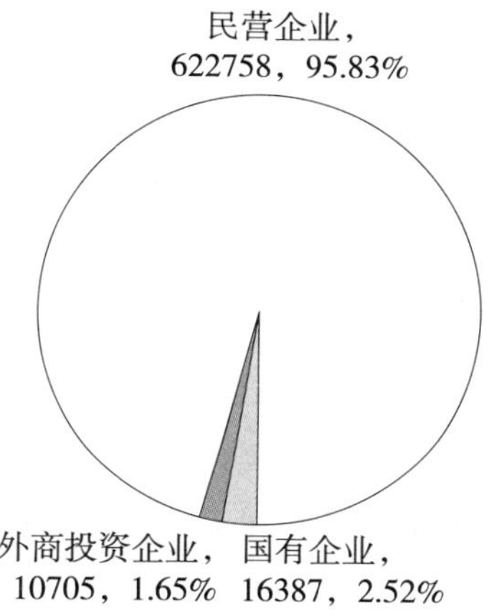

图 3－3－2 各类供应商的中标项目数量及占比

从中标金额上看，2019 年全国政府采购项目授予民营企业合同金额占比 93.71%，授予国有企业合同金额占比为 4.46%，授予外商投资企业合同金额占比 1.83%，如图 3－3－3 所示。

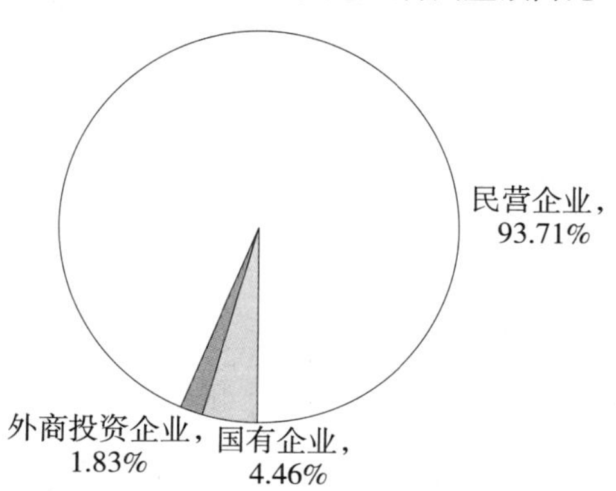

图 3－3－3 各类供应商的中标金额占比

① 供应商类型：按照企业性质分为国有企业、民营企业、外资企业，其中，国有企业是指企业全部资产归国家所有，并按《中华人民共和国企业法人登记管理条例》规定登记注册的非公司制的经济组织。不包括有限责任公司中的国有独资公司；外资企业为中国（大陆）境外的国家和地区（包括港澳台）的企业或自然人在中国境内设立的企业或中外合资企业；其他类型为民营企业。

由于部分政府采购项目中标供应商名称不规范或部分企业信用公示信息填写不规范，导致无法准确识别供应商企业类型，故各企业类型供应商项目数据之和与全国政府采购项目数据存在一定偏差。

从中标项目规模占比分析，2019 年全国政府采购中国有企业在服务类项目中占比最高，中标项目规模占比达到 5.74%；民营企业在工程类项目中占比最高，中标项目规模占比达到 95.36%；外商投资企业在货物类项目中占比最高，中标项目规模占比达到 3.56%，如表 3－3－1 所示。

表 3－3－1　　各类供应商的中标项目规模占比　　单位:%

供应商类型＼项目类型	服务类项目	工程类项目	货物类项目
国有企业	5.74	3.88	2.20
民营企业	91.84	95.36	94.24
外商投资企业	2.42	0.76	3.56

三、供应商注册资本规模分析

党中央、国务院高度重视中小企业发展，在财税金融、营商环境、公共服务等方面出台一系列支持中小企业发展的政策措施，取得积极成效。2019 年，全国政府采购授予注册资本 5000 万元以下企业的合同项目为 53.02 万个，占全国政府采购数量的 77.25%，授予注册资本 500 万元以下企业的合同项目为 19.92 万个，占全国政府采购数量的 29.03%（见本书第二篇图 2－1－9）。

从中标金额分析，2019 年，全国政府采购授予注册资本 5000 万元以下企业的合同规模为 9920.34 亿元，占全国政府采购规模的 51.34%，授予注册资本 500 万元以下企业的合同规模为 2333.63 亿元，项目金额偏小，仅占全国政府采购规模的 12.08%（见本书第二篇图 2－1－10）。

针对注册资本 1 亿元以上供应商中标项目进行分析，项目主要集中在建筑工程、信息技术等对资金要求较大的行业，如图 3－3－4 所示。

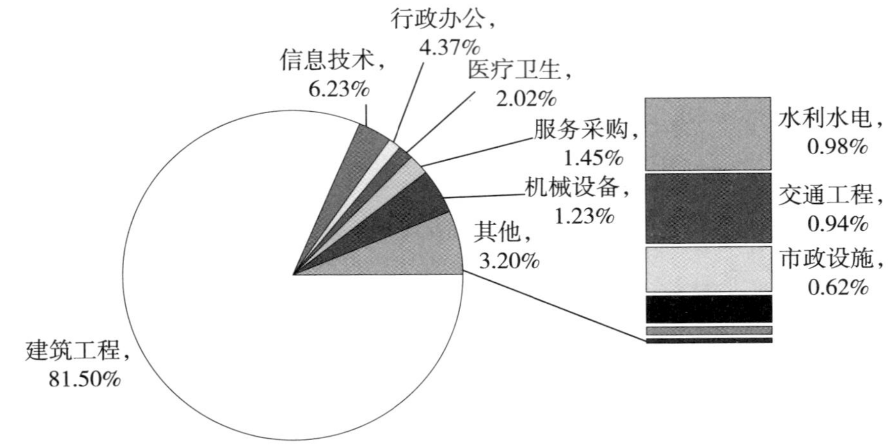

图 3－3－4　供应商（注册资本 1 亿元以上）中标项目总规模的行业分布

四、供应商企龄[①]分析

从政府采购供应商企龄分析，企龄在10年及以上的供应商占比最高，为49.20%（见图3－3－5），较2018年占比（48.00%）提升1.20个百分点。占比较高原因：政府采购不同于一般的采购行为，它具有政策性强、规模大、资金多等特点，企龄越高，企业发展规模越大，信用较好，中标项目数量较多。

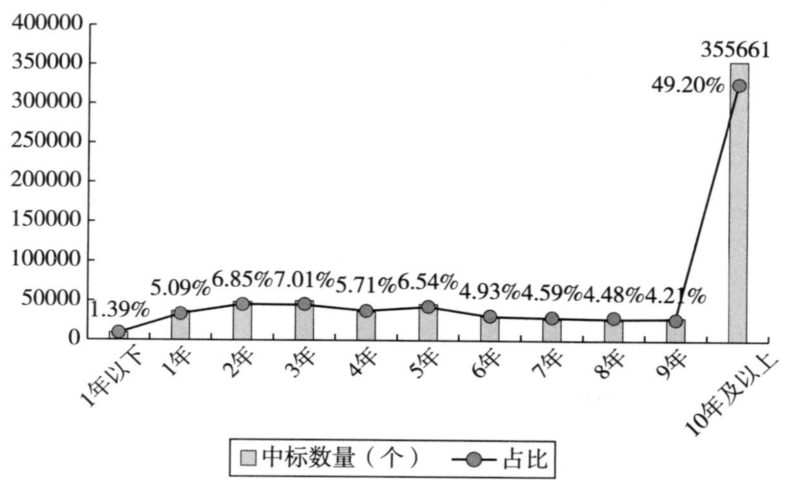

图3－3－5　2019年供应商中标项目数量及占比（按企龄）

从企龄在10年及以上的供应商中标项目规模分析，2019年项目规模呈扩大趋势，其中，规模在100万元规模以下的项目占比有所降低，较2018年下降3.93个百分点，100万～1000万元规模的项目占比提升最大，2019年项目数量占比达到35.78%，较2018年提升2.91个百分点，如图3－3－6所示。

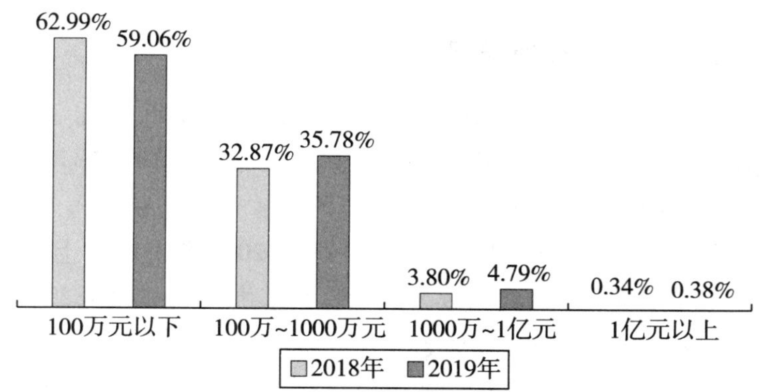

图3－3－6　供应商（企龄10年及以上）中标项目情况（按项目规模）

① 供应商企龄：供应商成立时间至2019年12月31日的存活时长，单位为年，企龄越大，企业存活越久。

从中标行业分析，10 年及以上企龄的供应商中标项目主要集中在建筑工程行业，占比超七成，如图 3－3－7 所示。这些项目普遍具有规模大、服务时间长、服务经费高等特点，给企业的发展带来新机遇的同时，投标及中标履约时缴纳的高额的投标保证金和履约保证金也对企业提出了更高的资金需求，行业内的大企业具备资金、规模、资质、品牌等“护城河”优势，项目订单逐步向大企业集中。

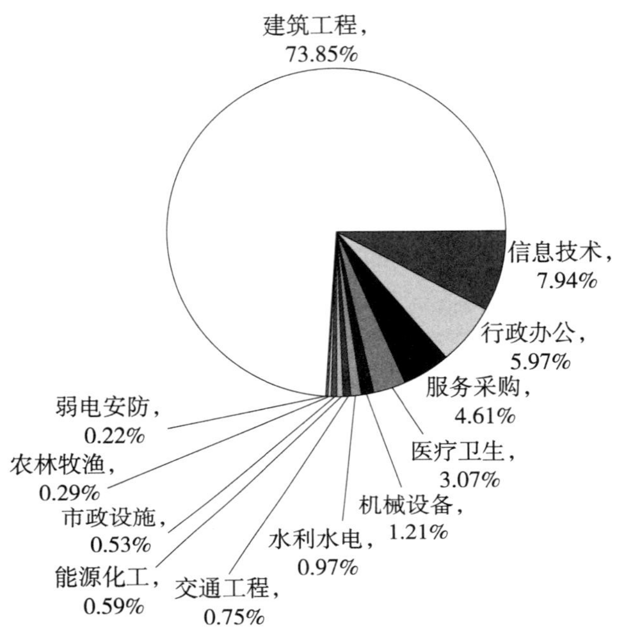

图 3－3－7　供应商（企龄 10 年及以上）中标项目数量的行业分布

五、采购市场开放度分析

（一）供应商来源地[①]分布情况

从政府采购供应商来源分析，2019 年中标供应商主要来自江苏、广东、四川、山东、北京、河南、浙江等地区，其中，来自江苏、广东的政府采购供应商数量最多，合计占比 13. 11%（见本书第二篇表 2－1－10）。

从全国政府采购供应商中标数量分布情况分析，2019 年北京、上海、天津等地区供应商中标外省（市）项目的占比较大，其中，北京供应商中标 48297 个政府采购项目，占全国政府采购项目数量的 6. 98%，北京本市供应商中标外省（市）项目个数为 27156 个，中标外省（市）项目数量比例为 56. 23%，如表 3－3－2 所示。

① 由于部分政府采购项目中标供应商名称不规范或少量政府采购项目存在多个供应商，导致无法准确识别供应商或一个项目可能被多个省份计算，故各省（市）供应商中标政府采购项目数据之和与全国政府采购项目数据存在一定偏差。

表 3－3－2　　各地区供应商中标项目情况（按照项目数量）

地区	中标项目总量（个）	中标外省（市）项目数量（个）	中标外省（市）项目数量比例（%）
北京	48297	27156	56.23
上海	28459	10360	36.40
天津	6545	2041	31.18
江苏	47303	12056	25.49
广东	46681	11091	23.76
陕西	15769	3730	23.65
江西	22965	4931	21.47
浙江	38088	7356	19.31
湖南	18026	3429	19.02
四川	38158	6943	18.20
山东	33031	5962	18.05
重庆	14149	2118	14.97
河南	48365	6722	13.90
辽宁	17885	2141	11.97
福建	25302	2821	11.15
湖北	40218	3828	9.52
宁夏	3563	314	8.81
河北	36473	3067	8.41
黑龙江	9103	690	7.58
吉林	10027	657	6.55
安徽	32530	2119	6.51
贵州	6217	383	6.16
海南	4077	237	5.81
山西	19470	1129	5.80
甘肃	13710	713	5.20
西藏	1137	53	4.66
内蒙古	9713	411	4.23
云南	14507	459	3.16
青海	5230	81	1.55
新疆	9621	148	1.54
广西	27412	399	1.46

从全国政府采购供应商中标规模分布情况分析，2019 年北京、天津、浙江等地区供应商中标外省（市）项目规模占比较大，其中，北京供应商中标项目规模达到 1653. 75 亿元，占全国政府采购项目规模的 8. 56%。北京本市供应商中标外省（市）项目规模为 1017. 78 亿元，中标外省（市）项目规模比例为 61. 54%，如表 3 －3 －3 所示。

表 3 －3 －3　　各地区供应商中标项目情况（按照项目规模）

地区	中标项目规模（亿元）	中标外省（市）项目规模（亿元）	中标外省（市）项目规模比例（%）
北京	1653. 75	1017. 78	61. 54
天津	283. 06	153. 54	54. 24
浙江	1005. 98	529. 50	52. 64
陕西	364. 98	182. 63	50. 04
上海	937. 79	318. 42	33. 95
湖南	626. 17	207. 05	33. 07
广东	1258. 50	376. 01	29. 88
江苏	1645. 12	474. 99	28. 87
河北	920. 28	251. 45	27. 32
重庆	242. 55	64. 14	26. 44
四川	942. 10	241. 15	25. 60
福建	513. 75	116. 99	22. 77
江西	525. 33	118. 94	22. 64
湖北	728. 92	152. 94	20. 98
山东	1005. 29	196. 24	19. 52
辽宁	388. 70	67. 91	17. 47
青海	102. 78	17. 23	16. 76
河南	1433. 98	215. 28	15. 01
新疆	298. 32	42. 89	14. 38
吉林	223. 04	29. 64	13. 29
黑龙江	214. 60	27. 85	12. 98
山西	623. 62	76. 61	12. 28
安徽	941. 04	108. 73	11. 55
宁夏	60. 51	5. 73	9. 47
内蒙古	229. 51	20. 97	9. 14
云南	438. 68	33. 79	7. 70

续 表

地区	中标项目规模（亿元）	中标外省（市）项目规模（亿元）	中标外省（市）项目规模比例（%）
甘肃	329.73	20.03	6.07
贵州	714.00	38.90	5.45
广西	509.27	24.00	4.71
西藏	27.58	1.24	4.50
海南	125.69	3.21	2.55

（二）各省（市）① 政府采购项目数量市场开放度情况

近年来，国家出台了《关于建立清理和规范招标投标有关规定长效机制的意见》等一系列文件，整顿和规范招投标市场的秩序，对于打破地方封锁和行业保护，为建立公平开放的市场具有重大意义。2019 年以来，全国各地区采购项目开放度（由外地区供应商中标的占比）平均为 19.86%。政府采购市场开放度排名靠前的省（市）主要集中在西北地区，其中，西藏开放度最高，为 45.63%；浙江省、上海等地区政府采购开放度较低，从侧面反映出由本地企业中标的项目数占比较高，其中，浙江省占比达到 86.73%，如表 3－3－4 所示。

表 3－3－4　　政府采购市场开放度（按照项目数量）

地区	采购项目总量（个）	外省（市）中标项目数量（个）	开放度（%）
西藏	2759	1259	45.63
青海	9682	4211	43.49
宁夏	6047	2337	38.65
内蒙古	16865	6033	35.77
海南	6406	1964	30.66
贵州	15314	4464	29.15
河北	46028	13191	28.66
黑龙江	15388	4284	27.84
天津	11009	2954	26.83
江西	22511	5661	25.15

① 由于少量政府采购项目采购单位或代理机构名称不规范，导致无法准确识别项目省份，故各省（市）项目数据之和与全国政府采购项目数据存在少量偏差。

续 表

地区	采购项目总量（个）	外省（市）中标项目数量（个）	开放度（%）
山西	26902	6479	24.08
安徽	42676	9945	23.30
重庆	19399	4506	23.23
甘肃	18578	3942	21.22
吉林	14099	2883	20.45
江苏	46327	8623	18.61
福建	31314	5813	18.56
云南	19949	3700	18.55
北京	28497	5221	18.32
广西	33233	5918	17.81
广东	47753	8185	17.14
辽宁	24210	4145	17.12
湖南	20375	3382	16.60
湖北	43354	7188	16.58
陕西	18685	2931	15.69
四川	46398	6966	15.01
山东	34980	5175	14.79
新疆	18845	2706	14.36
河南	52306	7348	14.05
上海	25084	3396	13.54
浙江	44306	5880	13.27

（三）各省（市）政府采购项目规模市场开放度情况

按照项目规模计算，2019 年全国各地区采购项目规模开放度（由外地区供应商中标的规模占比）平均为 16.35%。其中，西藏的政府采购中由外地企业中标的项目规模占比高达 37.95%，占领全国第一的位置；浙江省、上海等地区政府采购开放度较低，从侧面反映出由本地企业中标的项目规模占比较高，其中，浙江省占比达到 93.89%，如表 3－3－5 所示。

表 3－3－5　　政府采购市场开放度（按照采购规模）

地区	采购项目规模（亿元）	外省（市）中标项目规模（亿元）	开放度（%）
西藏	227.05	86.16	37.95

续　表

地区	采购项目规模（亿元）	外省（市）中标项目规模（亿元）	开放度（%）
安徽	2104.74	617.32	29.33
陕西	454.57	130.40	28.69
黑龙江	622.23	175.52	28.21
重庆	1127.86	305.42	27.08
内蒙古	871.36	232.96	26.74
青海	295.79	78.99	26.70
宁夏	259.10	63.49	24.50
天津	988.58	229.84	23.25
辽宁	917.93	190.65	20.77
江西	979.64	182.54	18.63
河南	2343.53	435.66	18.59
福建	1059.32	176.46	16.66
河北	1841.56	301.54	16.37
四川	2622.35	416.17	15.87
广东	3025.63	477.37	15.78
海南	528.87	82.07	15.52
吉林	466.03	70.65	15.16
云南	974.16	145.05	14.89
甘肃	639.80	94.92	14.84
山西	1737.29	257.64	14.83
湖北	1396.57	201.55	14.43
新疆	438.84	59.55	13.57
广西	1022.14	130.28	12.75
北京	1107.62	140.56	12.69
江苏	2919.70	348.61	11.94
湖南	905.06	95.59	10.56
贵州	1416.40	140.74	9.94
山东	2250.61	203.41	9.04
上海	1198.97	106.32	8.87
浙江	1657.04	101.30	6.11

六、行业中标集中度[①]分析

（一）项目数量行业中标集中度分析

对各行业中标项目数量进行分析，我国机械设备行业内竞争格局持续调整，市场逐渐向规模大、实力强的行业龙头企业靠拢，行业中标集中度持续提升。从同比增速看，2019 年信息技术行业中标集中度增速最快，前十名供应商项目数量市场占有率为 1.97%，较 2018 年提升 0.17 个百分点，如图 3－3－8 所示。

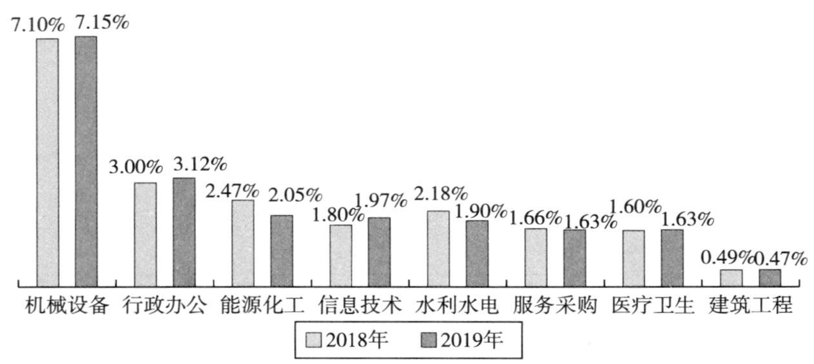

图 3－3－8　政府采购项目数量行业中标集中度

针对信息技术行业中标项目进行分析，2019 年信息技术行业中标企业主要为江苏鸿信系统集成有限公司、江苏国泰新点软件股份有限公司等企业，其中，江苏鸿信系统集成有限公司中标机械设备项目 84 个，占比 0.24%，如表 3－3－6 所示。

表 3－3－6　　2019 年信息技术行业中标项目数量 TOP10 企业

供应商名称	来源地	项目数量（个）
江苏鸿信系统集成有限公司	江苏省	84
江苏国泰新点软件股份有限公司	江苏省	78
北京华宇信息技术有限公司	北京市	78
东软集团股份有限公司	辽宁省	76
赛尔网络有限公司	北京市	73
江苏金智教育信息股份有限公司	江苏省	65
重庆中联信息产业有限责任公司	重庆市	60

① 行业中标集中度是指某行业的相关市场内前 10 家最大的企业所占市场份额（中标项目数量、中标金额）的总和，是对整个行业的市场结构集中程度的测量指标，用来衡量企业的数目和相对规模的差异，是市场势力的重要量化指标。

续　表

供应商名称	来源地	项目数量（个）
江苏移动信息系统集成有限公司	江苏省	56
万达信息股份有限公司	上海市	53
北京久其软件股份有限公司	北京市	51

（二）项目规模行业中标集中度分析

对政府采购各行业中标项目规模进行分析，全国机械设备行业内竞争格局持续调整，市场逐渐向规模大、实力强的行业龙头企业靠拢，行业中标集中度较高。其中，2019 年机械设备行业前十名供应商项目数量市场占有率为 13.74%，较 2018 年提升 8.05 个百分点，如图 3－3－9 所示。

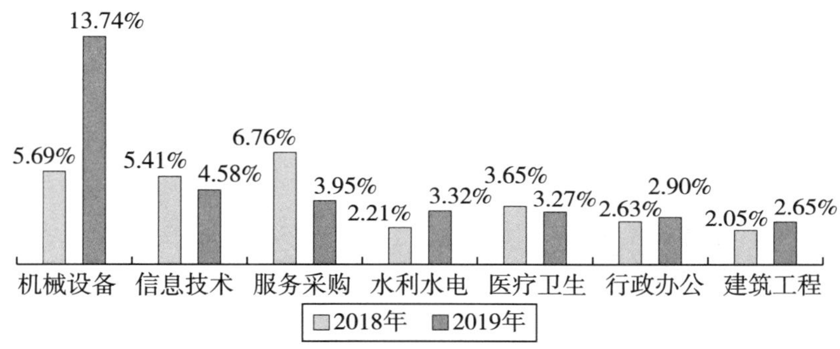

图 3－3－9　政府采购项目规模行业中标集中度

针对机械设备行业中标项目规模进行分析，2019 年机械设备行业中标企业主要为长沙中联重科环境产业有限公司、郑州宇通客车股份有限公司等龙头企业，其中，长沙中联重科环境产业有限公司中标机械设备项目规模 4.30 亿元，市场占有率 5.24%，如表 3－3－7 所示。

表 3－3－7　　2019 年机械设备行业中标项目规模 TOP10 企业

供应商名称	来源地	项目规模（亿元）
长沙中联重科环境产业有限公司	湖南省	4.30
郑州宇通客车股份有限公司	河南省	2.06
福建龙马环卫装备股份有限公司	福建省	0.98
徐工消防安全装备有限公司	江苏省	0.82
北京中卓时代消防装备科技有限公司	北京市	0.77
润泰救援装备科技河北有限公司	河北省	0.53

续　表

供应商名称	来源地	项目规模（亿元）
邯郸市肥乡区远达车辆制造有限公司	河北省	0.49
程力专用汽车股份有限公司	湖北省	0.45
郑州宇通重工有限公司	河南省	0.45
四川川消消防车辆制造有限公司	四川省	0.45

（作者：剑鱼标讯）

电信行业采购发展状况分析

近年来，国家着力深化供给侧结构性改革，推动实施创新驱动发展战略。电信运营商认真贯彻落实党中央重大决策部署，积极践行网络强国战略，维护网络和信息安全，大力提升网络服务水平，为经济社会发展和人民美好生活提供更加优质高效的服务。

促改革：2019 年，电信企业加快 5G 网络建设，持续扩大网络覆盖范围，全面启动 5G 商用，云计算、大数据、物联网等新兴业务高速发展，有力支撑网络强国和数字化经济战略落地，开启新一轮产业革命。惠民生：超额完成网络提速降费年度任务，在全国实行“携号转网”服务，进一步提升人民幸福感。

电信企业通过集中采购降低成本，提高效率，为企业发展创造价值。但电信行业形势发生了前所未有的变化，5G 网络建设加快，新兴业务占比不断提高，传统采购模式难以高效支撑企业转型发展，需要在采购模式、组织架构、人才队伍等多个方面进行创新，不断满足灵活多样的电信行业采购需求。

一、电信行业采购发展现状

2019 年三家电信运营商资本性支出总体保持平稳，5G 投资方面，中国移动 2019 年的 5G 投资在 240 亿元左右，中国联通和中国电信 2019 年的 5G 投资分别是 80 亿元和 90 亿元左右。中国联通与中国电信通过建立 5G 共建共享中心，在保证同量覆盖的前提下，大幅降低 5G 建设成本。2019 年上半年三家电信运营商资本性支出情况如图 3 –3 –10所示。

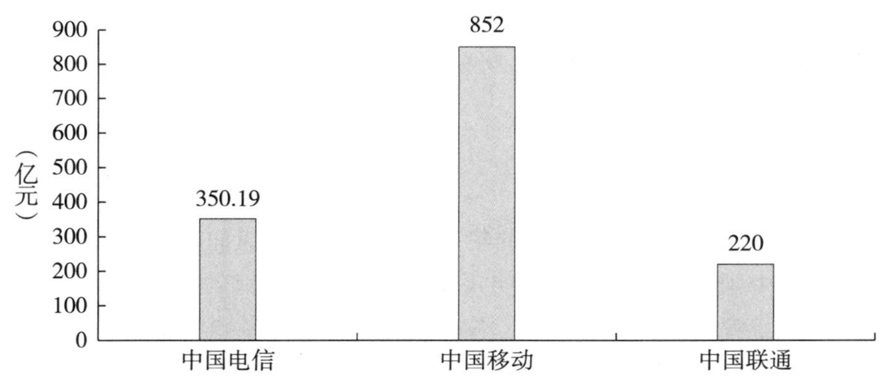

图 3 –3 –10　2019 年上半年三家电信运营商资本性支出情况

资料来源：电信运营商 2019 年中期年报。

电信业 2019 年前 3 季度新增通信工程类招标采购项目 6329 个，货物项目和施工项目分别占据总招标项目的41%和24%，各类型招标项目数量及占比情况如图3－3－11所示。

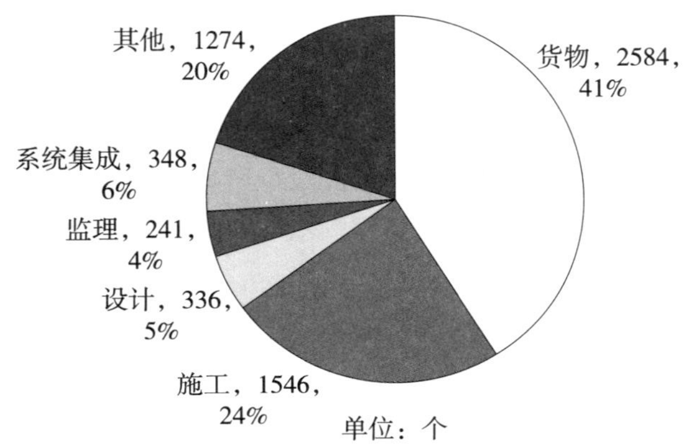

图3－3－11　2019年前3季度电信业各类型招标项目数量及占比情况

资料来源：工业和信息化部通信工程定额质监中心—2019年前3季度通信工程招投标情况统计分析报告。

目前，电信行业采购具有技术要求高、物资种类多、采购金额大等特点，三家电信运营商经过多年积累，形成了比较完整的采购体系，能够支撑传统业务采购需求，但在新兴业务的支撑上仍然面临挑战。

（一）采购管理制度

电信运营商严格遵守国家《招标投标法》《招标投标法实施条例》《通信工程建设项目招标投标管理办法》等法律法规，同时结合企业实际情况，建立起较为完备的采购制度体系。其中，中国电信积极应对国家政策调整和企业发展需要，持续完善制度体系建设，2019年修订《招标代理机构管理办法》《评标专家管理办法》《中国电信集团物流管理办法（2019版）》等管理制度，形成了涵盖五项基本制度、十五大专项规定、三十七个指导细则的专业管理体系。同时，强化制度执行管理，坚持“应招必招”“能招则招”原则，将公开采购率纳入采购绩效指标管理体系，推进采购公开。

（二）采购组织架构

经过多年发展，我国电信运营商的集中采购形成了“纵向集中，横向归口”的采购管理体系。以中国电信为例，2012年采购部更名为采购事业部，下设采购管理处、物流管理处、质量管理处和采购中心，各省（自治区、直辖市）分公司均成立独立采购部门。集团、省两级协同开展集中采购，强调采购级别的职责分工。电信运营商集中采购工作由专门成立的采购中心或部门操作实施，一般由集团和省级公司采购部门作为采购工作的归口管理部门。负责制订采购计划、采购方案，组织采购实施、采购项目合同签署等工作。

（三）采购分级模式

目前阶段，国内三家电信运营商内部皆采用两级采购模式，根据实施单位的不同将物资分为集一、集二和目录外采购。集中采购模式下，电信运营商的采购流程基本包含三个环节：采购需求环节、采购方案评审环节以及采购结果决策环节。采购方案最后的确定则需要经历采购方案编制、资格预审等步骤。以中国电信为例，集中采购流程包括制订集中采购计划、确定集中采购模型、编制技术标准、统计集中采购需求、采购操作实施、签订框架合同等环节。通常公开招标采购周期约为 3 个月，如果项目涉及资格预审、评价检测、供应商考察等内容，采购周期还会进一步延长。

目前，国内电信运营商普遍采取的采购方式有：公开招标（包括邀请招标）、比选、询价、竞争性谈判、单一来源采购和框架协议采购。其中，公开招标采购是指符合法律法规规定条件，必须进行招标的采购方式；比选通常用于限额内的非工程建设项目采购以及低于依法必须招标项目规模的单项工程建设采购；询价是指采购人员直接向潜在供应商就采购物资询问价格，并从中选择成交供应商的方式；竞争性谈判是指通过与三家以上潜在供应商的谈判，比较其技术方案和报价，从而选择合适的供应商；单一来源采购是指只能向唯一供应商处通过谈判确定采购项目技术方案和报价的方式。

（四）供应商管理

受国际贸易环境影响，电信运营商均加强了对供应商的闭环管理，避免因上游供应不稳定、质量不达标等问题造成的供应风险。

以中国电信为例，中国电信的供应商管理实行集团和省两级管理。集团层面建立了统一、标准化的供应商管理制度，包括《中国电信集团采购管理办法》《中国电信集团供应商管理办法（试行）》《中国电信集团采购物资质量管理办法》《中国电信集团采购物资质量检测管理办法》《集团级集采供应商履约问题台账管理机制》《供应商日常点评管理要求》等制度，对供应商寻源和供应商评估、考核进行规范。

中国电信集团采购事业部作为集团供应商归口管理部门，负责制定相关制度，依托全集团统一的 MSS（管理支撑系统）建设统一和标准化的业务流程并进行 IT 固化，负责对集团采购供应商进行管理。各二级企业（省级分公司）设置采购部或采购中心作为省内供应商归口管理部门，负责在集团采购及供应商管理制度和机制之下建立本省供应商管理细则，并负责组织参与集团采购供应商的管理工作、负责对本省采购供应商进行管理。

2019 年中国电信努力构建负面惩戒与正向激励相结合的供应商管理体系，加强对供应商违规失信等不良行为的管理，与中国移动、中国联通建立了违规失信信息共享机制；在中国电信集团内部建立了供应商不良行为信息管理目录和信息台账管理机制；

制定了《中国电信集团供应商不良行为管理暂行规定》，2020 年起将对多类不良行为采取禁止采购、限制采购、取消/调减/暂停执行份额等惩戒措施。同时推进供应商分级管理，制订中国电信集团供应商分级管理方案，根据履约表现、优异行为、不良行为等因素，区分供应商优劣等级，对优秀供应商将给予提升名誉、优先付款、优先追加份额等正向激励。

2019 年，中国电信集团开展了供应商考察与出厂检验工作，采用了省公司实施，属地化管理的模式，发现多起供应商提供虚假投标材料，实际供货设备与框架协议不一致等问题。加强了供应商评价和负面清单管理，建立违规、失信供应商信息共享机制，与中国移动、中国联通协同管理供应商不良行为。

（五）岗位与人才

电信企业在采购创新中不断优化组织结构，设计科学的专业化分工界面，覆盖采购与供应链管理运营全流程，明确对不相容岗位的分离要求，注重提升队伍能力，打造集约化的采购组织队伍。

以中国电信为例，在岗位设置方面，中国电信集团采购事业部下设采购管理处、质量管理处、物流管理处和采购中心（采购一处、二处、三处），由管理处室对采购、质量、供应商、物流等实施统一管理，由采购中心负责组织采购实施，实现适当的“管操分离”。各省公司也根据本省业务规模和采购机构设置情况，实现不同科室和人员的“管操分离”。在采购全流程业务环节中，将招标与质量检测、供应商后评估等重要工作进行分离，集中开展到货质量抽测与供应商后评估等相关工作，并将检测和后评估的结果有效应用于采购招标评价过程中，建立横向监督约束机制。按采购品类分离：按照内部采购物资和服务的专业，分别成立了专业采购实施处室，分类负责网络设备、IT 软硬件、通信配套、工程服务、成本类物资服务等采购实施。按管理职责分离：将采购管理、供应商管理、质量管控、物流管理、付款管理等管理职责与具体采购执行工作进行分离，实现采购流程中不相容岗位的设置和分工。按需求与采购相分离：需求单位向采购部门提出采购需求，采购部门编制采购方案、组织采购。按采购与决策相分离：采购决策委员会审议采购方案，采购部门按照审批的采购方案实施采购、签订合同、组织到货。

人才建设方面，中国电信高度重视人才队伍建设，形成了完备的人才梯队，建立了三级专家体系，并在全集团范围内组织选拔高级专家、中级专家（内训师）和初级专家。全面开展采购岗位认证，构建了采购人员能力模型，统一组织各省、市、区（县）采购人员进行认证考试。加强招标代理机构管理，对全集团代理服务人员定期开展测评。

二、采购信息系统建设

随着全社会数字化进程的不断推进，高效的信息系统已经成为企业的核心竞争力。

处于产业供应链中心位置的电信运营商，建立了各具特色的企业采购信息系统，并不断优化系统架构，扩展互联网功能，加强采购系统与其他业务系统的数据共享。

中国联通以“一套制度”嵌入“一个系统”，通过运营形成“一个体系”，实现从采购、运营、物流到处置等关键环节的物资全生命周期闭环管理。打造统一运营的“联通商城”互联网电子商务平台，招募潜在供应商参与，向全集团各层级生产经营单位提供物资保障服务。该平台包含专业市场、公开市场和电子超市三个交易市场，覆盖企业所需的网络建设、运维、信息化、市场经营、综合行政等各类物资和服务的交易，实现供应商寻源、招标采购、下单结算、实物管理、配送出入库、使用后评价、报废处置等采购全生命周期管理。

中国移动打造了电子商务平台中移金科，平台聚焦 ICT（信息与通信技术）垂直领域，为中国移动提供在线交易、精选供应商、供应链金融等多种服务。目前平台上架的商品为供应商自营商品，有 5 大类 2 万余件商品，品类根据客户需求不断扩充，另外还包括如线缆、空调、4K 电视、打印机、计算机等标准化程度高的工程类物资。

中国电信建立了集约化供应链管理系统，系统以业财一体为原则，以流程和主数据规范为基础，实现了信息流、实物流、资金流的统一。系统打通了需求、计划、实施、合同、物流、检测、付款和供应商后评估等物资全生命周期，实现了横向端到端供应链流程串联，纵向管理一体化的采购管理。在电商采购方面，实现与京东、天虎云商等社会化资源自动对接，逐步打造“一站式”电商服务模式。

三、环境及发展趋势

政策方面，习近平总书记在党的十九大报告中提出“要在中高端消费、创新引领、绿色低碳、共享经济、现代供应链、人力资本服务等领域培育新增长点、形成新动能”。国务院也连续出台供应链创新与应用指导文件。电信企业应该响应国家号召，积极开展供应链创新与应用试点，推动传统采购向现代供应链转型。

市场环境方面，随着发展理念深刻变化、新产业快速发展、供应市场日趋复杂，要求企业践行绿色发展理念，对市场作出敏捷反应。同时，国家加快生态文明建设，加大污染防治力度，淘汰过剩、落后产能，有利于提升产品质量与供应商服务水平。智能终端、物联网等产业增长迅猛，对核心芯片、关键元器件的需求呈井喷式增长，现有产能无法满足新需求，造成国际范围内的供需失衡。

（一）信息技术成为供应链创新发展的关键动力

“互联网 +”、物联网等技术将企业供应链全链条的节点和元素进行透明化连接，大大加强了企业内外部的互联互通，让传统的“链式或网状供应链”向“生态集成的供应链”转变，大数据、区块链、云计算、AI 等数据处理技术成为企业挖掘供应链全链条数据价值及形成企业知识的重要手段，让供应链具备了即时、可视、可感知、可调节的能力。

随着大数据、云计算、人工智能等数字化技术不断投入使用，传统企业面对的众多供应商的寻源、询价报价、招投标、商业谈判、采购执行、产品质量检查等一系列复杂的采购程序，通过应用数字化技术的采购电商化平台，简化为网络寻源、网上比价、网络下单等简单的操作流程，进而高效率地完成采购工作。将企业的电商化采购供应链从当前的网络零售供应链中区分出来，并促进其独立发展，已经成为未来发展的必然选择。

（二）创新采购模式，助力新兴业务发展

电信行业处在产业技术升级转型的关键时期，5G网络建设进入大规模部署阶段，新兴业务收入占比逐年提升，电信企业供应链需要提供更加快速响应的服务和更高灵活性的支撑，采购工作的机制和模式需要进一步调整创新，以进一步适应新兴业务发展要求。电信企业应持续立足保障网络强国建设，进一步提升供应链管理水平，主动适应5G、云网融合等建设要求和新兴业务发展需要。如中国电信在国内首创光模块集采模式，组织应用场景研究、集采成熟度评价，推进产业链协同合作，推动设备解耦和合理竞争，防范供应风险，并逐步推进供应链信息化协同。多省实现采购系统与供应商公司的B2B系统直连，试点电子订单应用与电子印章互认等。

（作者：林玲、刘超、吴凯，中国电信集团采购事业部）

中小企业参与政府采购的问题与对策

政府采购是建设现代财政制度的重要内容。当前，我国政府采购形成比较完善的法律体系，范围和规模不断扩大，模式逐步完善，全链条监管体系初步构建，政策效果逐渐显现以及主动融入全球化。但中小企业参与政府采购还存在结构性失衡、相关扶持政策不“实”、企业获取相关信息渠道不够畅通，存在企业参与政府采购政策性壁垒、中小企业自身竞争力不够强等问题。要通过加强企业间的合作提高协同竞争力，精准对接政府需求，树立品牌形象，建立应对政府采购的专业部门，细化政府采购营销管理，依托政府采购扶持中小企业的政策拓宽融资渠道等措施，助力中小企业更好参与政府采购，既为企业发展注入动力，也有助于政府采购的科学发展和创新。

政府采购作为建设现代财政制度的重要内容，是构建现代化国家治理体系的重要工具之一。从1996年政府采购制度改革试点以来，我国已基本建立了一套相对完整的政府采购制度和管理体制。随着政府采购理念的变化，采购目标逐渐呈现多元化，尤其重视发挥对中小企业发展的引导与帮扶作用。政府采购作为一种政策导向性较强的政府行为，对企业既是一个大的销售市场，也是一个好的宣传渠道。特别是对中小企业而言，更是一个具有带动效应的示范工程。中小企业要紧紧抓住政府采购改革的契机，充分合理利用政府采购对中小企业的优惠政策，主动调整营销策略，改进产品和服务水平，分享政策红利，助力企业高质量发展。

一、我国政府采购总体情况

我国政府采购经过20年的发展，不断完善政策手段，积极拓展政策功能目标，健全支持创新和绿色采购等政策，支持中小企业，助力供给侧结构性改革，贯彻落实新发展理念，取得较好成效。

（一）形成比较完善的政府采购法律体系

我国政府采购的立法进程相对较快，从2002年颁布《中华人民共和国政府采购法》（以下简称《政府采购法》）至今，仅中央层面专门针对政府采购方面的法律法规就出台了近60部，已初步形成了以《中华人民共和国政府采购法》为统领，以《中华人民共和国政府采购法实施条例》（以下简称《实施条例》）为支撑，以《政府采购质疑和投诉办法》（财政部令第94号）、《政府采购非招标采购方式管理办法》（财政部令第74号）、《政府采购货物和服务招标投标管理办法》（财政部令第87号）等规章办法为依托，以各级指导性文件为补充的较为完善的政府采购法律制度框架，涵盖了体制机制、程序操作、政策执行、基础管理及监督处罚等各个方面的内容。地方政府也在此框架下结合实际对辖区内的政府采购制度进行了规范。这些法律法规制度有效规范了财政支出行为、维护了政府采购市场交易秩序，奠定了政府采购市场良性发展的基石。与2000年颁布的《中华人民共和国招标投标法》（以下简称《招标投标法》）及其相关法律法规相衔接，我国已初步建立了覆盖货物、工程和服务的较为完善的公共采购法律制度框架。

（二）政府采购范围和规模不断扩大

政府采购的对象范围由最初的主要限于货物采购，逐步扩大到了服务以及工程。货物类采购从通用类货物向专用类货物延伸；服务类采购从传统的专业服务逐步扩展到公共服务、服务外包等新型服务领域；工程类采购开始逐步纳入政府采购管理范围。政府采购的资金范围也明确为“纳入预算管理的资金”，而且规定了两种“视同财政性资金”需要进行政府采购的情况。与此相适应，政府采购规模也得到了快速发展，节约资金效果明显。1998年全国政府采购规模为31亿元，到2018年，政府采购规模已经达到了35861.4亿元；其占GDP的比重由1998年的0.04%，上升到2018年的4.1%；占财政支出的比重从1998年的0.29%，上升到2018年的10.5%。特别是近年来随着政府购买服务改革的推进，服务类采购规模大幅增长，2003年服务类采购规模仅103.8亿元，到2018年同口径增长到12081.9亿元，较上年增长35.7%。2015年、2016年、2017年服务类采购规模增长速度分别为72.9%、45.4%和83.1%。

（三）采购模式与方式体系逐步完善

一是从采购模式上看，我国采取了集中采购与分散采购相结合的方式，即列入集中采购目录以内的实行集中采购，不在集中采购目录内但达到规定限额以上的实行分散采购，这较好地发挥了集中采购的统一性和分散采购的灵活性。其中，集中采购又分为“政府集中采购”和“部门集中采购”两类。近年来，集中采购规模占比持续下降，分散采购规模占比持续上升，分散采购规模占全国政府采购规模的比例从2015年的15.2%上升到2018年的41.5%，3年内提高了26.3个百分点。2018年，政府集中采购、部门集中采购、分散采购的规模分别为15767.8亿元、5211.1亿元和14882.5亿元，分别占全国政府采购规模的44%、14.5%和41.5%。

二是针对不同情况设立了多种采购方式，且适用条件越来越清晰。《政府采购法》中规定了公开招标、邀请招标、竞争性谈判、单一来源采购、询价五种具体采购方式，同时，法律也规定国务院政府采购监管部门可以规定除此之外的其他采购方式。由于公开招标是政府采购的主要采购方式，为了规范这类采购方式，2004年，在《政府采购法》实施一年后，财政部发布了财政部令第18号《政府采购货物和服务招标投标管理办法》（现已废止），专门对货物和服务招标投标方式进行了规范。随着非公开招标采购方式在实践中出现的不规范现象的增多，2013年年底，财政部发布了第74号令

《政府采购非招标采购方式管理办法》，专门对非招标采购方式进行比较详细的规定。2014 年年底，为适应政府购买服务和 PPP 改革的需要，财政部新增了“竞争性磋商”采购方式。2017 年，又根据政府采购实践发展，用第 87 号令替代了第 18 号令。多样化的采购方式适应了采购形势发展的需要，健全了政府采购方式体系，规范了政府采购行为。

三是从采购手段上看，旨在提高效率的电子化采购方式持续推进。各地政府拓宽电商平台销售渠道，扩大竞争范围，实行全网比价，由采购人进行比对，自由选择。如广东省政府采购网上商城、福建省的“公采云”、山东省的“齐鲁云采”等。不少地方还在电子化集中采购推进二次竞价管理模式，大幅提高采购效率、降低采购价格，通过“跟单”模式，让零星采购项目也能享受议价成果。

（四）全链条采购监管体系初步构建

一是建立了“管采分离”的政府采购监管机制。在政府采购监督管理部门统一监督管理下，采购单位、集中采购机构等执行操作部门依法组织具体采购活动。政府采购监督管理部门负责采购政策和规章制度的制定、指导和监督采购单位和集中采购机构开展工作、协调各采购关系、处理投诉和检查处罚等管理性工作，不参与和干预具体采购交易活动。采购单位是采购项目的需求者和使用者，作为采购主体要执行政府采购各项规章制度，将政府集中采购目录中的项目，委托集中采购机构实施采购，非集中采购目录以内但达到限额标准以上的则委托除集中采购机构外的其他采购代理机构采购或者自行组织采购。集中采购机构是政府设立强制代理政府集中采购目录中项目采购活动的代理机构，集中采购机构是采购执行机构，不具有管理职能。

二是将监管链条延伸到需求和结果管理。我国政府采购制度建立之初，其主要目标集中在“节支反腐”，从而政府采购管理的焦点也主要集中在程序管理上，以期用规范化的程序设计卡住“腐败”的关键点，以程序为导向的管理模式在初期对扭转原来政府采购不规范操作、节约财政资金起到了积极作用。但随着改革的深入，程序导向管理的弊端日渐显现，其忽视了采购需求管理和采购结果管理，导致出现采购效率低、价高质次、低价恶性竞争、超标准需求等现象。近年来采购管理开始向前端的需求管理和后端的结果管理延伸，全链条采购管理体系逐步构建。在采购准备阶段，要求采购人和采购代理机构科学合理确定采购需求。在采购程序进行中，规范政府采购方式的选择，在采购程序结束后，要求采购人和代理机构严格规范开展履约验收，推进政府采购管理的结果导向化。例如，从 2011 年起，结合采购人的现实需要，我国深化了批量集中采购改革，将协议供货价格联动机制扩大到所有批量集中采购品目，努力解决协议供货产品价格虚高问题。2015 年《实施条例》实施以来，覆盖采购全生命周期过程的采购管理体系逐步形成。

三是强化了政府采购信息公开制度。在《政府采购法》树立“公开透明”原则的基础上，《实施条例》以政府采购全过程信息公开的目标为导向，进一步规定采购项目信息、采购文件、中标成交结果、采购合同和投诉处理结果等都必须在指定媒体上进行公开。2017 年财政部又颁发了《财政部关于进一步做好政府采购信息公开工作有关事项的通知》（财库〔2017〕86 号），再次对政府采购信息公开工作提出了更高要求。2019 年 11 月发布了《政府采购信息发布管理办法》（财政部令第 101 号），自 2020 年 3 月 1 日起施行。

四是加强了政府采购内控制度建设。2016 年财政部发布了《财政部关于加强政府采购活动内部控制管理的指导意见》（财库〔2016〕99 号），进一步规范政府采购活动中的权力运行，强化内部流程控制，促进政府采购提质增效。

五是围绕“专家和代理机构监管不到位”问题，健全监管体制机制，加强监督检查和警示教育。例如，《实施条例》在原有《政府采购法》的基础上通过进一步明确评审专家的管理主体，确立随机抽取、动态管理的原则，明晰评审专家的权利义务，规范评审专家的行为，并采取加大对评审专家违法行为的处罚力度等方式加强了对评审专家的规范管理。2016 年财政部印发《政府采购评审专家管理办法》（财库〔2016〕198 号），着重解决专家不专、专家权利责任不对等、专家数量不足等问题，还发布了《政府采购代理机构监督管理办法（征求意见稿）》，重点解决代理机构无序竞争、专业化能力不足、违规操作、执业能力不足等问题。

六是在“简政放权”与“放、管、服”改革的大背景下，大力减少审批审核数量，简化审批审核流程，加强事中事后监管。例如，2014 年 9 月以来，社会代理机构代理政府采购业务不再需要财政部门进行审批，但对代理机构的监管同时得到了加强，财政部门每年都对代理机构进行抽查，推行“双随机一公开”运行机制，强化了对代理机构的监管；提高货物、服务的公开招标数额标准和分散采购限额标准；落实和细化了中央关于扩大高校、科研院所采购自主权的政策措施，中央高校、科研院所可自行采购科研仪器设备和自行选择科研仪器设备评审专家，对进口科研仪器设备实行备案制管理；实行采购单位一揽子申请变更采购方式和采购进口产品“部门集中论证、财政统一批复”，对审批审核实行限时办结制，对符合要求的审批项目 5 个工作日内完成批复；建立对中央预算单位政府采购预算和计划编报情况、变更政府采购方式审批和采购进口产品审核事项执行情况、政府采购信息公开要求落实情况的常态化动态监管机制；推进联合惩戒，建立健全部门协同监管机制。主动加强与纪检监察、审计部门的协调配合，从信息共享和工作协调等方面，进一步完善政府采购协同监管机制。

（五）政府采购的政策功能逐渐发力

我国《政府采购法》第九条规定：政府采购应当有助于实现国家的经济和社会发展政策目标，包括保护环境，扶持不发达地区和少数民族地区，促进中小企业发展等。“十一五”规划首次把政府采购列为与财税手段、金融手段并列的宏观经济调控手段，使政府采购从单纯的财政支出管理手段上升为国家实现宏观经济和社会目标的公共政策工具。《实施条例》进一步完善了政府采购政策的相关规定，指出应通过制定采购需求标准、预留采购份额、价格评审优惠、优先采购等措施，实现节约能源，保护环境，扶持不发达地区和少数民族地区，促进中小企业发展，维护国家安全等目标。

目前我国已经建立起涵盖支持绿色产业、支持中小企业、支持残疾人就业等内容的政府采购政策支持体系。2004 年财政部、国家发展改革委发布的《节能产品政府采购实施意见》（财库〔2004〕185 号）。2007 年财政部和国家环保总局发布《关于环境标志产品政府采购实施的意见》（财库〔2006〕90 号），国务院办公厅发布《国务院办公厅关于建立政府强制采购节能产品制度的通知》（国办发〔2007〕51 号）。截至 2017 年，“节能产品政府采购清单” 和 “环境标志产品政府采购清单” 分别发布了第二十二期和第二十期，节能、环保产品范围不断扩大。2011 年财政部发布的《政府采购促进中小企业发展暂行办法》（财库〔2011〕181 号）。2017 年，我国又发布了《关于促进残疾人就业政府采购政策的通知》（财库〔2017〕141 号），以发挥政府采购促进残疾人就业的作用。

其中，为支持节能、环保产品和支持中小企业发展，2008—2016 年节能产品均占同类产品采购额度的 64% 以上，环保产品占比也基本都在 60% 以上。特别是 2013 年节能产品占比高达 86%，环保产品也在 2013 年以来呈现较大幅度的增长，主要原因可能在于当年发布了《国务院关于加快发展节能环保产业的意见》（国发〔2013〕30 号），提出要“扩大政府采购节能环保产品范围，不断提高节能环保产品采购比例，发挥示范带动作用”。此外，向中小微企业采购的金额占全部采购金额的 76% 以上，特别是对小微企业的采购也都在 40% 以上。

（六）主动融入政府采购领域全球化

我国坚持“改革开放”的基本国策，在不断深入政府采购改革的同时，不断推进政府采购市场开放，主动融入政府采购领域全球化。政府采购市场开放，意味着一国财政支出管理已经不囿于国内而是走向世界，同时也表明一国财政在全球的参与权和话语权的增加，是大国财政的重要体现。我国政府采购制度改革发展历程中，非常重视政府采购市场开放、推动经济全球化。1996 年我国开始参加亚太经济合作组织政府采购专家组活动，参与政府采购非约束性原则的制定，并积极参与政府采购磋商和交流。2005 年以来，财政部先后在政府采购领域与欧盟建立了政府采购对话机制，与美国建立了政府采购技术性磋商机制，并先后与澳大利亚、新西兰和韩国在自由贸易区框架下开展政府采购谈判。2007 年，我国启动了加入世界贸易组织《政府采购协定》（GPA）的谈判，履行了加入世界贸易组织时的相关承诺，截至 2019 年年底已提交了 7 份载明政府采购市场开放范围的出价清单，并提交了《政府采购国情报告》，请参加方对我国政府采购法律制度进行审议。

二、中小企业参与政府采购的现状与问题

（一）参与政府采购的中小企业存在结构性失衡

深入分析后也不难发现，表面的优势和繁荣无法掩盖中小企业参与政府采购竞争存在的突出问题，中小企业参与政府采购的形势不容乐观，主要表现为“三低”。一是生产制造类中小企业中标比例低。除部分协议供货、定点采购项目外，参与政府采购项目的供应商主要以中小企业为主，政府采购合同客观上也绝大多数被授予中小企业，但这些中标成交企业多数只是其他知名品牌产品（如计算机、打印机、汽车等）的代理销售商，导致名为中小企业中标实为大型企业最终获利的情况相当普遍。二是中小企业直接提供服务的中标金额在采购总额中所占比例低。从实践来看，能够依靠自身力量直接提供服务的中小企业中标范围，仅仅局限于印刷、维修、软件等技术含量低、采购规模小、经济回报少的项目，在一些大的项目上根本无法与以大型企业为支撑的经销商相抗衡，使政府采购对生产制造类中小企业的扶持效果落空。三是参与政府采购的企业占中小企业总数比例低。以北京为例，市政府采购中心从2000年起截至目前，共备案登记供应商10052户，相对全市30多万户中小企业来说，参与政府采购的中小企业所占比例很低，可见中小企业参与政府采购活动的普遍性不够。

（二）政府采购扶持中小企业的政策不“实”

政府采购扶持中小企业发展的法规政策依据主要表现在三个层次。一是国家法律。《政府采购法》规定：“政府采购应当有助于实现国家的经济和社会发展政策目标，包括保护环境，扶持不发达地区和少数民族地区，促进中小企业发展等。”《中小企业促进法》规定：“政府采购应当优先安排向中小企业购买商品或者服务。”二是地方法规。大多数地方法规明确规定政府采购应当安排一定的比例，向中小企业购买产品或者服务。具体比例由县级以上地方人民政府根据实际情况确定。三是部门规章。《政府采购货物和服务招标投标管理办法》（财政部令第87号）提出，采购人在货物服务招标投标活动中，应落实促进中小企业发展等政府采购政策。上述规定为政府采购扶持中小企业提供了明确的依据，但实践中执行效果并不理想，严重制约了政策目标的实现。

（三）中小企业获取政府采购信息的渠道还不畅通

近年来，中央和全国各地着力加强政府采购信息公开，为中小企业提供信息支持，形成国家政府采购网、地方政府采购网联合发布的政府采购信息披露体系，基本能够保障供应商及时、准确、便捷地获取政府采购信息。尽管如此，中小企业受到人员力量和产品服务类型限制，在信息发布平台多样、各种信息集中交错的情况下，难以实时跟踪所有政府采购信息，及时获取自己所需要的政府采购信息。目前，官方信息平

台没有针对中小企业开辟专区，中小企业收集与自身条件匹配的政府采购信息有难度，没有打通为中小企业信息服务的“最后一公里”。

（四）存在中小企业参与政府采购的政策壁垒

政府采购实践表明，采购人盲目贪大求强观念较为普遍，不利于中小企业的限制性条款过多，问题十分突出。采购人盲目攀比、追求名牌、过分迷信大型企业提供的产品，认为中小企业在品牌影响、产品质量、售后服务等方面与大型企业无法相比，从心理上排斥中小企业，不愿意接受中小企业的产品和服务。在攀比、名牌观念的支配下，为了达到变相排斥中小企业中标的目的，有的采购人便利用招标文件设定种种不合理的限制条款，采用不利于中小企业中标的评标体系。这些限制性条款主要体现在以下四个方面。一是资格资质类。明确要求参与竞标的供应商必须具有相应的资质等级、经营资格认定文件，不符合条件的一律不允许参与，将中小企业拒之门外。二是规模业绩类。要求投标企业必须达到过高的注册资本标准，有的项目采购金额并不高却要求供应商注册资本达几千万元，并且要求供应商满足一定的经营年限、曾经取得相应业绩或具有同类项目经验，中小企业在这方面处于先天弱势。三是商务条件类。实践中通常要求中标供应商在中标后预缴高额的履约保证金，对供应商交货时间、工期提出苛刻要求，而对拨付货款设定较长周期，增加了企业的资金压力，融资能力本就不足的中小企业不堪重负，成为中小企业进入政府采购市场的重大障碍。四是技术指标类。设定一些过高的技术指标，而这些技术指标要么被设为准入门槛，要么被列为评审加分项目，将中小企业与大型企业放在同一起跑线上衡量，这种表面看似公平的做法，实质上是极为严重的隐性不公平，导致中小企业在此类技术指标面前难以招架。

（五）中小企业参与政府采购存在自身劣势

一是管理水平不高。不少中小企业受经营规模、经营理念等制约，普遍存在综合管理水平不高、自身竞争实力不强的问题。二是履约诚信较差。部分中小企业诚信制度缺失，不讲诚信、违法违规经营，在竞标过程中伪造证明文件、不计成本恶意压价，中标后又违反合同私下转包、提供劣质产品和服务，损害采购人的合法利益，也破坏政府采购市场环境，最终损害了自己的信誉和发展。三是服务保障较弱。中小企业防范和抗击经营风险能力较差，由于在技术、工艺、设备等方面落后于大型企业，其产品社会化程度较低，服务保障渠道单一，而有些政府采购产品使用寿命和年限则较长，需要提供持续可靠的售后服务保障，在此过程中部分中小企业可能已倒闭破产，无法继续提供服务保障。四是主动性不强。有的中小企业缺乏长远发展眼光，认为政府采购程序烦琐、制约较多、资金回笼慢，不愿意投入精力学习研究政府采购知识，主动放弃政府采购市场。个别中小企业则将政府采购政策扶持视为片面保护甚至作为逃避市场竞争的保护伞，宁愿到处跑关系，要特殊照顾，也不愿主动学习掌握参与政府采购的流程。

三、中小企业更有效参与政府采购的对策

政府采购是中小企业谋求发展的助推器。中小企业科学谋划，依法依规参与政府采购，既能借助政府采购获得快速发展，又能为国家和地方政府采购的现代化作出应有的贡献。

（一）加强企业间的合作，形成协同竞争优势

任何企业要在市场竞争中更好地生存、发展，绝不能仅仅依靠单个企业自身的力量。企业利用自身优势，和其他竞争对手以及上下游供应商组成战略协作联盟，已经成为激烈竞争环境下，企业生存发展的必由之路。中小企业要准确分析自身核心竞争力，开展横向合作，形成更优秀的企业联合体，真正实现强强联手，联合参与政府采购项目投标。充分利用纵向协作资源，降低交易费用，共同提升价值链上的核心价值，不仅可以为本企业形成巨大的获利能力和竞争优势，还可以在较短时间内扩展市场份额，提高边际收益。

（二）精准对接政府需求，打造“精品”

要坚持需求导向，细致分析政府采购需求实质。通过多方面接触了解项目单位对外部门、外地区相关项目实施情况的评价和意见，通过事前细致调研，深入了解政府采购主体的一般需求。同时，要充分解读政府用户的个性化要求，设计出满足政府要求的产品和营销方式，与政府实现无缝对接，降低项目实施过程中的系统性风险。要切实转变利益视角，从政府部门行政管理角度出发，思考如何提供更高品质的专业化服务，建设自身品牌形象，从而在政府顾客群内建立良好的品牌知名度、企业美誉度和顾客忠诚度。

（三）建立面向政府部门的项目管理专业化部门

政府部门的决策机制、采购流程、项目实施推进步骤都区别于企业或个人，因此必须对此建立专业化的服务和管理体制，并着重培养一批精通政府采购法律法规和政策的专业人才队伍。同时，要建立专门针对政府部门的营销部门，培训专业化营销人员，使其熟悉政府内部事务运作流程，把握采购决策关键环节，还要全面掌握政府采购操作规则，利用各种政策发挥自身竞争优势。

（四）细化政府采购营销管理

进行更加精细的市场细分，按照采购项目实施主体的购买需求、购买态度、购买

实践等不同变量，把一个市场分为若干个不同的购买群体，其中每个具有相似需求倾向的购买群，就是一个细分市场。通过市场细分，将政府采购项目明确为一个独立的细分市场，并根据该细分市场的特点有效实施营销战略。将政府采购项目作为一个独立的细分市场时，要深刻认识政府顾客群体的行为特征，并有的放矢地予以满足。要明确政府的重点市场地位，避免企业盲目扩张或者参与不必要的竞争。以打造在一定区域或行业内，甚至全国范围内的优秀示范项目为目标，通过树立政府采购优秀案例，提高顾客认同度。要注重分析竞争对手信息，以便增强促销活动等营销策略的实施效果。要充分注意政府顾客与私人顾客之间价值取向的区别，不要以降价作为营销筹码，而应当注重持续提升的能力和产品综合性能。要在营销过程中注意规避涉及商业贿赂的政策法律风险。要充分尊重政府采购方式，主动适应采购方式的信息化、网络化和智能化趋势。

（五）借助政府采购政策环境拓宽融资渠道

中小企业要充分利用参与政府采购活动的机遇，与财政部门、信息化部门及科技部门密切接触，争取各方面经济政策的扶持。在加速成长阶段的中小企业已经渡过了资金和产品上的难关，形成了一定的核心竞争力。面临的主要问题是完善产品、拓宽市场和进行新的研发投入等方面的资金缺口。此时，中小企业要利用政府采购项目资金的确定性，作为融资媒介，争取中短期的项目贷款，为企业的进一步发展提供充足的资金支持。

（作者：饶青山，博思数采科技发展有限公司副总裁、北京阳光公采科技有限公司董事长）

A 地区公共采购失信行为大数据分析

国务院 2014 年 6 月印发《社会信用体系建设规划纲要（2014—2020 年）》，提出在政府采购、招标投标等领域，率先使用信用信息和信用产品，加强政府采购信用管理，强化联动惩戒，制定供应商的信用信息标准，依法建设政府采购供应商不良行为记录名单，完善政府采购市场的准入和退出机制。此后，公共采购信用管理成为各级政府和广大企业关注的重要事项。各省市不断加大信用体系建设，在政府网站上公开违法失信行为信息，建立供应商诚信档案，加大曝光力度。

为了推动公共采购领域信用体系建设，尤其是供应商失信行为的信息公开和联合惩戒，课题组选取经济相对发达、公共采购规模较大的 A 地区，对其公共采购违法失信及其处罚情况进行数据分析。

一、评估对象和方法

本课题所称失信处罚，是指政府行政部门针对采购人、采购代理机构、供应商等在政府采购过程中的违法失信行为依法作出的警告、罚款、没收违法所得、吊销营业执照等处罚行为。近年来，公共采购领域诚信缺失问题日益凸显，企业提供虚假材料、不按约定签合同、串通投标等屡禁不止。由于公共采购具有公共性，其运行过程中存在的不规范乃至失信行为不仅严重扰乱了市场秩序，也大大损害了行业形象和政府公信力。

公开违法失信处罚结果，一则有助于监督有关部门依法履行监管职责；二则有助于提示采购人、采购代理机构、供应商等主体依法参与政府采购活动；三则有助于提示各方面主体明确自身行为的边界。《中华人民共和国政府采购法实施条例》第六十三条规定，各级人民政府财政部门和其他有关部门应当加强对参加政府采购活动的供应商、采购代理机构、评审专家的监督管理，对其不良行为予以记录，并纳入统一的信用信息平台。

课题组以 A 地区（包含本省、所属市、区县等三级）各评估对象政府采购网作为获取评估数据的基础平台，同时，考虑到各地发布政府采购失信行为记录的平台并不一致，课题组还根据供应商惯常获取政府采购信息的实际情况，补充了中国政府采购网、全国公共资源交易中心（按国家部委的要求，各省市应当逐级报送严重违法失信行为记录信息），结合各地公共资源交易网站、住房和城乡建设部门门户网站、财政部门网站等平台，获取了评估数据。

本次评估时间跨度为 2019 年 1 月 1 日至 12 月 31 日。为保证评估结果的准确性，课题组对评估对象的数据进行了详细复查，删除了重复数据，保留了所有的网站页面截屏和链接记录。

二、评估的基本情况

（一）信息发布平台情况

2019年度，A地区在公共信息平台上发布的违法失信信息共计204条（已剔除重复数据13条以及不涉及供应商失信的投诉处理信息46条）。

从平台层级上看，公共采购失信行为处罚信息主要发布在地市级信息平台上，占信息总量的一半以上。其中，全国性平台发布29条，占总数的14.2%；省级平台发布59条，占28.9%；地级市平台发布116条，占56.9%，如图3－3－12所示。

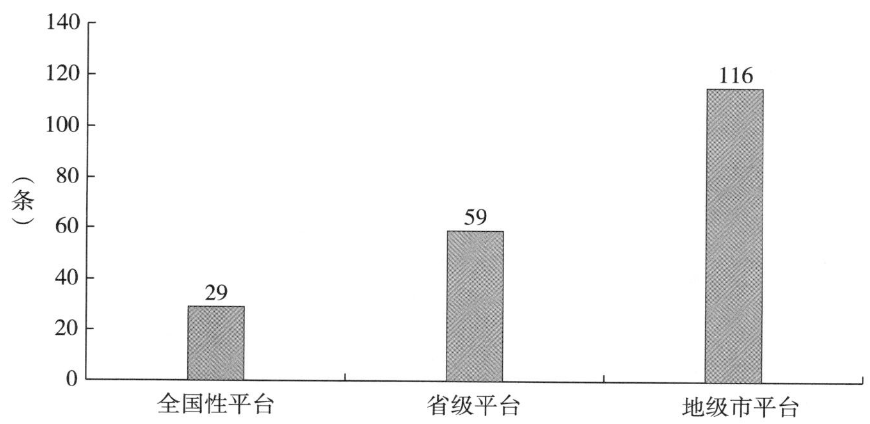

图3－3－12　A地区违法失信行为处罚信息发布平台分布

其中，全国性平台主要是中国政府采购网（23条）和全国公共资源交易平台（6条）。省级平台包括A省政府采购网（13条）、省财政厅（4条）、省公共资源交易数据中心（42条）。地级市平台层面，包括省会城市公共资源交易中心（2条）、财政局（15条）、住房和城乡建设局（44条）、资源交易信用平台（4条），S市公共资源交易中心（39条）、财政局（4条），D市公共资源交易网（3条）、政府采购网（1条）、市财政局（1条），ZS市财政局（2条），ZH市财政局（1条）。

该地区公共采购供应商失信行为记录的总体情况较好，但不均衡。该地区有2个副省级城市、19个地级市，从市级平台发布的信息分布上看，2个副省级城市共发布108条，其他地级市共发布8条，还有12个地级市本级公共采购信息平台上未发布失信信息。

（二）失信行为总体分布

失信行为的区域集中度较高。课题组按照失信行为的发生地进行统计，失信行为数量最多的为S市，共有122次（见表3－3－8），在区县级，发生次数最多的为S市

FT 区，高达 61 次，其次为 S 市 LG 区，达到 32 次。其他的主要分布在 S 市 BA 区、S 市 LH 区，分别为 11 次和 9 次。G 市也是失信行为比较集中的区域，该市总计 46 次，其中 TH 区发生 13 次，ZH 区发生 5 次。

表 3－3－8　　失信行为记录的区位分布（市级）

发生次数 / 项目单位（市）	数量	占全省的比重（%）
S 市	122	59.8
G 市	46	22.5
SG 市	6	2.9
前三名总计	174	85.2

总体上看，失信行为记录信息数量排名前三的市，其总量占整个地区的 85.2%；排名前三的区县，其失信行为记录数量占整个地区的一半以上（52.0%），如表 3－3－9 所示。

表 3－3－9　　失信行为记录的区位分布（区县级）

发生次数 / 项目单位（区）	数量（个）	占全省的比重（%）
S 市 FT 区	61	29.9
S 市 LG 区	32	15.7
G 市 TH 区	13	6.4
前三名总计	106	52.0

值得注意的是，失信行为记录信息数，在一定程度上说明企业参与该地区公共采购活动采取违法失信行为的倾向，此外还与该地对失信行为的监督检查发现力度有关，并与该地总的公共采购交易宗数、信息公开力度、信息发布及时性等直接关联。

（三）执法单位分布情况

204 项违法失信行为记录信息中，167 项处罚机关明确以及 37 项的处罚机关未明确。按处罚机关行政级别划分，省级处罚机关 1 个，共处罚 3 项；市级处罚机关 15 个，共处罚 157 项；区级处罚机关 4 个，共处罚 7 项，失信处罚决定多由市级处罚机关作出，如图 3－3－13 所示。

从单位性质来看，主要涉及 4 类处罚机关，即省级机关、市级机关、区级机关、其他。其中财政局处罚 103 项，住房和城乡建设局处罚 53 项，是作出失信处罚决定的主体；此外，市公共资源交易中心处罚 4 项，市建设工程安全监督站处罚 3 项。A 地区各类处罚机关对违法失信行为处罚的频次如图 3－3－14 所示。

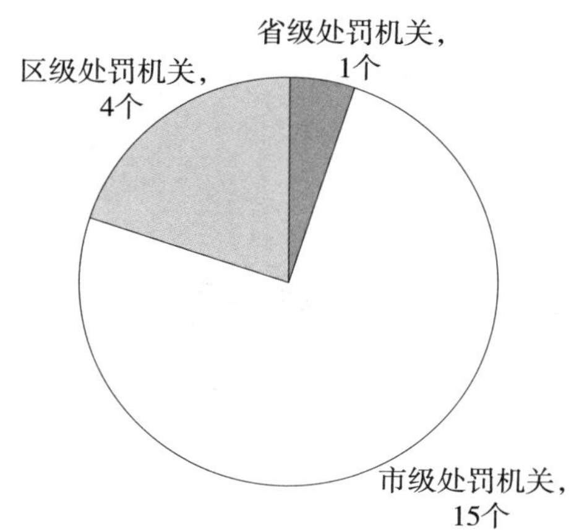

图3－3－13　A地区对违法失信行为进行处罚的机关部门数量分布

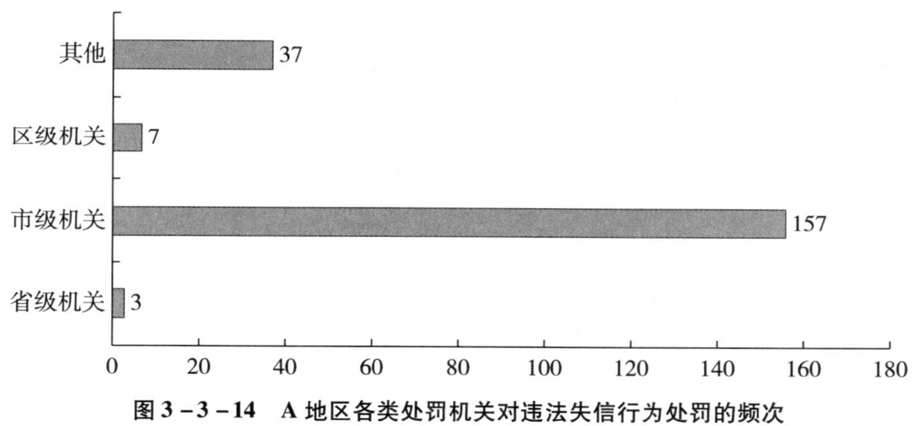

图3－3－14　A地区各类处罚机关对违法失信行为处罚的频次

（四）发布信息形式情况

从各平台发布失信行为处罚的法律文书形式来看，主要以行政处罚决定书形式发布。该地区以行政处罚决定书形式发布的失信行为记录有128项，占比62.7%；以监督检查处理决定书形式发布的有6项，占比2.9%；投诉处理决定书（其中含有企业处罚结果）的12项，占比5.9%；以政府采购信息公告形式发布的有2项，占比1%；其他形式（如以“弄虚作假骗取中标”“未按招标文件要求执行”等信息名在违法失信处罚栏目公布）56项，占比27.5%，如图3－3－15所示。

进一步分析文书发布的信息平台，有的信息通过“企业严重失信行为记录名单”模块发布，有的信息通过“信用信息/违规违法信息”模块发布，有的信息发布在“征信管理/行政处罚决定”模块，还有一部分信息通过“政务公开/通知公告”模块发布。不同地级市之间的信息差异较大，有的信息在主页面的位置不显眼，导致数据搜寻和获取难度大，甚至几经沟通才能在特定网站模块查询到相应信息公告。

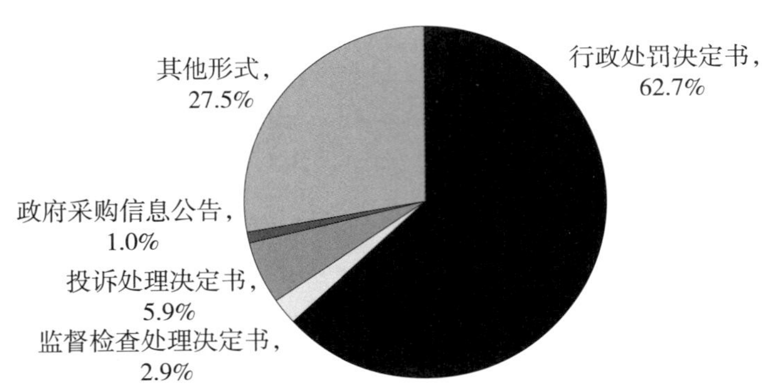

图 3－3－15　各类违法失信行为发布信息的法律文书形式占比

（五）被处罚主体情况

参与公共采购活动、出现违法失信行为的企业分布广泛。

从地域范围看，本地企业占主体。根据统计分析，被处罚的企业不仅涵盖 A 地区本地企业，还涉及地区外企业。其中，本地企业 171 家，占比 83.8%，外地企业 33 家，占比 16.2%（见图 3－3－16）。外地企业主要有：北京市 5 家、黑龙江省 1 家、福建省 4 家、湖南省 2 家、湖北省 1 家、江西省 7 家、山东省 2 家、山西省 1 家、上海市 7 家、四川省 1 家、浙江省 1 家、重庆市 1 家。原因可能是一方面，本地企业在当地政府采购市场上参与比例更高；另一方面，因市场信息不对称、市场贸易壁垒，外地企业较为珍惜来之不易的交易机会。如图 3－3－16 所示。

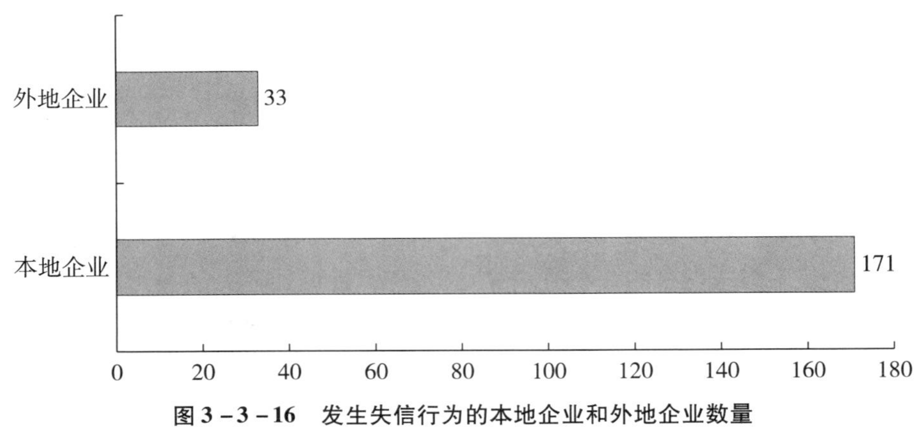

图 3－3－16　发生失信行为的本地企业和外地企业数量

从生产服务类型看，受罚主体主要是生产型和服务型企业。其中，服务型企业 64 家，生产型企业 98 家，销售型企业 31 家，其他类型 11 家（如社会组织机构等非企业单位），如图 3－3－17 所示。从中可以看出，生产型与服务型企业占比大，销售型企业占比相对较小。

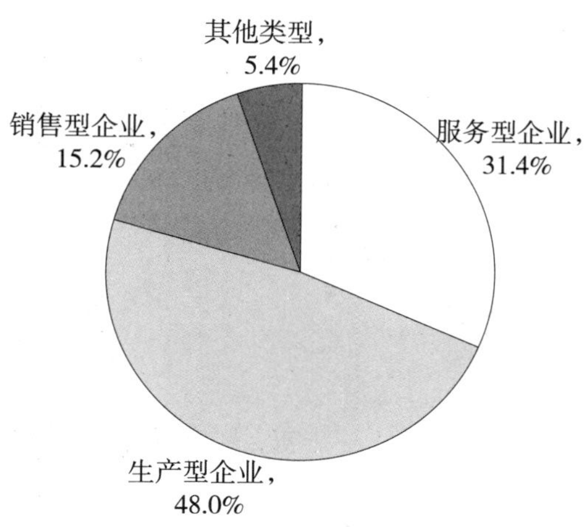

图3－3－17　违法失信企业类型分布

从企业规模来看，受罚主体是中型企业。按照《中小企业划型标准规定》，A地区违法失信供应商中，有大型企业9家，占比4.4%；中型企业102家，占比50%；小微企业82家，占比40.2%；其他单位11家，占比5.4%（见图3－3－18）。中型企业占比最高，小微企业也占了很大比例，大型企业占比最低。在一定意义上似乎说明，大型企业在参与公共采购活动中更注重树立自身企业形象，追求品牌效应和诚信经营。

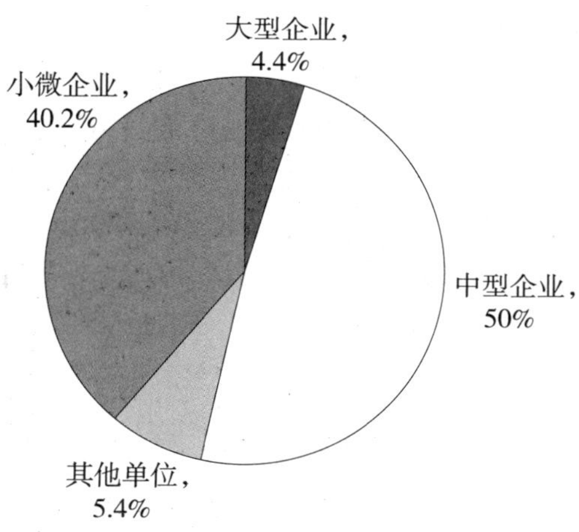

图3－3－18　违法失信企业规模分布情况

从企业性质看，受罚主体中私营企业占绝大多数。A地区公共采购违法失信行为主体中，私营企业187家、外资企业2家、国有企业2家，其他组织8个、不明性质企业5家，如图3－3－19所示。

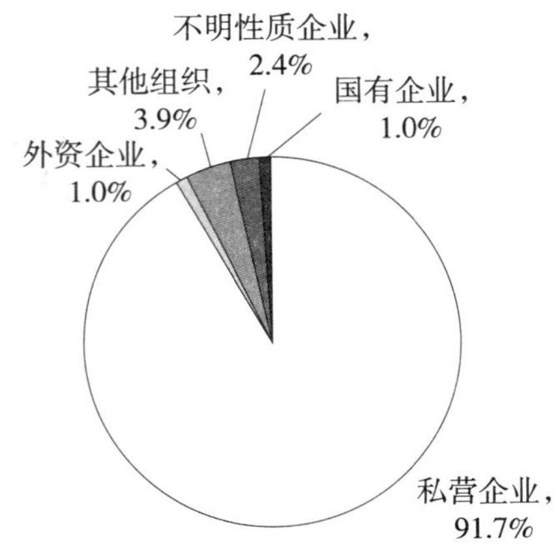

图 3－3－19　违法失信企业性质分布情况

（六）失信事由分布情况

从A地区统计数据来看，公共采购活动企业的失信行为类型，即处罚的事由，大致包括以下几种：提供虚假资料、恶意串通投标、未按招标文件要求、无正当理由放弃签订采购合同、答复不满意，安全条件不合格、差别待遇、资质不符、未按时履约、其他（包括合同转包、工程转包、之前被列入违法失信名单、未按规定保存房产信息等）。

2019年，因提供虚假资料受罚出现83次，占比约40.7%；因恶意串通投标受罚出现43次，占比约21.1%；因未按招标文件要求进行项目实施遭受处罚出现35次，占比约17.1%；因差别待遇受罚出现3次，占比约1.5%；因答复不满意受罚出现10次，占比约4.9%；因企业资质不符受罚出现3次，占比约1.5%；因安全条件不合格受罚出现4次，占比约为1.9%；因未按时履约受罚出现1次，占比约0.5%；因其他原因受罚共计出现20次，占比约9.8%；另有2次未说明受罚理由，约占1.0%，如图3－3－20所示。

提供虚假资料是最主要的企业失信行为，进一步追踪处罚文书，发现主要包括提供虚假的检测报告、质量管理体系认证证书、信用等级报告、企业资质报告等。

（七）失信项目类型分布

从各平台发布的数据汇总来看，A地区参与公共采购活动的各项失信行为中，政府采购103项，工程招投标92项，其他监督监察、合同管理等方面9项。

从违法失信行为所涉及的采购对象来看，货物类项目57项，工程类项目92项，服务类项目55项。不难看出，工程类项目发生失信行为的比例最高，占到45%，如图3－3－21所示，同时违法失信行为所涉及项目的金额都较大。

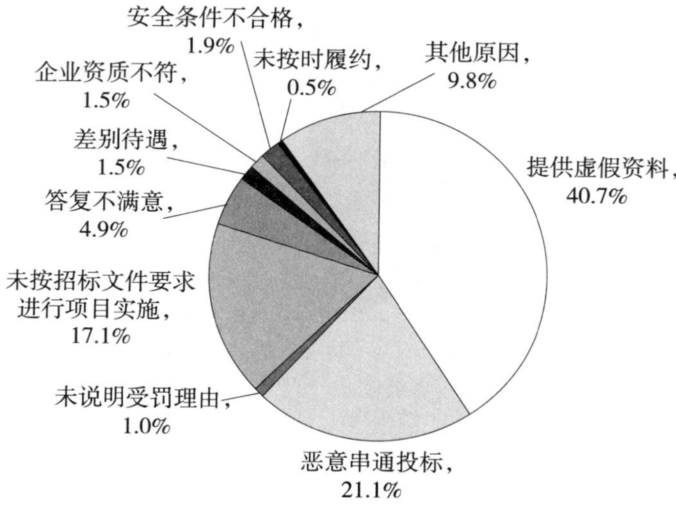

图 3－3－20　失信事由分布

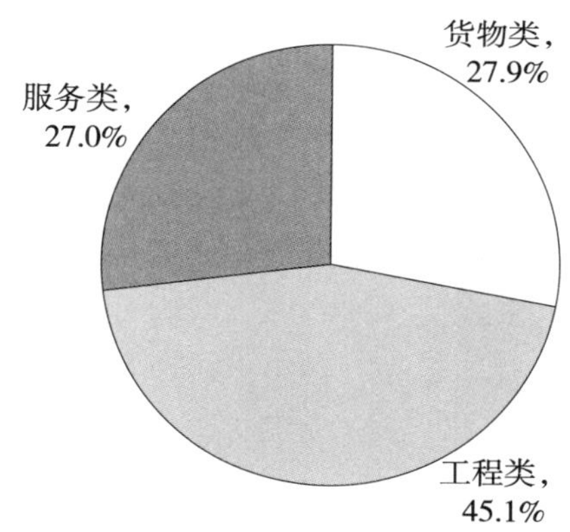

图 3－3－21　货物类项目、工程类项目、服务类项目失信行为数量比例分布

（八）违法失信处罚依据

从公开的处罚信息看，违法失信行为的处罚依据都较为明确，依据不明确的记录仅占 18%。

从处罚依据的法律位阶来看，全国、省、市三级均有适用。在全国领域内，法律 3 部，援引 85 次，占比约 37.1%；行政法规 7 部，援引 31 次，占比约 13.5%；行业规范 1 部，援引 4 次，占比约 2%。在 A 地区行政区域内，省级地方性法规 1 部，援引 4 次；省级地方性政府规章 1 部，援引 1 次，在 A 地区辖区内，市级地方性政府规章 2 部，援引 104 次，占比约 45%，如图 3－3－22 所示。

从处罚依据的具体内容来看，主要集中于国内几部重点法律规范性文件，《招标投标法》援引 43 次、《政府采购法》援引 38 次、《中华人民共和国政府采购法实施条例》

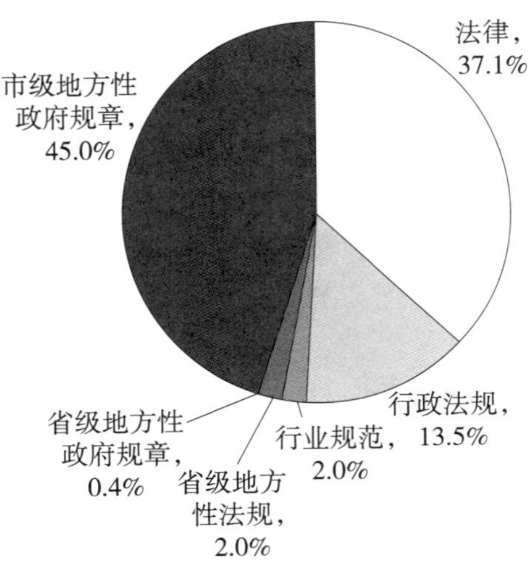

图 3－3－22　处罚依据的法律位阶分布

援引 12 次。这反映了我国在公共采购供应商诚信管理方面立法的集中性，如图 3－3－23 所示。

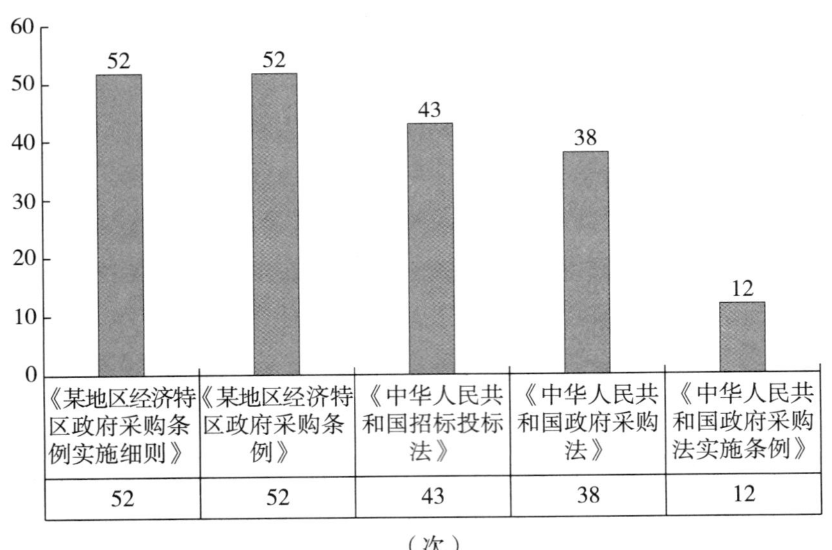

图 3－3－23　处罚依据援引次数统计

（九）失信处罚方式情况

公共采购供应商不诚信采购行为受到的处罚方式涉及以下几种。罚款；禁止进入政府采购；列入供应商诚信档案；列入不良行为记录；警告，责令限期改正；扣分；暂扣许可证、吊销执业许可证、没收违法所得等。

明确禁入时限和禁入范围的比例不高。同时对时限和范围进行了明确的只有 S 市和 G 市，共 46 项；明确禁入时限没有明确禁入范围的 19 项；无禁入时限有禁入范围的有 8 项；终身禁入 4 项，无禁入时限和范围要求的有 127 项，如图 3－3－24 所示。

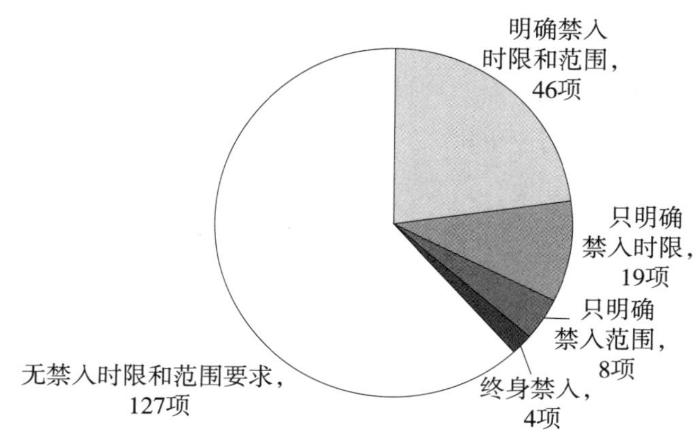

图 3－3－24　受到禁入时限和禁入范围处罚的数量分析

网上公示罚金和比例的也不多。64 项没有明确罚金比例，失信行为未受到处以罚金处理的有 77 项。受到多项处罚方式“并罚”的达到 76 项，只受一项处罚的有 17 项。

（十）信息报送比例情况

根据财政部《关于报送政府采购严重违法失信行为信息记录的通知》要求，对于严重违法失信行为，应逐级向上报送，最后在中国政府采购网上集中发布。

A 地区所有的被处罚单位中，处以 3 万元以上罚款的情况共出现 87 次；在 1～3 年内禁止参加政府采购活动共 77 次（包括有时限有范围 46 次；有时限无范围 19 次；无时限有范围 8 次；终身禁入 4 次）。但实际报送至中国政府采购网的仅 23 项，报送比例处于较低水平。

三、A 地区公共采购信用管理主要亮点和问题

作为全国经济发展总量较大、形势较好的省份，A 地区的公共采购对违法失信行为的处罚和公告归纳起来，主要有以下亮点。

（1）各级部门重视，明确出台法规。公共采购是实现公共资源合理使用的有效手段，在社会经济建设和社会治理中发挥着重要的社会功能、政治功能和政策功能。省、市两级政府都十分重视公共采购的公开、公平、公正，先后出台多部配套法规，在政府采购条例实施细则等政策规定中，细化、具体化严重违法失信行为认定、公示及其处罚手段，对企业失信有较强的惩戒作用。

（2）失信处罚明确，透明程度较高。A 地区根据违法失信的性质和内容，划分了行政处罚、黑名单、不良记录、严重违法失信、一般违法、检查扣分、投诉处理共 7

类。涵盖范围广，归类工作有据可循、一目了然。对于情节轻微、危害性不大、属于初犯的失信行为，可适用扣分记录。设定扣分项，限定最低额，将扣分记录实时同步更新至相应网络平台公示，分值的高低同样影响着供应商参与市场活动的效益。

（3）创新信用评价，建立诚信排名。G 市在信用评价机制建设的探索上迈出了新步伐，市住房和城乡建设局施工和监理诚信综合评价业务信息系统建设初具雏形。在系统里，可以查看“企业诚信评价排名”（分综合和专家两个排名榜），依据“市场行为、质量安全、建设单位、其他”等项目，计算该企业的当日诚信分，并可得到“60日诚信分”。目前列入评价的施工企业有 5938 家，监理企业 518 家。

（4）规范内容格式，完善信息披露。一是披露文书格式规范。S 市遵循全市统一的披露模板，保证了处罚信息的规范性与统一性。二是披露文书内容翔实。文书中载明了企业名称、企业地址、违法失信行为的具体情形、处罚结果、处罚依据、处罚日期和执法单位关键信息。最关键的是，对于失信行为的事实阐述、情节认定以及处罚理由都用较长篇幅进行了清晰的说明，保证了处罚信息的正当性与合理性。三是信息披露发布及时。行政处罚决定书作出之后，在较短时间内，及时报送至信息发布平台进行公开，保证了及时处罚。

在形成地区特色和亮点做法的同时，也存在一些问题和不足。

1. **信息发布方面**

一是部分处罚事由公示不明确。很多处罚决定书并未明确提供的虚假资料具体为何，笼统地公示处罚事由；因未按招标文件要求进行项目实施遭受处罚也是一个重要的处罚事由，但是“未按招标文件要求”本身就是一个模糊的概念，并未具体说明具体的处罚事由，容易降低公信力。

二是发布信息的决定形式不一致。不同平台上设计的失信行为公示模块不统一，采购人和公众难以快速查询，降低了失信惩戒的作用。

三是发布信息的文书范式不一致。有关企业失信行为处理的法律文书各不相同，即使是同一类型的行政处罚决定书所发布的内容要素也各不相同，总体上可分为三类：第一类发布行政处罚决定书的全部内容；第二类则发布“企业名称、统一社会信用代码、企业地址、违法失信行为具体情形、处罚结果、处罚依据、公布日期、处罚日期、执法单位”等关键要素；第三类则发布“项目名称、行政处罚决定文书号、处罚名称、处罚类别、处罚事由、处罚依据、处罚结果、行政相对人名称、行政相对人代码、处罚决定日期”等要素内容。

四是发布信息的部门机构不一致。同一类型项目、同一类型违法失信行为的处罚，有的在公共资源交易中心网站发布，有的是在政府采购网发布，有的是在财政局网站发布。对违法失信行为的信息发布权限要求不明确，对适格处罚主体的规定不清楚。

2. **处罚权限方面**

一是部分处罚主体无处罚权。经查，公共资源交易中心为市政府直属的事业单位，其职能定位为招投标、采购和招商，似乎并未获得相应的行政处罚权，所作出的处罚决定不发生法律效力。

二是部分行政机关越级处罚。根据《中华人民共和国行政处罚法》第二十条有关规定，“行政处罚由违法行为发生地的县级以上地方人民政府具有行政处罚权的行政机关管辖。法律、行政法规另有规定的除外。”区级财政局应无直接处罚权，须报请上级财政局批准，并由上级机关作出。同理，建设工程安全监督站属于市住房和城乡建设局下属单位，亦属于越级处罚。

三是少部分罚金比例超过法律规定的范围。根据《政府采购法》第七十七条有关规定，对于违规违法失信行为，处以采购金额千分之五以上千分之十以下的罚款，列入不良行为记录名单，在一至三年内禁止参加政府采购活动，有违法所得的，并处没收违法所得，情节严重的，由工商行政管理机关吊销营业执照；构成犯罪的，依法追究刑事责任。但部分单位处罚超出了这一比例，有的甚至超过千分之二十。

3. 处罚依据方面

一是各地的处罚依据不统一。性质相同的违法违规行为，不同地区的处罚单位援引依据不完全相同。例如出现频次较多的提供虚假材料和串通投标行为，同一处罚单位针对不同企业主体、同一企业主体在不同处罚单位所适用的法律条文亦有所出入。同时，也存在极少数法律适用错误的情形。因此，对于不同类型的具体失信行为，应该参照哪些具体的法律条款进行处罚，需要进一步明确。

二是同一情形处罚依据不一致。2019 年度被处罚频次最高的 S 市 LJ 建筑工程有限公司，21 次处罚记录中均存在提供虚假材料，其中 10 次所涉工程项目总金额范围相同（均为 500 万～1000 万元），失信违法情节相似度高，由于法律适用层级不同、处罚的主体部门不同，就出现了单处罚金、并处警告和记入诚信档案等若干不同处理结果。对于同一情形的处罚，在法律依据和参照标准上应统一起来，避免不同法规规定相互交叉。

4. 惩戒尺度方面

一是禁入限制不统一。有的禁止进入有时间限制却没有明确地域范围，采用“列入不良行为记录名单，在 1 年内禁止参加政府采购活动”的方式；有的明确了禁止的地域范围却未明确时间，如：“取消××公司参与 S 市政府采购的资格”。

二是涉及扣分不统一。2019 年度有 41 份处罚决定涉及扣分，其中仅有 4 份处罚决定中明确了扣分的具体分数，很多公示的处罚决定书中并未明确具体扣分的分数，容易导致扣分处罚流于形式。

三是罚金比例不一致。有很多单位未明确罚金比例，同一类型项目因同一事由被处罚金比例不同。

5. 诚信评价方面

一方面处罚约束的范围有限，大多在本省或本市范围内禁止参加政府采购活动；

另一方面，失信行为处罚结果的应用不多，反向激励效果不明显。

6. **信息报送方面**

一是报送公布不及时。财政部《关于规范政府采购行政处罚有关问题的通知》（财库〔2015〕150号）规定："自行政处罚决定形成或变更之日起20个工作日内于中国政府采购网上公布。"通过分析数据信息发现，部分失信行为信息公示的时间超出了规定的时限要求，这将增加采购风险。

二是报送的标准不明确。从统计数据看，在全国平台A地区的失信记录共计29条，省级平台上失信记录共59条，哪些应报送到全国平台，哪些报送到省级平台，目前并无制度约束和明确标准。

四、对策建议

（一）加强失信行为信息标准化

针对当前缺少完整规范和具体标准的现实，需要进一步加强公共采购违法失信行为记录信息的标准化建设，主要包括发布栏目、发布时间、要素内容的标准化。应逐步实现对政府采购、公共资源交易、工程采购、监督检查中的违法失信行为信息公开的全覆盖，推行集中公开机制，在公示文本中明确包含行政处罚决定文书号、企业名称、统一社会信用代码、企业地址、违法失信行为具体情形、处罚结果、处罚依据、公布日期、处罚日期、执法单位等要素。

（二）规范失信信息公示平台

切实发挥失信行为信息平台的监督曝光作用，提升使用频率；同时提升公共采购信息平台的友好性，通过优化栏目设置、加强信息分类、提供信息检索、对接"信用中国"数据库等方式；提高信息平台查询的便利度，通过链接方式将各类公共采购失信公示平台连在一起，防止公众在面对众多网站时，无法确定权威的发布平台。

（三）统一失信行为处罚尺度

在处罚标准上，要做到各地的处罚依据统一，同一情形处罚依据一致，确保在援引法律依据和处罚标准上保持客观公正。在处罚力度上，确保禁入范围一致，禁入时间统一，量化扣分一致，罚金比例一致，合并"记入诚信档案"与"列入不良行为记录"两种方式。在处罚权限上，坚持责权一致，对于没有处罚权限的部门，可以将相应情况报上级部门予以处罚惩戒，或者通过其他法律手段将违法失信行为进行曝光。

（四）着眼信用评价体系化

建立多方联合信用评价制度，充分利用工商、税务、金融、检察等部门提供的信用信息，对供应商重约守信、纳税、履约信用、行业信用、不良行为等指标进行量化，由专门的系统自动汇总评价信息，计算诚信评价得分并分析总体评价情况，并在权威网站和多种官方媒体进行实时发布，扩大广播面和曝光率。试点推行诚信报告制度，生成专门的诚信分析报告，并建立长期有效的企业累计失信和污点记录制度，为评价相关企业和所在行业总体诚信状况提供可靠依据。

（五）推进信用信息应用

要将失信信息记录和诚信评价得分在更多场景下进行应用，从更大范围和更深层次上促进企业遵纪守法。一是尝试建立供应商“红名单”“黑名单”，在项目评审中引入“诚信分”，可对被列在红名单上、长期重合同守诚信的“红名单”企业予以一定倾斜或加分；对于列入“黑名单”企业，则拒绝参与重要采购项目。二是在重大采购中引入供应商信用承诺制。在重大项目采购中规定必须履行信用承诺，保证诚信参与采购活动、依法履行合同、自觉遵守法律法规、接受监督检查等诚信义务的全面履行。

（六）大数据监测失信行为

统计数据显示，公共采购领域的失信行为，主要是提供虚假材料、恶意围标串标等。一方面，采购评审时要对这类情形重点把关；更重要的是应当通过抓取相关网站信息，提前获取供应商的资质认证、合同业绩和履约、产品检验检测、纳税和缴纳社保等情况，监测不同企业在多个相同项目投标情况、企业之间股权和管理关联情况等，在评审前获知是否存在虚假应标、串标围标情形。

（作者：柴亚光，中国人民解放军陆军勤务学院军需采购系副主任、副教授；张飞、黄川、陈姗、吴俊葶，中国人民解放军陆军勤务学院军需采购系教员；原始数据由广东集点网络科技有限公司提供）

运营商互联网业务运营支撑专业采购分析

互联网是指网络与网络之间所串连成的庞大网络。现在，各行各业都在尝试通过互联网实现发展动力的转型，“互联网+”不仅将万物连接，让数据流动，更要让世界协同。

一、全国范围内专业的发展现状分析

2018年8月20日，中国互联网络信息中心（CNNIC）在北京发布第42次《中国互联网络发展状况统计报告》（以下简称为《报告》）。《报告》显示，截至2018年6月30日，中国网民规模达8.02亿人次，互联网普及率为57.7%；手机网民规模达7.88亿人次，数字技术助推经济社会转型；网民通过手机接入互联网的比例高达98.3%，移动互联网主导地位强化；IP地址数量居世界前列，出口带宽大幅增长；商务交易类应用保持高速增长，促进消费带动转型升级；互联网理财市场趋向规范化，线下支付拓展仍是热点；在线教育、网约车服务规模保持增长。

二、通信行业范围内专业的发展现状分析

（一）运营商的互联网业务发展现状

中国移动2018年实现营收7368亿元，同比增长1.8%，净利润1178亿元，同比增长3.1%；中国电信经营收入为3771亿元，同比增长3.0%，净利润达212亿元，同比增长13.9%；中国联通2018年全年营收达2909亿元，同比增长5.9%，净利润达102亿元。腾讯2018年的财报显示，2018年腾讯全年收入3127亿元，同比增长32%，净利润达787亿元，同比增长10%。

从三大运营商以及腾讯的财报对比来看，中国电信和中国联通的利润加起来还不到腾讯的一半；而中国移动尽管在净利润上超出腾讯390多亿元，但营收是腾讯的约2.4倍，盈利能力上孰强孰弱可见一斑。

国家也已经看到了运营商发展中的窘境，率先在中国联通实行混合所有制模式，让运营商在营销、模式创新上有更多的主动权。而另外两家运营商中国电信和中国移动，虽未在集团层面上进行混合所有制改革，但中国电信董事长、CEO杨杰也曾释放出了积极的信号，表示正在研究附属公司层面的混改机会，对引进包括互联网公司在内各种类型的股东都抱有开放态度。

（二）2016年运营商互联网业务运营支撑项目采购情况（见表3－3－10）

表3－3－10　　2016年运营商互联网业务运营支撑项目采购情况汇总

类别＼运营商		中国移动	中国联通
项目数量（个）		32	26
采购方式	公开招标	3	23
	公开比选	26	
	询价	1	
	竞争性谈判	2	3

运营商的互联网业务运营支撑的内容主要包括软件开发、业务分析及优化、上网行为管理、信息安全保障等内容。随着运营商互联网化的迅猛发展，对于相关业务运营支撑的投入也将越来越大。

三、客户对该专业下项目的需求分析

（一）专业下项目需求分析（见表3－3－11）

表3－3－11　　2016—2018年中国移动互联网业务运营支撑项目汇总

类别＼年份		2016	2017	2018
项目数量（个）		13	19	35
预算金额（万元）		2000	1000	3000
采购方式	公开招标	4	3	3
	公开比选	9	10	27
	询价		5	2
	竞争性谈判		1	3

注：表中的金额是根据项目数量和采购内容预估的采购金额。从表中可以看出，随着运营商互联网化转型的推进，未来投资还会持续增加。

（二）对投标人的资格要求

本专业项目无必要的资格条件，通过对不同专业相关项目的提炼，资格要求汇总如下。

（1）企业资质要求：①供应商须为独立法人或其他组织且经营范围符合本次项目

的要求。②须具备 CMMI *X* 级及以上资质。

（2）项目团队要求：①拟派项目经理 *X* 名，须具备 *X* 年以上同类项目经验。②拟派其他项目专职人员，*X* 年及以上同类项目经验。专职团队中需至少包括以下人员（根据具体采购内容设置，例如咨询顾问、维护支撑人员等。）

（3）业绩要求：具备全国范围内同类项目的业绩，同类项目指××相关业绩，要求自××年×月×日起至××年×月×日止。

（三）运营商的技术规范、检测要求、服务要求的分析

1. 网站安全监测类

（1）网站安全漏洞监测：对采购人接入的网站做互联网业务网站信息安全监测及评估服务，及时提交安全风险与整改方案报告。

（2）网站信息安全监测：对采购人接入公网的自有网站或业务系统进行7×24小时的实时信息安全监测，将监测发现的信息安全风险或问题及时反馈并协助处置，提供整改方案。

（3）互联网暴露面资产监测：对采购人提供的公网 IP 地址范围，将新接入的网站资产同步纳入网站安全漏洞监测和网站信息安全监测中。

（4）网站安全漏洞众测：依据采购人要求，从公网对采购人负责接入的网站和 IP 地址提供可信众测服务，并提供详细的漏洞报告及修复整改方案。

（5）安全应急保障服务：根据要求派遣资深安全技术人员驻场提供应急保障服务 *X* 次，并提供安全应急所需的技术监测工具。

2. 运营支撑类

（1）集中线上运营基础数据源准备及强化工作：对用户、内容、渠道的标签进行梳理和接入，及相关索引库的建立与日常维护。

（2）集中线上运营工作流程贯通：根据××公司情况，将自有渠道、外部渠道实现梳理，能够支撑重点互联网业务线上集中运营。

（3）线上活动程序定制开发：基于项目情况，根据××具体活动、实际渠道开发相应的程序、页面，实现全贯穿的活动宣传、业务订购、效果统计。

（4）重点互联网业务场景新建、应用、优化及沉淀：在互联网环境下，以互联网思维和模式开发并优化业务营销场景，以趣味性、互动性吸引用户关注、参与，提升活跃率。

（5）内容收集与场景、客户群自动化匹配：基于互联网热点的重点业务内容实时采编，常态化内容定期采编，并根据不同场景、不同客户群进行匹配投放。

（6）各业务重点产品及客户端推广：以贴合用户喜好的互联网热点内容为切入点，拉动业务产品及客户端的发展推广，灵活巧妙地避免硬推。

（7）线上运营渠道的自动化营销对接与拓展：作为直接面向客户的最终展现层的

线上渠道拓展与维护，保障渠道与各项工作要素对接通畅，可一键实时更新。

（8）季度、月度、特殊时点等的精确化营销活动策划及实施：在较为完善的用户信息和行为分析的基础上，精确化地开展细分客户的针对性营销活动，提升营销活动关注度和参与度。

3. 上网安全管理类

（1）监测分析服务：针对用户访问互联网中疑似电信诈骗内容进行实时监测。

（2）电信诈骗内容：针对采集到的内容信息进行网络协议分析，数据还原，然后根据文字、图片等类型对数据进行分类识别。

（3）人工审核服务：及时对中选数据进行人工审核和复核工作，并对中选策略实现标签化与策略化处理。

（4）网络现状情况分析服务：通过周报、月报等形式，对现在互联网中存在的不良信息内容发布网站进行趋势分析，及时反馈省内存在的不良网站。

四、对文件的分析

运营商互联网业务支撑项目的投标人类型大致分为计算机软件类、技术服务类、网络类等。在个人负责的互联网业务运营支撑项目中，投标人质疑比较多的是技术规范书的内容。由于该类项目往往技术复杂，很难从众多的技术标准中发现问题。很多招标人和招标代理机构人员在接触一个新项目的时候，几乎把所有的精力都放在了合法合规的检查上，却忽略了对项目本身的了解，包括需求是否明确、技术标准是否合理，甚至项目结束了，还不知道这个项目究竟采购的是什么，这一点值得深思。

五、对招标效果的分析与建议

（一）价格分析

1. 阐述中标价与预算价的关系

互联网业务运营支撑项目的投标人主要是根据项目的服务内容和人工成本进行报价，很多项目中标价与预算价差异过大。究其原因我认为有两个方面：第一，对于运营商来讲互联网业务依然不够成熟，导致预算估计不准确。第二，投标人以低价中标的手段抢夺市场份额。

2. 价格异常情况对招标效果的影响

一些投标人先以“低价”作为诱饵和手段，抢夺中标机会，在中标后的合同履行期间，投标人以种种理由强调其履约困难，要求追加合同价款。如果招标人不能满足投标人（中标人）的要求，投标人（中标人）通常会采用以下应对措施：

（1）以牺牲服务质量的方式降低成本，创造盈利空间。

（2）创造解除合同的条件，人为恶意地提前终止合同，以减小其履约成本，迫使招标人重新选择服务商，严重影响项目进度。

（二）质量效果分析

（1）需求描述不清晰造成的影响。有些项目投标人的报价普遍与预算价有很大差异，原因是招标文件对需求描述不清晰导致投标人对项目理解有偏差。

（2）资格条件设置过高，导致有效投标人数量有限，缺少竞争性，不利于招标人获得物美价廉的服务。

（3）借牌投标。不具备投标资格的无独立资质的企业借用一些有资质的企业参加投标，一旦中标，有资质的企业收管理费后放手不管。高资质投标，带给招标人的却是低质量的服务。

（三）对后期招标的建议

（1）招标代理机构人员项目前期不能只关注相关条款设置是否合法合规，要重视对于技术规范书和合同条款等其他内容的审查，对于文件中不合理的内容要给出建议。

（2）投标资格不宜设置过高，尤其非国家机关颁发的资质不建议做招标项目的资格条件。

（3）严格投标单位资格审查，利用履约考核这一有效手段，严厉打击借资质投标、违法分包、转包等不法行为，营造良好的招投标环境。

（作者：孙瑞泽，公诚管理咨询有限公司第七分公司）

从全程电子化迈入智慧采购新时代

在互联网时代下，数据正在改变我们生活和工作的方式。融合智能化手段实现即时分析数据，从而基于洞察自动采取行动，快速解决业务挑战，更进阶的智能感知与认知技术，是政府、企业及社会向“数字化”升级的渡舟。

智慧采购，是指在互联网时代下，利用信息化和智能化的技术与方法，感知采购习惯、洞察交易内容、解析主体特征、监管主体行为、评估市场行情、预测采购趋势，从而有效地实现采购智慧化活动、智能化管控，使得采购行为实现按需采购的一套完整的采购服务体系。

智慧采购应当呈现以下三大特征。

一是融合。融合是指传统采购过程向采购的上游、下游延伸融合，实现采购全周期的闭环；并通过融合众多的互联网服务，为采购人、供应商等主体赋能，为供需各方节约大量的成本、提升采购质量和效率。

二是智慧。利用大数据、云计算、人工智能、智能控制和区块链等先进技术，使得采购寻源过程更具智慧化。如各类自动化技术的应用、对于采购供需各方的智慧撮合、对于采购内控及绩效的智能管理、对于采购数据的洞察分析及采购全流程的智慧监管等，使得采购活动从传统流程管控向智慧化的数据洞察转型。

三是创新。创新贯穿智慧采购的始终，既需要有技术的创新，又需要有对于采购方式、采购流程的创新，通过一系列智能创新的功能设置、智慧友好的交互操作，进一步提升办事主体的服务获得感。创新使得采购活动更具有进一步深化的发展的能力，使得智慧采购更具有前瞻性。

在数字化时代，大数据、云计算、人工智能、智能控制和区块链成为智慧采购关注的重点。

（1）大数据。

大数据时代的到来为公共采购活动以及相应的管理和监督工作提供了低成本、高效率的技术手段，额外降低的成本和增加的收益使得“增量改革”成为可能，即在不放松管制的情况下提高公共采购的效率。

通过大数据协助确定交易需求。利用大数据建立交易信息动态数据库，包含交易主体数据和交易条件数据。这些数据，有助于采购人查找到类似政府采购项目的采购方案、评审方法、成交价格、设计方案、设备选型等信息。利用大数据的模糊检索能力，采购人可以输入模糊表述，由分析引擎推荐相关采购信息，并列明各个采购标的的差异及特定适用性，供采购人选择。除提供相关标的以往的交易条件外，与市场信息联网的数据库还可提供商品市场的即时价格信息。这样一来，动态采购数据库既能协助采购人明确采购需求，又可以节约市场调研成本。

大数据为交易决策提供支撑。在传统评审中，不同的评审方法以及各自的评审因素及其权重设置对于交易条件以及合同履行所带来的后果不得而知。大数据技术可以将采购人的采购需求延伸到评审、签约过程直至承包商的供应链，据此分析出不同评标方法、评标因素、投标人、招标方案等对最终招标效果的影响，实现采购人采购、评审委员会评标、承包商履约的全过程精细化管理，从而为最优化的评审提供支撑，降低决策中的机会成本。

以大数据思想建立市场主体信用体系。个人或企业在参与公共采购活动中，其信用和履约状况等相关信息将被及时收集到数据库中。为保证数据的高效性和真实性，相关数据不再像传统公共采购那样由市场主体以纸质文件的形式自己提交，而是由交易主导方通过大数据引擎从政府部门或相关数据平台中提取。

（2）云计算。

从技术上看，大数据与云计算的关系密不可分。大数据必然无法用单台的计算机进行处理，必须采用分布式架构。它的特色在于对海量数据进行分布式数据挖掘，但必须依托云计算的分布式处理、分布式数据库和云存储、虚拟化技术。云计算是从资源层面的管理到应用层面的管理的发展过程，与大数据的应用恰好贴合；大数据则基于云计算的数据处理与应用对海量数据进行分布式数据挖掘，二者在当前的发展中密不可分。大数据云计算可以简单地定义为大数据基于云计算环境对数据的抓取、存储、计算与分析。

针对智慧采购方面，结合云计算技术，可以支撑大数据的处理分析，对交易项目数据、交易主体数据进行提取、梳理，建立各种专题、画像，全面展示项目整体情况。

（3）人工智能。

与以前的众多数据分析技术相比，人工智能技术立足于神经网络，同时发展出多层神经网络，从而可以进行深度机器学习。与传统的算法相比，这一算法完全利用输入的数据自行模拟和构建相应的模型结构，这一特点决定了它是更为灵活的、且可以根据不同的训练数据而拥有自优化的能力。人工智能离不开大数据，大数据中的信息越多、质量越优，人工智能的学习与应用也更加精准。相对的，利用完善的自然语言理解、机器学习、深度学习等人工智能技术对大数据进行分析和挖掘，提升数据分析处理能力和辅助决策能力，才能有效发挥大数据的作用。

针对智慧采购方面，通过大数据与人工智能技术结合，智能挖掘供应商与采购人关系、智能比对交易数据辅助评审，以交易数据为驱动，实现对围标、串标、交易环节异常等情况的监管与预警，为领导决策提供有效的支撑，从而打造合规化、人性化、数据化、智能化的智慧采购平台。

（4）智能控制。

物联网技术是通过射频识别（RFID）、定位系统、生物扫描、红外感应器等信息传感设备，按约定的协议，将任意物品与互联网相连接，进行信息交换和通信，以实现智能化识别、定位、监控、追踪和管理的一种网络技术。物联网技术的核心和基础是互联网技术，是在互联网技术基础上的延伸和扩展的一种网络技术，其用户端延伸和扩展到了任何物品和物品之间，进行信息交换和通信。

交易大厅是专门从事交易活动的枢纽场所。其连接着投标人、招标人、代理机构以及大厅工作人员等要素。除了交易模式电子化的转变，在交易大厅的实地环境下，智能化设备与物联网的结合也将是未来发展的趋势所在，通过智能控制方式将各个参与要素通过软硬件智能设备结合，去除步骤上的人工操作，破除物理上隔阂，真正做到数据及流程的电子化。

（5）区块链。

区块链技术具有去中心化带来的信任、稳定可靠、不需要第三方介入的强安全共识机制和公开透明及不可篡改性等特征，使得只凭分布在网络中的分布式账本上的数据，就可以让所有人相信它的真实性，不需要第三方介入来证明。因此，区块链能够进一步规范数据的使用，精细化授权范围，脱敏后的数据交易流通，则有利于突破信息孤岛，建立数据横向流通机制。区块链提供的是账本的完整性，数据统计分析的能力较弱；而大数据则具备海量数据存储技术和灵活高效的分析技术。通过将大数据与区块链相结合，能够极大提升区块链数据的价值和使用空间，也能让大数据的预测分析落实为行动。

智慧采购中引入区块链，将交易主体信息、诚信信息等去中心化存储，使得数据在交易各方之间公开透明；数据不可篡改和交易可追溯两大特性相结合，根除交易流转过程中的假冒伪劣问题；可在整个交易链条上形成一个完整且流畅的信息流，确保参与各方及时发现交易过程中的问题，并针对性地找到解决问题的方法，进而提升采购管理的整体效率。

（作者：陈海怡，国泰新点软件股份有限公司）

第四章　公共采购理论与国际化

中国政府采购70年：从传统治理迈向现代治理

中国经济发展70年来，从战后恢复重建发展到目前世界第二大经济体；财政支出规模也从中华人民共和国成立初的不到50亿元发展到2018年年底的22万亿元；与财政经济相伴生的制度变化见证着我国发展的光辉历程，同样，作为公共支出的一个重要组成部分——政府采购同样经历了从传统治理迈向现代治理的变迁过程。

一、计划经济时期：定额计划管理下的政府采购（1949—1979年）

中华人民共和国成立初期，为了恢复生产，在物资极端匮乏情况下，财政经济采用高度集中体制；20世纪50年代末虽然实行过一段时间的相对分权，但由于受国内外环境影响，一直到1979年改革开放前夕，在封闭的经济条件下，由于经济基础差、发展速度慢，财政收入增长速度缓慢，政府可支配资源非常有限，财政经济体制总体采用的是以集权为主、分权为辅，与之相适应的政府采购完全实行计划控制，具体体现为各地区、各部门、各行政事业单位和各国有企业及集体企业采购行为严格实行国家计划，称之为统购统销；各采购实体资金实行定额管理，没有多余的资金，市场上也没有多余的物资。

定额计划管理是这个时期政府采购的主要特点。在计划经济体制下，供需双方的经济活动都是由国家计划安排的，国家通过统配资源，控制了供需双方的经济活动，同时，也控制了供需双方的信息。每个经济主体按照国家计划安排完成上级交办的任务就行，不存在通过采购管理提高财政资金使用效率等内在动力；定额采购的财务结算方式采取统收统支，采购过程中的所谓寻租行为几乎没有生存空间，那些掌管资源分配权的官员，受当时制度与道德约束，追求个人利益最大化的动机与行为相应得到较大抑制。

二、转轨过渡时期：放权让利与管理无序的分散采购（1980—1995年）

党的十一届三中全会之后，中国从农村包产到户改革到城市经济体制改革，财政经济体制改革主要表现为放权让利和各种形式财政包干制的推行，这些改革措施调动了地方政府、各经济主体发展经济的积极性，各地 GDP 和财政收入快速增长，政府采购资金规模也随之迅速增加；与此同时，统购统销制度也逐步被取消，各个经济主体采购管理权利不仅得到释放，而且被人为放大，几乎处于无序状态。

在传统分散采购模式下，运用财政性资金进行采购所涉及的关系人主要有：纳税人、缴费人、各级政府、各级财政部门、主管部门、行政单位、事业单位、主管部门机关或单位采购机构、主管部门机关或单位采购人员和供应商。上述关系人形成以下几种委托代理关系，构成委托代理链①：

（1）纳税人和缴费人通过法律程序将公共事务管理权委托给各级政府，因而，形成了第一层次的委托代理关系。这里所讲的公共事务管理权范围包括提供公共物品和准公共物品，具体包括国防、维护国内秩序、提供市场运行规则、提供基础设施和公共设施、教育、科技、卫生、社会保障、社会救济、公平分配、环境保护、对经济的调控等。上述权利之所以委托给政府，是因为上述领域是市场失灵的领域，是个人无法或不愿从事的领域。从交易费用角度看，个人如要履行上述权利，则交易费用非常昂贵；而政府并不创造价值，要履行上述权利又必须有财力支持，并且在履行上述权利过程中，财政方面总是表现为各项支出，各项支出又分为两大类——采购支出和转移支出，其中采购支出占支出的主要部分。因此，纳税人和缴费人向政府纳税或缴费，通过法律程序将上述权利委托给各级政府，让各级政府代理其履行权能。

（2）各级政府通过职能划分将理财职能委托给各级财政部门，因而，形成了第二层次的委托代理关系。既然政府的各项活动主要表现为各项支出活动，所以，在明确各级政府事权的基础上，各级政府根据各自事权进行职能划分，于是进一步将理财职能委托给各级财政部门，主要表现为财政收入的取得和财政支出的合理安排。理所当然，政府采购也应归属于财政支出安排之列。

（3）各级财政部门通过预算将具体采购权利委托给各主管部门，因而，形成了第三层次的委托代理关系。各级财政部门根据各主管部门行使职能的需要，通过编制预算，将具体采购权利委托给各主管部门，由其负责采购事宜，财政部门只对其进行资金监督。

（4）各主管部门通过预算分解的方式将具体采购权利委托给各行政事业单位，因而，形成了第四层次的委托代理关系。根据我国行政体制划分，各主管部门分管了许多行政单位和事业单位，为了保证日常政务活动的开展，必然涉及大量的采购事宜。因此，各主管部门通过预算分解的方式将主管部门机关所需采购业务与各行政事业单位的采购进行划分，并将其委托给机关采购机构和各行政事业单位，由其组织人员进行具体采购。各主管部门只对采购资金的预决算进行必要的考核与监督。

（5）各主管部门机关和各行政事业单位通过职能分工将具体采购权利委托给本机

① 裴育．政府采购经济学分析［M］．成都：西南交通大学出版社，2003：215－216.

关或单位的采购机构，因而，形成了第五层次的委托代理关系。各主管部门机关和各行政事业单位具体采购预算明确之后，各主管部门机关和各行政事业单位通过职能分工将采购权利授予给本机关或单位的采购机构，由其履行各项具体采购职能。各主管部门机关和各行政事业单位负责人只对采购计划、自筹资金的筹集、款项支付和决算进行必要的监督。

（6）机关或单位的采购机构通过职责分工将具体采购权利委托给具体的采购人员，因而，形成了第六层次的委托代理关系。机关或单位具体采购计划明确后，采购机构又将具体采购权利授予给具体采购人员，由其与供应商进行具体商谈各项采购事宜。采购机构负责人只负责采购计划的拟订、款项支付的审批等。

由于委托代理链过长、透明度低，政府采购信息也没有统一正式公开，很容易引发设租与寻租行为，不仅会导致采购资金效益低下、采购管理处于无序状态并可能导致腐败行为发生，而且会使数额巨大的采购支出缺乏政策目标，不能发挥政府采购对幼稚产业和中小企业的支持和促进作用。在分散采购管理体制下，采购资金由各使用单位自行支配，多级委托代理中的败德行为主要表现为：盲目采购、重复采购、本地化采购、高价采购、工程和货物验收不严格等，进而导致交易成本和代理成本极高，严重损害原始委托人——纳税人的利益。

三、改革试点时期：公共财政构建与集中采购管理（1996—2002 年）

如果说 1994 年实施的分税制改革解决的主要问题是中央与地方税收管理权划分问题，那么，1995 年《中华人民共和国预算法》实施，各地财力增长缓慢，健全财政职能需要和支出缺口倒逼地方政府加大支出管理力度，主要表现为针对部分行政事业单位大额财政拨款的设备购置实行集中采购，并通过招标提高竞争度和透明度，如 1996 年在上海、深圳、重庆等地方，纷纷推出集中性政府采购改革试点方案。

1998 年，国家层面明确提出，财政体制改革的目标是构建公共财政管理体系，在支出领域要求加快政府采购改革步伐，同时，推进国库集中收付管理和部门预算改革试点。

从机理上看，在集中采购模式下，运用财政性资金进行采购所涉及的关系人主要有：纳税人、缴费人、各级政府、各级财政部门、主管部门、行政单位、事业单位和供应商。在公共财政体制和集中采购运行机制下，上述关系人形成以下几种委托代理关系，构成委托代理链：

（1）纳税人和缴费人通过法律程序将公共事务管理权委托给各级政府，因而，形成了第一层次的委托代理关系。纳税人和缴费人向政府纳税或缴费，通过法律程序将公共事务管理的权利委托给各级政府，让各级政府代理其履行各项权能。

（2）各级政府通过职能划分将理财职能委托给各级财政部门，因而，形成了第二层次的委托代理关系。既然政府的各项活动主要表现为各项支出活动，所以，在明确各级政府事权的基础上，各级政府根据各自事权进行职能划分，于是进一步将理财职能委托给各级财政部门，主要表现为财政收入的取得和财政支出的合理安排。理所当然，政府采购也应归属于财政支出安排之列。

（3）各级财政部门通过采购预算将具体采购职能委托给政府采购中介机构（如政府采购中心），因而，形成了第三层次的委托代理关系。各级财政部门将人大审议通过的各部门及其所属的行政事业单位采购预算项目，分批分期委托给政府采购中介机构，由其进行招标性或非招标性采购。各部门机关和各行政事业单位根据各自的采购预算分期分批申请并进行验收，验收合格后，由财政部门直接将款项支付供应商①。

在公共财政框架下实行集中性政府采购制度的必要性可以归纳为四点：一是健全财政职能、加强支出管理的需要。财政的基本职能就是进行收支管理，实行集中性政府采购制度，财政通过公开招标方式向供应商购买商品或劳务，一方面可以得到价廉物美的商品或劳务，另一方面可以强化财政支出的预算约束。二是国际经贸关系发展的必然要求。20 世纪 70 年代以来，随着世界贸易自由化格局的形成和发展，政府采购制度已经延伸到国际贸易领域，《政府采购协定》已经成为各国加入世界贸易组织必须签署的文件之一。三是国家实施宏观调控的有效措施之一。通过实行集中性政府采购制度，经常地调整政府采购的数量、品种和频率，可以灵活地调节国民经济运行，保护民族工业，稳定物价，维护消费者的利益。四是加强政府廉政建设的需要。政府采购制度的核心内容就是通过公开的招标方式进行商品或劳务的交易行为，其基本特征是公开、公平、公正，这就要求将财政支出的详细情况公布于众。通过招标投标活动进行的采购，其透明度高，同时财政部门一般都直接参与其中，一切依法或按章办事，基本上可以杜绝个别人的腐败行为，一方面节约了财政资金，另一方面有利于树立政府的廉政形象，促进政府廉政建设②。

1998—2002 年，我国集中性政府采购制度处于制度初创期③。1998 年，中央和地方财政部门大多建立了专门机构，履行政府采购管理职责，取得了较为明显的效果；全国实行集中性采购规模 1998 年为 31 亿元，到了 1999 年，迅速扩大到 130 亿元。财政部先后颁布了《政府采购管理暂行办法》《政府采购招标投标管理暂行办法》《政府采购资金财政直接拨付管理暂行办法》《政府采购信息公告管理办法》《政府采购供应商投诉处理办法》等一系列规章制度；各地根据地方政府采购工作的实际要求，也制定了大量有关政府采购的法规或行政规章。到 1999 年年底，全国共有 28 个省、自治区、直辖市和计划单列市建立了政府采购机构，中央机关的政府采购工作选择了卫计委、民政部、海关等部门作为试点。2000 年，我国政府采购试点工作已经在全国范围内铺开，绝大多数地方政府设立了政府采购管理机构和执行机构；财政部开始尝试电

① 裴育．政府采购经济学分析［M］．成都：西南交通大学出版社，2003：216－217.

② 裴育．浅议政府采购制度［J］．财金贸易，1998（4）：10－11.

③ 白志远．中国政府采购制度的演进［J］．经济管理，2009（8）：1－5.

子采购；2001 年，启动加入 WTO《政府采购协定》（GPA）谈判，同步开始对政府采购相关立法的准备工作。

四、全面推行时期：依法采购与依法管理（2003—2012 年）

经过三年立法过程，中国第一部有关政府采购方面的专门法律《中华人民共和国政府采购法》（以下简称《政府采购法》），在 2002 年 6 月 29 日经第九届全国人民代表大会常务委员会第二十八次会议通过，于 2003 年 1 月 1 日正式实施。

《政府采购法》共计九章，具体界定了纳入政府采购管理的范围、资金来源、政府采购当事人、政府采购方式、政府采购程序、政府采购合同、质疑与投诉、监督检查、法律责任等内容，并要求各预算单位在编制预算时必须编制政府采购预算。随后，财政部颁布了《政府采购法实施条例》《政府采购评审专家管理办法》《集中采购机构监督考核管理办法》《政府采购代理机构资格认定办法》《政府采购货物和服务招标投标管理办法》《政府采购供应商投诉处理办法》《政府采购非招标采购方式管理办法》《软件政府采购管理办法》和《节能产品政府采购实施意见》等 40 多个条例和办法，各地还制定了一些专项内容管理办法（如本地区政府集中采购目录和政府采购限额标准），这标志着我国政府采购活动走上了规范化和法制化管理轨道。

这一时期，在政府采购领域取得了以下成绩：

（1）政府采购范围进一步拓展，集中性政府采购规模稳步增长。政府采购范围由单纯的货物类采购扩展到工程类和服务类采购范畴，政府采购资金从最初的预算内资金扩展到预算内外、自筹资金在内的各种财政性资金；部分公益性、民生性采购项目也被纳入政府采购范畴，成为这个时期政府采购规模扩张的特点。同时，集中采购机构也注意加强自身建设，并开发了相关操作系统，使得运行机制逐步完善，服务意识有所增强，采购质量和效率得到了相应提高，集中采购效果更加显著。政府采购规模从 2002 年的 1009 亿元增长到 2012 年的 13978 亿元，其中 70% 以上为集中性政府采购，采用公开招标方式的比例在 80% 以上，资金节约率大多在 10% 以上。

（2）政府采购政策功能逐步得到体现。通过制定政府采购本国产品管理办法、完善政府采购支持节能减排、环境保护的政策措施和执行机制，大力推进实施《政府采购促进中小企业发展暂行办法》，积极开展政府采购信用担保试点工作。完善政策功能实施领域，增强政府采购对经济社会发展的宏观调控作用。同时，开展政府采购相关政策执行情况的监督检查和跟踪问效工作，努力提高政府采购政策执行效果①。

（3）政府采购标准化和信息化建设工作稳步开展。财政部和各地财政部门通过不断优化政府采购品目分类目录，修改完善政府采购工作规程，规范采购文件编制以及招投标、质疑投诉等各类信息公告内容，制定完善各类政府采购标准合同文本，研究

① 财政部历年关于政府采购工作要点，下文中未注明的地方与此处相同。

政府采购从预算编制到计划管理、方式审批、执行交易及诚信体系建设等业务管理标准，推进政府采购标准化建设工作，以标准化促进信息化，进一步加强政府采购科学化精细化管理。按照建立采购管理、电子交易、采购网站三位一体的政府采购信息化建设工作任务，积极推动中央管理交易系统和全国共享基础数据库建设以及各地区政府采购信息化建设工作，促进提高政府采购整体管理水平。

（4）政府采购人员管理更加规范。2003 年以来，财政部即按照“统一条件、分级管理、随机抽取、管用分离”的原则，建立了中央单位政府采购评审专家库，各地也建立和完善了政府采购专家库，加强了对采购评审活动的管理，评审专家执业行为进一步得到了规范。同时，做好对从业人员的职业道德、业务培训和系统操作培训工作，提高从业人员综合业务素质；建立政府采购从业人员职业资格制度，强化政府采购从业人员职业化管理工作。

（5）积极开展加入世贸组织《政府采购协定》（GPA）谈判应对工作。2007 年 12 月 28 日我国政府向世贸组织提交了开放政府采购市场清单，并于 2008 年 2 月在日内瓦启动了我国加入 GPA 的首次谈判，协商我国开放政府采购市场的具体要价。利用这些交流合作机制，我国积极宣传政府采购制度改革成效，有针对性地了解国际政府采购制度及改革动态，熟悉并参与国际规则制定；全面评估出价的可行性，提出并不断改进出价预案；系统开展我国政府采购法律与 GPA 规则的一致性分析，提出我国法律政策调整建议。

（6）政府采购监督管理规定得到较好贯彻落实。这一时期，针对政府采购操作执行中的薄弱环节，创新监管手段，提高监管水平。具体表现为：加强政府采购计划管理，严格按政府采购预算、购置费预算标准和资产配置标准编制采购计划；推行单一来源采购审核前公示制度，强化集中采购管理，科学制定政府集中采购目录及标准；加强对采购代理机构的考核检查工作，促进采购代理机构健全内部监督制约机制；完善协议供货和定点采购管理，规范网上电子竞价和开展区域联合采购；加强对评审专家的现场管理，进一步规范评审专家行为；推进政府采购诚信体系建设，建立健全不良行为公示制度和政府采购市场禁入制度；加强与审计、监察等部门的协调联动，推动开展有关专项检查和定期检查工作；加大对违法违纪行为的处罚力度。

五、改革完善时期：传统治理向现代治理转变（2013 年以来）

党的十八大提出国家治理体系与治理能力现代化，在政府采购领域先后进行了一系列深化改革，推动了采购管理从传统治理向现代治理转型。

（1）进一步推进政府采购法规体系完善。先后出台了《政府采购非招标采购方式管理办法》（财政部令第 74 号）、《中华人民共和国政府采购法实施条例》（国令第 658 号）、《政府采购货物和服务招标投标管理办法》（财政部令第 87 号）、《政府采购质疑和投诉办法》（财政部令第 94 号）等规章办法，进一步从体制机制、程序操作、政策执行、基础管理及监督处罚等方面完善了政府采购法规体系，对于规范财政支出行为、维护政府采购市场交易秩序奠定法律基础。同时，2014 年修订的《中华人民共和国预算法》进一步要求各部门或各单位编制政府采购预算，强化预算执行管理；2018 年 9 月，《中共中央 国务院关于全面实施预算绩效管理的意见》进一步要求对政府采购绩效进行评价，并与下一年度预算挂钩。

（2）进一步推进政府采购扩面增量工作，积极推进政府购买服务工作。围绕财政支出保障重点，深入推进政府采购扩面增量工作；财政部于 2014 年制定推进和规范服务项目政府采购工作的相关措施，鼓励各地积极开展政府购买服务试点。在对服务项目需求进行科学分类的基础上，按照方式灵活、程序简便、竞争有效、结果评价的原则组织开展政府购买服务工作；推进各地有序开展政府与社会资本合作（PPP）项目政府采购活动。

（3）进一步深化政府采购各项改革工作。主要有：适应政府购买服务、PPP 项目的需求特点，推广应用竞争性磋商等非招标采购方式，开展政府购买服务结果评价试点；加强集中采购管理，深入推进批量集中采购改革，改进协议供货制度；按照抓大放小的原则，清理过低的分散采购限额标准和公开招标数额标准；做好正版软件的采购工作，积极开展区域联合采购；全面推进公务机票购买管理改革工作；落实取消政府采购代理机构行政许可的规定，在简政放权的同时强化监管；实行采购计划备案管理，简化采购方式变更程序和要求，完善政府采购进口产品审核制度。

（4）进一步发挥政府采购政策功能。主要体现为：完善政府绿色采购政策，优化节能环保清单调整机制；制定政府采购本国货物管理办法，运用首购、订购政策，结合非招标方式、政府购买服务等方式，建立健全支持创新产品和服务的政府采购政策体系；制定支持残疾人就业的政策措施，抓好扶持中小企业、监狱企业和少数民族企业等政策落实，切实发挥政府采购保民生、促就业的积极作用；完善政府采购云计算服务、大数据及保障国家信息安全等方面的配套政策，支持相关产业发展。

（5）进一步推进政府采购信息化建设。主要体现为：完善政府采购管理交易系统功能，推动中央单位和相关采购代理机构使用项目评审系统，逐步将中央单位所有政府采购项目以及项目采购全过程纳入系统管理；推进电子化采购相关制度建设工作，完善政府采购电子交易平台建设标准，加强政府采购大数据分析应用，选择部分地区开展政府采购电子卖场建设试点与推广；进一步强化政府采购管理交易系统与相关信息系统的衔接，提升政府采购计划管理系统与项目评审系统的一体化程度；加强中国政府采购网建设，提升网站服务功能；加大地方政府采购信息化建设工作，提高政府采购信息化水平。

（6）进一步提高政府采购透明度。主要体现为：完善政府采购信息公开的配套制度和细化规定，建立覆盖全过程的政府采购信息公开机制；规范采购项目信息公开行为，全面及时公开采购项目信息，推进采购项目预算、采购合同的信息公开；同时，探索采用一揽子审批、“统一论证、集中批复”等方式，进一步简化采购方式审批、进口产品审核程序和内容；加大预决算信息公开力度，推进采购单位公开政府采购总体情况；强化采购监管信息公开，完善违法违规案件信息发布机制，公开采购代理机构、供应商和评审专家的严重违法失信行为信息记录；加强信息公开的监督检查工作，将信息公开作为监督检查的重点，切实推进透明政府建设。

（7）进一步强化政府采购监督管理。主要体现为：组织开展全国联动政府采购代理机构监督检查，加强和改进对集中采购机构的考核；加大对贯彻条例、信息公开、落实政策以及采购活动中易发高发问题的检查考核力度；依法处理政府采购投诉举报案件，加大对违法行为的处理处罚力度；建立健全供应商、采购代理机构和评审专家严重违法失信记录的分类发布管理机制，会同有关部门实施联合惩戒工作。

（8）进一步积极稳妥开展对外谈判。主要是积极稳妥地开展中国加入世贸组织《政府采购协定》（GPA）谈判，统筹多双边政府采购议题谈判；加强谈判重大问题研究，加强政府采购国际交流与合作。

（9）政府采购成果明显得到进一步提升。主要体现为：①全国政府采购规模达由2012年的13978亿元增长到2018年的35861.4亿元，年均增长15.2%。从连续七年的政府采购规模增长来看，反映三个方面的信号：一是《政府采购法》已经深入人心，说明依法治国理念深入人心；二是《中华人民共和国预算法》要求各预算单位必须编制政府采购预算，随着每年财政支出规模扩大，与支出规模增长相适应的政府采购规模增长是情理之中的事情；三是政府采购监督管理部门加强对各部门预算执行情况的监督管理，也促进了政府采购规模的快速增长。②2012年和2018年政府采购规模占全国财政支出和GDP的比重分别为11.1%、10.5%和2.7%、4%。③2012年和2018年政府采购结构分别为：货物类占采购总规模的31%、22.5%，工程类占采购总规模的59.9%、43.8%，服务类占采购总规模的8.7%、33.7%。这表明：一方面存在压缩一般性开支，相应降低货物类和工程类支出比重的情况；另一方面也是政府职能转变的反映，逐渐转变为服务型，各类行政事业单位货物类采购支出占比逐年下降，而服务类支出和人员支出比重逐年上升。同时，这些年来，各类行政事业单位大规模的基本建设相对较少，楼堂馆所建设控制相对严格，对工程类采购占比下降产生直接影响。④2018年政府集中采购、部门集中采购、分散采购分别占全国政府采购规模的44%、14.5%和41.5%，而2012年政府集中采购占采购总规模的65.2%。⑤2018年，公开招标、邀请招标、竞争性谈判、竞争性磋商、询价、单一来源采购分别占全国政府采购规模的70.5%、1.1%、3.6%、8.3%、2.3%和11.8%，而2012年公开招标占比为83.8%。从各类采购形式比重变化可以发现，一方面财政资金使用单位在具体采购过程中越来越规范，主要表现公开招标采购形式居主导地位，如果加上邀请招标、竞争性谈判、竞争性磋商，其占比超过85%；另一方面也表明政府采购透明度进一步提高，尤其是通过公开招标形式进行采购，将采购行为置于大众的目光之下，其透明度相对其他采购形式来说比较高。⑥扶持中小微企业方面，2018 年，全国政府采购授予中小微企业合同金额为 27488. 6 亿元，占全国政府采购规模的 76. 7%，授予小微企业合同金额为 11941 亿元，占授予中小微企业合同金额的 43. 4%；2012 年，全国政府采购合同授予中小微企业的总采购额为 10830 亿元，占采购总规模的 77. 5%。其中，授予小微企业的采购额为 5842. 8 亿元，占授予中小微企业总采购额的 54%。⑦促进节能、环保企业发展方面，2018 年，全国强制和优先采购节能、节水产品 1653. 8 亿元，占同类产品采购规模的 90. 1%；全国优先采购环保产品 1647. 4 亿元，占同类产品采购规模的 90. 2%；2012 年，全国强制和优先采购节能、环保产品规模分别达 1280. 7 亿元和 939. 6 亿元，占同类产品的 84. 6% 和 68. 3%。

2018 年 11 月，中央全面深化改革委员会通过《深化政府采购制度改革方案》，明确提出深化政府采购制度改革要坚持问题导向，强化采购人主体责任，建立集中采购机构竞争机制，改进政府采购代理和评审机制，健全科学高效的采购交易机制，强化政府采购政策功能措施，健全政府采购监督管理机制，加快形成采购主体职责清晰、交易规则科学高效、监管机制健全、政策功能完备、法律制度完善、技术支撑先进的现代政府采购制度。这些要求正是中国政府采购从传统治理向现代治理的典型体现。因此，中国政府采购制度完善始终在路上，中国政府采购实践探索也始终在路上，不忘初心，牢记使命，方得始终。

（作者：裴育，南京审计大学副校长、教授）

加快加入 WTO《政府采购协定》进程

习近平主席在博鳌亚洲论坛2018年年会的主旨演讲中指出，要“加快加入世界贸易组织《政府采购协定》进程”。这是在中国改革开放四十周年纪念重要时刻做出的“中国开放的大门不会关闭，只会越开越大”的承诺，体现了中国政府不断推进改革开放，大步迈向新时代的信心和决心，同时也意味着中国加入《政府采购协定》（以下简称“GPA”）的谈判进程进入关键阶段。

一、谈判进程紧张有序

2007 年 12 月，我国正式递交了加入 GPA 的申请书，自此已经历了十余个年头，截至目前已提交了 7 份开放政府采购市场的出价清单。

中国政府采购规模大，发展迅速。每年远高于经济增长速度的采购规模，对国际市场产业了巨大吸引力。

据统计，2016 年政府采购规模达到 31089. 8 亿元，同比增长 22%，其占全国财政支出和 GDP 比重分别为 11% 和 3. 5%。

日益增长的采购规模如何放开？在多大程度放开？所牵扯的国内外各方的利益众多且影响深远。目前，谈判争议主要集中在三个方面：

一是国有企业是否应纳入出价清单范围。我国国有企业并不属于政府采购规制范围，2014 年年底的第 6 份出价清单中除大学、医院外，首次列入了中国农业发展银行、中国邮政集团公司和中央国债登记结算有限责任公司等国有企业。但 GPA 参加方认为，应开放能源、交通、水利、电力等所有政府控制的符合公益类性质的国有企业采购市场。

二是次中央实体的开放程度。第 6 份出价清单列入的次中央实体包括 4 个直辖市 15 个省的 558 个机构。既有沿海省份又有内陆省份，开放水平较高。但 GPA 参加方要求列入更多的省级政府和重点城市，并开放地级市政府。有的国家甚至要求开放所有地级市政府。

三是工程项目门槛价。中国第 6 份出价清单的工程采购客体已经同等开放，将联合国《主要产品分类》（CPC）中第 51 类工程项目全部列入。但参加方对中国工程门槛价只降为 1500 万特别提款权（SDR）仍然不满，期望达到他们谈判之初提出的 500 万 SDR 要求。

二、谈判进入新阶段

2019 年 10 月 20 日，中国向 WTO 递交了第 7 份出价清单。出价清单首次列入军事部门，增加了 7 个省，新增了 16 家国有企业和 36 所地方高校。同时，增列了服务项目，调整了例外情形。

一般而言，GPA 谈判是旷日持久的复杂行动，同时也面临着复杂的国内外环境影响，参与方众多，谈判内容详尽，谈判差距较大也是一贯的表现。因此也对我国加入 GPA 的谈判带来不少压力和难度。

三、加入面临的现实挑战

从世界各国经验来看，发展中国家的政府采购和招标投标，在国际接轨方面，普遍面临许多难题。主要表现为，各国政府采购体制、制度和机制不同。比如法律之间的协调、行为的规范性、监管的有效性、市场的诚信度等参差不齐。

作为发展中国家，我国相关法律和制度有的还不完善，也存在类似矛盾。比如，《招标投标法》和《政府采购法》并存所反映出的一些问题，一直是国际社会和相关专家学者争议的焦点。另外，在同一领域的采购行为，出现管理部门多头、采购类别界定冲突、资金界定标准不一、采购模式不同等，给各方主体造成困扰，割裂了制度、市场、管理的完整统一性。

例如，同一采购方式在开展制度设计、行为执法和监督管理方面归属不同部门。若项目属于货物和服务招标投标，则由财政部门监督管理；若项目属于建设、水利、交通等工程招标投标，则由其建设、水利、交通等行业主管部门开展执法监督。管理模式无法归一，会在实践产生一些问题。

再如，各部门根据法律法规要求建立各自的专家库管理系统，发展改革部门建立公共资源交易综合专家库，财政部门建立政府采购专家库，专家库资格、行为要求、评审方式、管理制度各不相同；政府采购、招标投标、公共资源交易平台等领域也各自建有信息公告和电子交易管理系统，各有不同的信息发布和公开渠道，各有不同的系统管理办法和数据标准模式。

类似状况长期存在，有其历史性、利益性、制度性等因素影响。近年来，有关方面也不断努力，试图通过制定具体实施条例和办法，破解领域内交叉重叠问题。但这种分立式立法立规有可能进一步切割制度和市场。

目前，各地具体实践也不尽相同：有的在公共资源交易管理委员会下设办公室，仅起着一般性的组织协调作用；有的设立公共资源交易管理监督局，却无法界定部门职能与管理监督局的关系，“无法可依”；有的甚至将财政部门的政府采购管理职能纳入公共资源交易管理办公室，未能有效体现管理作用；有的地方通过推进信息技术手段创新倒逼政府采购制度改革，试图突破体制障碍，却因无顶层设计，效果不彰。

从 GPA 本身来看，我国政府采购制度与之也存在较大的差异。两者立法目标、基本原则、适用范围、采购方式和救济制度都存在不同。GPA 是 WTO 的一项多边协定，旨在促进全球贸易自由化，构建开放透明、公平竞争和行为规范的国际采购制度体系。

我国立法目的以规范行为，提高资金使用效益，维护本国利益和社会公共利益为主。

从采购方式来看，GPA 所倡导的公开招标、选择性招标和限制性招标三种模式与我国法律确定的公开招标、邀请招标、竞争性谈判、单一来源采购、询价等采购方式和适用程序均不同。在供应商救济制度上也存在较大不同。

四、主动破解“世界性难题”

政府采购领域作为世界性管理难题，属于最难啃的“硬骨头”。现状表明，中国加入 GPA 谈判内容形式复杂，政府采购的重点、焦点、难点问题仍然较多。面对难题和困境，如何加快加入 GPA 进程，相关部门需要改革开放思维。

（1）引入战略思维。中国加入 GPA 机遇大于挑战。在中国尽快加入 GPA 进程的关键时期，应以战略思维来看待。

政府采购制度建设不单纯有利于为我国企业产品和服务进入国际市场提供机会和渠道，也不单纯有利于我国政府采购体制的进一步健全和完善，它是超越财政支出手段，涉及政府、经济、社会、市场、法律的一种现代制度创新；是推进国家治理体系和治理能力现代化的重要体现，是实现中国经济高质量发展、融入现代化经济体系、推动形成对外开放新格局、发展更高层次的开放型经济的重要内容，也是法治型服务型廉洁型政府职能转变的有力手段。

（2）引入改革思维。中国加入 GPA 进程要主动改革，破解国内政府采购领域出现的难题，完善政府采购制度体系环境。

政府采购制度改革与现代财政制度改革相结合，建立“预算—计划—采购—支付—资产管理—绩效”的标准闭环体系。

与宏观调控体系相结合，可以完善产业、产品、技术、知识及创新等政策功能；与公共资源交易平台整合相结合，突破招标投标与政府采购的制度冲突难题；与“放管服”改革相结合，可以创新监管方式，依托信息化手段和大数据加强事中事后监管；与供给侧结构性改革相结合，可以降低市场主体参与政府采购的制度性交易成本；与公平竞争审查相结合，可以建立统一开放、竞争有序的现代市场体系；与社会征信相结合，可以构建政府采购信用主体建设，推进社会诚信体系。

（3）引入战术策略思维。在多年谈判丰富成果的基础上，中国加入 GPA 新阶段需要在理念思维、谈判方式和手段、实现方法和路径等方面进一步规划和实施。

比如，可以考虑谈判一直遵循的审慎、渐进、互惠对等原则是否需要微调。对于谈判清单，可以在更大范围、更宽领域、更深层次方面考虑市场开放程度。可以探索实施双边机制下开展政府采购市场开放谈判，稳步推进自由贸易区建设。对于国有企业开放可以从开放程度较高的沿海省份、自贸区开始，与国家“一带一路”倡议等有机结合起来；在供应商准入及争取国际市场方面，与中国企业、产品“走出去”结合起来等。

值得一提的是，GPA 主要是发达国家和地区之间的规则。我国作为最大的发展中国家，应充分利用 GPA 对发展中国家的特殊待遇和补偿贸易政策，在谈判中实施有利于本国产业发展、贸易收支平衡、经济发展状况等的开放策略。

第 7 份出价清单是我国加快加入 GPA 谈判进程的重大举措，表明中国加入 GPA 谈判进入新阶段。这一阶段的谈判时间更加紧迫、谈判博弈更加复杂、国内领域内改革的难度进一步加大，政府采购转型发展在新时代面临更加重大的使命和责任，具有不同寻常的重大意义及影响。

因此，中国加入 GPA，宜在原有基础上设立更高规格、更大范围的领导小组及其所属谈判组、法律组、政策组、监管组、专家咨询组等，制定战略规划，尽快确立中国加入 GPA 进度表和路线图，以期建立符合中国特色和国际化需要的现代政府采购制度。

（作者：黄冬如，中国物流与采购联合会公共采购分会专家委员会副主任、广东财经大学公共采购研究中心主任）

政府采购国际化新动态

政府采购国际化实现的形式包括政府采购法律制度与国际规则接轨，也包括政府采购市场开放。2019 年是全面落实深化政府采购改革方案重要的一年，政府采购国际化进程也稳步推进。中国加入 GPA 有所突破，提交了第 7 份出价清单。在打造国际化营商环境方面，政府采购也发挥了重要作用。

从国际的视角来看，近年来世界经济增长乏力，贸易保护主义倾向抬头，不确定、不稳定因素增多，特别是近期不断升级的中美经贸摩擦，使得国际经贸环境发生了深刻变化。从国内的视角来看，经济平稳运行的态势不稳固，面临新的下行压力。如何保持经济平稳运行，促进经济高质量发展成为政府面对的难题。2019 年 6 月 25 日，李克强总理在全国深化“放管服”改革优化营商环境电视电话会议上强调，把“放管服”改革进一步推向深入，打造市场化法治化国际化营商环境。其中，国际化就要持续扩大开放。中国经济已经深度融入世界经济，必须不断拓展开放领域、提升开放水平，维护以规则为基础、以世贸组织为核心的多边贸易体制，积极参与世贸组织规则的完善。我们的营商环境要与国际先进水平对标，加强与国际通行经贸规则对接，这样不仅能更多吸引外资，也有利于我们的企业在国际市场大平台上参与竞争、提高国际竞争力，实现我国发展利益。

政府采购连着政府和市场，既是财政支出的管理手段，也是国家治理的重要工具，其运行机制的改革和市场环境的营造是落实“放管服”和优化整体营商环境的关键环节。因此，政府采购不仅要有所作为，更要发挥重要作用。在深化“放管服”改革，打造国际化营商环境方面，政府采购领域有两大亮点：

一、中国加入 GPA 稳步推进

（一）GPA 谈判概况

1. 外部力量推进加入进程

2001 年我国加入世贸组织时承诺尽快启动加入《政府采购协定》（以下简称“GPA”）谈判。2007 年 12 月，我国正式启动加入 GPA 谈判并提交了初步出价清单。随着谈判的深入和国内改革进展，我国对出价清单进行了多次修改。2014 年 12 月，我国提交了第 6 份出价清单。此次出价清单首次列入大学、医院和国有企业，门槛价也降至参加方水平。同时，扩大了中央政府和地方实体的范围。财政部表示，这份出价清单范围已与参加方一般出价水平大体相当，但美国、欧盟等参加方认为虽然与过去的出价清单相比有所改进，但最新出价清单仍然与加入 GPA 的其他国家的适用范围不“匹配”，在少数关键领域内仍存在差距，要求我国修改出价清单并加快加入 GPA 的进程，在互惠互利的基础上向参加方进一步开放政府采购市场。我国表示第 6 份出价清单已列明当前所能作出的全部实质性减让，进一步扩大采购范围有待相关改革的继续深入，如正在进行的国企改革和军队改革，但上述改革时间表尚不明确。因此，我国不打算修改第 6 份出价清单中做出的市场准入让步。

2. 国内改革推进加入进程

伴随着加入 GPA 谈判，我国国内的经济形势发生着改变，经济体制改革也不断深化，构建开放型经济新体制对政府采购工作提出了新的要求。2015 年 5 月中共中央、国务院发布《关于构建开放型经济新体制的若干意见》，明确提出要推动我国加入 GPA 谈判，加快自由贸易区的政府采购议题谈判，释放出积极的信号。其中的理念是政府采购已经成为国家构建开放型经济新体制的重要组成部分，政府采购市场开放可以拓展国际经济合作新空间，为中国企业“走出去”开辟新渠道，也有利于优化我国对外开放区域布局，促进实施“一带一路”倡议。2017 年 10 月党的十九大报告明确提出要“推动形成全面开放新格局”，支持多边贸易体制，积极参与 GPA 等谈判。2018 年 4 月习近平总书记在博鳌亚洲论坛年会开幕式上提出“加快加入 GPA 进程是主动扩大进口的四项重大举措之一”。

（二）积极开展 GPA 谈判

加入 GPA 是我国深化改革、构建开放型经济新体制的重要内容之一，外部力量和国内改革共同推进加入进程。根据“以开放促改革”的总体要求，我国对加入 GPA 由消极态度转变为积极态度。

1. 开展 GPA 谈判

2019 年 2 月 25—27 日，财政部国库司派人赴瑞士日内瓦就我国加入 GPA 开展了双、多边谈判。谈判代表团分别与欧盟、加拿大、日本和韩国开展双边磋商，与政府采购委员会主席和世贸组织秘书处交换了意见，并在多边会议上通报了中国谈判相关工作进展。

2019 年 6 月 11—12 日，财政部国库司率团赴比利时与欧盟就我国加入 GPA 开展谈判。国家发展改革委、商务部、国资委以及江苏省和湖北省财政厅派人参加了本次谈判①。

2. 与参加方探讨 GPA

2019 年 4 月 9 日，李克强总理在布鲁塞尔同欧洲理事会主席图斯克、欧盟委员会主席容克共同主持第 21 次中国 - 欧盟领导人会晤，并发表了《第二十一次中国 - 欧盟领导人会晤联合声明》。双方承诺相互给予更加广泛、更加便利、非歧视的市场准入，双方在政府采购、农产品贸易分区原则等问题上也取得了重要共识。《第二十一次中

① 财政部．王绍双副司长率团赴比利时与欧盟开展 GPA 双边谈判［EB/OL］．［2019 - 12 - 28］. http://gks. mof. gov. cn/lmcs/gzdt/200012/t20001212_ 3387394. htm.

国－欧盟领导人会晤联合声明》载明，欧盟支持中国加快加入 GPA 进展，中方愿以富有雄心的方式改进其出价。中方将积极并尽快推进有关工作。在全球挑战与治理方面，双方坚定支持以规则为基础、以世贸组织为核心的多边贸易体制，反对单边主义和保护主义，并致力于遵守世贸组织规则。

2019 年 5 月 20—23 日，中国－以色列自贸协定第 6 轮谈判在商务部举行，政府采购是双方的谈判议题之一。财政部国库司派人参加了政府采购议题磋商。双方主要就政府采购案文交换了意见，以色列还向中方介绍了其政府采购制度和加入 GPA 的经验。

2019 年 5 月 21 日，财政部国库司领导与英国驻华使馆公使衔参赞戴宁西一行进行会谈。双方就中国加入 GPA、中英双边政府采购市场开放以及中英政府采购交流与合作等问题交换了意见。

（三）提交第 7 份出价清单

2019 年 10 月 20 日，我国向世贸组织提交了加入 GPA 第 7 份出价清单。这份出价清单是我国加快加入 GPA 谈判进程的重大举措，充分展现了我国扩大开放的形象，表明了我国加入 GPA 的诚意和维护多边贸易体制的决心。第 7 份出价清单首次列入了军事部门，涵盖了除国务院办公厅、安全部以外的国务院行政机构，增加了吉林、四川、贵州、云南、陕西、甘肃、青海 7 个省，地方出价由 19 个省（直辖市）增加到 26 个省（直辖市），新增中国国家铁路集团有限公司和北京首都国际机场股份有限公司 2 家中央管理国有企业，北京市地铁运营有限公司、天津水务集团有限公司等 14 家地方管理国有企业。新增山西大学、云南大学等 36 所地方高校。同时，增列了服务项目，调整了例外情形。第 7 份出价已与参加方出价水平大体相当。①

2019 年 10 月 21 日至 23 日，财政部派团参加我国加入 GPA 第 7 份出价首轮谈判。由财政部、发展改革委、商务部、国资委、中央军委后勤保障部，云南省、陕西省、青海省以及国家铁路集团公司有关人员组成的中国政府谈判代表团，赴瑞士日内瓦就我国加入 GPA 第 7 份出价开展首轮谈判②。

二、优化政府采购营商环境

2018 年 11 月，中央全面深化改革委员会会议审议通过了《深化政府采购制度改革方案》，提出了深化政府采购制度改革的总体思路和具体举措，为建立适应高质量发展要求的现代政府采购制度指明了方向。改革方案明确提出要放权于采购人，加强采购人的主体责任，提升其自主性；推进招标采购管理流程的优化、减少采购审批环节，

---

① 张航．我国已提交加入 GPA 第 7 份出价，正在与 GPA 参加方积极开展谈判［N］．政府采购信息报，2019－12－2.

② 财政部．财政部派团参加我国加入 GPA 第 7 份出价首轮谈判［EB/OL］．［2019－12－28］．http：//gks. mof. gov. cn/lmcs/gzdt/200012/t20001212_ 3435926. htm.

由事前审批转变为事中事后监管，激发市场活力；不断优化服务质量、提高服务效能。2019 年是全面落实深化政府采购改革方案非常重要的一年，财政部将贯彻落实的第一步迈在优化政府采购营商环境上。

（一）打造政府采购营商环境的背景

1. 落实“放管服”改革的关键环节

2019 年 3 月李克强总理在《政府工作报告》中提出要下大气力优化民营经济发展环境。按照竞争中性原则，在要素获取、准入许可、经营运行、政府采购和招投标等方面，对各类所有制企业平等对待。2019 年 6 月李克强总理就“全国深化放管服改革优化营商环境”发表了重要讲话，把“放管服”改革、优化营商环境作为促进“六稳”的重要举措。随后国务院办公厅发布重点任务分工方案，在推动简政放权向纵深发展，进一步放出活力方面，部署开展招投标领域专项整治，全面清理各级政府及有关部门规章、行政规范性文件和其他政策措施中对民营、外资企业投标设置不合理限制和壁垒的规定，纠正并查处一批不合理限制或排斥潜在投标人等违法违规行为；加强对各地区、各部门政府采购活动的指导和监管，清理政府采购领域妨碍统一市场与公平竞争的规定和做法。

2019 年 7 月，为贯彻落实中央有关要求，构建统一开放、竞争有序的政府采购市场体系，财政部发布《关于促进政府采购公平竞争优化营商环境的通知》（以下简称“38 号文”）。

2. 提升营商环境排名的现实考虑

从现实的角度看，优化政府采购营商环境也是提升我国营商环境整体排名的考虑。经济社会发展的动力，源于市场主体的活力和社会创造力，这在很大程度上取决于营商环境。从微观上讲，营商环境是企业在开设、经营、贸易活动、纳税、关闭及执行合约等方面遵循的政策法规所需的时间和成本等条件。一个国家或地区营商环境的好坏，直接影响该经济体企业的开办经营以及吸引外资情况。因此，营商环境不仅是一个国家或地区经济软实力的重要体现，也是提高国际竞争力的重要内容。世界银行报告表明：良好的营商环境会使投资率增长 0.3%，GDP 增长率增加 0.36%。

世界银行从 2002 年开始，对全球的一百多个国家和地区的营商环境进行测评和排序，并发布《全球营商环境报告》（*Doing Business*）。世界银行建立了一整套衡量各国营商环境的指标体系，包括创办企业、办理施工许可、电力供应、登记产权、获得信贷、保护少数股东、纳税、跨境交易、合同执行和办理破产十项指标，核心在于测量一国私营企业在设立运行中的外部制度环境的效率性、效益性、公平性。通过梳理近十年的《全球营商环境报告》，可以发现我国营商环境在全球 190 个左右的经济体中排名不容乐观，不仅落后于发达经济体，甚至也落后于许多发展中国家。从 2010 年至 2018 年中国的排名基本在 78～96 名徘徊，没有太大改善。随着“放管服”改革的深入，政府开始重视提升营商环境，对标世界银行指标的措施也取得了成效。2019 年我国营商环境的全球排名有了很大提升，从 2018 年的第 78 名提升为第 46 名，2020 年又进一步提升为全球第 31 名。

世界银行认为公共采购规模巨大，可以影响市场的结构和运作，也可以促进经济发展、创新和就业。而效率低下的公共采购成本极高，损害了竞争，提高了价格，还容易受到欺诈和腐败的不良影响。因此，《2017 年全球营商环境报告》将公共采购纳入观察指标。这就意味着公共采购领域将成为考察整体营商环境的重要因素。

（二）优化政府采购营商环境的措施

财政部 38 号文着力打造公平透明的政府采购营商环境，主要包括以下六方面内容。

1. 全面清理妨碍公平竞争的规定

依法保障各类市场主体平等参与政府采购活动的权利，全面清理政府采购领域妨碍公平竞争的规定和做法，主要涉及以供应商的所有制形式、组织形式或者股权结构实施差别或者歧视待遇；通过设置不合理的资格条件、登记注册、准入门槛，购买指定软件，不及时完整发布或者提供采购项目信息，妨碍或限制供应商参与政府采购活动；非法干预采购人自主选择采购代理机构；设置没有法律法规依据的审批、备案、监管、处罚、收费等事项；除规定的情形外，要求采购人采用随机方式确定中标、成交供应商等五个方面。

2. 严格执行公平竞争审查制度

审查目的是防止出现排除、限制市场竞争问题，审查重点包括是否设置不合理和歧视性的准入条件，排斥潜在供应商参与政府采购活动；是否设置没有法律法规依据的行政审批或者具有审批性质的备案；是否违规给予特定供应商优惠待遇。经审查认为不具有排除、限制竞争效果的，可以颁布实施；具有排除、限制竞争效果的，应当不予出台或者调整至符合相关要求后出台；未经公平竞争审查的，不得出台。

3. 加强政府采购执行管理

政府采购人和采购代理机构在执行政府采购时，必须为供应商参加政府采购活动提供方便，降低参与成本，保障和维护供应商的合法权利。政府采购的主要环节应遵守以下要求：优化采购活动办事程序应注意四个“不得”，细化采购活动执行方面有三个要求，规范保证金收取和退还方面有四个注意，采购资金支付落实有两个要求，建立供应商损害赔偿和补偿机制有两个注意等。

4. 加快推进电子化政府采购

要加快完善电子化政府采购平台的网上交易功能，实现电子采购全流程，并逐步建立电子化政府采购平台与财政业务、采购单位内部管理等信息系统的衔接；加快实施“互联网＋政府采购”行动，积极推进电子化政府采购平台和电子卖场建设，建立健全统一的技术标准和数据规范，逐步实现全国范围内的互联互通。

5. 进一步提升政府采购透明度

加强政府采购透明度建设，完善政府采购信息发布平台服务功能。提供便捷、免费的在线检索服务，向市场主体无偿提供所有依法公开的政府采购信息。为便于供应商提前了解采购信息，自2020年起，选择部分中央部门和地方开展公开采购意向试点。

6. 完善政府采购质疑投诉和行政裁决机制

畅通供应商质疑投诉渠道，为供应商提供标准统一、高效便捷的维权服务。对供应商提出的质疑和投诉，采购人、采购代理机构和各级财政部门应当依法及时答复和处理。各级财政部门在实施政府采购行政处罚时，应当依法保障当事人的告知权、陈述权、申辩权、听证权等，保证程序合法。

上述这些要求，对《2017年全球营商环境报告》中的公共采购指标都有所回应。世界银行公共采购指标衡量的是公共采购合同的交易成本，涉及企业与政府开展业务便利性相关的五个方面，包括无障碍和透明度、投标安全、付款延误、对中小企激励措施和投诉机制。这些指标反映了供应商进入公共采购市场的障碍，是改善公共采购营商环境应关注的重点内容。

三、对标世界银行营商指标

世界银行《全球营商环境报告》极具国际影响力，对各国吸引投资以及经济和社会发展均产生了极其广泛的影响。对标世界银行公共采购指标就是营商环境国际化原则的重要体现，通过营商环境与国际先进水平对标，促进提高我国的国际竞争力。推动政府采购营商环境的优化，我们要积极主动地参照国际标准完善制度建设和规范自身行为，按照市场化、国际化的通行规则办事，努力建立公平开放透明的政府采购市场规则。

根据《2020年全球营商环境报告》，世界银行公共采购指标通过案例研究记录了参与和获得工程合同的程序和时间，旨在评估全球经济体公共采购的效率、质量、透明度、完整性以及问责机制。

公共采购指标主要考察三个方面：一是必要的程序。程序数量描述了承包商和采购实体、发放许可证的机构、法院等公共机构之间的互动。二是所需时间。天数描述了这些交互需要多长时间。三是适用的法律规定。法律指数衡量公共采购过程哪些方面受法律监管。这三个方面的内容涵盖了从预算到付款的公共采购生命周期各个阶段。

世界银行“营商环境报告”小组计划在2021年将公共采购由观察指标转为正式指标，纳入营商便利度评分中，这将对我国在《全球营商环境报告》中的排名产生重要影响。我国应对标世界银行公共采购指标进行检查，不断优化政府采购营商环境，不仅有助于推动我国政府采购市场开放，也有助于我国打造国际一流的营商环境。

（作者：孟晔，法学博士，英国华威大学访问学者，国际关系学院公共市场与政府采购研究所研究员）

第四篇　2019 年度公共采购优秀案例

第一章　政府采购

马鞍山市看守所智能化（智慧监所）建设项目

一、项目基本情况

项目名称：马鞍山市看守所智能化（智慧监所）建设；
招标人：马鞍山市公安局；
预算金额：2369.0855 万元；
中标金额：2305.2588 万元；
节约资金：63.8267 万元；
公告时间：2019 年 7 月 4 日；
开标时间：2019 年 7 月 25 日；
中标单位：安徽新华博信息技术股份有限公司。

二、项目概况

根据《看守所技术建设规范》（公监管〔2002〕160 号）、《GA 1033—2013 公安监管场所装备建设和保障规范》《公安监管场所监控系统建设规范》（公监管〔2015〕73 号）、《安徽省看守所技术防范系统建设规范》（2014 年试行）等有关规定，为贯彻落实公安部“科技强警”“基础智能化”战略，进一步加强和规范全区公安监管场所技防设施建设，提升公安监管场所技防建设科技化、规范化、集成化水平。坚持“保障必需、实用高效、安全可靠”的原则，统一标准，全面规划看守所智能化建设势在必行，更是马鞍山市看守所智能化建设的迫切需求。

加快建设马鞍山市看守所智能化项目，提高看守所职能的技术保障能力、提高智能化技术在看守所工作中的应用水平、提高广大看守所民警的综合素质，保持看守所的安全稳定，提高在押人员改造质量，促进看守所工作改革发展，能够更好地为地区经济稳定繁荣服务。

马鞍山市看守所为新建所，建设地点位于安徽马鞍山市银杏大道北侧，长乐路以南，华山北路以西。本次看守所智能化建设内容包括综合业务用房、监区、伙房及备勤用房等。其中包含 82 间监室（含 17 间单独关押监室）、76 间放风场、13 间提讯室（含特讯室）、1 间视频会见室、1 间远程提审室、1 间单独会见室、1 间远程法庭室、11 间律师会见室，若干在押人员功能性用房和民警功能性用房等项目的智能化建设。为满足各个职能部门在各项工作内控管理、安保工作等方面的要求，提升监所安全性，降低民警工作强度，为辅助决策提供依据，保障监所的安全运行，特设计建设马鞍山市看守所智能化项目。建设目标主要包括以下内容。

（1）全域覆盖的智能防控系统：做强数字安防、指挥平台、实时报警、区域管控、智能运维，使得视频监控结合生物识别、智能分析，展现更强大的联动管理能力。

（2）全程留痕的智能管理：做实安全预警、多岗联动、绩效考核、移动警务、直接管理，通过互联网、生物技术等应用，加强警务管理。

（3）全网运作的智能保障：做细消费管理、权益保障、信息公开、医疗服务、警务公开等保障。

（4）全时响应的智能服务：做精远程服务、提审会见、反哺防控、深挖犯罪、办案服务等服务。

三、主要做法

（1）该项目社会敏感度高、时间紧。马鞍山市政府集中采购中心在采购过程中安排业务骨干，做到熟悉采购背景、确保顺利推进该项目采购，具体采取以下措施。一是提前谋划。项目受理前期，安排业务骨干深入对接项目，提前了解项目背景及采购需求，制订多套采购方案，做到随时需要，随时提供。二是周密部署。针对该项目成立文件编审组、政策分析组、风险评估组、开标评标组等专项小组，多组联动，通过认真核对采购需求、邀请专业部门把关招标文件、组织专家论证、评估开评标过程风险因素等方式，努力降低采购环节风险，确保项目采购进度。三是优先安排。由采购中心主要领导牵头，统筹协调部门其他分配项目，调整其他分配项目的采购计划，并在内部各级程序中，以最高优先级安排该项目办理。四是主动对接。积极与市公安局对接沟通，保持联系，多次主动上门服务，参加项目协调会，研究文件资格要求、采购需求、合同条款、履约考核等内容，科学合理编制招标文件。

（2）本项目采用综合评分法。因该项目采购内容繁多、需求复杂，为能真正为采购人采购到物有所值的货物或服务，马鞍山市政府集中采购中心将该项目评分要素按权重进行科学合理设置，具体分为：①商务标得分 A1，满分分值 100 分，占总分权重 30%；②货物品牌得分 A2，满分分值 100 分，占总分权重 5%；③技术指标响应情况得分 A3，满分分值 100 分，占总分权重 30%；④软件及系统功能得分 A4，满分分值 100 分，占总分权重 30%；⑤实施方案、投标人实力等得分 A5，满分分值 100 分，占总分权重 5%。通过对投标人的综合实力、货物品牌质量等方面进行综合考量，最终为采购人选出在该领域具有较强实力和较高信誉、在该类项目中具较丰富经验的供应商。同时，在该项目评标办法中设置了投标人对软件系统功能进行演示（包括监区管理系统、医疗系统、后勤管理系统、风险管理系统、预案管理系统、风险评估系统和在押人员考核系统等功能模块）这一特色评审项，并要求各投标人现场利用软件系统进行演示操作，评委根据具体演示情况对投标人的软件系统质量进行综合评定并赋予相应分值，真正努力为采购人采购到物有所值的货物设备。

（3）在本次采购活动中，考虑到项目金额较大，潜在投标人可能不熟悉马鞍山市政府采购相关流程，项目承办人在面对潜在投标人的询问时，做到耐心解释、细心提醒，并热心帮助潜在投标人解决投标时可能遇到的细节问题，减少项目流标风险。

四、项目成效

最终经评委会评审，安徽新华博信息技术股份有限公司以总得分最高，获得本项目中标资格，并已成功签约。

该项目采购任务完成并验收合格后，看守所将通过运用“物联网+”及在监管工作中运用先进的动态传感、智能分析和安全技术手段，结合流程化、精细化、人性化等现代管理理念，形成监所智能化管理，以信息化升级传统勤务，真正实现了“机器换人、机器管人、科技为人”，做到有效预警并及时处置监所安全隐患，大大降低监管工作风险。

后期，看守所将全面打通公安、司法、卫健、合作医疗等部门的数据资源通道，整合内部医疗和社会医院资源，研发以“云数据、云医疗、e 防控”为主要特色的“云健康”管理系统，借助并共享协作三甲医院的优质医疗资源，在监所内打造一个“五脏俱全”的现代化小型智能医院。监所内的医院专家可通过智能系统对在押人员开展远程视频会诊。会诊完毕后，系统实时返回电子处方、电子医嘱及会诊意见，为监所患病在押人员提供专业的治疗方案，真正做到人性化、文明化管理。

（马鞍山市政府集中采购中心）

“精品安徽”央视宣传投放项目

安徽省政采项目管理咨询有限公司（以下简称“政采公司”）是安徽公共资源交易集团下属全资子公司。近年来，政采公司严格遵守政府采购相关规定，完善政府采购体制、规范交易业务流程，着力创新发展模式，以全面推进政府采购标准化流程为切入点，以加强政府采购内部控制为抓手，不断开拓创新，锐意进取，积极稳妥推进各项工作稳步开展，取得了显著的政治效益、经济效益和社会效益。完成了关系城市建设和社会发展的一批重大特大项目，2019 年顺利完成了“精品安徽”央视宣传投放项目。

一、高度重视，统筹协调，保障项目顺利开展

“精品安徽”央视宣传投放项目，预算金额 6150 万元，业主单位为安徽省经济和信息化厅，该项目通过公开招标的方式进行招标。

该项目通过科学、细致、严谨、规范的招标，择优遴选安徽工业和安徽工业企业央视宣传投放项目的服务企业，为贯彻落实安徽省人民政府《关于印发支持制造强省建设若干政策的通知》（皖政〔2017〕53 号）中关于支持精品制造的工作要求，进一步宣传展示安徽工业和安徽工业企业形象，扩大安徽工业企业及品牌的影响力和知名度，提高品牌竞争力和占有率夯实基础。本项目采购要求高、招标内容广、采购时间紧、社会关注度高、潜在投标人数量多，项目受理后，公司领导高度重视，立即成立项目领导小组，召开项目进度协调会，从人员、场地、采购时效等各方面保障项目顺利实施。公司项目负责人在项目前期，主动与采购人对接，将类似的央视宣传投放项目采购中普遍存在困难点、容易忽视的法律风险等内容一次性告知采购人，在项目操作过程中，把好法律政策关，对疑难问题及时通过组织专家论证等方式给予客观公正的回复，确保采购人最终合法合规保质保量地采购到所需要的产品和服务。

二、积极会商，部门联动，共同推进采购工作

公司负责人积极主动与采购单位安徽省经济和信息化厅召开会商会议，就项目的实施计划、采购需求、投标人资格和评分标准的设置进行会商，组织专家对采购需求进行论证，保证采购需求科学合理，同时，与安徽省经济和信息化厅建立工作机制，研究确定符合实际的招标文件。

三、严谨规范，科学高效，促进项目顺利实施

（1）严格按照公开、公平、公正的原则开展采购工作。考虑项目社会关注度高，

严格按照公司关于重大项目操作规程完成项目操作。严格遵守“计划安排表—采购需求专家论证—招标文件会审制度—重大项目开评标制度—重大项目汇报制度—重大项目标后约谈”制度，从采购时效、采购流程、采购规范和高效服务等各方面实施项目保障。

（2）严格执行国家行业的相关规定，依法合规实施采购。按照国务院及安徽省政府关于支持精品制造的工作要求，通过择优遴选央视宣传投放项目的服务企业，规范高质地完成安徽工业和安徽工业企业央视宣传工作任务，扩大安徽企业及品牌的影响力和知名度，提高品牌竞争力和占有率。本项目采用综合评分法，对投标人的项目策划方案、广告样片现场演示及陈述、央视投放方案、投标人增值服务、综合实力、业绩等方面进行综合评审，择优选择综合实力强、服务水平高的中标单位。

（3）资深专家，保障项目。本项目通过随机抽取的方式抽取了多名行业资深专家参与项目评审，保障项目的专业性、针对性和高质量。经过评审专家近十个小时的评审，项目最终顺利完成。

四、跟踪标后进度，保障试点工作顺利实施

政采公司加强项目中标后进度跟踪，在合同签订和履行等方面做好配合工作。目前，安徽省经济和信息化厅已经完成合同签订工作，并在央视开展“精品安徽、皖美智造”品牌宣传，以“精品安徽，皖美智造”为主题的系列宣传片持续在 CCTV－1、CCTV－新闻《朝闻天下》《新闻 30 分》《新闻联播》前、CCTV－2《经济信息联播》黄金时段播出，累计收看人次超 80 亿，有力地提升了“皖商、皖企、皖品”的知名度、美誉度。安徽柳工、富亚纱网、海神黄酒、昊方机电、东陵电器、华能电缆等一批企业的产品通过央视大舞台，打开了全国甚至全球的大市场。

（安徽省政采项目管理咨询有限公司）

第二章　公共事业采购

喀斯玛商城关于实验室科研试剂阳光采购解决方案

一、应用方式

首先，教育、科研或产业机构通过整体决策，形成决议启用喀斯玛商城作为采购管理一体化、信息化平台。继而形成线上审批、验货、物资库存管理、特殊品管控等采购管理制度。同时，有仓储的单位与喀斯玛商城签署《仓储共建协议》，启用终端仓储配送服务，实现常规物资的极速配送。最后，商城服务队伍进驻，进行分配账号、操作培训、联合招商、运营维护等跟踪服务。

二、服务案例

1. 科研物资采购一体化管理系统（服务单位：中国科学院深圳先进技术研究院）

中国科学院深圳先进技术研究院（以下简称“先进院”）于2013年9月开始筹备、推进商城上线工作，2014年初即实现了商城采购，是中国科学院（以下简称“中科院”）华南区首家应用商城采购管理一体化的单位。取得了良好的效果。

（1）集结海量商品，降低采购成本。喀斯玛商城采取网络超市的形式，集结海量商品，实现全网比价，不断降低采购成本，据先进院提供的数据显示，2014年采购的产品单价较上年降幅3%～10%。

（2）建立规范流程，实现阳光采购。喀斯玛商城的采购流程严格按国家关于科研经费及风险防控的要求设计，实现采购、审批、验收、售后、库存的全流程闭环管理，过程透明，责任明晰，痕迹可溯。据中科院2014年和2015年的审计数据显示，2015年中科院的材料采购违规率大幅降低，其中整体应用喀斯玛商城采购的单位违规占比为零。

（3）构建开放平台，实现便捷管理。喀斯玛商城与中科院的内部管理系统ARP进行对接，同时提供采购管理一体化的“科研物资采购一体化管理系统”，使账号同步、采购审批、验收审批等物资采购管理无纸化、信息化和一体化，大大缩短了原有的审批周期，减少了无效节点，在研究单元逐年增加、科研经费自然增长的情况下，现先进院的审批数量仅为过去的10%～20%，大大减轻了各级领导审批的负担。

（4）紧贴采购需求，获得单位认可。由图 4－2－1 可以看出，先进院的线上采购占比逐年上升，已由 2014 年的 79.80% 增长到 2017 年的 99.67%，并持续保持高位占有率。

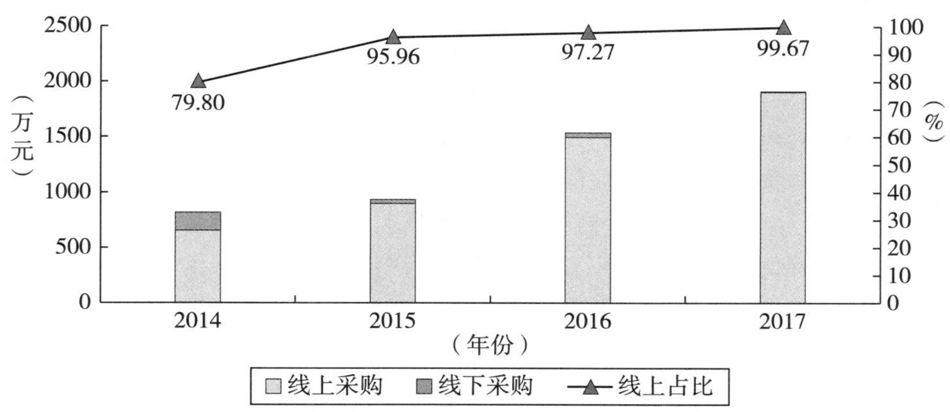

图 4－2－1　先进院在喀斯玛商城的采购占比情况

2. 线上招投标式采购系统（服务单位：中国工程物理研究院）

中国工程物理研究院是以发展国防尖端科学技术为主的集理论、实验、设计、生产为一体的综合性研究院。主要应用商城的招投标式采购系统进行公开询价采购。2018 年 4 月，“喀斯玛（西南）商城”在绵阳科技城创新中心正式揭牌，打造服务军工科研的示范中心，助力推动军民融合发展。

线上招投标式采购系统系商城为解决“公开询价采购”“非标品定制采购”及“批量采购”等采购者需求而设置的特色模块。单笔 200 万元以内的大金额采购项目可应用该系统进行。有效规避人为因素，过程透明，提升效率，既满足国家政采“询价”的要求，又保证需求征集及商品取得过程的合法性要求和依据。

3. 终端仓储物流配送体系（服务单位：中国科学院遗传与发育生物学研究所）

2014 年，中国科学院遗传与发育生物学研究所与喀斯玛商城签订合作协议，研究所提供 263 平方米的联合仓储空间及包括水电、物业服务等配套资源。喀斯玛商城提供从采购、库管到配送等专业仓储物流服务，取得了较好的效果。

（1）代送货服务：货物由喀斯玛的专业人员统一配送上楼，一方面使研究所免受外界干扰，另一方面喀斯玛通过和源头供应商合作，缩短了产品的供应链。

（2）现货服务：仓库供应现货，缩短物资订购周期，提高了科研效率，实现了极速配送。

（3）库房代管：专业的人员进行规范的库房管理，节省了库房运营管理成本。

4. 危化品全生命周期管理（服务单位：中国科学院大连化学物理研究所）

现阶段，非管制危化品可以直接购买采购院所管控危化品流程为：各课题组提出采购申请→采购单位审批→受公安局管制的危化品由采购单位统一报备→报备后的管控危化品由研究组凭准购证明自行采购→商家送货→收货入库→危化品使用→废液处理。其中采购单位审批、危化品使用为传统管理流程中难于管理的。

喀斯玛商城通过供应商采购方资质识别、危化品商品识别，协助采购者识别并管控，即采购者在商城上看到的危化品均是合规商家的准销范围商品。此外，采购者在商城采购危化品的时候，也会对采购者的采购资质进行匹配，匹配不成功者不让其购买。

中国科学院大连化学物理研究所，是一个基础研究与应用研究并重、应用研究和技术转化相结合，以任务带学科为主要特色的综合性研究所。该所对危化品有较大的采购需求，同样也面临严峻的危化品管理形势。因此，该所自2015年采用商城采购管理之后，于2016年个性化定制了商城的科研物资管理系统（dicp. casmart. com. cn）进行危化品的全生命周期管理，且不断优化升级。该系统是集危化品线上线下（商城上采购及非商城上采购）合同审批、供应商管理、验收管理及危化品二维码追踪为一体的采购管理系统。该系统具备以下功能。

（1）管理人员分级别、分权限审批及查看。

（2）审批、验收行为信息化。

（3）采购审批数据永久保存，随时备查。

（4）用户数据统一管理。

5. 统一代结算（服务单位：中国科学院微生物研究所）

以前在线下买东西，课题组要自己打电话订货，商家把每单货品的发票给课题组，课题组再到财务部门报账。不仅科研人员感觉非常烦琐，高校院所管理起来也有难度。

中国科学院微生物研究所（以下简称“微生物所”）自开展线上结算以来就借助商城进行统一结算管理，由统一结算负责人定期生成结算单，供应商根据采购单位要求将课题组采购货品汇总后开具一次发票，送给统一结算负责人，由结算负责人统一与财务处对接，执行报销和付款。例如，微生物所的50个课题组都在A公司采购了耗材，以前A公司要开50张发票给各课题组，再由各课题组分别报账。而现在通过商城采购，A公司只需开一张发票给结算负责人，由结算负责人发给每个课题组核对无误后提交财务处，财务处便一次性将这50笔钱汇给A公司。这一操作大大节省了科研人员和公司结算人员的时间成本。

随着微生物所与商城的合作越来越紧密，本着简化流程、增加效率的原则，从2016年11月起，微生物所启动商城统一代结算管理，即采取商城定期针对多家供应商的多个订单向微生物所开具一张发票，进行一次报销的形式完成整个采购结算报销，此管理办法的实施，进一步节省了高校院所里结算人员、财务人员的时间成本，也保证了供应商的回款周期，激活了科技服务行业新动能。

［喀斯玛（北京）科技有限公司］

第三章　国有企业采购

2019 年配网设备资质核实和资格预审联合一体化采购项目

一、概述

国家电网有限公司（以下简称“国网公司”）以打造具有枢纽、平台、共享特征的国网现代（智慧）供应链体系，推动坚强智能电网和泛在电力物联网建设为目标，着眼全球视野、立足行业标杆，构建适应央企发展需要、具有国网特色的数字化、信息化、电子化采购管理体系。公司采购管理历经分散物资管理、集中规模招标、物力集约化管理、打造现代（智慧）供应链体系四个阶段，落实国家推进供应链创新与应用的指导意见，树立了行业典范。

面对电网发展新形势新要求，国网公司勇于创新，进行多项物资管理机制和采购方法变革。针对配网物资品类多、采购规模大、供应商水平参差不齐、分散评审标准不统一以及评审工作重复性开展的问题，创新性开展国网 2019 年配网设备资质核实和资格预审联合一体化采购项目，实现审、核要素及进度相互衔接，提升工作质效，促进采购设备质量提升，服务电网高质量发展。

二、项目运作与管理的规范化程度

1. 统一组织，分工协作

总部统一组织实施，按照统一工作范围、统一工作进度、统一工作标准、统一预审文件、统一监察监督、统一结果备案的“六统一原则”开展资质核实和资格预审联合一体化采购项目，各牵头单位分工执行。由山西、陕西、江苏等地的九家专业牵头单位按照物资品类分工，协同推进，组建审查委员会，开展审查工作。

2. 统一标准，全网适用

基础数据同源，兼顾资格预审和招标需求以及供应商基础信息现状，统一资质核实及资格预审标准，保证核实阶段数据在预审阶段全面应用。规格型号统一，以配网标准物料目录为基础制订全网统一的预审物料清单，满足各地公司实际使用需求。评审规则一致，对照以往配网设备招标采购标准，会同专业部门研究确定统一评审规则，按物资品类设置资格业绩要求。

3. **统一平台，有力保障**

电子商务平台业务支撑，建立结构化供应商数据库，实现供应商基本信息、资格证书、试验报告、资质业绩等信息结构化，共享融通。评标基地智慧物联，依托“封闭管理、集中监控、信息阻断、全程受控”的电子化评标基地，实现评审专家全程监督、评审进程实时监控。

三、项目组织与实施的专业化程度

1. **精心准备，保障项目实施**（2019 年 3—4 月）

分析调研。组织中国电科院、西高所、武高所对所有品类物资的采购标准进行评审修订。对多家供应商进行实地调研，深入了解供应商生产、产能和售后服务等信息，把握行业动态，分析历年配网设备招标采购供应商投标情况，掌握各物资品类的供应商规模。

制订策略。依据“先核后审、开放核封闭审”的策略，资质核实侧重供应商基础数据的完整性和准确性，开放性开展文件核实及现场核实；资格预审全面应用资质核实数据，侧重供应商的生产能力，申请文件不允许实质性补充和更正，封闭开展资格审查。图 4－3－1 为资质核实与资格预审的主要内容。

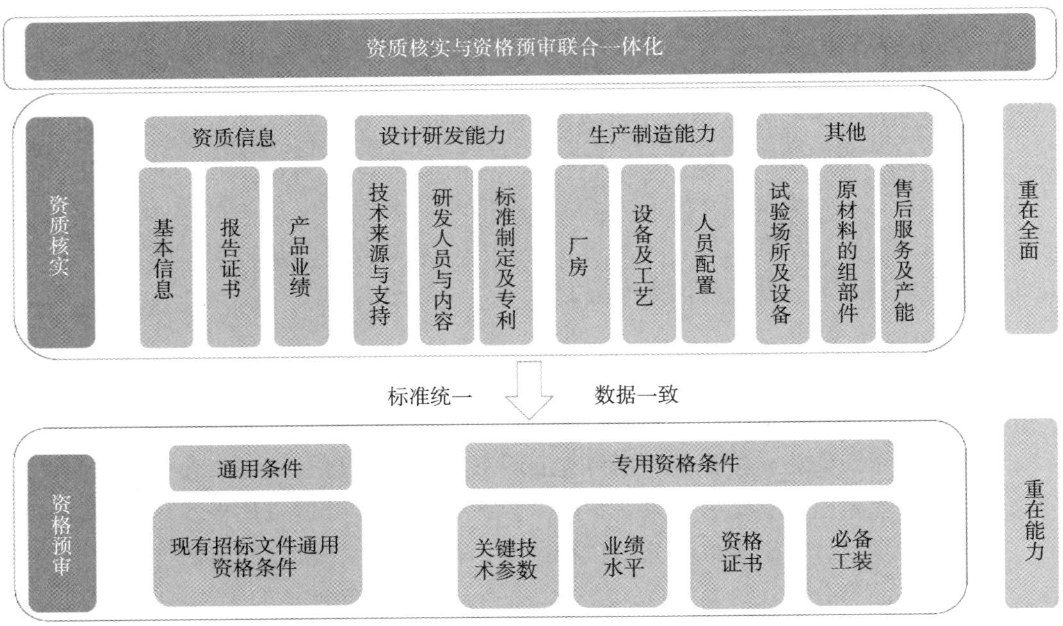

图 4－3－1　资质核实与资格预审主要内容

细化方案。组织业务部门、设计院、第三方检测机构等专业技术人员编制变压器、箱式变电站、高压开关柜等 12 类配网设备的《供应商资质核实标准》，制订资质核实和资格预审联合一体化工作方案及规范化工作手册，明确项目实施内容、进度安排、工作流程等。

2. 开放核实，汇聚客观信息（2019 年 4—6 月）

开放报名。在电子商务平台发布资质核实公告，“零门槛”“零收费”，接受所有供应商报名。供应商在线填写基础信息，核实过程中允许供应商进行文件补充和信息更正，保证核实数据准确无误。

文件核实。采取集中审核方式，按物资品类组建核实委员会，对供应商提供的业绩、试验报告、工装设备等纸质佐证材料进行核实，并与电子商务平台供应商填报信息进行比对，核实无误在平台进行确认。

现场核实。采取属地化管理方式，在文件核实完成后，由供应商所在省（市）公司组织专家进入供应商生产厂地开展对生产、试验、原材料、售后和产能等方面的核实，确认现场信息是否与提供的文件资料内容一致，并形成核实报告。

结果公示。现场核实完成后，在电子商务平台对供应商核实结果信息进行公示，接受社会监督。供应商可在线自主下载《国家电网公司集中规模招标采购供应商资质能力核实证明》。

资质核实于 6 月 18 日结束，参与配网设备资质核实的供应商共计 3340 家，9 家牵头单位组织 982 位专家对 7569 份文件进行核实，27 家省（市）公司组织 458 位专家深入 1687 家供应商厂地开展现场核实。

3. 集中预审，甄别合格厂商（2019 年 6—7 月）

分级分类。各品类物资综合考虑资质核实业绩和关键技参数以及国家标准、行业标准规定的技术条件，设置 61 个预审标段，其中 20 个优质设备标段、41 个普通设备标段，兼顾采购公平性及重点地区、重大项目等差异化需求。表 4－3－1 是 10kV 箱式变电站（欧式、硅钢片）优质设备与普通设备的标段划分差异示例。

表 4－3－1　10kV 箱式变电站（欧式、硅钢片）优质设备与普通设备标段划分差异示例

预审标段	业绩（台）	试验报告	部分关键参数
10kV 箱式变电站（欧式、硅钢片），优质	150	本体型式试验	温升试验（箱体外壳温升级别）≤10K； 声级测量（声压级）≤45dB； 雷电冲击试验结论满足 GB 17467—2010； 低压主回路动热稳定试验结论满足 GB 17467—2010； 箱变内部燃弧试验结论满足 GB 17467—2010； 变压器损耗水平代号不低于 13
10kV 箱式变电站（欧式、硅钢片），普通	100	本体型式试验；箱变内部燃弧试验	温升试验（箱体外壳温升级别）≤25K； 声级测量（声压级）不作要求； 雷电冲击试验不作要求； 低压主回路动热稳定试验结论满足 GB 17467—2010； 箱变内部燃弧试验结论满足 GB 17467—2010； 变压器损耗水平代号等于 13

封闭评审。按物资品类组建评审委员会，依据资格预审文件要求的资质业绩条件，对照供应商申请文件以及资质核实结果进行资质业绩的符合性评审，评审过程中，抽取相关专业资深专家对型式检验报告的技术问题进行把关和处理，并形成符合性审查记录表。

一对一告知。依据符合性审查记录表，对供应商预审结果中的不合格事项进行一对一告知。评审结束后，形成资格预审合格名单，一对一发送资格预审结果通知书，受理供应商质疑和投诉。

参与本次配网设备资格预审的供应商共计 2441 家，按物资品类共抽取 532 位专家审核供应商的 12731 份申请文件，其中合格文件 9349 份。

4. 结果应用，助力提质增效（2019 年 7—9 月）

截至 2019 年 9 月底，国网公司 2019 年配网设备协议库存招标采购活动全面应用资质核实和资格预审联合一体化结果，涉及 27 家省（市）公司的 53 个项目，项目评审时间有效缩减，累计采购金额 531 亿元，节省资金 25 亿元，评标结果未引发有效质疑、投诉。

四、创新性成就

1. 一体实施，一个数据用到底

资质核实和资格预审一体化实施，贯彻“一个数据用到底”的原则。供应商基本信息贯穿资质核实、资格预审和招标采购环节，评标阶段对供应商的业绩和技术参数进行客观量化评分，满足跨业务数据共享，驱动采购过程更加高效。

2. 联合开展，一个结果全网享

总部统筹组织，按物资品类制定评审规则。资格预审结果全网共享，各省（市）公司无须独立开展，在资格预审有效期内，招标环节不再对供应商进行资质业绩审查，有效减少了评标的重复性工作。供应商只需参加一次核实、递交一次申请文件，相关结果在全国 27 家省（市）公司招标活动中通用共认。

3. 信息公开，一个标准提质量

将采购标准、核实标准、核实结果以及评审条件对社会公开，突出质量优先导向，划分优质和普通标段，引导供应商自主提升设备质量和服务水平，提高优质供应商集中度和市场份额，推动电网装备向中高端迈进。2019 年配网设备质量抽检一次合格率达到 98.3%。

五、业绩绩效

1. 经济效益

资质核实和资格预审联合一体化开展，减少各省重复性工作，节约会务费及专家评审费用 1300 万元。全面应用资格预审结果，评标专家抽取数量减少 27%，评标工作时间减少 30%，评标组织费用节省 1250 万元。

2. **社会效益**

践行央企社会责任，优化营商环境，设置“零门槛”，实行“零收费”，无偿为供应商进行资质核实，扶持中小型企业发展，激发供应商参与热情，服务公司支持民营经济和实体经济发展的决策，推动供应链上下游企业协同共赢。

信息公开，促进供应商提高设备质量和服务水平，配网设备资格预审整体合格率由 2018 年的 65.76% 提升至 2019 年的 75.21%，图 4－3－2 为部分预审标段 2018 年与 2019 年的合格率对比。

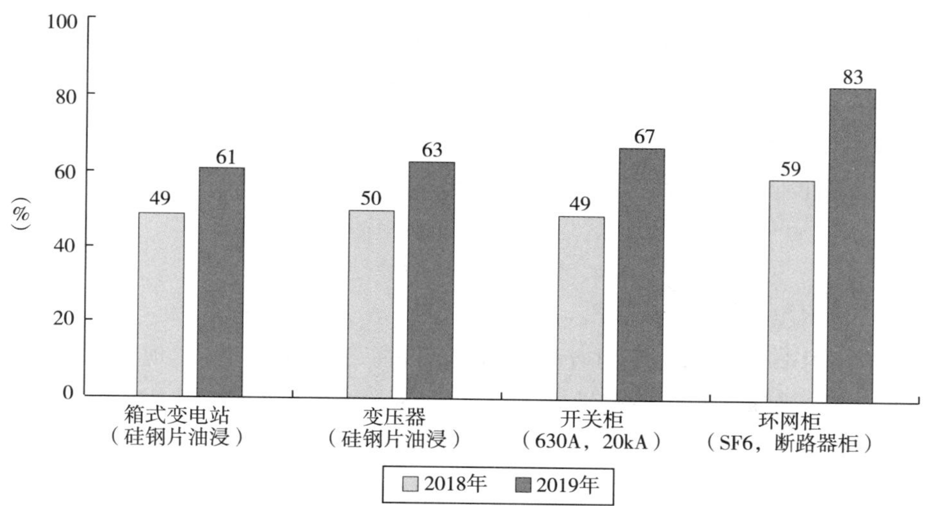

图 4－3－2　2018 年及 2019 年部分预审标段合格率

3. **服务对象满意度**

让供应商少“跑路”，降低供应商财务成本。参加资质核实和资格预审的供应商只需要按物资品类提交一份申请文件，无须去往其他省（市）公司，节约差旅费 6500 万元，节约核实及申请文件制作成本 3200 万元。免费提供预审文件和招标文件，为供应商节约资金 9600 万元。项目自实施以来，受到供应商广泛好评。

六、获奖情况

一年来，国网公司物资部承担的两项创新成果分获 2018 年度中国电力创新一等奖与二等奖，参与 2018 年全国公共采购年度评选并获年度十佳集采机构，参加国资委中央企业对标评估，连续四年（2016—2019 年）获中央企业采购管理对标评估能源类第一名。

（国家电网有限公司）

通信运营企业基于全流程在线模式下的智能化采购管理与实施项目

采购智能化是通过常态化供应商信息核查、无纸化招投标、离线评标辅助工具三大创新实践，在招投标事前阶段增强信息数据的真实性，事中阶段实现全程电子化招投标，事后阶段提升评标运作效率，进而推进采购全过程治理效能提升。

采购智能化高度契合公司发展实际，准确定位当前采购运营中的主要矛盾和管理痛点，提质降本增效成效显著。目前，采购智能化已在集团各单位采购招投标管理中全面推广和部署，协助供应商提升服务能力，加快由交易型采购向合作型采购转变。同时，积极加强与中国电信、中国国航、中国石化等央企以及国际供应链行业组织、领先企业的交流合作，充分发挥核心企业的龙头作用，不断提升专业创新能力。

一、背景

2018 年是中国移动通信集团有限公司（以下简称“集团”）实现“大连接”战略目标承上启下的关键一年，采购物流条线始终坚持以习近平新时代中国特色社会主义思想和党的十九大精神为统领，贯彻落实供应链创新与应用指导意见，支撑集团“大连接”战略实施和“四轮驱动”融合发展，坚持质量第一、效益优先，实现供应链管理运营水平再上新台阶。

采购管理与运营工作取得了瞩目成绩，得到了国家和行业的认可，但也要清醒地认识到工作中仍存在许多亟待解决的问题。尤其在采购招投标、评审过程管理中，存在供应商信息采集和审核难度大、周期长、难以鉴真；大量纸质投标材料成本高、浪费大；人工项目材料评审工作量大、效率低，评标专家劳动强度高、出席意愿低等问题。总结起来，供应商信息真实性不足、招投标全程电子化不足、开评标运作效率不足是当前制约采购管理水平提升的症结所在。

党的十九大首次提出“现代供应链”理念，要在现代供应链等领域培育新增长点、形成新动能。国务院办公厅于 2017 年 10 月印发了《关于积极推进供应链创新与应用的指导意见》（国办发〔2017〕84 号），对我国供应链创新发展作出全面部署，标志着供应链已经上升至国家战略高度。文件指出，传统的线性供应链要向大数据支撑、网络化共享、智能化协作不断创新，为采购管理提升指明了方向。

“十三五”时期“大连接”发展战略的发布对供应链发展提出了更高要求。一方面，供应链要以高质量发展为目标，成为集团重要利润基石；另一方面，要不断增强供应链的敏捷和柔性，主动顺应集团转型发展要求，挖掘持续发展的新动能，锻造生态竞争的新能力。与此同时，为响应集团“大连接”发展战略，杨杰董事长提出要成为在效率指标、效益指标、产品服务品质等方面的领先企业，李跃总裁提出深化开放合作，做最容易合作的企业，王宇航副书记提出采购是控制成本的主力、是提高质量的源泉、是廉政建设的窗口、是树立品牌的渠道，并为采购管理提出了具体要求。

面向供应链发展态势和集团战略要求，采购共享中心作为集团供应链管理归口部门，制订了全集团供应链发展顶层战略，明确了“打造需求驱动、数字创新、可持续发展的智慧供应链体系”的发展目标；走向世界一流，鼓励创新应用，强化供应链服务和能力建设，基本实现了由“交易型采购”向“战略生态构建”、由“流程管理驱动”向“数字、创新驱动”的转型。

针对供应链发展新形势、集团战略新要求与当前采购招投标中存在的突出问题，采购共享中心以提高治理效能和工作实效为主线，深入推进采购智能化，深挖采购价值，着力降本增效，强化管理提升，打造转型新动能。

二、成果介绍

采购共享中心通过常态化供应商信息核查、无纸化招投标、自动化评审三大创新实践，实现覆盖招投标事前、事中、事后的管理效能提升，深入推进采购智能化。采购共享中心开发业绩审核工具，提高供应商信息数据真实性校验速度，促进前置供应商信息核查常态化；推进招标文件结构化、文件条款标准化，升级ES（专家系统）招标功能，以实现全程无纸化招投标；开发离线评标辅助工具，自动解压投标文件，自动进行供应商评分，自动汇总各部分评分，生成各投标人评标结果，并输出评标报告。采购共享中心着力推进采购智能化，深度推动采购价值提升，实现采购过程的降本增效。

1. 常态化信息核查

随着移动互联网时代的到来，采购共享中心自成立以来牵头负责全集团的供应链管理，集团的两级集采集中度不断扩大，供应商招标采购范围也随之扩展，合作的供应商数量大幅增加，供应商之间的入围竞争越发激烈。在竞争充分的产品招标采购过程中，出现了投标供应商水平良莠不齐，部分供应商为虚假应答，低于成本报价，策略性报价及供货，中标供应商产品质量以次充好等问题，严重威胁了集团的物资供应安全，进而影响业务响应速度、工程建设进度以及网络安全运营。如何在当前不够完善的社会诚信体系下，面对鱼龙混杂的供应市场，对供应商的信息进行采集、审核、管理、验真等是亟待解决的问题。采购共享中心创新性地将供应商信息核查工作从采购过程中抽离出来，在采购项目之前开展常态化信息核查工作，输出“一纸证明”文件，作为后续评审的客观依据。为了实现供应商核查模式的创新，进一步建立集中核查、联合核查、委托核查三种核查模式，集中核查是由总部制定标准、发布公告、实施核查，各单位配合现场考察，目标产品主要包括馈线辅件类、空调类、电缆类、电源类、智能家庭网关、SIM 卡类等；联合核查是由总部制定标准、发布公告、统筹组织，各单位组建核查团队、实施核查工作，目标产品主要包括施工服务类、IT 维保服务、办公家具类、光缆类；委托核查是由总部下发委托任务、审核标准进行抽查，各单位制定标准、发布公告、组建核查团队实施核查工作，目标产品主要包括天线类、光缆接头盒、UPS（不间断电源）等。

同时，制定一系列供应商信息核查工作常态化管理机制，实现供应商核查的常态化、专业化和阳光化。编制《中国移动一级集中采购供应商信息核查实施细则》等制度，明确信息核查工作的组织结构和职责归口。新建新增申报、现场考察、变更申报三个标准化作业子流程，规范供应商信息核查工作的项目方案、规划准备、组织管理、实施管理、IT 系统管理五类控制程序及细分业务单元，其中项目方案包括范围、进度、质量、成本、人力资源、风险六个方面的管理方案；规划准备包括整体方案制订、发布核查公告、召开沟通会；组织管理包括审核组织和现场考察组织；实施管理包括信息初步审核、信息详细审核、现场考察实施、商务工作支撑和技术工作支撑；IT 系统管理包括需求、开发、运维等。

供应商信息核查包括工商注册情况、财务状况、技术实力、销售业绩、售后服务能力等重点内容。其中，销售业绩审核涉及上千万元的发票，占到审核工作量的 80% 以上。面对工作量大，发票验真困难、烦琐，审核出错率高等业绩审核的痛点、难点，采购共享中心通过创新研发业绩审核工具，由系统进行发票的验真和归类，由供应商在线上传发票信息，系统智能抓取关键信息，通过系统自动连接国税局发票查验网站，自动查验真伪，最后根据项目发票类目、发票真伪等进行自动化分类，结果自动汇总。由原来 7 天的审核工作量降至 5 分钟以内的工作量，核验准确率达到 100%，不仅大大降低了工作量，并且显著提高数据真实性。

将供应商信息核查工作从传统评审中抽离出来，实现常态化核查，改变原来评审期间的集中审核方式，常态化期间开展全面审查、细致审查，审核过程更加专业，审核结果出具“一纸证明”，并全面公示，以大众监督促进阳光透明。并且在供应商注册、供应商信息共享、供应商预评估、供应商寻源策略管理等供应商管理方面也产生了间接收益影响。

2. 无纸化招投标

全程在线运作、过程电子化、操作信息化是效率提升的重要基础，也能节约大量社会资源，推动环境健康发展。采购共享中心全面开展无纸化招投标创新实践，并建立“三步走”工作模式。

第一步，将招投标文件结构化。采购共享中心成立采购研究小组，将招标文件条款、关键字段、评审及应答指标标准化，固化形成 72 套标准化的招标文件模板。招标文件模板纳入标准化模板管理平台数据库，后续进行采购项目招标时下载模板，制作招标文件，保证招标、投标文件源头的结构化和标准化管理。采购共享中心设计和使用招标文件编制规范化工具，固化招标文件字段，设置评审指标、投标文件格式等信息，实现标书规范化和结构化；设计和使用招标文件管理工具，该工具可自动填充招标文件关键字段，标准统一，防止漏项，评审及应答指标结构化，评审及应答规则结构化，保证招标文件制作规范化。

投标文件结构化依托于招标文件中投标文件格式，按投标文件格式形成完整的投标文件结构；项目基本信息则从采购方案中直接获取填充，如项目名称、各类承诺要求等，具体填写内容则来源于供应商的手工录入、数据导入、附件上传等。投标文件主要包括报价文件（报价一览表、报价明细等）、授权文件（身份证明等）、商务文件（资质文件、商务偏离表）、技术文件（业绩要求、技术偏离表）等。投标文件结构化和固化内容包括法人主体、增值税纳税资格、财务审计报告、信誉要求、代理、资质、应答函、商务偏离表、财务状况等多方面。

招投标文件结构化是采购方案、评标文件等采购过程文件结构化的前提和基础。

第二步，根据投标（应答）无纸化推广整体规划，推动投标无纸化全面开展，采购共享中心联合信息化部门，主动优化 ES 系统相关功能。ES 系统对项目创建、公告、开标等多环节进行无纸化改造；解密功能优化，提升解密、加密效率；客户端功能优化，提高系统无纸化服务满意度。经过一系列 ES 系统改造，招投标工作突破系统局限，文件解码率达到 100%，全面支撑无纸化招投标。

第三步，采购共享中心全面推行新要求。为确保前期无纸化工作在全集团落地执行，采购共享中心规定自 2018 年 12 月 5 日起，所有采购项目的招标评审文件均以 ES 系统内的投标文件为标准，包括应答文件、证明材料、其他文件等，杜绝纸质投标文件，实施全面电子化。

采购共享中心按照分品类研究的方式，从货物类入手，围绕采购招投标全流程，分门别类、以点带面，围绕项目分解、上下游关联、全流程整合、工具落地和系统开发与应用 5 个阶段逐步推进采购全过程文件结构化。目前在持续推进采购需求文件、采购方案、采购文件等文件的结构化。

3. 自动化评审

在招投标文件结构化、招标流程电子化的基础上，依托离线评标工具，实现评审条件自动就绪、评审内容自动评分、评审结果自动生成，加速由人工评审向自动化评审的迈进，实现质的飞跃。

由于集团招投标项目众多，涉及几万家供应商系统的投标、评标操作，ES 系统负荷较大，因此，采购共享中心开发了离线评标工具辅助 ES 系统，支撑评标自动化。该工具可自动组建评标环境，自动解压投标文件并汇总应答响应文件，辅助专家审查应答响应项，客观指标自动按照规则及公式评分，防范超限评分和无序评分，自动生成评审报表及报告。借助自动化评审模式，规范评标过程，实现评标过程标准化和高效化。

评标环节，评标专家无须逐一采集、核对供应商投标文件，系统可自动解压缩文件，并实现一键自动归集；系统分类不同供应商的应标信息，自动汇总形成《投标人应答指标汇总表》，大大减轻了评标专家的工作量；完成评分标准设定后，客观指标部分由系统按照规则及公式自动评分；评标专家完成主观评分后，系统自动生成供应商得分、评标报告等材料，专家主观分相对均值偏差20%以上时，系统自动预警，防止人为干预。

三、创新工作

1. 以常态化供应商信息核查，提高数据真实性

针对采购项目众多供应商信息采集和审核难度大、周期长，部分供应商投标材料弄虚作假，难以鉴别，每个项目需单独进行供应商信息核查的难题，采购共享中心创新性地将供应商信息核查工作前置，在采购项目进行之前开展常态化的供应商信息核查，并形成针对不同供应商的“一纸证明”文件，具体采购项目实施时直接调用作为评审依据，原则上不再需要供应商提供相同的证明文件。此种方式，改变了以往各个项目并行进行信息核查，耗费大量人力、物力的工作模式，将工作进行串行，一次证明，后续所有项目共同使用。

信息核查中比重和难度最大的是供应商业绩核查工作，该项工作面临发票验真困难、人工逐一核验发票号码、手动验真低效烦琐、审核错误率高等多方面问题。针对这些难题，采购共享中心创新性研究开发了专业化业绩审核工具，实现在线发票验真、自动业绩报告与归类、发票池和规则匹配等功能，降低工作量，提高数据的真实性。

2. 以全面开展无纸化招投标，实现全程电子化

传统招投标模式，大量打印供应商投标文件的纸质文件，海量投标文件不标准，难以直接评审。针对招投标管理难题，采购共享中心通过招标文件模板工具和招标文件管理工具的开发应用，推进招标文件的结构化、文件条款的标准化、评审及应答指标的标准化等。招标文件引导投标应答文件的结构化、标准化和规范化，为采购招投标工作全程无纸化、电子化打下前期基础。同时，进一步优化ES系统功能，通过无纸化模式改造、解密功能优化、客户端优化等功能拓展，实现全程无纸电子化招投标。

采购共享中心使用CA数字认证（电子认证）统一服务，推行电子签名模式，借助技术创新，解决采购“最后一公里”无纸化问题。与传统签署纸质评标报告相比，电子签名在成本、效率、效力和安全方面更具优势。成本方面，电子签名节约耗材、绿色环保，电子归档节约存储空间；效率方面，电子操作，多页同签，无须扫描再上传；安全方面，电子签名须密码登录，防止盗签，存档持久，不易损坏；效力方面，电子签名是系统记录，不可篡改，本人操作无法替代，CA签名法律认可。与纸质签名相比，电子签名在评审各环节均可精简工作程序，单个项目评审时间缩短2～3小时，有效提升工作效率。

目前，采购共享中心持续探索采购订单、到货电子签章、财务报账电子化，未来将实现采购、物流全过程无纸化。

3. 以线上线下联动的自动化评标，提升运作效率

传统评标方式，靠人工按照标准段逐一翻阅大量的投标文件资料并出具评审意见，工作量大、效率低；评标专家劳动强度高、枯燥乏味、评审环境相对封闭，性价比低、出席意愿不高。

采购共享中心在招投标文件结构化、招标流程电子化的基础上，开发离线评标辅助工具，与电子化招投标紧密配合，通过自动解压投标文件，汇总投标人商务、技术、价格等方面的应答响应文件，实现评标环境自动就绪。评标过程中，客观指标按照规则及公式自动评分，实现自动化内容评审。系统自动汇总各部分评分，生成各投标人评标结果，并输出评标报告，实现评审结果自动生成。

线上线下结合的自动化评标，实现了评审条件自动就绪、评审内容自动评分、评审结果自动生成，改变了以往费时费力的专家人工评标模式，以技术改造、模式创新大幅提升运作效率。

四、实施成效

采购共享中心依托采购智能化，实现了采购过程的提质降本增效。集团在国资委采购管理提升对标中由 2017 年的第 2 名上升为 2018 年的第 1 名，树立央企采购新标杆。

1. 推动高质量发展

真实可靠：进行供应商核查常态化工作，供应商出具“一纸证明”参加各类项目，有效防止招投标采购环节弄虚作假情况的发生；同时解决供应商参与多个项目需提供多份证明文件的问题，做最容易合作的企业。

化繁为简：供应商后续参加各类集采项目时，仅需提供“一纸证明”文件即可进行资格审查及综合评分，不需要再提供相关证明材料，节省大量时间。

信息共享：改变供应商项目化管理的状态，从每个项目进行供应商管理，转变为对每个供应商的产品化管理、共享化管理，将一个供应商信息共享至集团所有单位、省公司项目。供应商管理模式由项目化管理转化为产品化管理。

阳光采购：向全社会公开供应商信息核查规则、过程和结果，主动引入监督机制，推动阳光采购、廉洁采购。

2. 实现低成本运营

人力解放：通过采购招投标、评标的结构化和自动化，大大减少了人力投入。预计每年节约 23.6 万人/天，节约人工成本约 1.8 亿元。

全面无纸化：实现全集团所有单位全面推广无纸化招投标，实施无纸化项目超过 1 万个，节省供应商直接成本约 5000 万元，降低碳排放 200 万千克，建设节能环保的绿色供应链，促进产业链的可持续发展。

降低软硬件资源消耗：供应商信息审核前置，“一纸证明”文件让供应商无须在招投标环节上传资质、业绩、后评估证明等大量扫描文件，每年可节约390T磁盘存储空间，可节省文件解密时间约4300小时/年（180天），此时间可用于评标阶段，提升项目评标效率。

3. 提升协同效率

认证快速：前置信息核查工作，“一纸评估”文件代替多项证明材料，将采购评审工作量减少32%，评审效率提升3.5倍。

自动评审：评审过程由传统纸质评审转变为自动化评审，评标历时由平均9天减少至2天，降幅为78%，准确率达到100%，大大提升了治理效能。

集团2019年普通光缆集中采购项目，采购金额101亿元人民币，31家供应商参与竞争。通过开展采购智能化，开标当天即完成评审并发布公示。评审由往期超10天缩减到1天。

五、应用推广

采购智能化模式已在集团各单位采购招投标管理中全面推广和部署，实现工作的规范化、常态化、集约化开展，确保管理体系的有效落地和效果的充分发挥。

1. 鼓励供应商积极参与

构建生态合作的云平台，鼓励供应商积极加入，推进系统间连接，协助供应商提升服务能力，加快由交易型采购向合作型采购转变，构建内外联动、融通发展、互利共赢的新型供应链生态。

2. 与各单位需求部门深入配合

采购共享中心分品类促进评标管理系统全覆盖，推动核查工作的规范化、常态化、集约化。逐步将系统应用推广至专业公司和直属单位，实现信息资源共享，管理模式创新，全网协同共进。促进采购的公开透明，推动需求部门实施采购监督，助力需求决策优化，提升供需匹配，推进提质增效。

3. 广泛交流合作

积极开展与中国电信、中国国航、中国石化、中国邮政、中储粮、中航集团、东航集团、中远海运、中邮人寿、南方电网、华电集团等领先企业的交流合作，推广创新实践成果，研究探索应用场景，充分发挥核心企业的龙头作用，不断提升专业创新能力。

六、致谢

衷心感谢各单位对采购共享中心工作的大力支持！采购共享中心将进一步加强与国内外先进企业的对标交流，取长补短，为集团提质降本增效做出新贡献！

（中国移动采购共享服务中心）

以中国联合水泥集团有限公司为代表的建材行业的应用案例

阿里巴巴（中国）网络技术有限公司于 1999 年在杭州成立，旗下 1688 平台是阿里巴巴集团的首个业务板块。目前，阿里巴巴（中国）网络技术有限公司通过旗下三个交易市场协助世界各地的买家和供应商从事网上生意，包括集中服务全球进出口商的国际交易市场的国际网站（www. alibaba. com）、集中国内贸易的中国交易市场中文网站（www. 1688. com）以及在国际交易市场上的全球批发交易平台速卖通（www. aliexpress. com），为规模较小、需要小批量货物快速付运的买家提供服务。所有交易市场形成拥有来自多个国家和地区的众多注册用户的电子商务交易平台。

阿里巴巴（中国）网络技术有限公司隶属于阿里巴巴集团。阿里巴巴集团关联公司板块还包括淘宝网、天猫、阿里妈妈、阿里云、蚂蚁金服、菜鸟网络等。2014 年 9 月 19 日，阿里巴巴集团在纽约证券交易所挂牌上市。

一、背景

在世界范围内“第三次工业革命”不断拓展，中国全面改革日益深化、“一带一路”倡议与“中国制造 2025”战略积极推进的大背景下，阿里巴巴集团基于大数据能力，通过互联网化的产品以及生态服务，帮助企业变革供应链管理模式，以更高效的寻源工具和系统化的采购服务，扩大寻源半径、降低采购成本、缩短招标周期、降低操作成本。借助电子商务平台特性，帮助供应商快速找到企业买家，搭建销售的新通路，通过线上交易实现企业信用积累及大数据沉淀，为后续的交易精准识别买卖家资质，进而提升采购智能供需协同平台的交易质量和交易水平。同时借助阿里巴巴集团完善的商业生态资源，在供应链金融、大数据分析、诚信保障体系等方面发力，逐步形成以物资采购为核心，有效串联信息流、物流、资金流，反哺生产、制造、销售全方位的智能化供应链服务平台。

目前，阿里巴巴集团的采购智能供需协同平台已经服务了国内多家大型集团企业，其中很多都是大型国企或央企。其中，阿里巴巴集团采购智能供需协同平台与中国联合水泥集团有限公司的深度合作应用，为客户实现降本增效，为企业节约了大量成本，创造了巨大社会效益。平台数十万供应商搭建起面向大企业买家供货的通路，推动了“供给侧改革”，并间接带动数十万个就业岗位，产生巨大的社会和经济效益。

中国联合水泥集团有限公司（以下简称“中国联合水泥”）成立于 1999 年，是中国建材的核心企业，是集水泥、商品混凝土、砂石骨料、水泥制品等制造及研发、节能环保与综合利用为一体的国家重点扶持的大型水泥企业集团。中国联合水泥拥有全资及控股企业近 100 家，分布于山东、江苏、河南、河北、安徽、山西、内蒙古、四川、北京等地区。水泥年产能 1.2 亿吨，商品混凝土年产能 2 亿立方米，骨料年产能近 1 亿吨，总资产超过 800 亿元人民币。中国联合水泥互联网采购实践方向如图 4－3－3 所示。

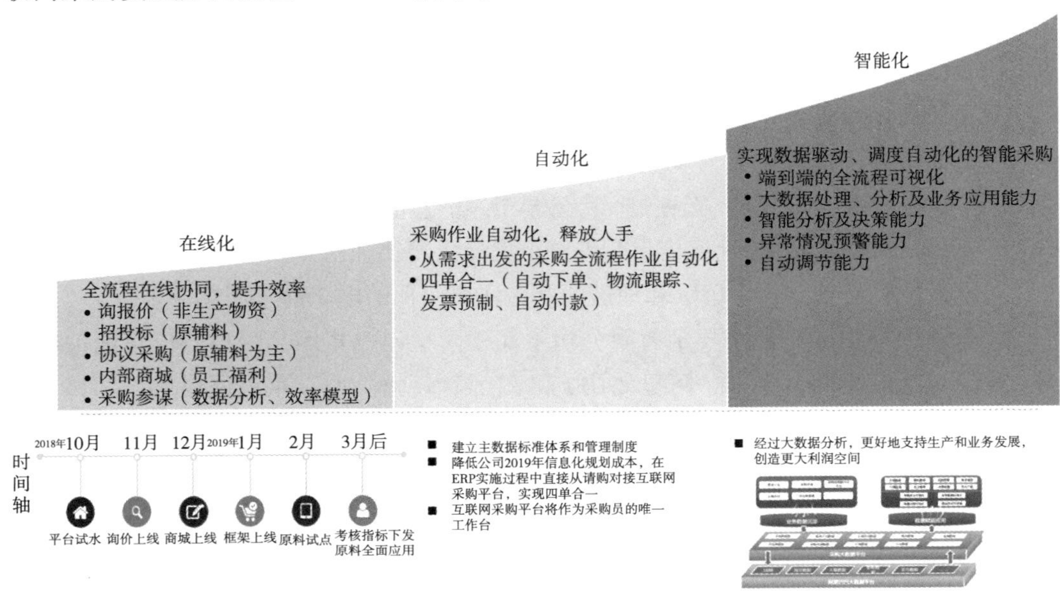

图 4－3－3　中国联合水泥互联网采购实践方向

近年来，由于水泥行业产能过剩、环保要求越发严格、成本上升给水泥行业带来了严峻挑战。为了应对成本压力不断上升，优化流通结构，降低生产成本，做好供给侧结构性改革，中国联合水泥自 2018 年开始积极探索信息化采购新模式，经过多方考察尝试，最终选择与阿里巴巴集团进行战略合作，共建中国联合水泥物资集采平台，将阿里巴巴集团电商平台先进的采购理念、便捷的线上采购系统、丰富的供应商资源和采购资源以及实用的采购经验嫁接到中国联合水泥的物资采购业务中。

二、成果

中国联合水泥物资集采平台项目自 2018 年 11 月正式启动运行，它包括了采购寻源、框架协议、招投标、物资竞拍、内部商城、采购参谋、供应商管理等多项功能模块，经过一年的平台建设和运行，各项功能均能发挥积极作用，极大提高了采购人员的工作效率，同时，第三方采购平台的使用使采购业务更合规、更阳光、更透明。

线上寻源比价、企业专属商城、网上招投标等功能可直观感受到“互联网＋”带给采购业务的改变。

（1）扩源效果显著。新开发供应商 500 多家，引进大型源头制造厂家近 30 家进驻企业专属商城。

（2）较传统线下采购更快捷方便。线上平台采购只需要将询价单发布至平台即可，平台会自动推送到供应商处，大大简化了步骤，减轻了采购人员的工作量，采购周期缩短 50%。

（3）平台寻源采购与传统采购成本下降明显，更透明更有效地降低采购成本。运用电商平台高效的竞价系统以及海量的供应商资源使得竞价更为激烈，竞争更为充分，有效降低了采购成本。

（4）线上招投标合规透明、提质增效。在应用过程中，从供应商报名到资质审核，直至竞价成交，全过程通过互联网来实现，将风险有效规避，有效避免了招标过程中的串标或围标行为，对整个采购过程进行有痕管理，实现了阳光采购。

通过阿里巴巴集团和中国联合水泥双方的不懈努力，中国联合水泥各下属企业非生产性物资平台采购在线化率达到 85%，原燃材料等生产性物资平台招标在线化率也在迅速提升，伴随着两大集团的深入合作，我们对中国联合水泥物资集采平台的发展充满信心。

三、创新

（1）采购业务平台化。中国联合水泥物资集采平台将是采购人员的工作台，所有采购业务均在采购平台完成，采购招标平台在线化率达到 85% 以上。

（2）采购流程自动化。结合 ERP 系统从物资需求计划提报到识别匹配再到寻源下单全采购流程自动化，采购业务人员在工作过程中起决策作用，大大提高采购效率。

（3）数据分析智能化。依托阿里云大数据，采购成本分析、品类分析等均由平台自动完成，分析结果高效、科学、客观。

（4）供应商管理规范化。通过采购平台中供应商管理模块，完成供应商的甄选排序和分类匹配，建立科学完整的供应商管理库。

未来中国联合水泥充分利用自身在建材行业积累的经验，依托阿里巴巴集团在互联网大数据上的优势，强强合作，共同将中国联合水泥物资集采平台打造为互联网采购新样板，努力将中国联合水泥物资集采平台做成行业标杆、企业生产经营的“利润新中心”。

［阿里巴巴（中国）网络技术有限公司］

中国盐业集团有限公司采购管理职能战略价值提升解决方案

供应链管理理念下的中国盐业集团有限公司煤炭集中采购取得显著成效。为落实中国盐业集团有限公司（以下简称“集团公司”）由战略管控型公司向混合管控型公司转型的战略，对通用性较强的原料煤、动力煤由集团公司各二、三级企业分散自主采购转为集团公司集中采购。由集团公司购销统筹部统筹管理，集团公司食盐进出口分公司专业操作，所属用煤企业配合承接。

2014 年集团公司全面启动煤炭集中采购工作，经过 5 年的发展，煤炭集采业务取得巨大进步，截至 2019 年 9 月煤炭集中采购规模达到集团公司煤炭总采购额的 90%，采购流程更加透明规范，降本增效效果更加显著，保供能力不断提高。

煤炭集采工作启动之时集团公司就以供应链管理理念，推动整合内外部资源、控制风险和保供降本，努力实现供应链上各成员企业总成本最低和价值增值最大化的目标。

一、整合需求、发挥规模优势，提升议价能力

在此之前，集团公司煤炭采购工作处于各成员企业各自为政的局面，以动力煤采购为主，煤炭品种相对集中，但单个企业采购金额平均在 20 万 ~ 30 万吨，需求非常分散。这样的需求对于大型煤炭企业没有吸引力，无法做到厂矿直供，集团供应商普遍都是中间贸易商，不但供应渠道不稳定，操作过程合规性风险突出，产品质量更是无法保障。2013 年集团公司聘请麦肯锡公司开展了供应链管理咨询，提出从煤炭集中采购开始，推动集团公司采购供应链管理工作。集团公司成立物资分公司专门负责集采业务，经过 5 年发展，集团公司 9 家企业先后参与煤炭集采工作，集采规模逐年扩大到目前集团公司煤炭采购总量的 90%。通过有效整理需求资源，集团公司吸引力大大提升，先后与神华集团、中煤集团、淮南煤矿、同煤集团、陕煤集团建立战略合作关系，拿到直供户优惠价格，每吨煤炭采购价比市场价优惠 20 ~ 30 元，全年节约成本超过 5000 万元。2017 年集团公司进一步发挥规模优势和央企信誉品牌优势，先后与神华集团、中煤集团、陕煤集团签订长协合同，每吨煤炭采购价在直供户价格基础上又优惠 20 ~ 50 元，全年整体节约成本超过 8000 万元。

二、发挥集团资源优势，提高优质货源及运输保障能力

在煤炭货源及运力紧张之际，保障供应。例如，集团公司二级企业中盐安徽红四方股份有限公司（以下简称“中盐红四方”）新开发乙二醇项目后，使用煤炭量大增，

对煤炭稳定性要求很高。在中盐红四方的煤炭水路运输遇到拥堵时，生产用原料煤无法按计划到厂，生产用原料煤库存持续走低可能导致生产停止。集团公司领导和职能部门协调陕煤集团优质煤源供应商和铁路局通过铁路运输大幅增加煤炭运输量，有力保障中盐红四方原料煤的供应。可以看出集采平台的优势非常明显，可以协调多方面的资源。为了保障供应链条通畅，集采平台同步协调组织企业打通水铁联运、水汽联运通道及现有的水运及铁运等多种运输方式通道，确保供应链的安全。

三、优化供应链系统，提高全流程性价比

综合需求、煤源、运力、资金等情况在华东地区和西部地区分别采取战略合作和招标采购两种模式，提高供应链性价比。

在此之前，集团公司每家二级企业都有5家以上的煤炭供应商，供应商大多数为中小型的中间贸易商，管理供应商的难度非常大。比如煤炭行情上涨，可能面临断供风险，供应商坐地涨价，成本无法控制；将采购价格压低，产品质量往往就会出现较大幅度波动，与供应商之间的价格谈判须付出巨大精力，还无法避免人为干扰因素。实施集中采购以来，不断优化供应链系统，集团公司牵头实施战略采购，推动与大型煤矿企业签订战略合作，目前大多数成员企业都实现了厂矿直供的供应模式，部分成员企业与煤矿签订带铁路计划的长期协作合同，各成员企业与大型煤矿建立起长期稳定的合作关系，改变旺季四处找煤源的被动局面。在2017年遭遇持续冰雪极端天气的情况下，依然保证煤炭稳定高品质供应。同时战略采购、厂矿直供还解决产品质量不稳定的问题，产品质量得到有效保障，大多数企业同等产量的情况下年耗煤量都有不同幅度的下降，特别是中盐东兴公司耗煤量年下降5万吨，同比下降18%，有效降低成本。在内蒙古进行招标采购，建立价格控制模型，将周边电厂煤炭采购价格及当地市场总体用煤价格波动结合自身用煤情况制订相应的用煤价格区间，确定招标限价，招标确定价格后根据各相关数据波动，按价格模型确定每月采购价格，有效控制成本，保障供应，并取得降本增效的显著成果。另外，煤炭集中采购实施以来，集采平台对各个成员企业的煤炭从出矿、运输、到港（站）卸货、入场质检、入炉使用情况等环节全程跟踪，特别是对于运输全程实施GPS定位跟踪，确保每个环节实时受控，每个环节出现问题都可追溯，实现产量全生命周期的管理。

四、规范操作、诚信合规专业服务，上下游资源合作不断提升

集团公司实施集中采购以来，华东区中盐红四方、中盐东兴、中盐昆山、中盐金坛、中盐淮安等几家成员企业充分发挥“集团作战”优势。一是实现渠道资源共享，大型企业的价格优势小型企业也可以共享，大型企业得到的保供服务小型企业也可以共享，各企业间可以实现库存共享，特别是在资源紧张的时候可以实现库存相互调配，库存较充足的企业可以给库存不足的企业供应，保供能力大大提高。二是实现资金资

源的共享，实现资金效率最大化。由于集采将采购资金集中使用，集团公司集采平台还可以为成员企业提供供应链金融服务，资金相对紧张的成员企业可以快速获得临时周转资金支持，资金相对宽裕的成员企业可以利用采购环节中承兑和现汇价差实现票据贴现，提高资金盈利水平，降低采购成本。每年通过资金集中调度使用，节约成本超过 2000 万元。三是实现专业化人才的资源共享，煤炭集采实施以来，集团公司经过 5 年时间培养了一支专业化的团队，将分散在各成员企业的人才队伍进行整合，这支团队服务于集团公司各成员企业，从采购战略制订、渠道选择、商务谈判、质量管控、售后服务、产量质量争议的解决等方面提供煤炭采购专业化服务，提升集团公司整体采购专业化管理水平。

（中国盐业集团有限公司）

鞍钢采购商城借助“互联网 +”发展聚拢采购、电商扶贫新模式

鞍钢集团有限公司（以下简称“鞍钢”）电商中心本着共创、共享、共赢的理念，与“互联网 +”采购平台的建设方，知名办公用品、工业品的供应商、物流服务商共同打造了鞍钢采购商城。鞍钢采购商城的构建模式不同于传统的信息化项目，具有投资极少、用时极短的鲜明特点，仅用 1 个多月就实现了商城上线运行，这种独特模式，引发媒体广泛关注，《中国冶金》、鞍山电视台等行业和地方媒体相继开展深度报道，得到各级管理部门、采购组织认可和青睐。同时，为满足鞍钢广大职工和鞍山市市民的购物需求，拓宽销售渠道，鞍钢电商倾力打造鞍钢电商小程序，小程序中商品包括衣食住行等 13 大类的近 3 万种产品，鞍钢职工、鞍山的广大市民可以通过小程序下单，享受价格更优惠、服务更贴心、品类更齐全的服务。2019 年以来为进一步响应国家政策，鞍钢电商依托现有鞍钢采购商城和采购商城小程序，开展线上线下融合的“互联网 + 消费扶贫”新模式，实现了以购代捐、农超对接，探索出一条可持续发展的电商消费扶贫新路子。

一、鞍钢采购商城的特点

1. 模式创新

鞍钢采购商城是由鞍钢电商、采购供应商、物流服务商、平台建设方共同打造的采购服务一体化平台。鞍钢电商构建采购商城初衷是通过构建品类更齐全、质量有保障、价格更优惠、服务更周到的平台，服务于鞍钢各级采购组织和鞍钢职工个人，乃至服务于社会，不是单一的寻求赚取商品入口端的差价，更倾向于构建服务型生态圈，发展物流配送、融资等衍生业务，寻求新的利润增长点。供应商基于鞍钢的体量和口碑，积极主动提供无偿的线上平台对接服务，实现商品的种类和价格在鞍钢采购商城线上自动推送、实时更新，同时建立线下客服体系，有属地化地推人员支撑配送以及售后服务，通过高性价比的产品和优质的服务获取鞍钢采购商城用户的信任与好评，立足于商城、服务于商城，获利于商城。物流服务商与鞍钢快递合作提供便捷、高效的配送服务，提供个性化的服务，赢得鞍钢客户好评。平台建设方与电商合作，借助构建的鞍钢采购商城不断完善平台功能及服务，打造更加成熟、完善的“互联网 +”采购平台，提升自身核心竞争力。鞍钢采购商城的各方摒弃原有的甲乙方思维，秉着共建、共有的服务理念，充分发挥各自优势，倾力打造共享服务型平台。

2. 业务创新

鞍钢采购商城支持网上直采、比价采购、询价采购、按需采购等多种互联网采购模式。网上直采支持采购组织直接按明码标价在线下单直接采购，并可对供应商报价及供

货情况进行评价等操作。商城对商品进行标准化管理，采购人选择商品时，平台自动提供同款商品的全部供应商报价供对比，可通过比价结果直接下单采购。采购组织通过采购商城浏览商品并询价，供货商通过平台进行报价，在限定时间内开展在线询价。采购组织可以通过平台实时发布采购委托、采购公告，开展询价工作，供应商根据自身实际进行公开报价、比价，系统保留询价痕迹，采购组织在线确定供应商，发布成交公告。

3. 平台服务和管理创新

鞍钢采购商城采用了专有的搜索引擎，为采购组织提供了方便快捷的商品查询服务，采购组织可以通过平台与官网价格比对，同时商城可智能推荐同类产品，支持商品的历史成交情况、价格走势、供应商评价等信息展示，为采购组织提供更公开、更透明的价格参考。采购组织选择好商品后可以像在京东、淘宝等平台一样直接在线下单，平台自动将订单传递到对应供应商官网。同时，供应商推出新产品以及产品价格出现变动时，会自动将新品及价格信息同步更新到鞍钢采购商城，保证了鞍钢采购商城产品信息与价格真实性。采购组织只需与平台统一结算，避免了与多家供应商结算，降低了管理成本。鞍钢采购商城保留了整个采购过程的采购痕迹，支持物流动态跟踪和查询统计，为管理部门和审计提供了有效的监管手段。

4. 生态多样化

鞍钢电商与平安银行合作，正在共同构建线上支付平台，并将与工商银行、建设银行、中国银行、农业银行等主流银行对接，实现线上支付。同时，将依托鞍钢员工自助服务平台与平安银行合作，开展员工个人理财业务，为鞍钢采购商城由面向采购组织逐步拓展至面向员工个人服务奠定基础。物流公司与鞍钢快递公司合作，实现厂内物流“最后一公里”运输，为厂区内采购组织提供更加贴心的配送服务。探索与知名供应商合作，共同打造线下商品体验店，为采购组织提供产品多样的实物展示体验区，最终实现需求、采购、存储、配送、在线结算等业务一体化的线上线下相互融合的O2O（线上到线下）模式。

5. 探索电商扶贫新模式

为进一步贯彻落实党的十九大精神，确保鞍钢指定扶贫点新疆塔县和贵州盘州市早日脱贫致富，鞍钢电商充分发挥互联网平台经济价值，依托现有鞍钢采购商城和采购商城小程序，开展线上线下融合的“互联网＋消费扶贫”新模式，在电商平台和小程序上帮助扶贫点销售新疆帕米尔雪菊、黑枸杞，盘州菜籽油、刺梨果汁等农副产品，实现了以购代捐、农超对接，探索出一条可持续发展的电商消费扶贫新路子。

二、应用及推广情况

鞍钢采购商城涵盖京东商城、领先未来、办公伙伴、震坤行、西域等知名供应商共计30多种大类的几十万个商品。鞍钢各级采购组织、党建、工会、驻外公司纷纷通过采购平台在线下单，利用鞍钢采购商城在线采购办公用品、表彰用品，通过“在线集采、线下派送”方式，实现一键采购。采购商城通过快捷的物流服务跨地域、全覆盖，将各公司所需商品派送至全国各个指定地点。厂区内采购组织在办公区域利用办公网，通过采购商城即可完成在线采购，经过几个工作日就能收到通过鞍钢快递配送到办公区的货物，给采购组织在采购生产急需的零星物资方面带来了极大的便利。鞍钢实施契约化经营以来，充分调动了各子企业的主动性，各子企业争相拓展市场，积极探索降本增效新路子，尤其在采购源头端，更是绞尽脑汁，纷纷试水鞍钢采购商城，通过直采和按需采购方式开展应急用工作品、办公用品的采购，极大降低了采购成本，提高了采购效率，规范了采购流程，货真价实的鞍钢采购商城得到了各级采购组织的一致好评。到目前为止，鞍钢采购商城已经与 100 家采购组织签订采购协议，完成在线采购交易 2500 多笔，交易额 2000 多万元，正在建立配套的采购管理制度，严控商品质量、供应商资质、提高采购效率、降低采购成本，自有物流提供“最后一公里”的配送服务，让鞍钢各级采购组织体验高效、透明、快捷、省心的购物服务。

三、鞍钢采购商城的效果

“互联网 +”采购面对的是全球市场，可以突破传统采购模式的局限，扩大比价范围，做到货比三家，有效提高了工作效率和信息传递的准确性与实时性，提供良好的决策支持，做到无空间、无时间限制。集中优势采购资源，减少采购环节，减少采购差旅费、谈判费用等直接费用，优化采购流程，简化了业务流程，降低了失误和耗时带来的成本，降低采购管理成本和物资价格，缩短采购周期，切实做到降低成本、提高效率。支撑鞍钢采购制度体系，过程流程化、标准化，规范采购行为和采购环节，做到了规范采购管理。电商采购使事后审查变为事前监督，对采购过程做到有据可查，有据可依，做到了采购过程可预警、实时监控。

四、未来发展

随着“互联网 +”优势不断凸显，商城采购模式高效、快捷、阳光的优势更是显而易见，未来，鞍钢电商中心将不断扩大采购商城的销售品种，拓展至工业用品和生产物资，不断满足鞍钢及相关企业采购组织的需求，力求覆盖企业各级各类采购需要，并逐步新增生活用品、生鲜类食品等品类，向满足职工个人生活所需产品延伸，让职工享受最优惠的价格，给职工带来福利。同时，电商中心将不断扩大与国内外著名电商平台合作，以获得更强大的供应商品牌支撑，与采购组织、供应商共同打造共创、共享、共赢的供应一体化服务型生态圈，致力于打造诚实守信的商业生态，完善线上支付功能，做大平台资金流，加强大数据分析，开展数据化运营，发展央企电商聚拢采购新模式，以工业品采购为核心，服务于鞍钢等企业。

（鞍山钢铁集团有限公司电子商务中心）

重庆移动 B2B + B2C 融合的高密度自动化智能存储方案

一、项目简介

1. 项目所属科学技术领域

为深耕结构升级，大力促进降本增效，全面深化改革，深入贯彻中国移动集团“大连接”和“四轮驱动”战略，中国移动通信集团终端有限公司（以下简称“终端公司”）协同中国移动通信集团重庆有限公司（以下简称“重庆移动”），结合企业供应链特点，建立 LIS + WCS + RCS（物流信息系统 + 仓库控制系统 + 远程控制系统）的“B2B + B2C（企业对企业 + 企业对消费者）融合的高密度自动化智能存储方案”，从而实现仓储环节信息化、自动化升级，提升物流供应链智慧化水平。

2. 促进行业科技进步作用及应用推广情况

（1）填补 B2B、B2C 融合领域无自动化智慧化运营方案的空白，有效支撑传统商贸流通企业转型过程中，多种业务类型并发的仓储操作场景。

（2）强化供应链横纵向一体化智能协同。通过仓储智能化管理手段，结合串码级先进先出、智能合单等核心算法，有效实现上游订单的分销、零售融合操作，下游订单的智能合单和高效分拣。同时，通过信息的实时共享，向上输出市场预测结果、向下传递运力统筹建议，实现供应链全流程的智能协同和智慧升级。

（3）绿色物流、节能减排的有效实践。除有效降低人工成本外，高密度自动化智能化仓储方案取消了打印拣货单、盘点单等环节，真正实现库内拣货 100% 无纸化操作；自动化分拣搬运替代人工，库内照明能源消耗基本为零；优化 AGV（自动引导运输车）走行路径、出入库 AGV 融合复用，降低自动化设备电力能源消耗。

二、项目详细内容

1. 立项背景

目前，我国经济已由高速增长阶段转向高质量发展阶段，国资委也对央企提出精益管理控成本、效益为先配资源、盘活存量提效能等要求。

传统分销受电子商务、新零售等业态冲击，碎单率逐步提升，面对新的市场形势和变化，中国移动通信集团公司深耕结构升级，强化精细管理，大力促进降本增效，全面深化改革。在供应链管理方面，中国移动通信集团公司推动集团各公司开展仓储环节信息化、自动化升级，提升物流供应链智慧化水平。终端公司协同重庆移动，对现有重庆省级市场物资仓库进行仓储管理智慧化升级探索，降低供应链运营成本，提升仓储作业效率。

2. **技术方案**

（1）总体思路。

重庆移动省级市场物资仓库面积约2000平方米，终端及智能硬件产品库存约为20万台，日均发货量上万台，是集终端业务B2B和B2C两种业务模式共存的仓库。原有业务模式为传统人工分拣管理模式，由两个运营团队分别进行业务支撑。传统人工模式的物流仓库作业流程为：①制单，根据订单任务打印纸质的拣选单及运单；②拣货员工拿着纸质的拣选单，推格子车/地牛/平板车到相应的库位进行拣货操作；③备货区进行复核发货；④快递交接。

针对目标仓库信息化程度低、仓库容积率低、作业效率低、自动化智慧化水平低的“四低”现状，从业务管理运营各方面制订LIS+WCS+RCS的“B2B+B2C融合的高密度自动化智能存储方案”：

订单融合管理方面，建立B2B、B2C业务融合支撑的仓储管理系统。灵活应对节假日、新品上新等促销时期B2C业务海量碎单常态；满足B2B业务的大单操作规范，并充分保障指定串码出库、优先出库、先进先出等业务要求。

动态存储规划方面，提升存储密度，建立动态仓储货位分配机制。灵活支持整托存储、整箱存储及拆零存储模式，并运用自动化存储方案，实现高密度存储，同时结合仓储运营、销售订单、配送信息的大数据分析结果，生成库位实时异动信息热力图，动态优化库位，提升仓库容积率，优化作业效率。

自动设备调度方面，建立AGV智能调度平台，支持多操作环节、多业务形态的并发融合操作。以自动拣选、搬运机器人替代人工作业，支持入库搬运、出库分拣和日常盘点等业务，人员仅在固定区域完成补货、订单复核等工作，有效提升搬运及拣选效率、降低人力成本及能源消耗。

（2）技术方案及创新成果。

B2B+B2C融合的高密度自动化智能存储方案由LIS、WCS及RCS三个核心系统构成。LIS专注于订单管理、仓储管理、运输管理及结算管理；WCS负责入库、出库、盘点等业务的AGV调度及统筹；RCS负责路径识别、末端计算及硬件管理等。

①以B2B、B2C业务融合运营为基础，建立自有物流信息系统（LIS系统）。自有物流管理信息系统对内对接前端销售数据，对外实现用户交互展示，实现在生产操作层、数据分析层和交互展示层的智能化信息交换，有力保障客户在物流、信息流、资金流以及商流的“四流合一”。生产操作层流程自动化，自有系统、自有算法，提升作业效率、降低物流成本。交互展示层实现B2B数据以B2C形式展现，为客户提供企业级应用及供应链信息化解决方案。

建设自有物流信息系统，建立订单管理、仓储管理、运输管理及结算管理模块（见图4-3-4和图4-3-5），涉及接单、生成波次、拣货、复核等80余项操作。订单可视化展示仓库各个业务环节的完成效率，依据历史数据及订单结构，对预计用时进行预测；

仓储管理结合智能合单及智能波次拣货，实现拣货效率的显著提升；运输管理的智能运代选择算法及结算管理的全流程自动化应用，较建设系统前配送成本下降6%。

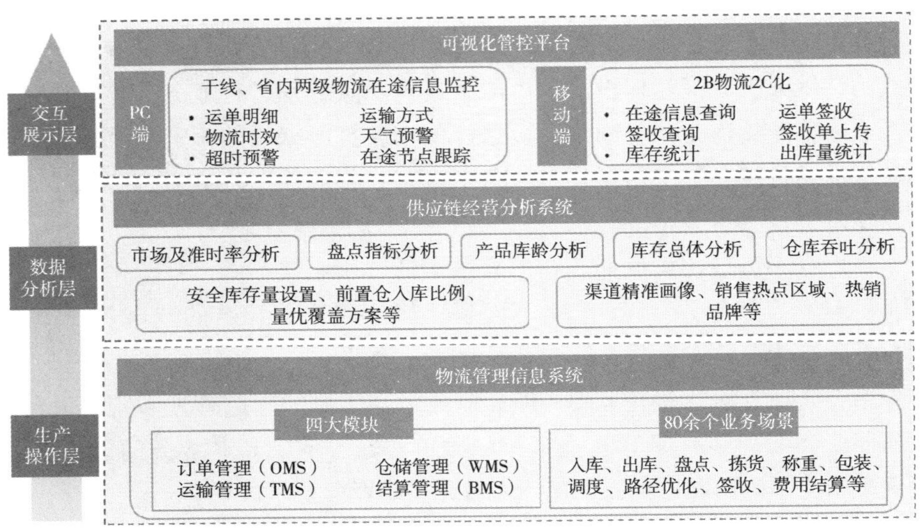

图4-3-4　物流信息系统架构

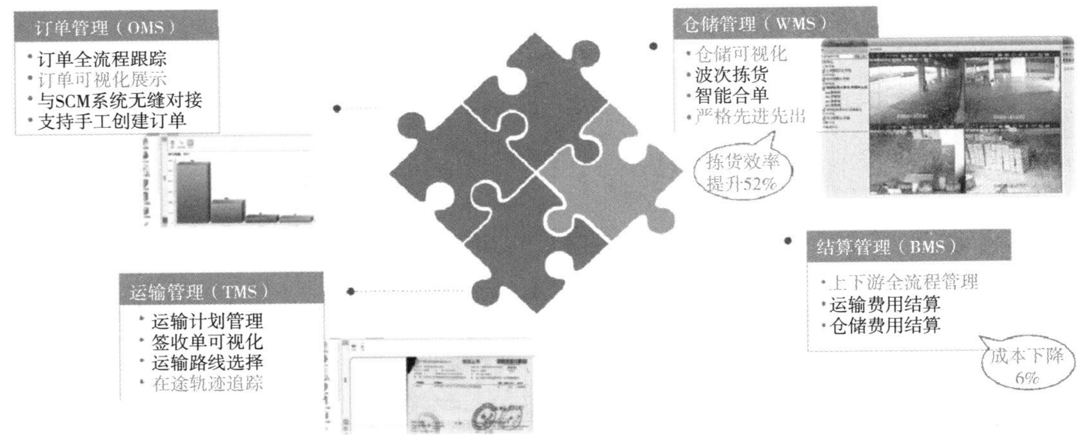

图4-3-5　物流信息系统功能模块介绍

建设供应链生产经营平台“慧眼”平台，将经营指标分级分类，支持库存预测、库龄、时效、时长、准时率、库存量、吞吐量等10余个指标分析，图表化展示，为前端经营决策提供依据。

数据贯穿采购、销售、财务、物流各个环节，实现生产环节的实时跟踪、串码全流程进度分析。针对不同仓库历史出入库数据，对外部客户订单和大区全量订单操作时间及效率进行动态预测，结合安全库存评估，对采购数量及预计支撑销售时间进行预测（见图4-3-6）。

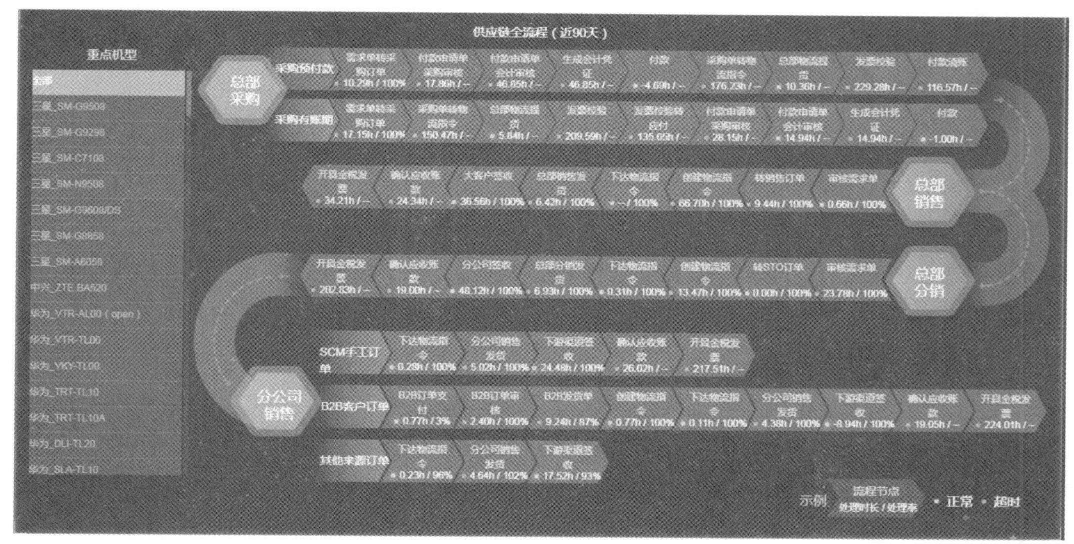

图 4 –3 –6　供应链全景流程

自主建设订单在途跟踪平台和用户交互微信平台。订单在途跟踪平台以 LIS 系统为基础，以仓库属性为展示维度，实现 B2B 及 B2C 订单物流实时在途信息“一览无余”。实时抓取数据、呈现运单、货物明细及数量、计划用时、当前用时、超时预警、在途节点等 20 余项重点信息。

通过微信平台实现 2B 物流 2C 化展示，支持库存数据、作业跟踪等业务查询，支持运单签收、签收图片上传等线上业务处理。

②分析 B2B 业务、B2C 业务出入库作业流程，建立统一互通的 AGV 调度及硬件管理系统（WCS + RCS）。仓库日均出库产品数量为 7000 ~ 10000 台，500 ~ 800 单/天；日均入库数量为 8000 ~ 10000 台，订单量不大于 50 单/天。项目组对仓库近 3 年运营数据进行滚动加权预测分析，投入 6 台 AGV 设备。WCS + RCS 系统一方面实现与 LIS 系统的功能交互，一方面支持 B2B、B2C 业务的出入库及日常盘点等作业。系统主要流程设计如下。

通过 LIS 系统下发相应指令，WCS 调度系统调度机器人搬运对应货架到指定位置，完成收货、发货、补货等作业流程，根据定制化开发的调度系统，能共同完成 B2B 和 B2C 两业务的作业流程，AGV 在搬运过程中根据后台算法能智能选择最短路线、智能避障。在仓库设置一体式工作站，由工作人员操作 PDA 实现订单的核对及数据的传输（包括两台电子触摸屏、带电子标签的播种墙）。B2B 业务、B2C 业务在入库及出库时的主要操作流程及系统业务流程如图 4 –3 –7 至图 4 –3 –10所示。

业务操作展示如下。

首先是入库作业，工作人员将空周转货架调度至仓库门口的收货点位，卸货完成后，工作台操作人员可在系统收货页面点击“呼叫待入库托盘”，将门口装箱完成的周转货架调度至工作台。上货完成后，将“已到达”状态的周转货架调度至存储区域内，变为存储货架。系统入库作业界面及播种墙展示如图4-3-11所示。

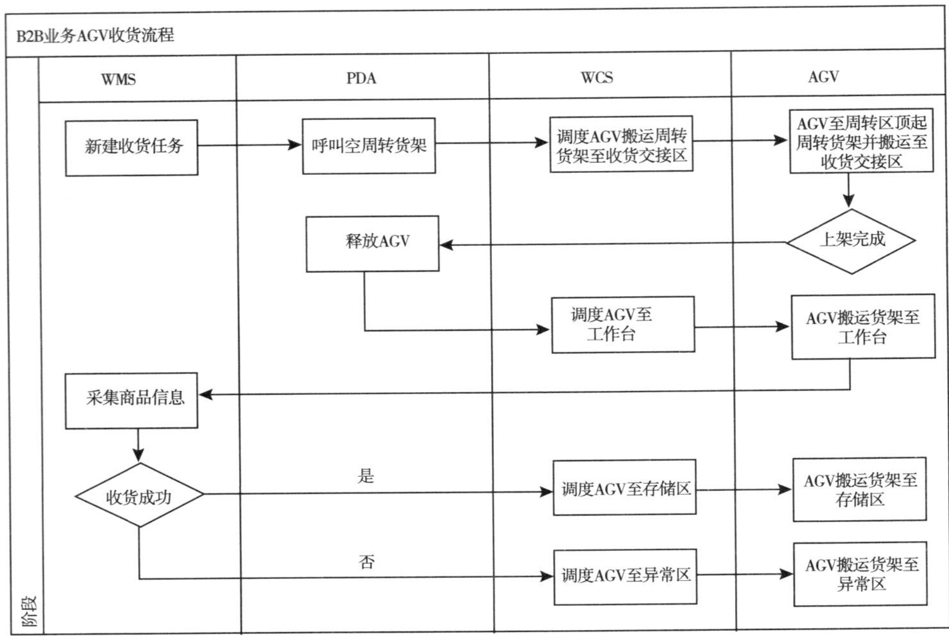

图4-3-7 B2B业务AGV收货流程

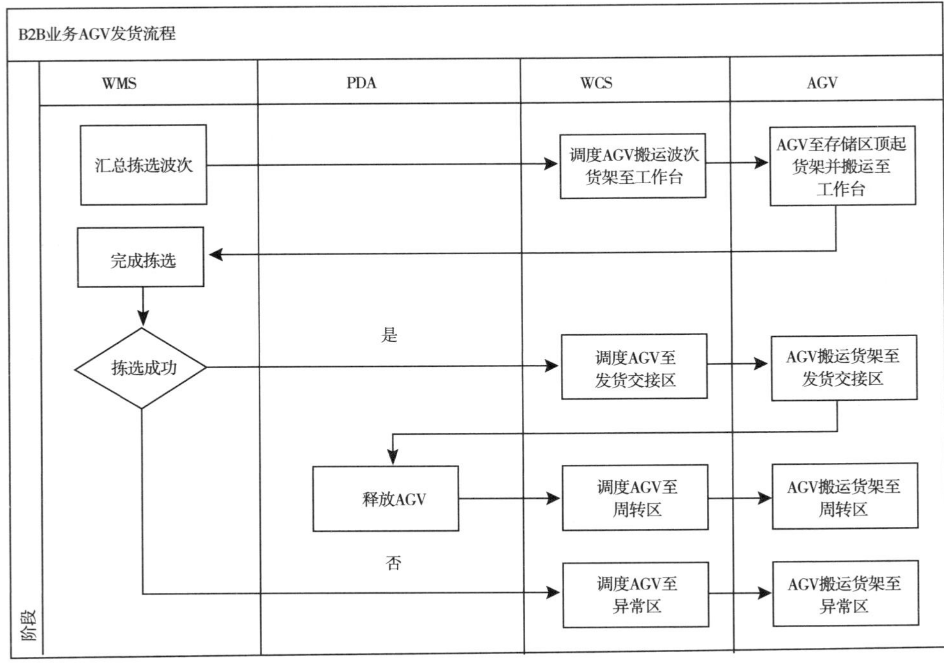

图4-3-8 B2B业务AGV发货流程

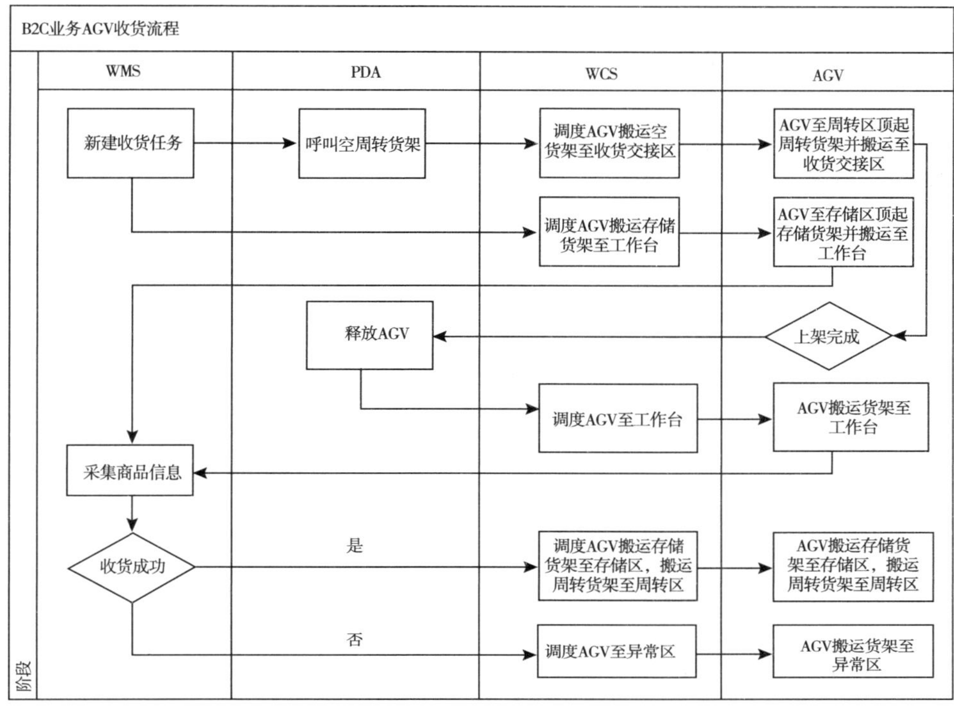

图 4－3－9　B2C 业务 AGV 收货流程

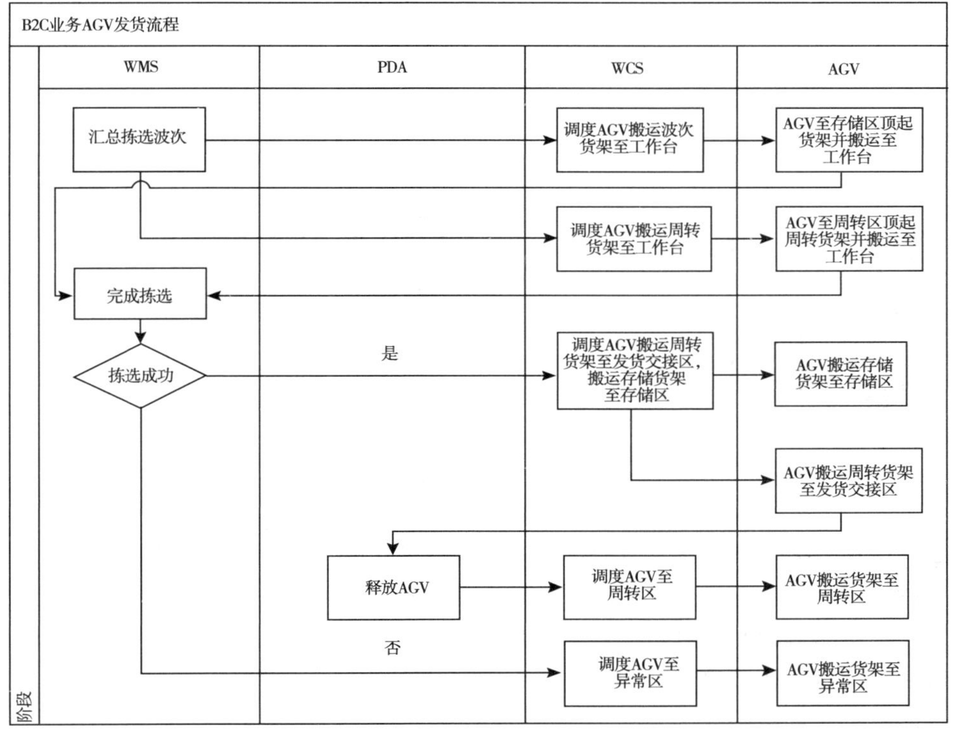

图 4－3－10　B2C 业务 AGV 发货流程

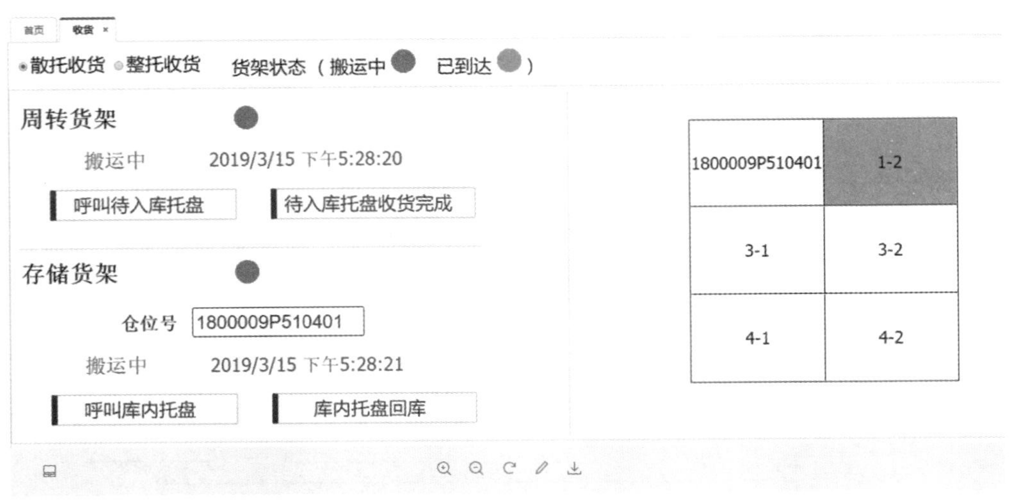

图 4－3－11　系统入库作业界面及播种墙展示

拣货作业：系统智能调度存储区该拣货单下的存储单元对应的存储货架至工作台，如果为整托出库，则存储货架会被调度至仓库门口出库点位；如果为拆托出库，则需要在点击“确认拣货”前，先点击“呼叫周转货架”，将周转货架调度至工作台，将货物从存储货架移至周转货架，再点击“确认拣货”，则存储货架会回到存储区，周转货架会调度至仓库大门口的发货点。拣货作业界面如图 4－3－12 所示。

图 4－3－12　拣货作业界面

盘点作业：员工在系统盘点界面输入任一存储单元号，点击“呼叫托盘”，会将对应货架调度至工作台，盘点时一般连续输入多个存储单元号并点击“呼叫托盘”。当工作台有已到达的货架时，点击“托盘入库”，会将当前工作台停留点位上的货架调度回原区域。系统盘点作业界面如图 4－3－13 所示。

智能仓储布局机制如下。

图 4－3－13 系统盘点作业界面

本项目将出入库作业效率和货架稳定性作为优化目标，建立多目标货位分配优化模型。

模型前提：

货位分配前待入库货物的数量、质量等信息已知。

同一类的货物可以存放于不同货位，但同一货位只能存放同一 SKU（库存量单位）货物。

AGV 行驶速度已知，且不考虑 AGV 的启动与制动时间。

单次行程中 AGV 访问一个货位。

拣货通道宽度与单排货架的宽度相等。

目标函数：

$$f_1 = \min \sum_{j=1}^{j_{\max}} \sum_{i=1}^{i_{\max}} r_{ij} \times \left[\frac{L_x}{v_1} + \frac{(y-1) \times l}{v_1} + \frac{(z-1) \times h}{v_2} \right]$$

$$f_2 = \min \frac{\sum_{j=1}^{j_{\max}} \sum_{i=1}^{i_{\max}} m_{ij} \times z \times h}{\sum_{j=1}^{j_{\max}} \sum_{i=1}^{i_{\max}} m_{ij}}$$

约束条件：

$$x \leqslant x_{\max}$$

$$y \leqslant y_{\max}$$

$$z \leqslant z_{\max}$$

以自适应遗传算法（AGA）为基础，结合粒子群优化算法（PSO）对目标函数进行求解，将算法固化至 LIS + WCS 系统模块，优化系统仓储布局，并对新入库的产品进行科学上架定位。

业务流程优化如下。

区域分明，主要分为存储区（两业务物理分割）、工作台、收发货区。

仓容利用率高，高密度存储，四个存储巷道对应一个机器人通道，手机业务货物采用五层货架存储，批量大的终端业务货物使用托盘存储，能有效提高存储效率。

智能仓储布局机制灵活，灵活调整不同畅销品类存储位置，有效提升畅销品类产品下架效率及订单分销效率。

劳动力成本及强度降低，高密度存储货到人方案中，员工只需要在工作台区操作，收发货作业时有 AGV 机器人搬运所需货架到相应的位置。存储区为无人作业，有效改善仓储管理水平。

3. 应用情况

（1）全国自营仓库 B2B + B2C 融合操作的物流信息系统上线降本增效成果。

①物流成本大幅降低：分销、零售订单融合运营后，结合智能合单等自有算法，单台物流成本降低 0.6 元，单台成本仅为市场一般价格的 60%。

②刷新配送服务体验，有效提升订单转化率：精确投放物流资源，重点品牌配送准时率达到 99.05%，为省内重点客户配送时长缩短 3h，重点客户对物流的满意度提升 15%。订单处理与配送效率提升，省会、其他地市及偏远地区的配送时长分别缩短 5%、46% 和 47%，总体配送时长缩短为 14～48h。通过配送时效及全流程信息化透明化展现，有效提升订单转化率 0.8 个百分点。

③创新 B2B + B2C 融合的库内作业机制，在全国自有 45 个仓库内推行波次拣货，三单前置匹配，通过系统完成流程固化，较建立系统前，库内拣配效率提升 20%，复核效率提升 15%，库内操作错误率降低 40%，单个仓库日处理能力峰值提升 5 倍。

（2）首批 B2B + B2C 融合的高密度自动化智能存储仓库降本增效成果。

①提升库存利用率。利用 AGV 在定制货架下方穿梭完成自动调度库内托盘，库容利用率较传统仓库提升 10%～15%。

②提升仓储作业效率。通过仓储热力智能规划存储方案，根据订单类型分析制订拣选方案，根据现有订单规模布局走行线路。通过 14 个月测试、试运营及上线，有效提升仓储作业效率 28%。

③显著提升出入库、盘点作业准确率。本方案在 LIS、WCS、RCS 各关键环节均设置多层校验机制，相较人工操作，提升出入库及盘点作业准确率至 99.99%，试运行至今零错误。

④降低人力成本。通过库内作业工作量及单位人效的综合分析，仓库有效减少人工数量为 8 人/仓库，年均降低人力成本 80 万元/年。

（3）公司及集团体系业务上线计划。

①全国自有 45 个仓库上线物流运营管理系统，并完成业务的高效支撑——2016 年

11 月完成。

②重庆移动标杆仓产品化，梳理案例关键因素在体系内推介——2018 年 11 月已完成。

③与集团相关部门共同树立通用性解决方案并征集各公司需求——陆续开展，预计 2019 年年底全面征集完成。

④依据业务规模、业务需求、仓储资源等因素，制订全面上线计划——陆续上线，预计 2020 年 3 月全面上线方案完成。

（中国移动通信集团重庆有限公司）

信息化在供应链管理中的应用解决方案

陕西宝光真空电器股份有限公司（以下简称“宝光股份”）在2008年前采用的是传统采购管理模式，2008年1月，宝光股份对组织机构进行了调整，并进行了制度设计创新与流程再造，将部分采购职能从技术部、生产采购部分离，对工作流程进行了重新梳理，形成了权力分置、互相协同、制衡的管理模式。在此基础之上，宝光股份提出了“将供应商作为公司的战略合作伙伴，实现双赢的新型供应链”理念，与供应商按照平等协商、共赢合作、合理竞争与培育提升的原则处理双方合作关系，执行“信用付款”的付款模式，并且不断加强供应商管控，持续推进供应链的信息化管理，使宝光股份的采购管理工作得到稳步提升。

一、ERP系统建设

2004年，为改善存货、提高物流管理效率，宝光股份在整机和灭弧室生产单元引入了ERP（企业资源计划）系统，先后完成了采购管理、销售管理、库存管理、财务管理以及主生产计划的上线运行。2011年，为了满足公司管理提升和长期发展的需要，宝光股份在原ERP系统基础上实施“ERP系统升级改造项目”，搭建以ERP系统为基础的信息化管理平台，并逐步扩展到协同办公、人力资源管理、客户关系、产品数据管理等相关方面的应用，实现以物流为基础、以生产过程为主线、以成本核算为中心的精细化业务管控平台。

ERP系统平台的搭建为采购业务的规范化、透明化运行提供了有力的支撑，不但完整实现了采购订单、采购收货、检验入库等业务，目前已经向前扩展到供应商协同、采购比价、采购定价等供应链管理功能，包括辅料的采购计划、领料审核全部电子化，将宝光股份全部采购业务纳入ERP系统管理，实现采购业务全覆盖和标准化管理。在ERP系统中，将采购这一个连续、系统的工作过程，进行了权力分置，通过系统流程控制，实现了业务分级控制和信息流的按权限共享，有力地保障了采购业务的高效运行。宝光股份ERP系统功能如图4－3－14所示。

二、采购管理工作在ERP系统中应用

宝光股份采购业务全程已基本嵌入电子化采购平台，供应链的管理已基本实现电子化、信息化，在采购管理中实现了“业务公开、全程在案、永久追溯”。具体说明如下。

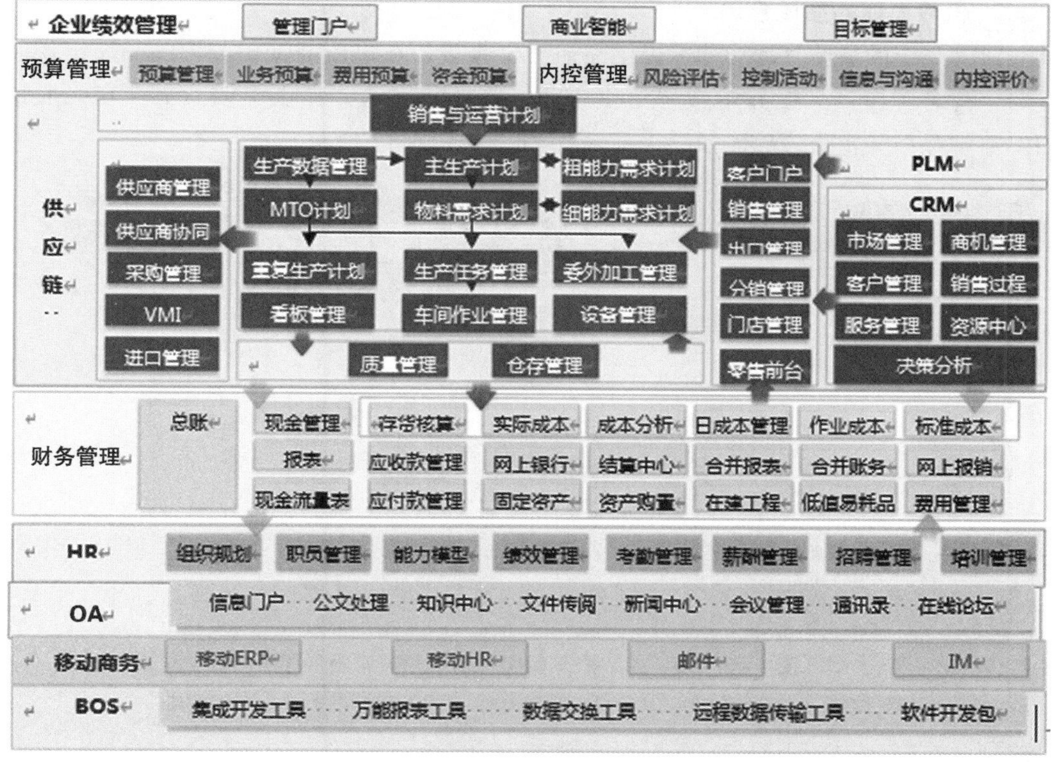

图 4－3－14　宝光股份 ERP 系统

1. 供应商档案管理

ERP 系统中的供应商档案从多个维度记录供应商信息，包括供应商基本资料、业务资料、财务资料、联系人、质量事故、评估记录等信息，是供应商管理的基础。宝光股份 ERP 系统供应商档案界面如图 4－3－15 所示。

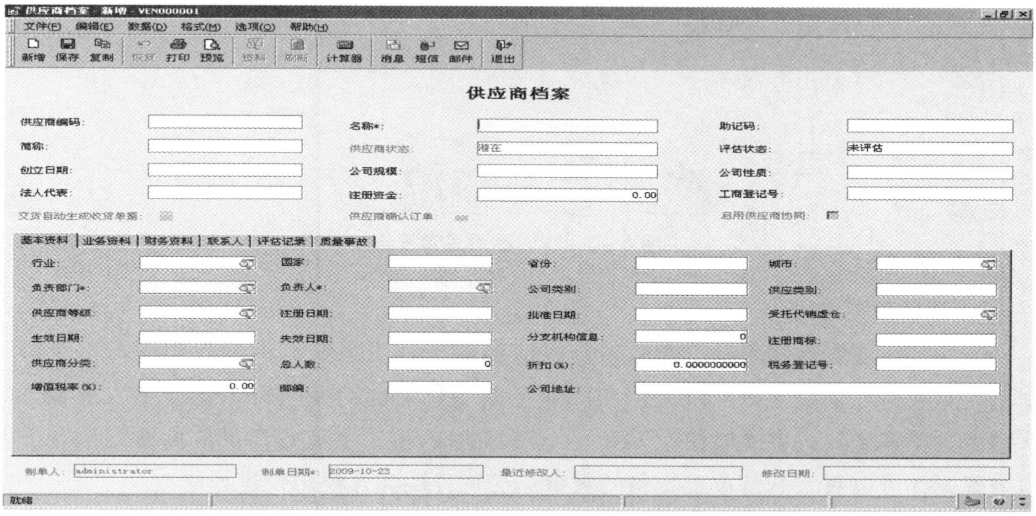

图 4－3－15　宝光股份 ERP 系统供应商档案界面

2. 供应商商品品质管理

ERP 系统的品质管理功能可提供品质异常报告，在供应商提供的商品品质出现问题时，公司可提供品质异常报告给供应商，要求其确认并提供整改意见。宝光股份 ERP 系统品质异常报告界面如图 4－3－16 和图 4－3－17 所示。

图 4－3－16　宝光股份 ERP 系统品质异常报告界面

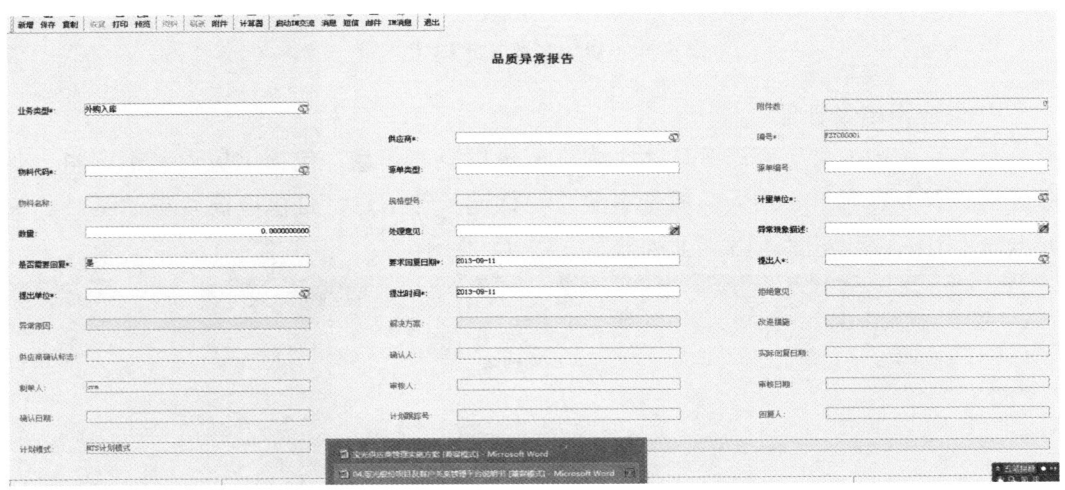

图 4－3－17　品质异常报告

3. 订单变更管理

采购订单变更通知单是宝光股份与供应商关于变更采购订单进行沟通与记录的单据。宝光股份和供应商都可以根据实际业务的变化发起对采购订单的变更，待对方确认后变更正式生效。宝光股份在 ERP 系统中新增内容，供应商在供应商协同平台下新增内容，都可以对采购订单上物料的数量、交货日期和含税单价进行修改。

4. **供应商往来管理**

与供应商进行款项结算之前，通常需要先进行对账。K/3（供应商管理系统）支持根据外购入库单或者委外加工入库单，生成对应的采购/委外对账单，与供应商对账。一般来说，采购/委外对账单通过选择外购入库单或者委外加工入库单关联生成。其目的就是定期与供应商进行对账，确定最终的结算货款。同时供应商也可及时了解货款支付情况。采购订单变更通知单、采购/委外对账单界面和供应商对账界面如图 4－3－18 至图 4－3－20 所示。

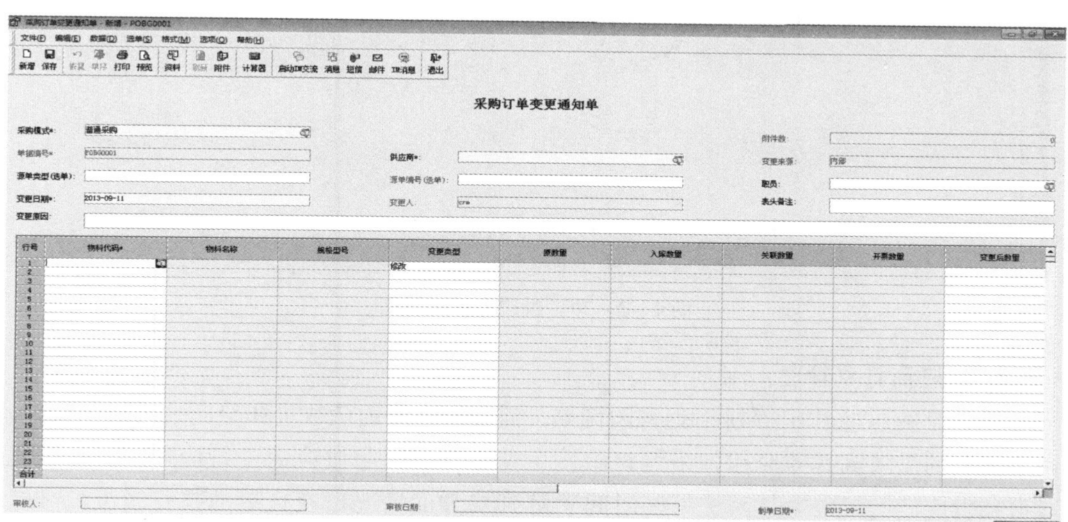

图 4－3－18　采购订单变更通知单界面

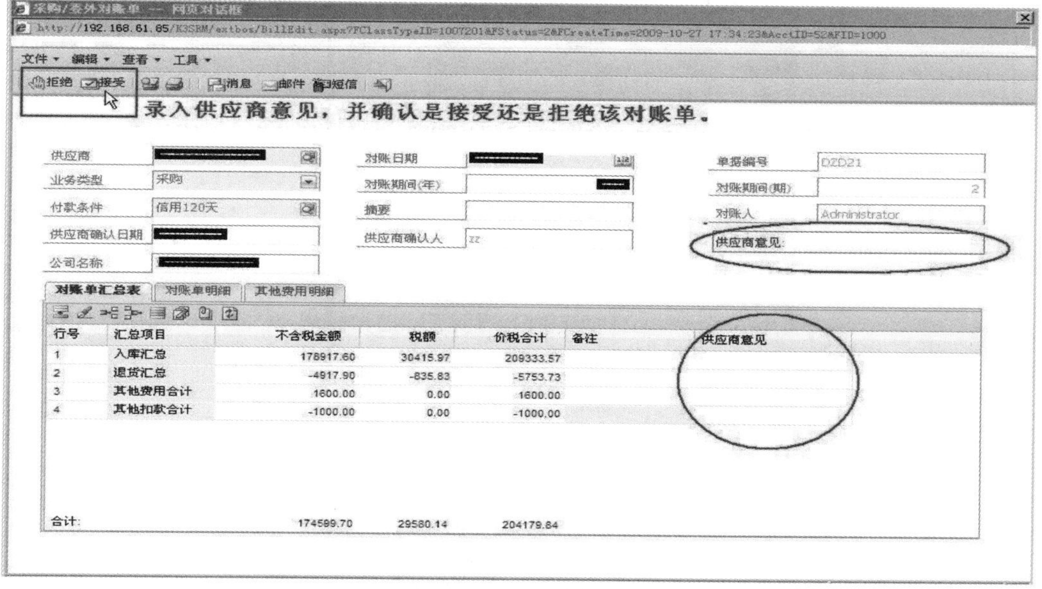

行号	汇总项目	不含税金额	税额	价税合计	备注	供应商意见
1	入库汇总	178917.60	30415.97	209333.57		
2	退货汇总	-4917.90	-835.83	-5753.73		
3	其他费用合计	1600.00	0.00	1600.00		
4	其他扣款合计	-1000.00	0.00	-1000.00		
合计:		174599.70	29580.14	204179.84		

图 4－3－19　采购/委外对账单界面

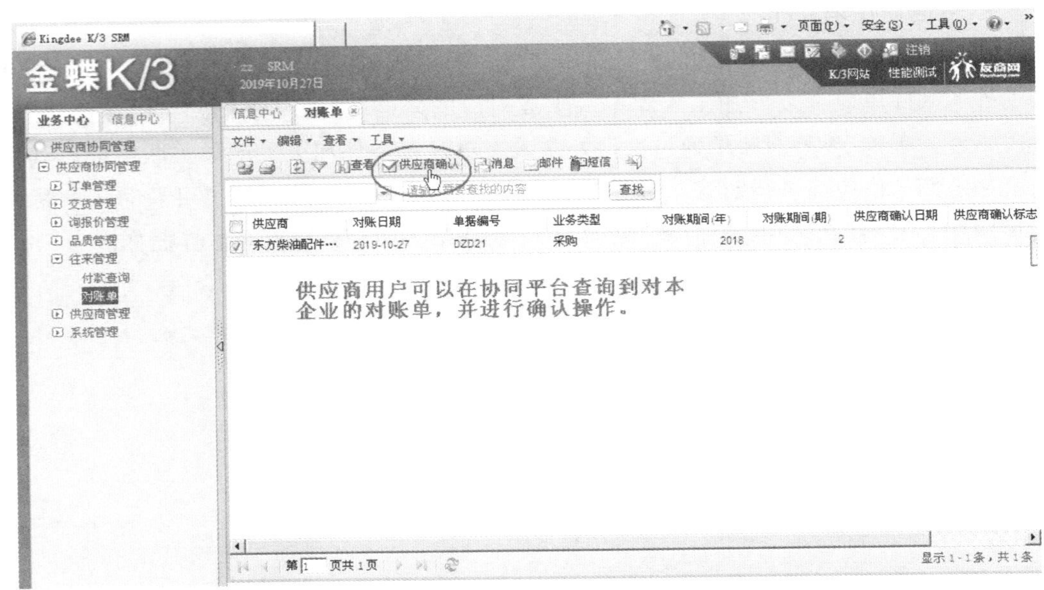

图 4-3-20　供应商对账界面

5. 供应商订单管理

宝光股份通过 ERP 系统下达采购订单，需要供应商确认数量和交期是否可以完成。由于客户的需求或其他原因，采购订单发生变更，需要与供应商进行沟通。平时宝光股份和供应商间可以通过系统第一时间了解到双方的情况以及订单的执行情况。金蝶 K/3 系统采购订单变更通知单界面如图 4-3-21 所示。

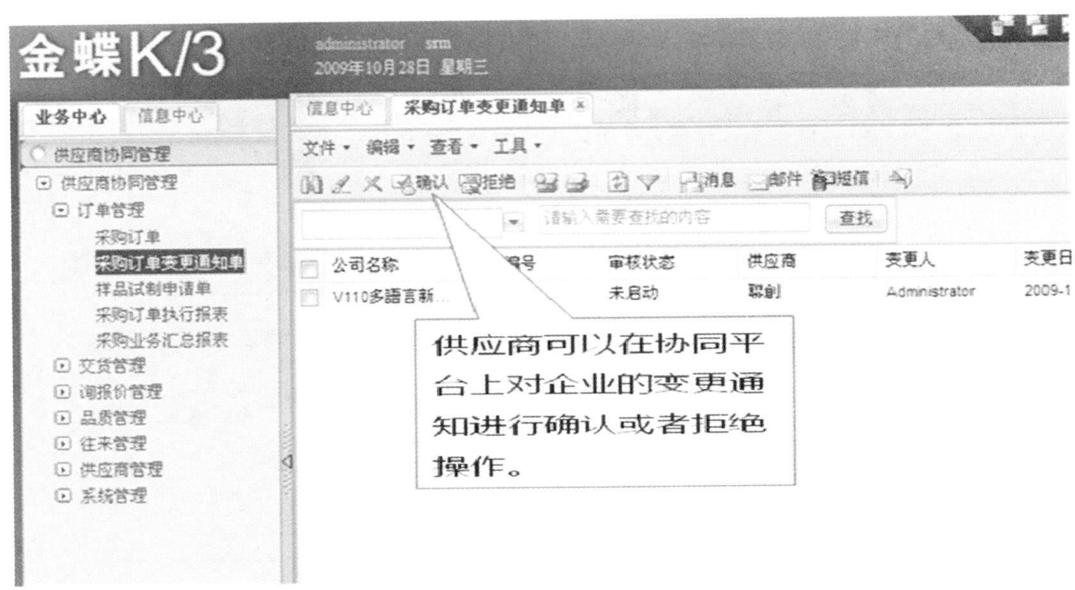

图 4-3-21　金蝶 K/3 系统采购订单变更通知单界面

6. 供应商信息门户管理

宝光股份通过系统及时向供应商传达公司的动态及业务信息；供应商及时了解公司所发布的业务信息；公司和供应商间可以方便地进行沟通交流并留档备查；系统提供了统一的信息中心，包括“我的任务”“消息”和“我的公告”三个功能模块（见图 4－3－22 至图 4－3－24）。

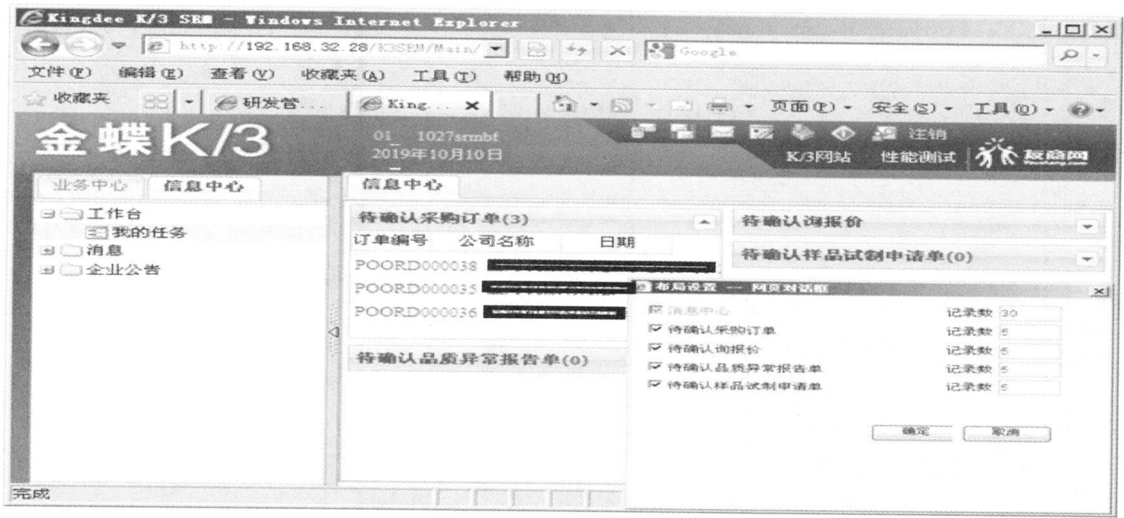

图 4－3－22　“我的任务”功能模块

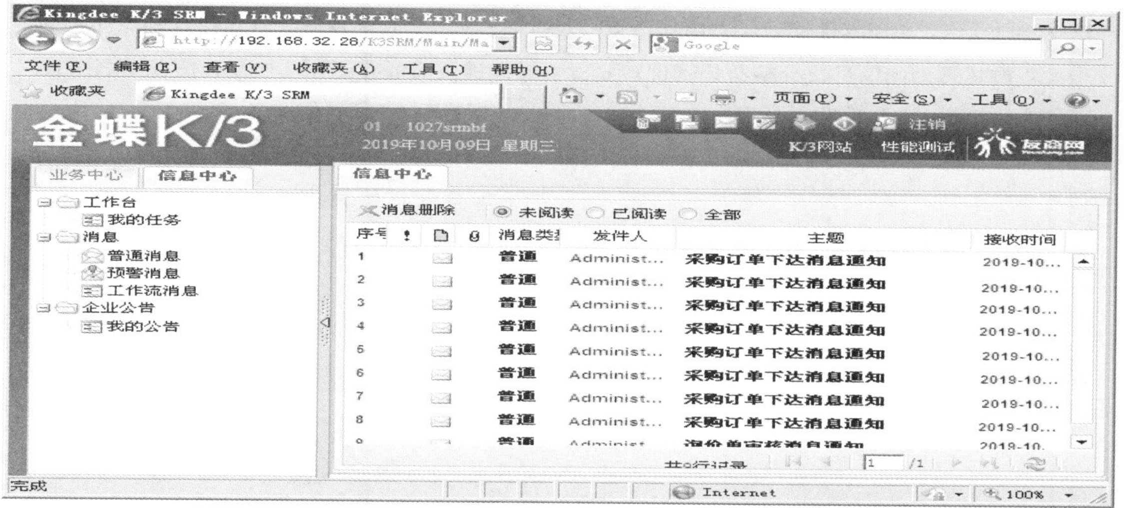

图 4－3－23　“消息”功能模块

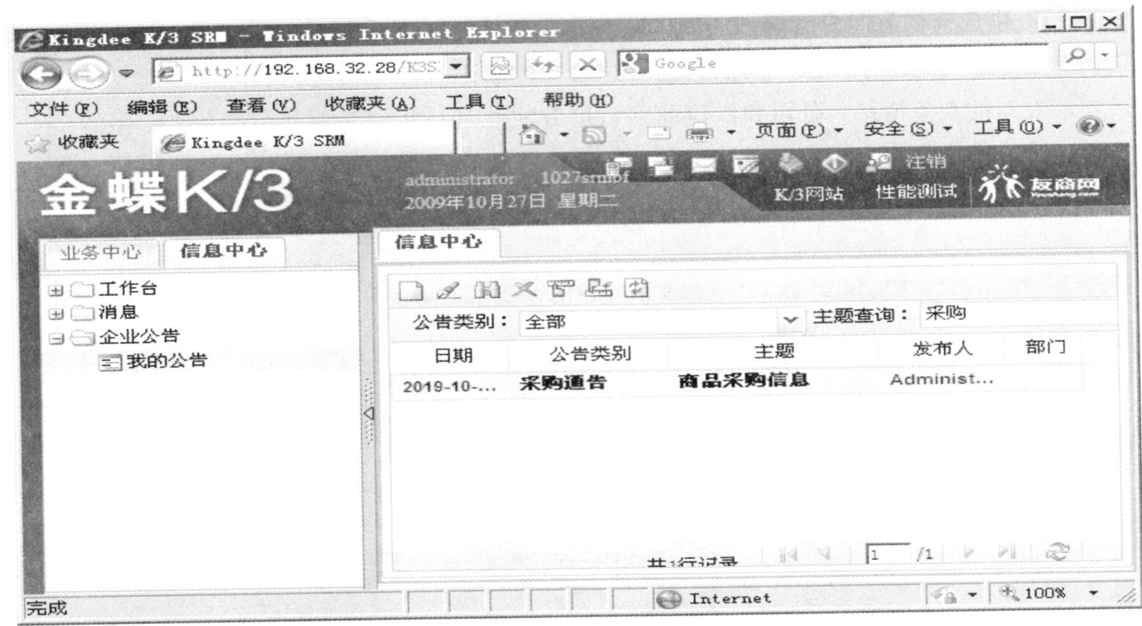

图4－3－24 “我的公告”功能模块

三、小结

经过近些年的努力，宝光股份分阶段地开发采购业务嵌入电子化采购平台并不断完善。借助信息化工具开展供应链的管理工作，便于当期信息和历史信息的查询、统计以及分析；信息化工具的运用有效减少了人工成本，提高了工作效率和准确性，生产采购部工作人员从18人减少到12人，零件保障能力由年产40万只增长到年产近百万只。供应商管理方面，逐步从粗放式管理向信息化、精益化管理转变，引导促进供应商在交期、质量、服务等各方面不断改进提升，I类采购产品批次交验合格率从90%提升到95%左右。

（陕西宝光真空电器股份有限公司）

国家电网办公物资电商化采购项目 API 解决方案

苏宁易购集团股份有限公司（以下简称“苏宁”）作为中国领先的 O2O 智慧零售商，在互联网、物联网、大数据盛行的时代，持续推进智慧零售和线上线下融合战略，全品类经营，全渠道运营，开放苏宁物流云、数据云和金融云，依托智能监控平台、风控平台以及开放服务平台等，为中国能源企业各类电商采购（包括集采、零星采、员工福利发放等）提供行业领先的解决方案。

苏宁 O2O 采购 API（应用程序接口）解决方案适用于客户自有网上商城，苏宁与其建立系统对接，将苏宁易购的商品通过 API 输出到客户自有网上商城，客户选品下单后通过 API 把订单信息推送给苏宁，苏宁接收到订单后安排物流发货，后期售后服务可以在线上发起，也可以到苏宁线下各门店处理。苏宁 O2O 采购 API 解决方案可以共享苏宁的供应链、物流、售后、客服、线下门店以及金融等服务，为中国能源企业提供一套多元、差异化的电商采购解决方案。

苏宁 O2O 采购 API 解决方案提供预占库存保障，用户下单后苏宁保证为该商品冻结订单内相应数量的库存，不再对外销售该冻结库存，锁定库存的同时对价格进行锁定。自最终用户提交预占订单时起，投标人将锁定该订单库存与价格，以便给审批人留有足够的审批时间。审批人在预占期内向苏宁反馈审批结果，如超过预占期限无反馈信息，系统将自动取消订单。预占订单审批通过后，将产生正式有效订单，数据传输至苏宁物流系统，物流人员接到通知后进行发货操作。

苏宁提供集中开票、合并开票的开票服务，可以接受转账、汇款等财务结算方式，满足用户的货款支付时间及方式。苏宁提供增票、普票、电子发票等多种开票类型，满足用户不同的采购场景需求。苏宁 O2O 采购 API 解决方案流程如图 4－3－25 所示。

一、苏宁 O2O 采购 API 解决方案特性介绍

1. 实用性

苏宁 O2O 采购 API 解决方案系统使用 HTTPS 协议，使用 JSON 格式传输数据，跨平台传输可以使用各种语言或独立于语言的文本格式，不依赖于任何指定的商业组件和容器，可移植性强且可以设置降级开关，调整 CDN（内容分发网络）、Ehcache 缓存时间、安全模式等。

2. 可扩展性

Web 服务器和应用服务器均采用负载均衡，可以有效地进行横向扩展。在部分数据请求较为频繁的业务环节，采用缓存服务器进行处理。使用组件化设计，使系统能

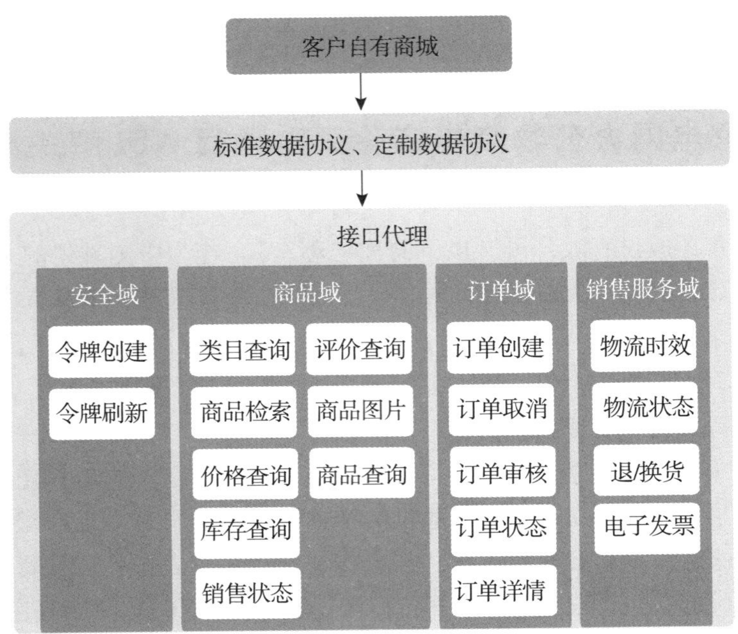

图 4－3－25　苏宁 O2O 采购 API 解决方案流程

够适应将来可能出现的新业务和可能出现的一些变化。新增业务功能时不需要改造原软件系统，可通过动态加载新增组件的方式实现。

3. **可靠性**

当系统依赖的周边系统出现问题时，可设置开关不再调用周边接口，而使用本地缓存或数据库的原始数据。商品目录和商品使用 CDN 和 redis 缓存，加快访问速度。

4. **便捷性**

（1）系统的各类业务配置和管理均可在线执行，不需要中断业务。

（2）提供系统访问日志、应用日志（包含异常日志、业务日志），并接入监控平台，便于运营定位处理问题。

（3）具备系统健康探测、IHS 连接、接口响应超时、数据库 CPU、内存、IO 超过阈值告警功能。

5. **安全性**

（1）网络接入安全。

HTTPS 安全访问，苏宁 O2O 采购 API 解决方案提供全链路 HTTPS 接入，相对传统的 HTTP 协议以明文方式发送内容，HTTPS 接入解决方案，合理解决了数据公网传输安全、可信主机安全验证、防止 DNS 劫持等传统 Web 接入安全问题。

内容分发网络（Content Delivery Network，CDN），将源内容同步到全国各边缘节点，配合精准的调度系统，将用户的请求分配至最适合他的节点，使用户可以以最快的速度取得他所需的内容，解决网络带宽小、用户访问量大、网点分布不均等问题，提高用户访问的响应速度。

（2）网络分层隔离。

苏宁使用多层服务网络隔离数据并保障网络安全。提供网络数据动静分离、重要数据回源、核心数据隔离功能。网络服务分为：CDN 接入层、运营商汇聚层、应用防火墙、Web 反向代理、应用服务器、底层数据源（DB、Cache）。每一层网络之间均有相应的网络安全策略，多层网络服务架构既保证了应用的快速访问，又保障了底层数据安全。

（3）Web 应用防火墙（WAF）。

苏宁自研的云 WAF 产品具备 Web 2.0 应用攻击的防护能力，不仅为苏宁内部用户提供服务，更为外部第三方网站提供应用层安全防护。

WAF 的主要功能如下。

分发策略：轮询、URL HASH。

分发规则：根据 Cookie 进行分发、根据 URL 进行分发。

恶意代码防护：针对 OWASP Top 10 威胁进行拦截，包括 SQLi、XSS、目录遍历、敏感信息泄露、漏洞实时修补等。严重漏洞的实时修复，如 Bash 漏洞等。

敏感目录的屏蔽：server - status、/etc/pass 等。

恶意攻击防护：机器人攻击保护，采用设置 Cookie 的方式防护。

流控：可设置单用户的访问频率和单一接口的容量等。

HTTPS 代理：禁用 80 端口的代理，请求 80 直接跳转到 443 端口。

（4）苏宁实时风险控制系统。

苏宁实时风险控制系统 Minos 是事件驱动的新一代反欺诈系统，采用动态脚本语言支持灵活的反欺诈规则配置和风险措施应用，并具备灵活的事件和数据源管理。

功能描述：Minos 支持同步和异步两种调用方式，同步调用须明确事件以及规则，实时返回状态码以及风险判断结果，并同步执行指定规则的风险处理措施；异步方式，按照事件类型，触发全部相关联规则，并离线执行风险处理。

事前处理（黑名单信息库）：通过苏宁多年积累的黑色产业数据，在行为发生前直接屏蔽。

事中处理：用户登录时通过用户 IP、浏览器 Cookie、登录频率等检测账号是否被盗。用户下单时检测是否存在欺诈风险，检测是否存在垃圾信息或违规信息。

事后处理：业务系统发布上线后进行漏洞扫描，通过离线数据模型全面扫描欺诈会员等。

6. 完整性

苏宁 O2O 采购 API 解决方案包括目录、商品、价格、库存、订单创建、库存预占、订单详情、订单状态、物流状态变更、消息签收、退货等功能模块，覆盖了整个电商交易的完整流程。

苏宁售后服务除了通过 API 接口申请之外，还可以通过大客户服务热线、专属客户经理、大区对应各个销售渠道（包括苏宁广场、门店等）申请。

二、苏宁 O2O 采购 API 解决方案保障

（1）运维监控值班人员在公司坐班，24 小时有人值班；技术备班人员作为问题解决人员，可远程解决问题，如需现场解决，须半小时内赶到公司解决问题。

（2）采取两班轮换制，工作时间为 12：00—24：00，24：00—12：00，每人工作 2 天休息一天，不受法定假日影响。如遇到临时换班，须提前通知，建立运维监控日志以跟踪问题和交接班。

（3）PMO（项目管理办公室）负责提供技术备班人员列表，如有更新须及时通知运维值班人员。

（4）架构部门负责开发系统监控平台，并对运维监控值班人员进行培训，直至可独立工作，日常提供技术支持。

苏宁 O2O 采购 API 解决方案保障苏宁所提供的商品为在我国境内合法销售的正品，且都是苏宁易购自营商品，类别包含日用百货、电子数码、家用电器、办公用品、劳保用品、五金工具等品类。

（苏宁易购集团股份有限公司）

大宗物资集采分供模式在项目采购中的应用解决方案

为进一步贯彻落实中国电力建设集团有限公司（以下简称“集团公司”）“改革完善设备物资集中采购、更大发挥提质增效作用”的重要指示，中国电建集团租赁有限公司（以下简称“租赁公司”）在集团公司的指导下，创新集中采购管理模式，结合当前业务实际需求，制订完善的实施方案，完成了天津至石家庄高速公路项目钢材物资集采分供项目的试点工作，达到了减少交易环节、降低成本、保障供应、保障质量等预期效果。现将集采分供项目案例情况报告如下。

一、集采分供指导思想

以“四个全面”思想为指导，以“提质增效”为核心任务，以“整合资源、创造价值”为推动力，以“提高生产力”为标准，以“降成本、保供应、强质量、防风险”为目标，建立适应集中采购发展趋势、符合集团公司管控实际的大宗物资集采分供管理体制、机制，为集团公司高质量发展作出更大的贡献。

二、集采分供基本思路

整合内部企业钢材需求资源，通过集采分供模式打通与大宗物资生产企业的供应链，同步打造专业化的集中采购、供应服务平台，即实施集团内集约化、科学化、规模化的大宗物资供应链管理。

三、集采分供基本原则

1. 坚持市场化运作原则

搭建大宗物资集采分供平台必须尊重市场规律，适应采购市场的变化，适应客户的实际需求，切实发挥出统筹资源降本增效作用。

2. 坚持行政化协调原则

大宗物资集采分供管理办法由集团公司统一制定，集团公司针对大型投资项目的施工需求确定总体方案，并进行全过程指导、监督、检查和考核工作。平台公司按照方案总体要求，结合各自实际情况，制订具有可操作性的实施方案，保证各主体责权统一、界面清晰，能够充分调动各主体积极性，提高经济效益和工作效率，确保集团公司整体一盘棋运作。

3. 坚持先试点再推广原则

集采分供模式是集团公司在充分总结系统内、外部经验，尝试创新的一种新业务模式。要通过试点项目的有效实施发现问题、解决问题，不断优化完善方案，最终固化业务模式后再进行全面推广，确保集采分供平台建设达到预期目标。

四、集采分供实施目标

1. 降成本

通过集团公司规模采购和平台公司低成本运作两个优势的有效结合，确保在相同品质情况下供应价格控制在市场平均价格水平以下。平台公司按照微利原则，通过优质服务，以规模换效益。

2. 保供应

充分发挥集中采购的资源优势以及平台公司的抗风险能力，确保钢材按质、按量、按期及时供应到位。

3. 强质量

实施源头采购，建立严密的质量管控跟踪体系，通过加强监造、物流、验收等重点环节控制确保钢材的产品质量。

4. 防风险

建立严密的监督机制及风险管控机制，严格按照集团公司党风廉政建设的要求，将各项责任落实到每个环节、每个人，确保不发生人员廉洁风险和业务操作风险。

五、操作模式

1. 采购方式

根据项目需求和市场调研情况，由集团采购中心组织大宗物资的采购工作，通过公开招标、竞争性谈判等方式确定供应厂商范围。在采购之前，要对合理的供应区域范围内的大型制造企业进行充分的调研和详细的数据分析。

2. 供应模式

平台公司按照集团公司集中采购招标结果统一与中标厂商签订采购合同，与需求单位签订销售合同，并按照项目具体供货计划提供物资、物流和服务。

3. 动态考核

在项目采购实施中，根据招标协议，以厂商公布的出厂价和提供的固定优惠幅度为基础，对当期采购价格实施动态考核。同时，为确保集中采购效益，科学指导集采分供工作，采购中心牵头收集、汇总项目所在区域钢材的采购价格信息，并与“我的钢铁网”“中国联合钢铁网”“兰格钢铁网”等国内具有权威性和影响力的咨询机构进行合作，形成钢材采购的大数据，得到该区域各类型号钢材的内部钢材价格曲线，为集采分供实施中的动态考核提供支持，确保供应服务平台供货价格控制在市场平均价格水平以下（小于或等于相同市场的均价），这也是实施该模式的基本保证和成功的关键要素。若不能满足该条件，采购中心将对供应模式进行调整。

六、案例分析

津石高速试点项目是集团公司第一个以集采分供方式开展的物资集中采购供应项目，也是对集采分供模式以量换价、提升资源整合能力、发挥降本增效作用的一次检验。

津石高速公路主线全长 169.807 公里，估算总投资 239.24 亿元，其中主线投资 219.17 亿元，连接线投资 20.07 亿元。高速途经廊坊市大城县、文安县，沧州市、任丘市，保定市高阳县、蠡县、博野县、安国市，定州市。路线起于廊坊市大城县南与天津市交界的子牙河，向西经大城县北后跨廊沧高速，经文安县南，任丘市北分别跨京九铁路、G106、大广高速，高阳县西北跨保沧高速，经蠡县和博野县之间与 G337、朔黄铁路相交，在安国市南与 G230 相交，跨越大沙河后，与津石高速公路石家庄段顺接。

施工单位：由集团公司所属工程局的 5 个分部组成。

所需钢材包括螺纹钢 137866 吨、线材 14888 吨、圆钢 872 吨、盘螺钢 8523 吨和冷轧带肋钢筋 6795 吨，合计需求 168944 吨。

租赁公司作为承担钢材物资集采分供试点的平台公司，在执行供应任务的同时，不断深入挖掘集采分供模式的优势与潜力，努力发挥降本增效作用。集采分供模式关键在于减少了“中间商”环节的成本，叠加上国有企业低资金成本、服务能力强的优势，起到了降本增效、可靠供应的作用。

1. 集采分供模式降本增效作用显著

试点项目是集团公司第一个以集采分供方式开展的物资集中采购供应项目，也是对集采分供模式以量换价、提升资源整合能力、发挥降本增效作用的一次检验。租赁公司在执行保供任务的同时，优化采购与供应链管理流程，一方面通过钢厂直采减少了“中间商”环节所增加的成本，另一方面通过集团公司层面的资源整合提升了与钢厂的议价能力，并提供了具有成本优势的资金保障，组建了专业的团队，起到了降本增效的作用，提供了用户满意的服务。

（1）与市场价格比较来看。对项目所在区域周边钢材市场价格进行监测。从 2018 年 5 月、7 月、9 月、11 月这 4 个月中各选取一天，结果显示试点项目的结算价格在不同时间段、不同区域均低于市场价格。其中，在天津区域，盘螺钢项目结算价格平均低于市场价格 85 元/吨、螺纹钢的价格平均低于市场价格 30 元/吨，线材的价格平均低于市场价格 296 元/吨；在石家庄区域降幅比例更加明显，盘螺钢项目结算价格平均低于市场价格 180 元/吨、螺纹钢的价格平均低于市场价格 100 元/吨，线材的价格平均低于市场价格 217 元/吨。

按照上述数据统计，试点项目各型号钢材的项目结算价格平均较市场价格降低了 1.3%，按照钢材需求总量 19 万吨计算，预计能够为集团公司降低采购成本 1100 万元，降本效果十分明显。

（2）从重点工程中标价比较来看。2018 年下半年，对标京津区域开标的同类型其他项目，按结算价格拉至试点项目同等结算方式进行比较，同期的试点项目盘螺钢结算价较对标项目最低结算价平均降低了 51 元/吨，螺纹钢平均降低了 40 元/吨，而线材更是下浮了 258 元/吨，降本优势明显。

综上所述，无论与市场价格比较，还是与其他在施工工程项目自采价格比较，试点项目集采价格都占据绝对优势。

在对试点项目各分部进行的满意度调查中，对供应产品价格的评价结果分为“非常满意”“满意”“一般”“不满意”“非常不满意”五档，所有分部均对试点项目产品供应价格表示满意，其中 90% 的分部表示非常满意。满意度调查的结果，证明集采分供试点项目确确实实为成员企业带来了采购成本的降低，实现了降本增效。

2. 集采分供方式保障了钢材供应工作及时到位

租赁公司对保障试点项目钢材供应工作高度重视，时刻把保障工程施工进度的需要放在首要位置，从组织体系、货源采购、仓储物流、资金保障等方面采取多种措施保障招投标结果落实。

（1）组织机构保障。租赁公司在任丘市成立了试点项目部，在安国地区设置了分部，从公司各成熟项目中抽调 10 余名业务骨干人员加入试点项目。按照收集计划—发送订单—组织发货—货运信息跟踪—现场接收钢材的工作流程，设置了计划采购部、运输仓储部、驻厂监造部、现场服务部 4 个业务部门，构建了从计划对接、货源组织、生产监控、运输储备到货物交验的全流程管控体系和现场服务体系，保证每个项目分部都有专人常驻现场、每个钢厂都有专人对接。同时，与各施工分部建立了紧密的联络机制，旨在及时解决项目供应过程中的问题和困难。在总承包部和各参建单位的大力支持下，租赁公司精心安排采购供应计划，完成了合同规定的“货物在 5 日内运达施工现场”的要求。据统计，物资公司平均 4 日之内就能完成现场交货任务，部分加急计划更是在下定计划的当天或次日就运达施工现场，保障了工程进度的需要。

（2）钢材资源保障。试点项目地处京津冀区域，环保压力大，钢厂发生限产、停产情况较为频繁，对工程进展存在潜在影响。同时，钢厂生产计划与项目需求间的矛盾也会影响到钢材供应的及时性。为应对上述情况，保证项目钢材稳定供应，集团公司下大力气对采购供应计划进行了优化整合，结合项目需求计划、钢厂排产计划和钢材价格等因素制订最优方案，最大限度地保障了钢厂直采直供。

（3）应急保障。2018 年 4 月到 8 月，试点项目沿线多次遭遇大雨、暴雨等天气，对项目施工和钢材运输工作带来了不利影响。集团公司为了应对自然灾害、钢厂资源紧张、运输困难等突发情况对供应工作的影响，成立了应急小组，编制了不同情况下的应急预案，安排专人值班，负责人手机 24 小时开机，随时处理物资供应过程中出现的各种问题。同时，与各参建单位建立了多个层级的沟通机制，有效增强了项目执行效率。进入雨季后，项目部结合项目进展密切关注天气动态和钢厂生产计划，及时调整采购供应计划，增强了供应保障工作的预见性，保障了恶劣天气条件下的钢材供应工作。

此外，租赁公司以保供为第一要务，从大局出发，积极响应各施工分部的紧急需求计划，为施工前线分忧解难。2018 年 9 月 29 日，四分部因施工需要向项目部紧急报送了 40.57 吨螺纹钢的需求计划。租赁公司收到计划后启动应急机制，紧急确定货源、安排发运，第 2 天就将项目所需的钢材如数交付到项目现场，保障了项目国庆节期间的施工进度。

同样，从满意度调查的结果来看，所有分部对试点项目的供应服务表示满意，其中 90% 的分部表示非常满意。满意度调查结果证明试点项目在集采分供试点过程中通过提供专业化服务，发挥了提质增效作用的同时，服务能力也得到了参建各方的一致认可。

3. 集采分供方式严格控制住了钢材供应质量风险

试点项目按照集采分供试点方案，使钢厂和项目直接对接，中间没有其他环节。在采购源头上严格从入围钢厂采购钢材，对运输环节实施监控和质量管控，最大限度地确保钢材的产品质量，不给“地条钢”和“串货”“调包”等暗箱操作行为留一丝一毫的机会。同时，若出现质量异议，驻厂监造部立即通知钢厂的相关负责人员 12 小时之内抵达现场处理。

从对产品质量的满意度调查结果来看，所有分部对试点项目供应产品质量表示了满意，其中 80% 的分部表示非常满意。这是对采购公司通过严密的质量管控体系，从采购源头上最大限度确保钢材质量工作的认可。

七、可推广性

作为集团公司集采分供业务模式的第一个试点项目，津石高速项目取得了良好的试点效果，从降本增效到保障服务均获得了认可和好评。集采分供模式还拥有良好的可推广性，在满足降本、保质、保供等基础要求的前提下，根据各区域、各项目不同的特点，可以通过调整采购方式（公开招标、竞争性谈判等），调整价格参考依据（参考网价、参考生产企业出厂价、一次定价等），调整结算条件（灵活调整付款周期等）等方式使集采分供模式适应不同项目、适应不同区域特点。

2019 年通过集团公司设备物资部、租赁公司的共同努力，采用集采分供模式的项目范围逐渐拓展，华东地区某轨道交通项目的钢材采购项目已进入实际实施阶段，厂家直供率达 100%；西南地区某大型公路项目也已完成集采分供的采购招标工作，即将正常供应。集团公司有信心通过试点不断总结经验，将集采分供模式逐步推广至集团内不同类型、不同区域的项目，为集团公司深化集中采购管理，实现降本增效和管理品质提升作出更大的贡献。

（中国电建集团租赁有限公司）

中国银联2019年总部营业用房租赁采购项目

2019年6月28日上午9时，中国银联2019年总部营业用房租赁采购项目正式开始。经过6小时紧张激烈的评审磋商，某房地产公司被评为成交候选供应商。中国银联2019年总部营业用房租赁采购项目为上海市2019年度办公用房成交面积最大的项目，也是市场上首例应用集中采购模式的企业办公用房租赁项目。本项目吸引60余家房地产业主方报名，通过多轮筛选，6处房源进入最终评审磋商环节，租金成交价格远低于预期，节约采购资金近1亿元。

近年来，随着合规性要求的提高，国有金融机构逐步尝试将办公、营业用房租赁纳入集中采购范畴。办公、营业用房租赁需求通常具有预算资金高、时间周期长、需求不明确、竞争不充分等特点，一直是行业内的采购难题。以往中国银联的办公、营业用房租赁职责归属于后勤管理部门，由其直接与意向房源磋商租赁合同与价格。自2015年起，中国银联将总、分公司一定金额以上的办公、营业用房租赁需求纳入总公司集中采购范畴。在总、分公司20余次办公和营业用房租赁、购置的集中采购实践过程中，通过不断创新优化采购流程，将办公、营业用房租赁采购逐步向高效化、规范化、标准化推进。如何将集中采购模式应用于此类预算金额较大的房屋租赁项目呢？主要做法如下。

一、需求编制

与常规的集中采购项目类似，需求编制的水平是保证项目质量的关键因素。办公、营业用房采购需求内容中至少须包含房源的区域位置、面积范围、交付时间、交通情况、员工就餐情况等。采购经理在审核需求时，须注意上述几点要素，避免出现“××大厦附近”或“××平方米左右”等模糊性需求。一是可以借助合理的需求确定范围引入充分竞争，同时避免过于细化的需求产生指向性的问题。二是通过需求明确房源筛选的标准，尽量减少因需求不明确而导致评选过程中评委间的争议。

二、供应商寻源

房源搜寻阶段，可以借助采购公告的传播效应吸引潜在业主方。然而房地产业主方通常很少参与此类竞争性的租赁谈判项目，对公告的敏感性、响应性较低，此时可以借助房地产中介公司的渠道，将中介公司层面的竞争传导至业主方层面的竞争。客户可以选择戴德梁行、仲量联行、世邦魏理仕、第一太平戴维斯、高力五大国际知名房地产代理咨询公司，或睿意德、基强联行、高德量行等国内知名代理公司，通过中介方的资源广泛搜寻房源，从而达到引入竞争性的目的。

三、采购过程

如果租赁需求吸引了较多的业主方报名，采购评审小组逐一对房源进行实时信息收集、整理、现场勘查的时间和人力成本过高。为了提高采购效率，建议组织评审小组进行多轮筛选，如第一轮初步筛选，将明显不符合需求的房源过滤；第二轮现场踏勘，勘查房源的实际情况；第三轮最终筛选。如果项目预算金额较大，随机抽取评审专家的方式适用性较弱，可以采取多部门委派评委的方式。考虑到办公、营业用房租赁后续涉及装修改造等工程环节，建议邀请基建管理部门至少委派一名评委，其他评委可以来自法律合规部、财务部、采购部或请购部门。

四、评分方法设定

在办公、营业用房租赁采购初步实践中，房源评分方法设定方面大多选择简单打分法，即根据房源的价格、位置、交通情况、楼宇品质、交付时间、就餐情况、物管成本等方面对入围房源进行简单排序，各评委全部评分后按总分对房源排序。为了降低主观性因素，对评分方法进一步优化：剔除非关键考核因素，将各项评审内容按名次排序。每项评审内容排名乘以其所占权重，得出该项评审内容得分，各项评审内容得分相加后计算出总分，然后汇总评审专家打分情况，得出最终房源排序。

五、价格比较

房屋租赁采购评审中的价格比较标准为房屋租金，不同于常规采购品类相对单一的价格维度，房屋租金的价格体现形式多样，可大致分为总租金、月租金、日租金（面价、净价），其影响因素包含了租赁单价、租赁面积、租赁时间、免租期、装修期等。业主方为了吸引客户入驻，通常会采取给予一定的装修期（承租人在交房后需要对房屋进行装修，实际不能办公、营业，此种情形下，出租人同意不收取承租人装修期间的租金）、免租期作为优惠条件，进而产生租赁面价和租赁净价两种不同的计算方法。净价的计算公式：净价 = 面价 ×（租赁时间 − 期内免租期）/（租赁时间 + 期外免租期）。

评审环节对不同房源作价格比较时，由于不同房源的总面积不同，如果只单纯比较总租金是有失公允的，建议统一以业主方所报的租赁净价作为价格比较标准，排除面积、免租期等因素。合同签订时可列明租赁面价和总租金。总租金计算公式：总租金 = 净价 × 面积 × 租赁时间，或总租金 = 面价 × 面积 × 租赁时间 − 租金折扣。

六、采购成效

1. 办公、营业用房租赁采用集中采购开拓了一种新的租赁谈判模式

打破了现有的客户 − 中介公司 − 业主方的三方谈判模式——承租方委托中介公司

与出租方单独磋商商业条款与租赁价格。而集中采购模式以出租方为组织主体，将多家中介方、业主方共同邀请至谈判桌前，消除出租方、承租方供需两端的信息不对称，促进供应商间有效竞争，使得承租方利益最大化。

2. 缩短项目周期、提高工作效率

国有企业大面积房屋租赁项目较大的痛点在于实施周期过长，时间主要耗费在商务条款、价格的磋商以及烦琐的内部审批流程，通常需要半年至一年。办公、营业用房租赁项目采用集中采购模式后，按照常规采购实施流程，结合规范化、创新化的流程改进逐步推进。自公告发布至合同签订整体实施周期约两个月，极大地缩短了项目周期、提高工作效率，高效解决公司刻不容缓的外部办公、营业用房租赁需求。

（中国银联股份有限公司）

中国移动与华为公司深度协同共创供应链新价值解决方案

一、概述

党的十九大报告中首提“现代供应链”，国务院办公厅发布了《国务院办公厅关于积极推进供应链创新与应用的指导意见》，首次将供应链上升到国家层面，将供应链发展提到新高度。2018 年，商务部等八部委联合开展供应链创新和应用试点企业的申报工作，中国移动通信集团公司（以下简称“中国移动”）获批成为试点企业。

中国移动积极响应党的十九大现代供应链建设号召，深化落实商务部供应链创新与应用试点举措以及国资委创“世界一流”示范企业的要求，坚持贯彻“创新、协调、绿色、开放、共享”的新发展理念，以创世界一流企业为目标，助力通信产业供给侧结构性改革实现高质量发展，带动上下游企业实现产业链降本增效，推进网络强国、数字中国、智慧社会战略实施。以“打造协同共享、需求驱动、数字创新、可持续发展的现代智慧供应链体系”为目标，以“五化”为发展主线，健全体系、提升服务、创新管理、创造价值，全面推动由“招标采购”向“供应链管理”转型、由“交易型采购”向“战略生态构建”转型、由“集中管控”向“需求服务、价值提升”转型、由“流程管理驱动”向“数字、创新驱动”转型。公司供应链体系管理成效显著，在国资委采购管理提升对标工作中连续两年位列央企第一，相关创新实践获得国内外专业领域多项大奖。

为了更好地满足各业务部门的需求，中国移动从 2010 年开始推进供应链管理工作，进行大量的管理实践以促进供应链的快速发展，主要聚焦于降低成本、提高效率、加强供应链协同和开拓创新方面。其中，加强供应链协同是践行国家战略及落实中国移动战略合作的具体行动，也是公司提升运营效率、降低运营成本、管控运营风险的抓手。

2016 年 12 月 30 日，中国移动与华为技术有限公司（以下简称“华为”）在北京签署数字化服务领域战略合作框架协议，以“高效供应链”作为六个重要方向之一。2017 年，中国移动采购共享中心与华为研讨协同计划，确立供应链战略愿景，通过供应链顶层设计和战略规划，明确与产业链合作伙伴深度协同的目标方向。中国移动组织上海、江苏、四川、河南、浙江、广东分公司与华为开展外部协同试点工作，从需求配置协同、计划预测协同、PO（订单）在线传递、包装模式优化、履约支付单据电子化、全流程状态可视等方面启动深度协同合作，采用数字化共享策略，实现采购经验资源共享，有效提高供应效率，节约交易成本约 1170 万美元；缩短商用周期，加快 5G 商用步伐，促进运营效率较合作前提升 35%、交付周期较合作前缩短 60 天，有效实现中国移动降本增效和供应链高效发展。

二、项目介绍

1. 背景

华为是中国移动最大的设备和服务提供商，双方年均合作项目金额高达100亿美元。合作初期，由于供应链不协同，双方管理运营都存在一系列问题，主要包括系统未实现对接，上下游信息共享不足；交易过程中电子化程度低，双方需求计划、PO、验收、付款等信息和文档传递均通过纸件或邮件人工传递，效率低、易出错；从采购需求提出到到货验收周期长达4~7个月，耗时长；超过3个月库存金额高达0.6亿美元，采购价值对公司财务贡献不显著；产品型号配置种类多，线下审批复核长达2周等。

基于业务流程痛点，作为协同工作的牵头组织，中国移动采购共享中心明确目标、制订整体方案、提供实施环境，组织与华为的定期协同沟通交流，共建协同工作组、设置例会机制，推进落实采购系统和供应系统对接，顺利实施中国移动与华为深度协同项目，在提高公司营收、快速实现5G试商用的同时，也带动上下游企业共创供应链新价值。

2. 协同措施

中国移动与华为对双方供应链运营流程进行了匹配和系统对接，合作两年的时间里，推动战略合作商尽可能早地参与业务的前后端，逐步开展了需求预测、技术标准制定、库存交付计划协商以及到货质量检验等工作。深度协同项目具体方案包括以下内容。

（1）需求配置协同：分析收敛标准化产品配置，开发了用于在线选择标准配置模型和自助订购的采购产品库。

（2）计划预测协同：打通采购需求和供货计划，与华为通过电子化平台共享需求预测，助力合作商提前备货。

（3）PO接收电子化：供需双方系统互联，自动传输采购订单，并通过水印取消纸面签章归档。

（4）包装模式优化：联合设计模块化包装解决方案，根据配置要求实现灵活材料装箱，提高了库存的利用率。

（5）到货证明电子化：共同研发电子印章平台，研究扫码入库协同方案，推行到货证明电子化的快速入库管理。

（6）履行过程可视化：研发从采购到付款的关键信息实时可见的App，实现订单信息在线查阅。

3. 协同收益

中国移动各试点省公司在总部供应链协同项目的战略指引下，积极主动推进供应链协同的各项工作，切实提升了运营效率，降低了运营成本，均取得了阶段性成果。

（1）供需信息端到端共享可视，供应效率较试点前提升35%以上。价格需求和订单履行信息在线共享，助力华为提前备料和生产，全流程货期从45天减少到21天，超过 1 个月存货金额较试点前降低 34%。

（2）双方系统对接，供应及收货入账周期缩减 5～9 天。通过公司级采购系统对接，实现订单一键传递，供应周期缩减 5 天；到货后扫描入库，自动生成到货证明，仓库收货入账周期从 10 天降到 1 天。

（3）包装模式优化，存货盘活 2000 万美元。针对 4G 设备物资开展了配置、计划、包装协同，按工程实际场景施行标准包装模块化、工程余料产品化管理，实现每个仓库超过一年的存货从 3700 立方米降低到 1500 立方米，盘活价值 2000 万美元的工程辅料。

（4）产品配置标准化，商用前准备周期缩短 60 天。对历史交易品类进行梳理研究，收敛配置模型，支撑商用前准备周期缩短 60 天，显著提升标准化水平和供货效率。

（5）承担社会责任，减少碳排放约 25 万千克。通过与上游战略合作伙伴（华为）的深度协同带来显著的财务收益和社会收益。加快财务结转，取得可观的账务收益。节约纸张 0.3 亿多张，减少二氧化碳排放约 25 万千克，节约木材约 90 万千克，节约生产用水约 0.6 亿千克，电子化节约交易过程成本 1167.9 万美元，获得巨大社会收益。

为了保证整体供应链协同工作有序统一开展，中国移动研究供应商协同顶层设计，明确了 2019 年分省协同工作计划，指导全国各单位按计划分层分级推进协同工作，保障协同工作的落地性、推广性、先进性，高质量全面达成协同试点目标，进一步发挥平台带动作用和引领优势，助力整个产业链的降本增效和转型升级。

三、成果及荣誉

“中国移动与华为公司深度协同共创供应链新价值”项目及相关内容，由于在供应链管理领域的突出贡献，多年来荣获多项国际、国内奖项。

英国采购经理人协会（Procurement Leaders）“World Procurement Awards 2019”（全球采购奖）外部协同奖（External Collaboration Award），如图 4－3－26 所示。

图 4－3－26　英国采购经理人协会外部协同奖

2018 年度中国物流与采购联合会科学技术进步奖一等奖。

2017 年度中国物流与采购联合会科学技术进步奖一、二等奖。

2017 年度中国物流与采购联合会中国供应链管理最佳创新企业。

获得相关专利共 4 项。

（中国移动采购共享服务中心）

中国移动数字化供应链公共服务平台

一、项目背景

随着 AICDE（人工智能、物联网、云计算、大数据、边缘计算）技术的不断发展以及在各个场景下的广泛应用，在三流合一、业财联动的现代供应链管理体系下，在实际业务场景及客户需求的不断丰富和变化中，供应链管理对于货物仓运配全链路的实时化、安全化、透明化有着天然的管理需求。实物流的安全、准确、高效、实时逐渐成为供应链结构创新的重要根基。

随着互联网技术在物流领域的渗透作用不断加强，在物联网，人工智能，大数据的介入下，传统物流正在重构与升级。中国移动数字化供应链公共服务平台（M－IoT平台）的建设是中国移动秉承“大连接”的战略，秉持开放协同的合作态度，构建开放、协同、有担当的合作模式的具体形式，是汇聚各方优势与能量，助力 3PLUS 计划落地，提供高效、优质、绿色的供应链服务的重要举措。通过对物流全链路的监控，降低因物流过程带来的订单纠纷，提高客户服务感知，满足多场景下客户对物流服务的不同需求，同时响应了国家供给侧结构性改革以及环境保护相关政策要求。成为引领终端及智能硬件供应链、工程物资供应链以及信息化、智能化管理的行业标杆。

二、应用场景及功能描述

中国移动 M－IoT 平台利用物联网、AI（人工智能）、大数据等技术，基于 IoT 硬件设备与平台软件服务，实际解决物流行业在过程管控中遇到的库区环境监控、运输过程位置获取、运输中货品安全、货物签收无纸化、仓库管理过程信息化等实际问题，旨在强化过程管控能力，降低管理运营成本，提高生产运营效率，优化服务品质，增强公司相关业务的市场竞争力。

1. 库区环境实时监控

中国移动 M－IoT 平台在硬件端接入温湿度采集物联网设备，软件端通过平台强大的归集整理能力，实现对布控库区内温湿度的实时监控。

温湿度采集器是一款针对物流行业开发的智能型温湿度检测设备（见图 4－3－27），采用远距离无线传输技术，结合温湿传感路由使用，可用于生产、仓储、运输、销售等冷链场景下的温湿度数据监测。该设备具有超远距离传输、低功耗长续航、良好的人机交互、双向数据保存、双工作模式、易安装维护等特点。

与其配套的温湿传感路由采用移动通信技术、WiFi 技术、GPS 定位和超远距离无线射频技术，以无线方式连接各类传感器。

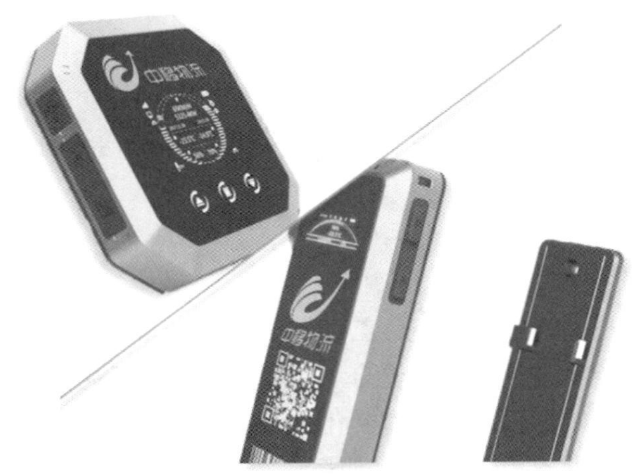

图 4－3－27　温湿度采集器

M－IoT 平台基于对温湿度感应设备传回的数据进行实时处理分析，实现库区温湿度看板式管理、历史数据图像式展现、参数异常自动报警、未响应报警自动升级等自动化功能，极大减少了库区监控所需人工，保证库区异常和温湿度敏感库区环境变化的及时反馈，避免因各种突发情况造成的不必要损失。

2. **运输过程全链路管理**

M－IoT 平台通过接入专业监控设备——追货宝（见图 4－3－28），实现了运输过程中货物位置的实时获取，通过平台的数据处理能力，提供可视化轨迹展示、位置异常报警、设备运行状态远程监控、历史运单轨迹查看等功能，从而提高供应链管理人员对在途货物的监控力度。平台接入的追货宝产品是专门针对货物在途运输透明化管理的迷你型追踪设备，该产品结合了 GPRS 无线通信、基站定位技术，实现对货物在途运输的实时监控，借助该产品实现对货物在途运输过程的安全监管、动态管理。

在目前的货物运输过程中，为保证货物的在途安全，一般都采用机械封条封闭集装箱门、车厢门或阀门，但机械封条安全性差，易被仿制，使用成本高，而只有检测功能的电子封条已不能完全满足途中监管的要求，因此 M－IoT 平台特别引入了电子锁产品，解决高价值货物运输安全管理难题。GPS 电子锁是专为监控货物在途运输安全而设计，将独有的微机电控制技术与 GPS、GPRS 无线通信技术相结合，为货物在途运输提供全程安全保障，适用于货物监管、途中安全监控等领域。

3. **货物配送无纸化签收**

M－IoT 平台通过接入专业定制的签收终端、定制开发专用签收类 App 支持对接 ERP 订单信息、调用盾级的安全加密 CA（产生和确定数字证书的第三方可信机构）证书，实现了具备法律效力的货物配送交接过程的无纸化签收，有效避免因交接不清带来的各种纠纷，规避采购过程的管控风险。

图 4－3－28　追货宝

专业定制的签收终端防尘、防水、防震，且具备专业的条码扫描摄像头，符合仓库工作环境的应用需求。

定制开发的专用签收类 App（见图 4－3－29）支持对接 ERP 订单信息，将中国移动仓库验收管控要点固化在 App 操作流程中，作为标准作业的一部分。支持送货方（司机）和收货方的双重匹配校验，双方就数量、物料、外观、时间进行确认，信息一致时推送系统过账，变更订单合同应付状态。同时通过软件权限控制，保证终端仅支持拍照上传（不支持相册上传）功能，充分保障云签收存储均为现场真实记录，防止收货人未在现场的情况下进行收货作业，避免后期纠纷。M－IoT 平台签收流程如图 4－3－30所示。

图 4－3－29　专用签收类 App

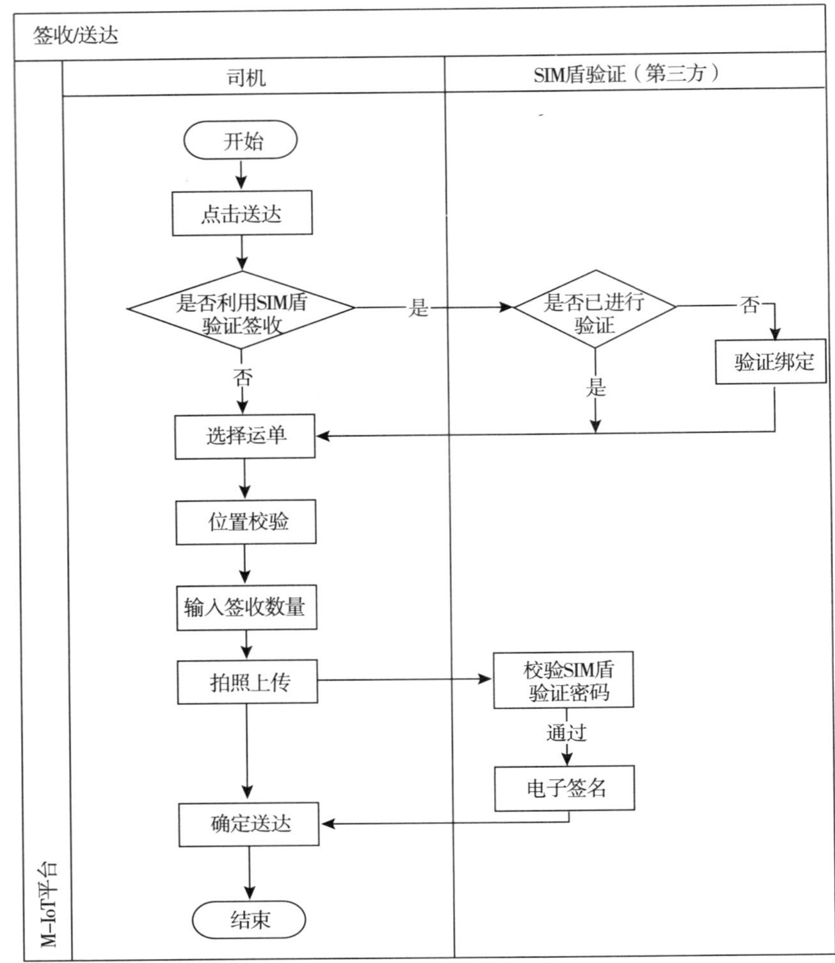

图 4 – 3 – 30　M – IoT 平台签收流程

在签收环节强制要求收货人个人认证以及收货企业的认证校验。两次校验均通过申请 CA 证书获得私钥，通过密码使用个人签章和企业签章，绘制签收单并进行云签单管理。

4. **库房信息化管理**

通过接入人证识别一体机等设备，中国移动 M – IoT 平台具备库房信息化管理能力，包括来访人员预约、身份验证，已到访人员信息登记，员工出勤情况统计等功能。

5. **平台的高可扩展性**

该平台通过高可扩展性的中台设计，具备可以满足不同客户或同一客户不同场景需要的定制化快速研发能力以及新硬件设备的扩展接入能力，真正实现与时俱进，按需供能。

三、效果分析及推广型论证

中国移动数字化供应链公共服务平台已经在中国移动多个物流中心仓以及第三方物流企业、快消类产品生产企业实际应用。在信息渠道飞速流转的当下，实物流的透明化、数字化、信息化逐渐成为企业降本增效、渠道管理的重要手段，具有物联网、大数据等新兴技术赋能的供应链管理能力是采购过程信息流一致的有力保障，也是供应链金融管理的前提，具备极大的应用前景。

首先，对实物流转全链路借助新兴技术设备进行信息化的实时、透明监控，是保障采购进程及时性、流程可追溯性、过程可控性以及票、账、款准确性的基础，特别是在中国移动这样超过 99% 的采购均实现集中化管理的大型企业，实时、准确、透明、可溯源的实物流转对于现代化、信息化的采购管理意义重大。通过该平台的应用，因物流过程造成的采购订单纠纷率降低 80%，采购支付效率提升 40%。

其次，物流过程的信息化管理，对于降低整体采购风险、提高客户对服务的感知等方面都带来了不可估量的积极影响：通过该平台对物流过程的监控，全年为价值 4 亿元的采购订单提高风险应对能力；平台能满足更多客户的场景需求，物流项目年新增订单价值 1000 万元。

最后，该平台可以作为整体解决方案进行能力输出，目前基于该平台整体能力输出在谈订单金额约 500 万元，其未来的销售市场前景必然随着物联网、大数据技术的发展不断扩大。

（中国移动通信集团云南有限公司、中国移动通信集团终端有限公司）

“优质采云采购平台”解决方案

一、参评单位基本介绍

安徽省优质采科技发展有限责任公司（以下简称“优质采”）成立于2017年1月，坐落在国家科学中心城市合肥，是一家集智能采购、供应商管理与工作协同、监督管理、数据服务等多项业务为一体的综合性国家高新技术企业，以优质采云采购平台为载体，研发和打造全流程电子招投标、企业云采购、优采商城、大数据服务等多元化业务板块。通过近5年的建设、运营、管理，优质采运营效果显著，业务辐射全国，已服务400多家采购单位，如中粮生化及旗下17个子公司，中盐红四方、华生集团、皖能集团、皖维集团、铜化集团、军工集团、国家电网、晋煤中能、皖江物流、太古可口可乐、三角轮胎、江淮汽车、招标集团、省立医院等，覆盖化工、医疗、能源、机械、招标代理机构等多个行业，已沉淀37万多家供应商，运行60000多个招采项目，累计成交金额达1000亿元。

优质采已通过“国家高新技术企业”认定，获得了诸如国家电子招标投标首批试点单位、“皖企登云”首批推荐云平台服务商、EBS三星级认证、大数据企业等一系列荣誉资质；实现了与中国招标投标公共服务平台、安徽合肥公共资源交易中心系统互联互通，同步5大法定媒体等。一系列荣誉、证书的获得表明了优质采在发展中不仅获得了市场认可，也受到了国家、省级以及地方政府的认可。

二、优秀案例

2019年是新中国成立七十周年，也是我国公共采购行业迅速发展并逐步与国际接轨的一年。2019年也是优质采蓬勃发展的一年，优质采的用户新增了诸如吉林华生集团、太古可口可乐、山东三角轮胎等多家集团型、大中型企业。在众多忠诚的用户中，安徽皖维集团有限责任公司（以下简称“皖维集团”）作为最早一批使用优质采云采购平台的企业之一，从合作之初，平台就结合企业类型，为其提供了云采购整体解决方案，截至目前，其广西及内蒙古两家子公司均入驻使用，对平台总体反馈良好。安徽皖维集团有限责任公司线上集采专区如图4-3-31所示。

1. 安徽皖维集团有限责任公司

皖维集团系安徽省国有资产监督管理委员会管辖的大型一档企业，是安徽省重要的化工、化纤、新材料联合制造企业，总资产近百亿元，年销售收入50亿元，进出口额超1亿美元。集团先后被评为国家高新技术企业、安徽省创新型企业、国家火炬计划重点高新技术企业，下辖6家子公司，核心子公司安徽皖维高新材料股份有限公司

图 4-3-31　安徽皖维集团有限责任公司线上集采专区——优质采搭建

于 1997 年 5 月在上海证券交易所上市。

2. 深挖企业采购痛点，创新企业采购模式

（1）在前期调研中了解企业痛点及需求。

皖维集团从 2016 年年底开始对企业采购电子化进行项目评估，认真研究了多家第三方企业的产品与方案，最终选择了安徽省优质采科技发展有限责任公司作为项目合作伙伴。在前期对接调研中，皖维集团表示，在招标采购过程中主要存在以下痛点：线下招标采购效率低，企业在线下进行招标采购，需要人工使用邮件、电话、微信等沟通方式与对方反复沟通；浪费纸质材料，打印、归档、查阅等工作费时费力，极大地降低了招标采购工作效率；采购成本高，企业招标、采购项目占用大量人员、多份纸质文件、开评标须出差等；流标造成交易环节成本不断增高，经济效益差；供应商资源缺乏和固化，传统方式寻源渠道窄。没有新的供应商引入，难以形成竞争，无法降低成本，固化的供应商之间、供应商与招标人之间彼此相互了解，围标、串标现象易频发；线下招标采购缺乏规范管理，过程不够透明、规范。领导或相关部门无法及时了解到项目的进展和详情，审计部门通常只能获得项目阶段性或最终结果信息，无法实现对项目全过程的记录和管理，无法形成有效的监管机制和监管体系，腐败现象易发生；供应商缺乏系统化管理，信用评价资料缺失，交易质量难以保证。

（2）提供专业化的云采购解决方案。

优质采针对皖维集团的需求和采购业务中的痛点，采用优质采云采购平台的全流程采购管理工具（见图4－3－32），为其提供了云采购解决方案。

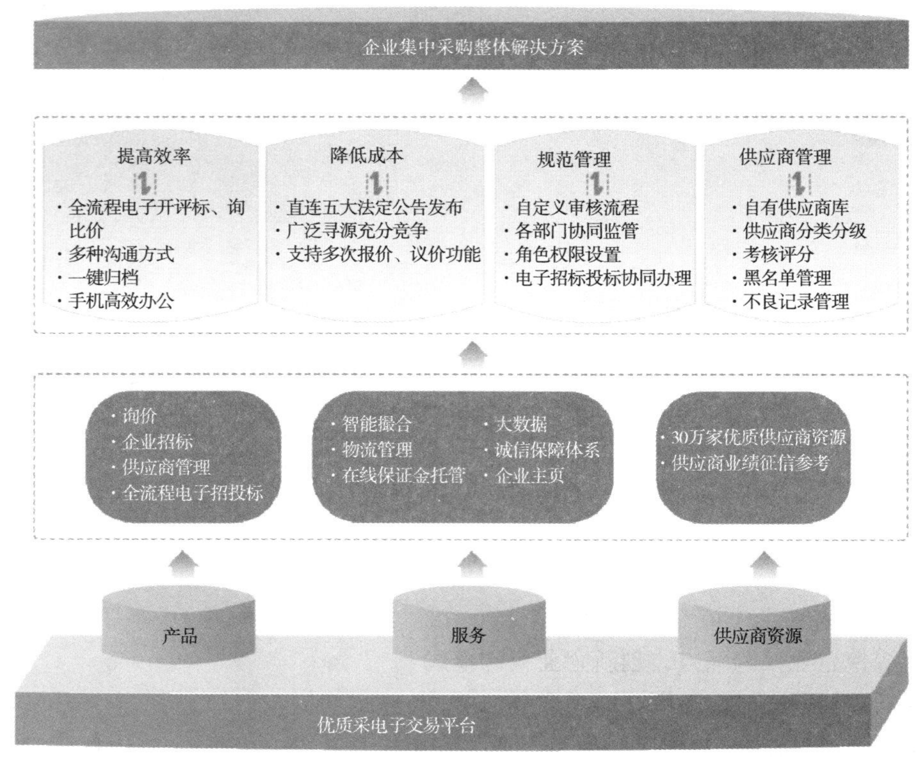

图4－3－32　优质采云采购平台的全流程采购管理工具

除整体解决方案之外，优质采还根据皖维集团采购特点，定制了平台个性化功能。

大宗物资采购：根据大宗物资采购的共性和特点（价格波动大、付款方式多样等），优质采设计开发了大宗物资采购功能，解决供应商报价效率不高的问题以及提供历史价格的查询。

打造集采专区：优质采针对皖维集团采购分散的问题，打造集采专区，对外集中展示所有子公司的招标采购信息，对内各子公司之间实现各种资源共享。

实施远程异地开评标：皖维集团利用“优质采电子开评标工具”实现安徽、内蒙古、广西三地远程异地开评标，节约交易成本，提高效率。

全流程电子化管理：皖维集团利用优质采平台，实现招标项目从建档到开标、评标、合同签订直至归档的全流程电子化管理，规范了招标业务管理流程，提高管理效率。

皖维集团从入驻优质采云采购平台开始，旗下6家子公司也陆续入驻，成功实现企业采购“上云”。截至目前累计发布招标采购项目 1 万余个，成交金额近 10 亿元。企业云采购服务如图 4－3－33 所示。

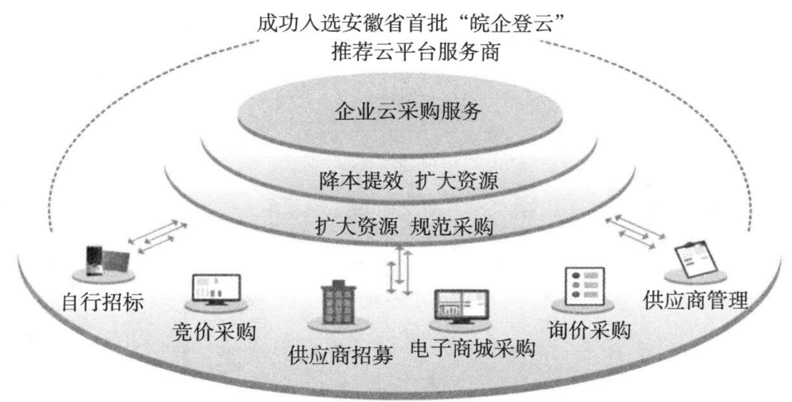

图 4－3－33　企业云采购服务

3. **经济效益与社会效益显著**

经皖维集团招标办和物资部使用云采购平台反馈信息，效果如下。

（1）降本、提效、增益，经济效果显著。

皖维集团利用优质采云评标系统，实现安徽、内蒙古、广西三地远程异地开评标。使用云采购平台前，集团总部开标时各子公司评审人员需要从各地赶到总部参与评审，既浪费大量时间，也花费了高额的差旅费用。采用云评标系统后，实现三地远程异地开评标，不用来回奔跑，节约了时间和成本，提高了工作效率。皖维集团利用优质采云系统归档电子资料，减少了纸质存档，降低制度性交易成本；使用云采购平台后，企业加大供应商寻源力度，使供应商充分竞争，煤炭成本每吨节约 40～50 元，每月可节资近 10 万元。关于编织袋采购项目，使用云采购平台前，巢湖市本地供应商编织袋报价平均每个 1 元，采用电子采购后，多家供应商报价，江苏省供应商由于采用现代化管理，机械化操作，报价约在每个0.3～0.4元，每个编织袋节省约 0.6 元，每年节省近百万元。皖维集团采购“上云”后，切切实实实现了降本提效，增加了企业收益，经济效果显著。优质采云平台降低成本途径如图 4－3－34所示。

（2）规范皖维集团管理，统一监督，阳光采购。

皖维集团及子公司企业采购“上云”后，招标项目从建档到开标、评标、合同签订直至归档等多个环节，都采用全流程电子化管理，所有流程、数据都实时“上墙”展示，各个环节交易状况一目了然，实现了规范管理，统一监督，公开透明，阳光采购。领导或相关审计部门能及时了解项目进展和详情，便于审计和监督。优质采电子交易平台采购管理办法如图 4－3－35 所示。

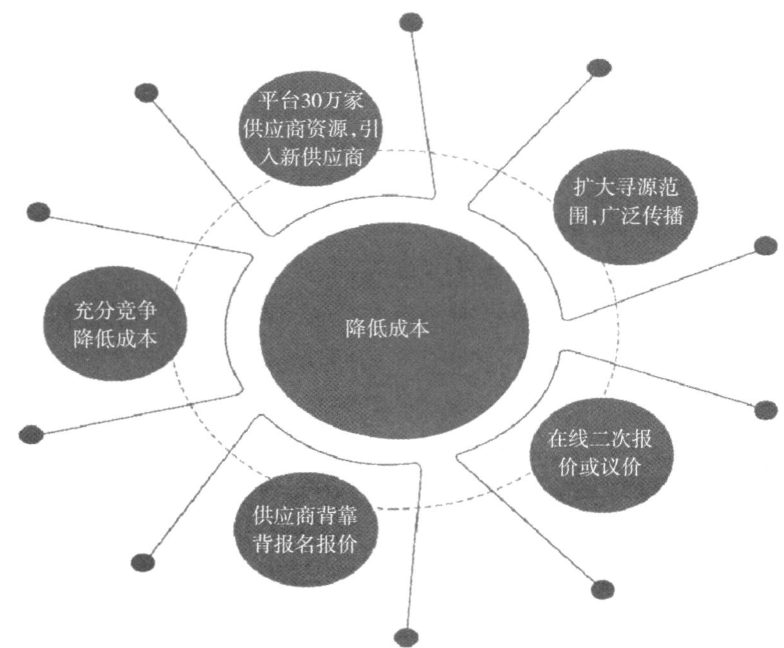

图4－3－34　优质采平台降低成本途径

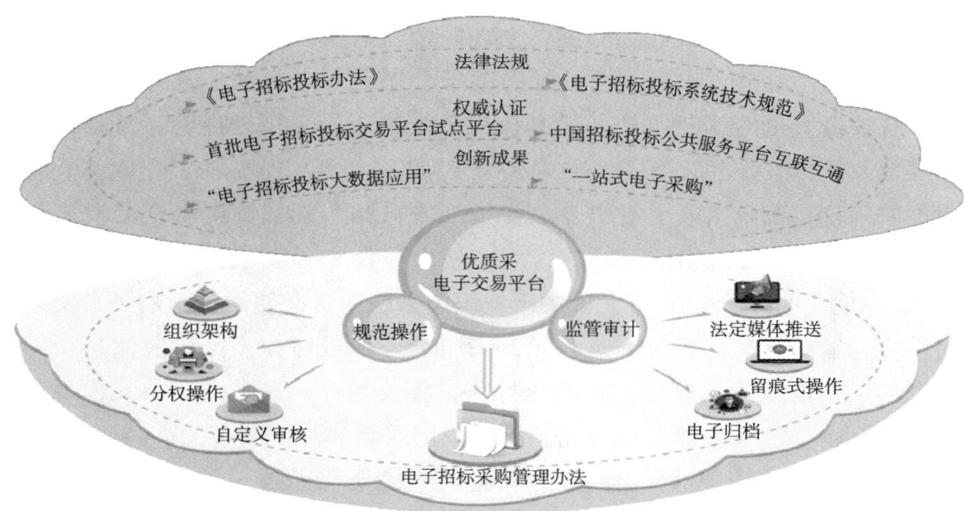

图4－3－35　优质采电子交易平台采购管理办法

（3）数字化助力皖维集团采购科学决策。

优质采将数据智能服务融入皖维集团采购业务中，智能撮合系统精准匹配，提高采购成功率；平台利用大数据分析系统，从自身沉淀的海量数据及皖维集团在平台积累的数据出发，挖掘、分析数据深层价值，为皖维集团提供季度、年度数据报告，为企业在生产、运营、采购等环节提供科学决策依据（见图4－3－36）。

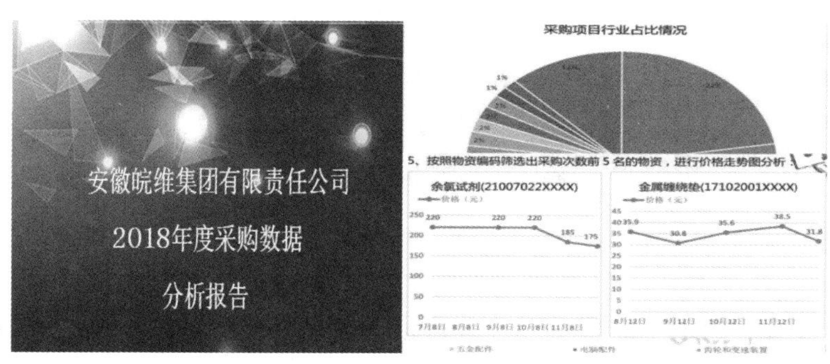

图 4－3－36　采购数据分析报告

（4）树立行业标杆，促进化工行业采购转型升级。

化工行业是我国国民经济的支柱产业之一，皖维集团是省属企业中的重点企业，在全面深化改革的背景下，皖维集团是较早开展企业采购数字化转型的企业之一，不仅提高了自身采购效率，实现了企业的成本中心向利润中心转型，全面提高了其市场占有率和竞争力，而且在行业中起到很好的示范作用，可以为化工行业、其他化工企业采购转型提供宝贵经验。

（安徽省优质采科技发展有限责任公司）

第四章　公共资源交易

武汉航空物流服务中心项目施工总承包招标项目

武汉航空物流服务中心项目是由湖北机场集团有限公司根据《关于武汉航空物流服务中心项目初步设计及概算的批复》（鄂机场发〔2018〕114号）文件批准建设，项目业主为武汉天河机场有限责任公司，建设资金来自自筹，项目出资比例为100%，招标人为武汉天河机场有限责任公司，招标代理机构为湖北国华招标咨询有限公司。

本项目的建设地点为武汉天河机场，建设规模为建筑地上六层，地下一层。建筑高度26.7米（从联检大厅次入口算到屋面）。总建筑面积30653.56平方米，其中地上24394.07平方米，地下6259.49平方米。

本项目的合同估算价为13090.22万元，计划工期为480日历天，招标范围包括基础工程、地下室土方、基坑支护及降排水系统、地下土建工程、地上土建工程、地上外装饰工程、给排水系统、消防喷淋系统、变配电系统、电力照明系统、燃气系统、空调通风及防排烟系统、机电抗震支撑、智能应急疏散指示系统、智能照明控制部分、电气火灾监控及消防电源监控系统、能源管理系统、火灾自动报警系统、计算机网络系统及综合布线系统、安全防范系统、会议系统、智能化集成及智能化一卡通系统、建筑设备监控系统、停车场管理系统、北货运中心机房、运控中心；室外工程包含绿化景观、道路广场及停车、室外给排水及构筑物、室外管线及照明、电动汽车充电桩。

受湖北机场集团有限公司委托，湖北国华招标咨询有限公司于2018年10月8日发布了资格预审公告，2018年10月22日组织了资格预审会议，最终经资格预审委员会评审共有9家申请单位通过了资格预审。2019年2月14日，湖北国华招标咨询有限公司组织了开评标会议，6家单位准时递交了投标文件。经评审，评标委员会推荐综合得分最高的湖北省工业建筑集团有限公司为第一中标候选人。经湖北机场集团有限公司确认，湖北国华招标咨询有限公司于2019年5月29日发布了中标结果公告，最终中标价格为10648.68万元。

在本项目的招标过程中，湖北国华招标咨询有限公司秉承着公开、公平、公正，及诚实有信的原则，将招标各环节安排周密，以优异的服务质量获得了招标人七项满意的最高评价。

（湖北国华招标咨询有限公司）

引江济淮工程（安徽段）工程保险采购项目

引江济淮工程是国家重大跨省、跨流域调水工程，是国家 172 项重大节水供水工程中的标志性工程，也是全国在建引调水工程中投资最大、建设项目类型最多、征迁量最大的项目，被安徽省委省政府列为“基础设施一号工程”。安徽安天利信工程管理股份有限公司（以下简称“安天利信公司”）团队积极参与引江济淮工程建设，助推建设美好安徽。

一、项目背景介绍

引江济淮工程所经淮河中游，人口众多、资源丰富，是国家粮仓和能源基地，也是以农业经济为主导、发展相对落后的经济洼地，同时也蕴藏着巨大发展潜力。引江济淮工程从长江下游调水，向淮河中游地区跨流域补充水源，解决淮北地区及输水沿线地区的工业和城乡生活供水不足，尤其是枯水年份的缺水问题，打通淮河水运入江第二通道，形成长江与淮河两大流域之间便捷的水运通道。同时，依托该工程向巢湖引水，促进江湖水量交换和湖区水体流动，提升湖区水环境容量，改善沿线农业灌溉条件及巢湖和淮河水环境，有利于地区经济社会协调发展和水生态文明建设，由此可见，引江济淮工程建设是必要的。

二、项目实施过程

引江济淮工程存在输水线路长、所经地区地形结构复杂、气候环境多变及社会关注度高等众多不确定风险因素，对本工程建设的质量、安全及投资控制存在极大的威胁，为了规避引江济淮工程建设的经济风险，安徽省引江济淮集团有限公司决定通过公开招标的方式确定保险单位，为引江济淮工程全线工程建设提供工程一切险保险服务。

接受招标人委托后，安天利信公司立即组建专项招标小组负责招标文件的编制工作，首先学习《保险法》《合同法》及银保监会相关规定，然后开始本项目的调研报告编制工作，调研报告是编制招标文件的科学依据。本项目调研报告的编制历时数月，分为标段划分、最高投标限价、资质确定、保单出具及保险费支付方式、服务期限、各保险公司财务能力、各保险公司偿付能力充足率数据、保险条款、保险扩展条款、保险免责条款、时间节点安排十一部分内容。报告共计四十多页，数万字，是一份数据翔实、分析科学的，可供招标人全面了解保险行业现状的重要材料，也是编制招标文件的基础。

保险招标属于专业的金融服务项目招标，没有示范文本可依据。招标小组根据调研报告，结合招标人需求，量化考核保险企业实力指标，合理制定评标办法。

结合工程当时特殊情况，招标小组认真研究保险条款。保险条款及扩展条款属于保险行业内非常专业的保险合同内容，所有的偿付条件及排他、扩展内容均据将此进行赔偿。招标人对安天利信公司充分信任，此部分内容也交由安天利信公司进行拟定，公司工作人员深感责任重大，历时数月对现今工程保险，特别是水利工程保险合同条款进行充分钻研、学习，数次召开专家论证会对条款进行讨论。在考虑水利工程风险因素中的水利灾害季节性、工程难度多样性、安全责任重要性等特点后，在保险条款编制中切实做到了面面俱到，实现全覆盖、无遗漏。

2018 年 7 月 24 日，安徽安天利信工程管理股份有限公司受安徽省引江济淮工程有限公司（招标人）的委托针对引江济淮工程（安徽段）工程保险采购项目在安徽省合肥市公共资源交易中心发布招标公告。2018 年 8 月 22 日完成本项目的开标、评标工作，2018 年 8 月 24 日发布了本项目中标候选人公示，2018 年 10 月 28 日发放了中标通知书，确定了以平安保险为首，联合人保与另外 6 家保险公司组成共保体承担引江济淮项目的保险工作，本项目招标任务圆满完成。

三、项目实施重大意义

该项目的成功完成，受到招标人、监督人和安徽合肥公共资源交易中心的一致好评，为招标人节约资金数千万元，特别是在工程建设中替招标人规避了不确定因素带来的风险。合同要求保险企业采用高新科技为工程建设提供风险预警，制定相关安全规程制度排除安全隐患，为工程建设的顺利推进提供有效的科技和制度保障，也为“数字运河”作出突出贡献；为引江济淮工程（安徽段）的安全、质量及投资控制保驾护航，为引江济淮工程（安徽段）和沿线相关方的生命财产安全提供有力的保障。引江济淮工程效果如图 4 –4 –1 所示。

图 4 –4 –1　引江济淮工程效果

2018 年 7 月 24 日，合肥晚报等多家媒体以及安徽合肥公共资源交易中心对本项目的招标活动进行了报道，作为概算约一亿元的保险招标项目，本项目是迄今为止安徽合肥公共资源交易中心交易金额最大的保险招标项目，该项目的圆满完成，取得了良好的社会效果，为安徽省乃至全国的工程保险项目起到了示范作用。

本项目调研报告的完备性、科学性和创新性，为后续其他招标项目提供了可借鉴和参考的案例，具有良好的创新示范效应。在本项目调研中，安天利信公司摸索创新出编制调研报告的方法、流程，最终编制出科学、翔实的调研报告。在总结本次招标调研的经验之后，安天利信公司据此专门发布了《招标调研报告编制办法》，固化了招标调研报告的格式，确定了使用调研报告的方法和目的，并逐步将其推广到其他重点、复杂、专业度高的招标项目中，调研报告助力团队工作更加专业、高效。调研报告包含翔实的数据、案例，科学、合理化的建议，提供招标项目市场竞争性预测、同类型项目招标数据统计、同类项目中标金额、潜在投标人拥有的业绩数据等全方位的资讯，可以使招标人迅速了解招标项目及市场竞争态势等，实现了把招标项目做精、做细和做专业的目标，为实现高质量的招标结果打下基础。

同时，招标文件在专业性、合同条款的全面性和保险条款的完善性方面为后续其他工程保险项目提供了可参考的范本，为金融行业招标项目提供了编制文件的方法，特别是为其他金融保险类文件（专业条款的逻辑关系）提供参考，具有示范作用。

（安徽安天利信工程管理股份有限公司）

合肥市公交站牌亭新建及改建工程 EPC 总承包项目

一、项目概况

本项目招标建设公交车候车亭约 1200 处，及其他站柱改造、钢化玻璃改造、智能化建设等，候车亭采用预制钢结构形式。本项目为 EPC（设计、采购、施工设施建设）总承包模式招标，具体的招标范围包括本项目工程的勘察设计（含环评、抗震、调研、交评、节能、物探、勘察、测绘、初步设计、施工图设计、造价咨询、工程施工及验收等过程中的技术服务）、物资与设备采购、构件加工与安装、设备安装与调试（包括技术指导）、站台施工（包括站台设计范围内的基础设施建设、地面铺装、绿化带拆除与修复、路面破除与修复、旧站台拆除、垃圾清运、外电源设置与引入、临时水电接入、公交站台信息化建设、钢化玻璃改造、管线迁改（若有）、安全围护、临时站台设置）、工程验收以及缺陷责任期的保修。本项目投资总概算为 2. 95 亿元。

二、项目创新特点

1. 采用工程施工总承包模式

本项目为合肥市第一个公交站牌亭新建及改建工程采用 EPC 总承包模式招标的项目。本项目采用的招标模式充分考虑设计与施工的有机结合，让设计的理念充分体现在工程施工中，设计理念新颖，施工工艺先进。

2. 采用局部实物样品评审

根据项目实际情况，为了使公交候车亭能达到质量安全、造型美观、制作工艺先进的要求，为了选取候车亭建造能力强，工艺先进的投标人，提出样品评审。主要针对公交候车亭箱体及翻盖局部样品、广告箱局部样品、线路指示牌样品进行评审。评审委员会从样品的外观工艺、内部构造合理性、结构安全性、电子信息化配备等几个方面进行评审。

3. 采用全费用综合单价报价模式

站牌亭新建及改建工程点多面广，现场道路情况复杂等不确定因素较多，结合本项目实际情况及需求，本项目采用全费用综合单价报价模式，后期按照施工实际发生工程量结合全费用综合单价进行结算。全费用综合单价分为“候车亭”“电子站牌”“墨水屏”“LED 屏”“视频监控”“违停抓拍”“客流预警”“RFID 阅读器”“服务器”“钢化玻璃改造”“站柱改造”“外电引入”等。

（安徽诚信项目管理有限公司）

当涂县 2018 年农村改厕三格式化粪池、厕具采购项目

一、项目基本情况

项目名称：当涂县 2018 年农村改厕三格式化粪池、厕具采购。

招标人：当涂县住房和城乡建设委员会。

预算金额：一标段 600 万元，二标段 600 万元，三标段 600 万元。

项目内容：

一标段：当涂县太白镇、姑孰镇、江心洲、农业示范园三格式化粪池、厕具采购。

二标段：当涂县护河镇、石桥镇、大陇镇、湖阳镇三格式化粪池、厕具采购。

三标段：当涂县黄池镇、乌溪镇、塘南镇、大青山管委会、青山河园区三格式化粪池、厕具采购。

中标单位及中标金额：

一标段中标人：安徽省瑞敦诚基市政设施有限公司。

中标金额：4988000.00 元。

二标段中标人：山东鹏洲塑业有限公司。

中标金额：4450000.00 元。

三标段中标人：安徽利尔环境科技有限公司。

中标金额：5246000.00 元。

公告及开标时间：

（一标段）公告时间为 2018 年 6 月 27 日。

（二标段）开标时间为 2018 年 7 月 20 日。

（二标段、三标段）公告时间为 2018 年 8 月 6 日。

“当涂县 2018 年农村改厕三格式化粪池、厕具采购项目”是县政府实施的一项重点工程，是提高农民生活品质，改善人居环境，减少传染病传播的系统工程，是一场破除农民千年生活陋习的革命，对于促进农村生态环境和经济社会持续发展具有十分重要的意义。

为贯彻落实《中共中央国务院关于实施乡村振兴战略的意见》和《农村人居环境整治三年行动方案》精神，进一步改善农村人居环境，推进厕所革命，科学指导农村户厕建设与管理，保障农村居民身体健康，全国爱卫办组织制定了《农村户厕建设规范》。根据《全国爱卫办关于进一步推进农村户厕建设的通知》（全爱卫办发〔2018〕4 号）和《安徽省农村改厕技术导则（试行）》（2018 年修订版），当涂县住房和城乡建设委员会实施“当涂县 2018 年农村改厕三格式化粪池、厕具采购项目”（安装工程另行招标）。

二、项目实施原则

坚持“卫生、经济、适用、环保”和“集中连片、整村推进”的原则建设农村户厕。一是科学有序地推进农村户厕建设。开展户厕建设基线调查，合理制订规划；根据当地社会经济发展状况、自然环境和气候特点，因地制宜地选用对环境友好的户厕；加强农村户厕建设的技术培训与指导，及时开展效果评价。二是创新农村户厕建设管理模式。推进政府引导、群众动手、社会参与的工作格局；充分利用信息化手段管理农村户厕档案，实现规划、设计、建设进度和质量的定期监测和动态管理；完善专业化、市场化的粪污治理机制，实现粪便无害化处理；积极探索户厕建设适宜技术和模式，建设一批农村户厕建设示范县、示范村，发挥示范引领作用。三是在全社会营造良好氛围。充分发挥爱国卫生运动的优势，结合爱国卫生月、世界厕所日、全球洗手日等主题活动，广泛宣传引导群众，培养健康文明的厕所文化。四是强化责任落实。各乡、村、镇要按照省、市相关文件精神抓好落实工作推进机制，将农村户厕建设与乡村振兴、脱贫攻坚相衔接，纳入各级乡、村、镇政府目标责任考核范围，作为干部政绩考核的重要内容，制订考核方案，明确任务目标，抓好责任落实。

三、项目意义

建造卫生厕所，能及时将粪便进行处理，杀死或减少粪便中的寄生虫卵、致病微生物，既是预防肠道传染病和寄生虫病的主要措施，又能增加肥源，提高肥效，促进农业生产的发展。卫生厕所是文明程度的标志，是小康生活中不可缺少的卫生设施。

本项目为当涂县的农村改厕示范项目，示范项目的实施有利于全县卫生厕所符合技术规范，确保其能顺利投入使用。这里的示范项目不仅指一个地区的试点，而是具体到每个村的改厕示范户。

四、主要做法

1. 配合采购人进行项目实施地选择

当涂县总面积1002平方公里，2016年年末人口为44.69万人，辖9镇（姑孰镇、太白镇、石桥镇、护河镇、黄池镇、乌溪镇、塘南镇、湖阳镇、大陇镇）、1乡（江心乡）、4个园区（当涂经济开发区、当涂现代农业示范区、青山河高新技术产业园区及大青山李白文化旅游区）。因各乡、村、镇经济条件不均，安徽双赢招投标咨询有限责任公司（以下简称“公司”）提出试点地区选择方案建议，采购人最终确认本次试点实施地为太白镇、姑孰镇、江心洲、当涂现代农业示范区；护河镇、石桥镇、大陇镇、湖阳镇；黄池镇、乌溪镇、塘南镇、大青山管委会、青山河园区。

2. 制订符合实际的需求方案

（1）规格选择：针对不同人数的家庭，拟定不同的化粪池规格，主要分为两类，一类共 12000 套，包括化粪池系统和吸粪器采购，二类共 6000 套，为全套（包括化粪池系统、水箱式冲水系统、蹲便器和吸粪器）采购，共计 18000 套。

（2）化粪池选型：目前，农村通常使用的卫生户厕主要有 7 种，即三格式化粪池厕所、双瓮漏斗式厕所、三联式沼气池厕所、粪尿分级式厕所、双坑交替式厕所、阁楼式堆肥厕所、深坑防冻厕所。其中，三格式化粪池厕所是普及最广的农村户厕，三联式沼气池厕所主要是用于牲畜较多的农户，阁楼式堆肥厕所主要适用西北部地区，深坑防冻式厕所主要用于东北地区。经实地调研、查阅相关文献资料并结合当涂县地理、气候条件，公司提出建议后，采购人最终确定三格式化粪池厕所较为适用于当涂县的农村改厕示范项目。

（3）合理分包：公司考虑到本项目采购数量较大，项目工期较紧，制造厂家生产能力有限，公司将项目分包给三个单位。公司又考虑到安装地点较为分散，结合本项目实施地区域分布，合理划分每包的实施区域。

五、项目成效

农村改厕是一项民生工程、民心工程，对强化“美丽乡村”具有重要意义。本次政府采购项目的成效体现如下几方面。

（1）环境效益方面，农村改厕是环境保护的措施之一，改建后的无害化卫生厕所能够积肥，将粪便无害化处理，有效减少了污染源。

（2）社会效益方面，农村改厕可增强人民群众卫生意识，提高生活健康水平；卫生厕所便利（沼气池还可产生能源）、卫生、安全，提高了家庭生活质量，促进新农村发展。改厕是小康村、文明村、卫生村、生态村的一个重要评价指标，是两个文明建设的重要组成部分，安全的卫生环境是一种“质量的投资”，安全的卫生环境有助于提高下一代人口质量。

（3）卫生效益方面，农村改厕可消除粪便污染，减少霍乱、痢疾、伤寒、病毒性肝炎等肠道传染病和血吸虫、钩虫等寄生虫病。

改厕是一项健康投资，其效益在宏观上是改造不利于人类健康的生活环境，减少严重的肠道传染病和寄生虫病，保护劳动力，微观上对农户而言是节省医药费支出。

本次采购项目的顺利实施，标志着当涂县环境治理工作再次提档升级，随着示范项目的推进，当涂县农村卫生状况进一步改善，有利于农村改厕全面实施，为当涂县“美丽乡村”建设锦上添花。

（安徽双赢招投标咨询有限责任公司）

紫金县整县（镇、村）污水处理基础设施建设项目

一、公司介绍

广东华伦招标有限公司（以下简称“公司”）是从事招标代理业务并提供相关服务的专业机构，注册资金人民币1000万元。公司获得住房和城乡建设部颁发的工程招标代理机构甲级资质证书，财政部颁发的政府采购代理机构甲级资质证书，商务部颁发的国际招标机构甲级资质证书，国家发改委颁发的中央投资项目招标代理机构等多项专业招标代理资格及工程咨询单位资格、工程造价咨询资质等工程咨询服务资格。同时，公司也是中国招标投标协会常务理事单位、广东省政府采购协会副会长单位、广东省公共资源交易联合会副会长单位、广东省招标投标协会常务理事单位。被授予广东省诚信示范企业、守合同重信用企业称号，并获得中国阳光招标奖、中国最具竞争力招标代理机构百强、诚信招标典范企业、政府采购项目最具竞争力招标机构等荣誉。

公司实行现代企业管理制度，经过多年的实践，公司积累了丰富的招标经验及专业知识，并在长期的招标实践中形成了一整套完善、科学、高效、目标明确、服务功能齐全、适应招标业务特点和各个行业不断发展变化的组织机构、管理机制和监控制度，对工作中的每一个流程、每一个步骤、每一个细节都有严格的规范。公司凭借自身的管理水平通过并全面执行ISO 9001：2015质量管理体系。

公司本着“携手合作，共进同赢”的服务理念，努力开拓招标业务，实现公司的可持续发展。公司具有承担各种规模和各种类型的招标项目的业务基础和经历，先后承担了各级机关、企事业单位各类工程、货物、服务项目的招标工作，为国家和本地经济发展做出了积极的贡献，积累了承担各类项目的丰富经验，形成了自身特有的专业优势，确定了以招标业为主要业务发展方向，并以招标相关进口代理和工程咨询等服务项目为辅助的产业化、专业化发展目标，并在佛山、肇庆等地设立了分公司。这些分公司业已成为当地颇具规模和信誉良好的招标代理机构。

公司一贯坚持公开、公平、公正和维护公共利益的原则，本着对国家、对招投标双方利益高度负责的精神，严格遵守国家的法规和政策，采取符合国家及地方相关法律法规的方式、方法，精心组织、严格程序、规范操作。运用现代科技手段，专业、高效地开展招标工作。通过全体员工的不懈努力，公司以优质的服务赢得了业主、监管部门、承包商和供货厂家的普遍赞誉和高度评价，在业界享有良好的信誉。公司将继续发扬良好的作风，不断自我完善，为各级政府和各企事业单位提供更专业、优质的工程招标、政府采购、国际招标及相关服务，为地方建设贡献力量！

二、项目介绍

本项目的建设内容主要包括紫金县 16 个镇村需建设的污水处理设施和配套污水管网工程，其中共建设镇级处理站 13 座，村级处理站 201 座，镇级处理规模共 $15700m^3/d$，村级处理规模共 $24170m^3/d$。新建镇级 DN300 – DN800 污水管道总长 133022m，新建村级 DN300 污水管道共 161672m，并负责对凤安镇省级新农村示范片小型污水处理设施进行运营。项目建设内容如表 4 –4 –1 和表 4 –4 –2 所示。

表 4 –4 –1　　项目建设内容

序号	项目建设内容	单位	数量	备注
1	镇级污水处理厂	座	13	
2	村级污水处理站	座	201	
3	镇级配套管网	m	133022	镇级 DN300 – DN600 或 DN300 – DN800 污水管道
4	村级配套管网	m	161672	DN300 污水管道

表 4 –4 –2　　建设内容一览

项目	镇级污水厂	镇级配套管网	村级污水站	村级配套管网	委托运营污水厂
规模	$15700m^3/d$	133022m	$24170m^3/d$	161672m	$2060m^3/d$ 管网共 14503.98m
工艺	A/A/O 工艺	无	厌氧和人工湿地、因地制宜采用生态塘强化处理	无	
出水水质	一级 A	无	一级 B	无	一级 B
运作模式	BOT	BOT	BOT	BOT	委托运营
建设期	1 年	1 年	1 年	1 年	

1. 项目建设期及用地要求

项目建设期为 12 个月，已包含竣工验收时间和通水试验时间（非中标人及项目公司原因不具备通水试验条件除外）。特许经营期为 27 年（不含建设期）。经营期满后项目公司须将设施完备、工艺运行良好、污水处理能力和环保排放符合要求的污水处理项目整体无偿移交给采购人或紫金县政府指定的机构。

在合同约定的时间内组建项目公司，由项目公司完成项目融资、项目工程施工及管理、运营等工作。项目公司须具有不少于项目总投资估算的30%自有资金作为项目资本金。

本项目涉及的用地由政府负责落实并提供。

（1）项目公司无偿使用本项目范围内的土地，取得土地使用权过程中所发生的费用（包括征地和拆迁补偿等费用）及土地使用税由项目公司承担。

（2）未经监管部门事先书面同意，项目公司不得对该土地使用权进行任何处置。

（3）未经政府相关部门批准，项目公司不得变更土地用途，不得对外转让、出租、出借、单独用于抵押或提供融资担保及在其上设置任何他方权利，也不得用于项目之外的任何目的。

2. 资金来源

本项目资金来源为项目公司股东自筹的资本金和申请的专项贷款，其中自筹的项目资本金至少为项目总投资估算的30%（实际以项目融资结果确定），由项目公司股东自筹。贷款为项目总投资估算的70%（以银行最终审批结果确定），由项目公司向金融机构融资；融资不到位的风险由社会资本方或项目公司自行承担。

（广东华伦招标有限公司）

安世半导体部分投资份额退出转让项目

2018 年 4 月 22 日，安世半导体部分投资份额退出转让项目在安徽公共资源交易集团有限公司旗下全资子公司合肥市产权交易中心（以下简称“产权交易中心”）完成竞价，由合肥中闻金泰半导体投资有限公司、云南省城市建设投资集团有限公司、上海矽胤企业管理合伙企业（有限合伙）3 个机构组成的联合体成为最终受让方。在这一案例中，产权交易中心提供精准的咨询服务，利用平台优势充分发挥市场的价格发现功能，最终转让标的以 114.35 亿元成交，增值额 44.35 亿元，增值率 63.36%。

一、转让工作基本情况

1. 项目背景

2016 年，合肥市建设投资控股（集团）有限公司（以下简称“市建投集团”）牵头组建合肥芯屏产业投资基金（有限合伙）（以下简称“屏基金”）作为合肥广芯半导体产业中心（有限合伙）（以下简称“广芯基金”）唯一有限合伙人参与安世半导体（Sigma）项目，总投资约 10 亿美元，持有 704318.25 万元基金份额。投资金额中，486164.00 万元（7 亿美元）由广芯基金直接对境内并购主体合肥裕芯控股有限公司（以下简称“裕芯控股”）出资；207453.00 万元（3 亿美元）由芯屏基金以有限合伙人身份对北京广汇资产管理中心（有限合伙）（以下简称“北京广汇”）出资，再由北京广汇出资至裕芯控股。

为便于本次部分投资份额退出后的权利义务分割，广芯基金普通合伙人（GP）建广资产管理有限公司（以下简称“建广资产”）及有限合伙人（LP）芯屏基金对广芯基金进行分拆，分拆完成后芯屏基金由持有 704318.25 万元广芯基金份额变更为持有广芯基金 493664.63 万元份额和持有北京广汇 210653.62 万元份额。

2018 年 3 月，经合肥市政府批准决定，由芯屏基金委托产权交易中心通过公开挂牌方式转让芯屏基金持有的合肥广芯半导体产业中心（有限合伙）493664.63 万元份额。

2. 转让工作结果

本项目公告期为 2018 年 3 月 15 日至 4 月 12 日。2018 年 4 月 13 日，对安世半导体部分投资份额退出项目的竞标单位进行资格审查，资格审查当天共收到四家单位递交的资格审查材料。经评审，共三家单位通过资格审查委员会审查。

2018 年 4 月 22 日组织竞价，经过 294 轮共计 5 小时 10 分钟的激烈争夺，由合肥中闻金泰半导体投资有限公司、云南省城市建设投资集团有限公司、上海矽胤企业管理合伙企业（有限合伙）组成的联合体最终以 114.35 亿元竞得本项目标的，增值额 44.35 亿元，增值率 63.36%。

二、主要做法

（1）提供早期咨询，助力精准施策。基于国有资本基金退出的特殊性，产权交易中心在项目进场前即成立专项工作组，跟踪项目服务，多次会同市建投集团、法律顾问进行进场前准备。同时，找依据、列清单，确定依照《企业国有资产交易监督管理办法》列明进场材料。此外，产权交易中心站在专业机构的角度，利用实际操作经验为决策机构和转让主体提供了建设性的咨询服务，有效地加快了项目进度，极大地节约了项目的进场准备时间。

（2）系统部署落实，节点联席会审。从公告发布、答疑发布、资格审查到现场网络竞价，产权交易中心在 4 个节点共组织 10 余次多部门联席会议和会审，确保转让过程各项工作合规有序。

（3）优化工作流程，全力保障项目。一是发布预公告。正式公告前两周，产权交易中心在安徽合肥公共资源交易平台发布《拟对合肥广芯基金 493664.630659 万元人民币基金份额公开转让》的公告。通过发布拟转让公告，既回应了市场关切，又留给市场参与主体充足的准备时间，为后期的高溢价奠定了基础。二是组建资格审查委员会。在项目进场前确定本次资格审查委员会成员的组成结构，即由产权交易中心牵头组成 7 人资格审查小组，从安徽省发改委综合评标专家库中选择法律及财务专家共 2 人，市财政局、市金融办、市国资委、建投集团及建广资产各委派 1 人。此成员组成结构既能体现资格审查委员会的专业性，又充分尊重了广芯基金各普通合伙人应有的权利，从而保证了实际审查效果。三是采用现场网络连续竞价的方式确定受让方。通过后台系统实时监控、现场网络报价操作培训、模拟报价过程，既避免了网络竞价过程中可能出现的问题，又充分发现各方的价值，全方位地保障了竞价的顺利进行。

三、启示及意义

（1）正确的决策是项目成功的必要基石。本项目自确定投资份额退出伊始至交易结束，离不开决策层的正确及果断的研判。决策层高屋建瓴，审时度势，结合当时半导体产业市场和标的企业情况，及时果断启动了投资份额的退出工作。同时，在份额转让交易的过程中出现了若干重要节点，主管部门作为项目的掌舵人，紧握方向，决策果断，坚持项目推进不动摇，通过科学细致的研判快刀斩乱麻，坚强有力地确保了项目的成功。

（2）执行是推进前行的主要力量。决胜关键在于决策，决策关键在于执行。项目进场前，产权交易中心第一时间主动联合各方力量，对项目进行充分讨论。项目公告阶段，产权交易中心按照主管部门要求充分讨论研究项目风险，为上级主管部门的决策提供了大量重要依据。在项目资格审查及现场网络竞价阶段，产权交易中心，坚决执行、紧密安排、细心操作，全力保障项目合规有序进行。

（3）团队是创造业绩的重要因素。众人拾柴火焰高，重大项目的成功离不开所有参与团队的共同努力。本次项目社会关注度高，在全国乃至全世界半导体行业领域都备受瞩目，加之各意向受让方自身就是来自尖端金融上市公司的精英团队，项目本身要经得起考验、经得起推敲，就必须拥有优秀的团队作为支持。为全力保障项目，主管部门集结了各领域的优秀人才，通过产权交易、法律、监管机构等各领域的同仁共同努力，最终提交了一份出色的答卷。

（4）市场是发现价值的重要渠道。本次竞价规则设置合法、合规、合理，充分利用公共资源平台优势，在设置底价的基础上，通过现场网络连续竞价的方式将标的定价权交由市场，让市场发现价值。通过市场竞价的方式，既保证了公开透明，减少廉政风险，又实现了国有资产的保值增值。

（5）阳光交易是公共资源交易的必然要求。实现公共资源阳光交易，就是要将公共资源交易纳入平台，就是要减少政府对市场资源的直接配置，就是要实现公共资源交易监管集约化、资源配置效益化、项目运作透明化。引入更多交易主体参与，充分发挥市场优势，有效推动交易信息、交易过程、交易结果等全部在线公开，保证市场主体和社会公众的知情权、参与权和监督权。

（6）探索一条投资退出的新渠道。近年来，国有资本控制的孵化基金、产业投资基金等股权投资规模与日俱增，但从投资及退出的交易闭环中看，国有资本股权投资的退出渠道尚不完整。本项目是依照国务院国资委《企业国有资产交易监督管理办法》，通过产权交易机构根据价高者得的原则公开转让标的，补齐了股权投资中的交易闭环。为国有资本股权投资退出探索出了一条可行的路子，为城市发展的产业化、规模化提供了有力保障。

（合肥市产权交易中心）

马鞍山市长江入河排污口排查服务项目

一、项目基本情况

项目名称：马鞍山市长江入河排污口排查服务。
招标人：马鞍山市生态环境局。
预算金额：1600 万元。
中标金额：1599.8 万元。
公告时间：2019 年 9 月 3 日。
开标时间：2019 年 9 月 16 日。
中标单位：生态环境部华南环境科学研究所。

二、项目概况

根据《中共安徽省委办公厅 安徽省人民政府办公厅关于印发〈长江安徽段生态环境大保护大治理大修复强化生态优先绿色发展理念落实专项攻坚行动方案〉的通知》《安徽省生态环境保护委员会办公室关于印发〈长江入河排污口排查整治工作方案〉的通知》（安环委办〔2019〕46 号）等有关通知要求，以生态环境部《长江入河排污口排查整治专项行动工作方案》（环办水体函〔2019〕211 号）、《安徽省长江入河排污口排查整治工作方案》为指导，坚持“水陆统筹、以水定岸”，马鞍山市人民政府结合本地区实际情况，制定《马鞍山市长江入河排污口排查整治实施方案》。在原有工作基础上，通过整合入河排污口、河岸带、水系分布、监管以及水系、排污管网等信息，运用无人机航拍等先进手段全面排查摸清马鞍山市长江流域入河排污口底数。按照边排查边监测工作要求，开展入河排污口监测，通过溯源分析，要基本摸清废水来源等信息，整治违法违规问题。通过“取缔关闭一批、整治规范一批、适当保留一批”，建立权责清晰、监控到位、管理规范的入河排污口长效监管机制，做到有效管控入河排污口污染物排放，为保护长江流域生态功能，改善长江水生态环境质量奠定坚实基础。

三、主要做法

本项目属于环保类项目，涉及长江安徽段生态环境大保护大治理工作，因项目时间紧任务重而且影响面大，为保证项目快速推进，经采购人申请，管理部门批准，该项目采用竞争性磋商采购方式进行采购。马鞍山市兴马建设工程项目咨询有限公司（以下简称“兴马公司”）为保证项目高效办结，采取以下措施：一是开展外地调研。为确保高效、高质量完成项目采购，与采购人沟通了解采购项目背景后，兴马公司安排业务骨干实施此项目，开展调查研究，了解外地做法，借鉴外地先进经验。二是做到优先安排。由兴马公司主要领导牵头，统筹协调部门其他分配项目任务，调整其他项目采购进度计划，并在内部各级程序中，以最高优先级安排实施该项目。三是科学编制文件。考虑该项目预算金额较高，时间紧，任务重，文件容不得半点差池，为确保文件编制科学合理，在文件初稿编制完成后，兴马公司召开全体成员业务交流会，认真核对采购需求，逐字逐句研讨、推敲采购文件条款，避免发生歧义，并组织专家论证文件的合法合规性，对文件的条款提出合理化修改建议，努力减少因采购文件编制质量而对项目采购进度产生的影响。

为吸引到实力强、信誉好、服务优的投标人，本项目采用综合评分法评标，从供应商实力、服务方案、人员力量、供应商业绩、企业信用等方面对磋商文件进行综合考量。

到磋商文件规定的磋商时间，经磋商小组评审、磋商，最终推荐生态环境部华南环境科学研究所为本项目第一成交候选供应商。经采购人确认，生态环境部华南环境科学研究所为本项目成交人。

生态环境部华南环境科学研究所（以下简称“华南所”）成立于 1973 年，是生态环境部直属的从事综合性环境科学研究的公益性科研机构。主要面向国家前瞻性环境问题，开展科学研究，为国家环境保护事业提供科技支撑，为区域环境质量改善提供技术服务。

华南所共有 17 个处、中心、公司，拥有科研人员 522 人，每年承担 600 多项科研与服务任务。建设有水环境、环境健康与风险、大气环境、土壤环境、生态环境 5 大研究组团。拥有 5 个省部级重点实验室、3 个省部级工程中心、5 个科学观测研究站、1 个区域性二噁英监测中心、1 个博士后科研工作站，是广东省重点智库依托单位、国家环境损害鉴定评估第一批推荐机构、生态环境部固体废物属性鉴别机构、华南环境损害司法鉴定中心。

华南所具有野外采样、室内模拟、实验室分析、工程设计、技术咨询、产品与装备全过程的科技开发与服务能力。拥有环境咨询、环境工程设计等系列甲级证书，具有 CMA（中国计量认证）和 CNAS（中国合格评定国家认可委员会）双重认证，是“农药登记残留试验单位”，服务区域遍及全国。

四、项目成效

长江入河排污口排查是一项民生工程、民心工程，对强化生态优先绿色发展具有重要意义。通过本次政府采购，排查整治重点任务为摸清入河排污口底数，全面掌握长江入河排污口的数量及其分布，建立长江入河排污口名录；开展长江入河排污口监测，了解长江入河排污口污染排放状况，分析掌握污染物入河情况；进行长江入河排污口污水溯源，在监测基础上，开展长江入河排污口溯源分析，基本查清污水来源；

整治长江入河排污口问题，在排查、监测和溯源的基础上，推进长江入河排污口整治，制订并实施整治方案，有效规范和管控长江入河排污口。通过落实“查、测、溯、治”4 项重点任务，全面掌握长江干流马鞍山段入河排污口的排放现状，有序推进入河排污口整治，进一步完善长效监管机制，强化地方主体责任，确保长江入河排污口排放状况得到改善，努力提升长江生态环境保护水平。具体工作安排主要有 7 个方面：制订专项行动具体实施方案；梳理、核查、整合各类入河污染物排放信息；全面开展长江入河排污口摸底排查；开展长江入河排污口监测；开展长江入河排污口排放情况的溯源分析；分类整治长江入河排污口问题；建立长江入河排污口管理长效机制。

本次采购的顺利实施，标志着马鞍山市环境治理工作再次提档升级，马鞍山市将长江入河排污口调查整治工作的要求融入城市编制“一市一策”方案十分必要。依靠长江入河排污口整治，可以建立城市污染防治与长江大保护的直接关系，明确城市其他纳污水体入河排污口，可以建立城市污染防治与区域水环境保护的响应关系。在“一口一策”方针的指引下，将马鞍山市的生态环境保护和水污染防治任务分解为不同类型，如污染治理型，完成此类型任务则需要引进高新技术，解决提标增效难题，须有针对性地归纳技术难点和指标范围；如模式创新型，完成此类型任务则需要改变工业园区、农村农业的发展模式，从清洁生产、低碳循环、改土增产、废物变宝等方面突破；又如两山经济型，完成此类型任务则需要从建设山水林田湖草生命共同体入手，为绿水青山就是金山银山提供佐证，表现出当地人民享受两山经济的福祉。这些都是跟着“一口一策”方针进行的城市生态文明建设目标分解，下连不同水体保护目标，上接人类活动调控措施，接地气，有目标。

长江入河排污口调查只是马鞍山市水环境入河排污口调查的序幕，这一调查的影响力才刚刚展现，随着影响水环境质量的长江入河排污口被逐一“查、测、溯、治”全市水环境质量达标并实现生态环境根本好转就有了更好的保障。

（马鞍山市兴马建设工程项目咨询有限公司）

重庆移动基于采需深度协同的 ICT 项目全流程优化

一、项目简介

随着夏季汛期的到来，重庆市万州区水利局要求各基层水利单位加强汛期安全防范工作，加大辖区内各水利设施的检查及监控力度。重庆市万州区新田水库管理处现设 8 个分支机构，主要经营管理发电站、水库、变电站等水利设施。

2015 年，重庆移动万州分公司与新田水库管理处签订视频监控协议，建设了 86 个视频监控点位，对新田水库管理处基础水利设施实现了全监控，该视频监控合同于 2019 年 6 月到期。由于汛期监控需要，新田水库管理处与重庆移动万州分公司经过谈判，在 2019 年 7 月 1 日签订新合同，增加、更换监控点位并接入监控中心平台。

本项目需求紧急，监控设备品类繁杂且施工方式众多，同时客户个性化需求较多，传统的单项目采购模式周期长，无法满足项目交付进度要求，所以本次采用视频监控一体化框架采购模式进行，优化项目支撑及供货机制，为项目的高质量准时交付提供了有力保障。

二、项目详细内容

1. 立项背景

部分室外监控摄像头由于年代久远经常发生故障且维修困难，新田水库管理处要求重庆移动万州分公司更换这部分设备共计 29 个摄像头，并在新田水库管理处（五桥总部）建设一个监控中心，搭建监控平台，采用原监控大屏，实现对各分支机构的视频监控设备进行统一的管理，实现集中监控。

由于汛期即将到来，新田水库管理处要求重庆移动万州分公司在签订成交通知书后半个月内完成对需要更换的 29 个摄像头的更换并接入原监控平台。

新田水库管理处原有系统为景阳品牌，为了保持网络维护的一致性，新田水库管理处建议更换的设备与原有系统品牌保持一致。但是由于新田水库管理处工期需求紧急，如果采用原有系统品牌必须进行单一来源的决策，且需要单独进行采购，工期时间无法保证。为满足项目工期需要，与新田水库管理处多次耐心沟通解释，建议其使用重庆移动万州公司视频监控框架采购产品，重庆移动万州分公司框架采购的产品为一线品牌，质量有保障，协议与原有系统完全兼容，最终征得新田水库管理处同意，重庆移动万州分公司承诺在 2019 年 7 月 25 日前内完成新设备安装。

2. **技术方案**

（1）网络视频监控技术。

网络视频监控技术为当前最新的监控技术，它基于于TCP/IP通信网，集中了多媒体技术、数字图像处理及远程网络传输等最新技术，可以提供清晰流畅的视频监控图像效果。相对传统的模拟监控和NVR（网络视频录像机）方式的监控，网络视频监控具备无可比拟的优势。

（2）系统方案设计。

新田水库视频监控项目系统组网图如图4－4－2所示，本次工程为室外视频监控改造项目，根据新田水库管理处的实际情况确定配置枪机具体的数量为29个。新田水库管理处要求实现本地监控、本地存储。室外监控中心配置双网口NVR，其主要作用为存储视频信息、上传视频。

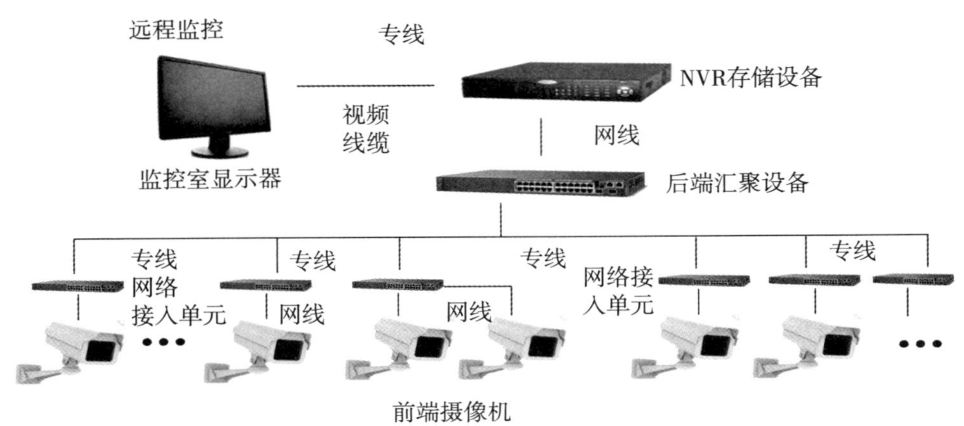

图4－4－2　新田水库视频监控项目系统组网图

高清枪机摄像机替换原有监控点位不再新增电源、立杆等，摄像机采集到的信息，采用本地存储，后期可通过VPN专线将视频图像信息传输到监控中心，显示器由新田水库管理所提供。

（3）后端设备。

后端设备为NVR，根据新田水库管理处需求和现场实际情况配备满足不同需求的设备。

（4）其他设计。

首先在设备的安装点上画线、定位，根据支架的安装尺寸和孔径，选配合适的膨胀管和相配的冲击钻钻头。开孔时注意对立杆、墙壁的保护。安装支架时注意横平竖直，安装牢固，不得有松动、歪斜的现象。安装摄像机时必须安装牢固，调整方便，不允许出现滑丝、松动现象。安装完成后，注意采取保护措施，防止脏污。

3. 项目优化

（1）模式优化。

视频监控项目往往包含较多个性化需求内容，如摄像头、硬盘录像机、编解码器型号等，涉及产品种类繁多，每次项目中标后完成立项、采购流程花费的时间较长，难以满足客户工期要求，导致客户满意度低。为解决此问题，重庆移动万州分公司客户部与供应链管理部多次沟通研讨，同时召集主流监控供应商、施工单位进行交流及征求意见，最终决定实行视频监控一体化框架采购，充分考虑设备、材料、施工、品牌等多种关键因素。

具体来说，视频监控框架包含的前端设备有球形摄像机、半球摄像机、枪形摄像机等，多达 20 余款；后端设备包括综合编解码设备、硬盘录像机、视频综合一体机，还涉及选配办卡、授权许可等；视频显示设备包括 DLP 大屏、液晶显示屏及工业监视器；施工作业包括立杆、壁挂、取电等内容。视频监控框架涵盖了监控项目的多个方面需求，完全满足普通监控项目的建设需要。

针对视频监控产品的特点，采购方式由单一项目采购优化为框架采购，减少采购工作量，缩短项目平均采购周期。单一采购货物改为施工与设备混合框架模式，实现由同一中标供应商实施视频监控 ICT 项目自产品供货到集成施工、从售前到售中售后的全流程支撑，从而提升项目各实施环节的交付效率，可有效避免因施工与设备的采购由不同供应商执行不同框架合同，导致交付过程中出现的协同问题。

同时本次采购并未采用传统的单一品牌报价模型，而是要求每个投标人的投标报价中包含至少 3 种不同品牌的报价，投标人须对 3 组不同品牌投标产品分别进行报价，这种模式可同时将三个品牌的视频监控设备纳入同一框架合同，尽可能扩大该框架的涵盖范围，更好地适配各类客户的个性化项目规范要求。

（2）机制优化。

由单一项目采购到视频监控框架采购，不仅加快了供货周期和建设周期，更是带来了项目支撑工作机制方面重大改进。合作伙伴不再是采购完成后才提供支撑，而是可以前置到售前，作为重要的支撑资源，在项目需求商机出现的时候就及时介入，提供专业、准确的支撑，协助解决方案经理完成现场的勘察、方案制订、产品选型、技术交流等工作。协助售前的合作伙伴，就是未来的实施方，因此，监控解决方案更加合理可行，预算更加准确，具备竞争力，同时产品设备清单就是真实的发货清单，跟客户沟通更加透明、充分。此外，通过提前备货，实现快速供货及安装。

（3）效果优化。

因为该项目已经有框架协议支撑，无须再另行采购，因此与新田水库管理处达成共识后即开始备货。新田水库管理处发出成交通知书后一周内即完成到货，随即安排施工入场，经过 2 支队伍加班加点施工，29 个监控点位在一周内完成安装，顺利完成上线，工期满足新田水库管理处需求。项目进度如表 4－4－3 所示。

表4－4－3　　项目进度（2019年）

建设内容	开始日期	结束日期
设备到货	7月8日	7月14日
工程施工	7月15日	7月20日
集成联调	7月21日	7月22日
系统上线	7月23日	至今

4. 项目成效

ICT项目面向客户，客户个性化需求较多，在支撑过程中需要始终围绕客户需求，但以往项目实施中，与社会化集成商相比，重庆移动万州分公司流程长、环节多，导致项目工期较长，动辄四五个月，造成客户满意度不高。通过实行视频监控框架采购，将常规监控设备、施工纳入框架，提前完成采购，在达成客户意向后即可第一时间提供支撑，通过规模招标降低设备成本，最终工期可缩短50～60天，成本较采用单一采购降低30%，极大提升交付能力，同时提高市场竞争力。

重庆移动万州分公司在集团客户视频类业务中，通过“千里眼＋视频监控”框架的方式，做到了客户需求的全面覆盖和响应。2019年5月至今，已用该框架合同完成ICT项目建设24个，交付12个。在视频类业务推广过程中，将终端需求单一、标准化场景、无本地化平台的需求，纳入千里眼标准产品体系，除此之外的个性化需求，如终端需求丰富、本地化平台部署、多种施工场景等，均可以通过视频监控框架的方式满足。在售前阶段，通过合作方介入，即可完成建设方案制订、设备选型、设备成本核定、设备备货等工作，如此不仅能得到专业的技术支撑，而且可以大大缩短建设的工期，提高交付及时性，提升客户满意度，进而增强行业竞争力。

（中国移动通信集团重庆有限公司）

《广东省公共资源交易保证担保业务规范》团体标准编制

为了适应公共资源交易市场化改革和标准化、电子化发展的需要，进一步规范广东省公共资源交易保证担保业务行为，保证公共资源交易项目保证担保合同正常顺利履行，促进保函及电子保函在公共资源交易领域的应用，积极创新电子保函管理模式，为公共资源交易主体提供合规、便捷、高效的服务，并引导和促进公共资源交易相关金融服务活动依法合规、有序高效进行，广东省公共资源交易联合会（以下简称“联合会”）组织制定和发布《广东省公共资源交易保证担保业务规范》（以下简称《规范》），作为联合会的团体标准发布实施。

公共资源交易保证担保业务活动应强化行业自律管理，充分营造公平竞争的业务环境，大力推广使用保函，并积极鼓励使用电子保函，以有效替代现金保证金，降低交易项目实施的成本，减轻企业负担，提高公共资源交易效益。

《规范》编制工作前后历时一年多，参编单位除了联合会以外，还邀请了清华大学工程担保与建筑市场治理研究中心、中山市公共资源交易中心、深圳共筑网络科技有限公司等14家单位共同参与。在编制过程中，综合各方意见并组织多次研讨交流，其中规模较大的是2019年4月22日下午，由广东省公共资源交易联合会、清华大学工程担保与建筑市场治理研究中心主办，深圳共筑网络科技有限公司和深圳清华大学研究院工程再担保研究中心承办，在深圳清华大学研究院举办的《广东省公共资源交易保证担保业务规范》研讨会（见图4－4－3和图4－4－4）。会议邀请了广东省公共资源交易中心、广州公共资源交易中心、深圳市建设工程交易服务中心、佛山市公共资源交易中心、中山市公共资源交易中心、江门市公共资源交易中心、清远市公共资源交易中心、中国建设银行总行公司业务部中间业务处、建设银行深圳分行保函中心、广发银行股份有限公司、人保财险广东分公司、中国平安财产保险股份有限公司、汇友财产相互保险社、广州市融资担保中心有限责任公司、珠海华金融资担保有限公司、广东省中盈盛达融资担保投资股份有限公司、深圳市华富通投资担保有限公司、深圳市正泓融资担保有限公司、深圳市中小担非融资性担保有限公司等共22家单位，48名代表参加了会议。

研讨会特别邀请了中国人民大学公共资源交易研究中心特聘专家、清华大学工程担保与建筑市场治理研究中心主任邓晓梅教授讲解了“保证担保制度的政策顶层设计与实践”，对保证担保的重要意义、保证担保政策设计思路、保证担保产品的创新等方面进行了深入的解读，广东省公共资源交易联合会常务副秘书长朱本祥就《规范》编制基本情况、目的和意义进行了介绍。深圳共筑网络科技有限公司总经理孙杰代表起草人员就《规范》的主要内容、业务操作实施原则、自律诚信与风控措施等进行了解

图4-4-3　《广东省公共资源交易保证担保业务规范》研讨会

释和说明。《规范》的总体架构和基本内容得到了参会人员广泛的认可。

在会议讨论环节中，各参会代表围绕规范征求意见稿所涉及的编制思路、定位和条款设计、具体表述等方面踊跃发言、热烈讨论，提出了不少建设性的意见和建议，为《规范》的下一步修改完善打下了一个良好的基础。

图4-4-4　《广东省公共资源交易保证担保业务规范》研讨会成功举办

研讨会的成功举办，让《规范》编制修订工作明确了相关原则性要点。《规范》编制过程中，反复进行了研讨、修改和多方公开征求意见，前后反复修改了五十多稿，先后征集了包括中国工商银行，平安银行，民生银行，中国建设银行等多家银行和专业金融机构的意见。在《规范》编制期间，联合会还主导开发并上线发布了广东省公共资源交易保证担保业务公共服务平台（以下简称“担保服务平台”，详见广东省公共资源交易联合会网站 www. gdprea. com)，为广东省公共资源交易保证担保业务活动规范有序地开展提供信息信用等方面的公共服务，旨在建立全省公共资源交易保证担保业务、信息、数据互联互通和保障共享的良好机制，营造全省公共资源交易保证担保业务公开、公平、规范、有序的市场环境，大力倡导良性竞争和诚信自律。通过联合会及担保服务平台（见图4-4-5）接受广东省公共资源交易政府主管监管部门和银行保险业主管监督部门对本标准编制与应用的指导和监督，并定期上报广东省公共资源交易保证担保业务统计报表、各保证担保参与机构与交易主体的概况、行业诚信自律管理情况及公共资源交易保证担保市场风险状况等方面的工作。

图4-4-5　广东省公共资源交易保证担保业务公共服务平台

《规范》所规定的公共资源交易保证担保业务范围主要包括公共资源交易各业务类别项目及其相关服务项目的交易与履约的保证担保。公共资源交易业务相关延伸项目的保证担保活动可参照《规范》实施。广东省行政区域内公共资源交易业务及其保证担保服务应当遵循平等、公平、诚实、守信的原则，开展公共资源交易保证担保业务的保证机构及公共资源交易主体、相关方应遵照《规范》规定。

《规范》对保证担保的相关术语、担保业务流程与要求、保函申请流程与要求、保函管理与服务、保证机构备案、业务公示与信用自律管理等方面进行了规范和约束，形成了行业自律机制。

《规范》的发布，填补了公共资源交易保证担保规范制度领域的空白，也是响应和落实《国务院办公厅转发国家发展改革委关于深化公共资源交易平台整合共享指导意见的通知》（国办函〔2019〕41 号）第三条优化公共资源交易服务方面的“推动电子营业执照、电子担保保函在公共资源交易领域的应用，降低企业交易成本，提高交易效率”要求的重要措施。

《规范》于 2019 年 12 月 1 日正式发布，2020 年 1 月 1 日正式实施。

（广东省公共资源交易联合会）

剑鱼标讯：招投标数据创新应用的新模式

一、项目背景

北京拓普丰联信息工程有限公司（以下简称“拓普公司”）成立于2003 年，是专业的电子政务、智慧政府和“互联网 +”监管信息系统服务提供商。2015 年 3 月，拓普公司市场部原计划投标某省信息化项目，投标前期市场部人员做了充分的准备工作，投入了大量时间和人力。当时，该省已发布招标公告，但项目负责人员没有及时查看项目招标公告，导致公司错过开标时间，遗憾无缘此项目，让前期所有准备工作都付诸东流。

从这件事情之后，拓普公司认识到：随着公司业务的高速发展，当市场部门做不到每一天都在盯着用户的时候，招标信息的及时获取就显得尤为重要。为解决投标人在获取项目信息方面的痛点，拓普公司经过深入调研和潜心研发，面向投标人推出了全新的产品——剑鱼标讯，利用移动互联网的便利优势，帮助投标人随时随地获取项目信息，彻底解决企业在投标过程中获取信息的痛点、难点。

经过无数个日日夜夜的研发测试，剑鱼标讯的信息来源已覆盖全国省、市、县的政府、企业、事业单位、工程建设项目等类网站，并持续通过 PC（电脑）、移动端等渠道为投标人提供信息服务，让关注该项目的投标人在开标当天就能收到提醒，让投标人随时跟踪项目全进程，及时掌握竞争对手情况。而且，拓普公司秉承为投标人服务的理念，始终坚持免费为投标人推送信息。

这些年，因为信息推送及时，用户体验极佳，剑鱼标讯获得了广大投标人的关注，上线至今已服务百万投标人。目前，剑鱼标讯已为通信、IT、安防、银行、医疗等行业头部企业提供深度的招投标数据服务，基于结构化数据推出的招标大数据服务在行业内遥遥领先。

二、数据应用模式与创新

1. 全新招标信息服务，重新定义信息获取方式

剑鱼标讯能够为投标人轻松解决信息搜集难题，以往需要投标人四处寻找、收集信息，如今剑鱼标讯主动为用户提供免费的精准信息定制服务。剑鱼标讯的出现完全改变了投标人获取招标信息的方式，不仅提高信息收集效率，也帮助投标人在各投标项目中占据了绝对优势。

剑鱼标讯从互联网中自动采集全国范围内公开发布的招标信息，为用户提供精准、个性化的招投标信息订阅、搜索以及项目关注等服务。用户通过剑鱼标讯订阅所关注

项目关键词，一旦项目发布公告，剑鱼标讯会为用户自动匹配并免费推送，为投标人提供精准、及时、便利的招标信息服务。

2. 基于招标项目的深度分析，为政府部门提供决策支持

剑鱼标讯产品采集互联网公开的招标信息，对招标信息进行精细化处理使其形成招标大数据。剑鱼标讯的招投标结构化数据导出服务，支持按照关键词、采购行业、金额、时间、中标单位、采购单位等多种条件组合检索并导出数据，为政府部门和企业的数据分析、市场分析提供强有力支撑。

剑鱼标讯已与某国家级政府部门展开数据合作，为该部门的宏观经济分析及社会发展重大问题研究工作提供数据服务。随着政府招标采购透明度不断增强，招标大数据可直接反映出政府各类重大项目工程推进情况以及国家政策决议落实情况。通过对招标数据跟踪，可帮助国家政府部门更充分地掌握客观情况，更好地做决策。

3. 无缝对接企业 CRM（客户关系管理系统），重塑客户营销

国内某知名 IT 公司销管部已与剑鱼标讯建立战略合作关系，通过剑鱼标讯提供的大数据，挖掘销售机会，扩大市场份额。该公司通过剑鱼标讯提供的 API（应用程序）接口，实现招标信息与该企业内部 CRM 业务管理系统的无缝对接，从招标信息中解析出潜在的销售机会并及时跟进。合作首季度，该公司销售额同比增长 9%，超额完成当季度目标。

企业通过与剑鱼标讯的增量招标数据 API 接口进行对接，每天自动获取新增招标数据，并将其导入企业内部管理系统。企业可从这些数据中找出潜在商机，供一线业务人员与渠道商使用，为企业扩大市场份额提供有力的数据支撑。

4. 精准筛选信息，助力企业挖掘潜在客户

中原银行成立于 2014 年，目前下辖 18 家分行和 3 家直属支行，共有营业网点 460 个。近年，中原银行推出政府采购贷款业务，希望通过剑鱼标讯挖掘出目标客户，开展精准营销。剑鱼标讯根据中原银行对目标客户特定的筛选条件，包括区域范围、招标方单位性质、招标信息类型、业务关键词，按照条件筛选出精准的招标信息，并输出结构化数据，中原银行可从中挑选出潜在客户。

剑鱼标讯为用户从海量招标信息中挖掘大量潜在客户，通过丰富的数据维度筛选，为企业从海量企业中筛选出企业目标客户，帮助企业精准营销。

5. 利用招投标大数据，让企业征信更可信

招标大数据是企业经营行为的真实反映。剑鱼标讯目前已成功为征信机构提供数据服务，征信机构可通过剑鱼标讯 API 接口，以企业名称为查询条件，获取企业中标项目数据，通过整理、加工和分析企业最近的中标情况，反映企业近年来的经营情况，并以此作为该企业风险控制和征信报告的内容之一，从而帮助征信机构更好地为各级政府、各类金融机构、大中型企业提供专业的信用服务。

三、发展规划

1. 丰富招投标数据资源，实现数据价值

展望未来，剑鱼标讯将进一步加强数据资源建设，在提供招标数据和企业数据的基础上，开发更多种类的数据资源，通过数据帮助企业提升感知、分析和预测的能力。例如为企业采集项目产品型号、品牌等信息，帮助企业更精准地分析市场格局。

“大数据”是信息时代的“石油”，需要“深加工”，才能充分挖掘它的潜力，实现价值增值，从而推动众多技术的进步和相关产业的发展。因此，剑鱼标讯还会对数据进行深加工、精加工，由表及里地对数据进行综合分析和应用，简化数据分析结果，充分挖掘数据潜力，使更多企业享受大数据带来的真正价值。

2. 扩展数据应用，为企业发展赋能

数据价值创造的关键在于数据的应用，随着数据技术飞速发展，数据应用已经融入各行各业。数据产业正快速发展成为新一代信息技术和服务业态，即对数量巨大、来源分散、格式多样的数据进行采集、存储和关联分析，并从中发现新价值、提升新能力。

剑鱼标讯通过对碎片化的大数据进行挖掘整理，分析市场发展变化规律和趋势，提供行业分析报告以及采购单位、中标单位画像，为企业的市场预测和决策提供可靠的数据依据，帮助企业确立正确的发展战略和思路。

3. 拓展服务对象，完善数据服务生态

在信息化、数字化背景下，数据资源发挥着越来越重要的作用。实现数据资源规范和共享，是剑鱼标讯建设数据服务生态的发展方向。剑鱼标讯拓展与投标相关的上下游企业，不仅有利于剑鱼标讯进行产品和服务的创新，也为招投标提供更多的应用解决方案，丰富剑鱼标讯大数据产品、服务和应用场景，完善招投标大数据服务生态。剑鱼标讯将以开放创新的姿态，构建大数据产业生态圈，推动招投标行业数据应用进一步升级。

剑鱼标讯为广大投标人进行了多年持续服务，获得了众多行业头部企业的信赖。剑鱼标讯在提供招标信息服务的同时，也在积极探索，把积累的数据利用起来，提升数据质量、提升数据应用支撑能力。未来剑鱼标讯将深入挖掘和分析数据价值，积极推进大数据创新，探索出更多招投标数据应用，让招投标数据在服务政府、服务企业、服务社会中发挥更大作用，创造更多社会价值，并产生更为深远的影响。

（北京拓普丰联信息工程有限公司）

第五篇　2019 年度公共采购文献资料汇编

第一章　2019 年度公共采购政策法规汇编

法律法规

1. 中华人民共和国国务院令第 492 号：《中华人民共和国政府信息公开条例》

（2007 年 4 月 5 日中华人民共和国国务院令第 492 号公布　2019 年 4 月 3 日中华人民共和国国务院令第 711 号修订）

第一章　总　则

第一条　为了保障公民、法人和其他组织依法获取政府信息，提高政府工作的透明度，建设法治政府，充分发挥政府信息对人民群众生产、生活和经济社会活动的服务作用，制定本条例。

第二条　本条例所称政府信息，是指行政机关在履行行政管理职能过程中制作或者获取的，以一定形式记录、保存的信息。

第三条　各级人民政府应当加强对政府信息公开工作的组织领导。

国务院办公厅是全国政府信息公开工作的主管部门，负责推进、指导、协调、监督全国的政府信息公开工作。

县级以上地方人民政府办公厅（室）是本行政区域的政府信息公开工作主管部门，负责推进、指导、协调、监督本行政区域的政府信息公开工作。

实行垂直领导的部门的办公厅（室）主管本系统的政府信息公开工作。

第四条　各级人民政府及县级以上人民政府部门应当建立健全本行政机关的政府信息公开工作制度，并指定机构（以下统称政府信息公开工作机构）负责本行政机关政府信息公开的日常工作。

政府信息公开工作机构的具体职能是：

（一）办理本行政机关的政府信息公开事宜；

（二）维护和更新本行政机关公开的政府信息；

（三）组织编制本行政机关的政府信息公开指南、政府信息公开目录和政府信息公开工作年度报告；

（四）组织开展对拟公开政府信息的审查；

（五）本行政机关规定的与政府信息公开有关的其他职能。

第五条 行政机关公开政府信息，应当坚持以公开为常态、不公开为例外，遵循公正、公平、合法、便民的原则。

第六条 行政机关应当及时、准确地公开政府信息。

行政机关发现影响或者可能影响社会稳定、扰乱社会和经济管理秩序的虚假或者不完整信息的，应当发布准确的政府信息予以澄清。

第七条 各级人民政府应当积极推进政府信息公开工作，逐步增加政府信息公开的内容。

第八条 各级人民政府应当加强政府信息资源的规范化、标准化、信息化管理，加强互联网政府信息公开平台建设，推进政府信息公开平台与政务服务平台融合，提高政府信息公开在线办理水平。

第九条 公民、法人和其他组织有权对行政机关的政府信息公开工作进行监督，并提出批评和建议。

第二章 公开的主体和范围

第十条 行政机关制作的政府信息，由制作该政府信息的行政机关负责公开。行政机关从公民、法人和其他组织获取的政府信息，由保存该政府信息的行政机关负责公开；行政机关获取的其他行政机关的政府信息，由制作或者最初获取该政府信息的行政机关负责公开。法律、法规对政府信息公开的权限另有规定的，从其规定。

行政机关设立的派出机构、内设机构依照法律、法规对外以自己名义履行行政管理职能的，可以由该派出机构、内设机构负责与所履行行政管理职能有关的政府信息公开工作。

两个以上行政机关共同制作的政府信息，由牵头制作的行政机关负责公开。

第十一条 行政机关应当建立健全政府信息公开协调机制。行政机关公开政府信息涉及其他机关的，应当与有关机关协商、确认，保证行政机关公开的政府信息准确一致。

行政机关公开政府信息依照法律、行政法规和国家有关规定需要批准的，经批准予以公开。

第十二条 行政机关编制、公布的政府信息公开指南和政府信息公开目录应当及时更新。

政府信息公开指南包括政府信息的分类、编排体系、获取方式和政府信息公开工作机构的名称、办公地址、办公时间、联系电话、传真号码、互联网联系方式等内容。

政府信息公开目录包括政府信息的索引、名称、内容概述、生成日期等内容。

第十三条　除本条例第十四条、第十五条、第十六条规定的政府信息外，政府信息应当公开。

行政机关公开政府信息，采取主动公开和依申请公开的方式。

第十四条　依法确定为国家秘密的政府信息，法律、行政法规禁止公开的政府信息，以及公开后可能危及国家安全、公共安全、经济安全、社会稳定的政府信息，不予公开。

第十五条　涉及商业秘密、个人隐私等公开会对第三方合法权益造成损害的政府信息，行政机关不得公开。但是，第三方同意公开或者行政机关认为不公开会对公共利益造成重大影响的，予以公开。

第十六条　行政机关的内部事务信息，包括人事管理、后勤管理、内部工作流程等方面的信息，可以不予公开。

行政机关在履行行政管理职能过程中形成的讨论记录、过程稿、磋商信函、请示报告等过程性信息以及行政执法案卷信息，可以不予公开。法律、法规、规章规定上述信息应当公开的，从其规定。

第十七条　行政机关应当建立健全政府信息公开审查机制，明确审查的程序和责任。

行政机关应当依照《中华人民共和国保守国家秘密法》以及其他法律、法规和国家有关规定对拟公开的政府信息进行审查。

行政机关不能确定政府信息是否可以公开的，应当依照法律、法规和国家有关规定报有关主管部门或者保密行政管理部门确定。

第十八条　行政机关应当建立健全政府信息管理动态调整机制，对本行政机关不予公开的政府信息进行定期评估审查，对因情势变化可以公开的政府信息应当公开。

第三章　主动公开

第十九条　对涉及公众利益调整、需要公众广泛知晓或者需要公众参与决策的政府信息，行政机关应当主动公开。

第二十条　行政机关应当依照本条例第十九条的规定，主动公开本行政机关的下列政府信息：

（一）行政法规、规章和规范性文件；

（二）机关职能、机构设置、办公地址、办公时间、联系方式、负责人姓名；

（三）国民经济和社会发展规划、专项规划、区域规划及相关政策；

（四）国民经济和社会发展统计信息；

（五）办理行政许可和其他对外管理服务事项的依据、条件、程序以及办理结果；

（六）实施行政处罚、行政强制的依据、条件、程序以及本行政机关认为具有一定社会影响的行政处罚决定；

（七）财政预算、决算信息；

（八）行政事业性收费项目及其依据、标准；

（九）政府集中采购项目的目录、标准及实施情况；

（十）重大建设项目的批准和实施情况；

（十一）扶贫、教育、医疗、社会保障、促进就业等方面的政策、措施及其实施情况；

（十二）突发公共事件的应急预案、预警信息及应对情况；

（十三）环境保护、公共卫生、安全生产、食品药品、产品质量的监督检查情况；

（十四）公务员招考的职位、名额、报考条件等事项以及录用结果；

（十五）法律、法规、规章和国家有关规定规定应当主动公开的其他政府信息。

第二十一条 除本条例第二十条规定的政府信息外，设区的市级、县级人民政府及其部门还应当根据本地方的具体情况，主动公开涉及市政建设、公共服务、公益事业、土地征收、房屋征收、治安管理、社会救助等方面的政府信息；乡（镇）人民政府还应当根据本地方的具体情况，主动公开贯彻落实农业农村政策、农田水利工程建设运营、农村土地承包经营权流转、宅基地使用情况审核、土地征收、房屋征收、筹资筹劳、社会救助等方面的政府信息。

第二十二条 行政机关应当依照本条例第二十条、第二十一条的规定，确定主动公开政府信息的具体内容，并按照上级行政机关的部署，不断增加主动公开的内容。

第二十三条 行政机关应当建立健全政府信息发布机制，将主动公开的政府信息通过政府公报、政府网站或者其他互联网政务媒体、新闻发布会以及报刊、广播、电视等途径予以公开。

第二十四条 各级人民政府应当加强依托政府门户网站公开政府信息的工作，利用统一的政府信息公开平台集中发布主动公开的政府信息。政府信息公开平台应当具备信息检索、查阅、下载等功能。

第二十五条 各级人民政府应当在国家档案馆、公共图书馆、政务服务场所设置政府信息查阅场所，并配备相应的设施、设备，为公民、法人和其他组织获取政府信息提供便利。

行政机关可以根据需要设立公共查阅室、资料索取点、信息公告栏、电子信息屏等场所、设施，公开政府信息。

行政机关应当及时向国家档案馆、公共图书馆提供主动公开的政府信息。

第二十六条 属于主动公开范围的政府信息，应当自该政府信息形成或者变更之日起 20 个工作日内及时公开。法律、法规对政府信息公开的期限另有规定的，从其规定。

第四章　依申请公开

第二十七条　除行政机关主动公开的政府信息外，公民、法人或者其他组织可以向地方各级人民政府、对外以自己名义履行行政管理职能的县级以上人民政府部门（含本条例第十条第二款规定的派出机构、内设机构）申请获取相关政府信息。

第二十八条　本条例第二十七条规定的行政机关应当建立完善政府信息公开申请渠道，为申请人依法申请获取政府信息提供便利。

第二十九条　公民、法人或者其他组织申请获取政府信息的，应当向行政机关的政府信息公开工作机构提出，并采用包括信件、数据电文在内的书面形式；采用书面形式确有困难的，申请人可以口头提出，由受理该申请的政府信息公开工作机构代为填写政府信息公开申请。

政府信息公开申请应当包括下列内容：

（一）申请人的姓名或者名称、身份证明、联系方式；

（二）申请公开的政府信息的名称、文号或者便于行政机关查询的其他特征性描述；

（三）申请公开的政府信息的形式要求，包括获取信息的方式、途径。

第三十条　政府信息公开申请内容不明确的，行政机关应当给予指导和释明，并自收到申请之日起 7 个工作日内一次性告知申请人作出补正，说明需要补正的事项和合理的补正期限。答复期限自行政机关收到补正的申请之日起计算。申请人无正当理由逾期不补正的，视为放弃申请，行政机关不再处理该政府信息公开申请。

第三十一条　行政机关收到政府信息公开申请的时间，按照下列规定确定：

（一）申请人当面提交政府信息公开申请的，以提交之日为收到申请之日；

（二）申请人以邮寄方式提交政府信息公开申请的，以行政机关签收之日为收到申请之日；以平常信函等无须签收的邮寄方式提交政府信息公开申请的，政府信息公开工作机构应当于收到申请的当日与申请人确认，确认之日为收到申请之日；

（三）申请人通过互联网渠道或者政府信息公开工作机构的传真提交政府信息公开申请的，以双方确认之日为收到申请之日。

第三十二条　依申请公开的政府信息公开会损害第三方合法权益的，行政机关应当书面征求第三方的意见。第三方应当自收到征求意见书之日起 15 个工作日内提出意见。第三方逾期未提出意见的，由行政机关依照本条例的规定决定是否公开。第三方不同意公开且有合理理由的，行政机关不予公开。行政机关认为不公开可能对公共利益造成重大影响的，可以决定予以公开，并将决定公开的政府信息内容和理由书面告知第三方。

第三十三条　行政机关收到政府信息公开申请，能够当场答复的，应当当场予以答复。

行政机关不能当场答复的，应当自收到申请之日起 20 个工作日内予以答复；需要延长答复期限的，应当经政府信息公开工作机构负责人同意并告知申请人，延长的期限最长不得超过20个工作日。

行政机关征求第三方和其他机关意见所需时间不计算在前款规定的期限内。

第三十四条 申请公开的政府信息由两个以上行政机关共同制作的，牵头制作的行政机关收到政府信息公开申请后可以征求相关行政机关的意见，被征求意见机关应当自收到征求意见书之日起15个工作日内提出意见，逾期未提出意见的视为同意公开。

第三十五条 申请人申请公开政府信息的数量、频次明显超过合理范围，行政机关可以要求申请人说明理由。行政机关认为申请理由不合理的，告知申请人不予处理；行政机关认为申请理由合理，但是无法在本条例第三十三条规定的期限内答复申请人的，可以确定延迟答复的合理期限并告知申请人。

第三十六条 对政府信息公开申请，行政机关根据下列情况分别作出答复：

（一）所申请公开信息已经主动公开的，告知申请人获取该政府信息的方式、途径；

（二）所申请公开信息可以公开的，向申请人提供该政府信息，或者告知申请人获取该政府信息的方式、途径和时间；

（三）行政机关依据本条例的规定决定不予公开的，告知申请人不予公开并说明理由；

（四）经检索没有所申请公开信息的，告知申请人该政府信息不存在；

（五）所申请公开信息不属于本行政机关负责公开的，告知申请人并说明理由；能够确定负责公开该政府信息的行政机关的，告知申请人该行政机关的名称、联系方式；

（六）行政机关已就申请人提出的政府信息公开申请作出答复、申请人重复申请公开相同政府信息的，告知申请人不予重复处理；

（七）所申请公开信息属于工商、不动产登记资料等信息，有关法律、行政法规对信息的获取有特别规定的，告知申请人依照有关法律、行政法规的规定办理。

第三十七条 申请公开的信息中含有不应当公开或者不属于政府信息的内容，但是能够作区分处理的，行政机关应当向申请人提供可以公开的政府信息内容，并对不予公开的内容说明理由。

第三十八条 行政机关向申请人提供的信息，应当是已制作或者获取的政府信息。除依照本条例第三十七条的规定能够作区分处理的外，需要行政机关对现有政府信息进行加工、分析的，行政机关可以不予提供。

第三十九条 申请人以政府信息公开申请的形式进行信访、投诉、举报等活动，行政机关应当告知申请人不作为政府信息公开申请处理并可以告知通过相应渠道提出。

申请人提出的申请内容为要求行政机关提供政府公报、报刊、书籍等公开出版物的，行政机关可以告知获取的途径。

第四十条 行政机关依申请公开政府信息，应当根据申请人的要求及行政机关保存政府信息的实际情况，确定提供政府信息的具体形式；按照申请人要求的形式提供政府信息，可能危及政府信息载体安全或者公开成本过高的，可以通过电子数据以及其他适当形式提供，或者安排申请人查阅、抄录相关政府信息。

第四十一条　公民、法人或者其他组织有证据证明行政机关提供的与其自身相关的政府信息记录不准确的，可以要求行政机关更正。有权更正的行政机关审核属实的，应当予以更正并告知申请人；不属于本行政机关职能范围的，行政机关可以转送有权更正的行政机关处理并告知申请人，或者告知申请人向有权更正的行政机关提出。

第四十二条　行政机关依申请提供政府信息，不收取费用。但是，申请人申请公开政府信息的数量、频次明显超过合理范围的，行政机关可以收取信息处理费。

行政机关收取信息处理费的具体办法由国务院价格主管部门会同国务院财政部门、全国政府信息公开工作主管部门制定。

第四十三条　申请公开政府信息的公民存在阅读困难或者视听障碍的，行政机关应当为其提供必要的帮助。

第四十四条　多个申请人就相同政府信息向同一行政机关提出公开申请，且该政府信息属于可以公开的，行政机关可以纳入主动公开的范围。

对行政机关依申请公开的政府信息，申请人认为涉及公众利益调整、需要公众广泛知晓或者需要公众参与决策的，可以建议行政机关将该信息纳入主动公开的范围。行政机关经审核认为属于主动公开范围的，应当及时主动公开。

第四十五条　行政机关应当建立健全政府信息公开申请登记、审核、办理、答复、归档的工作制度，加强工作规范。

第五章　监督和保障

第四十六条　各级人民政府应当建立健全政府信息公开工作考核制度、社会评议制度和责任追究制度，定期对政府信息公开工作进行考核、评议。

第四十七条　政府信息公开工作主管部门应当加强对政府信息公开工作的日常指导和监督检查，对行政机关未按照要求开展政府信息公开工作的，予以督促整改或者通报批评；需要对负有责任的领导人员和直接责任人员追究责任的，依法向有权机关提出处理建议。

公民、法人或者其他组织认为行政机关未按照要求主动公开政府信息或者对政府信息公开申请不依法答复处理的，可以向政府信息公开工作主管部门提出。政府信息公开工作主管部门查证属实的，应当予以督促整改或者通报批评。

第四十八条　政府信息公开工作主管部门应当对行政机关的政府信息公开工作人员定期进行培训。

第四十九条　县级以上人民政府部门应当在每年 1 月 31 日前向本级政府信息公开工作主管部门提交本行政机关上一年度政府信息公开工作年度报告并向社会公布。

县级以上地方人民政府的政府信息公开工作主管部门应当在每年 3 月 31 日前向社

会公布本级政府上一年度政府信息公开工作年度报告。

第五十条 政府信息公开工作年度报告应当包括下列内容：

（一）行政机关主动公开政府信息的情况；

（二）行政机关收到和处理政府信息公开申请的情况；

（三）因政府信息公开工作被申请行政复议、提起行政诉讼的情况；

（四）政府信息公开工作存在的主要问题及改进情况，各级人民政府的政府信息公开工作年度报告还应当包括工作考核、社会评议和责任追究结果情况；

（五）其他需要报告的事项。

全国政府信息公开工作主管部门应当公布政府信息公开工作年度报告统一格式，并适时更新。

第五十一条 公民、法人或者其他组织认为行政机关在政府信息公开工作中侵犯其合法权益的，可以向上一级行政机关或者政府信息公开工作主管部门投诉、举报，也可以依法申请行政复议或者提起行政诉讼。

第五十二条 行政机关违反本条例的规定，未建立健全政府信息公开有关制度、机制的，由上一级行政机关责令改正；情节严重的，对负有责任的领导人员和直接责任人员依法给予处分。

第五十三条 行政机关违反本条例的规定，有下列情形之一的，由上一级行政机关责令改正；情节严重的，对负有责任的领导人员和直接责任人员依法给予处分；构成犯罪的，依法追究刑事责任：

（一）不依法履行政府信息公开职能；

（二）不及时更新公开的政府信息内容、政府信息公开指南和政府信息公开目录；

（三）违反本条例规定的其他情形。

第六章 附 则

第五十四条 法律、法规授权的具有管理公共事务职能的组织公开政府信息的活动，适用本条例。

第五十五条 教育、卫生健康、供水、供电、供气、供热、环境保护、公共交通等与人民群众利益密切相关的公共企事业单位，公开在提供社会公共服务过程中制作、获取的信息，依照相关法律、法规和国务院有关主管部门或者机构的规定执行。全国政府信息公开工作主管部门根据实际需要可以制定专门的规定。

前款规定的公共企事业单位未依照相关法律、法规和国务院有关主管部门或者机构的规定公开在提供社会公共服务过程中制作、获取的信息，公民、法人或者其他组织可以向有关主管部门或者机构申诉，接受申诉的部门或者机构应当及时调查处理并将处理结果告知申诉人。

第五十六条 本条例自2019年5月15日起施行。

2. 中华人民共和国国务院令第722号：《优化营商环境条例》

《优化营商环境条例》已经2019年10月8日国务院第66次常务会议通过，现予公布，自2020年1月1日起施行。

总理　　李克强

2019年10月22日

第一章　总　则

第一条　为了持续优化营商环境，不断解放和发展社会生产力，加快建设现代化经济体系，推动高质量发展，制定本条例。

第二条　本条例所称营商环境，是指企业等市场主体在市场经济活动中所涉及的体制机制性因素和条件。

第三条　国家持续深化简政放权、放管结合、优化服务改革，最大限度减少政府对市场资源的直接配置，最大限度减少政府对市场活动的直接干预，加强和规范事中事后监管，着力提升政务服务能力和水平，切实降低制度性交易成本，更大激发市场活力和社会创造力，增强发展动力。

各级人民政府及其部门应当坚持政务公开透明，以公开为常态、不公开为例外，全面推进决策、执行、管理、服务、结果公开。

第四条　优化营商环境应当坚持市场化、法治化、国际化原则，以市场主体需求为导向，以深刻转变政府职能为核心，创新体制机制、强化协同联动、完善法治保障，对标国际先进水平，为各类市场主体投资兴业营造稳定、公平、透明、可预期的良好环境。

第五条　国家加快建立统一开放、竞争有序的现代市场体系，依法促进各类生产要素自由流动，保障各类市场主体公平参与市场竞争。

第六条　国家鼓励、支持、引导非公有制经济发展，激发非公有制经济活力和创造力。

国家进一步扩大对外开放，积极促进外商投资，平等对待内资企业、外商投资企业等各类市场主体。

第七条　各级人民政府应当加强对优化营商环境工作的组织领导，完善优化营商环境的政策措施，建立健全统筹推进、督促落实优化营商环境工作的相关机制，及时协调、解决优化营商环境工作中的重大问题。

县级以上人民政府有关部门应当按照职责分工，做好优化营商环境的相关工作。县级以上地方人民政府根据实际情况，可以明确优化营商环境工作的主管部门。

国家鼓励和支持各地区、各部门结合实际情况，在法治框架内积极探索原创性、差异化的优化营商环境具体措施；对探索中出现失误或者偏差，符合规定条件的，可以予以免责或者减轻责任。

第八条 国家建立和完善以市场主体和社会公众满意度为导向的营商环境评价体系，发挥营商环境评价对优化营商环境的引领和督促作用。

开展营商环境评价，不得影响各地区、各部门正常工作，不得影响市场主体正常生产经营活动或者增加市场主体负担。

任何单位不得利用营商环境评价谋取利益。

第九条 市场主体应当遵守法律法规，恪守社会公德和商业道德，诚实守信、公平竞争，履行安全、质量、劳动者权益保护、消费者权益保护等方面的法定义务，在国际经贸活动中遵循国际通行规则。

第二章　市场主体保护

第十条 国家坚持权利平等、机会平等、规则平等，保障各种所有制经济平等受到法律保护。

第十一条 市场主体依法享有经营自主权。对依法应当由市场主体自主决策的各类事项，任何单位和个人不得干预。

第十二条 国家保障各类市场主体依法平等使用资金、技术、人力资源、土地使用权及其他自然资源等各类生产要素和公共服务资源。

各类市场主体依法平等适用国家支持发展的政策。政府及其有关部门在政府资金安排、土地供应、税费减免、资质许可、标准制定、项目申报、职称评定、人力资源政策等方面，应当依法平等对待各类市场主体，不得制定或者实施歧视性政策措施。

第十三条 招标投标和政府采购应当公开透明、公平公正，依法平等对待各类所有制和不同地区的市场主体，不得以不合理条件或者产品产地来源等进行限制或者排斥。

政府有关部门应当加强招标投标和政府采购监管，依法纠正和查处违法违规行为。

第十四条 国家依法保护市场主体的财产权和其他合法权益，保护企业经营者人身和财产安全。

严禁违反法定权限、条件、程序对市场主体的财产和企业经营者个人财产实施查封、冻结和扣押等行政强制措施；依法确需实施前述行政强制措施的，应当限定在所必需的范围内。

禁止在法律、法规规定之外要求市场主体提供财力、物力或者人力的摊派行为。市场主体有权拒绝任何形式的摊派。

第十五条 国家建立知识产权侵权惩罚性赔偿制度，推动建立知识产权快速协同保护机制，健全知识产权纠纷多元化解决机制和知识产权维权援助机制，加大对知识产权的保护力度。

国家持续深化商标注册、专利申请便利化改革，提高商标注册、专利申请审查效率。

第十六条　国家加大中小投资者权益保护力度，完善中小投资者权益保护机制，保障中小投资者的知情权、参与权，提升中小投资者维护合法权益的便利度。

第十七条　除法律、法规另有规定外，市场主体有权自主决定加入或者退出行业协会商会等社会组织，任何单位和个人不得干预。

除法律、法规另有规定外，任何单位和个人不得强制或者变相强制市场主体参加评比、达标、表彰、培训、考核、考试以及类似活动，不得借前述活动向市场主体收费或者变相收费。

第十八条　国家推动建立全国统一的市场主体维权服务平台，为市场主体提供高效、便捷的维权服务。

第三章　市场环境

第十九条　国家持续深化商事制度改革，统一企业登记业务规范，统一数据标准和平台服务接口，采用统一社会信用代码进行登记管理。

国家推进“证照分离”改革，持续精简涉企经营许可事项，依法采取直接取消审批、审批改为备案、实行告知承诺、优化审批服务等方式，对所有涉企经营许可事项进行分类管理，为企业取得营业执照后开展相关经营活动提供便利。除法律、行政法规规定的特定领域外，涉企经营许可事项不得作为企业登记的前置条件。

政府有关部门应当按照国家有关规定，简化企业从申请设立到具备一般性经营条件所需办理的手续。在国家规定的企业开办时限内，各地区应当确定并公开具体办理时间。

企业申请办理住所等相关变更登记的，有关部门应当依法及时办理，不得限制。除法律、法规、规章另有规定外，企业迁移后其持有的有效许可证件不再重复办理。

第二十条　国家持续放宽市场准入，并实行全国统一的市场准入负面清单制度。市场准入负面清单以外的领域，各类市场主体均可以依法平等进入。

各地区、各部门不得另行制定市场准入性质的负面清单。

第二十一条　政府有关部门应当加大反垄断和反不正当竞争执法力度，有效预防和制止市场经济活动中的垄断行为、不正当竞争行为以及滥用行政权力排除、限制竞争的行为，营造公平竞争的市场环境。

第二十二条　国家建立健全统一开放、竞争有序的人力资源市场体系，打破城乡、地区、行业分割和身份、性别等歧视，促进人力资源有序社会性流动和合理配置。

第二十三条　政府及其有关部门应当完善政策措施、强化创新服务，鼓励和支持市场主体拓展创新空间，持续推进产品、技术、商业模式、管理等创新，充分发挥市场主体在推动科技成果转化中的作用。

第二十四条　政府及其有关部门应当严格落实国家各项减税降费政策，及时研究解决政策落实中的具体问题，确保减税降费政策全面、及时惠及市场主体。

第二十五条 设立政府性基金、涉企行政事业性收费、涉企保证金，应当有法律、行政法规依据或者经国务院批准。对政府性基金、涉企行政事业性收费、涉企保证金以及实行政府定价的经营服务性收费，实行目录清单管理并向社会公开，目录清单之外的前述收费和保证金一律不得执行。推广以金融机构保函替代现金缴纳涉企保证金。

第二十六条 国家鼓励和支持金融机构加大对民营企业、中小企业的支持力度，降低民营企业、中小企业综合融资成本。

金融监督管理部门应当完善对商业银行等金融机构的监管考核和激励机制，鼓励、引导其增加对民营企业、中小企业的信贷投放，并合理增加中长期贷款和信用贷款支持，提高贷款审批效率。

商业银行等金融机构在授信中不得设置不合理条件，不得对民营企业、中小企业设置歧视性要求。商业银行等金融机构应当按照国家有关规定规范收费行为，不得违规向服务对象收取不合理费用。商业银行应当向社会公开开设企业账户的服务标准、资费标准和办理时限。

第二十七条 国家促进多层次资本市场规范健康发展，拓宽市场主体融资渠道，支持符合条件的民营企业、中小企业依法发行股票、债券以及其他融资工具，扩大直接融资规模。

第二十八条 供水、供电、供气、供热等公用企事业单位应当向社会公开服务标准、资费标准等信息，为市场主体提供安全、便捷、稳定和价格合理的服务，不得强迫市场主体接受不合理的服务条件，不得以任何名义收取不合理费用。各地区应当优化报装流程，在国家规定的报装办理时限内确定并公开具体办理时间。

政府有关部门应当加强对公用企事业单位运营的监督管理。

第二十九条 行业协会商会应当依照法律、法规和章程，加强行业自律，及时反映行业诉求，为市场主体提供信息咨询、宣传培训、市场拓展、权益保护、纠纷处理等方面的服务。

国家依法严格规范行业协会商会的收费、评比、认证等行为。

第三十条 国家加强社会信用体系建设，持续推进政务诚信、商务诚信、社会诚信和司法公信建设，提高全社会诚信意识和信用水平，维护信用信息安全，严格保护商业秘密和个人隐私。

第三十一条 地方各级人民政府及其有关部门应当履行向市场主体依法作出的政策承诺以及依法订立的各类合同，不得以行政区划调整、政府换届、机构或者职能调整以及相关责任人更替等为由违约毁约。因国家利益、社会公共利益需要改变政策承诺、合同约定的，应当依照法定权限和程序进行，并依法对市场主体因此受到的损失予以补偿。

第三十二条 国家机关、事业单位不得违约拖欠市场主体的货物、工程、服务等账款，大型企业不得利用优势地位拖欠中小企业账款。

县级以上人民政府及其有关部门应当加大对国家机关、事业单位拖欠市场主体账款的清理力度，并通过加强预算管理、严格责任追究等措施，建立防范和治理国家机关、事业单位拖欠市场主体账款的长效机制。

第三十三条　政府有关部门应当优化市场主体注销办理流程，精简申请材料、压缩办理时间、降低注销成本。对设立后未开展生产经营活动或者无债权债务的市场主体，可以按照简易程序办理注销。对有债权债务的市场主体，在债权债务依法解决后及时办理注销。

县级以上地方人民政府应当根据需要建立企业破产工作协调机制，协调解决企业破产过程中涉及的有关问题。

第四章　政务服务

第三十四条　政府及其有关部门应当进一步增强服务意识，切实转变工作作风，为市场主体提供规范、便利、高效的政务服务。

第三十五条　政府及其有关部门应当推进政务服务标准化，按照减环节、减材料、减时限的要求，编制并向社会公开政务服务事项（包括行政权力事项和公共服务事项，下同）标准化工作流程和办事指南，细化量化政务服务标准，压缩自由裁量权，推进同一事项实行无差别受理、同标准办理。没有法律、法规、规章依据，不得增设政务服务事项的办理条件和环节。

第三十六条　政府及其有关部门办理政务服务事项，应当根据实际情况，推行当场办结、一次办结、限时办结等制度，实现集中办理、就近办理、网上办理、异地可办。需要市场主体补正有关材料、手续的，应当一次性告知需要补正的内容；需要进行现场踏勘、现场核查、技术审查、听证论证的，应当及时安排、限时办结。

法律、法规、规章以及国家有关规定对政务服务事项办理时限有规定的，应当在规定的时限内尽快办结；没有规定的，应当按照合理、高效的原则确定办理时限并按时办结。各地区可以在国家规定的政务服务事项办理时限内进一步压减时间，并应当向社会公开；超过办理时间的，办理单位应当公开说明理由。

地方各级人民政府已设立政务服务大厅的，本行政区域内各类政务服务事项一般应当进驻政务服务大厅统一办理。对政务服务大厅中部门分设的服务窗口，应当创造条件整合为综合窗口，提供一站式服务。

第三十七条　国家加快建设全国一体化在线政务服务平台（以下称一体化在线平台），推动政务服务事项在全国范围内实现“一网通办”。除法律、法规另有规定或者涉及国家秘密等情形外，政务服务事项应当按照国务院确定的步骤，纳入一体化在线平台办理。

国家依托一体化在线平台，推动政务信息系统整合，优化政务流程，促进政务服务跨地区、跨部门、跨层级数据共享和业务协同。政府及其有关部门应当按照国家有关规定，提供数据共享服务，及时将有关政务服务数据上传至一体化在线平台，加强共享数据使用全过程管理，确保共享数据安全。

国家建立电子证照共享服务系统，实现电子证照跨地区、跨部门共享和全国范围内互信互认。各地区、各部门应当加强电子证照的推广应用。

各地区、各部门应当推动政务服务大厅与政务服务平台全面对接融合。市场主体有权自主选择政务服务办理渠道，行政机关不得限定办理渠道。

第三十八条 政府及其有关部门应当通过政府网站、一体化在线平台，集中公布涉及市场主体的法律、法规、规章、行政规范性文件和各类政策措施，并通过多种途径和方式加强宣传解读。

第三十九条 国家严格控制新设行政许可。新设行政许可应当按照行政许可法和国务院的规定严格设定标准，并进行合法性、必要性和合理性审查论证。对通过事中事后监管或者市场机制能够解决以及行政许可法和国务院规定不得设立行政许可的事项，一律不得设立行政许可，严禁以备案、登记、注册、目录、规划、年检、年报、监制、认定、认证、审定以及其他任何形式变相设定或者实施行政许可。

法律、行政法规和国务院决定对相关管理事项已作出规定，但未采取行政许可管理方式的，地方不得就该事项设定行政许可。对相关管理事项尚未制定法律、行政法规的，地方可以依法就该事项设定行政许可。

第四十条 国家实行行政许可清单管理制度，适时调整行政许可清单并向社会公布，清单之外不得违法实施行政许可。

国家大力精简已有行政许可。对已取消的行政许可，行政机关不得继续实施或者变相实施，不得转由行业协会商会或者其他组织实施。

对实行行政许可管理的事项，行政机关应当通过整合实施、下放审批层级等多种方式，优化审批服务，提高审批效率，减轻市场主体负担。符合相关条件和要求的，可以按照有关规定采取告知承诺的方式办理。

第四十一条 县级以上地方人民政府应当深化投资审批制度改革，根据项目性质、投资规模等分类规范投资审批程序，精简审批要件，简化技术审查事项，强化项目决策与用地、规划等建设条件落实的协同，实行与相关审批在线并联办理。

第四十二条 设区的市级以上地方人民政府应当按照国家有关规定，优化工程建设项目（不包括特殊工程和交通、水利、能源等领域的重大工程）审批流程，推行并联审批、多图联审、联合竣工验收等方式，简化审批手续，提高审批效能。

在依法设立的开发区、新区和其他有条件的区域，按照国家有关规定推行区域评估，由设区的市级以上地方人民政府组织对一定区域内压覆重要矿产资源、地质灾害危险性等事项进行统一评估，不再对区域内的市场主体单独提出评估要求。区域评估的费用不得由市场主体承担。

第四十三条 作为办理行政审批条件的中介服务事项（以下称法定行政审批中介

服务）应当有法律、法规或者国务院决定依据；没有依据的，不得作为办理行政审批的条件。中介服务机构应当明确办理法定行政审批中介服务的条件、流程、时限、收费标准，并向社会公开。

国家加快推进中介服务机构与行政机关脱钩。行政机关不得为市场主体指定或者变相指定中介服务机构；除法定行政审批中介服务外，不得强制或者变相强制市场主体接受中介服务。行政机关所属事业单位、主管的社会组织及其举办的企业不得开展与本机关所负责行政审批相关的中介服务，法律、行政法规另有规定的除外。

行政机关在行政审批过程中需要委托中介服务机构开展技术性服务的，应当通过竞争性方式选择中介服务机构，并自行承担服务费用，不得转嫁给市场主体承担。

第四十四条 证明事项应当有法律、法规或者国务院决定依据。

设定证明事项，应当坚持确有必要、从严控制的原则。对通过法定证照、法定文书、书面告知承诺、政府部门内部核查和部门间核查、网络核验、合同凭证等能够办理，能够被其他材料涵盖或者替代，以及开具单位无法调查核实的，不得设定证明事项。

政府有关部门应当公布证明事项清单，逐项列明设定依据、索要单位、开具单位、办理指南等。清单之外，政府部门、公用企事业单位和服务机构不得索要证明。各地区、各部门之间应当加强证明的互认共享，避免重复索要证明。

第四十五条 政府及其有关部门应当按照国家促进跨境贸易便利化的有关要求，依法削减进出口环节审批事项，取消不必要的监管要求，优化简化通关流程，提高通关效率，清理规范口岸收费，降低通关成本，推动口岸和国际贸易领域相关业务统一通过国际贸易“单一窗口”办理。

第四十六条 税务机关应当精简办税资料和流程，简并申报缴税次数，公开涉税事项办理时限，压减办税时间，加大推广使用电子发票的力度，逐步实现全程网上办税，持续优化纳税服务。

第四十七条 不动产登记机构应当按照国家有关规定，加强部门协作，实行不动产登记、交易和缴税一窗受理、并行办理，压缩办理时间，降低办理成本。在国家规定的不动产登记时限内，各地区应当确定并公开具体办理时间。

国家推动建立统一的动产和权利担保登记公示系统，逐步实现市场主体在一个平台上办理动产和权利担保登记。纳入统一登记公示系统的动产和权利范围另行规定。

第四十八条 政府及其有关部门应当按照构建亲清新型政商关系的要求，建立畅通有效的政企沟通机制，采取多种方式及时听取市场主体的反映和诉求，了解市场主体生产经营中遇到的困难和问题，并依法帮助其解决。

建立政企沟通机制，应当充分尊重市场主体意愿，增强针对性和有效性，不得干扰市场主体正常生产经营活动，不得增加市场主体负担。

第四十九条 政府及其有关部门应当建立便利、畅通的渠道，受理有关营商环境的投诉和举报。

第五十条 新闻媒体应当及时、准确宣传优化营商环境的措施和成效，为优化营商环境创造良好舆论氛围。

国家鼓励对营商环境进行舆论监督，但禁止捏造虚假信息或者歪曲事实进行不实报道。

第五章 监管执法

第五十一条 政府有关部门应当严格按照法律法规和职责，落实监管责任，明确监管对象和范围、厘清监管事权，依法对市场主体进行监管，实现监管全覆盖。

第五十二条 国家健全公开透明的监管规则和标准体系。国务院有关部门应当分领域制定全国统一、简明易行的监管规则和标准，并向社会公开。

第五十三条 政府及其有关部门应当按照国家关于加快构建以信用为基础的新型监管机制的要求，创新和完善信用监管，强化信用监管的支撑保障，加强信用监管的组织实施，不断提升信用监管效能。

第五十四条 国家推行“双随机、一公开”监管，除直接涉及公共安全和人民群众生命健康等特殊行业、重点领域外，市场监管领域的行政检查应当通过随机抽取检查对象、随机选派执法检查人员、抽查事项及查处结果及时向社会公开的方式进行。针对同一检查对象的多个检查事项，应当尽可能合并或者纳入跨部门联合抽查范围。

对直接涉及公共安全和人民群众生命健康等特殊行业、重点领域，依法依规实行全覆盖的重点监管，并严格规范重点监管的程序；对通过投诉举报、转办交办、数据监测等发现的问题，应当有针对性地进行检查并依法依规处理。

第五十五条 政府及其有关部门应当按照鼓励创新的原则，对新技术、新产业、新业态、新模式等实行包容审慎监管，针对其性质、特点分类制定和实行相应的监管规则和标准，留足发展空间，同时确保质量和安全，不得简单化予以禁止或者不予监管。

第五十六条 政府及其有关部门应当充分运用互联网、大数据等技术手段，依托国家统一建立的在线监管系统，加强监管信息归集共享和关联整合，推行以远程监管、移动监管、预警防控为特征的非现场监管，提升监管的精准化、智能化水平。

第五十七条 国家建立健全跨部门、跨区域行政执法联动响应和协作机制，实现违法线索互联、监管标准互通、处理结果互认。

国家统筹配置行政执法职能和执法资源，在相关领域推行综合行政执法，整合精简执法队伍，减少执法主体和执法层级，提高基层执法能力。

第五十八条 行政执法机关应当按照国家有关规定，全面落实行政执法公示、行政执法全过程记录和重大行政执法决定法制审核制度，实现行政执法信息及时准确公示、行政执法全过程留痕和可回溯管理、重大行政执法决定法制审核全覆盖。

第五十九条 行政执法中应当推广运用说服教育、劝导示范、行政指导等非强制性手段，依法慎重实施行政强制。采用非强制性手段能够达到行政管理目的的，不得实施行政强制；违法行为情节轻微或者社会危害较小的，可以不实施行政强制；确需实施行政强制的，应当尽可能减少对市场主体正常生产经营活动的影响。

开展清理整顿、专项整治等活动，应当严格依法进行，除涉及人民群众生命安全、发生重特大事故或者举办国家重大活动，并报经有权机关批准外，不得在相关区域采取要求相关行业、领域的市场主体普遍停产、停业的措施。

禁止将罚没收入与行政执法机关利益挂钩。

第六十条 国家健全行政执法自由裁量基准制度，合理确定裁量范围、种类和幅度，规范行政执法自由裁量权的行使。

第六章 法治保障

第六十一条 国家根据优化营商环境需要，依照法定权限和程序及时制定或者修改、废止有关法律、法规、规章、行政规范性文件。

优化营商环境的改革措施涉及调整实施现行法律、行政法规等有关规定的，依照法定程序经有权机关授权后，可以先行先试。

第六十二条 制定与市场主体生产经营活动密切相关的行政法规、规章、行政规范性文件，应当按照国务院的规定，充分听取市场主体、行业协会商会的意见。

除依法需要保密外，制定与市场主体生产经营活动密切相关的行政法规、规章、行政规范性文件，应当通过报纸、网络等向社会公开征求意见，并建立健全意见采纳情况反馈机制。向社会公开征求意见的期限一般不少于30日。

第六十三条 制定与市场主体生产经营活动密切相关的行政法规、规章、行政规范性文件，应当按照国务院的规定进行公平竞争审查。

制定涉及市场主体权利义务的行政规范性文件，应当按照国务院的规定进行合法性审核。

市场主体认为地方性法规同行政法规相抵触，或者认为规章同法律、行政法规相抵触的，可以向国务院书面提出审查建议，由有关机关按照规定程序处理。

第六十四条 没有法律、法规或者国务院决定和命令依据的，行政规范性文件不得减损市场主体合法权益或者增加其义务，不得设置市场准入和退出条件，不得干预市场主体正常生产经营活动。

涉及市场主体权利义务的行政规范性文件应当按照法定要求和程序予以公布，未经公布的不得作为行政管理依据。

第六十五条 制定与市场主体生产经营活动密切相关的行政法规、规章、行政规范性文件，应当结合实际，确定是否为市场主体留出必要的适应调整期。

政府及其有关部门应当统筹协调、合理把握规章、行政规范性文件等的出台节奏，全面评估政策效果，避免因政策叠加或者相互不协调对市场主体正常生产经营活动造成不利影响。

第六十六条 国家完善调解、仲裁、行政裁决、行政复议、诉讼等有机衔接、相互协调的多元化纠纷解决机制，为市场主体提供高效、便捷的纠纷解决途径。

第六十七条 国家加强法治宣传教育，落实国家机关普法责任制，提高国家工作人员依法履职能力，引导市场主体合法经营、依法维护自身合法权益，不断增强全社会的法治意识，为营造法治化营商环境提供基础性支撑。

第六十八条 政府及其有关部门应当整合律师、公证、司法鉴定、调解、仲裁等公共法律服务资源，加快推进公共法律服务体系建设，全面提升公共法律服务能力和水平，为优化营商环境提供全方位法律服务。

第六十九条 政府和有关部门及其工作人员有下列情形之一的，依法依规追究责任：

（一）违法干预应当由市场主体自主决策的事项；

（二）制定或者实施政策措施不依法平等对待各类市场主体；

（三）违反法定权限、条件、程序对市场主体的财产和企业经营者个人财产实施查封、冻结和扣押等行政强制措施；

（四）在法律、法规规定之外要求市场主体提供财力、物力或者人力；

（五）没有法律、法规依据，强制或者变相强制市场主体参加评比、达标、表彰、培训、考核、考试以及类似活动，或者借前述活动向市场主体收费或者变相收费；

（六）违法设立或者在目录清单之外执行政府性基金、涉企行政事业性收费、涉企保证金；

（七）不履行向市场主体依法作出的政策承诺以及依法订立的各类合同，或者违约拖欠市场主体的货物、工程、服务等账款；

（八）变相设定或者实施行政许可，继续实施或者变相实施已取消的行政许可，或者转由行业协会商会或者其他组织实施已取消的行政许可；

（九）为市场主体指定或者变相指定中介服务机构，或者违法强制市场主体接受中介服务；

（十）制定与市场主体生产经营活动密切相关的行政法规、规章、行政规范性文件时，不按照规定听取市场主体、行业协会商会的意见；

（十一）其他不履行优化营商环境职责或者损害营商环境的情形。

第七十条 公用企事业单位有下列情形之一的，由有关部门责令改正，依法追究法律责任：

（一）不向社会公开服务标准、资费标准、办理时限等信息；

（二）强迫市场主体接受不合理的服务条件；

（三）向市场主体收取不合理费用。

第七十一条 行业协会商会、中介服务机构有下列情形之一的，由有关部门责令改正，依法追究法律责任：

（一）违法开展收费、评比、认证等行为；

（二）违法干预市场主体加入或者退出行业协会商会等社会组织；

（三）没有法律、法规依据，强制或者变相强制市场主体参加评比、达标、表彰、培训、考核、考试以及类似活动，或者借前述活动向市场主体收费或者变相收费；

（四）不向社会公开办理法定行政审批中介服务的条件、流程、时限、收费标准；

（五）违法强制或者变相强制市场主体接受中介服务。

第七章　附　则

第七十二条　本条例自 2020 年 1 月 1 日起施行。

3. 关于《中华人民共和国招标投标法（修订草案公开征求意见稿）》公开征求意见的公告

按照今年[①]《政府工作报告》关于改革完善招投标制度的部署要求，为深化招投标领域“放管服”改革、优化营商环境、解决招投标市场存在的突出问题、促进经济高质量发展，经过前期调研、专家论证、广泛征求意见，国家发展改革委牵头会同有关部门起草了《中华人民共和国招标投标法（修订草案公开征求意见稿）》，现向社会公开征求意见。

欢迎有关单位和社会各界人士在2020年1月1日前，登录国家发展改革委门户网站（http：//www. ndrc. gov. cn）首页“互动交流”板块，进入“意见征求”专栏，就《中华人民共和国招标投标法（修订草案公开征求意见稿）》提出宝贵意见建议。

感谢您的参与和支持！

附件：1.《中华人民共和国招标投标法（修订草案公开征求意见稿）》。（略）

2. 起草说明（见下页）。

国家发展改革委

2019年12月3日

① 本书第五篇中的“今年”指的是2019年。

4.《中华人民共和国招标投标法（修订草案公开征求意见稿）》起草说明

按照今年《政府工作报告》关于改革完善招投标制度的部署要求，为深化招投标领域“放管服”改革、优化营商环境、解决招投标市场存在的突出问题、促进经济高质量发展，经过前期调研、专家论证、广泛征求意见，国家发展改革委牵头会同有关部门起草了《中华人民共和国招标投标法（修订草案公开征求意见稿）》（以下简称《征求意见稿》）。现将有关情况说明如下。

一、修订的必要性

招投标制度是社会主义市场经济体制的重要组成部分。《招标投标法》自 2000 年颁布实施以来，我国招投标事业取得长足发展，招投标市场不断壮大，行政监督管理体制逐步完善，招投标制度规则日趋完备。随着实践不断发展，招投标领域出现了许多新情况、新问题。加快修订《招标投标法》，一是优化招投标市场营商环境的迫切需要。招投标市场存在的围标串标、弄虚作假、排斥限制潜在投标人、低质低价中标等突出问题严重破坏公平竞争的市场环境，需要从提高公开透明度、完善评标制度、加强信用体系建设、强化行政监督、加大违法行为惩处力度等方面加以解决。二是深化招投标领域“放管服”改革的迫切需要。当前招投标行政管理的重心尚未实现从事前审批核准向事中事后监管的转变，招标人主体责任落实不到位，招投标效率有待提高，需要进一步深化改革，充分发挥市场配置资源的决定性作用，更好发挥政府作用，降低制度性交易成本，同时切实强化监管。三是更好发挥招投标政策功能的迫切需要。现行《招标投标法》对鼓励科技创新、节约能源资源、生态环保缺乏有针对性的制度安排，低质低价中标等问题也不符合深化供给侧结构性改革、促进制造业高质量发展等要求，需要完善相关制度设计，更好地服务于国家相关政策的落实落地。四是推动招投标行业转型升级和与国际规则接轨的迫切需要。近年来电子招投标、工程总承包、集中招标、政府和社会资本合作等新业态新模式蓬勃发展，《招标投标法》应当主动适应新形势，为推动行业转型升级提供法治保障。为促进我国更高水平对外开放，也有必要推动我国招投标法律制度进一步与国际通行公共采购规则衔接。

二、修订的总体思路

《征求意见稿》坚持以习近平新时代中国特色社会主义思想为指导，深入贯彻党的十九大和十九届二中、三中、四中全会精神，按照党中央、国务院深化“放管服”改革和优化营商环境的部署要求，着力完善招投标基本制度，助力经济高质量发展。

一是坚持问题导向。《招标投标法》涉及领域和行业广泛、利益主体多元、运行机制复杂、监管链条较长，社会各界高度关注。我们聚焦《招标投标法》实施以来招标人、投标人、招标代理机构以及行政监督部门反映强烈的突出问题，特别是排斥限制潜在投标人、围标串标、低质低价中标、评标质量不高、随意废标等，深入科学论证，提出制度化解决方案。

二是坚持处理好政府与市场的关系。厘清招投标活动各方职责定位，实现权责相匹配。切实转变政府职能，对应当由市场主体自主决策的，充分尊重市场主体权利，并明确相应的责任，减少对市场主体特别是民营企业招投标活动的干预；对属于政府职责范围的事项，创新监管机制，强化事中事后监管，提高监管能力和水平，切实管住管好。

三是坚持与时俱进。充分发挥招投标对深化供给侧结构性改革、促进经济高质量发展的政策功能，通过改革招标规则推动落实国家产业政策。适应信息化等发展趋势，积极推动招投标行业转型升级。在牢牢立足我国基本经济制度、市场发展阶段、现行法律框架以及监管实际需要的同时，借鉴国际有益经验。

三、修订的主要内容

《征求意见稿》共 8 章，94 条，对现行《招标投标法》修改 58 条，增加 28 条，删除 2 条，维持 8 条不变。修订内容主要涉及以下八个方面。

（一）推进招投标领域简政放权。进一步清晰界定了必须进行招标的项目范围，大幅放宽对民间投资项目的采购方式要求，激发民间投资活力。取消企业投资项目招标方案核准、自行招标备案等多项事前核准、备案事项，更多采用事中事后监管，降低制度性交易成本。

（二）提高招投标公开透明度和规范化水平。大幅增加招标公告、招标文件、中标公示等应当载明的事项范围。充分保障潜在投标人和投标人对资格预审、评标、定标结果的知情权。借鉴国际惯例首次对招标计划公开作出规定。大力推广使用标准招标文件。

（三）落实招标人自主权。进一步明确招标人在选择代理机构、编制招标文件、选择资格审查方式、委派代表进入评标委员会、根据评标结果确定中标人等方面的自主权，同时强调招标人对招标过程和招标结果的主体责任，提高招投标质量。

（四）提高招投标效率。根据实践需要，有条件地缩短了招标时限要求，兼顾效率和公平。明确两次招标失败、中标人不符合中标条件、中标人不履行合同等情形下的解决方式，避免反复重新招标。

（五）解决低质低价中标问题。严格限定经评审的最低投标价法的适用范围。在评标环节引入异常低价投标处理程序，有效管控合同履行风险。鼓励在价格评审因素中引入全生命周期成本理念。

（六）充分发挥招投标促进高质量发展的政策功能。鼓励招标人合理设置科技创新、节约能源资源、生态环保等要求和条件，倡导绿色采购，禁止招标文件套用特定生产供应者的条件设定招标项目技术标准，为高质量、创新型产品进入市场营造良好环境。

（七）为招投标实践发展提供法治保障。明确总承包招标、集中招标、两阶段招标等招标组织形式的法律地位。积极促进电子招投标推广应用。明确政府和社会资本合作项目遴选社会资本方有关招标要求。扩大了允许自然人投标的项目范围。

（八）加强和创新招投标监管。加强招投标领域信用体系建设。强化标后合同履行情况监管，解决招投标与合同履行脱节问题。加强对招标代理行为和评标专家行为的监管。加大对围标串标等违法行为惩戒力度。推动行政监督部门建立抽查检查机制。引入仲裁、调解等多元化纠纷解决方式。

同时，对现行《招标投标法》未规定的招标终止、异议与投诉处理程序、招标档案管理、投标担保和履约担保等基本制度作了补充规定，对法律实施过程中有关方面理解和执行上存在疑问的规定作了进一步明确。

四、其他需要说明的问题

《招标投标法》是招投标领域的基础性法律，此次修订重点着眼于招投标基本制度的修改完善，不拘泥于一些可以在执行过程中细化或解释的问题。下一步，我委将会同国务院有关部门尽快启动《招标投标法实施条例》以及配套部门规章的修订工作，对广大市场主体普遍关注的一些操作层面问题作具体细化规定。

政府采购领域文件汇编

1. 中央全面深化改革委员会通过《深化政府采购制度改革方案》

中共中央总书记、国家主席、中央军委主席、中央全面深化改革委员会主任习近平11月14日下午主持召开中央全面深化改革委员会第五次会议并发表重要讲话。他强调，庆祝改革开放40周年，要以新时代中国特色社会主义思想为指导，深刻总结改革开放光辉历程和宝贵经验，引导广大干部群众充分认识改革开放重大意义和伟大成就，增强“四个意识”，坚定“四个自信”，继续高举改革开放伟大旗帜，把握完善和发展中国特色社会主义制度、推进国家治理体系和治理能力现代化的总目标，不断把新时代改革开放继续推向前进。

中共中央政治局常委、中央全面深化改革委员会副主任王沪宁、韩正出席会议。

会议指出，深化政府采购制度改革要坚持问题导向，强化采购人主体责任，建立集中采购机构竞争机制，改进政府采购代理和评审机制，健全科学高效的采购交易机制，强化政府采购政策功能措施，健全政府采购监督管理机制，加快形成采购主体职责清晰、交易规则科学高效、监管机制健全、政策功能完备、法律制度完善、技术支撑先进的现代政府采购制度。

2. 中华人民共和国财政部令第 101 号：《政府采购信息发布管理办法》

《政府采购信息发布管理办法》已经财政部部务会议审议通过，现予公布，自 2020 年 3 月 1 日起施行。

部长　刘昆

2019 年 11 月 27 日

第一条　为了规范政府采购信息发布行为，提高政府采购透明度，根据《中华人民共和国政府采购法》《中华人民共和国政府采购法实施条例》等有关法律、行政法规，制定本办法。

第二条　政府采购信息发布，适用本办法。

第三条　本办法所称政府采购信息，是指依照政府采购有关法律制度规定应予公开的公开招标公告、资格预审公告、单一来源采购公示、中标（成交）结果公告、政府采购合同公告等政府采购项目信息，以及投诉处理结果、监督检查处理结果、集中采购机构考核结果等政府采购监管信息。

第四条　政府采购信息发布应当遵循格式规范统一、渠道相对集中、便于查找获得的原则。

第五条　财政部指导和协调全国政府采购信息发布工作，并依照政府采购法律、行政法规有关规定，对中央预算单位的政府采购信息发布活动进行监督管理。

地方各级人民政府财政部门（以下简称财政部门）对本级预算单位的政府采购信息发布活动进行监督管理。

第六条　财政部对中国政府采购网进行监督管理。省级（自治区、直辖市、计划单列市）财政部门对中国政府采购网省级分网进行监督管理。

第七条　政府采购信息应当按照财政部规定的格式编制。

第八条　中央预算单位政府采购信息应当在中国政府采购网发布，地方预算单位政府采购信息应当在所在行政区域的中国政府采购网省级分网发布。

除中国政府采购网及其省级分网以外，政府采购信息可以在省级以上财政部门指定的其他媒体同步发布。

第九条　财政部门、采购人和其委托的采购代理机构（以下统称发布主体）应当对其提供的政府采购信息的真实性、准确性、合法性负责。

中国政府采购网及其省级分网和省级以上财政部门指定的其他媒体（以下统称指定媒体）应当对其收到的政府采购信息发布的及时性、完整性负责。

第十条　发布主体发布政府采购信息不得有虚假和误导性陈述，不得遗漏依法必须公开的事项。

第十一条　发布主体应当确保其在不同媒体发布的同一政府采购信息内容一致。

在不同媒体发布的同一政府采购信息内容、时间不一致的，以在中国政府采购网或者其省级分网发布的信息为准。同时在中国政府采购网和省级分网发布的，以在中国政府采购网上发布的信息为准。

第十二条 指定媒体应当采取必要措施，对政府采购信息发布主体的身份进行核验。

第十三条 指定媒体应当及时发布收到的政府采购信息。

中国政府采购网或者其省级分网应当自收到政府采购信息起1个工作日内发布。

第十四条 指定媒体应当加强安全防护，确保发布的政府采购信息不被篡改、不遗漏，不得擅自删除或者修改信息内容。

第十五条 指定媒体应当向发布主体免费提供信息发布服务，不得向市场主体和社会公众收取信息查阅费用。

第十六条 采购人或者其委托的采购代理机构未依法在指定媒体上发布政府采购项目信息的，依照政府采购法实施条例第六十八条追究法律责任。

采购人或者其委托的采购代理机构存在其他违反本办法规定行为的，由县级以上财政部门依法责令限期改正，给予警告，对直接负责的主管人员和其他直接责任人员，建议其行政主管部门或者有关机关依法依规处理，并予通报。

第十七条 指定媒体违反本办法规定的，由实施指定行为的省级以上财政部门依法责令限期改正，对直接负责的主管人员和其他直接责任人员，建议其行政主管部门或者有关机关依法依规处理，并予通报。

第十八条 财政部门及其工作人员在政府采购信息发布活动中存在懒政怠政、滥用职权、玩忽职守、徇私舞弊等违法违纪行为的，依照《中华人民共和国政府采购法》《中华人民共和国公务员法》《中华人民共和国监察法》《中华人民共和国政府采购法实施条例》等国家有关规定追究相应责任；涉嫌犯罪的，依法移送有关国家机关处理。

第十九条 涉密政府采购项目信息发布，依照国家有关规定执行。

第二十条 省级财政部门可以根据本办法制定具体实施办法。

第二十一条 本办法自2020年3月1日起施行。财政部2004年9月11日颁布实施的《政府采购信息公告管理办法》（财政部令第19号）同时废止。

3. 财政部 发展改革委 生态环境部 市场监管总局关于调整优化节能产品、环境标志产品政府采购执行机制的通知

有关中央预算单位，各省、自治区、直辖市、计划单列市财政厅（局）、发展改革委（经信委、工信委、工信厅、经信局）、生态环境厅（局）、市场监管部门，新疆生产建设兵团财政局、发展改革委、工信委、环境保护局、市场监管局：

为落实“放管服”改革要求，完善政府绿色采购政策，简化节能（节水）产品、环境标志产品政府采购执行机制，优化供应商参与政府采购活动的市场环境，现就节能产品、环境标志产品政府采购有关事项通知如下：

一、对政府采购节能产品、环境标志产品实施品目清单管理。财政部、发展改革委、生态环境部等部门根据产品节能环保性能、技术水平和市场成熟程度等因素，确定实施政府优先采购和强制采购的产品类别及所依据的相关标准规范，以品目清单的形式发布并适时调整。不再发布“节能产品政府采购清单”和“环境标志产品政府采购清单”。

二、依据品目清单和认证证书实施政府优先采购和强制采购。采购人拟采购的产品属于品目清单范围的，采购人及其委托的采购代理机构应当依据国家确定的认证机构出具的、处于有效期之内的节能产品、环境标志产品认证证书，对获得证书的产品实施政府优先采购或强制采购。

三、逐步扩大节能产品、环境标志产品认证机构范围。根据认证机构发展状况，市场监管总局商有关部门按照试点先行、逐步放开、有序竞争的原则，逐步增加实施节能产品、环境标志产品认证的机构。加强对相关认证市场监管力度，推行“双随机、一公开”监管，建立认证机构信用监管机制，严厉打击认证违法行为。

四、发布认证机构和获证产品信息。市场监管总局组织建立节能产品、环境标志产品认证结果信息发布平台，公布相关认证机构和获证产品信息。节能产品、环境标志产品认证机构应当建立健全数据共享机制，及时向认证结果信息发布平台提供相关信息。中国政府采购网（www. ccgp. gov. cn）建立与认证结果信息发布平台的链接，方便采购人和采购代理机构查询、了解认证机构和获证产品相关情况。

五、加大政府绿色采购力度。对于已列入品目清单的产品类别，采购人可在采购需求中提出更高的节约资源和保护环境要求，对符合条件的获证产品给予优先待遇。对于未列入品目清单的产品类别，鼓励采购人综合考虑节能、节水、环保、循环、低碳、再生、有机等因素，参考相关国家标准、行业标准或团体标准，在采购需求中提出相关绿色采购要求，促进绿色产品推广应用。

六、本通知自 2019 年 4 月 1 日起执行。《财政部 生态环境部关于调整公布第二十

二期环境标志产品政府采购清单的通知》（财库〔2018〕70 号）和《财政部 国家发展改革委关于调整公布第二十四期节能产品政府采购清单的通知》（财库〔2018〕73 号）同时停止执行。

财政部 发展改革委 生态环境部 市场监管总局

2019 年 2 月 1 日

4. 关于印发环境标志产品政府采购品目清单的通知

有关中央预算单位，各省、自治区、直辖市、计划单列市财政厅（局）、生态环境厅（局），新疆生产建设兵团财政局、环境保护局：

根据《财政部 发展改革委 生态环境部 市场监管总局关于调整优化节能产品、环境标志产品政府采购执行机制的通知》（财库〔2019〕9 号），我们研究制定了环境标志产品政府采购品目清单，现印发给你们，请遵照执行。

附件：环境标志产品政府采购品目清单（见“5.”）。

财政部 生态环境部

2019 年 3 月 29 日

5. 环境标志产品政府采购品目清单（2019 年）

品目序号	名　称			依据的标准
1	A020101 计算机设备	A02010103 服务器		HJ2507 网络服务器
		A02010104 台式计算机		HJ2536 微型计算机、显示器
		A02010105 便携式计算机		HJ2536 微型计算机、显示器
		A02010107 平板式微型计算机		HJ2536 微型计算机、显示器
		A02010108 网络计算机		HJ2536 微型计算机、显示器
		A02010109 计算机工作站		HJ2536 微型计算机、显示器
		A02010199 其他计算机设备		HJ2536 微型计算机、显示器
2	A020106 输入输出设备	A02010601 打印设备	A0201060101 喷墨打印机	HJ2512 打印机、传真机及多功能一体机
			A0201060102 激光打印机	HJ2512 打印机、传真机及多功能一体机
			A0201060103 热式打印机	HJ2512 打印机、传真机及多功能一体机
			A0201060104 针式打印机	HJ2512 打印机、传真机及多功能一体机
		A02010604 显示设备	A0201060401 液晶显示器	HJ2536 微型计算机、显示器
			A0201060499 其他显示器	HJ2536 微型计算机、显示器
		A02010609 图形图像输入设备	A0201060901 扫描仪	HJ2517 扫描仪

续　表

品目序号	名　称			依据的标准
3	A020202 投影仪			HJ2516 投影仪
4	A020201 复印机			HJ424 数字式复印（包括多功能）设备
5	A020204 多功能一体机			HJ424 数字式复印（包括多功能）设备
6	A020210 文印设备	A02021001 速印机		HJ472 数字式一体化速印机
7	A020301 载货汽车（含自卸汽车）			HJ2532 轻型汽车
8	A020305 乘用车（轿车）	A02030501 轿车		HJ2532 轻型汽车
		A02030599 其他乘用车（轿车）		HJ2532 轻型汽车
9	A020306 客车	A02030601 小型客车		HJ2532 轻型汽车
10	A020307 专用车辆	A02030799 其他专用汽车		HJ2532 轻型汽车
11	A020523 制冷空调设备	A02052301 制冷压缩机		HJ2531 工商用制冷设备
		A02052305 空调机组		HJ2531 工商用制冷设备
		A02052309 专用制冷、空调设备		HJ2531 工商用制冷设备
12	A020618 生活用电器	A02061802 空气调节电器	A0206180203 空调机	HJ2535 房间空气调节器
		A02061808 热水器		HJ/T362 太阳能集热器

续 表

品目序号	名 称			依据的标准
13	A020619 照明设备	A02061908 室内照明灯具		HJ2518 照明光源
14	A020810 传真及数据数字通信设备	A02081001 传真通信设备		HJ2512 打印机、传真机及多功能一体机
15	A020910 电视设备	A02091001 普通电视设备（电视机）		HJ2506 彩色电视广播接收机
		A02091003 特殊功能应用电视设备		HJ2506 彩色电视广播接收机
16	A0601 床类	A060101 钢木床类		HJ2547 家具/HJ2540 木塑制品
		A060104 木制床类		HJ2547 家具/HJ2540 木塑制品
		A060199 其他床类		HJ2547 家具/HJ2540 木塑制品
17	A0602 台、桌类	A060201 钢木台、桌类		HJ2547 家具/HJ2540 木塑制品
		A060205 木制台、桌类		HJ2547 家具/HJ2540 木塑制品
		A060299 其他台、桌类		HJ2547 家具/HJ2540 木塑制品
18	A0603 椅凳类	A060301 金属骨架为主的椅凳类		HJ2547 家具/HJ2540 木塑制品
		A060302 木骨架为主的椅凳类		HJ2547 家具/HJ2540 木塑制品
		A060399 其他椅凳类		HJ2547 家具/HJ2540 木塑制品
19	A0604 沙发类	A060499 其他沙发类		HJ2547 家具/HJ2540 木塑制品
20	A0605 柜类	A060501 木质柜类		HJ2547 家具/HJ2540 木塑制品
		A060503 金属质柜类		HJ2547 家具/HJ2540 木塑制品
		A060599 其他柜类		HJ2547 家具/HJ2540 木塑制品
21	A0606 架类	A060601 木质架类		HJ2547 家具/HJ2540 木塑制品
		A060602 金属质架类		HJ2547 家具/HJ2540 木塑制品

续　表

品目序号	名　称			依据的标准
22	A0607 屏风类	A060701 木质屏风类		HJ2547 家具/HJ2540 木塑制品
		A060702 金属质屏风类		HJ2547 家具/HJ2540 木塑制品
23	A060804 水池			HJ/T296 卫生陶瓷
24	A060805 便器			HJ/T296 卫生陶瓷
25	A060806 水嘴			HJ/T411 水嘴
26	A0609 组合家具			HJ2547 家具/HJ2540 木塑制品
27	A0610 家用家具零配件			HJ2547 家具/HJ2540 木塑制品
28	A0699 其他家具用具			HJ2547 家具/HJ2540 木塑制品
29	A070101 棉、化纤纺织及印染原料			HJ2546 纺织产品
30	A090101 复印纸（包括再生复印纸）			HJ410 文化用纸
31	A090201 鼓粉盒（包括再生鼓粉盒）			HJ/T413 再生鼓粉盒
32	A100203 人造板	A10020301 胶合板		HJ571 人造板及其制品
		A10020302 纤维板		HJ571 人造板及其制品
		A10020303 刨花板		HJ571 人造板及其制品
		A10020304 细木工板		HJ571 人造板及其制品
		A10020399 其他人造板		HJ571 人造板及其制品
33	A100204 二次加工材，相关板材	A10020404 人造板表面装饰板		HJ571 人造板及其制品/HJ2540 木塑制品
		A10020404 人造板表面装饰板（地板）		HJ571 人造板及其制品/HJ2540 木塑制品

续　表

品目序号	名　称			依据的标准
34	A100301 水泥熟料及水泥	A10030102 水泥		HJ2519 水泥
35	A100303 水泥混凝土制品	A10030301 商品混凝土		HJ/T412 预拌混凝土
36	A100304 纤维增强水泥制品	A10030402 纤维增强硅酸钙板		HJ/T223 轻质墙体板材
		A10030403 无石棉纤维水泥制品		HJ/T223 轻质墙体板材
37	A100305 轻质建筑材料及制品	A10030501 石膏板		HJ/T223 轻质墙体板材
		A10030503 轻质隔墙条板		HJ/T223 轻质墙体板材
38	A100307 建筑陶瓷制品	A10030701 瓷质砖		HJ/T297 陶瓷砖
		A10030704 炻质砖		HJ/T297 陶瓷砖
		A10030705 陶质砖		HJ/T297 陶瓷砖
		A10030799 其他建筑陶瓷制品		HJ/T297 陶瓷砖
39	A100309 建筑防水卷材及制品	A10030901 沥青和改性沥青防水卷材		HJ455 防水卷材
		A10030903 自粘防水卷材		HJ455 防水卷材
		A10030906 高分子防水卷（片）材		HJ455 防水卷材
40	A100310 隔热、隔音人造矿物材料及其制品	A10031001 矿物绝热和吸声材料		HJ/T223 轻质墙体板材
		A10031002 矿物材料制品		HJ/T223 轻质墙体板材
41	A100601 功能性建筑涂料			HJ2537 水性涂料
42	A100399 其他非金属矿物制品	A10039901 其他非金属建筑材料		HJ456 刚性防水材料

续　表

品目序号	名　称			依据的标准
43	A100602 墙面涂料	A10060202 合成树脂乳液内墙涂料		HJ2537 水性涂料
		A10060203 合成树脂乳液外墙涂料		HJ2537 水性涂料
		A10060299 其他墙面涂料		HJ2537 水性涂料
44	A100604 防水涂料	A10060499 其他防水涂料		HJ2537 水性涂料
45	A100699 其他建筑涂料			HJ2537 水性涂料
46	A100701 门、门槛			HJ/T237 塑料门窗/HJ459 木质门和钢质门
47	A100702 窗			HJ/T237 塑料门窗
48	A170108 涂料（建筑涂料除外）			HJ2537 水性涂料
49	A170112 密封用填料及类似品			HJ2541 胶粘剂
50	A180201 塑料制品			HJ/T226 建筑用塑料管材/HJ/T231 再生塑料制品

注：环境标志产品认证应依据相关标准的最新版本。

6. 关于印发节能产品政府采购品目清单的通知

有关中央预算单位，各省、自治区、直辖市、计划单列市财政厅（局）、发展改革委（经信委、工信委、工信厅、经信局），新疆生产建设兵团财政局、发展改革委：

根据《财政部 发展改革委 生态环境部 市场监管总局关于调整优化节能产品、环境标志产品政府采购执行机制的通知》（财库〔2019〕9号），我们研究制定节能产品政府采购品目清单，现印发给你们，请遵照执行。

附件：节能产品政府采购品目清单（见“7.”）。

财政部 发展改革委

2019年4月2日

7. 节能产品政府采购品目清单（2019 年）

品目序号	名称			依据的标准
1	A020101 计算机设备	★A02010104 台式计算机		《微型计算机能效限定值及能效等级》（GB 28380）
		★A02010105 便携式计算机		《微型计算机能效限定值及能效等级》（GB 28380）
		★A02010107 平板式微型计算机		《微型计算机能效限定值及能效等级》（GB 28380）
2	A020106 输入输出设备	A02010601 打印设备	A0201060101 喷墨打印机	《复印机、打印机和传真机能效限定值及能效等级》（GB 21521）
			★A0201060102 激光打印机	《复印机、打印机和传真机能效限定值及能效等级》（GB 21521）
			★A0201060104 针式打印机	《复印机、打印机和传真机能效限定值及能效等级》（GB 21521）
		A02010604 显示设备	★A0201060401 液晶显示器	《计算机显示器能效限定值及能效等级》（GB 21520）
		A02010609 图形图像输入设备	A0201060901 扫描仪	参照《复印机、打印机和传真机能效限定值及能效等级》（GB 21521）中打印速度为 15 页/分的针式 打印机相关要求
3	A020202 投影仪			《投影机能效限定值及能效等级》（GB 32028）
4	A020204 多功能一体机			《复印机、打印机和传真机能效限定值及能效等级》（GB 21521）
5	A020519 泵	A02051901 离心泵		《清水离心泵能效限定值及节能评价值》（GB 19762）

续 表

品目序号	名 称			依据的标准
6	A020523 制冷空调设备	★A02052301 制冷压缩机	冷水机组	《冷水机组能效限定值及能效等级》（GB 19577）；《低环境温度空气源热泵（冷水）机组能效限定值及能效等级》（GB 37480）
			水源热泵机组	《水（地）源热泵机组能效限定值及能效等级》（GB 30721）
			溴化锂吸收式冷水机组	《溴化锂吸收式冷水机组能效限定值及能效等级》（GB 29540）
		★A02052305 空调机组	多联式空调（热泵）机组（制冷量>14000W）	《多联式空调（热泵）机组能效限定值及能源效率等级》（GB 21454）
			单元式空气调节机（制冷量>14000W）	《单元式空气调节机能效限定值及能效等级》（GB 19576）；《风管送风式空调机组能效限定值及能效等级》（GB 37479）
		★A02052309 专用制冷、空调设备	机房空调	《单元式空气调节机能效限定值及能效等级》（GB 19576）
		A02052399 其他制冷空调设备	冷却塔	《机械通风冷却塔 第1部分：中小型开式冷却塔》（GB/T 7190.1）；《机械通风冷却塔 第2部分：大型开式冷却塔》（GB/T 7190.2）
7	A020601 电机			《中小型三相异步电动机能效限定值及能效等级》（GB 18613）
8	A020602 变压器	配电变压器		《三相配电变压器能效限定值及能效等级》（GB 20052）
9	★A020609 镇流器	管型荧光灯镇流器		《管形荧光灯镇流器能效限定值及能效等级》（GB 17896）

续　表

品目序号	名　称			依据的标准
10	A020618 生活用电器	A0206180101 电冰箱		《家用电冰箱耗电量限定值及能效等级》（GB 12021.2）
		★A0206180203 空调机	房间空气调节器	《转速可控型房间空气调节器能效限定值及能效等级》（GB 21455—2013），待 2019 年修订发布后，按《房间空气调节器能效限定值及能效等级》（GB 21455—2019）实施
			多联式空调（热泵）机组（制冷量≤14000W）	《多联式空调（热泵）机组能效限定值及能源效率等级》（GB 21454）
			单元式空气调节机（制冷量≤14000W）	《单元式空气调节机能效限定值及能源效率等级》（GB 19576）；《风管送风式空调机组能效限定值及能效等级》（GB 37479）
		A0206180301 洗衣机		《电动洗衣机能效水效限定值及等级》（GB 12021.4）
		A02061808 热水器	★电热水器	《储水式电热水器能效限定值及能效等级》（GB 21519）
			燃气热水器	《家用燃气快速热水器和燃气采暖热水炉能效限定值及能效等级》（GB 20665）
			热泵热水器	《热泵热水机（器）能效限定值及能效等级》（GB 29541）
			太阳能热水系统	《家用太阳能热水系统能效限定值及能效等级》（GB 26969）
11	A020619 照明设备	★普通照明用双端荧光灯		《普通照明用双端荧光灯能效限定值及能效等级》（GB 19043）
		LED 道路/隧道照明产品		《道路和隧道照明用 LED 灯具能效限定值及能效等级》（GB 37478）

续 表

品目序号	名 称			依据的标准
11	A020619 照明设备	LED 筒灯		《室内照明用 LED 产品能效限定值及能效等级》（GB 30255）
		普通照明用非定向自镇流 LED 灯		《室内照明用 LED 产品能效限定值及能效等级》（GB 30255）
12	★ A020910 电视设备	A02091001 普通电视设备（电视机）		《平板电视能效限定值及能效等级》（GB 24850）
13	★ A020911 视频设备	A02091107 视频监控设备	监视器	以射频信号为主要信号输入的监视器应符合《平板电视能效限定值及能效等级》（GB 24850），以数字信号为主要信号输入的监视器应符合《计算机显示器能效限定值及能效等级》（GB 21520）
14	A031210 饮食炊事机械	商用燃气灶具		《商用燃气灶具能效限定值及能效等级》（GB 30531）
15	★ A060805 便器	坐便器		《坐便器水效限定值及水效等级》（GB 25502）
		蹲便器		《蹲便器用水效率限定值及用水效率等级》（GB 30717）
		小便器		《小便器用水效率限定值及用水效率等级》（GB 28377）
16	★ A060806 水嘴			《水嘴用水效率限定值及用水效率等级》（GB 25501）
17	A060807 便器冲洗阀			《便器冲洗阀用水效率限定值及用水效率等级》（GB 28379）
18	A060810 淋浴器			《淋浴器用水效率限定值及用水效率等级》（GB 28378）

注：1. 节能产品认证应依据相关国家标准的最新版本，依据国家标准中二级能效（水效）指标。

2. 上述产品中认证标准发生变更的，依据原认证标准获得的、仍在有效期内的认证证书可使用至 2019 年 6 月 1 日。

3. 以“★”标注的为政府强制采购产品。

8. 市场监管总局关于发布参与实施政府采购节能产品、环境标志产品认证机构名录的公告

根据《财政部 发展改革委 生态环境部 市场监管总局关于调整优化节能产品、环境标志产品政府采购执行机制的通知》（财库〔2019〕9号）和《市场监管总局办公厅关于扩大参与实施政府采购节能产品、环境标志产品认证机构范围的通知》（市监认证函〔2019〕513号）要求，经商财政部、发展改革委、生态环境部，市场监管总局已组织完成扩大参与实施政府采购节能产品、环境标志产品认证机构范围试点优选工作，现将《参与实施政府采购节能产品认证机构名录》《参与实施政府采购环境标志产品认证机构名录》予以公布。

自本公告发布后，新增认证机构应尽快完成政府采购认证信息系统对接，对接完成后方可开展相关认证工作。

市场监管总局

2019年4月3日

参与实施政府采购节能产品认证机构名录

<table>
<tr><th rowspan="2">序号</th><th colspan="2">一级目录</th><th colspan="2">二级目录</th><th rowspan="2">认证机构名录</th></tr>
<tr><th>产品代码</th><th>产品名称</th><th>产品代码</th><th>产品名称</th></tr>
<tr><td rowspan="3">1</td><td rowspan="3">A020101</td><td rowspan="3">计算机设备</td><td>A02010104</td><td>台式计算机</td><td rowspan="8">中国质量认证中心
北京赛西认证有限责任公司
中国网络安全审查技术与认证中心
广州赛宝认证中心服务有限公司</td></tr>
<tr><td>A02010105</td><td>便携式计算机</td></tr>
<tr><td>A02010107</td><td>平板式微型计算机</td></tr>
<tr><td rowspan="3">2</td><td rowspan="3">A020106</td><td rowspan="3">输入输出设备</td><td>A02010601</td><td>打印设备</td></tr>
<tr><td>A02010604</td><td>显示设备</td></tr>
<tr><td>A02010609</td><td>图形图像输入设备</td></tr>
<tr><td>3</td><td>A020202</td><td>投影仪</td><td></td><td></td></tr>
<tr><td>4</td><td>A020204</td><td>多功能一体机</td><td></td><td></td></tr>
<tr><td>5</td><td>A020519</td><td>泵</td><td>A02051901</td><td>离心泵</td><td>中国质量认证中心
电能（北京）认证中心有限公司
方圆标志认证集团有限公司</td></tr>
</table>

续 表

序号	一级目录		二级目录		认证机构名录
	产品代码	产品名称	产品代码	产品名称	
6	A020523	制冷空调设备	A02052301	制冷压缩机	中国质量认证中心 威凯认证检测有限公司 合肥通用机械产品认证有限公司 北京中冷通质量认证中心有限公司
			A02052305	空调机组	
			A02052309	专用制冷空调设备	
			A02052399	其他制冷空调设备	
7	A020601	电机			中国质量认证中心 威凯认证检测有限公司 电能（北京）认证中心有限公司 中国船级社质量认证公司
8	A020602	变压器			中国质量认证中心 电能（北京）认证中心有限公司 方圆标志认证集团有限公司
9	A020609	镇流器			中国质量认证中心 深圳市计量质量检测研究院 中标合信（北京）认证有限公司
10	A020618	生活用电器	A0206180101	电冰箱	中国质量认证中心 威凯认证检测有限公司 中家院（北京）检测认证有限公司
			A0206180203	空调机	中国质量认证中心 威凯认证检测有限公司 中家院（北京）检测认证有限公司 合肥通用机械产品认证有限公司

续　表

序号	一级目录		二级目录		认证机构名录
	产品代码	产品名称	产品代码	产品名称	
10	A020618	生活用电器	A0206180301	洗衣机	中国质量认证中心 威凯认证检测有限公司 中家院（北京）检测认证有限公司
			A02061808	热水器	中国质量认证中心 威凯认证检测有限公司 中家院（北京）检测认证有限公司 合肥通用机械产品认证有限公司（范围仅限于“热泵热水器”）
11	A020619	照明设备			中国质量认证中心 深圳市计量质量检测研究院 中标合信（北京）认证有限公司
12	A020910	电视设备	A02091001	普通电视设备（电视机）	中国质量认证中心 北京泰瑞特认证有限责任公司 广州赛宝认证中心服务有限公司
13	A020911	视频设备	A02091107	视频监控设备	
14	A031210	饮食炊事机械			中国质量认证中心 北京鉴衡认证中心 中国市政工程华北设计研究总院有限公司
15	A060805	便器			中国质量认证中心 北京新华节水产品认证有限公司 方圆标志认证集团有限公司
16	A060806	水嘴			
17	A060807	便器冲洗阀			
18	A060810	淋浴器			

参与实施政府采购环境标志产品认证机构名录

序号	目录	认证机构名录
1	环境标志产品	中环联合（北京）认证中心有限公司 中标合信（北京）认证有限公司 中环协（北京）认证中心 天津华诚认证有限公司

9. 财政部关于推进政府和社会资本合作规范发展的实施意见

各省、自治区、直辖市、计划单列市财政厅（局），新疆生产建设兵团财政局，财政部驻各省、自治区、直辖市、计划单列市财政监察专员办事处：

在公共服务领域推广运用政府和社会资本合作（PPP）模式，引入社会力量参与公共服务供给，提升供给质量和效率，是党中央、国务院作出的一项重大决策部署。为贯彻落实中央经济工作会议和全国财政工作会议精神，有效防控地方政府隐性债务风险，充分发挥 PPP 模式积极作用，落实好“六稳”工作要求，补齐基础设施短板，推动经济高质量发展，现提出如下意见：

一、牢牢把握推动 PPP 规范发展的总体要求

近年来，各级财政部门会同有关方面大力推进 PPP 工作，在稳增长、促改革、惠民生方面发挥了积极作用，但也存在超出自身财力、固化政府支出责任、泛化运用范围等问题。各级财政部门要进一步提高认识，遵循“规范运行、严格监管、公开透明、诚信履约”的原则，切实防控地方政府隐性债务风险，坚决打好防范化解重大风险攻坚战，扎实推进 PPP 规范发展。

（一）规范运行。健全制度体系，明确“正负面”清单，明确全生命周期管理要求，严格项目入库，完善“能进能出”动态调整机制，落实项目绩效激励考核。

（二）严格监管。坚持必要、可承受的财政投入原则，审慎科学决策，健全财政支出责任监测和风险预警机制，防止政府支出责任过多、过重加大财政支出压力，切实防控假借 PPP 名义增加地方政府隐性债务。

（三）公开透明。公平、公正、公开择优采购社会资本方。用好全国 PPP 综合信息平台，充分披露 PPP 项目全生命周期信息，保障公众知情权，对参与各方形成有效监督和约束。

（四）诚信履约。加强地方政府诚信建设，增强契约理念，充分体现平等合作原则，保障社会资本合法权益。依法依规将符合条件的 PPP 项目财政支出责任纳入预算管理，按照合同约定及时履约，增强社会资本长期投资信心。

二、规范推进 PPP 项目实施

（一）规范的 PPP 项目应当符合以下条件：

1. 属于公共服务领域的公益性项目，合作期限原则上在 10 年以上，按规定履行物有所值评价、财政承受能力论证程序。

2. 社会资本负责项目投资、建设、运营并承担相应风险，政府承担政策、法律等风险。

3. 建立完全与项目产出绩效相挂钩的付费机制，不得通过降低考核标准等方式，提前锁定、固化政府支出责任。

4. 项目资本金符合国家规定比例，项目公司股东以自有资金按时足额缴纳资本金。

5. 政府方签约主体应为县级及县级以上人民政府或其授权的机关或事业单位。

6. 按规定纳入全国 PPP 综合信息平台项目库，及时充分披露项目信息，主动接受社会监督。

（二）在符合上述条件的同时，新上政府付费项目原则上还应符合以下审慎要求：

1. 财政支出责任占比超过 5% 的地区，不得新上政府付费项目。按照“实质重于形式”原则，污水、垃圾处理等依照收支两条线管理、表现为政府付费形式的 PPP 项目除外。

2. 采用公开招标、邀请招标、竞争性磋商、竞争性谈判等竞争性方式选择社会资本方。

3. 严格控制项目投资、建设、运营成本，加强跟踪审计。

对于规避上述限制条件，将新上政府付费项目打捆、包装为少量使用者付费项目，项目内容无实质关联、使用者付费比例低于 10% 的，不予入库。

（三）强化财政支出责任监管。确保每一年度本级全部 PPP 项目从一般公共预算列支的财政支出责任，不超过当年本级一般公共预算支出的 10%。新签约项目不得从政府性基金预算、国有资本经营预算安排 PPP 项目运营补贴支出。建立 PPP 项目支出责任预警机制，对财政支出责任占比超过 7% 的地区进行风险提示，对超过 10% 的地区严禁新项目入库。

三、加强项目规范管理

各级财政部门要将规范运作放在首位，严格按照要求实施规范的 PPP 项目，不得出现以下行为：

（一）存在政府方或政府方出资代表向社会资本回购投资本金、承诺固定回报或保障最低收益的。通过签订阴阳合同，或由政府方或政府方出资代表为项目融资提供各种形式的担保、还款承诺等方式，由政府实际兜底项目投资建设运营风险的。

（二）本级政府所属的各类融资平台公司、融资平台公司参股并能对其经营活动构成实质性影响的国有企业作为社会资本参与本级 PPP 项目的。社会资本方实际只承担项目建设、不承担项目运营责任，或政府支出事项与项目产出绩效脱钩的。

（三）未经法定程序选择社会资本方的。未按规定通过物有所值评价、财政承受能力论证或规避财政承受能力 10% 红线，自行以 PPP 名义实施的。

（四）以债务性资金充当项目资本金，虚假出资或出资不实的。

（五）未按规定及时充分披露项目信息或披露虚假项目信息，严重影响行使公众知情权和社会监督权的。

对于存在本条（一）项情形，已入库项目应当予以清退，项目形成的财政支出责任，应当认定为地方政府隐性债务，依法依规提请有关部门对相关单位及个人予以严肃问责。

对于存在本条（二）至（五）项情形的，应在限期内进行整改。无法整改或逾期整改不到位的，已入库项目应当予以清退，涉及增加地方政府隐性债务的，依法依规提请有关部门予以问责和妥善处置。

四、营造规范发展的良好环境

各级财政部门要会同有关部门，多措并举，加强规范管理和分类指导，对重点领域、重点项目加大政策支持力度。

（一）鼓励民资和外资参与。加大对民营企业、外资企业参与PPP项目的支持力度，向民营企业推介政府信用良好、项目收益稳定的优质项目，并在同等条件下对民营企业参与项目给予优先支持。中央财政公共服务领域相关专项转移支付资金优先支持符合条件的民营企业参与的PPP项目。研究完善中国PPP基金绩效考核办法，将投资民营企业参与项目作为重要考核指标，引导中国PPP基金加大支持力度。各地在开展PPP项目时，不得对外资企业、中资境外分支机构参与设置歧视性条款或附加条件。提倡优质优价采购，应当根据采购项目需求特点，合理选择采购方式，进一步加强采购需求和履约验收管理，提高采购质量。

（二）加大融资支持。结合自身财力状况，因地制宜采取注入资本金、运营补贴等方式支持规范的PPP项目。引导保险资金、中国PPP基金加大项目股权投资力度，拓宽项目资本金来源。鼓励通过股权转让、资产交易、资产证券化等方式，盘活项目存量资产，丰富社会资本进入和退出渠道。

（三）聚焦重点领域。优先支持基础设施补短板以及健康、养老、文化、体育、旅游等基本公共服务均等化领域有一定收益的公益性项目。加快实施符合经济社会发展需要、决策程序完备、回报机制清晰、融资结构合理的项目。

（四）保障合理支出。符合条件的PPP项目形成的政府支出事项，以公众享受符合约定条件的公共服务为支付依据，是政府为公众享受公共服务提供运营补贴形成的经常性支出。各地要依法依规将规范的PPP项目财政支出纳入预算管理，重诺守约，稳定市场预期。

（五）加强信息披露。依托全国PPP综合信息平台，对PPP项目信息进行全流程公开披露、汇总统计和分析监测，完善项目库“能进能出”的动态调整机制，不以入库为项目合规“背书”，不以入库作为商业银行贷款条件。

（六）加强分类指导。对于在建项目，督促各方严格履约，保障出资到位，推动项目按期完工，避免出现“半拉子”项目。对于尚未开工的项目，督促各方严格按照要求加强合同条款审核，规范融资安排。对于进入采购阶段的项目，加强宣传推介和信息披露，吸引各类市场主体特别是民营企业和外资企业平等参与。同时，加强重大项目储备，扎实做好项目前期论证，推动形成远近结合、梯次接续的项目开发格局。

（七）强化PPP咨询机构库和专家库管理。咨询机构和专家要发挥专业作用，遵守职业操守，依法合规提供PPP项目咨询服务。对于包装不规范PPP项目增加隐性债务风险、出具咨询意见违反相关政策规定、收费标准偏离市场合理水平、对PPP项目实施造成消极影响和严重后果的咨询机构和专家，要按照规定严肃追究责任。

五、协同配合抓好落实

各级财政部门要提高站位，主动作为，加快推动建立协同配合、保障有力、措施到位的工作机制。

（一）加强部门协作，强化项目前期识别、论证和入库等环节的沟通协调与信息共享，扎实做好项目前期准备工作，夯实项目实施基础，推进科学决策。

（二）强化跟踪监测。加强对项目全生命周期的跟踪指导和监督检查，建立健全政策落实和项目实施督查机制。加大信息公开力度，主动接受审计监督和社会监督，推动项目规范有序实施。

（三）鼓励地方和部门因地制宜创新工作机制、加大政策扶持力度，加强经验总结和案例推广，工作推进中形成的经验做法和发现的重大问题，及时向财政部报告。

财政部

2019 年 3 月 7 日

10.《关于运用政府采购政策支持脱贫攻坚的通知》

各中央预算单位，各省、自治区、直辖市、计划单列市财政厅（局）、扶贫办（局），新疆生产建设兵团财政局、扶贫办：

为深入贯彻党的十九大精神和习近平总书记关于扶贫工作的重要论述，认真落实党中央、国务院关于打赢脱贫攻坚战的各项决策部署，进一步做好运用政府采购政策支持脱贫攻坚工作，现就有关事项通知如下：

一、充分认识运用好政府采购政策支持打赢脱贫攻坚战的重要性

党的十八大以来，以习近平同志为核心的党中央作出坚决打赢脱贫攻坚战的决定，推动脱贫攻坚战取得决定性进展。党的十九大提出将精准脱贫作为全面建成小康社会的三大攻坚战之一。打赢打好脱贫攻坚战，对如期全面建成小康社会，实现第一个一百年奋斗目标具有十分重要的意义。运用好政府采购这一财政调控手段支持打赢脱贫攻坚战，优先采购贫困地区农副产品和物业服务，是贯彻习近平总书记关于脱贫攻坚的新理念新思想新战略，落实《国务院办公厅关于深入开展消费扶贫助力打赢脱贫攻坚战的指导意见》（国办发〔2018〕129 号）的具体措施，有助于帮助贫困人口增收脱贫，调动贫困人口依靠自身努力实现脱贫致富的积极性，促进贫困人口稳定脱贫和贫困地区产业持续发展。各级财政部门、扶贫办及各级预算单位要切实提高政治站位，充分认识运用政府采购政策支持脱贫攻坚的重要意义，增强执行政策的自觉性和紧迫性，确保取得政策实效。

二、鼓励采用优先采购、预留采购份额方式采购贫困地区农副产品

各级预算单位采购农副产品的，同等条件下应优先采购贫困地区农副产品。各主管预算单位要做好统筹协调，确定并预留本部门各预算单位食堂采购农副产品总额的一定比例定向采购贫困地区农副产品。各级预算单位要按照积极稳妥的原则确定预留比例，购买贫困地区农副产品时要遵循就近、经济的原则，在确保完成既定预留比例的基础上，鼓励更多采购贫困地区农副产品，注重扶贫实际效果。

贫困地区农副产品是指 832 个国家级贫困县域内注册的企业、农民专业合作社、家庭农场等出产的农副产品。

三、鼓励优先采购聘用建档立卡贫困人员物业公司提供的物业服务

各级预算单位使用财政性资金采购物业服务的，有条件的应当优先采购注册地在 832 个国家级贫困县域内，且聘用建档立卡贫困人员物业公司提供的物业服务。对注册地在 832 个国家级贫困县域内，且聘用建档立卡贫困人员达到公司员工（含服务外包用工）30% 以上的物业公司，各级预算单位可根据符合条件的物业公司数量等具体情况，按规定履行有关变更采购方式报批程序后，采用竞争性谈判、竞争性磋商、单一来源采购等非公开招标采购方式，采购有关物业公司提供的物业服务。

各级预算单位要按照注重实效、切实可行的原则确定采购贫困地区物业服务的需求。按上述政策优先采购有关物业公司物业服务的，除按规定在政府采购指定媒体公开项目采购信息外，还应公开物业公司注册所在县扶贫部门出具的聘用建档立卡贫困人员具体数量的证明，确保支持政策落到实处，接受社会监督。

四、建立健全保障措施

财政部、国务院扶贫办会同有关部门制定优先采购贫困地区农副产品的实施方案，搭建贫困地区农副产品网络销售平台，提供高效便捷的贫困地区农副产品产销渠道，有序开展相关工作。各级扶贫办（局）要会同本级有关部门加强贫困地区农副产品货源组织，建立长期稳定的供给体系。

各主管预算单位应于2019年年底前将本部门各预算单位预留采购贫困地区农副产品的具体比例情况（详见附件），报同级财政部门和扶贫部门备案。自2020年起，各级财政部门和扶贫部门将定期统计和通报采购贫困地区农副产品情况，将采购贫困地区物业服务情况作为政府采购政策执行情况专项统计纳入政府采购信息统计范围，加强对各单位政策执行情况的督导。

附件：预算单位采购贫困地区农副产品预留份额情况表（略）。

财政部 国务院扶贫办

2019年5月27日

11. 财政部 国务院扶贫办 中华全国供销合作总社关于印发《政府采购贫困地区农副产品实施方案》的通知

各中央预算单位，各省、自治区、直辖市、计划单列市财政厅（局）、扶贫办（局）、供销合作社，新疆生产建设兵团财政局、扶贫办、供销合作社：

为贯彻《国务院办公厅关于深入开展消费扶贫助力打赢脱贫攻坚战的指导意见》（国办发〔2018〕129 号），根据《财政部 国务院扶贫办关于运用政府采购政策支持脱贫攻坚的通知》（财库〔2019〕27 号）有关规定，我们制定了《政府采购贫困地区农副产品实施方案》。现将方案印发给你们，请结合本地区、本单位实际情况，认真贯彻执行。

附件：政府采购贫困地区农副产品实施方案。

财政部 国务院扶贫办 供销合作总社

2019 年 8 月 5 日

附件：

《政府采购贫困地区农副产品实施方案》

为贯彻《国务院办公厅关于深入开展消费扶贫助力打赢脱贫攻坚战的指导意见》（国办发〔2018〕129 号）要求，根据《财政部 国务院扶贫办关于运用政府采购政策支持脱贫攻坚的通知》（财库〔2019〕27 号）有关规定，进一步运用好政府采购政策，鼓励动员各级预算单位等购买贫困地区农副产品，实施精准消费扶贫，带动建档立卡贫困户增收，助力打赢脱贫攻坚战，制定本方案。

一、总体要求

深入贯彻落实习近平总书记关于扶贫工作的重要论述，坚持精准扶贫精准脱贫基本方略，坚持政府引导、社会参与、市场运作、互利共赢原则，围绕贫困人口稳定脱贫和贫困地区长远发展，以国家级贫困县（以下简称贫困县）特别是深度贫困地区为重点，以促进贫困地区农副产品销售、建档立卡贫困户增收为目标，充分运用政府采购政策鼓励动员各级预算单位等通过优先采购、预留采购份额方式，采购贫困地区农副产品，助力打赢脱贫攻坚战。

二、任务目标

2019 年 10 月底前，建成集“交易、服务、监管”于一体的贫困地区农副产品网络销售平台（以下简称网络销售平台），实现贫困地区农副产品在线展示、网上交易、物流跟踪、在线支付、产品追溯的一站式聚合。

2019 年 10 月底前，编制国家级贫困县重点扶贫产品供应商名录（以下简称供应商名录），首批贫困地区农副产品入驻网络销售平台，鼓励各级预算单位通过网络销售平台先行启动贫困地区农副产品采购工作。建立政府采购政策支持消费扶贫数据库（以下简称消费扶贫数据库），启动政府采购贫困地区农副产品采购交易数据统计工作。

自2020年起，各级预算单位通过网络销售平台全面启动贫困地区农副产品采购工作，财政部、国务院扶贫办依托网络销售平台定期统计和通报采购情况。动态更新和丰富完善供应商名录，推动全社会广泛参与贫困地区农副产品采购工作，网络销售平台逐步向非政府采购领域拓展，全社会采购贫困地区农副产品的积极性活跃度显著增强。

三、重点工作

（一）加强贫困地区农副产品货源组织

国务院扶贫办组织指导相关省份加强贫困地区农副产品货源组织，建立完善供给体系。

贫困县扶贫部门在本地区党委、政府领导下做好农副产品货源组织工作，向省级扶贫部门推荐本地区农副产品和带贫能力强、产品质量好、有诚信的企业、合作社、家庭农场等市场主体，并对拟推荐的市场主体带贫益贫成效进行审核，出具相关证明。贫困县要引导本地区市场主体按照市场需求发展本地区特色优势产业，打造区域公共品牌，实现贫困地区农副产品产地、质量等可追溯。

有关省（区、市）扶贫办要结合本地区脱贫攻坚实际，会同有关部门对贫困县推荐的农副产品及市场主体进行审核，并向国务院扶贫办报送本地区重点扶贫农副产品和供应商建议名录。产品和供应商建议名录要向深度贫困地区倾斜，优先支持参与全国民营企业“万企帮万村”行动的市场主体。

国务院扶贫办对有关省（区、市）扶贫部门报送的重点扶贫产品及供应商进行甄别、汇总，形成供应商名录。

（二）搭建贫困地区农副产品销售平台

供销合作总社按照财政部、国务院扶贫办的有关要求，依托现有平台改造建设运营网络销售平台（网址：www. fupin832. com）。

网络销售平台按照落实政府采购支持脱贫攻坚政策要求、符合电商交易特点的原则，制定完善交易规则，编制用户操作手册，为采购人、供应商提供便捷高效的交易服务；列入供应商名录的市场主体按照网络销售平台有关要求注册上线，有关省份扶贫办和贫困县扶贫办在线对供应商身份进行审核把关；完善平台在线议价、价格监测、诚信评价等功能，按照市场化原则建立健全平台交易争议处理机制；做好交易信息统计工作，将各类采购主体纳入统计范围，为各级财政和扶贫部门交易监管、信息统计提供数据支撑。

网络销售平台实行“零收费”。除按商业原则由平台代收的通道费、第三方服务费及履约保证金外，不向供应商收取入场费、平台使用费等相关费用，不向预算单位收取交易服务费。

积极探索网络销售平台与其他经财政部和国务院扶贫办认可的贫困地区农副产品销售平台对接，拓宽预算单位采购贫困地区农副产品渠道，扩大平台影响力。

（三）组织引导预算单位购买贫困地区农副产品

各级财政部门负责汇总预算单位预留贫困地区农副产品采购比例等信息，指导本级预算单位采购贫困地区农副产品。各预算单位要加强农副产品采购工作的计划安排，按照预留比例通过网络销售平台采购贫困地区农副产品，严格按照合同约定支付货款，不得拖欠。

鼓励各级预算单位工会组织通过网络销售平台采购工会福利、慰问品等。有关单位工会采购金额纳入本单位扶贫统计范围。鼓励承担定点帮扶任务的中央企业和地方国有企业预留一定采购比例，通过网络销售平台采购贫困地区农副产品。

国务院扶贫办依托消费扶贫数据库统计、汇总各地区、各单位采购情况，作为其参与消费扶贫的重要依据。有下列情况之一者，可通过其他渠道购买，购买数额列入消费扶贫数据库统计范围：

（1）承担扶贫协作任务的、贫困县定点扶贫任务的预算单位购买扶贫协作地区和定点贫困县农副产品，并能够提供任务证明、采购凭证、带贫成效等相关佐证材料的；

（2）贫困县所属预算单位购买本县农副产品，并能够提供采购凭证、带贫成效等相关佐证材料的；

（3）在国务院扶贫办指导下，各省（区、市）和中央定点扶贫单位通过产销对接会等方式，组织本地区、本系统、本行业集中采购贫困县农副产品，并能够提供采购凭证、带贫成效等相关佐证材料的；

（4）其他经国务院扶贫办、财政部共同认可的采购行为。

有以上情况的预算单位需将佐证材料，按月上传至消费扶贫数据库，其中带贫成效主要是指带动建档立卡贫困人口数和增收数额，经贫困县扶贫办初审后报省级扶贫办审核认定。购买扶贫协作地区贫困县农副产品的预算单位还需本地区扶贫协作部门复核。

四、工作机制

（一）组织保障机制。财政部、国务院扶贫办会同供销合作总社等有关部门统筹推进贫困地区农副产品采购工作。各省级财政部门、扶贫部门要会同供销等有关部门建立协作机制，明确责任，形成合力，统筹推进、指导、协调本地区贫困地区农副产品采购工作。贫困县财政部门、扶贫部门要在地方党委、政府领导下，积极引导地方有关机构建立金融保障机制，运用保险、担保、小额贷款等方式为贫困地区农副产品销售提供金融支持；以电子商务进农村综合示范为基础，建设和完善贫困地区农村电商公共服务体系，加强物流配送体系建设。各级供销合作社要积极与供应商对接，协助扶贫部门做好货源组织、宣传培训和扶贫属性追溯等工作，为供应商提供仓储物流、电商运营等服务，配合有关部门做好产品质量追溯工作。

（二）利益联结机制。各级扶贫部门要把促进贫困地区农副产品销售、增加建档立卡贫困户收入作为主要目标，建立完善建档立卡贫困户和供应商之间的利益联结机制，切实把政府采购支持脱贫攻坚的成效体现在帮助贫困地区脱贫、贫困户增收上。对带贫益贫效果好的供应商可做优先重点推介。对带贫益贫效果弄虚作假的供应商，将取消供应商资格，情节严重的对所在贫困县和省份进行通报。

（三）宣传引导机制。各级财政部门、扶贫部门要做好本级预算单位培训指导工作，加强政府采购支持脱贫攻坚政策与成效宣传，在部分地区开展试点示范，及时总结推广典型案例和优秀做法，鼓励和引导各级预算单位加大采购贫困地区农副产品力度。

（四）激励约束机制。财政部和国务院扶贫办将定期对预算单位购买贫困地区农副产品、有关省份推进政府采购支持脱贫攻坚、供应商带贫益贫等情况进行通报。对工作积极、成效明显的预算单位和地方，予以通报表扬。建立供应商评价和退出机制。对存在弄虚作假、以次充好、扰乱市场行为的供应商取消入驻和上架资格，出现严重产品质量和食品安全问题的供应商，按照相关法律法规追究责任，并向所在贫困县进行通报；对供应商出现问题较多的贫困县及其所在省份进行通报，情节严重的限制或取消其推荐本地区农副产品和市场主体的资格。

（五）监督举报机制。坚持阳光操作，接受社会公众监督。发现平台或供应商有违法违规、虚假瞒报等情况，可及时向国务院扶贫办消费扶贫工作专班和“12317”监督举报电话举报。国务院扶贫办将委托第三方开展核查评估，组织专家、媒体等开展暗访，坚决杜绝弄虚作假、借机敛财、“搭便车”等现象。

五、实施步骤

2019 年 9 月 15 日前，各省级扶贫部门将本地区贫困县填写的《贫困县重点扶贫产品供应商推荐名录》（附 1）和审核认定后的《贫困县重点扶贫产品供应商建议名录》（附 2）报国务院扶贫办汇总。

2019 年 10 月底前，网络销售平台上线运行，消费扶贫数据库系统启用，部分地区启动试点示范。国务院扶贫办会同有关部门发布首批供应商名录，供销合作总社启动供应商培训工作。各省级财政部门会同扶贫部门按要求汇总本地区预算单位预留采购份额比例报财政部备案。

2020 年起，各级预算单位全面启动贫困地区农副产品采购工作，财政部、国务院扶贫办定期通报预算单位购买贫困地区农副产品、有关省份推进政府采购支持脱贫攻坚、供应商带贫益贫等情况，国务院扶贫办组织开展核查评估等工作。

方案实施过程中遇到问题，请及时向相关部门反映。财政部国库司：010－68552389，68553724；国务院扶贫办社会扶贫司：010－84419783；供销合作总社财会部：010－66050431。

网络销售平台系统操作及具体交易过程中遇到问题，请联系 010 - 80889017；电子邮箱：fupin832@ fupin832. com。

附：1. 国家级贫困县重点扶贫产品供应商推荐名录。

2. 国家级贫困县重点扶贫产品供应商建议名录。

附 1：

国家级贫困县重点扶贫产品供应商推荐名录

省　　市　　县

是否是深度贫困县：　　国家级　　省级

本县主要特色农副产品及年产量：

本县特色农副产品品牌：

产品名称	产地	供应商名称	产品品类	生产资料来源	年产量	单价	供货时间	常用物流	带贫成效（附佐证材料）	联系方式

联系人：　　　　　　　　　　联系方式：

附 2：

国家级贫困县重点扶贫产品供应商建议名录

省

产品名称	产地	供应商名称	产品品类	生产资料来源	年产量	单价	供货时间	常用物流	带贫成效（附佐证材料）	联系方式

联系人：　　　　　　　　　　联系方式：

12. 财政部：关于促进政府采购公平竞争优化营商环境的通知

各中央预算单位，各省、自治区、直辖市、计划单列市财政厅（局），新疆生产建设兵团财政局：

为贯彻落实中央全面深化改革委员会审议通过的《深化政府采购制度改革方案》和《国务院办公厅关于聚焦企业关切进一步推动优化营商环境政策落实的通知》（国办发〔2018〕104 号）有关要求，构建统一开放、竞争有序的政府采购市场体系，现就促进政府采购领域公平竞争、优化营商环境相关事项通知如下：

一、全面清理政府采购领域妨碍公平竞争的规定和做法

各地区、各部门应当严格落实《中华人民共和国政府采购法》等相关法律法规的要求，依法保障各类市场主体平等参与政府采购活动的权利。要全面清理政府采购领域妨碍公平竞争的规定和做法，重点清理和纠正以下问题：

（一）以供应商的所有制形式、组织形式或者股权结构，对供应商实施差别待遇或者歧视待遇，对民营企业设置不平等条款，对内资企业和外资企业在中国境内生产的产品、提供的服务区别对待；

（二）除小额零星采购适用的协议供货、定点采购以及财政部另有规定的情形外，通过入围方式设置备选库、名录库、资格库作为参与政府采购活动的资格条件，妨碍供应商进入政府采购市场；

（三）要求供应商在政府采购活动前进行不必要的登记、注册，或者要求设立分支机构，设置或者变相设置进入政府采购市场的障碍；

（四）设置或者变相设置供应商规模、成立年限等门槛，限制供应商参与政府采购活动；

（五）要求供应商购买指定软件，作为参加电子化政府采购活动的条件；

（六）不依法及时、有效、完整发布或者提供采购项目信息，妨碍供应商参与政府采购活动；

（七）强制要求采购人采用抓阄、摇号等随机方式或者比选方式选择采购代理机构，干预采购人自主选择采购代理机构；

（八）设置没有法律法规依据的审批、备案、监管、处罚、收费等事项；

（九）除《政府采购货物和服务招标投标管理办法》第六十八条规定的情形外，要求采购人采用随机方式确定中标、成交供应商；

（十）违反法律法规相关规定的其他妨碍公平竞争的情形。

各地区、各部门要抓紧清理政府采购领域妨碍公平竞争的规定和做法，有关清理结果要及时向社会公开，并于 2019 年 10 月 31 日前报送财政部。

二、严格执行公平竞争审查制度

各地区、各部门制定涉及市场主体的政府采购制度办法，要严格执行公平竞争审查制度，充分听取市场主体和相关行业协会商会意见，评估对市场竞争的影响，防止出现排除、限制市场竞争问题。重点审查制度办法是否设置不合理和歧视性的准入条件排斥潜在供应商参与政府采购活动，是否设置没有法律法规依据的行政审批或者具有审批性质的备案，是否违规给予特定供应商优惠待遇等。经审查认为不具有排除、限制竞争效果的，可以颁布实施；具有排除、限制竞争效果的，应当不予出台或者调整至符合相关要求后出台；未经公平竞争审查的，不得出台。

在政府采购相关制度办法实施过程中，应当定期或者适时评估其对全国统一市场和公平竞争的影响，对妨碍统一市场和公平竞争的，要及时修改完善或者予以废止。

三、加强政府采购执行管理

优化采购活动办事程序。对于供应商法人代表已经出具委托书的，不得要求供应商法人代表亲自领购采购文件或者到场参加开标、谈判等。对于采购人、采购代理机构可以通过互联网或者相关信息系统查询的信息，不得要求供应商提供。除必要的原件核对外，对于供应商能够在线提供的材料，不得要求供应商同时提供纸质材料。对于供应商依照规定提交各类声明函、承诺函的，不得要求其再提供有关部门出具的相关证明文件。

细化采购活动执行要求。采购人允许采用分包方式履行合同的，应当在采购文件中明确可以分包履行的具体内容、金额或者比例。采购人、采购代理机构对投标（响应）文件的格式、形式要求应当简化明确，不得因装订、纸张、文件排序等非实质性的格式、形式问题限制和影响供应商投标（响应）。实现电子化采购的，采购人、采购代理机构应当向供应商免费提供电子采购文件；暂未实现电子化采购的，鼓励采购人、采购代理机构向供应商免费提供纸质采购文件。

规范保证金收取和退还。采购人、采购代理机构应当允许供应商自主选择以支票、汇票、本票、保函等非现金形式缴纳或提交保证金。收取投标（响应）保证金的，采购人、采购代理机构约定的到账（保函提交）截止时间应当与投标（响应）截止时间一致，并按照规定及时退还供应商。收取履约保证金的，应当在采购合同中约定履约保证金退还的方式、时间、条件和不予退还的情形，明确逾期退还履约保证金的违约责任。采购人、采购代理机构不得收取没有法律法规依据的保证金。

及时支付采购资金。政府采购合同应当约定资金支付的方式、时间和条件，明确逾期支付资金的违约责任。对于满足合同约定支付条件的，采购人应当自收到发票后30 日内将资金支付到合同约定的供应商账户，不得以机构变动、人员更替、政策调整等为由延迟付款，不得将采购文件和合同中未规定的义务作为向供应商付款的条件。

完善对供应商的利益损害赔偿和补偿机制。采购人和供应商应当在政府采购合同中明确约定双方的违约责任。对于因采购人原因导致变更、中止或者终止政府采购合同的，采购人应当依照合同约定对供应商受到的损失予以赔偿或者补偿。

四、加快推进电子化政府采购

推进采购项目电子化实施。要加快完善电子化政府采购平台的网上交易功能，实现在线发布采购公告、提供采购文件、提交投标（响应）文件，实行电子开标、电子评审。逐步建立电子化政府采购平台与财政业务、采购单位内部管理等信息系统的衔接，完善和优化合同签订、履约验收、信用评价、用户反馈、提交发票、资金支付等线上流程。

加快实施“互联网＋政府采购”行动。积极推进电子化政府采购平台和电子卖场建设，建立健全统一的技术标准和数据规范，逐步实现全国范围内的互联互通，推动与公共资源交易平台数据共享，提升供应商参与政府采购活动的便利程度。

五、进一步提升政府采购透明度

加强政府采购透明度建设。完善政府采购信息发布平台服务功能。中国政府采购网及地方分网等政府采购信息发布平台应当提供便捷、免费的在线检索服务，向市场主体无偿提供所有依法公开的政府采购信息。推进开标活动对外公开，在保证正常开标秩序的前提下，允许除投标人及其代表之外的其他人员观摩开标活动。

推进采购意向公开。采购意向包括主要采购项目、采购内容及需求概况、预算金额、预计采购时间等。为便于供应商提前了解采购信息，各地区、各部门应当创造条件积极推进采购意向公开（涉密信息除外）。自2020年起，选择部分中央部门和地方开展公开采购意向试点。在试点基础上，逐步实现各级预算单位采购意向公开。

六、完善政府采购质疑投诉和行政裁决机制

畅通供应商质疑投诉渠道。研究建立与“互联网＋政府采购”相适应的快速裁决通道，为供应商提供标准统一、高效便捷的维权服务。对供应商提出的质疑和投诉，采购人、采购代理机构和各级财政部门应当依法及时答复和处理。完善质疑答复内部控制制度，有条件的采购人和集中采购机构应当实现政府采购质疑答复岗位与操作执行岗位相分离，进一步健全政府采购质疑投诉处理机制。

依法依规实施行政处罚。各级财政部门实施政府采购行政处罚，应当依法保障当事人的告知权、陈述权、申辩权、听证权等，保证程序合法。坚持处罚和教育相结合的原则，正确适用和区分从轻处罚、减轻处罚和不予处罚情形，作出的行政处罚应与违法行为的事实、性质、情节以及社会危害程度相当。

各地区、各部门要充分认识维护政府采购公平竞争市场秩序、优化政府采购营商环境的重要意义，加强组织领导，明确工作责任，周密安排部署，强化监督检查，确保各项要求落实到位。

本通知自2019年9月1日起施行。

财政部

2019年7月26日

13. 财政部关于2019 年开展全国政府采购代理机构监督检查工作的通知

各省、自治区、直辖市、计划单列市财政厅（局）：

为深入落实《深化政府采购制度改革方案》要求，依法加强和完善政府采购监督管理工作，规范政府采购代理机构执业行为，进一步优化政府采购营商环境，财政部决定从2019 年10 月起组织开展全国政府采购代理机构监督检查工作。现就有关事项通知如下：

一、检查范围

财政部门从中国政府采购网和各省政府采购分网上完成网上登记的政府采购代理机构名单内，随机抽取代理本级采购业务的政府采购代理机构（包括本地注册及外地注册本地执业的机构）作为检查对象，原则上近 3 年已经检查过的政府采购代理机构不再抽取。本次检查针对 2018 年代理的政府采购项目，每家机构抽取的项目不少于 5 个。对于进入公共资源交易中心开展的政府采购活动，应随机抽取项目进行检查。

财政部对抽取的北京、辽宁、山东、广东 4 个省市的 25 家政府采购代理机构开展检查。各省（区、市）自行确定检查数量，但抽查比率不得低于本省（区、市）政府采购代理机构总数的 25%，抽查数量原则上不得少于 30 家；政府采购代理机构总数不足 30 家的地区，应对本省（区、市）所有政府采购代理机构进行检查。

二、检查内容及时间

本次检查结合《深化政府采购制度改革方案》，突出采购需求管理、绩效管理等改革要求。检查内容涵盖政府采购活动的全过程，包括委托代理、文件编制、进口核准、方式变更、信息公告、评审过程、中标成交、保证金、合同管理、质疑答复 10 个环节。检查依据包括《中华人民共和国政府采购法》《中华人民共和国政府采购法实施条例》，以及有关制度办法和规范性文件等（见附件）。检查时间从 2019 年 10 月开始，具体安排如下：

自行检查阶段（2019 年 10 月 15 日至 10 月 31 日）：被检查单位根据财政部门检查通知要求，整理被抽检采购项目相关的文件、数据和资料，对照检查依据对 2018 年度执业情况形成自行检查报告，一并报送财政部门。

书面审查阶段（2019 年 11 月 1 日至 11 月 30 日）：财政部门成立检查工作组。检查工作组对被检查单位提供的资料进行书面审查，对照检查指标体系（另发）初步掌握采购项目的操作执行情况，编制工作底稿。

现场检查阶段（2019 年 12 月 1 日至 12 月 15 日）：结合书面审查发现的问题，检查工作组进一步到被检查单位实施现场检查，与被检查单位沟通，并签字盖章确认工作底稿。

处理处罚阶段（2019 年 12 月 16 日至 2020 年 2 月 15 日）：财政部门对检查中发现的采购人、政府采购代理机构和评审专家的违法线索进行延伸检查，对查实的违法违规行为依法作出处理处罚，对国家公职人员涉嫌违纪的行为移交纪检监察部门处理。各省（区、市）财政部门汇总本地区处理处罚信息，财政部汇总全国处理处罚综合信息。

汇总报告阶段（2020 年 2 月 16 日至 2 月 29 日）：财政部门形成本级监督检查工作报告，各省（区、市）财政部门汇总形成本地区监督检查工作报告，财政部汇总形成全国监督检查工作报告。

三、工作要求

财政部门全面落实“双随机一公开”要求，按照“纵向联动、统一标准、分级检查、依法处理”的原则，分级开展对政府采购代理机构 2018 年度执业情况的监督检查。

各省（区、市）财政部门要统筹检查工作安排，加强对本地区检查工作的指导，制定详细的检查计划，明确工作要求，确保检查工作顺利实施。检查过程中，要严格履行检查程序，遵守检查纪律，依法处理违法违规问题，切实做到依法行政、公正廉洁。

联系人：财政部国库司政府采购监督裁决处 王春芝

联系电话：010－68552144

电子邮箱：bjszxlssws@126.com

附件：2019 年全国政府采购代理机构监督检查依据文件清单。

财政部

2019 年 8 月 30 日

附件：

2019 年全国政府采购代理机构监督检查依据文件清单

1. 《中华人民共和国政府采购法》；
2. 《中华人民共和国政府采购法实施条例》；
3. 《政府采购信息公告管理办法》（财政部令第 19 号）；
4. 《政府采购非招标采购方式管理办法》（财政部令第 74 号）；
5. 《政府采购货物和服务招标投标管理办法》（财政部令第 87 号）；
6. 《政府采购质疑和投诉办法》（财政部令第 94 号）；
7. 《政府采购代理机构管理暂行办法》（财库〔2018〕2 号）；
8. 《中央预算单位变更政府采购方式审批管理办法》（财库〔2015〕36 号）；
9. 《政府采购竞争性磋商采购方式管理暂行办法》（财库〔2014〕214 号）；

10.《财政部关于政府采购竞争性磋商采购方式管理暂行办法有关问题的补充通知》（财库〔2015〕124 号）；

11.《关于中央预算单位申请单一来源采购方式审核前公示有关事项的通知》（财办库〔2015〕8 号）；

12.《关于做好政府采购信息公开工作的通知》（财库〔2015〕135 号）；

13.《关于进一步做好政府采购信息公开工作有关事项的通知》（财库〔2017〕86 号）；

14.《财政部关于在政府采购活动中查询及使用信用记录有关问题的通知》（财库〔2016〕125 号）；

15.《关于推进和完善服务项目政府采购有关问题的通知》（财库〔2014〕37 号）；

16.《政府和社会资本合作项目政府采购管理办法》（财库〔2014〕215 号）；

17.《财政部关于进一步规范政府采购评审工作有关问题的通知》（财库〔2012〕69 号）；

18.《政府采购评审专家管理办法》（财库〔2016〕198 号）；

19.《关于进一步加强政府采购需求和履约验收管理的指导意见》（财库〔2016〕205 号）；

20.《财政部关于加强政府采购货物和服务项目价格评审管理的通知》（财库〔2007〕2 号）；

21.《关于印发〈政府采购进口产品管理办法〉的通知》（财库〔2007〕119 号）；

22.《关于政府采购进口产品管理有关问题的通知》（财办库〔2008〕248 号）；

23.《国务院办公厅关于印发中央预算单位 2017—2018 年政府集中采购目录及标准的通知》（国办发〔2016〕96 号）；

24.《财政部关于进一步做好中央单位政府集中采购工作有关问题的通知》（财库〔2009〕101 号）；

25.《中央预算单位批量集中采购管理暂行办法》（财库〔2013〕109 号）；

26.《关于加强中央预算单位批量集中采购管理有关事项的通知》（财库〔2014〕120 号）；

27.《关于进一步做好中央预算单位批量集中采购有关工作的通知》（财办库〔2016〕425 号）；

28.《财政部 国家发展改革委关于印发〈节能产品政府采购实施意见〉的通知》（财库〔2004〕185 号）；

29.《国务院办公厅关于建立政府强制采购节能产品制度的通知》（国办发〔2007〕51 号）；

30.《财政部 环保总局关于环境标志产品政府采购实施的意见》（财库〔2006〕90 号）；

31.《政府采购促进中小企业发展暂行办法》（财库〔2011〕181 号）；

32.《关于政府采购支持监狱企业发展有关问题的通知》（财库〔2014〕68 号）；

33.《关于促进残疾人就业政府采购政策的通知》（财库〔2017〕141 号）；

34.《财政部关于信息系统建设项目采购有关问题的通知》（财库〔2011〕59 号）；

35.《关于完善中央单位政府采购预算管理和中央高校、科研院所科研仪器设备采购管理有关事项的通知》（财库〔2016〕194 号）；

36.《关于加强政府采购供应商投诉受理审查工作的通知》（财库〔2007〕1 号）；

37.《关于明确政府采购保证金和行政处罚罚款上缴事项的通知》（财库〔2011〕15 号）；

38.《关于〈中华人民共和国政府采购法实施条例〉第十八条第二款法律适用的函》（财办库〔2015〕295 号）；

39.《关于转发国务院法制办公室〈对政府采购工程项目法律适用及申领施工许可证问题的答复〉的通知》（财办库〔2015〕352 号）；

40.《关于未达到公开招标数额标准政府采购项目采购方式适用等问题的函》（财办库〔2015〕111 号）；

41.《关于做好政府采购代理机构资格认定行政许可取消后相关政策衔接工作的通知》（财库〔2014〕122 号）；

42.《财政部关于公共资源交易中心开展政府采购活动有关问题的通知》（财库〔2014〕165 号）；

43.《关于规范政府采购行政处罚有关问题的通知》（财库〔2015〕150 号）；

44.《关于贯彻落实整合建立统一的公共资源交易平台工作方案有关问题的通知》（财库〔2015〕163 号）；

45. 其他政府采购制度办法。

工程招标领域文件汇编

1. 关于印发《工程项目招投标领域营商环境专项整治工作方案》的通知

各省、自治区、直辖市、新疆生产建设兵团发展改革委、工业和信息化主管部门、住房城乡建设厅（建委、局）、交通运输厅（局、委）、水利厅（局）、商务厅（局）、公共资源交易平台整合牵头部门，各省、自治区、直辖市通信管理局，各地区铁路监管局、民航各地区管理局：

为认真贯彻落实《国务院办公厅关于聚焦企业关切 进一步推动优化营商环境政策落实的通知》（国办发〔2018〕104 号）要求和全国深化“放管服”改革优化营商环境电视电话会议精神，消除招投标过程中对不同所有制企业设置的各类不合理限制和壁垒，维护公平竞争的市场秩序，决定在全国开展工程项目招投标领域营商环境专项整治工作。现将《工程项目招投标领域营商环境专项整治工作方案》印发给你们，请按照要求扎实开展专项整治工作。工作过程中，重要进展、经验做法及意见建议，请及时报送国家发展改革委及国务院有关部门。

国家发展改革委办公厅
工业和信息化部办公厅
住房城乡建设部办公厅
交通运输部办公厅
水利部办公厅
商务部办公厅
铁路局综合司
民航局综合司
2019 年 8 月 20 日

2. 工程项目招投标领域营商环境专项整治工作方案

根据《国务院办公厅关于聚焦企业关切进一步推动优化营商环境政策落实的通知》（国办发〔2018〕104 号）部署和全国深化“放管服”改革优化营商环境电视电话会议精神，为消除招投标过程中对不同所有制企业设置的各类不合理限制和壁垒，维护公平竞争的市场秩序，国家发展改革委、工业和信息化部、住房城乡建设部、交通运输部、水利部、商务部、铁路局、民航局决定在全国开展工程项目招投标领域营商环境专项整治。为有力有序推进专项整治工作，制定本方案。

一、工作目标

坚持以习近平新时代中国特色社会主义思想为指导，全面贯彻党的十九大和十九届二中、三中全会精神，深刻学习领会习近平总书记在民营企业座谈会上的重要讲话精神，把思想和行动统一到党中央、国务院关于支持民营企业发展、平等对待外商投资企业、优化营商环境的决策部署上来，通过深入开展工程项目招投标领域营商环境专项整治，消除招投标过程中对不同所有制企业特别是民营企业、外资企业设置的各类不合理限制和壁垒，促进招标人依法履行招标采购主体责任，依法规范招标代理机构和评标专家行为，督促各级招投标行政监督部门依法履行监管职责，切实有效解决招投标活动中市场主体反映强烈的突出问题，保障不同所有制企业公平参与市场竞争。

二、整治范围和内容

（一）整治范围

本次专项整治的范围包括：各地区、各部门现行涉及工程项目招投标的部门规章、地方性法规、地方政府规章、规范性文件及其他政策文件，以及没有体现到制度文件中的实践做法；2018 年 6 月 1 日至 2019 年 11 月 20 日根据《必须招标的工程项目规定》（国家发展改革委令第 16 号）和《必须招标的基础设施和公用事业项目范围规定》（发改法规规〔2018〕843 号）依法必须进行招标的项目。

（二）整治内容

根据《招标投标法》《招标投标法实施条例》等有关规定，清理、排查、纠正在招投标法规政策文件、招标公告、投标邀请书、资格预审公告、资格预审文件、招标文件以及招投标实践操作中，对不同所有制企业设置的各类不合理限制和壁垒。重点针对以下问题：

1. 违法设置的限制、排斥不同所有制企业参与招投标的规定，以及虽然没有直接限制、排斥，但实质上起到变相限制、排斥效果的规定。

2. 违法限定潜在投标人或者投标人的所有制形式或者组织形式，对不同所有制投标人采取不同的资格审查标准。

3. 设定企业股东背景、年平均承接项目数量或者金额、从业人员、纳税额、营业场所面积等规模条件；设置超过项目实际需要的企业注册资本、资产总额、净资产规模、营业收入、利润、授信额度等财务指标。

4. 设定明显超出招标项目具体特点和实际需要的过高的资质资格、技术、商务条件或者业绩、奖项要求。

5. 将国家已经明令取消的资质资格作为投标条件、加分条件、中标条件；在国家已经明令取消资质资格的领域，将其他资质资格作为投标条件、加分条件、中标条件。

6. 将特定行政区域、特定行业的业绩、奖项作为投标条件、加分条件、中标条件；将政府部门、行业协会商会或者其他机构对投标人作出的荣誉奖励和慈善公益证明等作为投标条件、中标条件。

7. 限定或者指定特定的专利、商标、品牌、原产地、供应商或者检验检测认证机构（法律法规有明确要求的除外）。

8. 要求投标人在本地注册设立子公司、分公司、分支机构，在本地拥有一定办公面积，在本地缴纳社会保险等。

9. 没有法律法规依据设定投标报名、招标文件审查等事前审批或者审核环节。

10. 对仅需提供有关资质证明文件、证照、证件复印件的，要求必须提供原件；对按规定可以采用“多证合一”电子证照的，要求必须提供纸质证照。

11. 在开标环节要求投标人的法定代表人必须到场，不接受经授权委托的投标人代表到场。

12. 评标专家对不同所有制投标人打分畸高或畸低，且无法说明正当理由。

13. 明示或暗示评标专家对不同所有制投标人采取不同的评标标准、实施不客观公正评价。

14. 采用抽签、摇号等方式直接确定中标候选人。

15. 限定投标保证金、履约保证金只能以现金形式提交，或者不按规定或者合同约定返还保证金。

16. 简单以注册人员、业绩数量等规模条件或者特定行政区域的业绩奖项评价企业的信用等级，或者设置对不同所有制企业构成歧视的信用评价指标。

17. 不落实《必须招标的工程项目规定》《必须招标的基础设施和公用事业项目范围规定》，违法干涉社会投资的房屋建筑等工程建设单位发包自主权。

18. 其他对不同所有制企业设置的不合理限制和壁垒。请各地区、各部门突出工作重点，围绕上述问题组织开展专项整治。对不属于本次专项整治重点的其他招投标违法违规行为，依法依规开展日常监管执法。

三、整治方式

本次专项整治工作重在抓落实、查问题、出成效，主要采取法规文件清理、随机抽查、重点核查等整治方式。

（一）法规文件清理。国务院有关部门对本部门制定的部门规章、规范性文件及其他政策文件进行全面自查；各地对本地区及有关部门制定的地方性法规、地方政府规章、规范性文件及其他政策文件进行全面自查。对违反竞争中性原则、限制或者排斥不同所有制企业招投标、妨碍建立统一开放竞争有序现代市场体系的制度规定，根据权限修订、废止，或者提请本级人大、政府修订或废止。在此基础上，按照《关于建立清理和规范招标投标有关规定长效机制的意见》（发改法规〔2015〕787 号）要求，对经清理后保留的招投标规章和规范性文件实行目录管理并向社会公布。

（二）随机抽查。各地区、各部门按照监管职责分工，组织对整治范围内招标项目的招标公告、投标邀请书、资格预审公告、资格预审文件、招标文件等开展事中事后随机抽查，抽查项目数量由各地区、各部门结合实际自行确定，抽查比例原则上不低于整治范围内招标项目总数的 20%。鼓励各地区、各部门依托各级招投标公共服务平台、公共资源交易平台、行业招投标管理平台等，运用大数据分析等现代信息技术手段，对整治范围内招标项目进行全面筛查，对招投标活动进行动态监测分析，及时发现并纠正限制、排斥不同所有制企业招投标的违法违规行为。各地区、各部门应当对随机抽查记录建立台账，存档备查。

（三）重点核查。各地区、各部门进一步畅通招投标投诉举报渠道，建立健全投诉举报接收、转办、反馈工作机制，对涉及本次整治内容的投诉举报进行重点核查。同时，针对本次专项整治开展线索征集，国务院各有关部门、地方各级招投标工作牵头部门和有关行政监督部门网站，各级招投标公共服务平台、公共资源交易平台应当在显著位置公布专项整治线索征集电子邮箱等渠道，并建立线索转交转办以及对下级单位督办机制。对于征集到的明确可查的线索，有关行政监督部门应当组织力量进行重点核查。

鼓励各地区、各部门围绕本次专项整治目标，结合本地区、本行业实际，运用科学方法，创新整治方式，提升整治实效。

四、工作步骤

本次专项整治自本通知印发之日起开展，12 月 15 日之前结束，主要工作步骤和时间节点如下。

（一）动员部署。各地区、各部门深入学习党中央、国务院关于优化营商环境、支持民营企业发展、平等对待外商投资企业的决策部署。各省级招投标工作牵头部门会同有关部门，结合实际制定印发具体实施方案，对省市县三级开展专项整治工作进行部署，9 月 20 日前将实施方案抄报国家发展改革委。同时，指定 1 名处级干部作为联络员，8 月 31 日前报送国家发展改革委法规司。

（二）过程推进。10 月 31 日前，国务院有关部门完成本部门规章、规范性文件及其他政策文件清理工作，各省级招投标工作牵头部门汇总本地区法规文件清理情况，报送国家发展改革委，并于 2019 年年底前完成法规文件修订和废止工作。同时，各省级招投标工作牵头部门对省本级开展随机抽查和重点核查的情况进行阶段性总结，10 月 31 日前一并报送国家发展改革委。国家发展改革委将会同国务院有关部门，根据各地报送的实施方案和阶段性工作进展，对工作部署不力、社会反映强烈、整治效果不明显，特别是不按期报送材料或者报送“零报告”的地区进行重点督导；对存在严重问题的单位和个人，通报地方政府严肃问责。

（三）总结报告。各省级招投标工作牵头部门会同有关部门对本地区专项整治工作开展情况进行认真总结，形成总结报告（包括专项整治工作开展情况和主要做法、发现的主要问题和处理情况、建立的长效机制、可复制推广的典型经验、下一步工作打算以及对国家层面的意见建议等），连同省市县三级开展随机抽查和重点核查的情况，于 12 月 15 日前报送国家发展改革委。国家发展改革委会同国务院有关部门在各地报告基础上汇总形成总报告，呈报国务院。各地区铁路、民航领域专项整治实施方案、阶段性进展报告和总结报告由各地区铁路监管局、民航各地区管理局按上述时间节点和要求直接报送国家铁路局、国家民航局。国家铁路局、国家民航局汇总后转送国家发展改革委。

五、工作要求

（一）强化组织领导。本次专项整治工作是贯彻落实全国深化“放管服”改革优化营商环境电视电话会议精神的重要举措，各地区、各部门要强化政治站位，提高思想认识，强化组织领导，周密抓好实施。国家发展改革委会同工业和信息化部、住房城乡建设部、交通运输部、水利部、商务部、铁路局、民航局，按照职责分工，指导督促各地区、各部门落实专项整治任务。各地招投标工作牵头部门是本地区专项整治的统筹部门，要加强组织协调，形成部门合力，确保按时保质完成整治任务。各地招投标行政监督部门是本地区专项整治的责任主体，要切实担负起行业监管职责，将整治任务落实到位。各级招投标公共服务平台、公共资源交易平台要积极配合有关部门，提供信息和技术支持，协助做好专项整治工作。

（二）依法纠正查处。各地区、各部门对随机抽查、重点核查过程中发现的限制、排斥不同所有制企业招投标的违法违规行为，要依法予以处理。对尚未截止投标的项目，招标公告、投标邀请书、资格预审公告、资格预审文件、招标文件设置限制、排斥不同所有制投标人内容的，责令及时改正，取消不合理的条件限制；对已截止投标但尚未确定中标候选人的项目，视违法情节严重程度责令改正；对已经完成招标的项目，也应严肃指出违法情形，责令承诺不再发生相关违法行为。违法行为严重的，依法实施行政处罚，记入有关责任单位和责任人信用记录，通过“信用中国”网站公开。对地方各级公共资源交易中心在招投标活动中存在违法违规行为的，依法严肃处理。对地方各级招投标行政监督部门不依法履行监管职责的，进行严肃问责。

（三）加强宣传教育。各地区、各部门要通过多种途径加强宣传教育和舆论引导，充分彰显党中央、国务院持续优化营商环境、推动各种所有制企业共同发展的坚定决心，进一步增强企业发展信心，稳定市场预期，为专项整治工作营造良好舆论氛围。要大力开展行业警示教育，通过多种渠道曝光一批典型违法违规案例，增强相关市场主体对招投标违法违规行为危害性的认识，自觉维护公平竞争市场秩序。

（四）建立长效机制。建立统一开放、竞争有序的现代市场体系是一项长期任务，各地区、各部门要在开展专项整治工作的基础上，健全管理制度，完善工作机制，加强日常监管，坚决防止违法违规行为反弹。同时，注重广泛听取招投标市场主体、行业协会等方面意见建议，加快建立健全保障不同所有制企业平等参与市场竞争、支持不同所有制企业健康发展的长效机制，巩固专项整治成果。

3. 住房和城乡建设部 国家发展改革委关于印发《房屋建筑和市政基础设施项目工程总承包管理办法》的通知

各省、自治区住房和城乡建设厅、发展改革委，直辖市住房和城乡建设（管）委、发展改革委，北京市规划和自然资源委，新疆生产建设兵团住房和城乡建设局、发展改革委，计划单列市住房和城乡建设局、发展改革委：

为贯彻落实《中共中央国务院关于进一步加强城市规划建设管理工作的若干意见》和《国务院办公厅关于促进建筑业持续健康发展的意见》（国办发〔2017〕19号），住房和城乡建设部、国家发展改革委制定了《房屋建筑和市政基础设施项目工程总承包管理办法》。现印发给你们，请结合本地区实际，认真贯彻执行。

中华人民共和国住房和城乡建设部

中华人民共和国国家发展和改革委员会

2019年12月23日

《房屋建筑和市政基础设施项目工程总承包管理办法》

第一章 总 则

第一条 为规范房屋建筑和市政基础设施项目工程总承包活动，提升工程建设质量和效益，根据相关法律法规，制定本办法。

第二条 从事房屋建筑和市政基础设施项目工程总承包活动，实施对房屋建筑和市政基础设施项目工程总承包活动的监督管理，适用本办法。

第三条 本办法所称工程总承包，是指承包单位按照与建设单位签订的合同，对工程设计、采购、施工或者设计、施工等阶段实行总承包，并对工程的质量、安全、工期和造价等全面负责的工程建设组织实施方式。

第四条 工程总承包活动应当遵循合法、公平、诚实守信的原则，合理分担风险，保证工程质量和安全，节约能源，保护生态环境，不得损害社会公共利益和他人的合法权益。

第五条 国务院住房和城乡建设主管部门对全国房屋建筑和市政基础设施项目工程总承包活动实施监督管理。国务院发展改革部门依据固定资产投资建设管理的相关法律法规履行相应的管理职责。

县级以上地方人民政府住房和城乡建设主管部门负责本行政区域内房屋建筑和市政基础设施项目工程总承包（以下简称工程总承包）活动的监督管理。县级以上地方人民政府发展改革部门依据固定资产投资建设管理的相关法律法规在本行政区域内履行相应的管理职责。

第二章 工程总承包项目的发包和承包

第六条 建设单位应当根据项目情况和自身管理能力等，合理选择工程建设组织实施方式。

建设内容明确、技术方案成熟的项目，适宜采用工程总承包方式。

第七条 建设单位应当在发包前完成项目审批、核准或者备案程序。采用工程总承包方式的企业投资项目，应当在核准或者备案后进行工程总承包项目发包。采用工程总承包方式的政府投资项目，原则上应当在初步设计审批完成后进行工程总承包项目发包；其中，按照国家有关规定简化报批文件和审批程序的政府投资项目，应当在完成相应的投资决策审批后进行工程总承包项目发包。

第八条 建设单位依法采用招标或者直接发包等方式选择工程总承包单位。

工程总承包项目范围内的设计、采购或者施工中，有任一项属于依法必须进行招标的项目范围且达到国家规定规模标准的，应当采用招标的方式选择工程总承包单位。

第九条 建设单位应当根据招标项目的特点和需要编制工程总承包项目招标文件，主要包括以下内容：

（一）投标人须知；

（二）评标办法和标准；

（三）拟签订合同的主要条款；

（四）发包人要求，列明项目的目标、范围、设计和其他技术标准，包括对项目的内容、范围、规模、标准、功能、质量、安全、节约能源、生态环境保护、工期、验收等的明确要求；

（五）建设单位提供的资料和条件，包括发包前完成的水文地质、工程地质、地形等勘察资料，以及可行性研究报告、方案设计文件或者初步设计文件等；

（六）投标文件格式；

（七）要求投标人提交的其他材料。

建设单位可以在招标文件中提出对履约担保的要求，依法要求投标文件载明拟分包的内容；对于设有最高投标限价的，应当明确最高投标限价或者最高投标限价的计算方法。

推荐使用由住房和城乡建设部会同有关部门制定的工程总承包合同示范文本。

第十条 工程总承包单位应当同时具有与工程规模相适应的工程设计资质和施工资质，或者由具有相应资质的设计单位和施工单位组成联合体。工程总承包单位应当具有相应的项目管理体系和项目管理能力、财务和风险承担能力，以及与发包工程相类似的设计、施工或者工程总承包业绩。

设计单位和施工单位组成联合体的，应当根据项目的特点和复杂程度，合理确定牵头单位，并在联合体协议中明确联合体成员单位的责任和权利。联合体各方应当共同与建设单位签订工程总承包合同，就工程总承包项目承担连带责任。

第十一条 工程总承包单位不得是工程总承包项目的代建单位、项目管理单位、监理单位、造价咨询单位、招标代理单位。

政府投资项目的项目建议书、可行性研究报告、初步设计文件编制单位及其评估单位，一般不得成为该项目的工程总承包单位。政府投资项目招标人公开已经完成的项目建议书、可行性研究报告、初步设计文件的，上述单位可以参与该工程总承包项目的投标，经依法评标、定标，成为工程总承包单位。

第十二条 鼓励设计单位申请取得施工资质，已取得工程设计综合资质、行业甲级资质、建筑工程专业甲级资质的单位，可以直接申请相应类别施工总承包一级资质。鼓励施工单位申请取得工程设计资质，具有一级及以上施工总承包资质的单位可以直接申请相应类别的工程设计甲级资质。完成的相应规模工程总承包业绩可以作为设计、施工业绩申报。

第十三条 建设单位应当依法确定投标人编制工程总承包项目投标文件所需要的合理时间。

第十四条 评标委员会应当依照法律规定和项目特点，由建设单位代表、具有工程总承包项目管理经验的专家，以及从事设计、施工、造价等方面的专家组成。

第十五条 建设单位和工程总承包单位应当加强风险管理，合理分担风险。

建设单位承担的风险主要包括：

（一）主要工程材料、设备、人工价格与招标时基期价相比，波动幅度超过合同约定幅度的部分；

（二）因国家法律法规政策变化引起的合同价格的变化；

（三）不可预见的地质条件造成的工程费用和工期的变化；

（四）因建设单位原因产生的工程费用和工期的变化；

（五）不可抗力造成的工程费用和工期的变化。

具体风险分担内容由双方在合同中约定。

鼓励建设单位和工程总承包单位运用保险手段增强防范风险能力。

第十六条 企业投资项目的工程总承包宜采用总价合同，政府投资项目的工程总承包应当合理确定合同价格形式。采用总价合同的，除合同约定可以调整的情形外，合同总价一般不予调整。

建设单位和工程总承包单位可以在合同中约定工程总承包计量规则和计价方法。

依法必须进行招标的项目，合同价格应当在充分竞争的基础上合理确定。

第三章 工程总承包项目实施

第十七条 建设单位根据自身资源和能力，可以自行对工程总承包项目进行管理，也可以委托勘察设计单位、代建单位等项目管理单位，赋予相应权利，依照合同对工程总承包项目进行管理。

第十八条 工程总承包单位应当建立与工程总承包相适应的组织机构和管理制度，形成项目设计、采购、施工、试运行管理以及质量、安全、工期、造价、节约能源和生态环境保护管理等工程总承包综合管理能力。

第十九条 工程总承包单位应当设立项目管理机构，设置项目经理，配备相应管理人员，加强设计、采购与施工的协调，完善和优化设计，改进施工方案，实现对工程总承包项目的有效管理控制。

第二十条 工程总承包项目经理应当具备下列条件：

（一）取得相应工程建设类注册执业资格，包括注册建筑师、勘察设计注册工程师、注册建造师或者注册监理工程师等；未实施注册执业资格的，取得高级专业技术职称；

（二）担任过与拟建项目相类似的工程总承包项目经理、设计项目负责人、施工项目负责人或者项目总监理工程师；

（三）熟悉工程技术和工程总承包项目管理知识以及相关法律法规、标准规范；

（四）具有较强的组织协调能力和良好的职业道德。

工程总承包项目经理不得同时在两个或者两个以上工程项目担任工程总承包项目经理、施工项目负责人。

第二十一条 工程总承包单位可以采用直接发包的方式进行分包。但以暂估价形式包括在总承包范围内的工程、货物、服务分包时，属于依法必须进行招标的项目范围且达到国家规定规模标准的，应当依法招标。

第二十二条 建设单位不得迫使工程总承包单位以低于成本的价格竞标，不得明示或者暗示工程总承包单位违反工程建设强制性标准、降低建设工程质量，不得明示或者暗示工程总承包单位使用不合格的建筑材料、建筑构配件和设备。

工程总承包单位应当对其承包的全部建设工程质量负责，分包单位对其分包工程的质量负责，分包不免除工程总承包单位对其承包的全部建设工程所负的质量责任。

工程总承包单位、工程总承包项目经理依法承担质量终身责任。

第二十三条 建设单位不得对工程总承包单位提出不符合建设工程安全生产法律、法规和强制性标准规定的要求，不得明示或者暗示工程总承包单位购买、租赁、使用不符合安全施工要求的安全防护用具、机械设备、施工机具及配件、消防设施和器材。

工程总承包单位对承包范围内工程的安全生产负总责。分包单位应当服从工程总承包单位的安全生产管理，分包单位不服从管理导致生产安全事故的，由分包单位承担主要责任，分包不免除工程总承包单位的安全责任。

第二十四条 建设单位不得设置不合理工期，不得任意压缩合理工期。

工程总承包单位应当依据合同对工期全面负责，对项目总进度和各阶段的进度进行控制管理，确保工程按期竣工。

第二十五条　工程保修书由建设单位与工程总承包单位签署，保修期内工程总承包单位应当根据法律法规规定以及合同约定承担保修责任，工程总承包单位不得以其与分包单位之间保修责任划分而拒绝履行保修责任。

第二十六条　建设单位和工程总承包单位应当加强设计、施工等环节管理，确保建设地点、建设规模、建设内容等符合项目审批、核准、备案要求。

政府投资项目所需资金应当按照国家有关规定确保落实到位，不得由工程总承包单位或者分包单位垫资建设。政府投资项目建设投资原则上不得超过经核定的投资概算。

第二十七条　工程总承包单位和工程总承包项目经理在设计、施工活动中有转包违法分包等违法违规行为或者造成工程质量安全事故的，按照法律法规对设计、施工单位及其项目负责人相同违法违规行为的规定追究责任。

第四章　附　则

第二十八条　本办法自 2020 年 3 月 1 日起施行。

国有企业采购领域文件汇编

1. 改革国有资本授权经营体制方案

按照党中央、国务院关于深化国有企业改革的决策部署，近年来，履行国有资本出资人职责的部门及机构（以下称出资人代表机构）坚持以管资本为主积极推进职能转变，制定并严格执行监管权力清单和责任清单，取消、下放、授权一批工作事项，监管效能有效提升，国有资产管理体制不断完善。但也要看到，政企不分、政资不分的问题依然存在，出资人代表机构与国家出资企业之间权责边界不够清晰，国有资产监管越位、缺位、错位的现象仍有发生，国有资本运行效率有待进一步提高。党中央、国务院对此高度重视，党的十九大明确提出，要完善各类国有资产管理体制，改革国有资本授权经营体制。为贯彻落实党的十九大精神，加快推进国有资本授权经营体制改革，进一步完善国有资产管理体制，推动国有经济布局结构调整，打造充满生机活力的现代国有企业，现提出以下方案。

一、总体要求

（一）指导思想。以习近平新时代中国特色社会主义思想为指导，全面贯彻党的十九大和十九届二中、三中全会精神，坚持和加强党的全面领导，坚持和完善社会主义基本经济制度，坚持社会主义市场经济改革方向，以管资本为主加强国有资产监管，切实转变出资人代表机构职能和履职方式，实现授权与监管相结合、放活与管好相统一，切实保障国有资本规范有序运行，促进国有资本做强做优做大，不断增强国有经济活力、控制力、影响力和抗风险能力，培育具有全球竞争力的世界一流企业。

（二）基本原则。

——坚持党的领导。将坚持和加强党对国有企业的领导贯穿国有资本授权经营体制改革全过程和各方面，充分发挥党组织的领导作用，确保国有企业更好地贯彻落实党和国家方针政策、重大决策部署。

——坚持政企分开政资分开。坚持政府公共管理职能与国有资本出资人职能分开，依法理顺政府与国有企业的出资关系，依法确立国有企业的市场主体地位，最大限度减少政府对市场活动的直接干预。

——坚持权责明晰分类授权。政府授权出资人代表机构按照出资比例对国家出资企业履行出资人职责，科学界定出资人代表机构权责边界。国有企业享有完整的法人财产权和充分的经营自主权，承担国有资产保值增值责任。按照功能定位、治理能力、管理水平等企业发展实际情况，一企一策地对国有企业分类授权，做到权责对等、动态调整。

——坚持放管结合完善机制。加快调整优化出资人代表机构职能和履职方式，加强清单管理和事中事后监管，该放的放权到位、该管的管住管好。建立统一规范的国有资产监管制度体系，精简监管事项，明确监管重点，创新监管手段，提升监管水平，防止国有资产流失，确保国有资产保值增值。

（三）主要目标。出资人代表机构加快转变职能和履职方式，切实减少对国有企业的行政干预。国有企业依法建立规范的董事会，董事会职权得到有效落实。将更多具备条件的中央企业纳入国有资本投资、运营公司试点范围，赋予企业更多经营自主权。到 2022 年，基本建成与中国特色现代国有企业制度相适应的国有资本授权经营体制，出资人代表机构与国家出资企业的权责边界界定清晰，授权放权机制运行有效，国有资产监管实现制度完备、标准统一、管理规范、实时在线、精准有力，国有企业的活力、创造力、市场竞争力和风险防控能力明显增强。

二、优化出资人代表机构履职方式

国务院授权国资委、财政部及其他部门、机构作为出资人代表机构，对国家出资企业履行出资人职责。出资人代表机构作为授权主体，要依法科学界定职责定位，加快转变履职方式，依据股权关系对国家出资企业开展授权放权。

（一）实行清单管理。制定出台出资人代表机构监管权力责任清单，清单以外事项由企业依法自主决策，清单以内事项要大幅减少审批或事前备案。将依法应由企业自主经营决策的事项归位于企业，将延伸到子企业的管理事项原则上归位于一级企业，原则上不干预企业经理层和职能部门的管理工作，将配合承担的公共管理职能归位于相关政府部门和单位。

（二）强化章程约束。依法依规、一企一策地制定公司章程，规范出资人代表机构、股东会、党组织、董事会、经理层和职工代表大会的权责，推动各治理主体严格依照公司章程行使权利、履行义务，充分发挥公司章程在公司治理中的基础作用。

（三）发挥董事作用。出资人代表机构主要通过董事体现出资人意志，依据股权关系向国家出资企业委派董事或提名董事人选，规范董事的权利和责任，明确工作目标和重点；建立出资人代表机构与董事的沟通对接平台，建立健全董事人才储备库和董事选聘、考评与培训机制，完善董事履职报告、董事会年度工作报告制度。

（四）创新监管方式。出资人代表机构以企业功能分类为基础，对国家出资企业进行分类管理、分类授权放权，切实转变行政化的履职方式，减少审批事项，强化事中事后监管，充分运用信息化手段，减轻企业工作负担，不断提高监管效能。

三、分类开展授权放权

出资人代表机构对国有资本投资、运营公司及其他商业类企业（含产业集团，下同）、公益类企业等不同类型企业给予不同范围、不同程度的授权放权，定期评估效果，采取扩大、调整或收回等措施动态调整。

（一）国有资本投资、运营公司。出资人代表机构根据《国务院关于推进国有资本投资、运营公司改革试点的实施意见》（国发〔2018〕23号）有关要求，结合企业发展阶段、行业特点、治理能力、管理基础等，一企一策有侧重、分先后地向符合条件的企业开展授权放权，维护好股东合法权益。授权放权内容主要包括战略规划和主业管理、选人用人和股权激励、工资总额和重大财务事项管理等，亦可根据企业实际情况增加其他方面授权放权内容。

战略规划和主业管理。授权国有资本投资、运营公司根据出资人代表机构的战略引领，自主决定发展规划和年度投资计划。国有资本投资公司围绕主业开展的商业模式创新业务可视同主业投资。授权国有资本投资、运营公司依法依规审核国有资本投资、运营公司之间的非上市公司产权无偿划转、非公开协议转让、非公开协议增资、产权置换等事项。

选人用人和股权激励。授权国有资本投资、运营公司董事会负责经理层选聘、业绩考核和薪酬管理（不含中管企业），积极探索董事会通过差额方式选聘经理层成员，推行职业经理人制度，对市场化选聘的职业经理人实行市场化薪酬分配制度，完善中长期激励机制。授权国有资本投资、运营公司董事会审批子企业股权激励方案，支持所出资企业依法合规采用股票期权、股票增值权、限制性股票、分红权、员工持股以及其他方式开展股权激励，股权激励预期收益作为投资性收入，不与其薪酬总水平挂钩。支持国有创业投资企业、创业投资管理企业等新产业、新业态、新商业模式类企业的核心团队持股和跟投。

工资总额和重大财务事项管理。国有资本投资、运营公司可以实行工资总额预算备案制，根据企业发展战略和薪酬策略、年度生产经营目标和经济效益，综合考虑劳动生产率提高和人工成本投入产出率、职工工资水平市场对标等情况，结合政府职能部门发布的工资指导线，编制年度工资总额预算。授权国有资本投资、运营公司自主决策重大担保管理、债务风险管控和部分债券类融资事项。

政府直接授权的国有资本投资、运营公司按照有关规定对授权范围内的国有资本履行出资人职责，遵循有关法律和证券市场监管规定开展国有资本运作。

（二）其他商业类企业和公益类企业。对未纳入国有资本投资、运营公司试点的其他商业类企业和公益类企业，要充分落实企业的经营自主权，出资人代表机构主要对集团公司层面实施监管或依据股权关系参与公司治理，不干预集团公司以下各级企业生产经营具体事项。对其中已完成公司制改制、董事会建设较规范的企业，要逐步落实董事会职权，维护董事会依法行使重大决策、选人用人、薪酬分配等权利，明确由董事会自主决定公司内部管理机构设置、基本管理制度制定、风险内控和法律合规管理体系建设以及履行对所出资企业的股东职责等事项。

四、加强企业行权能力建设

指导推动国有企业进一步完善公司治理体系，强化基础管理，优化集团管控，确保各项授权放权接得住、行得稳。

（一）完善公司治理。按照建设中国特色现代国有企业制度的要求，把加强党的领导和完善公司治理统一起来，加快形成有效制衡的公司法人治理结构、灵活高效的市场化经营机制。建设规范高效的董事会，完善董事会运作机制，提升董事会履职能力，激发经理层活力。要在所出资企业积极推行经理层市场化选聘和契约化管理，明确聘期以及企业与经理层成员双方的权利与责任，强化刚性考核，建立退出机制。

（二）夯实管理基础。按照统一制度规范、统一工作体系的原则，加强国有资产基础管理。推进管理创新，优化总部职能和管理架构。深化企业内部三项制度改革，实现管理人员能上能下、员工能进能出、收入能增能减。不断强化风险防控体系和内控机制建设，完善内部监督体系，有效发挥企业职工代表大会和内部审计、巡视、纪检监察等部门的监督作用。

（三）优化集团管控。国有资本投资公司以对战略性核心业务控股为主，建立以战略目标和财务效益为主的管控模式，重点关注所出资企业执行公司战略和资本回报状况。国有资本运营公司以财务性持股为主，建立财务管控模式，重点关注国有资本流动和增值状况。其他商业类企业和公益类企业以对核心业务控股为主，建立战略管控和运营管控相结合的模式，重点关注所承担国家战略使命和保障任务的落实状况。

（四）提升资本运作能力。国有资本投资、运营公司作为国有资本市场化运作的专业平台，以资本为纽带、以产权为基础开展国有资本运作。在所出资企业积极发展混合所有制，鼓励有条件的企业上市，引进战略投资者，提高资本流动性，放大国有资本功能。增强股权运作、价值管理等能力，通过清理退出一批、重组整合一批、创新发展一批，实现国有资本形态转换，变现后投向更需要国有资本集中的行业和领域。

五、完善监督监管体系

通过健全制度、创新手段，整合监督资源，严格责任追究，实现对国有资本的全面有效监管，切实维护国有资产安全，坚决防止国有资产流失。

（一）搭建实时在线的国资监管平台。出资人代表机构要加快优化监管流程、创新监管手段，充分运用信息技术，整合包括产权、投资和财务等在内的信息系统，搭建连通出资人代表机构与企业的网络平台，实现监管信息系统全覆盖和实时在线监管。建立模块化、专业化的信息采集、分析和报告机制，加强信息共享，增强监管的针对性和及时性。

（二）统筹协同各类监督力量。加强国有企业内部监督、出资人监督和审计、纪检监察、巡视监督以及社会监督，结合中央企业纪检监察机构派驻改革的要求，依照有关规定清晰界定各类监督主体的监督职责，有效整合企业内外部监督资源，增强监督工作合力，形成监督工作闭环，加快建立全面覆盖、分工明确、协同配合、制约有力的国有资产监督体系，切实增强监督有效性。

（三）健全国有企业违规经营投资责任追究制度。明确企业作为维护国有资产安全、防止流失的责任主体，健全内部管理制度，严格执行国有企业违规经营投资责任追究制度。建立健全分级分层、有效衔接、上下贯通的责任追究工作体系，严格界定违规经营投资责任，严肃追究问责，实行重大决策终身责任追究制度。

六、坚持和加强党的全面领导

将坚持和加强党的全面领导贯穿改革的全过程和各方面，在思想上政治上行动上同党中央保持高度一致，为改革提供坚强有力的政治保证。

（一）加强对授权放权工作的领导。授权主体的党委（党组）要加强对授权放权工作的领导，深入研究授权放权相关问题，加强行权能力建设，加快完善有效监管体制，抓研究谋划、抓部署推动、抓督促落实，确保中央关于国有资本授权经营体制改革的决策部署落实到位。

（二）改进对企业党建工作的领导、指导和督导。上级党组织加强对国有企业党建工作的领导，出资人代表机构党组织负责国家出资企业党的建设。国家出资企业党组织要认真落实党中央、上级党组织、出资人代表机构党组织在党的领导、党的建设方面提出的工作要求。在改组组建国有资本投资、运营公司过程中，按照“四同步”“四对接”的要求调整和设置党的组织、开展党的工作，确保企业始终在党的领导下开展工作。

（三）充分发挥企业党组织的领导作用。企业党委（党组）要切实发挥领导作用，把方向、管大局、保落实，依照有关规定讨论和决定企业重大事项，并作为董事会、经理层决策重大事项的前置程序。要妥善处理好各治理主体的关系，董事会、经理层等治理主体要自觉维护党组织权威，根据各自职能分工发挥作用，既要保证董事会对重大问题的决策权，又要保证党组织的意图在重大决策中得到体现。董事会、经理层中的党员要坚决贯彻落实党组织决定，向党组织报告落实情况。在推行经理层成员聘任制和契约化管理、探索职业经理人制度等改革过程中，要把坚持党管干部原则和发挥市场机制作用结合起来，保证党对干部人事工作的领导权和对重要干部的管理权，落实董事会、经理层的选人用人权。

七、周密组织科学实施

各地区、各部门、各出资人代表机构和广大国有企业要充分认识推进国有资本授权经营体制改革的重要意义，准确把握改革精神，各司其职、密切配合，按照精细严谨、稳妥推进的工作要求，坚持一企一策、因企施策，不搞批发式、不设时间表，对具备条件的，成熟一个推动一个，运行一个成功一个，不具备条件的不急于推进，确保改革规范有序进行，推动国有企业实现高质量发展。

（一）加强组织领导，明确职责分工。国务院国有企业改革领导小组负责统筹领导和协调推动国有资本授权经营体制改革工作，研究协调相关重大问题。出资人代表机构要落实授权放权的主体责任。国务院国有企业改革领导小组各成员单位及有关部门根据职责分工，加快研究制定配套政策措施，指导推动改革实践，形成合力共同推进改革工作。

（二）健全法律政策，完善保障机制。加快推动国有资本授权经营体制改革涉及的法律法规的立改废释工作，制定出台配套政策法规，确保改革于法有据。建立健全容错纠错机制，全面落实“三个区分开来”，充分调动和激发广大干部职工参与改革的积极性、主动性和创造性。

（三）强化跟踪督导，确保稳步推进。建立健全督查制度，加强跟踪督促，定期总结评估各项改革举措的执行情况和实施效果，及时研究解决改革中遇到的问题，确保改革目标如期实现。

（四）做好宣传引导，营造良好氛围。坚持鼓励探索、实践、创新的工作导向和舆论导向，采取多种方式解读宣传改革国有资本授权经营体制的方针政策，积极宣介推广改革典型案例和成功经验，营造有利于改革的良好环境。

各省（自治区、直辖市）人民政府要按照本方案要求，结合实际推进本地区国有资本授权经营体制改革工作。

金融、文化等国有企业的改革，按照中央有关规定执行。

国务院

2019 年 4 月 19 日

2. 关于印发《国务院国资委授权放权清单（2019 年版）》的通知

各中央企业，各省、自治区、直辖市及计划单列市和新疆生产建设兵团国资委：

为深入贯彻党中央、国务院关于深化国资国企改革的决策部署，落实《国务院关于印发改革国有资本授权经营体制方案的通知》（国发〔2019〕9 号）精神，加快实现从管企业向管资本转变，更好履行出资人职责，进一步加大授权放权力度，切实增强微观主体活力，我委制定了《国务院国资委授权放权清单（2019 年版）》（以下简称《清单》），现印发给你们，并将有关事项通知如下：

一、分类开展授权放权

《清单》结合企业的功能定位、治理能力、管理水平等企业改革发展实际，分别针对各中央企业、综合改革试点企业、国有资本投资、运营公司试点企业以及特定企业相应明确了授权放权事项。同时，集团公司要对所属企业同步开展授权放权，做到层层“松绑”，全面激发各层级企业活力。

二、加强行权能力建设

各中央企业要坚持中国特色现代国有企业制度，把加强党的领导和完善公司治理统一起来，加快形成有效制衡的公司法人治理结构、灵活高效的市场化经营机制。要夯实管理基础，优化集团管控，健全完善风险、内控和合规体系，确保各项授权放权接得住、行得稳。

三、完善监督管理体系

国务院国资委将加强事中事后监管，采取健全监管制度、统筹监督力量、严格责任追究、搭建实时在线的国资监管平台等方式，确保该放的放权到位、该管的管住管好，实现授权与监管相结合、放活与管好相统一。

四、建立动态调整机制

国务院国资委将加强跟踪督导，定期评估授权放权的执行情况和实施效果，采取扩大、调整或收回等措施动态调整授权放权事项。

请各中央企业结合实际抓好贯彻落实，工作中遇到的情况和问题及时报告国务院国资委。

各地国资委要按照国发〔2019〕9 号文件要求，结合实际积极推进本地区国有资本授权经营体制改革，制定授权放权清单，赋予企业更多自主权，促进激发微观主体活力与管住管好国有资本有机结合。国务院国资委将加强指导督促，推动授权放权工作有序开展、全面落实。

国务院国资委

2019 年 6 月 3 日

3. 国务院国资委授权放权清单（2019 年版）

一、对各中央企业的授权放权事项

1. 中央企业审批所属企业的混合所有制改革方案（主业处于关系国家安全、国民经济命脉的重要行业和关键领域，主要承担重大专项任务的子企业除外）。

2. 中央企业决定国有参股非上市企业与非国有控股上市公司的资产重组事项。

3. 授权中央企业决定集团及所属企业以非公开协议方式参与其他子企业的增资行为及相应的资产评估（主业处于关系国家安全、国民经济命脉的重要行业和关键领域，主要承担重大专项任务的子企业除外）。

4. 中央企业审批所持有非上市股份有限公司的国有股权管理方案和股权变动事项（主业处于关系国家安全、国民经济命脉的重要行业和关键领域，主要承担重大专项任务的子企业除外）。

5. 中央企业审批国有股东所持有上市公司股份在集团内部的无偿划转、非公开协议转让事项。

6. 中央企业审批国有参股股东所持有上市公司国有股权公开征集转让、发行可交换公司债券事项。

7. 中央企业审批未导致上市公司控股权转移的国有股东通过证券交易系统增持、协议受让、认购上市公司发行股票等事项。

8. 中央企业审批未触及证监会规定的重大资产重组标准的国有股东与所控股上市公司进行资产重组事项。

9. 中央企业审批国有股东通过证券交易系统转让一定比例或数量范围内所持有上市公司股份事项，同时应符合国有控股股东持股比例不低于合理持股比例的要求。

10. 中央企业审批未导致国有控股股东持股比例低于合理持股比例的公开征集转让、发行可交换公司债券及所控股上市公司发行证券事项。

11. 授权中央企业决定公司发行短期债券、中长期票据和所属企业发行各类债券等部分债券类融资事项。对于中央企业集团公司发行的中长期债券，国资委仅审批发债额度，在额度范围内的发债不再审批。

12. 支持中央企业所属企业按照市场化选聘、契约化管理、差异化薪酬、市场化退出的原则，采取公开遴选、竞聘上岗、公开招聘、委托推荐等市场化方式选聘职业经理人，合理增加市场化选聘比例，加快建立职业经理人制度。

13. 支持中央企业所属企业市场化选聘的职业经理人实行市场化薪酬分配制度，薪酬总水平由相应子企业的董事会根据国家相关政策，参考境内市场同类可比人员薪酬价位，统筹考虑企业发展战略、经营目标及成效、薪酬策略等因素，与职业经理人协商确定，可以采取多种方式探索完善中长期激励机制。

14. 对商业一类和部分符合条件的商业二类中央企业实行工资总额预算备案制

管理。

15. 中央企业审批所属科技型子企业股权和分红激励方案，企业实施分红激励所需支出计入工资总额，但不受当年本单位工资总额限制、不纳入本单位工资总额基数，不作为企业职工教育经费、工会经费、社会保险费、补充养老及补充医疗保险费、住房公积金等的计提依据。

16. 中央企业集团年金总体方案报国资委事后备案，中央企业审批所属企业制定的具体年金实施方案。

17. 中央企业控股上市公司股权激励计划报国资委同意后，中央企业审批分期实施方案。

18. 支持中央企业在符合条件的所属企业开展多种形式的股权激励，股权激励的实际收益水平，不与员工个人薪酬总水平挂钩，不纳入本单位工资总额基数。

19. 中央企业决定与借款费用、股份支付、应付债券等会计事项相关的会计政策和会计估计变更。

20. 授权中央企业（负债水平高、财务风险较大的中央企业除外）合理确定公司担保规模，制定担保风险防范措施，决定集团内部担保事项，向集团外中央企业的担保事项不再报国资委备案。但不得向中央企业以外的其他企业进行担保。

21. 授权中央企业（负债水平高、财务风险较大的中央企业除外）根据《中央企业降杠杆减负债专项工作目标责任书》的管控目标，制定债务风险管理制度，合理安排长短期负债比重，强化对所属企业的资产负债约束，建立债务风险动态监测和预警机制。

二、对综合改革试点企业的授权放权事项（包括国有资本投资、运营公司试点企业、创建世界一流示范企业、东北地区中央企业综合改革试点企业、落实董事会职权试点企业等）

1. 授权董事会审批企业五年发展战略和规划，向国资委报告结果。中央企业按照国家规划周期、国民经济和社会发展五年规划建议，以及国有经济布局结构调整方向和中央企业中长期发展规划要求，组织编制本企业五年发展战略和规划，经董事会批准后实施。

2. 授权董事会按照《中央企业投资监督管理办法》（国资委令第34号）要求批准年度投资计划，报国资委备案。

3. 授权董事会决定在年度投资计划的投资规模内，将主业范围内的计划外新增投资项目与计划内主业投资项目进行适当调剂。相关投资项目应符合负面清单要求。

4. 授权董事会决定主业范围内的计划外新增股权投资项目，总投资规模变动超过10%的，应及时调整年度投资计划并向国资委报告。相关投资项目应符合负面清单要求。

三、对国有资本投资、运营公司试点企业的授权放权事项

1. 授权董事会按照企业发展战略和规划决策适度开展与主业紧密相关的商业模式

创新业务，国资委对其视同主业投资管理。

2. 授权董事会在已批准的主业范围以外，根据落实国家战略需要、国有经济布局结构调整方向、中央企业中长期发展规划、企业五年发展战略和规划，研究提出拟培育发展的1~3个新业务领域，报国资委同意后，视同主业管理。待发展成熟后，可向国资委申请将其调整为主业。

3. 授权董事会在5%~15%的比例范围内提出年度非主业投资比例限额，报国资委同意后实施。

4. 授权国有资本投资、运营公司按照国有产权管理规定审批国有资本投资、运营公司之间的非上市企业产权无偿划转、非公开协议转让、非公开协议增资、产权置换等事项。

5. 授权董事会审批所属创业投资企业、创业投资管理企业等新产业、新业态、新商业模式类企业的核心团队持股和跟投事项，有关事项的开展情况按年度报国资委备案。

6. 授权中央企业探索更加灵活高效的工资总额管理方式。

四、对特定企业的授权放权事项

1. 对集团总部在香港地区、澳门地区的中央企业在本地区的投资，可视同境内投资进行管理。

2. 授权落实董事会职权试点中央企业董事会根据中央企业负责人薪酬管理有关制度，制定经理层成员薪酬管理办法，决定经理层成员薪酬分配。企业经理层成员薪酬管理办法和薪酬管理重大事项报国资委备案。

3. 授权落实董事会职权试点中央企业董事会对副职经理人员进行评价，评价结果按一定权重计入国资委对企业高管人员的评价中。

4. 授权行业周期性特征明显、经济效益年度间波动较大或者存在其他特殊情况的中央企业，工资总额预算可以探索按周期进行管理，周期最长不超过三年，周期内的工资总额增长应当符合工资与效益联动的要求。

4. 国资委有关负责人就《国务院国资委授权放权清单（2019 年版）》答记者问

近日，国务院国资委印发了《国务院国资委授权放权清单（2019 年版）》（以下简称《清单》）。《清单》出台后，国务院国资委有关负责人接受了记者采访。

1. 问：请简要介绍一下《清单》的出台背景和重要意义。

答：4 月 19 日，国务院印发《改革国有资本授权经营体制方案》（国发〔2019〕9 号）明确提出分类开展授权放权等改革要求。习近平总书记近期再次强调，国有企业要加大授权放权，激发微观主体活力。制定《清单》是贯彻落实总书记重要讲话精神、深入推进国有资本授权经营体制改革、完善国有资产管理体制的重要举措，也是落实由管企业向管资本转变、依法确立国有企业市场主体地位的具体要求。

国资委坚持“刀刃向内”、自我革命，按照精细严谨、稳妥推进的工作要求，将激发微观主体活力与管住管好国有资本有机结合，最大程度调动和激发企业的积极性，重点选取了 5 大类、35 项授权放权事项列入《清单》，包括规划投资与主业管理（8 项）；产权管理（12 项）；选人用人（2 项）；企业负责人薪酬管理、工资总额管理与中长期激励（10 项）；重大财务事项管理（3 项）等。

2. 问：这次授权放权清单有哪些亮点？

答：2017 年国务院办公厅转发了《国务院国资委以管资本为主推进职能转变方案》（国办发〔2017〕38 号），提出精简 43 项监管事项；2018 年国资委出台了《国务院国资委出资人监管权力和责任清单（试行）》（国资发法规〔2018〕25 号，以下简称《权责清单》），明确了 9 大类 36 项权责事项。与以往工作相比，今年出台的授权放权清单主要亮点可以概括为“3 个更加”：

一是更加明确相关条件和程序，确保授权放权落实落地。《清单》的每项授权都务求条件明确、程序细化、权责清晰，确保授权放权在实际工作中能够操作，切实把授权放权真正落下去。比如，《清单》全面取消了事前备案的程序，要求在实践过程中，除干部管理外，不能再有“事前备案”“事前沟通一致”“备案同意后实施”的情形。

二是更加聚焦企业的重点关切，确保授权放权激发活力。对于具体授权放权事项，我们事先广泛听取了企业意见，确保我们《清单》能够直接回应企业的诉求，增强企业的获得感，进一步激发微观主体活力和内生动力。需要说明的是，一些权利事项虽在其他文件中已有体现，但《清单》作了强化，有的在授权对象上进行了拓展，有的在程序方面予以细化，有的体现了鲜明的支持态度，便于企业落实。

三是更加强化分类授权，确保授权放权精准到位。《清单》提出的授权放权事项，并不是“一揽子”“一刀切”地直接授予各中央企业，而是根据各中央企业的功能定位、发展阶段、行业特点等实际，将授权事项分为四种类型，包括适用于各中央企业的授权放权事项 21 项；适用于各类综合改革试点企业（含国有资本投资运营公司试点、创建世界一流示范企业、东北地区中央企业综合改革试点、落实董事会职权试点企业等）的授权放权事项 4 项；适用于国有资本投资、运营公司试点企业的授权放权事项 6 项；适用于少数特定企业的授权放权事项 4 项。

3. 问：《清单》的出台对国资委的职责定位有何影响？《清单》与出资人权力责任清单是什么关系？

答：我们在制定《清单》的过程中，始终牢牢把握国资委的职责定位。国资委根据国务院授权，代表国家对中央企业履行出资人职责，同时也承担着专司国有资产监管职责和负责中央企业党的建设工作职责。根据中央关于国有资本授权经营体制改革的要求，开展授权放权，就是要最大限度减少对企业生产经营活动的直接干预，更多依靠公司治理结构开展工作，以管资本为主履行好出资人职责。同时，还要落实授权和监管相结合的要求，并确保将加强党的全面领导贯穿到改革的全过程和各方面。

《清单》中的事项统称为授权放权事项，其中，授权事项是将《权责清单》中的出资人权利授予企业董事会或企业集团行使，事项前加上“授权”的表述。这些权利仍属于出资人的权利，出资人对其可授可收、动态调整。放权事项是将应由企业依法自主决策的事项、延伸到子企业的事项，下放或归位于企业，事项前加上“支持”的表述或直接对事项进行阐述。放权事项是出资人下放或取消的权利，不列入《权责清单》。为使文件之间更好地衔接，《权责清单》将作出相应调整。

4. 问：在加大授权放权力度的同时，如何确保国有资产不流失？授权放权事项是否会进行动态调整？

答：《改革国有资本授权经营体制方案》明确要求，“该放的放权到位，该管的管住管好”。在授权放权的同时，国资委将着力强化监督监管，加大事中事后监管力度，加快推进信息化建设和持续完善实时在线的国资监管系统，强化对“三重一大”决策等重大关键事项的监督监管。要建立并严格执行上下贯通的责任追究机制，切实维护国有资产安全，坚决防止国有资产流失，确保授权与监管相结合、放活与管好相统一。

《清单》的出台标志着落实国有资本授权经营体制改革迈出了重要步伐，但分类开展授权放权工作本身也是一个持续推进、动态调整、逐步深化的过程。国资委将加强跟踪督导，定期评估授权放权的执行情况和实施效果，采取扩大、调整或收回等措施动态调整授权事项和授权范围。对于获得授权但未能规范行权或出现重大问题的企业，国资委将督促企业做出整改，根据情况收回相应的权利，定期对《清单》内容进行更新，不断提高针对性和有效性。

5. 问：开展授权放权对企业有没有要求？如何操作落地？

答：按照权责对等的原则，加大授权放权，意味着赋予中央企业更大的责任，意味着对企业加强行权能力建设、自我约束、规范运行提出了新的更高要求。我们要求各企业坚持中国特色现代国有企业制度，把加强党的领导和完善公司治理统一起来，加快形成有效制衡的公司法人治理结构、灵活高效的市场化经营机制。要不断夯实管理基础，优化集团管控，深化企业内部人事、劳动、分配三项制度改革，健全完善风险、内控和合规体系，确保各项授权放权接得住、行得稳。

改革的关键在抓落实。《清单》的授权放权事项已经明确，各企业不能抱有“有了政策等细则，等了细则要支持”态度，要切实增强改革的主动性、自觉性，把这项政策用足用好。需要强调的是，授权放权不能只停留在企业集团总部，而要做到“层层松绑”，把授权放权落实到各级子企业或管理主体上，全面激发微观主体活力。

6. 问：近年来，各地国资监管机构都在开展授权放权，请问这次国务院国资委出台授权放权清单，对地方国资监管机构相关工作有哪些指导意义？

答：国务院国资委依法对地方国有资产管理工作负有指导和监督的职责。《清单》的授权放权对象，主要针对国务院国资委监管的中央企业。近年来，各地方国有资产监督管理机构出台相关政策和清单，加大授权放权，取得了积极成效，形成了一些各具特色的做法。下一步，我们将指导各地方国资委按照国务院 9 号文要求，结合实际推进本地区国有资本授权经营体制改革和开展授权放权工作，将已明确取消、下放的监管事项真正落实到位，并进一步授权、放权，赋予企业更多自主权。我们将加强指导督促，使授权放权工作在中央企业和地方企业有序推进、全面落实。

5. 地方性文件：《关于规范国有企业大宗物资采购的指导意见》

大宗物资采购是企业生产经营的关键环节，也是企业管理的重点和难点，既涉及企业合法权益，也涉及出资人合法权益。为加强和改进国有资产监督，防止国有资产流失，依据《中华人民共和国企业国有资产法》等法律法规，结合实际，制定本指导意见。

本意见所称国有企业，是指市国资委根据授权代表市政府履行出资人职责的国家出资企业（以下简称集团）及其出资的各级全资、控股、实际控制企业；所称采购，是指以合同方式有偿取得物资的行为；所称物资，是指各种形态和种类的物品，包括但不限于原材料、燃料、设备、办公用品等；大宗物资标准由集团结合实际确定。

一、总体要求

大宗物资采购应遵循依法合规、集体决策、保障供给、降低成本、预防腐败、公开透明、集中统一和分级负责相结合的原则。国有企业要制定完善覆盖大宗物资采购全过程管理制度，明确管理权限，细化工作流程，增强制度的可操作性和实效性；要强化采购组织管理，制定完善采购目录，全面推行集中采购，规范供应商选聘管理，完善采购预算管理，加强采购监督，从严落实责任追究。

二、强化采购组织管理

大宗物资采购属于生产经营管理事项，应纳入国有企业经营层“三重一大”事项范围。国有企业经营层应按照集体决策和具体执行相结合原则，统一负责大宗物资采购组织管理，要明确分管领导具体负责、归口部门具体执行。大宗物资采购年度工作情况（年初和年末）应纳入国有企业党组织和董事会审议范围。集团应依法行使股东权利，指导督促出资企业规范大宗物资采购。

三、制定完善采购目录

采购目录是规范采购、强化监督的重要基础和关键抓手，包括集中采购目录和分散采购目录。集中采购目录即大宗物资采购目录，由集团经营层集体决策制定，实施动态调整。集团应结合实际，综合考虑集团本部及出资企业所需大宗物资的种类、规格、数量、金额、技术标准、品牌需求、通用性等因素，明确具体标准，按照法定程序制定集团及出资企业统一的集中采购目录。集中采购目录以外的物资纳入分散采购目录（不纳入采购目录的除外）。分散采购目录由国有企业经营层参照集中采购目录集体决策制定。积极探索出资企业分散采购目录向集团报备机制。对临时需要的物资可以不纳入采购目录，具体标准、适用情形以及采购方式，应结合实际，由国有企业经营层集体决策确定。

四、全面推行集中采购

集中采购不是代理采购，不得增设采购环节、不得收取费用。集中采购重在集中需求、汇集物资流、信息流和资金流，形成采购规模优势，有利于提升集团及出资企业整体市场议价能力，有利于整合供应链和供应渠道，更好地选择、管理供应商，有利于控制采购物资质量，减少交易次数，节约交易费用，降低采购成本，提高采购效率。

集中采购由集团根据集中采购目录，按照法定程序组织出资企业统一实施。集中采购应在整合现有采购资源和渠道的基础上稳妥有序推进。集团要紧紧围绕实际需求，科学确定集中采购的大宗物资质量、价格、支付方式、配送方式、风险承担、违约责任、售后服务等关键事项，以及相应的采购机制。积极创新集中采购模式，集团除组织出资企业共同选择供应商外，还可以依托具有行业竞争力、采购规模需求大、市场议价能力强、采购管理规范的出资企业或者其他集团及其出资企业选择供应商。鼓励集团之间对同类物资实施联盟采购，进一步发挥集中采购优势、进一步提升市场议价能力。集中采购原材料、机器设备等事关企业运营稳定的大宗物资时，集团应参与选择供应商。

集中采购目录以外的其他物资，由国有企业自行采购。

五、规范供应商选聘管理

国有企业要制定完善供应商选聘制度，重点明确具体的选聘方式及适用标准。除法律法规及行政监管等另有规定外，国有企业可以采用公开招标、邀请招标、竞争性比选、询价、单一来源采购等方式选聘供应商实施采购，具体采购方式应遵循市场化法治化原则由经营层集体决策确定。国有企业要特别加强对供应商寻源环节的管控，寻源前应进行必要的市场调研，寻源范围由经营层集体决策确定；要建立完善供应商选聘后管理机制，重点加强采购物资的质量验收，对供应商履约情况、售后服务、市场信誉等方面实施动态考核，将考核结果与采购订单紧密结合，形成优胜劣汰机制；要加强与供应商合作模式创新，实现强强联合、优势互补、合作共赢。

国有企业以招标方式选聘供应商的，应严格按照有关法律法规等规定执行；招标代理机构选聘按报备情况实施。

六、完善采购预算管理

国有企业要完善预算管理制度，将大宗物资采购纳入全面预算管理体系，按照重点和专项预算相结合的原则，科学规划大宗物资采购项目、数量、方式、时间、价格、资金等各种要素；要重点加强成本控制，既要保障采购需求，又要防止资金及库存积压；要全面提高预算约束力，严格审批预算外采购行为，避免预算与执行脱节；要注重对物资配送时间、使用周期、库存情况、市场价格走势等因素研究，加强成本动态分析，不断提高预算的透明度和准确度。

七、加强采购监督

国有企业要建立完善采购申请、采购决策、采购实施、验收保管等环节分设机制，做到评价决策与执行分离，询价与定价分离，采购与验收入库、资金结算分离；监事会要将大宗物资采购纳入日常监督检查范围，定期开展专项检查；要加强内部审计监督，重点加强对供应商寻源、采购决策、采购实施、资金往来、物资管理、使用等方面的专项审计；要明确采购投诉处理归口部门，依纪依法依规独立审查处理相关投诉事项；要制定完善采购档案管理制度，明确档案归口管理部门，对采购目录、供应商寻源、谈判询价、决策审批、采购合同等所有资料进行统一保管，确保采购有留痕、可追溯；纸质档案和电子档案的保管期不得少于10年。

国有企业应主动接受巡视、监察、审计、出资人、职工等各方监督。集团应建立完善监督机制，按照法定程序定期对出资企业开展专项监督检查，切实维护资本权益。

八、从严落实责任追究

国有企业领导干部应增强廉洁自律意识，严格遵守党章党规党纪、法律法规、国资监管等规定，不得采取打招呼等方式插手物资采购工作，不得违规开展关联交易以及利用关联交易搞利益输送，要将《中国共产党纪律处分条例》《国有企业领导人员廉洁从业若干规定》等规定的禁止性要求作为“高压线”，不断提高抵御腐败侵蚀能力，自觉守住纪律底线和法律底线。国有企业要建立健全明确具体的责任追究管理办法，对未按规定招标或未按规定执行招标结果，应公开相关信息而未公开，将大宗物资进行拆分不纳入集中采购目录管理，未按规定履行决策、审批程序、超预算采购等违纪违法违规行为，应依据《重庆市市属国有重点企业违规经营投资责任追究实施办法（试行）》等有关规定严肃追究相关人员责任；涉嫌违纪、职务违法或犯罪的问题和线索，移送有权机关处理。

九、构建“企业大宗物资采购管理信息平台”

按照服务监督、有序推进、市场化运营的原则，市国资委将委托重庆联交所集团试点建设统一的“企业大宗物资采购管理信息平台”（以下简称信息平台）。信息平台应具备与各集团已有信息平台的技术对接、信息共享、信息公开等基本功能，免费服务采购监督。除涉及国家秘密和商业秘密外，信息平台应按照相应的权限公开采购交易信息。

信息平台不得通过直接加成的方式收取服务费用。重庆联交所集团要深入企业开展市场调研，立足市场供需双方实际，按照公开透明、廉洁规范、汇集资源、先试先行、制度保障等市场化法治化原则，积极服务国有企业大宗物资集中统一采购，逐步实现信息平台大数据分析、供应商资质审查、网上采购、交易、结算等增值服务，不断提高信息平台综合服务能力和市场化运营水平。

信息平台的建设启用、有关规则、先试先行等情况将另行通知。

十、其他

集团应抓紧完善各项基础工作，制定相应的管理制度；法律法规及国资监管等另有规定的，从其规定；国有金融企业依据有关规定执行；法定招标以外的物资、服务采购可参照本意见实施。

本意见于印发之日起实施。

重庆市国有资产监督管理委员会

公共资源交易领域文件汇编

1. 关于深化公共资源交易平台整合共享的指导意见

近年来，各地区、各部门认真贯彻落实党中央、国务院决策部署，按照《国务院办公厅关于印发整合建立统一的公共资源交易平台工作方案的通知》（国办发〔2015〕63号）要求，积极推动整合分散设立的工程建设项目招标投标、土地使用权和矿业权出让、国有产权交易、政府采购等交易平台，全国范围内规则统一、公开透明、服务高效、监督规范的平台体系初步构建，公共资源交易市场迅速发展，公共资源配置的效率和效益明显提高，促进了经济社会持续健康发展。同时，公共资源交易领域仍存在要素市场化配置程度不够高、公共服务供给不充分、多头监管与监管缺失并存等突出问题，亟待进一步深化改革、创新机制、优化服务、强化监管。为深化公共资源交易平台整合共享，促进公共资源交易市场健康有序发展，现提出以下意见。

一、总体要求

（一）指导思想。以习近平新时代中国特色社会主义思想为指导，全面贯彻党的十九大和十九届二中、三中全会精神，统筹推进“五位一体”总体布局，协调推进“四个全面”战略布局，按照党中央、国务院决策部署，坚持稳中求进工作总基调，坚持新发展理念，坚持推动高质量发展，坚持以供给侧结构性改革为主线，充分发挥市场在资源配置中的决定性作用，更好发挥政府作用，持续深化公共资源交易平台整合共享，着力提高公共资源配置效率和公平性，着力提升公共资源交易服务质量，着力创新公共资源交易监管体制机制，激发市场活力和社会创造力。

（二）基本原则。坚持应进必进，推动各类公共资源交易进平台。对于应该或可以通过市场化方式配置的公共资源，建立交易目录清单，加快推进清单内公共资源平台交易全覆盖，做到“平台之外无交易”。

坚持统一规范，推动平台整合和互联共享。在政府主导下，进一步整合规范公共资源交易平台，不断完善分类统一的交易制度规则、技术标准和数据规范，促进平台互联互通和信息充分共享。

坚持公开透明，推动公共资源阳光交易。实行公共资源交易全过程信息公开，保证各类交易行为动态留痕、可追溯。大力推进部门协同监管、信用监管和智慧监管，充分发挥市场主体、行业组织、社会公众、新闻媒体外部监督作用，确保监督到位。

坚持服务高效，推动平台利企便民。深化“放管服”改革，突出公共资源交易平台的公共服务职能定位，进一步精简办事流程，推行网上办理，降低制度性交易成本，推动公共资源交易从依托有形场所向以电子化平台为主转变。

（三）主要目标。到2020年，适合以市场化方式配置的公共资源基本纳入统一的公共资源交易平台体系，实行目录管理；各级公共资源交易平台纵向全面贯通、横向互联互通，实现制度规则统一、技术标准统一、信息资源共享；电子化交易全面实施，公共资源交易实现全过程在线实时监管。在此基础上，再经过一段时间努力，公共资源交易流程更加科学高效，交易活动更加规范有序，效率和效益进一步提升，违法违规行为发现和查处力度明显加大；统一开放、竞争有序的公共资源交易市场健康运行，市场主体获得感进一步增强。

二、完善公共资源市场化配置机制

（四）拓展平台覆盖范围。将公共资源交易平台覆盖范围由工程建设项目招标投标、土地使用权和矿业权出让、国有产权交易、政府采购等，逐步扩大到适合以市场化方式配置的自然资源、资产股权、环境权等各类公共资源，制定和发布全国统一的公共资源交易目录指引。各地区根据全国目录指引，结合本地区实际情况，系统梳理公共资源类别和范围，制定和发布本地区公共资源交易目录。持续推进公共资源交易平台整合，坚持能不新设就不新设，尽可能依托现有平台满足各类交易服务需要。

（五）创新资源配置方式。对于全民所有自然资源，特许经营权，农村集体产权等资产股权，排污权、碳排放权、用能权等环境权，要健全出让或转让规则，引入招标投标、拍卖等竞争性方式，完善交易制度和价格形成机制，促进公共资源公平交易、高效利用。有条件的地方可开展医疗药品、器械及耗材集中采购。

（六）促进资源跨区域交易。严格执行公平竞争审查制度，防止通过设置注册登记、设立分支机构（办事处）、资质验证、投标（竞买）许可、强制担保、强制要求在当地投资、人员业绩考核等没有法律法规依据的限制性条件实行地方保护或行业垄断。鼓励同一省域内市场主体跨地市自主选择平台进行公共资源交易，积极稳妥推进公共资源交易平台跨省域合作。

三、优化公共资源交易服务

（七）健全平台电子系统。加强公共资源交易平台电子系统建设，明确交易、服务、监管等各子系统的功能定位，实现互联互通和信息资源共享，并同步规划、建设、使用信息基础设施，完善相关安全技术措施，确保系统和数据安全。交易系统为市场主体提供在线交易服务，服务系统为交易信息汇集、共享和发布提供在线服务，监管系统为行政监督部门、纪委监委、审计部门提供在线监督通道。抓紧解决公共资源交易平台电子档案、技术规范、信息安全等问题，统筹公共资源交易评标、评审专家资源，通过远程异地评标、评审等方式加快推动优质专家资源跨地区、跨行业共享。进一步发挥全国公共资源交易平台作用，为各级各类公共资源电子化交易提供公共入口、公共通道和综合技术支撑。全国公共资源交易数据应当由全国公共资源交易平台按照有关规定统一发布。中央管理企业电子招标采购交易系统应当通过国家电子招标投标公共服务系统有序纳入公共资源交易平台，依法接受监督管理。促进数字证书（CA）

跨平台、跨部门、跨区域互认，逐步实现全国互认，推动电子营业执照、电子担保保函在公共资源交易领域的应用，降低企业交易成本，提高交易效率。

（八）强化公共服务定位。公共资源交易中心作为公共资源交易平台主要运行服务机构，应不断优化见证、场所、信息、档案、专家抽取等服务，积极开展交易大数据分析，为宏观经济决策、优化营商环境、规范交易市场提供参考和支撑，不得将重要敏感数据擅自公开及用于商业用途。除法律法规明确规定外，公共资源交易中心不得代行行政监管职能，不得限制交易主体自主权，不得排斥和限制市场主体建设运营的电子交易系统。

（九）精简管理事项和环节。系统梳理公共资源交易流程，取消没有法律法规依据的投标报名、招标文件审查、原件核对等事项以及能够采用告知承诺制和事中事后监管解决的前置审批或审核环节。推广多业务合并申请，通过"一表申请"将市场主体基本信息材料一次收集、后续重复使用并及时更新。推行交易服务"一网通办"，不断提高公共资源交易服务事项网上办理比例。

四、创新公共资源交易监管体制

（十）实施协同监管。深化公共资源交易管理体制改革，推进公共资源交易服务、管理与监督职能相互分离，探索推进公共资源交易综合监管。各地区公共资源交易平台整合工作牵头部门要会同有关行政监督部门按照各司其职、互相协调、密切配合的要求，根据法律法规和地方各级人民政府确定的职责分工，形成监管权力和责任清单并向社会公开。建立健全投诉举报接收、转办、反馈工作机制，由有关行政监督部门依法查处公共资源交易过程中的违法违规行为，实现部门协同执法、案件限时办结、结果主动反馈。加大信息公开力度，加快推进公共资源交易全过程信息依法公开。畅通社会监督渠道，加强市场主体、行业组织、社会公众、新闻媒体等对公共资源交易活动的监督，促进市场开放和公平竞争。

（十一）强化信用监管。加快公共资源交易领域信用体系建设，制定全国统一的公共资源交易信用标准，完善公共资源交易信用信息管理、共享、运用等制度，强化各类市场主体信用信息的公开和运用，把市场主体参与公共资源交易活动的信用信息归集到全国信用信息共享平台，作为实施监管的重要依据，依法依规开展守信联合激励和失信联合惩戒。

（十二）开展智慧监管。依托公共资源交易平台电子系统及时在线下达指令，实现市场主体、中介机构和交易过程信息全面记录、实时交互，确保交易记录来源可溯、去向可查、监督留痕、责任可究。运用大数据、云计算等现代信息技术手段，对公共资源交易活动进行监测分析，及时发现并自动预警围标串标、弄虚作假等违法违规行为，加大对重点地区、重点领域、重点环节的监督执法力度，增强监管的针对性和精准性。推进公共资源交易平台电子系统与全国投资项目在线审批监管平台对接。

五、强化组织实施保障

（十三）加强组织领导。国家发展改革委要会同有关部门完善公共资源交易平台整合工作部际联席会议机制，加强政策指导、工作协调和业务培训，督促任务落实。地方各级人民政府要统筹推进本行政区域公共资源交易平台整合共享工作，强化对本行政区域各级公共资源交易中心的业务指导，切实保障公共资源交易平台的运行维护经费，完善工作协调机制，制定细化落实工作方案，加大人员、设施等配套保障力度，加强信息技术方面培训和能力建设。

（十四）加快制度建设。抓紧做好招标投标、自然资源资产转让、国有产权交易、政府采购等公共资源交易领域法律法规规章的立改废释工作。加强信息安全制度建设，根据国家信息安全标准加快构建公共资源交易信息安全防护体系，保障公共资源交易平台运行安全和数据安全。完善评标、评审专家管理办法，健全专家征集、培训、考核和清退机制，加快推进电子评标评审。完善中介机构管理制度，规范代理行为，促进行业自律。完善制度规则清理长效机制，国家发展改革委要会同有关部门抓紧对不符合整合共享要求的全国性公共资源交易制度规则进行清理，制定实施全国统一的公共资源交易服务标准，按程序发布实施全国公共资源交易目录指引；各省级人民政府要定期对本行政区域公共资源交易制度规则进行清理并及时公告清理过程和结果，接受社会监督。

（十五）狠抓督促落实。地方各级人民政府要将深化公共资源交易平台整合共享工作纳入政府目标考核管理，加强对公共资源交易领域公共服务、行政监管和市场规范等工作情况的监督检查，建立市场主体和第三方评议机制，并向社会公开相关情况；加强对公共资源交易监管部门、公共资源交易中心及其工作人员的监督，健全廉政风险防控机制。国家发展改革委要会同有关部门加强指导督促，总结推广典型经验和创新做法；对推进工作不力、整合不到位的，要进行通报，确保各项任务措施落实到位，重要情况及时报告国务院。

国家发展改革委

2019 年 5 月 19 日

2. 国家发展改革委办公厅关于印发《公共资源交易平台服务标准（试行）》的通知

各省、自治区、直辖市、新疆生产建设兵团公共资源交易平台整合牵头部门：

为贯彻落实《国务院办公厅关于印发整合建立统一的公共资源交易平台工作方案的通知》（国办发〔2015〕63 号），加快推进公共资源交易平台服务标准化，根据《公共资源交易平台管理暂行办法》（国家发展改革委等 14 部委第 39 号令），我委商有关部门制定了《公共资源交易平台服务标准（试行）》（以下简称《标准》）。现印发你们，请认真抓好贯彻执行。

一、各地区应根据有关法律法规及《标准》，按照简化流程、提高效率、公开透明的要求，结合本地实际，制定本行政区域的公共资源交易平台服务标准，以标准化推进全流程电子化、服务便捷化。

二、各级公共资源交易平台应当按照《标准》要求，进一步突出公共服务，健全平台电子系统，优化服务流程，规范服务行为，为市场主体、社会公众、行政监督部门等提供高效、便捷、优质服务。

三、请各地区、各有关单位在《标准》贯彻实施过程中，注意收集各方面的意见建议，及时反馈我委，我委将适时进行修订完善。

国家发展改革委办公厅

2019 年 4 月 25 日

3. 公共资源交易平台服务标准（试行）

1. 范围

本标准规定了公共资源交易平台服务的术语和定义、基本原则与要求、服务内容、服务流程要求、场所与设施要求、信息化建设要求、安全要求、服务质量与监督评价。

本标准适用于公共资源交易平台运行服务机构，主要是各级公共资源交易中心所提供的服务。社会资本建设运行的有关公共资源电子交易系统，参照本标准有关要求执行。

2. 规范性引用文件

下列文件对于本标准的应用是必不可少的。凡是注日期的引用文件，仅所注日期的版本适用于本标准。凡是不注日期的引用文件，其最新版本（包括所有的修改单）适用于本标准。

GB/T 2893.1　图形符号 安全色和安全标志 第 1 部分：安全标志和安全标记的设计原则

GB 2894　安全标志及其使用导则

GB/T 10001.1　公共信息图形符号 第 1 部分：通用符号

GB/T 22081　信息技术 安全技术 信息安全控制实践指南

GB/T 20269　信息安全技术 信息系统安全管理要求

GB/T 20270　信息安全技术 网络基础安全技术要求

GB/T 20271　信息安全技术 信息系统通用安全技术要求

GB/T 21061　国家电子政务网络技术和运行管理规范

GB/T 21064　电子政务系统总体设计要求

《中华人民共和国招标投标法》及《中华人民共和国招标投标法实施条例》

《中华人民共和国政府采购法》及《中华人民共和国政府采购法实施条例》

《中华人民共和国土地管理法》

《中华人民共和国矿产资源法》

《中华人民共和国企业国有资产法》

《公共资源交易平台管理暂行办法》（国家发展改革委等 14 部委第 39 号令）

《电子招标投标办法》（国家发展改革委第 20 号令）

《公共资源交易平台系统数据规范（V2.0）》（发改办法规〔2018〕1156 号）

3. 术语和定义

下列术语和定义适用于本标准。

3.1　公共资源交易

公共资源交易是指涉及公共利益、公众安全的具有公有性、公益性的资源交易活动。

3.2　公共资源交易平台

公共资源交易平台（以下简称平台）是指实施统一的制度和标准、具备开放共享的公共资源交易电子服务系统和规范透明的运行机制，为市场主体、社会公众、行政监督管理部门等提供公共资源交易综合服务的体系。

3.3　公共资源交易平台运行服务机构

公共资源交易平台运行服务机构是指由政府推动设立或政府通过购买服务等方式确定的，通过资源整合共享方式，为公共资源交易相关市场主体、社会公众、行政监督管理部门等提供公共服务的单位。公共资源交易中心是公共资源交易平台主要运行服务机构。

3.4　公共资源交易电子服务系统

公共资源交易电子服务系统（以下简称电子服务系统）是指联通公共资源电子交易系统、监管系统和其他电子系统，实现公共资源交易信息数据交换共享，并提供公共服务的枢纽。

3.5　公共资源电子交易系统

公共资源电子交易系统（以下简称电子交易系统）是根据工程建设项目招标投标、土地使用权和矿业权出让、国有产权交易、政府采购等各类交易特点，按照有关规定建设、对接和运行，以数据电文形式完成公共资源交易活动的信息系统。

3.6　公共资源交易电子监管系统

公共资源交易电子监管系统（以下简称电子监管系统）是指政府有关部门在线监督公共资源交易活动的信息系统。

3.7　竞得人

本标准所称竞得人包括中标人、成交供应商、受让人等。

4. 基本原则与要求

4.1　基本原则

平台运行服务机构应立足公共服务职能定位，建立健全电子交易系统，不断优化见证、场所、信息、档案、专家抽取和交易流程等服务，积极开展交易大数据分析，为宏观经济决策、优化营商环境、规范交易市场提供支撑。其建设和运行应当遵循以下原则。

4.1.1　依法依规，科学规划。严格执行国家有关法律法规和政策，结合本地公共资源交易实际，合理规划、科学布局，突出特色、注重实效。

4.1.2　便民高效，规范运行。精简办事材料，优化办理流程，量化服务指标，完善功能标识，高效规范运行。

4.1.3　公开透明，强化监督。完善办事指南信息，构建完善咨询投诉、服务评价机制，不断提高业务办理公开透明度，广泛接受社会监督。

4.2　基本要求

4.2.1　遵守国家法律、法规、规章及相关政策规定。

4.2.2　具备必要的、功能齐备的场所和设施，以及满足交易需要的电子交易系统，建立健全网络信息安全制度，落实安全保护技术措施，保障系统安全稳定可靠运行。

4.2.3　建立健全平台运行服务制度和内控机制，加强对工作人员的管理，不断提高平台的服务质量和效率。

4.2.4　在电子服务系统和服务场所醒目位置向社会公开平台的服务内容、服务流程、服务规范和监督渠道等，主动接受社会监督。

4.2.5　加强日常安全管理，制定实施突发性事件应急处理预案。

4.2.6　及时向公共资源交易行政监督部门推送交易信息等。

4.2.7　积极配合政府有关部门调查处理投诉事项和违法违规行为，承担有关部门交办的其他工作。

5. 服务内容

包括但不限于以下内容。

5.1　业务咨询。

5.2　项目登记。

5.3　场地安排。

5.4　公告和公示信息公开。

5.5　交易过程保障。

5.6　资料归档。

5.7　数据统计。

5.8　档案查询。

6. 服务流程要求

6.1　业务咨询

6.1.1　咨询服务方式应包括但不限于网上咨询、电话咨询和现场咨询。

6.1.2　咨询服务应遵循首问负责制和一次性告知制。

6.1.3　工作人员应向交易相关主体提供以下咨询服务。

6.1.3.1　提供公共资源交易项目涉及的法律法规及相关规定。

6.1.3.2　介绍交易业务流程、办事指南、注意事项等。

6.1.3.3　指引相关主体使用电子交易系统事项办理流程。

6.1.3.4　其他咨询事项。

6.1.4　不属于平台运行服务机构答复或解决的问题，应解释清楚，并予以引导。

6.2　项目登记

6.2.1　纳入平台交易项目的登记方式应包括网上登记、现场登记，鼓励实行网上登记。

6.2.2　工作人员在办理项目登记业务时，应按照法律法规及相关规定进行必要提示，对确需调整、补充材料的，应一次性告知需调整、补充的材料。

6.2.3　相关文件资料齐备后，工作人员应根据交易项目的内容、规模及其交易方式，对交易项目的实施主体或其代理机构申请的场所、时间等予以确认，及时办结项目登记，并告知交易过程中应当注意的事项。

6.2.4　应为纳入平台交易项目明确具体的服务责任人。

6.2.5　如交易项目的实施主体或其代理机构提出申请，可为其提供交易文件标准化模板，但不得对交易文件进行审批、核准、备案。

6.3　场地安排

6.3.1　应当根据交易项目的实施主体或其代理机构的申请，及时确定交易项目的交易场地和评标（评审）场地。场地确定后确需变更的，应及时提供变更服务，并调整相应工作安排。

6.3.2　应做好交易过程中的各项准备工作，场地及设施应符合本标准第7部分的要求，以满足交易项目需求。

6.4　公告和公示信息公开

6.4.1　公开方式。

应在项目登记办结后，按照交易项目的交易方式或者交易阶段，根据交易项目的实施主体或其代理机构的委托，协助其在法定媒介发布交易公告和公示信息；同步在电子交易系统公开的，公告内容应保持一致。

6.4.2　协助处理异议或者投诉。

在法定时限内，遇有对公告和公示信息的形式、内容、期限等提出异议或者投诉的，应按规定及时向交易项目的实施主体或其代理机构，或者有关行政监督部门反映，并协助做好有关核查及处理工作。

6.5　交易过程保障

6.5.1　在交易实施前，应按照交易项目的特点、流程，做好场所、设施、技术等服务保障的准备工作。同时，宜采用短信、电话或者其他方式通知项目的实施主体或其代理机构做好交易实施的相关准备工作。

6.5.2　交易实施过程中，应按规定的时间准时启用相关设施、场所，提供必要的技术和其他相关服务，并协助交易项目的实施主体或其代理机构维持交易秩序，确保交易活动按照既定的交易流程顺利完成。

6.5.3　应按规定的时间和方式，有序引导经身份识别后的评标（评审）专家进入评标（评审）区域，并将其随身携带的通讯及其他相关电子设备妥善保存在规定地点。如有需要，应按规定提供评标（评审）专家的抽取服务。

6.5.4　在交易场所进行交易的，应见证交易过程，对交易活动现场、评标评审情况等进行录音录像，并按规定确保评标评审过程严格保密。

6.5.5　交易实施过程中，遇有异议或者投诉的，应按规定及时向交易项目的实施主体或其代理机构，或者有关行政监督部门反映，并协助做好有关核查及处理工作。依法应当暂停交易或者终止交易的，应提示并配合交易项目的实施主体或其代理机构按 6.4.1 的规定进行公告，并采取短信、电话或者其他方式通知所有相关主体。

6.5.6　如遇不可抗力、交易系统异常等情况，导致交易无法正常进行的，应按规定配合交易项目的实施主体或其代理机构暂停交易；如发现有违法违规行为的，应当保留相关证据并及时向有关行政监督部门报告。

6.5.7　应建立健全不良交易行为发现处置机制，工作人员在交易服务过程中，对发现的不良交易行为应进行记录，并及时报送至有关行政监督部门依法处理。

6.6　资料归档

6.6.1　应建立健全公共资源交易档案管理制度，按照“一项一档”的要求，将交易服务过程中产生的电子文档、纸质资料以及音视频等按有关规定统一归档。

6.6.2　应设专人负责档案管理，归档案卷应齐全、完整、目录清晰。

6.6.3　应按照相关法律法规规定的期限和要求保存档案，确保档案存放地点安全、保密。

6.6.4　交易相关主体违反规定拒绝提供归档资料的，应及时向有关行政监督部门报告。

6.7　数据统计

6.7.1　应建立交易数据统计制度，保障数据质量，按要求及时统计并向有关电子服务系统和行政监督部门推送统计数据。

6.7.2　应通过电子服务系统，向社会公开各类交易信息，接受社会监督。

6.8　档案查询和移交

6.8.1　应建立档案查询制度，依法依规提供档案查询服务。

6.8.2　应做好档案查询记录，并确保档案的保密性、完整性。

6.8.3　应按规定及时向档案馆移交相关档案。

7. 场所与设施要求

7.1　基本要求

7.1.1　场所设施建设应遵循集约利用、因地制宜、避免重复建设的原则，按相关规定和标准配备必要的服务和办公设施，以及电子交易系统软硬件设备。

7.1.2　公共服务、交易实施、评标评审、办公等功能区域，应当边界清晰、标识醒目、设施齐备、干净整洁。

7.1.3　有条件的交易场所，可为第三方服务机构等提供相应的办公区域和设施。第三方服务包括但不限于 CA 证书、银行结算、其他商务服务等。

7.2　场所设置

7.2.1　公共服务区域。

7.2.1.1　应设置咨询服务台，有专人提供业务咨询等服务。

7.2.1.2　应配置信息展示、信息查询和信息服务等设施，有专人维护、管理和服务。

7.2.1.3　应按照各类公共资源交易的基本业务流程设置服务窗口，配备相应的服务人员和办公设备。

7.2.1.4　应设置休息等候区域，并配备必要的设施。

7.2.1.5　应设置公共区域电视监控系统，实施24小时不间断监控。

7.2.2　交易实施区。

7.2.2.1　应根据公共资源交易的不同类别及其特点，设置相应的开标室、谈判室、竞价室、拍卖厅等，并配备相应的服务人员和必需的设施设备。

7.2.2.2　开标室、谈判室、竞价室、拍卖厅等交易场所，应当设置音频视频监控系统，对在现场办理的交易活动全过程进行录音录像。

7.2.3　评标评审区。

7.2.3.1　评标评审区域应与咨询、办事、开标、竞价、拍卖等公开场所进行物理隔离，有必要的，可设置专家抽取终端和专家专用通道。

7.2.3.2　应设置音频视频监控、门禁等系统，门禁以内宜设置评标评审室、谈判室、磋商室、询标室、资料中转室、专家用餐室、公共卫生间等，并配置相应的服务人员和必需的设施设备；有条件的交易场所，应配备隔夜评标评审场所和设施。

7.2.3.3　门禁以外相邻区域宜设置物品储存柜、监督室、专家抽取室等。

7.2.3.4　评标评审区入口处宜设置通讯检测门，并与门禁系统联动运行。

7.3　标识标志

7.3.1　应在服务场所设置清晰的导向标识、门牌标识、禁止标识和安全标志。

7.3.2　应有楼层导向图、功能分区平面图，以及不同人员的通道标识标志。

7.3.3　标识标志应符合GB/T 2893.1《图形符号安全色和安全标志第1部分：安全标志和安全标记的设计原则》、GB/T 2894《安全标志及其使用导则》、GB/T 10001.1《公共信息图形符号　第1部分：通用符号》的要求。

7.4　监控系统

7.4.1　应设有业务监控和安全保障监控设备，并配备专职人员维护，保证正常运行。

7.4.2　业务监控应自业务开始至结束，对监控范围内的一切声源与图像同步录取，录音录像保存期限应符合相关规定。

8. 信息化建设要求

应按照国家有关技术规范要求建立或以政府购买服务方式确定电子交易系统，为交易相关主体提供在线交易服务，并通过对接电子服务系统、电子监督系统和其他相关电子系统，推动实现公共资源交易信息数据交换共享。

9. **安全要求**

9.1　应建立健全安全保卫制度，配备安全保卫人员，定期进行安全检查。

9.2　应按有关规定配备消防器材、应急照明灯和标志，加强消防安全日常监督检查。

9.3　应建立突发性事件应急处理预案，明确突发性情况的应对措施。

9.4　应建立健全网络信息安全制度，落实安全保护技术措施。

9.5　互联网运营网络宜采用主备模式。

9.6　各类系统数据宜设置异地备份。

9.7　信息和网络安全应符合 GB/T 22081《信息技术　安全技术　信息安全控制实践指南》、GB/T 20269《信息安全技术　信息系统安全管理要求》、GB/T 20270《信息安全技术　网络基础安全　技术要求》、GB/T 20271《信息安全技术　信息系统通用安全技术　要求》、GB/T 21061《国家电子政务网络技术和运行管理规范》、GB/T 21064《电子政务系统总体设计要求》的要求。

10. **服务质量与监督评价**

10.1　平台运行服务机构应具有一定数量的相关专业人员，能满足为各类公共资源交易提供服务的要求，建立健全内部管理制度，制订完善的服务流程。

10.2　应公开承诺办理时限，限时办结，建立“一站式”服务模式，提高工作效率。

10.3　应实现服务项目、服务流程、服务标准、收费标准等信息公开。

10.4　应完善服务监督形式，建立服务质量监督的反馈和投诉制度，公布投诉方式（电话、信箱等），畅通监督渠道。

10.5　应建立服务质量评价机制，采用自评价和外部评价相结合的方式，开展服务质量综合评价和服务满意度调查，定期公示评价结果，并根据评价结果不断改进服务。

4. 国家发展改革委办公厅关于印发《公共资源交易领域基层政务公开标准指引》的通知

各省、自治区、直辖市和新疆生产建设兵团公共资源交易平台整合牵头部门，全国公共资源交易平台（国家信息中心）：

按照党中央、国务院决策部署和《国务院办公厅关于推进公共资源配置领域政府信息公开的意见》（国办发〔2017〕97号）、《关于做好各试点领域基层政务公开标准指引制定等有关工作的通知》（国办公开办〔2019〕1号）等文件要求，为进一步推进公共资源交易领域基层政务公开标准化规范化建设，提升基层政务公开能力和政务服务水平，我们在总结地方试点成果基础上，编制了公共资源交易领域基层政务公开标准指引。经国办公开办同意，现印发你们，并就有关事项通知如下。

一、编制公共资源交易领域基层政务公开标准指引，是党中央、国务院全面推进政务公开工作的重要部署，也是实现公共资源交易全流程透明化管理，提高公共资源配置质量效率的客观要求。各地要以习近平新时代中国特色社会主义思想为指导，全面贯彻党的十九大和十九届二中、三中全会精神，认真抓好本指引贯彻实施工作，推进公共资源交易全过程公开，扩大公众监督，增强公开时效，维护企业和群众合法权益，促进经济社会持续平稳健康发展。

二、本指引所称公共资源交易，是指涉及公共利益、公众安全，具有公有性、公益性的资源交易活动。县（区、市）及以下履行公共资源交易领域职责的行政机关、法律法规授权的具有管理公共事务职能的组织或公共企事业单位，开展公共资源交易领域政务公开工作，适用本指引。

三、本指引按照决策、执行、管理、服务、结果“五公开”的要求，在公开标准目录中明确了工程建设项目招标投标、政府采购、国有土地使用权出让、矿业权出让、国有产权交易5个公共资源交易领域的40个具体公开事项。各地可结合本地实际，对相关公开事项进行补充完善。

四、各级公共资源交易平台整合牵头部门要会同有关部门，充分发挥指导、监督、评估等作用，完善政务公开工作制度，明确公开事项的审查、发布、反馈机制，狠抓督促落实，加强协调配合，实现公共资源交易领域政务信息发布、解读、回应等工作的有序衔接。各地要在全面梳理、摸清底数的基础上，根据本指引，抓紧制定出台或修订完善本地区公共资源交易领域政府信息主动公开目录，在公共资源交易平台网站、场所显著位置予以公示，并实行动态调整。

五、请各地在本指引实施过程中，注意收集各方面意见，及时反馈我委，我委将适时进行修订完善。

附件：公共资源交易领域基层政务公开标准目录（见“5.”）。

国家发展改革委办公厅

2019 年 7 月 2 日

5. 公共资源交易领域基层政务公开标准目录

序号	公开事项		公开内容（要素）	公开依据	公开时限	公开主体	公开渠道和载体	公开对象		公开方式	
	一级事项	二级事项						全社会	特定群体（请写明）	主动	依申请
1		审批核准	招标内容、招标范围、招标组织形式、招标方式、招标估算金额、招标事项审	《招标投标法实施条例》、《中华人民共和国政府信息公开条例》《国务院办公厅关于推进公共资源配置领域政府信息公开的意见》（国办发〔2017〕97号）	信息形成之日起20个工作日内	负责管理的部门分别公开	☑ 政府网站 □ 政府公报 □ 两微一端 □ 发布会听 □ 广播电视 □ 纸质媒体 □ 公开查阅点 □ 政务服务中心 □ 便民服务站 □ 入户/现场 □ 社区/企事业单位/村公示栏（电子屏） □ 精准推送 ☑ 管理部门网站	√		√	
2		资格预审	招标项目名称、内容、范围、规模、资金来源；投标资格能力要求，以及是否接受联合体投标；获取资格预审文件的时间、方式；递交资格预审文件的截止时间、方式；招标人及其招标代理机构的名称、地址、联系人及联系方式；采用电子招标投标方式的，潜在投标人访问电子招标投标交易平台的网址和方法；其他依法应当载明的内容	《招标投标法》、《招标投标法实施条例》、《国务院办公厅关于推进公共资源配置领域政府信息公开的意见》（国办发〔2017〕97号）、《招标公告和公示信息发布管理办法》（国家发展改革委2017年第10号令）	及时公开	招标人或者托的招标代构	□ 政府网站 □ 政府公报 □ 两微一端 □ 发布会听 □ 广播电视 □ 纸质媒体 □ 公开查阅点 □ 政务服务中心 □ 便民服务站 □ 入户/现场 □ 社区/企事业单位/村公示栏（电子屏） □ 精准推送 ☑ 招标投标公共服务平台 ☑ 公共资源交易平台 ☑ 电子招标投标交易平台	√		√	
3		招标公告	招标项目名称、内容、范围、规模、资金来源；投标资格能力要求，以及是否接受联合体投标；获取招标文件的时间、方式；递交投标文件的截止时间、方式；招标人及其招标代理机构的名称、地址、联系人及联系方式；采用电子招标投标方式的，潜在投标人访问电子招标投标交易平台的网址和方法；其他依法应当载明的内容	《招标投标法》、《招标投标法实施条例》、《国务院办公厅关于推进公共资源配置领域政府信息公开的意见》（国办发〔2017〕97号）、《招标公告和公示信息发布管理办法》（国家发展改革委2017年第10号令）、《电子招标投标办法》（国家发展改革委等八部委2013年第20号令）	及时公开	招标人或者托的招标代构	□ 政府网站 □ 政府公报 □ 两微一端 □ 发布会听 □ 广播电视 □ 纸质媒体 □ 公开查阅点 □ 政务服务中心 □ 便民服务站 □ 入户/现场 □ 社区/企事业单位/村公示栏（电子屏） □ 精准推送 ☑ 招标投标公共服务平台 ☑ 公共资源交易平台 ☑ 电子招标投标交易平台	√		√	

续 表

序号	公开事项		公开内容（要素）	公开依据	公开时限	公开主体	公开渠道和载体	公开对象		公开方式	
	一级事项	二级事项						全社会	特定群体（请写明）	主动	依申请
4		中标候选人公示	中标候选人排序、名称、投标报价、质量、工期（交货期），以及评标情况；中标候选人按照招标文件要求承诺的项目负责人姓名及其相关证书名称和编号；中标候选人响应招标文件要求的资格能力条件；提出异议的渠道和方式；招标文件规定公示的其他内容	《招标投标法》《招标投标法实施条例》《国务院办公厅关于推进公共资源配置领域政府信息公开的意见》（国办发〔2017〕97号）、《招标公告和公示信息发布管理办法》（国家发展改革委2017年第10号令）、《电子招标投标办法》（国家发展改革委等八部委2013年第20号令）	依法必须进行招标的项目，招标人应当自收到评标报告之日起3日内公示中标候选人，公示期不得少于3日	招标人或者其委托的招标代理机构	□ 政府网站 □ 政府公报 □ 两微一端 □ 发布会听证会 □ 广播电视 □ 纸质媒体 □ 公开查阅点 □ 政务服务中心 □ 便民服务站 □ 入户/现场 □ 社区/企事业单位/村公示栏（电子屏）	√		√	
5		中标结果	招标项目名称、中标人名称、中标价、工期、项目负责人、中标内容	《国务院办公厅关于推进公共资源配置领域政府信息公开的意见》（国办发〔2017〕97号）、《招标公告和公示信息发布管理办法》（国家发展改革委2017年第10号令）、《电子招标投标办法》（国家发展改革委等八部委 2013年第20号令）	及时公开	招标人或者其委托的招标代理机构	□ 政府网站 □ 政府公报 □ 两微一端 □ 发布会听证会 □ 广播电视 □ 纸质媒体 □ 公开查阅点 □ 政务服务中心 □ 便民服务站 □ 入户/现场 □ 社区/企事业单位/村公示栏（电子屏）	√		√	
6		合同建立信息	包括项目名称、合同双方名称、合同价款、签约时间、合同期限	《国务院办公厅关于推进公共资源配置领域政府信息公开的意见》（国办发〔2017〕97号）、《电子招标投标办法》（国家发展改革委等八部委2013年第20号令）	及时公开	合同当事人	□ 政府网站 □ 政府公报 □ 两微一端 □ 发布会听证会 □ 广播电视 □ 纸质媒体 □ 公开查阅点 □ 政务服务中心 □ 便民服务站 □ 入户/现场 □ 社区/企事业单位/村公示栏（电子屏）	√		√	

续 表

序号	公开事项		公开内容（要素）	公开依据	公开时限	公开主体	公开渠道和载体	公开对象		公开方式	
	一级事项	二级事项						全社会	特定群体（请写明）	主动	依申请
7		合同履行及变更信息	项目名称、标段名称、建设单位、承包人、项目完成质量、期限、结算金额、合同发生的变更、解除合同通知书、违约行为的处理结果	《国务院办公厅关于推进公共资源配置领域政府信息公开的意见》（国办发〔2017〕97号）、《电子招标投标办法》（国家发展改革委等八部委2013年第20号令）	鼓励及时公开	合同当事人	□ 政府网站 □ 政府公报 □ 两微一端 □ 发布会听证会 □ 广播电视 □ 纸质媒体 □ 公开查阅点 □ 政务服务中心 □ 便民服务站 □ 入户/现场 □ 社区/企事业单位/村公示栏（电子屏）	√		√	
8		资格预审文件、招标文件澄清或修改	项目名称；标段名称；澄清或修改事 项；招标人及其招标代理机构的名称、地址、联系人及联系方式	《招标投标法》《招标投标法实施条例》《电子招标投标办法》（国家发展改革委等八部委 2013年第20号令）	依法必须进行招标的项目，澄清或者修改的内容可能影响资格预审申请文件或者投标文件编制的，应当在提交资格预审申请文件截止时间至少3日前，或者投标截止时间至少15日前	招标人或者其委托的招标代理机构	□ 政府网站 □ 政府公报 □ 两微一端 □ 发布会听证会 □ 广播电视 □ 纸质媒体 □ 公开查阅点 □ 政务服务中心 □ 便民服务站 □ 入户/现场 □ 社区/企事业单位/村公示栏（电子屏）	√		√	
9		招标公告和公示信息澄清、修改	项目名称；标段名称；澄清或修改事项；招标人及其招标代理机构的名称、地址、联系人及联系方式	《招标公告和公示信息发布管理办法》（国家发展改革委2017年第10号令）	及时公开	招标人或者其委托的招标代理机构	□ 政府网站 □ 政府公报 □ 两微一端 □ 发布会听证会 □ 广播电视 □ 纸质媒体 □ 公开查阅点 □ 政务服务中心 □ 便民服务站 □ 入户/现场 □ 社区/企事业单位/村公示栏（电子屏）	√		√	

续 表

序号	公开事项		公开内容（要素）	公开依据	公开时限	公开主体	公开渠道和载体	公开对象		公开方式	
	一级事项	二级事项						全社会	特定群体（请写明）	主动	依申请
10		暂停、终止招标	招标人名称、招标项目名称、招标项目编号、本项目首次公告日期、招标暂停或终止原因、联系方式、其他事项	《招标公告和公示信息发布管理办法》（国家发展改革委2017年第10号令）	及时公开	招标人或者其委托的招标代理机构	□ 政府网站 □ 政府公报 □ 两微一端 □ 发布会听证会 □ 广播电视 □ 纸质媒体 □ 公开查阅点 □ 政务服务中心 □ 便民服务站 □ 入户/现场 □ 社区/企事业单位/村公示栏（电子屏） □ 精准推送 ☑ 招标投标公共服务平台 ☑ 公共资源交易平台 ☑ 电子招标投标交易平台	√		√	
11		市场主体信用信息	当事人的姓名或者名称、地址；违反法律、法规或者规章的事实和证据；行政 处罚的种类和依据；行政处罚的履行方式和期限；不服行政处罚决定，申请行政复议或者提起行政诉讼的途径和期限；作出行政处罚决定的行政机关名称和作出决定的日期	《中华人民共和国行政处罚法》《中华人民共和国政府信息公开条例》《国务院办公厅关于推进公共资源配置领域政府信息公开的意见》（国办发〔2017〕97号）	信息形成之日起20个工作日内	负责管理的部门分别公开	□ 政府网站 □ 政府公报 □ 两微一端 □ 发布会听证会 □ 广播电视 □ 纸质媒体 □ 公开查阅点 □ 政务服务中心 □ 便民服务站 □ 入户/现场 ☑ 信用中国	√		√	
12		招标公告	采购人及其委托的采购代理机构的名称、地址和联系方法；采购项目的名称、预算金额，设定最高限价的，还应当公开最高限价；采购人的采购需求；投标人的资格要求；获取招标文件的时间、地点、方式及招标文件售价；公告期限；投标截止时间、开标时间及地点；采购项目联系人姓名和电话	《国务院办公厅关于推进公共资源配置领域政府信息公开的意见》（国办发〔2017〕97号）、《政府采购货物和服务招标投标管理办法》（财政部令第87号）、《财政部关于做好政府采购信息公开工作的通知》（财库〔2015〕135号）	及时公开，公告期限为5个工作日	采购人或者其委托的采购代理机构	□ 政府网站 □ 政府公报 □ 两微一端 □ 发布会听证会 □ 广播电视 □ 纸质媒体 □ 公开查阅点 □ 政务服务中心 □ 便民服务站 □ 入户/现场 □ 社区/企事业单位/村公示栏（电子屏） □ 精准推送 ☑ 中国政府采购网及其地方分网 ☑ 省级（含计划单列市财政部门指定的媒体）☑《中国财经报》（《中国政府采购报》） ☑《中国政府采购杂志》 ☑《中国财政杂志》 ☑ 公共资源交易平台	√		√	

续 表

序号	公开事项		公开内容（要素）	公开依据	公开时限	公开主体	公开渠道和载体	公开对象		公开方式	
	一级事项	二级事项						全社会	特定群体（请写明）	主动	依申请
13		资格预审公告	采购人及其委托的采购代理机构的名称、地址和联系方法；采购项目名称、预算金额，设定最高限价的，还应当公开最高限价；采购人的采购需求；投标人的资格要求；公告期限；获取资格预审文件的时间期限、地点、方式；提交资格预审申请文件的截止时间、地点及资格预审日期；采购项目联系人姓名和电话	《国务院办公厅关于推进公共资源配置领域政府信息公开的意见》（国办发〔2017〕97号）、《政府采购货物和服务招标投标管理办法》（财政部令第87号）、《财政部关于做好政府采购信息公开工作的通知》（财库〔2015〕135号）	及时公开，公告期限为5个工作日	采购人或者其委托的采购代理机构	□政府网站 □政府公报 □两微一端 □发布会听证会 □广播电视 □纸质媒体 □公开查阅点 □政务服务中心 □便民服务站 □入户/现场 □社区/企事业单位/村公示栏（电子屏） □精准推送 ☑中国政府采购网及其地方分网 ☑省级（含计划单列市）财政部门指定的媒体	√		√	
14		竞争性谈判公告、竞争性磋商公告和询价公告	采购人和采购代理机构的名称、地址和联系方法，采购项目的名称、数量、简要规格描述或项目基本概况介绍，采购项目预算金额，采购项目需要落实的政府采购政策，对供应商的资格要求，获取谈判、磋商、询价文件的时间、地点、方式及文件售价，响应文件提交的截止时间、开启时间及地点，采购项目联系人姓名和电话	《国务院办公厅关于推进公共资源配置领域政府信息公开的意见》（国办发〔2017〕97号）、《财政部关于做好政府采购信息公开工作的通知》（财库〔2015〕135号）	及时公开，公告期限为3个工作日	采购人或者其委托的采购代理机构	□政府网站 □政府公报 □两微一端 □发布会听证会 □广播电视 □纸质媒体 □公开查阅点 □政务服务中心 □便民服务站 □入户/现场 □社区/企事业单位/村公示栏（电子屏） □精准推送 ☑中国政府采购网及其地方分网 ☑省级（含计划单列市）财政部门指定的媒体	√		√	

续 表

序号	公开事项		公开内容（要素）	公开依据	公开时限	公开主体	公开渠道和载体	公开对象		公开方式	
	一级事项	二级事项						全社会	特定群体（请写明）	主动	依申请
15		采购项目预算金额	采购项目的预算金额以财政部门批复的部门预算中的政府采购预算为依据；对于部门预算批复前进行采购的项目，以预算“二上数”中的政府采购预算为依据。对于部门预算已列明具体采购项目的，按照部门预算中具体采购项目的预算金额公开；部门预算未列明采购项目的，应当根据工作实际对部门预算进行分解，按照分解后的具体采购项目预算金额公开。对于部门预算分年度安排但不宜按年度拆分的采购项目，应当公开采购项目的采购年限、概算总金额和当年安排数	《国务院办公厅关于推进公共资源配置领域政府信息公开的意见》（国办发〔2017〕97号）、《财政部关于做好政府采购信息公开工作的通知》（财库〔2015〕135号）	随采购公告、采购文件公开	采购人或者其委托的采购代理机构	□ 政府网站 □ 政府公报 □ 两微一端 □ 发布会听证会 □ 广播电视 □ 纸质媒体 □ 公开查阅点 □ 政务服务中心 □ 便民服务站 □ 入户/现场 □ 社区/企事业单位/村公示栏（电子屏） □ 精准推送 ☑ 中国政府采购网及其地方分网 ☑ 省级（含计划单列市）财政部门指定的媒体	√		√	
16		采购文件	招标文件、竞争性谈判文件、竞争性磋商文件和询价通知书	《国务院办公厅关于推进公共资源配置领域政府信息公开的意见》（国办发〔2017〕97号）、《财政部关于做好政府采购信息公开工作的通知》（财库〔2015〕135号）	随中标、成交结果同时公告。中标、成交结果公告前采购文件已公告的，不再重复公告	采购人或者其委托的采购代理机构	□ 政府网站 □ 政府公报 □ 两微一端 □ 发布会听证会 □ 广播电视 □ 纸质媒体 □ 公开查阅点 □ 政务服务中心 □ 便民服务站 □ 入户/现场 □ 社区/企事业单位/村公示栏（电子屏） □ 精准推送 ☑ 中国政府采购网及其地方分网 ☑ 省级（含计划单列市）财政部门指定的媒体	√		√	

续 表

序号	公开事项		公开内容（要素）	公开依据	公开时限	公开主体	公开渠道和载体	公开对象		公开方式	
	一级事项	二级事项						全社会	特定群体（请写明）	主动	依申请
17		采购信息更正公告	采购人和采购代理机构名称、地址、联系方式；原公告的采购项目名称及首次公告日期；更正事项、内容及日期；采购项目联系人和电话	《国务院办公厅关于推进公共资源配置领域政府信息公开的意见》（国办发〔2017〕97号）、《财政部关于做好政府采购信息公开工作的通知》（财库〔2015〕135号）	投标截止时间至少15日前、提交资格预审申请文件截止时间至少3日前，或者提交首次响应文件截止之日3个工作日前	采购人或者其委托的采购代理机构	□ 政府网站 □ 政府公报 □ 两微一端 □ 发布会听证会 □ 广播电视 □ 纸质媒体 □ 公开查阅点 □ 政务服务中心 □ 便民服务站 □ 入户/现场 □ 社区/企事业单位/村公示栏（电子屏） □ 精准推送 ☑ 中国政府采购网及其地方分网 ☑ 省级（含计划单列市）财政部门指定的媒体	√		√	
18		单一来源公示	采购人、采购项目名称；拟采购的货物或者服务的说明、拟采购的货物或者服务的预算金额；采用单一来源方式的原因及相关说明；拟定的唯一供应商名称、地址；专业人员对相关供应商因专利、专有技术等原因具有唯一性的具体论证意见，以及专业人员的姓名、工作单位和职称；公示的期限；采购人、采购代理机构、财政部门的联系地址、联系人和联系电话	《国务院办公厅关于推进公共资源配置领域政府信息公开的意见》（国办发〔2017〕97号）、《财政部关于做好政府采购信息公开工作的通知》（财库〔2015〕135号）	及时公开，公示期限不得少于5个工作日	采购人或者其委托的采购代理机构	□ 政府网站 □ 政府公报 □ 两微一端 □ 发布会听证会 □ 广播电视 □ 纸质媒体 □ 公开查阅点 □ 政务服务中心 □ 便民服务站 □ 入户/现场 □ 社区/企事业单位/村公示栏（电子屏） □ 精准推送 ☑ 中国政府采购网及其地方分网 ☑ 省级（含计划单列市）财政部门指定的媒体	√		√	

续 表

序号	公开事项		公开内容（要素）	公开依据	公开时限	公开主体	公开渠道和载体	公开对象		公开方式	
	一级事项	二级事项						全社会	特定群体（请写明）	主动	依申请
19	政府采购信息	协议供货和定点采购的具体成交记录	采购人和成交供应商的名称、成交金额以及成交标的的名称、规格型号、数量、单价等。电子卖场、电子商城、网上超市等的具体成交记录，也应当予以公开	《关于进一步做好政府采购信息公开工作有关事项的通知》（财库〔2017〕86号）	及时公开	集中采购机构	□ 政府网站 □ 政府公报 □ 两微一端 □ 发布会听证会 □ 广播电视 □ 纸质媒体 □ 公开查阅点 □ 政务服务中心 □ 便民服务站 □ 入户/现场 □ 社区/企事业单位/村公示栏（电子屏） □ 精准推送 ☑ 中国政府采购网及其地方分网 ☑ 省级（含计划单列市）财政部门指定的媒体	√		√	
20		中标、成交结果	采购人和采购代理机构名称、地址、联系方式；项目名称和项目编号；中标或者成交供应商名称、地址和中标或者成交金额；主要中标或者成交标的的名称、规格型号、数量、单价、服务要求或者标的的基本概况；评审专家名单。协议供货、定点采购项目还应当公告入围价格、价格调整规则和优惠条件。采用书面推荐供应商参加采购活动的，还应当公告采购人和评审专家的推荐意见	《国务院办公厅关于推进公共资源配置领域政府信息公开的意见》（国办发〔2017〕97号）、《财政部关于做好政府采购信息公开工作的通知》（财库〔2015〕135号）	自中标、成交供应商确定之日起2个工作日内公告，公告期限为1个工作日	采购人或者其委托的采购代理机构	□ 政府网站 □ 政府公报 □ 两微一端 □ 发布会听证会 □ 广播电视 □ 纸质媒体 □ 公开查阅点 □ 政务服务中心 □ 便民服务站 □ 入户/现场 □ 社区/企事业单位/村公示栏（电子屏） □ 精准推送 ☑ 中国政府采购网及其地方分网 ☑ 省级（含计划单列市）财政部门指定的媒体	√		√	

续 表

序号	公开事项		公开内容（要素）	公开依据	公开时限	公开主体	公开渠道和载体	公开对象		公开方式	
	一级事项	二级事项						全社会	特定群体（请写明）	主动	依申请
21		采购合同	采购人和采购代理机构名称、地址、联系方式；采购项目名称、编号，合同编号；供应商名称；合同内容。政府采购合同中涉及国家秘密、商业秘密的部分可以不公告，但其他内容应当公告。合同标的名称、规格型号、单价及合同金额等内容不得作为商业秘密。合同中涉及个人隐私的姓名、联系方式等内容，除征得权利人同意外，不得对外公告。批量集中采购项目应当公告框架协议	《国务院办公厅关于推进公共资源配置领域政府信息公开的意见》（国办发〔2017〕97号）、《财政部关于做好政府采购信息公开工作的通知》（财库〔2015〕135号）	合同签订之日起2个工作日内	采购人或者其委托的采购代理机构	□ 政府网站 □ 政府公报 □ 两微一端 □ 发布会听证会 □ 广播电视 □ 纸质媒体 □ 公开查阅点 □ 政务服务中心 □ 便民服务站 □ 入户/现场 □ 社区/企事业单位/村公示栏（电子屏） □ 精准推送 ☑ 中国政府采购网及其地方分网 ☑ 省级（含计划单列市）财政部门指定的媒体	√		√	
22		终止公告	采购人和采购代理机构名称、地址、联系方式；采购项目名称、采购编号，采购方式；采购项目终止原因；公告期限；采购项目联系人和电话	《国务院办公厅关于推进公共资源配置领域政府信息公开的意见》（国办发〔2017〕97号）、《财政部关于做好政府采购信息公开工作的通知》（财库〔2015〕135号）	及时公开	采购人或者其委托的采购代理机构	□ 政府网站 □ 政府公报 □ 两微一端 □ 发布会听证会 □ 广播电视 □ 纸质媒体 □ 公开查阅点 □ 政务服务中心 □ 便民服务站 □ 入户/现场 □ 社区/企事业单位/村公示栏（电子屏） □ 精准推送 ☑ 中国政府采购网及其地方分网 ☑ 省级（含计划单列市）财政部门指定的媒体	√		√	

续　表

序号	公开事项		公开内容（要素）	公开依据	公开时限	公开主体	公开渠道和载体	公开对象		公开方式	
	一级事项	二级事项						全社会	特定群体（请写明）	主动	依申请
23		公共服务项目采购需求	采购对象需实现的功能或者目标，满足项目需要的所有技术、服务、安全等要求，采购对象的数量、交付或实施的时间和地点，采购对象的验收标准等	《财政部关于做好政府采购信息公开工作的通知》（财库〔2015〕135号）、《关于进一步加强政府采购需求和履约验收管理的指导意见》（财库〔2016〕205号）	及时公开	采购人	□ 政府网站 □ 政府公报 □ 两微一端 □ 发布会听证会 □ 广播电视 □ 纸质媒体 □ 公开查阅点 □ 政务服务中心 □ 便民服务站 □ 入户/现场 □ 社区/企事业单位/村公示栏（电子屏） □ 精准推送 ☑ 中国政府采购网及其地方分网 ☑ 省级（含计划单列市）财政部门指定的媒体	√		√	
24		公共服务项目验收结果	采购人和采购代理机构名称、地址、联系方式；采购项目名称、编号，合同编号；履约供应商名称；验收单位；验收结果；验收人员	《财政部关于做好政府采购信息公开工作的通知》（财库〔2015〕135号）	验收结束之日起2个工作日内	采购人	□ 政府网站 □ 政府公报 □ 两微一端 □ 发布会听证会 □ 广播电视 □ 纸质媒体 □ 公开查阅点 □ 政务服务中心 □ 便民服务站 □ 入户/现场 □ 社区/企事业单位/村公示栏（电子屏） □ 精准推送 ☑ 中国政府采购网及其地方分网 ☑ 省级（含计划单列市）财政部门指定的媒体	√		√	

续 表

序号	公开事项		公开内容（要素）	公开依据	公开时限	公开主体	公开渠道和载体	公开对象		公开方式	
	一级事项	二级事项						全社会	特定群体（请写明）	主动	依申请
25		投诉、监督检查等处理决定公告	采购对象需实现的功能或者目标，满足项目需要的所有技术、服务、安全等要求，采购对象的数量、交付或实施的时间和地点，采购对象的验收标准等	《国务院办公厅关于推进公共资源配置领域政府信息公开的意见》（国办发〔2017〕97号）、《财政部关于做好政府采购信息公开工作的通知》（财库〔2015〕135号）	完成并履行有关报审程序后5个工作日内	财政部门	□ 政府网站 □ 政府公报 □ 两微一端 □ 发布会听证会 □ 广播电视 □ 纸质媒体 □ 公开查阅点 □ 政务服务中心 □ 便民服务站 □ 入户/现场 □ 社区/企事业单位/村公示栏（电子屏） □ 精准推送 ☑ 中国政府采购网及其地方分网 ☑ 省级（含计划单列市）财政部门指定的媒体	√		√	
26		集中采购机构的考核结果公告	集中采购机构名称、考核内容、考核方 法、考核结果、存在问题、考核单位等	《国务院办公厅关于推进公共资源配置领域政府信息公开的意见》（国办发〔2017〕97号）、《财政部关于做好政府采购信息公开工作的通知》（财库〔2015〕135号）	完成并履行有关报审程序后5个工作日内	财政部门	□ 政府网站 □ 政府公报 □ 两微一端 □ 发布会听证会 □ 广播电视 □ 纸质媒体 □ 公开查阅点 □ 政务服务中心 □ 便民服务站 □ 入户/现场 □ 社区/企事业单位/村公示栏（电子屏） □ 精准推送 ☑ 中国政府采购网及其地方分网 ☑ 省级（含计划单列市）财政部门指定的媒体	√		√	

续 表

序号	公开事项		公开内容（要素）	公开依据	公开时限	公开主体	公开渠道和载体	公开对象		公开方式	
	一级事项	二级事项						全社会	特定群体（请写明）	主动	依申请
27		土地出让计划	明确国有建设用地供应指导思想和原则；提出国有建设用地供应政策导向；确定国有建设用地供应总量、结构、布局、时序和方式；落实计划供应的宗地；实施计划的保障措施	《国务院办公厅关于推进公共资源配置领域政府信息公开的意见》（国办发〔2017〕97号）、《招标拍卖挂牌出让国有建设用地使用权规定》（国土资源部令第39号）、《国有建设用地供应计划编制规范》（试行）（2010年9月）	每年3月31日前，公布年度国有建设用地供应计划	市、县人民政府自然资源行政主管部门（简称出让人）	□ 政府网站 □ 政府公报 □ 两微一端 □ 发布会听证会 □ 广播电视 □ 纸质媒体 □ 公开查阅点 □ 政务服务中心 □ 便民服务站 □ 入户/现场	√		√	
28		招标拍卖挂牌出让公告	出让人的名称和地址；出让宗地的面积、界址、空间范围、现状、使用年期、用途、规划指标要求；投标人、竞买人的资格要求以及申请取得投标、竞买资格的办法；索取招标拍卖挂牌出让文件的时间、地点和方式；招标拍卖挂牌时间、地点、投标挂牌期限、投标和竞价方式等；确定中标人、竞得人的标准和方法；投标、竞买保证金；其他需要公告的事项	《国务院办公厅关于推进公共资源配置领域政府信息公开的意见》（国办发〔2017〕97号）、《招标拍卖挂牌出让国有建设用地使用权规定》（国土资源部令第 39号）	至少在投标、拍卖或者挂牌开始日前20日。挂牌时间不得少于10 日	出让人	□ 政府网站 □ 政府公报 □ 两微一端 □ 发布会听证会 □ 广播电视 □ 纸质媒体 □ 公开查阅点 □ 政务服务中心 □ 便民服务站 □ 入户/现场				
29		公告调整	公开国有建设用地使用权出让公告、项目概况、澄清或者修改事项、联系方式	《招标拍卖挂牌出让国有土地使用权规范》（国土资发〔2006〕114号）	按原公告发布渠道及时发布补充公告，涉及土地使用条件变更等影响土地价格的重大变动，补充公告发布时间距招拍挂活动开始时间少于20日的，招拍挂活动相应顺延	市、县人民政府自然资源管理部	□ 政府网站 □ 政府公报 □ 两微一端 □ 发布会听证会 □ 广播电视 □ 纸质媒体 □ 公开查阅点 □ 政务服务中心 □ 便民服务站 □ 入户/现场	√		√	

续 表

序号	公开事项		公开内容（要素）	公开依据	公开时限	公开主体	公开渠道和载体	公开对象		公开方式	
	一级事项	二级事项						全社会	特定群体（请写明）	主动	依申请
30		招标拍卖挂牌出让结果（成交公示）	土地位置、面积、用途、开发程度、土地级别、容积率、出让年限、供地方式、受让人、成交价格和成交时间等	《国务院办公厅关于推进公共资源配置领域政府信息公开的意见》（国办发〔2017〕97号）、《招标拍卖挂牌出让国有建设用地使用权规定》（国土资源部令第39号）、《招标拍卖挂牌出让国有土地使用权规范》（国土资发〔2006〕114号）	招标拍卖挂牌活动结束后的10个工作日内	出让人	□政府网站 □政府公报 □两微一端 □发布会听证会 □广播电视 □纸质媒体 □公开查阅点 □政务服务中心 □便民服务站 □入户/现场 □社区/企事业单位/村公示栏（电子屏） □精准推送 ☑公共资源交易平台在下列	√		√	
31		供应结果	国有建设用地使用权年度供应结果	《国务院办公厅关于推进公共资源配置领域政府信息公开的意见》（国办发〔2017〕97号）	至少在投标、拍卖或者挂牌开始日前20日。挂牌时间不得少于10日	各级自然资源管理部门	□政府网站 □政府公报 □两微一端 □发布会听证会 □广播电视 □纸质媒体 □公开查阅点 □政务服务中心 □便民服务站 □入户/现场 □社区/企事业单位/村公示栏（电子屏） □精准推送 ☑公共资源交易平台在下列				
32		招标拍卖挂牌出让公告	出让人和矿业权交易平台的名称、场所；出让矿业权的简要情况，包括项目名称、矿种、地理位置、拐点范围坐标、面积、资源储量（勘查工作程度）、开采标高、资源开发利用情况、拟出让年限等，以及勘查投入、矿山地质环境保护及土地复垦要求等；投标人或竞买人的资质条件；出让方式及交易时间、地点；获取招拍挂文件的途径和申请登记的起止时间及方式；确定中标人、竞得人的标准和方法；公共资源交易领域失信联合惩戒相关提示，风险提示；对交易矿业权异议的处理方式；需要公告的其他内容	《国务院办公厅关于推进公共资源配置领域政府信息公开的意见》（国办发〔2017〕97号）、国土资源部关于印发矿业权交易规则》的通知（国土资规〔2017〕7号）、《自然资源部关于调整〈矿业权交易规则〉有关规定的通知》（自然资发〔2018〕175号）	在投标截止日、公开拍卖日或者挂牌起始日20个工作日前发布。挂牌时间不得少于10个工作日	自然资源主管部门	□政府网站 □政府公报 □两微一端 □发布会听证会 □广播电视 □纸质媒体 □公开查阅点 □政务服务中心 □便民服务站 □入户/现场 □社区/企事业单位/村公示栏（电子屏） □精准推送 ☑公共资源交易平台在下列	√		√	

续 表

序号	公开事项		公开内容（要素）	公开依据	公开时限	公开主体	公开渠道和载体	公开对象		公开方式	
	一级事项	二级事项						全社会	特定群体（请写明）	主动	依申请
33	矿业权出让信息	招标拍卖挂牌成交结果公示	中标人或者竞得人的名称、场所，成交时间、地点；中标或者竞得的勘查区块、面积、开采范围的简要情况；矿业权成交价格及缴纳时间、方式，申请办理矿业权登记的时限；对公示内容提出异议的方式及途径；应当公示的其他内容	《国务院办公厅关于推进公共资源配置领域政府信息公开的意见》（国办发〔2017〕97号）、国土资源部关于印发矿业权交易规则》的通知（国土资规〔2017〕7号）	发出中标通知书或者签订成交确认书后5个工作日内进行信息公示。公示期不少于10个工作日	自然资源行政主管部门	□ 政府网站 □ 政府公报 □ 两微一端 □ 发布会听证会 □ 广播电视 □ 纸质媒体 □ 公开查阅点 □ 政务服务中心 □ 便民服务站 □ 入户/现场 □ 社区/企事业单位/村公示栏（电子屏） □ 精准推送 ☑ 公共资源交易平台在下列	√		√	
34		审批结果信息	每个项目的审批结果信息（交易完成后由各级自然资源管理部门审批）	《中华人民共和国政府信息公开条例》《国务院办公厅关于推进公共资源配置领域政府信息公开的意见》（国办发〔2017〕97号）	信息形成之日起20个工作日内	各级自然资源管理部门	□ 政府网站 □ 政府公报 □ 两微一端 □ 发布会听证会 □ 广播电视 □ 纸质媒体 □ 公开查阅点 □ 政务服务中心 □ 便民服务站 □ 入户/现场 □ 社区/企事业单位/村公示栏（电子屏） □ 精准推送 ☑ 公共资源交易平台在下列				
35		项目信息	公告有效期内矿业权基本信息包括矿业权名称、许可证号、矿业权人、矿种、有效期限	《中华人民共和国政府信息公开条例》《国务院办公厅关于推进公共资源配置领域政府信息公开的意见》（国办发〔2017〕97号）	每年一季度集中公告	各级自然资源管理部门	□ 政府网站 □ 政府公报 □ 两微一端 □ 发布会听证会 □ 广播电视 □ 纸质媒体 □ 公开查阅点 □ 政务服务中心 □ 便民服务站 □ 入户/现场 □ 社区/企事业单位/村公示栏（电子屏） □ 精准推送 ☑ 公共资源交易平台在下列	√		√	

续 表

序号	公开事项		公开内容（要素）	公开依据	公开时限	公开主体	公开渠道和载体	公开对象		公开方式	
	一级事项	二级事项						全社会	特定群体（请写明）	主动	依申请
36		国有企业产权转让信息预披露	转让标的基本情况；转让标的企业的股东结构；产权转让行为的决策及批准情况；转让标的企业最近一个年度审计报告和最近一期财务报表中的主要财务指标数据，包括但不限于资产总额、负债总额、所有者权益、营业收入、净利润 等（转让参股权的，披露最近一个年度审计报告中的相应数据）；受让方资格条件（适用于对受让方有特殊要求的情形）	《国务院办公厅关于推进公共资源配置领域政府信息公开的意见》（国办发〔2017〕97号）、《企业国有资产交易监督管理办法》（国资委、财政部2016年第32号令）	及时公开，正式披露信息时间不得少于20个工作日	转让方	□ 政府网站 □ 政府公报 □ 两微一端 □ 发布会听证会 □ 广播电视 □ 纸质媒体 □ 公开查阅点 □ 政务服务中心 □ 便民服务站 □ 入户/现场 □ 社区/企事业单位/村公示栏（电子屏）	√		√	
37		国有企业产权转让信息披露	转让标的基本情况；转让标的企业的股东结构；产权转让行为的决策及批准情况；转让标的企业最近一个年度审计报告和最近一期财务报表中的主要财务指标数据，包括但不限于资产总额、负债总额、所有者权益、营业收入、净利润等（转让参股权的，披露最近一个年度审计报告中的相应数据）；受让方资格条件（适用于对受让方有特殊要求的情形）；交易条件、转让底价；企业管理层是否参与受让，有限责任公司原股东是否放弃优先受让权；竞价方式，受让方选择的相关评判标准；其他需要披露的事项	《国务院办公厅关于推进公共资源配置领域政府信息公开的意见》（国办发〔2017〕97号、《企业国有资产交易监督管理办法》（国资委、财政部2016年第32号令）	及时公开，正式披露信息时间不得少于20个工作日	转让方	□ 政府网站 □ 政府公报 □ 两微一端 □ 发布会听证会 □ 广播电视 □ 纸质媒体 □ 公开查阅点 □ 政务服务中心 □ 便民服务站 □ 入户/现场 □ 社区/企事业单位/村公示栏（电子屏）	√		√	
38		国有企业产权转让成交公告	交易标的名称、转让标的评估结果、转 让底价、交易价格	《国务院办公厅关于推进公共资源配置领域政府信息公开的意见》（国办发〔2017〕97号）、《企业国有资产交易监督管理办法》（国资委、财政部2016年第32号令）	及时公开，公告期不少于5个工作日	产权交易机构	□ 政府网站 □ 政府公报 □ 两微一端 □ 发布会听证会 □ 广播电视 □ 纸质媒体 □ 公开查阅点 □ 政务服务中心 □ 便民服务站 □ 入户/现场 □ 社区/企事业单位/村公示栏（电子屏）	√		√	

续 表

序号	公开事项		公开内容（要素）	公开依据	公开时限	公开主体	公开渠道和载体	公开对象		公开方式	
	一级事项	二级事项						全社会	特定群体（请写明）	主动	依申请
39		国有企业资产转让信息披露	标的基本情况、交易条件、转让底价、竞价方式、受让方选择的相关评判标准等	《国务院办公厅关于推进公共资源配置领域政府信息公开的意见》（国办发〔2017〕97号）、《企业国有资产交易监督管理办法》（国资委、财政部2016年第32号令）	转让底价高于100万元、低于1000万元的资产 转让项目，信息公告期应不少于10个工作日；转让底价高于1000万元的资产转让项目，信息公告 期应不少于20个工作日	转让方	□ 政府网站 □ 政府公报 □ 两微一端 □ 发布会听证会 □ 广播电视 □ 纸质媒体 □ 公开查阅点 □ 政务服务中心 □ 便民服务站 □ 入户/现场 □ 社区/企事业单位/村公示栏（电子屏）	√		√	
40		国有企业资产转让成交公告	交易标的名称、评估价格、转让底价、交易价格等	《国务院办公厅关于推进公共资源配置领域政府信息公开的意见》（国办发〔2017〕97号）、《企业国有资产交易监督管理办法》（国资委、财政部2016年第32号令）	不少于5个工作日	产权交易机构	□ 政府网站 □ 政府公报 □ 两微一端 □ 发布会听证会 □ 广播电视 □ 纸质媒体 □ 公开查阅点 □ 政务服务中心 □ 便民服务站 □ 入户/现场 □ 社区/企事业单位/村公示栏（电子屏）	√		√	

6. 国家发展改革委关于印发《全国公共资源交易目录指引》的通知

各省、自治区、直辖市、新疆生产建设兵团公共资源交易平台整合牵头部门，国家信息中心：

为落实《国务院办公厅转发国家发展改革委关于深化公共资源交易平台整合共享指导意见的通知》（国办函〔2019〕41 号）部署，指导各地明确公共资源范围，积极稳妥推进公共资源市场化配置，根据《公共资源交易平台管理暂行办法》（国家发展改革委等 14 部委第 39 号令），我委会同有关部门制定《全国公共资源交易目录指引》，现印发你们，请做好贯彻执行工作。各地要结合实际，在本目录基础上依法拓展，抓紧制定印发本地区公共资源交易目录清单，坚持电子化发展方向，在促进平台互联互通和信息充分共享的基础上，规范场所服务事项，推行网上办理，着力优化平台服务，将清单内公共资源交易全部纳入平台体系，不断提高公共资源配置效率和公平性。

本目录自印发之日起施行，并将根据实际情况适时更新修订。

国家发展改革委

2019 年 12 月 27 日

附件：

《全国公共资源交易目录指引》

落实党中央、国务院关于深化公共资源交易平台整合共享、坚持应进必进的原则要求，加快拓展公共资源交易平台覆盖范围，由工程建设项目招标投标、土地使用权和矿业权出让、国有产权交易、政府采购等，逐步扩大到适合以市场化方式配置的自然资源、资产股权、环境权等各类公共资源，主要包括：

一、机电产品国际招标

二、海洋资源交易

（一）海域使用权出让；

（二）无居民海岛等海洋资源使用权出让。

三、林权交易

（一）国有林地使用权、租赁权和林木所有权出让；

（二）集体统一经营管理的林地经营权和林木所有权出让。

四、农村集体产权交易

（一）农村集体土地经营权流转；

（二）农村集体经营性资产出租；

（三）农村集体资产股权转让；

（四）四荒（荒山、荒沟、荒丘、荒滩）地使用权流转。

五、无形资产交易

（一）基础设施和公用事业特许经营权授予；

（二）市政公用设施及公共场地使用权、承包经营权、冠名权有偿转让。

六、排污权交易

（一）定额出让排污权；

（二）公开拍卖排污权。

七、碳排放权交易

八、用能权交易

九、司法机关和行政执法部门开展的涉诉、抵债或罚没资产处置

2019 年颁布的行业标准

1. 中国物流与采购联合会发布《国有企业采购操作规范》

2019 年 3 月 18 日，中国物流与采购联合会发布公告，《国有企业采购操作规范》团体标准自 2019 年 5 月 1 日开始实施（见图 5－1－1）。这是国有企业领域的国内首个团体标准。

中国物流与采购联合会

公　告

2019 年第 1 号

中国物流与采购联合会批准发布《国有企业采购操作规范》等四项团体标准，现予以公告。

标准号	标准名称	发布日期	实施日期
T/CFLP 0016-2019	国有企业采购操作规范	2019-03-18	2019-05-01
T/CFLP 0017-2019	公路货运企业融资能力评价指标体系	2019-03-18	2019-05-01
T/CFLP 0018-2019	散装液体化工产品库区管理规范	2019-03-18	2019-05-01
T/CFLP 0019-2019	商品钢筋加工配送中心运行管理规范	2019-03-18	2019-05-01

2019 年 3 月 18 日

图 5－1－1　中国物流与采购联合会公告

附：中国物流与采购联合会负责人就《国有企业采购操作规范》答记者问

由中国物流与采购联合会发起，国家电网公司、招商局集团、中国建筑总公司、中航集团、蒙牛乳业、粤港供水等 28 家研究机构和国有企业参与编制的《国有企业采购操作规范》团体标准，于 2019 年 4 月 24 日在北京正式发布，并将于 2019 年 5 月 1 日起实施，这是备受行业关注的大事。

为此，中国物流与采购联合会副会长、公共采购分会会长蔡进在北京接受记者专访，回答了记者的提问。

记者：国有企业的采购数额巨大、覆盖面广，社会关注度高。我国《招标投标法》和《政府采购法》已经实施多年，你们为什么还要以行业协会的名义编制和发布《国有企业采购操作规范》？

蔡进：第一，编制《国有企业采购操作规范》，是行业健康发展的需要。

国有企业是公有制经济的重要组成部分和实现形式。在经济发展方面，中央企业是火车头；在科技创新方面，中央企业是排头兵；在“走出去”方面，中央企业是先锋队。国有企业的采购既关系到企业的经济效益和发展前景，也关系到国有资产的保

值增值，更是社会舆论和民众普遍关注的热点问题。而国有企业采购领域又缺乏适用的法律法规。《招标投标法》《政府采购法》两部法律都没有全部覆盖国有企业的采购活动。部门行政规章关于企业采购的规定较为笼统，可操作性也不强。因此，行业的健康发展，正在呼唤一部行业性的标准出台。

第二，编制《国有企业采购操作规范》，是广大国有企业的呼声。

国企采购兼具公共采购和企业采购的双重属性。如何处理好“合规”与“效率”之间的矛盾，是国有企业采购部门面临的最大困惑。随着国有企业党风廉政建设和巡视全覆盖的持续深入，纪检部门和审计机构对“合规性”的严格要求，与企业内部规章出现严重脱节，导致许多国有企业人员反映“越来越不会采购”。一些国有企业领导怕担责任，无论采购额大小、无论采购标的属性如何，“逢采必招”，导致采购效率和企业效益严重受损，成为困扰业界的一大难题。广大国有企业都在呼吁尽快编制一部专门性的行业规范。

第三，编制《国有企业采购操作规范》，是我们行业协会的使命。

参与起草行业标准、发起编制团体标准，是行业协会的基本职责和主要工作模式。近期，国务院办公厅发布“通知”，明确“行政法规、规章、行政规范性文件出台前，凡是与企业生产经营活动密切相关的，各地区、各部门都要通过多种方式听取企业和行业协会商会的意见，做好沟通协调，提高企业贯彻落实的积极性”。中国物流与采购联合会基于供应链管理的专业性和国际接轨的前瞻性考量，及时组织业内专家和相关企业成立课题组，起草和编制了《国有企业采购操作规范》，就是为了填补空白，呼应会员企业的需求，搭建政府和企业之间的沟通桥梁，促进国企采购事业的健康发展。

记者：这个标准的适用范围是什么？有哪些主要内容？

蔡进：第一，本标准第一章明确规定了适用范围："本标准规定了国有企业（以下简称"企业"）的采购流程和通用要求，以及各种采购方式的适用条件和程序规则。本标准适用于国有企业在中国关境内开展的非依法必须招标项目的采购活动。"

众所周知，我国的《招标投标法》适用于在中华人民共和国关境内进行的一切招标投标活动，不仅包括必须进行招标的活动，也包括必须招标以外的所有招标投标活动。其中，法律对必须招标的项目作了较为严格的专属规定。本标准所称"非必须招标项目"指法律规定必须进行招标之外的工程、货物和服务项目。包括五种情形：一是非法律规定必须招标的工程项目。二是依法必须招标可以不进行招标的工程项目。三是依法必须招标失败后不再进行招标的工程项目。四是非关境外机电产品依法必须进行招标的项目。五是非必须招标采购的其他项目。

第二，关于标准的主要内容。本标准严格按照《中华人民共和国标准化法》的有关规定编制，共有四个章节：第一章是范围，第二章是术语和定义，第三章是采购流程和一般要求；第四章是采购方式。还有两个附件，即企业项目采购指南和企业运营采购指南。本标准的重点是第四章。

记者：请问这次发布的《国有企业采购操作规范》对国有企业的采购实践具有法律效力吗？

蔡进：《国有企业采购操作规范》团体标准是按照 GB/T 1.1—2009 的规则起草，由中国物流与采购联合会提出，由中国物流与采购联合会团体标准化技术委员会归口管理的。

本标准属于行业推荐性自律规范，适用于广大国有企业的采购管理与执行机构，也适用于国有企业采购代理机构。除依法必须招标的工程建设项目和其他项目应执行《中华人民共和国招标投标法》及《中华人民共和国招标投标法实施条例》以外，其他的各类采购项目，可以参照执行本标准的规定。其他类型的企业，也可参照执行本标准进行采购。

本标准不属于强制性标准，可由国有企业参照执行。在目前国企采购没有专门的法律法规、没有行业标准的形势下，本标准将有效填补行业标准缺失的空白，为广大国有企业加强内部管理提供参照和依据，为推动行业主管部门就国有企业采购管理进行部门立法奠定基础。

需要说明的是，本标准首次实施后，中国物流与采购联合会将结合广大国有企业的实践情况，对规范内容进行修订和完善。由于本标准是国内首部关于国有企业采购的规范性文件，不妥之处在所难免，恳请广大从业人员对标准的续订提出宝贵意见和建议。

记者：请问这次发布的《国有企业采购操作规范》与现行的法律、法规是什么关系？

蔡进：首先，今天发布的这个标准，是对国有企业采购有关法律法规的补充和完善。规制国企采购的法律主要有两部，《中华人民共和国政府采购法》和《中华人民共和国招标投标法》及其实施条例。《招标投标法》仅仅规定了“招标”这一种采购方式，《政府采购法》则明确适用于“各级国家机关、事业单位和团体组织使用财政性资金的采购行为”。两部法律都没有全部覆盖国有企业的采购活动。本标准规定了国有企业采购的办法、组织及程序等内容，适用于国有企业的全部采购行为，是对现行法律法规的补充和完善。

其次，本标准是对部门行政规章的细化和落实。目前，国有企业在采购方面遵循的部门规章，主要是财政部2001年印发的《企业国有资本与财务管理暂行办法》。（以下简称《暂行办法》）这个《暂行办法》发布时间较早，对企业采购的规定也较为笼统，可操作性也不强。本标准是根据《暂行办法》，结合广大国有企业的实践探索，对国有企业的采购活动进行了全面规范。

最后，本标准在不违背法律规定的前提下，对有关法条作出了扩展性解释。比如当前很多国企反应的“下属公司承接集团公司的业务合同也要招投标”问题，本标准依据《招标投标法实施条例》（以下简称《条例》）第九条作出了扩展性解释。《条例》规定“采购人依法能够自行建设、生产或者提供的，可不进行招标”。这里的“采购人”一般指采购项目法人；我们的标准则规定“采购人”在特定情形下可以是“集团法人”。这样，当集团内部已经形成长期的供应链配套关系，集团内部可以互相提供货物、工程和服务时，依据《条例》第九条第二项可以不进行招标采购，而以其他方式授予合同。

记者：本标准对促进国有企业采购工作有哪些价值？

蔡进：本标准对促进国有企业采购工作有两方面的价值。

一是《国有企业采购操作规范》填补了法律法规和采购实践之间的空白，是连接采购规制和采购实践的桥梁和纽带。一直以来，国有企业开展采购，除了依据《招标投标法》招标外，一般都参照政府采购，缺乏相关文件予以规范，更缺乏具体的操作指引。因此，国企采购常常会碰到不少问题，政府采购未提及但国企采购切实需要使用的采购方式如何操作，为提升市场竞争力，国企采购如何创新，如何让国企采购既高效又合规？正是为了解决这些问题，中国物流与采购联合会组织了《国有企业采购操作规范》的编写，这个规范是为国有企业量身定做的，实打实地帮助国有企业解决了采购中的困惑和问题。《国有企业采购操作规范》从企业管理的视角设计了科学的采购方法和详细操作流程，为国有企业采购提供了必要的方法论和工具箱。

二是《国有企业采购操作规范》具有一定的前瞻性，有利于国有企业采购向专业化和国际化发展。《国有企业采购操作规范》不是对中国现行采购法律法规的简单解读，也不是现有采购实践做法的简单堆砌，它既考虑到与国际接轨，借鉴了包括联合国贸易法委员会《公共采购示范法》在内的国际通行采购规则，又充分吸收了中国特色的采购实践经验。《国有企业采购操作规范》在我国加快加入 GPA 进程的大背景下出台，是对国有企业采购和供应链管理的有益探索，也将为我国采购领域未来的立法工作提供基础素材。

记者：这个标准的可操作性如何？是如何与我国国有企业的采购实践进行结合的？

蔡进：本标准凝聚了数十家大型国有企业的先进管理经验，经过 40 多位专家历时一年多的紧张工作，包括预研、立项、论证调研、编制、征求意见、审查发布六个阶段，对当前国有企业行之有效的采购经验进行了提炼和定型，是国有企业采购部门和业内专家共同努力的成果和智慧的结晶。

第一，本标准提炼了两种通用的采购组织形式。将“集中采购”和“框架协议采购”归纳为采购组织形式，列入采购流程，并对两种组织形式的适用条件、程序和注意事项作了明确规定。其中，将集中采购分为“批量集中采购”和“关联集中采购”两个类型，是综合了许多国有企业成功的经验和做法。

第二，本标准归纳了九种企业常用、国际通用的采购方式。本标准依据一般、复杂、紧急和简单项目，分别规定了四大类、九种不同的采购方式，基本能满足企业采购的各种情形。其中，根据供应链管理的需要，在借鉴联合国《公共采购示范法》的基础上，明确了战略采购、多源直接采购、询比采购等体现国企采购特点的采购方式。

第三，突出了国企采购对阳光采购的追求。不言而喻，公开招标在符合采购需求明确、有竞争条件、时间允许和采购成本合理的条件下，应该是国企首选的采购方式。但是，国企采购有很多特殊、复杂、紧急的情形，机械地“逢采必招”弊端很多。本标准在突出集中采购、公开招标在国企采购的首要地位的同时，也在现行法律允许范围内，对企业自主的招投标过程进行了优化，扩大了采购人自主权，加大了公示、报告等公开性要求。

记者：国有企业采购面临着全球化、信息化的新形势，这个标准是否具有前瞻性？

蔡进：行业标准应当具有适用性、可操作性，同时也应当具有一定的前瞻性。我认为，本标准的前瞻性主要表现在四个方面。

第一，落实国家扩大对外开放的战略部署，尽量与国际惯例接轨。按照习近平总书记在 2018 年博鳌亚洲论坛上关于“加快加入 GPA 步伐”的讲话精神，我们这个标准在采购方式的设计等方面，借鉴和兼顾了联合国贸易法委员会《公共采购示范法》的内容，提前对接国际规则。

第二，按照党中央、国务院关于加快建设社会信用体系的总体要求，引入供应商征信的机制。对供应商的信用评价中，推荐采购人根据社会综合信用体系、企业内部信用管理体系的基本要求和公司业务的需求，可以引入第三方征信和评价，以账期设定和资金占有率为风险控制目标，建立对供应商的征信和评价机制。

第三，顺应技术进步和电子化采购的时代潮流，增加电子化采购的内容。将供应资源库、专家库和电子采购平台（俗称“两库一平台”）建设列为企业采购的重要基础工程，为电子化采购明确了规范。

第四，深化“放管服”改革，落实国有企业作为采购人的主体责任。扩大采购人自主权，强调通过公开性对企业采购当事人进行监督；将时间区间界定为“从接到需求到合同签订为止”，明确了采购人的主体责任，将有利于提升采购部门活力，增加采购的灵活性，提高采购效率。

记者：据了解，中国物流与采购联合会将编制国有企业采购领域的第二个团体标准。请您介绍一下有关情况？两个标准是什么关系？

蔡进：2018 年 4 月，中国物流与采购联合会公共采购分会联合国家电网公司、中国国航集团、招商局集团、中国石化、中国石油、中国中车集团、中建二局等会员单位，成立“国有企业采购管理与采购操作规范”课题组，聘请了陈川生、曹富国、王文标等专家成立专家组，对国有企业采购面临的标准缺失问题进行专题研究。今天发布的《国有企业采购操作规范》，是课题组历时一年多的努力形成的重要成果。

与此同时，编制《国有企业采购管理规范》也是课题组的任务之一。按照中物联公共采购分会的工作部署，课题组将在 2019 年完成《国有企业采购管理规范》的起草工作，预计 2020 年对外发布。

至于两个标准的关系，《国有企业采购操作规范》偏重于操作层面，是采购执行部门的作业标准；《国有企业采购管理规范》偏重于管理层面，是采购管理部门的工作依据。《国有企业采购操作规范》主要通过采购方式的选择，解决采购的经济性问题，包括提高采购效率创造价值；而《国有企业采购管理规范》则应保证各种采购方式的安全运行，保护当事人合法权益，解决国企采购的公共性、公正性问题，降低廉政风险、防止腐败和权力寻租。

最后，在此向广大国有企业发出倡议，希望大家广泛使用已经发布的这个标准，为下一步修订和完善多提宝贵意见；也希望更多的国企参与我们的第二个标准的起草和编制。

记者：谢谢您接收我们的专访。

蔡进：不客气。希望你们更多地关注和报道国有企业采购领域的新问题、新情况、新进展。

第二章　2019 年公共采购主要著作成果

《政府采购全流程百案精析》

作者：张志军

出版社：中国法制出版社

出版时间：2019 年 1 月

图 5－2－1　《政府采购全流程百案精析》

该书为中国物流与采购联合会公共采购专家委员会专家、中国招标投标协会专家张志军主编，编委会成员来自高等院校、专业媒体、行政监管机构、采购代理机构和大型央企法务部门等相关机构，具有多年从事政府采购理论研究、实践操作和管理监督的经历，理论基础扎实，实操经验丰富。书籍共收录政府采购典型案例评析 102 篇，案例选题突出研究成果的实践性、操作性和实用性，有对实际案例的精微解析，有对法律条文的深入诠释，也有法律实务专家的经验阐述。本书全面覆盖招标投标、非招标采购、质疑投诉等相关领域的典型问题，是采购人、供应商、采购代理机构、政府监管部门的实用工具。

《政府采购评审专家工作指南》

作者：王胜辉
出版社：电子工业出版社
出版时间：2019 年 1 月

图 5 – 2 – 2　《政府采购评审专家工作指南》

本书从基础知识入手，阐述了政府采购法律体系、常用采购方式适用条件和评审规则、评审程序等，并用图表结合的方式直观展现了各采购方式的评审步骤，收录了评审中的经典案例。另外，本书将资质证书的查询、常用评审模板、评审专家责任清单以及全国各地区和部分行业的专家管理办法等进行了归纳和整理。本书包含了作者多年政府采购实践过程中积累的经验和认识，期望能够帮助评审专家尽快熟悉业务，促进职业素养与能力的养成。

《中国现代政府采购制度改革战略选择》

作者：黄冬如
出版社：经济科学出版社
出版时间：2019 年 3 月

图 5－2－3　《中国现代政府采购制度改革战略选择》

本书通过调查、比较、实证等研究方法的综合、交叉运用，拟建立现代政府采购制度改革框架。导论首先对现代政府采购制度进行定义和概念界定；通过分析认为中国现代政府采购制度改革的战略选择需要突破三大战略关口，即界定政府采购中的政府与市场的关系；推进政府采购转型与发展；维护公平与正义问题。这是本书的重点，分章节做了详细分析。政府与市场的关系问题主要界定现代政府采购主体和资金行为、界定政府采购管理模式和执行方式问题、界定政府采购政策功能。还探究了 PPP 模式（公私合作制）中政府与市场的关系。转型与发展问题重点研究法律制度、管理制度和基础制度的同一性。公平与正义问题研究主要以广东省佛山市南海区政府采购作为实证案例剖析，重点分析了人的专业化、业务的标准化、手段的电子化等基础性制度和科技手段。中国现代政府采购制度是在中国经济体制改革基础上的重要创新，涉及政治、法律、行政管理和社会管理体制改革等多方面的问题。本书在制度建设和改革战略上尝试填补空白。

《公共采购法律制度研究》

作者：孟晔
出版社：中国经济出版社
出版日期：2019 年 3 月

图 5－2－4 《公共采购法律制度研究》

《公共采购法律制度研究》一书的编写旨在便于我国公共采购领域的从业人员全面了解和掌握公共采购法律制度，同时为了满足公共采购教学和科研工作的需要，从公共采购的高度和视角，全面系统地梳理了我国公共采购法律制度，超越了从招投标或政府采购单一视角所形成的对公共采购的片面认知。本书以《政府采购法》及其实施条例作为框架主线，将《招标投标法》及其实施条例的内容有机地融入其中，建设性地将相对独立又交叉重叠的两法内容进行了整合，并对两法的特点和差别进行了总结，使公共采购法律体系的脉络更加清晰、结构更加合理、内容更加完整。

《公共资源交易法律规范系统的构建》

作者：李显冬
出版社：中国法制出版社
出版时间：2019 年 5 月

图 5 –2 –5　《公共资源交易法律规范系统的构建》

本书围绕具有社会属性的公共资源交易进行研究，第一篇从公共资源交易及其行政配置和市场配置这两种配置方式入手，在反思当前部门法理论局限的基础上提出了公共资源交易法律规范系统的理论创新性意见。第二篇从“横向”市场配置的民事法律关系，即私法层面，重点论证《招标投标法》与《政府采购法》的现状、困境以及修正。第三篇在“纵向”经济管制的行政关系，即公法层面，从自然资源交易与国有资产交易两个视角展开研究，同时重点选择了土地、矿业权、资产交易、资产储备等具体方向加以深入论证。

《智慧供应链：智能化时代的供应链管理与变革》

作者：文丹枫、周鹏辉

出版社：电子工业出版社

出版时间：2019 年 5 月

图 5－2－6 《智慧供应链：智能化时代的供应链管理与变革》

本书对智能化时代背景下，企业转型智慧供应链的现实意义、转型逻辑、切入点、战略规划、路径方案等进行了全方位的深入分析，为企业推进供应链转型升级、搭建智慧供应链等提供了一条行之有效的落地路径。全书内容包括智慧供应链的创新、传统供应链的智慧化转型、敏捷供应链、大数据供应链、物联网供应链、新物流模式、智慧物流、实践案例等。

《招标投标法律解读与风险防范实务》

作者：白如银

出版社：中国法制出版社

出版时间：2019 年 5 月

图 5-2-7　《招标投标法律解读与风险防范实务》

本书坚持“问题导向”，紧紧围绕《招标投标法》《政府采购法》《民法总则》《合同法》《招标投标法实施条例》《政府采购法实施条例》等法律、行政法规、部门规章和规范性文件，吸纳有代表性的案例、观点，分 9 章 47 节，对 194 个专项 201 个案例进行评析，通过条文阐释、实务经验、案例评析的形式，力求向读者深入阐释招标投标法重点条文内涵、招标投标重点环节操作要点、法律风险及其防范对策，力求体现理论性、实务性、可操作性。“附录”部分收集了现行招标投标常用法律法规名录、国家相关部门颁布的资格预审文件和招标文件标准文本名录以及常用合同示范文本名录，方便在招标投标工作实务中查阅参考。

《施工企业物资采购案例与实务》

作者：盈科律师事务所
出版社：法律出版社
出版时间：2019 年 10 月

图 5－2－8　《施工企业物资采购案例与实务》

本书收集了 38 个买卖合同案例，涉及钢筋、混凝土、挖掘机等施工物资，内容涉及合同签订、履行各环节，基本涵盖了买卖合同中各方面争议问题，也包括被质监局查处问题，还有涉及是否“先刑后民”问题。以案例为导引，将案例中涉及的买卖合同知识与实务问题特别是施工企业应注意问题同时呈现。每个案例之后都附有“案例相关问题解读及对施工企业的提示”，对于“案例相关问题”中主要的问题及对施工企业的提示予以说明。笔者意在以案例与实务形式普及买卖合同知识，提高施工企业合同意识，增加施工企业合同管理实务能力，给施工企业提供工程物资采购工作借鉴与实务操作参考。

《金融采购百问百答》

作者：中国金融集中采购网
出版社：中国金融出版社
出版时间：2019 年 12 月

图 5－2－9　《金融采购百问百答》

本书由中国金融学会金融采购专业委员会指导，由中国金融集中采购网联合全国银行、证券、保险等 30 余家金融机构的专家、精英编制，结合了金融采购单位优秀管理经验及采购实践过程中各个环节易出现的问题，以问引答，用问答形式对常见问题、疑难问题、热点问题进行了全面梳理，并在此基础上进行归纳和提炼，不仅在实际案例当中贯彻集中采购法规及相关管理办法，更为规范集中采购流程提出指导和建设性意见。

全书共五篇十章内容。这五篇分别为：法律法规政策篇、制度建设篇、采购方式及流程篇、采购日常管理篇、行业合作篇，旨在为金融系统各家机构开展集中采购提供全方位的要素指导。全书包含政策法规、实务操作、采购标的种类、项目情况等方面的实际可能涉及的具体问题。同时涵盖了需要关注的风险点以及同行业横向合作方面的相关事宜。本书内容涵盖范围广泛，是一本非常实用的金融采购知识读本。

《招标采购实战 200 问（第 1 辑）》

编著者：张利江、范振华、李峣

出版社：法律出版社

出版时间：2018 年 10 月 1 日

内容概要：“易招标学苑”作为行业内具有广泛影响力的互联网平台，它将不同专业、不同地域、不同机构、不同岗位的人融合在一起，由招标采购领域的从业者提出疑问，由资深从业人士、行业专家和相关学者逐一解答，形成了《招标采购实战 200 问（第 1 辑）》一书。《招标采购实战 200 问（第 1 辑）》是互联网时代集腋成裘的“众创”结果，书中精选了 200 多个招投标参与主体在真实业务实践中产生的疑难问题，由行业立法专家、业务实践行家、招投标律师等联袂呈现问题的精彩剖析，既探讨招投标实务操作，又涉及政府采购、电子招投标、PPP 等相关热点内容，为招标人、投标人、评标专家及行业监督者探索出合法、合理的问题解决方案，是招标采购行业一本非常具有借鉴价值的参考工具书。

图 5－2－10　《招标采购实战 200 问（第 1 辑）》

《“互联网 +”招标采购实务教程》

编著者：王友丽、张利江、杨芳、李静

出版社：经济管理出版社

出版时间：2019 年 9 月

内容概要：主要介绍“互联网 +”招标采购活动的实务操作。书中介绍了公开招标、竞争性谈判、竞争性磋商、询价、单一来源采购等采购方式，每一种采购方式中都融入了适用的法律法规，并由行业专家对重要部分进行解读，帮助读者更好地结合实际业务操作场景进行使用。

图 5－2－11　《“互联网 +”招标采购实务教程》

第三章　公共采购2019年度获奖名单

为提升公共采购行业的专业化、规范化、国际化水平，促进我国公共采购事业健康快速发展，由中国物流与采购联合会主办的“2019全国公共采购年度评选”活动，自2019年9月25日开始，经过报名征集、专家评审和网上公示，产生了六个奖项的获奖名单。

一、2019年度优秀集中采购机构（27个）

（一）政府采购、国企采购、高校采购领域

北部湾产权交易所集团股份有限公司

重庆市政府采购中心

国家电网有限公司物资部

合肥市蜀山区招标投标监督管理局（合肥市蜀山区政府采购中心）

马鞍山市政府集中采购中心

青海省政府采购中心

山西潞安矿业（集团）有限责任公司物资供应处

四川省阿坝州政府采购中心

西南大学采购与招投标管理中心

中国电信集团公司采购事业部

中国航空集团有限公司集中采购部

中国建筑股份有限公司集中采购管理中心

中国南方电网有限责任公司供应链管理部

中国人寿保险股份有限公司资产管理部

中国盐业集团有限公司购销统筹部

中国移动通信集团有限公司采购共享服务中心

中国移动通信集团终端有限公司

中山市政府采购中心

中铁物贸集团有限公司

中铁物资集团有限公司

（二）公共资源交易领域

河北省公共资源交易中心

菏泽市公共资源（国有产权）交易中心

荆门市公共资源交易中心

茂名市公共资源交易中心

铜陵市公共资源交易中心

云南省红河州公共资源交易中心

中国移动通信集团重庆有限公司

二、2019年度优秀采购代理机构（26个）

（一）政府采购、国企采购、高校采购领域

东风（武汉）工程咨询有限公司

广东采联采购科技有限公司

广东华伦招标有限公司

广东元正招标采购有限公司

国网物资有限公司

菏泽市兴菏国有产权交易有限责任公司

湖北省成套招标股份有限公司

内蒙古蒙能招标有限公司

欧菲斯办公伙伴控股有限公司

通号（北京）招标有限公司

英大商务服务有限公司

中国通信建设集团有限公司

中天世纪国际招标有限公司

（二）公共资源交易领域

安徽安天利信工程管理股份有限公司

安徽省招标集团股份有限公司

安徽省政采项目管理有限公司

广东海外建设咨询有限公司

广东省城规建设监理有限公司

广东省广大工程顾问有限公司

广东省机电设备招标中心有限公司

国义招标股份有限公司

湖北捷高工程项目管理有限公司

山东尚立工程项目管理有限公司

山东省鲁成招标有限公司
深圳市国际招标有限公司
四川中泽盛世招标代理有限公司

三、2019 年度先进电子化平台（54 个）

（一）政府采购、国企采购、高校采购领域
阿里巴巴（中国）网络技术有限公司：阿里巴巴企业采购智能供需协同平台
北京京东世纪贸易有限公司：京东企业购
北京首创股份有限公司：首创股份电子商务平台
北京阳光公采科技有限公司：公采云
北京筑龙信息技术有限责任公司：筑龙企业招标采购平台
重庆市政府采购中心：重庆市政府采购云平台
东风咨询有限公司：东风电子交易平台
贵州省黔云集中招标采购服务有限公司：黔云招采电子招标采购交易平台
国家电网有限公司：国家电网新一代电子商务平台
国家能源集团物资有限公司：国家能源 e 购平台
华中师范大学：华中师范大学采购管理系统
冀中能源集团有限责任公司：冀中能源集团电子阳光直采平台
喀斯玛（北京）科技有限公司：喀斯玛商城
南方电网互联网服务有限公司：南网商城
内蒙古自治区政府采购中心：内蒙古政府采购交易平台
青海省政府采购中心：青海省政府采购网
深圳市国际招标有限公司：深国招智能电子化交易平台
天津开发区先特网络系统有限公司：先特电子招投标系统
通号（北京）招标有限公司：通号物资集团电子商务平台
西安西电开关电气有限公司：西开电气外部供应链管理平台
招商局集团招投标中心：招商局集团电子招标采购交易平台
中国建筑股份有限公司：云筑集采
中国平安采购管理中心：平安采购管理系统 + e 采商城
中国神华国际工程有限公司：国家能源集团工程公司 IBS 电子采购平台
中国移动采购共享服务中心：中国移动供应链大数据分析平台
中铁物贸集团有限公司：中国中铁采购电子商务平台
中铁物资集团有限公司：中国铁建物资采购网
中招联合信息股份有限公司：中招联合招标采购平台
猪八戒股份有限公司：八戒公采

（二）公共资源交易领域

安徽公共资源交易集团：安徽公共资源交易集团电子交易平台

安徽省长丰县公共资源交易中心：长丰县政府采购电子交易平台

安阳市公共资源交易中心：安阳市公共资源交易平台

潮州市公共资源交易中心：潮州市政府采购电子化平台

得力集团有限公司：得力商城

佛山市公共资源交易中心：佛山市公共资源交易信息化综合平台

阜阳市公共资源交易中心：阜阳市公共资源交易平台

广东公共资源交易联合会：广东省公共资源交易保证担保公共服务平台

国义招标股份有限公司：国义招标采购平台

菏泽市公共资源（国有产权）交易中心：菏泽市政采商城

黄山市公共资源交易中心：全国公共资源交易平台（安徽·黄山）

江西省信息中心：江西省公共资源电子交易平台

昆明市公共资源交易中心：昆明市公共资源交易平台

丽江市公共资源交易中心：丽江市公共资源交易电子化平台

临沂市公共资源交易中心：临沂市公共资源交易平台

马鞍山市公共资源交易中心：马鞍山市公共资源交易平台

内蒙古自治区工程项目招投标中心：内蒙古工程建设电子化平台

四川省阿坝州公共资源交易中心：阿坝藏族羌族自治州公共资源交易平台

四川省大邑县公共资源交易服务中心：大邑县乡镇资源配置“阳光 e 平台”

铜陵市公共资源交易中心：铜陵市公共资源交易平台

威海市公共资源交易中心（威海市政府采购中心）：威海市政府采购电子交易系统

乌兰察布市公共资源交易中心：乌兰察布市公共资源交易平台

云南省腾冲市公共资源交易中心：腾冲公共资源交易平台

云南卓普科技开发有限公司：建设工程信用服务平台

遵义市公共资源交易中心：全国公共资源交易平台（贵州·遵义）

四、2019 年度优秀供应商（10 个）

北京京东世纪贸易有限公司

得力集团有限公司

江苏国泰新点软件有限公司

上海晨光科力普办公用品有限公司

深圳齐心集团股份有限公司

史泰博（上海）有限公司

顺丰速运有限公司

苏宁易购集团股份有限公司

天津开发区先特网络系统有限公司

咸亨国际科技股份有限公司

五、2019 年度优秀采购案例（25 个）

（一）政府采购、国企采购、高校采购领域

安徽省政采项目管理咨询有限公司（“精品安徽”央视宣传投放项目）

鞍山钢铁集团有限公司电子商务中心（鞍钢采购商城借助“互联网 +”发展聚拢采购、电商扶贫新模式）

国家电网有限公司（2019 年配网设备资质核实和资格预审联合一体化采购项目）

阿里巴巴（中国）网络技术有限公司（以中国联合水泥集团为代表的建材行业的应用案例）

喀斯玛（北京）科技有限公司（喀斯玛商城关于实验室科研试剂阳光采购解决方案）

马鞍山市政府集中采购中心（马鞍山市看守所智能化“智慧监所”建设项目）

陕西宝光真空电器股份有限公司（信息化在供应链管理中的应用解决方案）

苏宁易购集团股份有限公司（国家电网办公物资电商化采购项目 API 解决方案）

中国电建集团租赁有限公司（大宗物资集采分供模式在项目采购中的应用解决方案）

中国盐业集团有限公司（中国盐业集团有限公司采购管理职能战略价值提升解决方案）

中国移动采购共享服务中心（中国移动与华为公司深度协同共创供应链新价值解决方案）

中国移动通信集团云南有限公司、中国移动通信集团终端有限公司（中国移动数字化供应链公共服务平台）

中国银联股份有限公司（中国银联 2019 总部营业用房租赁采购项目）

安徽省优质采科技发展有限责任公司（“优质采云采购平台”解决方案）

（二）公共资源交易领域

湖北国华招标咨询有限公司（武汉航空物流服务中心项目施工总承包招标项目）

安徽安天利信工程管理股份有限公司［引江济淮工程（安徽段）工程保险采购项目］

中国移动通信集团重庆有限公司（重庆移动基于采需深度协同的 ICT 项目全流程优化）

安徽诚信项目管理有限公司（合肥市公交站牌亭新建及改建工程 EPC 总承包项目）

安徽双赢招投标咨询有限责任公司（当涂县 2018 年农村改厕三格式化粪池、厕具采购项目）

广东公共资源交易联合会（《广东省公共资源交易保证担保业务规范》团体标准编制）

广东华伦招标有限公司［紫金县整县（镇、村）污水处理基础设施建设项目］

合肥市产权交易中心（安世半导体部分投资份额退出转让项目）

马鞍山市兴马建设工程项目咨询有限公司（马鞍山市长江入河排污口排查服务项目）

中国移动采购共享服务中心（通信运营企业基于全流程在线模式下的智能化采购管理与实施项目）

中国移动通信集团重庆有限公司（重庆移动 B2B + B2C 融合的高密度自动化智能存储方案）

六、2019 年度先进人物（21 位）

（一）政府采购、国企采购、高校采购领域

陈国强　燕山大学党委常委、副校长

陈灵欣　国家电网有限公司物资部副主任

龚喜杰　中金金融认证中心有限公司技术支持部副总经理

龚艳芳　中山市政府采购中心采购部一部部长

黄昌建　西南大学采购与招投标管理中心副主任

李　娟　华中师范大学招标办货物、服务组组长

石瑞杰　国网电子商务有限公司业务运营中心主任

孙建文　北京筑龙信息技术有限责任公司总经理

王　燕　中国交通建设股份有限公司物资采购管理中心采购管理处处长

徐焕东　中央财经大学政府管理学院教授

（二）公共资源交易领域

常中利　临泉县公共资源交易中心主任

冯美娜　山东省鲁成招标有限公司烟台分公司总经理

冯彦斌　河北省公共资源交易中心技术信息处处长

何　平　安徽公共资源交易集团副总经理、党委委员

黄耿鸿　广东财经大学计划与合同管理科科长

邵月娥　内蒙古阿拉善盟政务服务中心科长

杨顺翔　贵州航睿工程项目管理咨询有限公司总经理

张丽芳　佛山市公共资源交易中心采购一部部长

张文军　内蒙古自治区公共资源交易管理服务中心交易管理处处长

张宣良　祁门县公共资源交易中心副主任

章　哲　黄山市公共资源交易中心黄山区分中心主任

第四章　公共采购大事记

中国公共采购大事记（2019年）

1月1日，国务院办公厅印发《国家组织药品集中采购和使用试点方案》，成立联合采购办公室，在4个直辖市和7个省试点探索药品跨区域联盟集中带量采购。

1月11日，《雄安新区工程建设项目招标投标管理办法（试行）》出台，包括电子招标投标、鼓励技术创新、推行工程总承包、革新工程监理、加快信用建设等改革创新内容。管理办法的出台预示着2019年中国招标投标的改革创新进入一个新的阶段。

2月1日，财政部、发展改革委、生态环境部、市场监管总局联合下发《关于调整优化节能产品、环境标志产品政府采购执行机制的通知》（财库〔2019〕9号）；2019年3月29日，财政部和生态环境部发布了《关于印发环境标志产品政府采购品目清单的通知》（财库〔2019〕18号）；2019年4月2日，财政部和发展改革委发布了《关于印发节能产品政府采购品目清单的通知》（财库〔2019〕19号）。

3月1日，《广东省实施〈中华人民共和国招标投标法〉办法》施行，共5章34条。

3月15日，第十三届全国人大第二次会议表决通过了《中华人民共和国外商投资法》。自2020年1月1日起施行。《中华人民共和国外商投资法》提出国家保障外商投资企业依法通过公平竞争参与政府采购活动。2019年12月12日，《中华人民共和国外商投资法实施条例》经国务院第74次常务会议通过，自2020年1月1日起施行。条例提出：政府及其有关部门不得阻挠和限制外商投资企业自由进入本地区和本行业的政府采购市场。

3月20日，财政部条法司公布2019年立法工作安排。对《政府采购法》（修订）进行立法研究，争取尽早形成立法成果。2019年7月19日，财政部条法司在内蒙古呼伦贝尔市召开《政府采购法》修订座谈会。2019年10月14日，“构建绩效型政府采购制度”研讨会——《政府采购法》修订研讨会在天津南开大学法学院举办。

4月25日，国家发展改革委办公厅印发《公共资源交易平台服务标准（试行）》（发改办法规〔2019〕509号）。

5 月 19 日，国务院办公厅转发国家发展改革委《关于深化公共资源交易平台整合共享指导意见》的通知（国办函〔2019〕41 号）提出，到 2020 年，适合以市场化方式配置的公共资源基本纳入统一的公共资源交易平台体系，实行目录管理；通知明确完善公共资源市场化配置机制、优化公共资源交易服务、创新公共资源交易监管体制内容。

5 月 27 日，财政部、国务院扶贫办发出《关于运用政府采购政策支持脱贫攻坚的通知》（财库〔2019〕27 号），鼓励采用优先采购、预留采购份额方式采购贫困地区农副产品，鼓励优先采购聘用建档立卡贫困人员的物业公司提供的物业服务。

7 月 26 日，财政部下发《关于促进政府采购公平竞争优化营商环境的通知 》（财库〔2019〕38 号），要求全面清理政府采购领域妨碍公平竞争的规定和做法，严格执行公平竞争审查制度，提升政府采购透明度。

8 月 5 日，财政部、国务院扶贫办、供销合作总社制定下发《政府采购贫困地区农副产品实施方案》，鼓励动员各级预算单位等购买贫困地区农副产品，实施精准消费扶贫，带动建档立卡贫困户增收，助力打赢脱贫攻坚战。

8 月 20 日，国家发展改革委办公厅、工业和信息化部办公厅、住房城乡建设部办公厅、交通运输部办公厅、水利部办公厅、商务部办公厅、铁路局综合司、民航局综合司联合下发《工程项目招投标领域营商环境专项整治工作方案》（发改办法规〔2019〕862 号），贯彻落实《国务院办公厅关于聚焦企业关切进一步推动优化营商环境政策落实的通知》（国办发〔2018〕104 号）要求和全国深化“放管服”改革优化营商环境电视电话会议精神，消除招投标过程中对不同所有制企业设置的各类不合理限制和壁垒，维护公平竞争的市场秩序。

9 月 24 日，国家组织药品集中采购和使用试点的城市正式扩展到全国，25 个“4 + 7”试点药品的扩围采购全部成功。

10 月 8 日，《优化营商环境条例》经国务院第 66 次常务会议通过，自 2020 年 1 月 1 日起施行。《优化营商环境条例》提出，政府采购应当公开透明、公平公正，依法平等对待各类所有制和不同地区的市场主体，不得以不合理条件或者产品产地来源等进行限制或者排斥。政府有关部门应当加强政府采购监管，依法纠正和查处违法违规行为。

10 月 16 日，全军出台加快推进采购工作 20 条措施，畅通应急采购的绿色通道，在保证质量的前提下，尽最大可能压缩周期、提高效率。

10 月 18 日，军委后勤保障部出台《军队单一来源采购审价管理办法》，明确单一来源采购审价的方法、程序和内容。

10 月 20 日，经国务院批准，财政部经由我国常驻世界贸易组织（WTO）代表团，向 WTO 提交了中国加入《政府采购协定》（GPA）第七份出价。这份出价是我国加快加入 GPA 谈判进程的重大举措，充分展现了我国扩大开放的形象，表明了我国加入

GPA 的诚意和维护多边贸易体制的决心。

10 月 25 日，军队单位自行采购工作规范印发全军部队执行，军队单位可以采用网上采购、使用预先采购结果、委托地方力量、直接面向市场采购等多种形式组织限额以下项目采购。

11 月 27 日，《政府采购信息发布管理办法》（财政部令第 101 号）通过，自 2020 年 3 月 1 日起施行。《政府采购信息发布管理办法》将规范政府采购信息发布行为，提高政府采购透明度。

12 月 3 日，国家发改委正式发布《中华人民共和国招标投标法（修订草案公开征求意见稿）》。此次对《招标投标法》的修改，重点针对排斥限制潜在投标人、围标串标、低质低价中标、评标质量不高、随意废标等。

12 月 5 日至 6 日，全国政府采购改革工作会议在京举行。会议贯彻落实中央深改委审议通过的《深化政府采购制度改革方案》，研究部署深化政府采购制度改革的主要任务和具体措施。

12 月 24 日，住建部发布《关于进一步加强房屋建筑和市政基础设施工程招标投标监管的指导意见》，包括夯实招标人权责、优化评标方法、加强招投标监管等五方面的 17 项措施。

12 月 25 日，中国招标投标协会在京召开行业成果发布会，发布《中国招标投标发展报告（2018 年）》《非招标方式采购文件示范文本》《PPP 项目选择咨询机构招标文件示范文本》《PPP 项目选择社会资本方招标文件示范文本（公路项目）》《PPP 项目选择社会资本方招标资格预审文件示范文本（公路项目）》。

公共采购分会大事记（2019 年）

3 月 18 日，《国有企业采购操作规范》正式发布。该标准由中国物流与采购联合会公共采购分会组织编制，由国家电网有限公司、招商局集团、中国航空集团有限公司、北京首创股份有限公司、广东粤港供水有限公司、内蒙古蒙牛乳业（集团）股份有限公司、中国公共采购有限公司、北京筑龙信息技术有限责任公司等企业参与起草，由中国物流与采购联合会负责审查、批准和发布，并报国家标准化委员会备案，标准号为 T/CFLP 0016—2019，自 2019 年 5 月 1 日开始实施。

3 月 31 日—4 月 1 日，由中国物流与采购联合会公共采购分会主办、中国人民解放军陆军勤务学院和重庆市政府采购中心承办的“公共采购分会 2019 春季会长联席会议暨公共采购行业标准编制研讨会”在重庆市召开。这是落实公共采购分会理事会关于每年召开两次会长联席会议的工作部署，首次召开会长联席会议。

4 月 24 日，由中国物流与采购联合会主办、中国物流与采购联合会公共采购分会承办、国家电网有限公司协办的《国有企业采购操作规范》团体标准发布会在北京召开，中物联副会长、公共采购专家委员会主任程远忠，国家电网有限公司物资部主任丁扬等领导出席并讲话。来自央企和地方国企的采购负责人、国内权威媒体记者等近百人参加了会议。

该标准发布以来，引起社会各界的强烈关注，在以下权威媒体进行了相关报道：央视 CCTV1、CNC 新华网络电视台、新华社、人民网、中央政府网、国务院国资委网站。

5 月 21 日，中国物流与采购联合会副会长、公共采购分会会长蔡进出席由公共采购分会主办的“公共采购供应商共享平台”项目论证会，并发表了总结讲话。

6 月 12—14 日，为更好地宣贯、实施《国有企业采购操作规范》，中物联公共采购分会在北京举办“《国有企业采购操作规范》解读暨招标采购疑难案例分析”专题培训班。此后半年，公共采购分会先后在威海、昆明、广州、贵阳等多地举办了专题培训班，每场次参训学员达到 150 余人。另外，公共采购分会还在中国中铁、中国交建、中国通号、首创股份等全国多个大型国有企业进行企业内部培训。

6 月 23 日，由中国物流与采购联合会公共采购分会和“猪八戒网”联合主办“数字赋能·智慧采购——互联网 + 公共采购”高峰论坛在重庆隆重开幕，业内专家和知名企业负责人齐聚山城，深入探讨产业互联网背景下的公共采购数字化、智能化发展趋势。

同日，中国物流与采购联合会公共采购分会启动了“公共部门服务采购操作规范”

团体标准的编制工作。

7 月 29 日，中国物流与采购联合会公共采购分会在北京召开了“公共采购指数”研讨会，正式启动了公共采购指数的研究发布工作。中物联公共采购分会常务副会长胡大剑出席会议。

9 月 11—12 日，由中国物流与采购联合会公共采购分会主办、苏宁易购集团承办的“公共采购分会 2019 秋季会长联席会议”在江苏南京召开，对公共采购分会下半年的工作进行了规划，并参观考察了苏宁易购总部。

同日，《国有企业采购管理规范》团体标准编制启动会在南京召开。

9 月 26 日，由中国物流与采购联合会举办的“2019 全国公共采购年度评选”活动正式开始报名，本次公共采购年度评选领域包括政府采购、国企采购、军队采购、高校采购和公共资源交易机构。

10 月 10 日，中国物流与采购联合会在京召开“公共部门与国有企业电商化采购操作规范”团体标准启动会议，标志着公共部门、国有企业的电商采购行业标准开始编制。

11 月 8 日，由中国物流与采购联合会主办的“2019 全国公共采购年度评选”活动获评结果公示，评选活动自 2019 年 9 月 25 日发布公告征集报名以来，共收到参评材料 412 份。本次评选按照《2019 全国公共采购年度评选实施方案》，以省和垂直行业为单位，初评产生了六个奖项的入围名单；随后，中国物流与采购联合会公共采购分会邀请了我国公共采购领域的 7 位权威专家组成专家评审委员会，对入围名单中的参评对象进行了终评，产生了获奖名单。

11 月 18 日，中国物流与采购联合会公共采购分会第二届二次理事会在武汉召开，中物联公共采购分会常务副会长胡大剑出席并作总结讲话。来自全国各地政府采购、国有企业采购、高校采购、国防采购和公共资源交易领域的会员单位代表、专家代表 70 多人参加会议。

11 月 19 日，由中国物流与采购联合会主办，中物联公共采购分会承办的“2019 全国公共采购年会暨公共采购年度评选颁奖典礼”在湖北武汉光谷会展中心召开。同期还举办了“2019 全国政府采购机构负责人座谈会”“国有企业智慧采购高峰论坛”“科研机构与高校采购高峰论坛”“企业采购与供应链创新论坛”四个平行论坛。

11 月 19—20 日，由中国物流与采购联合会、湖北省商务厅共同主办的“2019 第十届全球采购（武汉）论坛暨采购博览会”在武汉召开。

12 月 11—13 日，由中国物流与采购联合会主办，中物联公共采购分会、昆明市公共资源交易中心共同承办的以“改革 · 创新 · 优化 · 共享”为主题的第六届全国公共资源交易论坛，在春城昆明召开。同期还举办了“2019 南方十城市公共资源交易中心联席会议”“公共资源交易体制创新高层论坛”“公共资源交易大数据应用专题论坛”“公共资源交易信息安全高峰论坛”四个平行论坛，及“2019 全国公共采购年度评选”

公共资源领域的五大奖项颁奖典礼。全国公共资源交易领域的 360 多位嘉宾代表，共同探讨公共资源交易领域的热点难点焦点问题，共同推动我国公共资源交易事业的阳光、规范、健康发展。12 月 13 日，该论坛还在云南省红河州举办了分会场活动。

12 月 13 日，央视新闻频道对“2019 年第六届全国公共资源交易论坛”进行了报道。当前全国公共资源交易平台互通共享体系已经形成，国家公共资源交易服务平台基本实现工程建设招投标、政府采购、土地使用权和矿业权出让、国有产权四大板块全覆盖。我国公共资源交易总规模已接近 30 万亿元。

附录1　公共采购术语与定义

一、公共采购

公共主体为实现公共利益，使用公共资金通过一定方式和程序获得工程、货物和服务的行为。

二、政府采购

各级国家机关、事业单位和团体组织为了开展日常政务活动或者为公众提供服务，使用财政性资金，通过法定的方式和程序，从市场上购买货物、工程和服务的行为。

三、国有企业采购

国有资金控股或占主导地位的工商企业，从市场上获取所需货物、工程和服务的行为。包括国家规定应当依法必须招标的工程项目和其他项目，及企业经营活动实施的各类采购活动。

四、军事采购

军事单位依据法定的方法程序，使用军费通过合同形式从市场上获取军用物资（含武器装备）、工程和服务的行为。

五、公共资源交易

涉及公共利益、公众安全的具有公有性、公益性的资源交易活动，包括依法必须招标的工程建设项目招标投标、国有土地使用权和矿业权出让、国有产权交易、政府采购等。

六、招标投标

招标人对货物、工程和服务事先公布采购条件和要求，吸引众多投标人参加竞争，并按规定程序选择交易对象的行为。

七、PPP

又称政府和社会资本合作，是指在公共基础设施建设和公共服务领域，政府采取竞争性方式选择具有投资、运营管理能力的社会资本，双方按照平等协商原则订立合同，由社会资本提供公共服务，政府依据公共服务绩效评价结果向社会资本支付对价。

八、政府购买服务

各级国家机关将属于自身职责范围且适合通过市场化方式提供的服务事项，按照政府采购方式和程序，交由符合条件的服务供应商承担，并根据服务数量和质量等因素向其支付费用的行为。

（柴亚光整理）

附录2　中国物流与采购联合会公共采购分会简介

中国物流与采购联合会公共采购分会，是国务院国有资产管理监督委员会审批同意，经中华人民共和国民政部备案设立，从事我国公共采购行业的协调与管理，隶属中国物流与采购联合会的分支机构，成立于2014年3月。

一、分会宗旨

遵守中华人民共和国的宪法、法律法规和政策，发挥政府与行业之间的桥梁和纽带作用，制定行业标准，实行行业自律管理，维护会员的合法权益，开展对从业人员的职业道德教育、专业技术培训和严格管理，研究和发布公共采购指数，促进我国公共采购行业的规范、健康发展。

二、分会主要业务范围与工作职能

组织和实施本行业统计调查分析，研究本行业发展规律，促进行业健康、有序发展；协助与配合政府相关部门对行业进行指导，加强行业法制建设，促进公开、公平、公正的公共采购市场秩序建立。

发挥政府与行业之间的桥梁和纽带作用，向政府有关部门反映行业的建议和要求，争取有利于行业发展的国家政策支持和优惠措施。

组织开展国内外交流活动，促进会员发展采购合作，对外贸易、技术开发、科学管理、学术研究等合作与交流，提高公共采购现代化管理水平，推进本行业的公共采购改革与发展。

开展行业自律，制定行业规范，构建诚信体系；协助政府制（修）定本行业国家、行业标准，并推动其贯彻执行；积极组织各种人才教育、培训，不断提高行业素质和职业道德水准。

组织做好行业咨询评估、宣传推广、资质认定、投融资及其他中介服务，表彰奖励行业内有突出贡献和业绩的会员及从业人员。

组织行业相关的各类论坛、会展、研讨、考察活动。

三、分会品牌活动

1. 推进政府采购体制机制创新和电子化平台建设

作为中财办“进一步完善我国政府采购制度”课题组参与单位，按照《全国公共采购电子化平台建设方案》要求，发挥行业组织的作用，调动会员单位积极性，面向22家课题试点单位推广电子化采购平台和互联互通工作，切实推进政府采购体制机制创新和阳光采购。

2. 编制公共采购领域的行业标准、团体标准

2018年，组织业内知名专家和大型央企、国企采购负责人，组成“国有企业采购管理与操作规范”课题组，编制了《国有企业采购操作规范》团体标准；2019年，启动了《国有企业采购管理规范》《公共部门采购服务操作规范》《公共部门与国有企业电子化采购操作规范》等团体标准的编制工作。

3. 组织、承办全球公共采购论坛及全国公共资源交易论坛

自2012年起，由中国物流与采购联合会、湖北省人民政府主办的全球公共采购论坛连续在湖北武汉举办。公共采购分会作为承办单位，先后组织和承办了五届“全国公共资源交易论坛”和“公共采购年会”，并组织了政府采购、公共资源、军队采购、高校采购、企业采购、药品采购等分论坛，每年参与论坛的国际国内专家学者、政府官员、采购交易监督管理及执行机构从业者、供应商代表等超过千人。

4. 组织公共采购行业培训

每年组织全国性的公共采购领域政策法规和业务培训，如“采购招标最新法律适用与操作实务培训班”“政府采购法律法规培训班”“互联网＋招标采购培训班”“《政府采购法实施条例》培训班”“国有企业采购规范与实务培训班”等，提升公共采购从业人员业务水平。

5. 举办“全国公共采购年度评选”活动

为推进我国公共采购事业的高质量、高水平发展，倡导和激励公共采购领域涌现出更多的先进集体、先进个人和优秀案例，每年10—11月，在全国范围内开展“全国公共采购年度评选”活动，评选十佳集中采购机构、十佳电子化采购平台、十佳公共采购供应商、十佳采购案例、十大创新人物、十佳公共资源交易平台、十佳公共资源交易代理机构、十佳公共资源交易案例等奖项，并在有关论坛上进行颁奖。

6. 开展国内外考察

先后组织国内政府采购、国企采购、高校采购业内人士，赴欧洲、美国、南美、中东、中国香港等国家和地区开展交流考察，学习借鉴先进的公共采购经验。每年组织会员单位开展各种走访、交流、考察活动20余次，促进会员单位的相互交流和借鉴。

四、分会领导

经2018年11月公共采购分会第二届一次理事会选举，产生了公共采购分会新一届领导成员。

1. 会长

蔡　进　中国物流与采购联合会副会长

2. 副会长（以入会时间为序）

胡大剑　（常务）中国物流与采购联合会采购与供应链管理专业委员会主任

刘卫旗　重庆市政府采购中心主任

徐秀裕　海南省公共资源交易服务中心主任

刘茂华　山东省公共资源交易中心信息部部长
彭国亮　武汉大学采购与招投标管理中心原主任
陈灵欣　国家电网有限公司物资部副主任
王利强　国家能源投资集团有限公司物资管理部采管中心综合处处长
何玉龙　招商局集团招投标中心总经理
刘　鹏　中国航空集团有限公司集中采购部副总经理
马国荣　中国建筑股份有限公司集中采购管理中心主任
刘文成　中国石油天然气集团公司物资采购管理部副总经理
谭　沐　中国中车股份有限公司运营管理部部长
刘先杰　安徽公共资源交易集团有限公司董事长
李国祥　中国盐业集团有限公司购销统筹部部长
宋春正　北京京东世纪贸易有限公司副总裁
胡旭健　苏宁云商集团股份有限公司 B2B 公司总裁
齐玉柱　内蒙古自治区政府采购中心主任
陈　平　广东省公共资源交易联合会会长
郑新刚　博思数采科技发展有限公司执行总裁
王文标　中国银联股份有限公司集中采购管理办公室主任
王向伟　中国一汽集团有限公司供应采购部一般材料采购处处长

3. **专家委员会领导**

贾　康　专家委员会顾问，财政部财政科学研究所原所长
刘　慧　专家委员会顾问，国际关系学院党委书记、教授
倪光南　专家委员会顾问，中国工程院院士
程远忠　专家委员会主任，中国物流与采购联合会副会长
黄冬如　专家委员会副主任，广东财经大学公共采购研究中心主任
梁戈敏　专家委员会副主任，广西壮族自治区政府采购中心原主任
于　安　专家委员会副主任，清华大学公共管理学院教授

4. **秘书处**

秘书长：彭新良
副秘书长：黄泽旺、饶青山、魏友军、刘志兴

五、秘书处联系方式

办公地址：北京市丰台区双营路 9 号北京亿达丽泽中心 3 楼 313 室
邮编：100073
联系电话：010－83775723　传真：010－83775978
分会网址：http：//ggcgfh. chinawuliu. com. cn

1688.com | 企业采购

ALIBABA 1688 ENTERPRISE PROCUREMENT DIGITAL PROCUREMENT SOLUTION

阿里巴巴1688企业采购数字化解决方案

阿里巴巴1688企业采购平台为企业提供互联网采购整体解决方案，实现采购全流程的数字化、可视化，通过大数据驱动打造高效的供应链协同网络，帮助企业建立阳光高效的采购管理体系。

核心价值

|阳光|

交易可追溯、可评价、可审计。互联网开放、动态、适度竞争。

|效益|

企业采购直接成本下降约20%，节省系统支撑成本100多万元，管理效益提升超过50%，资金运用效率提升大于10%。

|转型|

事务型采购向战略型采购转型。事务性工作人力成本占比从75%下降到10%，战略寻源工作人力成本占比从3%提升到20%。

核心采购场景

寻源采购

- 精选资源对接
  共享阿里百万供应商
- 智能匹配
  扩大寻源半径，高效寻源
- 寻源协同
  定向询价 / 公开招标 / 竞价 / 招募

商城采购

- 企业专属定制，量身打造
- 采购权上收、选择权下放
- 实现集中管理、分散采购、高效协同
- 超级店/品牌站一键铺货“电商化”采购体验
- 线上审批、结算、支付，快速便捷

协议采购

- 企业私域专属
- 战略物资协议采购
- 计划性采购在线协同
- 长期合同，分批采购

SaaS采购 **工具**：端到端全流程数字化；大数据在线可视化应用

精选供应商 **市场**：海量精选供应商资源；垂直域专业供应商市场

B2B供应链 **服务**：企业服务生态圈

了解企业采购

关注我们

采购平台咨询热线

+86 185 0681 1881

政府与行业企业的沟通桥梁

采购人与供应商的交流平台

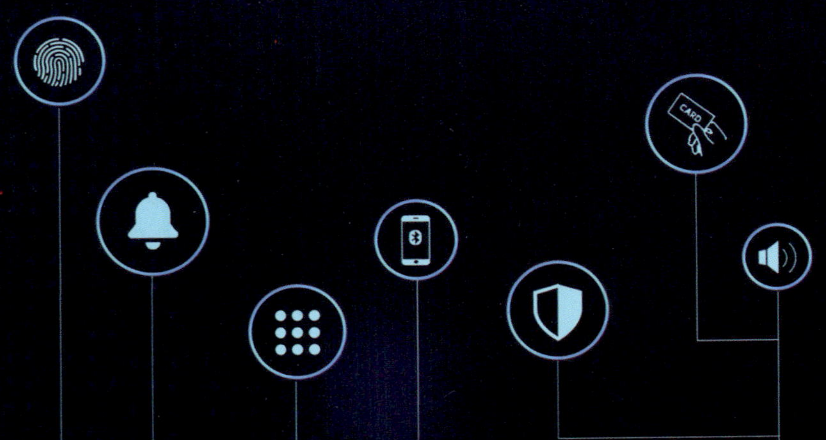

中国物流与采购联合会公共采购分会，是经国务院国有资产管理监督委员会审批同意设立，隶属中国物流与采购联合会的分支机构，从事公共采购领域行业规范自律建设和协调管理。

品牌活动：

1.全球采购（武汉）论坛暨采购博览会，已办11届

2.公共采购年会，已办5届

3.全国公共资源交易论坛，已办6届

4.“全国公共采购年度评选”活动，已办3年

5.公共采购行业标准编制，已编制3个

6.公共采购行业培训，每年10期以上